U0840509

HANDBOOK OF RESEARCH ON TEACHER EDUCATION

Enduring Questions in Changing Contexts

(THIRD EDITION)

教师教育研究手册

变革世界中的永恒问题

（第三版）

（下卷）

[美] 玛丽莲·科克伦-史密斯
Marilyn Cochran-Smith

主　编 [美] 沙伦·费曼-尼姆塞尔
Sharon Feiman-Nemser

[美] D. 约翰·麦金太尔
D.John McIntyre

副主编 [美] 凯莉·E. 德默斯
Kelly E.Demers

翻　译 范国睿 等

华东师范大学出版社

第六部分

何以学会？

——教师的全程学习

主编
沙伦·费曼-尼姆塞尔
(Sharon Feiman-Nemser)

视点

38. 教师学习：教师如何学会教学？

沙伦·费曼-尼姆塞尔(Sharon Feiman-Nemser)
布兰迪斯大学(Brandeis University)

引言

最近，由国家教育研究院(National Academy of Education)资助出版的《为变革中 697
的世界培养教师：教师的应学与应为》(*Preparing teachers for a changing world*: *What teachers should learn and be able to do*)(Darling-Hammond and Bransford, 2005)一书中，其子标题明确使用了动词“learn”，这一词汇的使用反映了一种微妙而重要的转变，即研究人员开始思考和研究教师专业教育与教师专业发展的问题。与之相关的另一个更为普遍的问题——教师需要知道、关心并且能够做到什么，吸引教师教育工作者和教师教育研究者长达一个世纪之久，并仍将持续下去。与此同时，研究人员逐渐认同的是，学会教学已经超出了正规教师教育的基本要求。此外，有关教师学习内容的问题，与教师在教学中如何习得、生成和使用知识的问题并不一样。受学习理论新进展和对教学新理解的影响，学者们正在构建一个关于教师学习的新的研究领域，这对于教师教育政策与实践将有重要意义。

一个混乱的问题域

当我们谈论有关教师学习的研究时，通常是指研究人如何逐步学会教学，提高教学实践能力。但是，这个看似简单的说法却包含了教师学习的内容、过程、机会和背景的概念性及经验性问题，同时也包含关于教师学习结果的问题。为了激发所有学生的潜力，教师需要学习什么？何种有目的的学习机会，能够帮助教师获得和发展促进学生学习所需要的视野、知识、技能、框架和行动意向等内容？由于成熟教师(accomplished teacher)的培养并非一朝一夕，它发生在教师发展的各个阶段与不同环境中，因此，有关教师学习的研究应该包括教师从职前教育和专业发展中学到什么，以及教师如何将所学，运用于教学中。此外，研究的内容还包括教师在日常教学实践以及与同事非正式交往中的学习。最后，研究教师的学习必须考虑教师学习成果如何促进学生学习。否则我们怎么知道教师最新获得的知识和技能是否能提高教学效率呢？

教师学习的研究同样关涉价值问题。教师需要学习的知识、技能与责任来自于对成功教学的构想，反过来，这种构想反映了学生应该学习的内容和学校的办学目标。

698 公众对学校教育的期望与对教师学习的要求之间的紧密关系，体现在对教师教育课程的要求，专业教学标准，乃至对教师学习研究的期待等方面。例如，教师学习与学生学习之所以密切相关，部分原因是出于提升多元化学生群体学习成果的紧迫性需求。

教师学习研究是一个复杂的研究领域，介于几个研究领域的交叉地带，包括学习的研究与理论，教学与教师的知识研究，教师的培养、新任教师入职培训和教师专业发展研究，学校变革与教学文化研究。因此这部分内容与本手册中其他部分之间，必然有重合的内容，尤其是“教师能力：知识、信念、技能与奉献”（第二部分），“多样性与教师教育”（第三部分）这两部分。同时教师学习研究还强调规划这样一种研究，讨论人、项目及学校背景的相互作用；解释教师所知、所做、所想和所感的变化过程；以及论述教师学习如何促进学生学习的问题。

教师学习研究的多元化理论基础，联结了不同层面的工作需要，描述性和规范性问题的相互交织，教师学习研究的框架和范式的多样化，使得综合我们所知和所需学习的这一任务变得日益复杂。尽管如此，自 20 世纪 80 年代教师学习成为新的研究热点以来，我们在学会教学所蕴含的概念化内容及研究上，已经取得了一些进展（Cochran-Smith and Fries，本卷主编）。

学会教学的主题框架

学会教学可以概括为四大主题——学会像教师一样思考（think），学会像教师一样*认知*（know），学会像教师一样*感知*（feel），学会像教师一样*行动*（act）。这一提法凸显了教师学习研究的主要理论和发现。学会教学强调内容、过程与环境之间的交互关系，这与当今理解教学与学习的框架相符。

第一个主题：学会像教师一样思考。它是指教学中的理性工作和认知科学对教师学习研究的影响。学会像教师一样思考，要求对现有理念进行批判性审视，将教师理念向教学性思维，促进自身元认知意识的发展。有相当多的研究表明，教师所持理念及其使用理念的方式，会影响教师在其专业教育教学中，对学习内容的选择（更多有关内容参见，Richardson and Placier，2001；Wideen *et al.*，1998）。如果教师们依据新的可能性理解，没有机会仔细审视他们现有的观念，那么教师可能会忽视或曲解新理念和实践。

学会像教师一样思考，意味着要摒弃不成熟的观念，例如，要从认为教学并不难，学习是从教师到学生的简单的信息传递，转向欣然接受一些合理的教学、学习、学科知识和学生的观念。这意味着把教学和学习置于一个教学框架中，把教学的目的和手段联系起来（Lortie，1975；Feiman-Nemser and Buchmann，1986）。这意味着发展敏捷思考的能力，反思和调整自身实践的能力。

第二个主题：学会像教师一样认知。它强调好的教学需要教师在知识上要有一定的广度，包括教师在实践中生成的知识。（更多关于知识及其对教师学习意义的内容，

参见 Cochran-Smith 和 Lytle，1999）教师需要了解很多东西，从而提升学生文化水平。 699
他们需要具备扎实的学科知识，能够因地制宜地运用教学方法（Ball and McDiarmid，1990；Kennedy，1991）。他们需要理解学生的成长和学习背景，以及文化和语言如何影响他们的学习。他们需要了解课程、教学法、课堂活动的组织和评估。他们需要理解学校教育的广义目标，以及这些目标如何影响他们的工作。（近期关于教学知识的综述，参见 Darling-Hammond and Bransford，2005）

深度和广度是教师知识的两个重要维度。同样重要的是教师如何组织和“支配”自身的知识。大量有关学习的研究表明，一个领域中的胜任能力依赖坚实的事实性知识基础，这些知识围绕概念框架产生，并以方便检索和使用的方式保存（National Research Council，2000）。这一原理对于教师教育课程和专业发展，以及我们理解教学与教师学习具有重要启示。

除了可以在实践之外学到的“为了教学而获得的知识”（knowledge for teaching），教师还需要那些只能从自身工作环境中获得的“从教学中获得的知识”（knowledge of teaching）。例如，教师可能预估到学生有哪些疑难点，但他们无法提前获知个体学生掌握所学知识的特定方法。这也强调了“边教边学”（learning in teaching）、“教后总结”（learn from teaching）的重要性。

第三个主题：学会像教师一样感知。意味着教学和学会教学是非常个性化的工作，包含教师的情感、认知以及智慧。形成专业身份认同是一个复杂的过程，融合了过去、现在和未来的理想与现实（Featherstone，1993）。尤其是当教师面对与自身背景迥然不同的学生进行教学时，他们需要哪一种自我认知？他们如何处理自己的职业愿景与所面临的现实和挑战之间的差距？（Hammerness，2006；Ladson-Billings，2001）教师如何协调自身与同事的形象差别，以提高理智权威感和道德权威感？（Roosevelt，2007）

一段时间以来，有关教师能力的讨论一直限定在知识、技能和行动意向（dispositions）方面。行动意向将能力与意愿相连接，决定了教师以特定的方式行事（Schwab，1976）。例如，如果教师认为孩子都具备学习能力，那么教师就会坚守高标准，找出学生的强项和兴趣并把它们作为学习的基础，并坚持帮助所有学生获得成功。实现这些目标，可能需要与同事的紧密合作，而不仅仅是个别教师的英雄式的努力。麦克迪尔米德和克莱文杰-布赖特（McDiarmid，G. W. and Clevenger-Bright，本书）批判了教师能力“过于静态化和个人主义”这一流行观点，认为教师需要一定的行动意向，从而更高效地参与社区实践，也需要依据一系列的证据来检验自身的教学。

最后，教师必须学会将思维方式、认知方式、感知方式和行为方式整合为一种有原则的、快速反应的教学实践。在课堂上，教师从事广泛的教学活动——讲解、倾听、质疑、管理、展示、评估、激励。课下，教师必须制定教学计划，与同事、家长和管理者一起合作。教学本质的复杂性、不确定性、多维度特点，突显了玛丽·肯尼迪（Mary

Kennedy，1999)所谓的“执行问题”，即将人的意图付诸行动。

学会像教师一样做事，教师需要一系列技能、策略和惯常活动储备，以及判断何时做何事的能力。正常忙碌的课堂要求建立日常工作程序，以方便教学管理。与此同
700 时，教学的不可预测性意味着教师要不断吸收新信息，并且运用这些新信息决定下一步该怎么做。因此，学会像教师一样做事，意味着提高认知科学上的“适应性专长”(Hatano and Oura，2003)。

认知科学与教师学习

认知科学研究中提出的有关人是如何学习的新观点，正在开始影响我们对教师是如何学会教学和提升实践技能的理解。回顾学会教学的研究，博尔科和普特曼(Borko and Putman，1996)基于认知科学视角，简单地概括出了学习的定义，认为学习是“一个积极的、建设性的过程，其很大程度上受个人现有知识和信念影响，并处于特定的环境之中”(Borko and Putman，1996：674－675)。这个定义突显了两个关键理念：学习并不是一个被动吸收新信息的过程。和所有初学者一样，教师基于已有的信念，解释新知识和经验，并在他们已知道和已确信知识的基础上修正和再解释新理念。教师所学的东西同样也深受其习得和使用知识、所依存的社会和文化背景的影响，包括学科知识和学生的独特性。

许多有关教师学习的早期研究侧重于教师个体，及其在参与教师教育专业发展过程中在知识和信念层面发生的或没有发生的变化。近来，研究者已经拓宽了研究视角，开始考虑教师在学前所具备的经验与其所学内容之间的交互作用。这其中也包含了他们的学习背景。社会文化理论在学会教学的纵向研究中特别重要，因为这些理论聚焦于教师学习的不同环境——大学课程、教学实践、学校与班级、师徒关系——这些理论同时对教师采纳、使用新知识与教学实践以及持续性学习起到了促进或阻碍作用。

例如，两项研究表明，研究者(Grossman *et al.*，1999)对一组中小学新任教师进行跟踪调查，这一调查从他们教师教育的最后一年开始，直到其开始教学的第三年。研究发现，教师能够运用在教师教育课程中习得的反思立场来把握教学情境。虽然刚开始新任教师还有些不适应，但是从第二年开始，大多数教师能够运用在教师教育中学到的某些教学手段(如作家工作坊)。研究小组还发现了学校与学区环境的重要作用，包括获取特定的课程材料和专业发展机会，这些因素极大地促进了教师在职学习及其使用教师教育中学到的教学观念和教学策略的能力。一些想法和观点，取自于“视觉”和“经典”中的内容，并构成了本部分的论述。

视点

“视点”中的三篇文章，每一篇都论述了有关教师学习领域中的一个永恒话题。谢

里尔·罗萨恩和苏珊·弗洛里奥-鲁安(Cheryl Rosaen and Susan Florio-Ruane)考察了经验在学会教学中必要但存疑的作用。卡罗尔·罗杰斯和凯瑟琳·斯科特(Carol Rodgers and Katherine Scott)关注了教师身份认同形成的过程。乔尔·韦斯特海默(Joel Westheimer)认为，同行是教师学习的重要资源和环境。这几篇文章以新的角度考察了我们所熟悉的问题，介绍了教师学习的新兴研究领域。

虽然没有人会否定经验在学会教学中的重要作用，但是我们可能不会理解语言在影响教师可以和能够从第一手经验学习中所起的作用。在《教学中隐喻的运用：教师教育中的经验、隐喻和文化》(The Metaphors By Which We Teach: Experience, Metaphor and Culture in Teacher Education)一文中，罗萨恩和弗洛里奥-鲁安 701
(Rosaen and Florio)透过社会-文化的镜头，审视了教学和学会教学中的经验，考察了未来教师在自身工作和身份认同方面应该学习什么，如何进行学习。他们认为，经验不仅是初学者学习教学的必要活动，也是他们走向实践、融入教师团体的重要手段，同时经验从根本上讲，是由我们文化中无处不在的隐喻所形成的。为了证明他们的观点，即隐喻影响了教师从大学和校本经历中所学的知识，作者考察了三种常见隐喻的意义和潜在影响——田野经验(field experience)、阅读困难者(struggling reader)和学困生(at risk learners)。启示之一是，如果接受专业教育，有助于教师建构一定的概念框架，去解释和梳理对学生的看法，并从中提取对于教学的启示；如果离开专业教育，新手教师很难从经验中获得良好的学习。

在《学习教学过程中自我意识与专业认同的发展》(The Development of the Personal Self and Professional Identity in Learning to Teach)一文中，卡罗尔·罗杰斯和凯瑟琳·斯科特(Carol Rodgers and Katherine Sullivan)开启了教师学习的一个重要方面，这是一个尚未有许多实证研究的主题。教师通过把他们的过去经历、当前的片段与他们理想中的教师和同事形象以及课堂类型相结合，从而建构教师自我专业意识(Featherstone, 1993)。教师构建的身份会影响其努力的方向，引导其履行职责(Hammerness, 2006)。但是，教师身份认同并非固定不变。回顾当代身份认同的概念，罗杰斯和斯科特指出，教师身份认同具有以下特点：多变、多面、形成于关系中、受背景影响、构建于故事中。罗杰斯和斯科特最感兴趣的是，教师如何学习“创作”(author)自己的专业身份认同。他们以罗伯特·基根(Robert Kegan)的建构主义发展理论为理论框架，思考其可能发生的心理学情境。他们还呈现了历史上和当代的教师教育的案例，这些项目深刻揭示了身份认同的形成，并建议开展必要的后续研究，包括关注教师身份认同中的种族、阶层和性别问题。

通过二十年有关教师共同体研究和教师合作的研究，得出了比较可信的结论——教学上的进步最有可能发生在有教师合作的学校。无论研究聚焦于新手教师与导师共同学习教学，还是研究关注了不同职业阶段的教师聚集到一起，共同开发课程、研究学生作业、讨论实践问题，或者实施新的教学项目，研究者都在呈现集体活动，以巩固教学和提升学生学习方面的力量(有些人会称之为必然性)。乔尔·韦斯特海默在他的《同行学习：教师共同体与共同的教育事业》(Learning Among Colleagues：Teacher Community and the Enterprise of Education)一文中,对这一研究进行了重点回顾。文章主要围绕研究者和改革者为教师专业学习共同体设定的五个目标。韦斯特海默还讨论了教师学习共同体面临的挑战,如教师隔离,时空限制,包容性和竞争性意识形态之间的冲突。最后,他说明了团体隐喻与民主、社会正义和美好社会愿景诸概念之间的相互关系。

经典

这部分的三篇文献,内容跨越整个 20 世纪,体现了对教师学习关注的持续性。虽然直到 20 世纪 80 年代,教师学习的实证研究才出现,但是早在几十年前,约翰·杜威
702 (John Dewey)和露西·斯普瑞格·米切尔(Lucy Sprague Mitchel)等进步教育家就提出了“教师作为学习者”的理念,这与当代社会文化理论不谋而合。杜威的文章检视了教师预备教育基础的适当定位,该基础建立于教师不断地从教学中学习。米切尔在文章中概述了一项大规模的在职教育实验,这一实验转变了城市教师实践和身份认同。伯利纳(Berliner)关于教学专业知识发展的文章,证明了学习教学是一个长期的过程,不会自动从教学经验中获得。作为一组文章,这几篇文献从不同方面回答了教师的培养和专业发展如何帮助教师学会适应性技能的问题。

1904 年,杜威在《教育中理论与实践的关系》(The Relation of Theory to Practice in Education)一文中,区分了教师教育的两种实践方法,即实验室方法和学徒方法。受研究型大学兴起的影响,杜威更加推崇实验室方法。在他看来,培养教师应发展其个人掌握实用技能所需的思维习惯,而不是专注于改善技术熟练度,“以免为了立即获得技能,而以牺牲持续成长的能力为代价”。对杜威而言,何为一个教师的最大标志?就在于具备解释并激发学生动机和智力过程的能力。要做到这一点,教师要能够洞察学生之所想,并采取合理的方式让学生参与到有意义的学习活动中。如果师范生在成为具备学科知识和专门知识的学生之前,面临着班级管理的挑战,那么他们就会基于一切能够激发维护班级秩序的手段来发展他们的教学习惯,而不是采取那些能够推动学生学习进步的手段来完善教学习惯。

人们很容易误解杜威,认为其支持在实践之前先学习理论。实际上,他所强调的次序涉及学科知识和教育心理学的研究与对个体学习经验、聚焦性课堂观察、指导、课程调查以及课程开发的批判反思相结合,这些都作为实践的基础。虽然杜威行文晦涩,但是他所倡导的探究取向的、内容丰富的、以学习为中心的教师培养,影响着致力于为“边教边学”、“教后总结”奠定基础的当代教师教育课程(参见,Darling-Hammond, 2000)。

第二篇文章选自《我们的儿童和学校》(*Our Children, Our Schools*),作者露西·斯普瑞格·米切尔是银行街学院(Bank Street College)的创始人。文章介绍了 20 世

纪40年代一项规模庞大的系统性的在职教师实验，这一实验向纽约市公立学校的教师介绍进步主义教育思想和实践。《教师在专业发展中的成长》(Growth of Teachers in Professional Maturity)一文论述了教师专业成长过程的各个阶段，包括摒弃传统观念和教学法，构建新的身份认同，学会与儿童和教学内容一起学习的全新途径。

起初，教师们对银行街工作坊(Bank Street Workshop)的工作人员所谈到的所谓儿童喜欢什么，以及如何适应学生需要调整课程的话题很不耐烦。他们更希望在从未见过，和从未经历过的教学方法上获得实质性帮助。成长的第一阶段，教师获得足够的信心去尝试新的方法，即便这些方法运用得并不完美也不用过度担心。第二阶段，教师意识到他们的知识面太窄，以致不能用新的教学方法教学。工作坊花了大量时间，帮助教师掌握相关的背景知识。第三阶段，教师对儿童日益浓厚的兴趣和日渐增强的理解，以及他们不断拓展的学科知识，均融入课程理念的建构之中。当教师与银行街工作人员共同构建全部系统范围的社会研究课程时，那些看起来过于理论化的话题——儿童是怎样的？什么样的学科知识和活动促进他们的成长？——都显得息息 703
相关并且具有时效性。第四阶段，教师开始将他们的工作与世界性的社会问题连结起来。

“银行街工作坊”展现了许多与高效的教师专业发展相关的特色(Borko and Putnam, 1996; Knapp, 2003; Wilson and Berne, 1999)。通过记录工作坊的实践工作，及其对教师和给学生带来的学习机会的影响，《我们的儿童和学校》一书通过专业发展提供了研究教师学习的一个早期案例。最后，米切尔对学校等级系统是如何影响老师的自信心形成、智力兴趣和专业判断进行了分析，也预示了近期有关学校文化和结构对教师教学立场及自身学习立场影响的研究。

第三篇文章《教学专业素养之本质》(The Nature of Expertise in Teaching)，论述的是认知科学对教师学习研究的影响，及其对划分教师发展阶段的意义和局限性(更多相关评论与批判，参见，Feiman-Nemser, 1983; Grossman, 1992; Richardson and Placier, 2001.)。文章由大卫·伯利纳(David Berliner)撰写，围绕七个命题展开，回顾了新任教师和专家型教师思维比较的研究，深入地了解了“专家教师在复杂社会环境中(即‘公立学校课堂’)，为完成教学目标而使用的教学法知识的各种复杂形式”。通过细化专家型教师在“阅读”课堂、描述问题和灵活应对学生这几个方面的差异，研究发现成功教学的构建需要一个过程。虽然研究并没有告诉我们新任教师如何成为合格教师，或者合格教师如何成为专家型教师，但它表明，基础再好的新任教师，也不具备专家型教师所拥有的灵活性和实践知识。

有观点认为，专家型教师会通过建立日常规范来处理重复性工作。伯利纳认为，将某些教学功能常规化，如考勤、分发试卷、检查作业，从而让教师有更多的精力投入到其他活动，使教师变得更灵活，甚至在应对学生的意见和问题时能够适时而动。这呈现的是一个以“即兴表演者”(improvisational performer)的形象出现的专家型教师，能够将学生提出的问题和意见与课程目标联系起来。这也同近年来有关教师作为“适应性专家”(adaptive experts),能够平衡效率和创新的讨论相符(Darling-Hammond and Bransford, 2005)。

虽然效率与创新之间可能是互补关系,但是一旦形成定势就很难忘却,也就可能会阻碍教师去尝试新方法,或阻止其灵活应对无法预料的情况,这同样也是事实。哪种类型的教师培养能为教学的适应性技能发展奠定基础?什么样的工作条件和专业学习机会更有利于有经验的新任教师成为合格教师?什么样的工作条件和专业学习机会有利于合格教师提高熟练度甚至发展专业技能?最终,这些问题都需要进行纵向研究,即在教师学习教学和发展专业技能的多重背景下,对教师学习进行跟踪调查。这类研究可以揭示教师如何以及为何采用特定的思维方式和行动方式,以应对既定背景下的现实,以及教师在学习过程中如何形成作为教师的自我意识。

704 **评论**

这三篇文章从多元视角对教师学习进行了讨论。薇薇安·特洛恩和凯瑟琳·博尔斯(Vivian Troen and Katherine Boles)同时作为学者和教师总结了多年以来公立学校的合作教学和教师教育的经验,从内部反思了教学和教师学习。他们描述和建立的学习/教学合作组,正好与杜威和米切尔所代表的进步主义传统相一致。勒内·克利夫特(Renée Clift)是经验丰富的教师教育工作者和研究者,她采用不同的方法,指出了研究者在形成研究团队和设计教师学习的纵向研究时所面临的某些压力和挑战。她呼吁对那些向往学术职业的人采用一种不同的博士生培养方式,包括接触到更广泛的研究模型和范式。“新时代教师”(Teachers for a New Era)的缔造者丹尼尔·法伦(Daniel Fallon)指出,教师教育和教师学习的研究文献“充满着规范性和逻辑性论据”,但缺乏“经验实证以支持教师学习项目”。尽管如此,对于以学生学习作为效率尺度的教师学习的复杂实证研究所需的资金来源,法伦仍然表示很乐观。

美国日益增长的教师需求,以及教师学习在提升教学质量方面的不遗余力,使得教师学习研究得到越来越多的关注。研究者正在研究特定背景(如教师培养和专业发展)下的教师学习,研究同伴互动对教学和教师学习的影响。有证据表明:高质量的教师职前准备、入职培训和专业发展能够促进教师知识、技能和行动意向的转变。我们也有证据表明,在有合作文化的学校中成为一个好教师更为容易。尽管如此,对于教师在有变革意识的项目和传统项目中真正学到了什么,为何某些活动能够促进教师学习,是什么让教师能够实践所学,教师学习如何促进学生学习,在这些问题上我们还是知之甚少。

我们需要对教师学习的内容、机制和背景做更多的理论研究,对教师学习的过程做更多的纵向研究,对具有不同文化和教育背景的教师学习给予更多的关注,对教师学习和有意义的学生学习的结合做更多富有创见性的努力。正如威尔逊和伯恩对教师学习和专业知识习得的研究做出的总结,"未来的教师学习研究,在于我们能够将教师学习、专业发展、教师知识和学生学习的理念结合起来——而这些领域向来是互不相干的"(Wilson and Berne, 1999: 204)。我们国家学校的教学和学习质量全系于此。

(佘林茂 译)

参考文献

Ball, D. L. & McDiarmid, G. W. (1990) The subject matter preparation of teachers. In W. R. Houston (ed.), *Handbook of research on teacher education* (pp. 437 - 449). New York: Macmillan.

Borko, H. & Putnam, R. T. (1996) Learning to teach. In D. Berliner & R. Calfee (eds.), *Handbook of educational psychology* (pp. 673 - 708). New York: Simon & Shuster Macmillan.

Cochran-Smith, M. & Lytle, S. L. (1999) Relationships of knowledge and practice: teacher learning in communities. In *Review of research in education* (Vol. 24), pp. 249 - 306. Washington, DC: American Education Research Association.

Cochran-Smith, M. & Fries, K. (2005) Researching teacher education in *Changing times: politics and paradigms*. In M. Cochran-Smith & K. Zeichner, *Studying teacher education* (pp. 69 - 109) Washington, DC: American Education Research Association.

Darling-Hammond, L. (ed.) (2000) *Studies of exellence in teacher education* (3 volumes). Washington, DC: American Association of Colleges for Teacher Education.

Darling-Hammond, L. & Bransford, J. (eds.) (2005) *Preparing teachers for a changing world. Report of the Committee on Teacher Education of the National Academy of Education*. San Francisco: Jossey-Bass.

Featherstone, H. (1993) Learning from the first years of classroom teaching: the journey in, the journey out. *Teachers College Record*, 95(1), 93 - 112.

Feiman-Nemser, S. (1983) Learning to teach. In L. S. Shulman and G. Skyes (eds.), *Handbook of teaching and policy* (pp. 150 - 171). New York: Longman.

Feiman-Nemser, S. (2000) From preparation to practice: designing a continuum to strengthen and sustain teaching. *Teachers College Record*, 103(6), 1013 - 1055.

Feiman-Nemser, S. (2006) A teacher educator looks at *Democracy and Education*. In D. Hansen (ed.), *John Dewey and Our Educational Prospect*. New York: SUNY Press, 207 - 232.

Feiman-Nemser, S. & Buchmann, M. (1986) The first year of teacher preparation: transition to pedagogical thinking? *Journal of Curriculum Studies*, 18(3), 239 - 256.

Grossman, P. L. (1992) Why models matter: an alternative view on professional growth in teaching. *Review of Educational Research*, 62(2), 171 - 179.

Grossman, P. L., Smagorinsky, P. & Valencia, S. (1999) Appropriating tools for teaching English: a theoretical framework for research on learning to teach. *American Journal of Education*, 108(1), 1 - 29.

Hammerness, K. (2006) *Seeing through teachers eyes: professional ideas and classroom practices*. New York: Teachers College Press.

Hatano, G. & Oura, Y. (2003) Commentary: reconceptualizing school learning using insights from expertise research. *Educational Researcher*, 32(8), 26 - 29.

Kennedy, M. M. (ed.) (1991) *Teaching academic subjects to diverse learners*. New York: Teachers College Press.

Kennedy, M. M. (1999) The role of preservice teacher teacher education. In Darling-Hammond, L. & Sykes, G. (eds.), *Teaching as the learning profession: handbook of teaching and policy* (pp. 54 - 86). San Francisco: Jossey Bass.

Knapp, M. S. (2003) Professional development as a policy pathway. *Review of Research in Education*, 27, 109 - 158.

Ladsen-Billings, G. (2001) *Crossing over to Canaan: the journey of new teachers in diverse classrooms*. San Francisco: Jossey-Bass.

Lortie, D. (1975) *School teacher: a sociological study*. Chicago: University of Chicago Press.

National Research Council (2000) How *people learn: brain, mind, experience, and school* (expanded ed.). Washington, DC: National Academies Press.

Richardson, V. and Placier, P. (2001) Teacher change. In V. Richardson (ed.), *Handbook of research on teaching* (4th ed., pp. 905 - 947). Washington, DC: American Educational Research Association.

Roosevelt, D. (2007) Keeping real children at the center of teacher education: child study and the local construction of knowledge in teaching. In D. Carroll, H. Featherstone, J. Featherstone, S. Feiman-Nemser & D. Roosevelt (eds.), *Transforming teacher education: notes from the field*. Cambridge, MA: Harvard Education Press.

Schwab, J. J. (1976) Education and the state: learning community. In *Great ideas today*. Chicago: Encyclopedia Britannica.

Wideen, M., Mayer-Smith, J. & Moon, B. (1998) A critical analysis of the research on learning to teach: making the case for an ecological perspective on inquiry. *Review of Educational Research*, 68(2), 130 - 178.

Wilson, S. & Berne, J. (1999) Teacher learning and acquisition of professional knowledge: an examination of research on contemporary professional development. In A. Iran-Nejad & P. D. Pearson (eds.), *Review of Research in Education*, Vol. 24 (pp. 173 - 209). Washington, DC: American Educational Research Association.

39. 教学中隐喻的运用：教师教育中的经验、隐喻和文化[①]

谢里尔·罗萨恩(Cheryl Rosaen)
苏珊·弗洛里奥-鲁安(Susan Florio-Ruane)
密歇根州立大学(Michigan State University)

> 人们不需要对话，因为只需表达自己的思想；但正是由于对话，他们才有思想要表达。[②]

引言

我们在本文中考察了教师教育中的一个永恒话题——经验在教师学会教学中的
706 作用。我们的切入点不是评论这一主题的具体文献，而是运用“隐喻”手法，将一种事物与另一种事物进行比较，这个比较的过程不仅诗人在使用，我们所有人也都在用，明确地或心照不宣地将个人与社会、经验与概念、语言与活动交织在一起。基于语言学家对隐喻与思维关系的研究工作(如，Ortony，1979/1993)，拉科弗和约翰逊(Lakoff and Johnson)认为，“隐喻在日常生活中无处不在，不仅仅存在于语言中，而且存在于思想和行动中。我们赖以思考和行动的日常概念系统，从本质上讲是隐喻性的”(Lakoff and Johnson，1980：3)。在这些方式中，隐喻是我们如何体验和理解世界的核心，因为隐喻提供了一个掌握抽象概念的经验框架。我们经常根据某一事物体验另一事物。

将隐喻和经验的理念与教学、学习和教师教育结合起来，这并不是新观点。一些学者已经运用描述性隐喻帮助了我们了解课堂生活，譬如将教师刻画为后勤中士、交通警察和计时员(Jackson，1968)，将教师的角色确定为管理者、治疗师或心灵解放者(Fenstermacher and Soltis，1986)。其他研究者考察了隐喻所揭示出的，新教师和经验丰富教师的教学观念和自我意识(Bullough，1991；Bullough *et al.*，1991；Bullough and Stokes，1994；Grant，1992；Munby，1986；Munby and Russell，1990)，以及指导行动的形象等方面内容(Clandinin，1985，1986)。例如，知道某些教师将自己视为

---

① 本文的撰写准备，部分得到密歇根州立大学读写成就研究中心(LARC)的支持。我们感谢已故 Michael Pressley 博士的鼓励，在我们正在撰写本文时，他正好担任读写成就研究中心的主任。我们也感谢我们博士研讨会(《用读写去学习：课程与教学》(Using Literacy to learn：curriculum and pedagogy))的学生，他们热切讨论并鼓励我们探索本文所发展的许多观点。本文所有的观点都由作者承担全部责任。

② Billig，M.(1987) *Arguing and thinking：a rhetorical approach to social psychology*. Cambridge：Cambridge University Press. Cited in Engestrom (1994).

“蝴蝶”或“变色龙”，或把自己想象为“父母”的角色，会有助于我们洞察教师如何看待教学工作，并能够去探察教师的观念是否随着时间转变而发展了(Bullough，1991)。对教师教学中隐喻的探索，可以帮助我们理解指导教师工作的概念体系(Berliner，1990；Collins and Green，1990；Cohen and Lotan，1990；Shuell，1990)。有些教师教育工作者对隐喻的概念作了进一步发挥，将其作为启发式教学法，促使职前教师变得更具反思性(de Guerrero and Villamil，2002；Hunt and Gow，1984；Marshall，1990；Tobin，1990；Weade and Ernst，1990)，并帮助教师学会以一种富有成效的方式与实习教师交流(Carter，1990)。

本文，我们以一种略微不同的视角考察隐喻和经验学习。我们将深窥我们的文化 707
和职业中无处不在的隐喻，是怎样潜在地影响职前教师理解自己的经历，这种经历既包括职前教师培养的经历，也包括在他们在课堂学习教学中的经历。我们认为，隐喻(如果未被检验的话)可能限制或制约新任教师在经验中学习。

本文由四个部分组成。第一部分是“作为社会过程的经验和学习”(Experience and Learning as Social Processes)，主要讨论作为社会过程的经验和学习的理论，指出语言在协调刺激和发展概念上的重要性。我们展示了人们如何用语言描述活动，使活动成为杜威(Dewey，1938)所称的“教育经验”。人们通过形象化的语言，主动学习并形成概念和概念网络。这种语言是通过文化来形成和分享的。我们借鉴苏联心理学家维果茨基(Vygotsky，1981)的研究(他研究了社会互动背景下的学习)，他认为人是在与他人的社会互动中建立理解的，在这种方式中，观念首先在社会层面形成，然后内化，进入个人层面。用来表述我们经验的隐喻，有助于了解我们正在经历的事物，这就是经验研究对于一个教师的教育而言，如此重要的原因。

本文第二部分，“在语言、隐喻和表达中理解经验”(Understanding Experience through Language，Metaphor and Representation)，拉科弗和约翰逊(Lakoff and Johnson，1980)以及唐纳德·舍恩(Donald Schon，1979/1993)的研究，聚焦于隐藏和深植于我们日常语言中的作为一种表达形式的隐喻，其阐释了不同类型的隐喻影响我们体验世界的不同方式。我们考察了教育话语中的三种常见隐喻：田野经验(field experience)、阅读困难者(struggling readers)和学困生(at risk learners)。

“田野经验”是作为“根隐喻”被考察的，它深植于教师教育的语言文化中，以至于我们通常压根未将它视为隐喻。这种隐喻是其他隐喻的源泉。我们认为，这种隐喻影响着教师教育工作者为新教师如何构想和组织大学经历和校本经验。而一个替代性的隐喻——生态环境，我们探索的是它对于重新发现学会教学的社会层面的潜在影响。

第二个隐喻，“阅读困难者”，被选择作为本体论隐喻的一个例子。本体论隐喻采取一种抽象的方式(一个人如何体验学习阅读)，把某种经历(阅读者付出很大努力仍然没有成功)表达为某一类型的人(阅读困难者)。因为阅读是所有学习的中心，类似这样的隐喻不仅存在于日常用语中也存在于专业对话中，所以重要的是要考虑这种类型的隐喻是如何恰当摆正学习者的位置，以及它们会将新任教师的注意力引至何处。

第三个隐喻，“学困生”，作为另一个本体论隐喻的例子而被选中（作为危险和威胁的抽象被表示为某种类型的学习者）。这也阐明了舍恩（Schon，1979/1993）所谓的生成性隐喻。生成性隐喻提供了一种看待情境的特定方式（比如当某些类型学习者的数量增加时，我们的教育系统就会有危险或威胁）。这种看待世界或构建问题的方式又蕴含着（或者说生成了）自我解决之道（例如，修正学习者的错误，危险或威胁就会消失）。

因此，第二部分阐释了这三种常见隐喻在教师教育和教学中的使用，通过将隐喻与熟悉事物相联系来表达复杂观念。我们认为这些隐喻会限制初任教师理解经验的方式，限制他们相信自己所能实现的可能。此外，我们认为，当日常用语中使用的概念
708 术语融入专业对话时，教师教育工作者和新任教师会成为这些术语的牺牲品，而不是从中受益。

在第三部分“作为经验设计者的教师教育工作者”（Teacher Educators as Designers of Experience）中，我们提供了一种方法和目标，用以重新考查深植于我们语言和文化中的隐喻，以及重新认识教学和学习并不必局限于我们借助现有的、因文化而形成的、不言而喻的表达等方法而知道的东西。我们设想一个新的隐喻，如教学即编织，它会带来对教学、学习和学会教学多层面和多角度的思考。这个隐喻提出了教师教育的新构思。我们基于自己与他人已有的研究成果，提出了很多教学手段和实践案例，帮助新任教师像教育家、政治家和一般大众使用内在理论解释经验那样，发展清晰的认知意识。我们认为，认识和理解教学中的隐喻——它们的稳定性以及它们的偶然性、情境性，对于周详的实践以及新任教师的教育实践经验是至关重要的。

在文章最后一个部分“理解经验、隐喻与文化将我们引至何方？”（Where Does Understanding Experience, Metaphor and Culture Lead Us?）中，我们对未来的研究进行了展望。例如，鉴于初任教师经历不同的教师培养，我们呼吁开展调查研究，即在何种程度上，新任教师对职业和文化中无处不在的隐喻的清晰审察影响了他们在经历教师培养各个方面时的关注点。我们也呼吁开展实证研究，研究本文中提到的为规划和重新规划教师教育的替代性隐喻——田野即生态环境，教学即编织——从而充分理解隐喻所发挥的作用（若有的话），为社会互动和转变教师教育工作者的实践创造可替代性的结构。

作为社会过程的经验和学习

经验贯穿于日常生活，我们通过文字交流在经验中学习。我们与社会和自然世界的交往，被语言编织成意义。由此，认知和文化得以在初学者及其所在的共同体之中

发展起来。例如，当祖父与他年幼的孙子散步，一个毛茸茸的、四条腿的动物摇摆着尾巴靠近他们时，孩子可能会对它喊，“麦克斯！”对此，祖父会很简单地回答他，“是的，这是一条狗，你也有一条。你的狗被叫做麦克斯”在这个对话过程中，发生了很多语言对于经验的调整，以及经验丰富和经验缺乏的文化成员之间真实的交流。也许最重要的是，在这种成人—儿童的亲密互动中，语言和概念的发展几乎是同时进行的，而且语境对于这个过程至关重要。初学者演说和思考复杂观念的全部技能是有限的。但是，随着在物质世界中以及在经验丰富的文化成员之中的互动越来越频繁，初学者的思维和语言逐渐变得更为复杂。

维果茨基研究社会互动情景下的学习，把这种连接过程称为“内部言语”阶段。他主张说，“儿童文化发展的任何功能会出现两次，或者说在两个层面上。首先，这种发展出现在社会层面，社会关系或人与人之间的关系中，成为更高功能和关系的基础（Vygotsky in Wertsch，1981：163，cited in Cole 1996：110－111）。最终，开始于社会层面的思想在与他人的交流中不断学习并发生意义，从而内化为个人语言、思想和经验的认知网络。”[①]（Vygotsky，1981）

依照情境活动学习教学 709

未来教师在班级中从事着各种各样经过计划的活动，如观察课堂，设计教学，实施教学，评估学习者，与实习指导教师交流。这在很大程度上使教师这一职业及其学习教学的过程不同于年轻一代日常教学生活，有些人，像杜威（Dewey，1915，1938），甚至不会将这种陷入课堂讨论或活动的潮流称为学习经历——除非这种学习经历是社会性的，真实地为实现某一目的，并且受课程目标指导的。事实上，杜威是第一个强调情境对于学习重要性的哲学家，他预言情境或背景不是剧院上演的生活剧目。实际上，情境化背景是由一系列道具、工具、器物，以及我们认为理所当然的信息系统所组成的。对于杜威而言，情境在课堂活动中合作创生并受教师课程目标观的指导，因此，它是语言、经验和思维发展的关键联结。

我们知道，经验很难精确辨认，因为是我们制造了它们，我们视我们的信息系统为理所当然。有时候，当我们发现，虽然我们有一个通常切实可行的共识，但是当并非所有的文化成员都持相同的想法时，我们假设的共识会终止。例如，通常情况下，教师教育工作者关于富有成果经历的观念，与实习教师对学习教学的期望大大不同。例如拉娜（lana），一位上读写方法课的大四学生，提到一项需要计划、教授和反思一门小学课堂上的语言艺术课程任务时，这样说，“现实世界的经验是最好的”。关于课程阅读作业，拉娜评论道：“我觉得经验更有帮助，但是阅读是经验的一个良好开端。”我们看到，尽管阅读对处于学习新起点的拉娜来说存在某种价值，获得学习教学中的“真实世界

① 这个观念用来解释的例子，参阅：“How shall a thing be called?” by Roger Brown and Albert Gilman (1970).

经历”对她而言才是最为重要的。

审思拉娜用修辞语言进行的评论，意味着以下问题：“现实世界”和“经验”这两个术语暗指什么？就隐喻的角度来说，当她阅读时，“现实世界”位于小学课堂里，而不是在大学课堂或在拉娜的公寓。小学课堂中的“经验”对于拉娜而言意味着很多东西，可能这些“经验”有模仿、试验和错误实现、探索发现、读写教学方法的实施等等。虽然经验的权威感对于拉娜和许多候任教师仍然存在，但是更值得考虑的问题是，新任教师究竟有什么样的机会以及如何从经验中学习（Feiman-Nemser and Buchmann，1985；Munby and Russell，1994）。

在“活动环境”中学习教学

学者们认为，精心设计的课堂经验对教师的帮助可能不仅仅在于获得经历，而更在于通过发展自身能力，如理解和评估课堂情况、做出判断、制定目标、选择行动过程和反思结果，帮助他们从经验中学习（Dewey，1904/1964；Kennedy，1987，1999；Kessels and Korthagen，1996；Schon，1983，1987）。对于实习教师而言，用来准备和
710 获得学习经验的工具，既是实用的，又是概念性的（Grossman *et al.*，1999）。根据社会文化理论，学会教学发生在包含工具、物品和信息系统的各种“活动环境”之中。概念工具，包含帮助教师解释自身实践和做出决定的指导原则、结构框架和理论（Grossman *et al.*，1999）。这些内容中，包括宽泛的概念，如采纳一种多元化的社会建构主义取向（Au，1998），以及符合特定立场的观念，如为社会正义而教（Ayers *et al.*，1998；Cochran-Smith，1998），具有文化意识的教学（Ladson-Billings，1995），或者批判主义和女权主义教学法（Gore，1993）。实践工具，包括用于日常教学重点的资源和教学观念（Grossman et al.，1999）。这些课程教材知识和教学与评价策略能够让教师为不同的学习者提供有针对性的教学指导（Au，1993；Villegas and Lucas，2002）。

由此看来，概念和理论本身并不是学习的目的。初学者需要学习如何使用概念理论作为解释性工具，以此探索自己的看法，生成问题，检视观点或论点，以及对手段和目的做出判断。当新任教师获得交流工作的语言时，他们开始感受到对作为行动的经验（experience as action）的渴望是必要的，但这并不足以让学习发生。初任教师必须克制一种倾向，即将他们与学生的工作仅仅描述及理解为一种“做”的问题。当一天结束，他们的学生已经回家时，他们在空教室进行备课计划，这也是在“做”。而且，正如我们已经注意到的，教师教育中的学习，涉及各种各样的经历，因此必须包含两种类型的“做”——“亲身实践的”教学，以及分析工作，包括与他们交流及记录想法。因此，为了从经验中学习，新任教师既需要分析也需要行动，才能看到两者的关系（Dewey，1904/1964；Kennedy，1987）。

这是为什么要进行深入的经验研究的原因，不只是通过获得经验的方式进行研究，这对于教师的教育至关重要。这种研究不仅是了解常规问题。即使相同的一个词

也会有隐喻的作用，但是由于视角、经验知识、目的和说话者的角色不同，展现方式便会不同，因此，这种研究就是学会理解他人的想法。这实际上体现了隐喻的情境性质，体现了隐喻如何帮助我们理解复杂观念，诸如“现实世界”、“经验”或“学习”。如果我们意识到这些观念，与他人一起或从他人那里学习这些差异，那么我们就在从事着某种学习教学，这虽然不太容易观察到，但是对于卓越的教师教育来说却至关重要。

在语言、隐喻和表达中理解经验

以隐喻的方式来表达经验是如此普遍，以至于经验及其含义可以变得不言而喻，并广泛分布于本地或“民间”知识中(Geertz，1983；Bruner，1996)。很多这样的知识，来自于地方和运动的隐喻，或拉科弗和约翰逊(Lakoff and Johnson)所称的“方位隐喻”，这种隐喻是系统性的，并且组织一个概念体系，这些概念相互联系，是我们身体与文化经验的基础”(Lakoff and Johnson，1980：14)。我们大多数人所熟悉的一个例子是“日出”(sunrise)这个隐喻。因为方位是一种常见的、达成共识的概念，我们知道“rising”即向上，就像当我们一觉醒来，从床上起来的时候那样。我们可以类似地谈论太阳，因为它从水平面以下改变了方位(在此之前是“沉落”的)。即使太阳从字面上对于我们来说不是升和降，这个隐喻也与我们方位的直接经验是一致的。这个隐喻也会延展出一个相关的联想网络——我们在夜晚躺下就像太阳落下带给我们黄昏一样。在日出时我们苏醒起床，我们把黎明当作睡眠之后的复苏时间。

这个比喻强有力并系统地解释了我们如何看待每天的循环、自然循环和生命循
环。若我们死了，会倒下平躺在大地上。但许多人坚信，我们上升——如基督复活一 711
般——就像太阳上升到一个我们可能称为天堂的高处。在我们清晨起来，甚至在我们注意到美丽的“日出”的时候，我们很少停下来想想这一切。更很少有人将这样的话语与正规的天文学或物理学研究联系起来。对于我们大多数人来说没有必要这样做，因为合理的、达成共识的意义不必一定“真实”。

隐喻可以简化且有选择性，这同时也是它们的长处和问题所在。简化便于审视复杂现象的各个方面，但这样做的同时，可能会忽视其他的方面，而这些若被包含在内的话，可能会改变全局。隐喻还有漫画的功效，通过将某些特征夸张化而让其变得显著，易被辨识。最后，隐喻带来诱人的且令人费解的多样性。有些隐喻在理解情景时会改变一点细节，有些则取决于视角或立场。

例如，当我们将方位隐喻扩展到社会关系，我们会比表演家做得更多，或者暴露出天文知识的匮乏。(我们)没意识到我们以伤害他者的方式描绘学习者的特征。想一想教师有时在课堂上提到的“低能阅读者”，因为他们认为，低能阅读者无法学习复杂文本，便严格限制这类人接触丰富的学习材料。有的教师可能会说，学生自己不想“志存高远”，因此认为对于那类学习者来说，一点小进步就已经足够好了。教师可能想鼓

励学生“提升成就”，在无意间将学生的注意力错误聚焦于外在奖励，而不是内在收获上。换句话说，在无意识和无批判反思的情况下，教育者可能会吸收很多这样说话的方式和思考的方式。这种被教师使用的隐喻，超越了平白语言，而有了专业力量的支撑。因此，隐喻不仅可能限制理解，而且有可能会局限学生的学习机会。下面我们将思考三个未经检验的隐喻，它们可能影响着我们如何为初任教师提供经验，影响我们作为教育者指导我们工作的思维系统：“田野经验”、“阅读困难者”和“学困生”。

“田野经验”：一个未经考察的根隐喻

正如我们在上文用拉娜的研究评论所指出的那样，当要求新任教师评估他们的教师教育课程时，他们往往会说从大学课程中学到甚少，但是从“田野经验”中学到颇多。当教师教育工作者不敢恭维，那似乎对他们而言是可还原的模型时，“田野经验”这个术语以及师范生对它的另一种认识观点显现出来。“田野经验”在候任教师的字典里，是语言学家所称的“根”隐喻。根隐喻深植于我们的语言和文化之中，因此常常不被认为是隐喻；但是这些“根隐喻”也派生出其他的隐喻。在生长的“田野式场域”和培育的“田野式场域”之间，存在一种明确的且根本的实质关系，但在某种意义上，它也是一种与“场域”相联系的隐喻，教室本身就是一个场域。具有讽刺意味的是，虽然指导者可能忽视新任教师表达学习教学方式的这一方面，但是对于教师教育工作者来说，这是连接“亲身经历”和“真实世界”的一部分，而且也是从真实世界抽象至“话语世界”的隐喻。

课程和田野工作是不同的“活动系统”

因此，教师教育工作者实际上把大量时间和精力放在师范生对学校儿童和教师的
712 观察以及与之一起工作上。但我们在思考活动时，以及考虑这种活动也许能帮助学生拓展思维时，我们彻底地沾染上“亲身实践”的实用主义。这些活动隐喻性连接到田野上，这是由于专业性田野是社会语言的场所——以及身份认同——包括语言、思考、理解以及技巧。

然而，人们通常将田野经验视为一个活动体系，而将大学课程区别为另一个活动体系，在此框架之下进行论述和活动。我们授予前者以“经验”状态，而后者则存在知行分离的危险。当我们为这两种情景创设不同的学习活动时，我们也在冒险将这种表述具体化。这些活动体系在参与者、说话者权利、社会角色、说话方式、工具、器物、目的和环境等方面大致相同。例如，在教师教育课程中，我们往往把重点放在与教学有关的概念工具上：阅读和讨论专业文献中的理论和概念；撰写分析报告来帮助候任教师掌握理论和概念；谈论与课程中以理论倾向为特征而相符合的合适的教学方法。“使用”和“应用”这些概念、观念的机会——通过使用实用工具——发生在“田野”中；在这里，候任教师筛选资源和方法，在“真正的”课堂中对“真正的”儿童进行课程设计和授课。随后，通过撰写课程论文或者回到校园与同行进行讨论，在远离田野的地方

对这些“真实世界”经历进行反思。近年来，一些教师教育工作者开始在实习学校开展教师教育课程，这样学与做、理论与实践的界线更易模糊不清。然而，即使如此，课程作业的活动设置(例如在成人聚集的房间里进行文献的阅读、写作、讨论)与在课堂教学的“真实工作”(例如使用教育资源与儿童互动)仍旧是显著不同的。因此，当我们期待实习教师为了学习而努力改变话语体系、冲破既定的文化界限时，他们就将自身的专业教育割裂为两个毫不相关的部分，这无可厚非。

田野经验和“隐性课程”

在田野经验的隐喻中有一种“隐性课程”(Jackson, 1968)。也就是说，有一些事情超出了教师通过到大学学习教师教育课程并为重返学校教学实践做准备这些既定的教师教育项目或课程的规定目标。未来教师还会被安排与一名合作教师合作，通过此方法进行自主学习。这样的学习与通过阅读文章和书籍所能学到的理论大不相同。例如，新任教师发现教学是在一间封闭的教室隔离进行的(Jackson, 1968; Lortie, 1975)，而且因不同的年级水平或学科部门而被分隔(Siskin, 1994,1995)。这也就意味着新任教师可能会将问题个性化，将自己的知识和表现僵化在不切实际的标准上，一旦出现困境就变得自责，基本上独自实现(或者放弃)从学生到教师的转变(Britzman, 1991)。这些并不是新任教师预计的学习结果，但无疑代表了一些新任教师是如何经历“田野”的。

把田野定位为一个更有产出的学习环境

因此，田野经验是一种隐喻，它将两个模棱两可的术语连接为统一的可理解的东
西。这是表达复杂的教育成就的一种可行方式，它涉及到多元视角、情境、说话方式和 713
社会角色。同时，候任教师在一种背景下所学很少，在另一种背景下学到很多，隐喻就这样高效地为他们构造经验。户外，是绿色与万物生长的状态，与室内的隔绝形成鲜明对比。在室内我们的身体受到很多限制。在室外，我们活动自如。室内的空气是浑浊的，而室外的空气是新鲜的。我们在室内思考，但是在室外活动。亲身实践体会经验和真实，都与“田野”这个词有关，就如同耕作土地、种植和培育一样。在室内，我们注重自己的言谈举止，温声细语，与自然毫无联系。一些材料物品虽然与我们的成长和生存毫不相关，却装饰着我们的室内环境。在自然中，一种强大的生命力包围着我们，对于这种力量，我们不能驯服，只能成为其中的一部分。

因而，我们发现，熟悉的联动力量在于将机构、活动、工具、语言和社会认同组织起来，并使之得到强化。由于简明质朴，隐喻得到充分运用，并成为我们日常知识储备的一部分。但是，就像斯克里布纳(Scribner, 1984)在研究读写教育中的隐喻所发现的那样，隐喻显著的共享特征和简明特征，限制了很多可能，主要让我们试着去精炼、评估，或者修正我们已经知道的东西，而不是思考还有什么其他经验可以去获取。斯克里布纳所谈的是读写教育，与我们这里所谈的一样，将可变的情境活动简化为隐喻，导致我们将活动看作目标而不是过程，把个体看作是被动接受者而不是经验和学习的共

同创生者。

考察替代性隐喻以预想社会互动的改善

更近一步审视、解释隐喻，而不是沉溺于隐喻，我们可以发现，隐喻所塑造的意义是什么，以及我们如何能够以自由、批判的方式反思隐喻。例如，如果我们把田野作为隐喻重新思考，我们可能会把教育比作生态环境的田野[1]，并且发现我们正以全新的方式将经验和学习概念化。例如，我们注意到，在生态环境的隐喻下体现的是生物的相互依赖和互动作用。将田野视为生态环境，教师教育工作者、候任教师、在职教师协同工作更具有意义，并在工作中相互依赖。从这种观点来看，教师教育工作者不会不理睬今日在职教师在面临课堂日常工作时所采取的应对方式，例如让学生做好标准化考试的准备——“为了维持现状”或“为应试而教”。相反，教师教育工作者可能会鼓励候任教师勤于发问，从而理解这些挑战如何成为塑造教师日常实践的强大力量。在这种方式下，在职教师为教师教育工作者和未来教师提供了获取复杂背景的途径；新任教师正是在这些背景中学习如何进行实践。同样，在职教师也分享了未来教师处理课程决策中紧张状况和困顿局面的方法，在符合学校和学区要求的同时，也遵从自己对于优质教学组成要素的专业判断（如 Johnson，2001；Lampert，2001）。在此之后，教师教育工作者和在职教师都承担起帮助候任教师提升发现和理解塑造教学背景之能力的责任。

通过将田野作为隐喻进行反思，我们也考虑成长所需的不同要素间的平衡。就如我们所看到的，教学和学习的基本要素包括概念工具，如用来指导和解释实践的理论
714 和概念，以及教师日常工作所熟悉的实践工具，如课程教材、课本、职业手册、数学教具，或显微镜。不考虑计划教授课程以及评估学生进步所需的实践工具，只是一味使用概念工具，很有可能使这些工具远离教学的真实工作，甚至毫不相关。另一方面，工作中只使用实践工具，而不考虑指导原则和理论，会把实践降低到只是实施一系列“有趣”和“干净利索”的活动，这可能不会形成儿童的教育经验，也可能无法帮助新任教师理解某种实践是否有效或者为什么有效。教师教育工作者、新任教师和有经验的教师都在使用工具进行工作、谈话或写作中发挥着重要的作用。也就是说，如果我们把这些要素与其他要素分离开来，或者把一个生物从生态环境中分离开来，我们就会将个体成长，以及共同体的成长和健康置于一定的风险之中。

以这种方式解读“田野经验”，我们看到了学习教学的社会维度，包括基于对话和写作的实践和实践分析。我们也看到了不同种类经验相互依赖的必要性，经验在本质上的文化特性，以及作为培育幼苗成熟的激进术语（作为农业文化）。教师教育工作者、候任教师和实习教师在这种交互性的意义生成过程中，都扮演着重要角色。

---

① 巴顿（Barton，1994）选择把这个隐喻作为对于“读写”（literacy）的一种替代性思考方式，因为它介绍了一种背景性成长的观念，这种观念认为成长发生在复杂环境中。

“阅读困难者”：作为有力的经验组织者的隐喻

共享隐喻发展了共享概念和共享的思维体系(Lakoff and Johnson, 1980)。这些思维体系形成后续的行动和理念，然后又传递下去，从而很快沉淀下来。事实上它们演变成了现象。隐喻及其产生的概念通常是在日常情景中获得的，并被人们以缄默的形式掌握。并且，就如布鲁纳(Bruner, 1996)所观察到的，作为当地的民众的知识，隐喻并不要求对它进行实证检验以确定真实与否。隐喻被认为是具有解释力和预测力的，这种信念起着这样的作用。我们都知道，祖父的脚趾痛，可能就预测着暴风雨将要来临。我们不去质疑如何以及为什么“隐喻具有如此功能”。

如何把已经熟悉的环境(共享的和理所当然的说话方式、行动方式、参与方式和思维方式)，班级和学校，融入一种崭新的、非熟悉的背景，教师教育的这种固有困难已经被诸多文献涉及。为了成为专业教育者，师范生们必须能够以全新的方式从熟悉的环境中审视、倾听、感觉、对话及学习(Florio-Ruane, 1990; Frank and Uy, 2004)。这是一种与交流紧密相关的认知性变革。教师语言和言语意识是他们专业性教育和实践中极为重要的方面。语言批判的形式、作用，及其在重塑行动、学习和学习者方面的力量，对于成为一名教师，可能是最重要而又最困难的任务，但这是教师为教会学生语言批判而必须学习的。

将学生分类的存在论隐喻(ontological metaphor)

例如，考虑“阅读困难者”这个隐喻。就如在本文引言中所讨论的那样，这是一种存在论意义上的隐喻，它带有抽象性质(一个人是如何学会阅读的)，将某种经历(阅读者付出大量努力而没有成功)通过某种类型的人(阅读困难者)来表达出来。大众媒介及普通民众也许会毫无顾忌地谈到阅读困难者。然而，除非他们本身是教师，否则大部分人对于阅读教育是没有什么影响的，只不过是对这个主题暂时感兴趣罢了。没有 715
什么能够使说话者暂停下来，想一想他们的措辞。他们很少会问，“为什么我会把困难与阅读联系在一起?”或者“阅读者与谁挣扎，挣扎什么?”以及“认定某人在挣扎，意味着什么?”抑或“我如何决定给谁贴那种标签，为什么呢?”(Florio-Ruane and Raphael, 2004; Rogoff, 1990)

所以我们看到，当新任教师在当地教室待了一段时间后，视一个孩子或一群孩子为阅读困难生时，他们就是使用一个在日常用语和教师话语中现成的隐喻。然而，这些教师一定要知道，术语一旦使用，就会不恰当地在个体之间构建差异；这种构建充满风险，可能忽视其他需要注意的问题，例如结构性或制度性的不平等，可能会导致既定学生群体是否能够以某种速度进行阅读(Gutierrez and Orellana, 2006)。在《阅读中的挣扎和困难：管理缺陷》(Struggling and Difficulty in Reading: Managing Vulnerability)一章中，两位有经验的教育家，兰迪和凯瑟琳·博默(Randy and Katherine Bomer)，对“阅读困难者”隐喻如何定位儿童进行了重要分析。

> 谁是阅读困难者？这个术语本身是可疑的，因而它暗示所有阅读困难者都属于同一类。任何人都存在困难之处，但没有人总是一直处于困难之中。没有两个学生会以完全相同的方式处于困难之中。一次考试的低分可能仅仅意味着学生在这次考试中存在困难，而并不意味着在他感兴趣的阅读方面也是困难的。通常，困难的概念从根本来讲不是来自于学生，而是来自于体系中等级水平的期望或类似的内容。(Bomer and Bomer，2001：89)

这些作者进一步指出，某些学生没有经过阅读过程的某些障碍，便无法学会阅读。但是作者们也小心翼翼地指出，不同学生在弄懂文本含义上有着不同的困难。作者同样指出，挣扎与失败不是一回事，因为，“挣扎意味着尝试，存在主观地努力付出。看到学生处于阅读困境中时，我们认为他们在挣扎。挣扎意味着学生所做的努力并不是必要的，阅读应该更容易、更节约精力”(Bomer and Bomer，2001：89)。

这种分析指出了民间知识进入专业话语时的陷阱，以及以技术的方式使用简化隐喻，进而把学生描述到单一分类框架中的陷阱。使用单一分类方式，造成了错误信念，即存在一种方式能够帮助这一类学生，而任何有经验的教师都很容易质疑这种说法。但这是一种微妙的区别，从人类的天性来看，我们了解一些东西，因为我们拥有一种表达它的方式。出于相同的原因，隐喻简单化的麻烦之处在于：在简单化的过程中，它聚焦于个体层面，将学生和阅读看作分离的和正在分离的两方。结果是，我们并不以社会视角来看待阅读和学会阅读。

此外，“阅读困难者”隐喻与阅读发展的方向隐喻密切相关，在这种阅读发展中，“我们想象图表中有一条线，除收益之外什么都没有显示，按既定方向持续进步。一旦我们看到学生处于挣扎之中，我们设想，与不挣扎的人比较而言，他们处于一种相对更低的水平之上”(Bomer and Bomer，2001：96)。这种想法导致我们认为有一个叫“阅读”的过程，并且通往学会阅读的路径是单一的。任何远离这一路径的人，都是有缺陷的。

716 ***学会分析潜藏在语言中的假设***

新任教师可以学习批判思考他们在公众和学校里的教育者中所听到的言论，开展埃尔鲍(Elbow，1986)所谓的“相信性游戏”和“质疑性游戏”。埃尔鲍把这些过程描述为规训的方法，主要是：(1)依照“相信”某些解释，即使这些解释与自己的设想并不相符，从而达到彻底的理解；(2)依照批判性和系统性“质疑”或评估潜在的假设。埃尔鲍解释说：

> 作为知识分子，我们需要学会质疑，将我们从思想观念中解放出来，尤其是我们自己的思想观念。我们需要学会在保持观念的同时能够中断体验一

> 种观念，也就是，将经验从观念中释放出来，将经验视为其自身的纯粹命题……方法论上的质疑，代表了人类的一种斗争，想要将自己从狭小封闭的心灵中释放出来，但是这还远远不够。在这一点上方法论信念可以拯救我们，因为它迫使我们真正进入不熟悉的或危险的观念之中，而不仅仅是在未体验这些观念或感受其全部力量的情况下就去反对。(Elbow, 1986: 263)

重要的是将我们习以为常的隐喻明晰化，仔细审察它们所支持的概念和意识形态。借用埃尔鲍的方法，新任教师可以将描述学生经历(记录某个学生在阅读过程中的某方面如何进行挣扎)与将学生分类化(如阅读困难者)区分开来，而不是仅仅把“挣扎”这个词从他们的词汇中彻底排除出去(因此只是“质疑”它的优点)。这种微妙的差异，将新任教师的注意力，从那些挣扎着想要变得和别人一样的学生身上，转移到发现个体的学习需求之上。人们期待专业教育者能够准确提出这些问题，因为具备专业认同和地位的他(或她)拥有修辞的力量。作为一个把关者，教师对于正在学习阅读的儿童所说的每一句话，都会对那个儿童的教育经历和人生际遇产生深远的影响。

关键是，教师和其他专业人士用来描述和解释自己关注事物之语言，以及他们在自身生活经历中所生成的意义可能会产生扭曲、疏远、沉默，甚至阻碍他们去体察他人感觉，因而上述语言可能沦为令人不悦或危险的东西。但是隐喻恰恰又被接纳，因为通过简化、联合，以及帮助共同体成员处理或简化复杂事物，它们“发挥作用”。我们假定这些工具既能让我们了解复杂性，又能达成共识。专业人士往往发现很难打破现存话语共同体中业已接受的框架，因而很有必要从熟悉的话语中走出来，从而批判性地审察，并将它视为很多情况中的一种。在实践中，对于我们熟悉的话语，我们可以支持它，促进它，或者也可以删除它。

“学困生”：隐喻、意识形态与权力

停下来想想我们所作描述的隐喻性质，想想我们作为教师需要进行描述所具有的权力，我们可以在预测性和控制性方面将我们的实践工作看作远非一种实用性练习。教师在这种变革性工作中所扮演的中介角色是至关重要的。同样这也是充满意识形态性的。教学的这个方面并不是天然造就或者轻易习得的。这需要有人教，需要去学习和实践(Shannon, 1992)。更进一步而言，如科克伦-史密斯所说，专业性工作的一 717
个重要方面在于“重视隐喻、叙事和文学手法使用的方式，从而在不同群体喜好方式和对首要问题的理解方式方面，战略性地获得支持”(Cochran-Smith, 2005: 4-5)。

从这个角度来看，仍如科克伦-史密斯所言，作为教师和教师教育工作者，我们的言语或者我们的行为，都不是“政治中立的”。我们的工作在本质上充满意识形态性，经历着文化的熏陶；而在这种文化中，意识形态在激烈的话语中增加和固定。基于同样的逻辑，“经验”既不是中立的，因而也不是学习中的，学习在本然上也是意识形态性

的，服务于提升我们对自然和人类社会的理解，但是，这种学习是带着某种目的性的。教学和教师教育是非常必要的实务事业。然而，弱化“为什么做”和“做的理由”，强调“做什么”和“如何做”，这样的学习环境可能会减少再生而变得缄默无声。因此，了解隐喻的文化和历史起源，可以让我们洞见其政治权力和思想权力。

隐喻以特有的方式进入我们的公共知识库

在圣经传说中，有一个希腊词与“柯罗诺斯”(chronos)一词存在紧张关系。我们知道，柯罗诺斯指的是时间经历，一刻紧接着一刻。我们主要生活在时序性的时间中，总是按时序性讲述故事(即使故事有倒叙的时候)：“然后发生什么了？之后又发生了什么?”这种体验时间、语言和活动的方式，很容易将我们限制在单维视域下，将我们束缚在因果链条之中，让我们依照顺序按部就班，尽管内容是独一无二的，但是形式和功能却是重复性的。

相对而言，凯洛斯(Kairos)是另一种时间。这种时间不是时针上的时间，而是一种时间点的中断——在这种时间里我们被召唤着以一种不同寻常的方式去行动，思考，或者言语。我们语言和关系的这种本质变化，在修辞学上被称为“Kairos”。这是希腊语中表示“机会”、“时机”或者说“转折点”的词(Erickson，2004)。它可能被强大的人和利益所引发，但是它也是一种文化中所有成员的职权(province)；它是人塑造文化和被文化塑造的一种方式(Eisenhart，1995)。尤其是在更广泛的社会面临重大意义、变革或危机的时刻，专业人士比如教师和教师教育工作者被号召探寻那些影响他们的组织、知识基础、行动和专业教育的方法。教学是公共的、应用性的职业，因而对于教学实践的审察和改革同时发生在实践之内外。一旦人们相信教育是社会失败的罪魁祸首，或者社会正在衰落，而教育有可能是一个解救之道，那么教学这个职业就会成为公共争论和讨论的焦点。于是教师培养以及对教师专业知识和胜任有效实践技能的评估日渐成为讨论焦点。

因此，主导教育、教学和教师教育的国家层面话语的隐喻，并不是借助某种力量(政治、经济或精神上等)而有意施加影响，而是通过每天公众和新闻报道的讨论，通过专业人士的对话，而传播和根植于我们日常文化土壤之中。一旦隐喻得到采用，即使其目的在于抵制、批判或者辩论其自身，隐喻都会以自身特有的方式进入公共文化知识库，牢牢控制并塑造着随后的思想和言论。

“生成性”隐喻隐含了它们自身的解决之道

例如，一名教师(有经验的教师或者新任教师)说一位儿童学习“有困难”，这是很
718 常见的。这个隐喻的前身可溯于1983年联邦政府发布的一份报告，题目为《国家处在危机之中》(国家教育卓越委员会)(“A Nation at Risk”，National Commission on Excellence in Education，1983)。把与全球经济竞争力相关的美国公共教育称为危机，报告使用了“危机”一词，以此唤起一种危险意识，描述了失败的可能性或者说国家克服危机的可能性。和“阅读困难者”一样，“学困生”也是一种存在论隐喻，它将问题

置于儿童之中，而不是描述一个处于困难中的有能力的儿童。这种隐喻也是生成性的(Schon, 1979)，也就是说它暗示着一种塑造情境的特定方式：我们的教育系统随着"学困生"数目的增加而受到更多威胁。按这种塑造逻辑，由于隐喻自身中隐含了一些相关因素，因此其或许可以生成自身的解决之道：帮助"学困生"摆脱困难，威胁自然就会减弱。

对于国家而言，危机也是内在性的。例如，由于教育水平下降，报告描述称，走出学校的美国学生，并未做好在全球经济中成功竞争的准备。随后在 20 世纪 90 年代初，旨在解决所谓的"危机"的课程很快标准化，由此拓展了隐喻的网络，这种网络可以塑造经验，使新手教师在实践中学习获得所需的概念性和实用性工具。

就像这个例子所说明的那样，新任教师需要树立一种意识，他者的语言——以及他者的兴趣——塑造了思维和意义建构。在危机时期，人们往往选择等级制度的简便性和可靠性。界限变得分明，水平结构——从跨学科合作，到灵活计划，或者甚至是学校建筑——都被搁置一边。他者的语言，同样塑造着教师学习和进行实践的工具。一旦课程材料、评价方法和专业发展经历都与学校课程标准和教师专业标准"结合"起来，教师能获得的概念性和实用性工具就会受到限制。隐含的信息就是，这些工具提供了解决"学困生"的"问题"之法。

最新出台的《不让一个孩子掉队法》(No Child Left Behind, 2002)，已经成为公众和专业话语的一部分，候任教师、教师教育工作者、实习教师都在谈论和认可《不让一个孩子掉队法》，由此我们必须承认的是，修辞工作，已经由某些人(或某些团体)，以某种方式，在某些地方开展了。当我们在隐喻所出现的社会和历史背景中认真检视修辞，我们发现了意识形态和政治立场，这种立场潜在地塑造着新任教师从经验中学习什么，以及如何进行学习。

作为经验设计者的教师教育工作者

鉴于隐喻在推进教师认识经验和从经验中学习中发挥着强大作用，其对教师教育工作者的设计有重要启示。一种设计的方法是，考虑一种可选择性的隐喻来教育新任教师。我们经常将教学描述为或认为是一种"女性职业"，在这种职业中，技艺、关系和关心，与客观性、理性和证据同样重要。因而，提出将编织(waving)作为一种教学的隐喻似乎是恰当的，因为它非常适合与我们工作密切联系的概念。它为严格的、压缩性的隐喻结构提供了替代选择，在原有结构中，我们极少有明显的方法来改变我们的境况。

这种隐喻将带来什么样的观点冲击？编织包括了多层次，以及多色彩和多张力的工作。编织是以富有创造性而又模式化的方式，在这些层次上移动，形成一个统一而美观的作品。这将是更为简单化的活动，在这种活动中，纺线绑在一起，始终在两个方 719

向上运动来形成织物，更有目的性，比如可能是为了温暖我们的身体。在各种情况下，编织将我们通常置于对立的特征联系在一起：力量与灵活性；结构与中介；个体工作与团体工作；展现与设计；美观与实用。教师在文化背景下通过经验与他们的学生一起成为语言意义的编织者。

编织隐喻有利于我们理解多层面和多维度的教育。这些层面和维度的结合，是复杂而丰富的成就。人们学习它，教授它。候任教师刚开始时主要在外围参与，只能旁观专家编织者(waver)及其劳动成果(Wenger, 1998)。他们也会看到编织者所需要的原材料和工具，然后逐渐地学会独自工作，而做这种工作在他们作为新任教师时却只会眼睁睁地旁观或只能在有人帮助的情况下完成。我们为了使交流成为可能而制定和遵从的规则，也考虑到了技巧性和应变性特征，这些规则非常类似于编织者的技能、知识和创造力，不仅要求编织者拥有编织的专业技能，还要能对学会与初学者分享教育经验有很深的理解。

将这个隐喻牢记于心，我们可以对教师的经验与实践做出不同的分析。这种分析不仅是本土的和实用的，更是概念性的，同样也具有展示性。谁主导了教学和教师教育的修辞，谁就能将他们的利益有力地渗透到美国教育的编织中去。讽刺的是，如果教师不能批判性地意识到他们在教学中使用的隐喻，那么他们就不能以全新的方式说话和观察。如果教师放弃自己的专业潜能转而求助于其他说话者，无论他们如何努力工作或受到怎样良好的教育，他们都不能成为教育的织物或其编织的一分子。在促使新任教师组织和分享教育经验时，教师教育工作者的教育责任就是支持和促进(extend)新编织者的发展——这些编织者不仅要学习一种文化稳定的知识和实践，而且在他们面对各种变化，以及最后承担起编织者责任的时候，还会有所改变。下面讨论的例子，提供了社会分工及概念和实践工具的使用，这些工具有潜力指导着教师教育工作者、未来教师和任课教师，使其对教师教育中的语言、学习和经验有更为丰富的理解。

学习专业话语

审视修辞工作需要发展元意识，需要脱离熟悉的话语，将隐喻视为结构，视为人如何描述经验的特征以及解释经验的多种话语样本。教师教育工作者的一项长期实践，就是与候任教师带入教师培养的东西打交道，这些东西是他们对于儿童、学科知识，学校和学校教育，以及他们自身作为学生的先前经验。通常情况下，我们设计经历，帮助候任教师明确自身的预见，重新评估他们的经历来达到更进一步的检验和批判。然而，有研究表明，这些先入的信念很强大，难以改变(Feiman-Nemser, 2001; Wideen *et al.*, 1998)。

考虑到文献分析中语言的隐喻本质及其与思考的关系，莱特里西亚和麦克劳林(Lentriccia and McLaughlin)问道："任何一种语词是如何产生意义的？它是通过成为意义系统的一部分，通过一组对比或对照而产生意义的。没有任何一个语词是独立产生意义的，它总是与语言系统中的其他语词相关或不同(Lentriccia and McLaughlin, 1990：85-86)”。正如之前讨论的那样，对于教师教育工作者与在新任教师和指导新任教师方面的经验丰富的教师而言，他们的共同工作部分在于理解意义系统，尤其是 720
那些相反的，相似的或者是以某种方式组织的系统是如何随着背景和意识形态而变化的。通常，当我们近距离观看我们对语言的使用，我们就将自己的偏见暴露无遗，也变得愈加开明，能接受其他可能的视角。在语言中，我们不仅发现隐喻扩大(amplify)的意义，而且我们发现隐喻以全新的方式推动我们考虑熟悉的事物。或者，在让不相像的镜像并列在一起时，我们开启了新的方式来审视、言说和思考隐喻。在这种意义上，教师教育工作者，候任教师和实习教师应该创造更多开放空间，以共同工作来揭示与他们经验紧密相关的潜藏意义，以便他们在未来其他的经历可能带来的意义面前，或者在另一种可能的解释面前，变得愈加开放。

我们认为，当教师教育工作者和指导教师承担责任来帮助新任教师融入实践共同体时，他们也在帮助新任教师学习专业话语。语言学家詹姆斯·吉(James Gee)描述过一种“话语”，或者一种特殊类型的共同体，在这种共同体中，有过特定学习经历的人将接受一种特定的文化实践和语言使用方式，并认同该模式相伴随的地位和角色。这些人可以说是先驱，他们的专业认同深深渗透到他们的生活和社会关系之中。对于他们来说，现在语言以全新的某种方式与文化及学习有关。吉写道：

> 话语是存在于世界的方式，是统合语言、行动、价值、信念、态度和社会认同，以及手势、眼神、身体姿态和着装的生活形式。话语是一种认同工具，伴随着适当的习俗和关于如何行动、交谈和写作的指导而完整，以便承担起他人能够辨认出来的特定社会角色。(1996：127)

一旦专业人员省察自己如何使用语言，他们就能探索性地、明智地使用语言，他们也实现了探索隐藏在语言背后的意义的行动意向。这意味着，专业人员与新任教师一起为避免令人迷惑的命名而努力(比如“阅读困难者”)，了解如何进行实践，从而帮助所有学生成为成功的学习者。专业人员花时间去寻找意义，关注教学中的修辞，关注它是什么，又揭示了什么。

创建新的话语共同体

教师教育工作者能够让新任教师参与这种省察工作的方法有哪些？无论教学设计如何，它必须包含教学和学习的复杂性，避免简单化。如此一来，教师教育工作者能够与在职教师和候任教师协同工作，成为经验的编织者。作为编织者，在从经验中学习这方面是有目标的。同时，他们保持对经验的开放性，并以全新的方式再体验普通的事务。一种设计方案是与教师研究团队合作，共创一种新任教师能够参与的新的话语共同体。除常用的专业思维、语言和互动方式之外，我们提供教育者努力的三个例子。这些例子批判性地和富有想象力地解决了我们实践中遇到的叙事性和隐喻性的语言修辞问题。

描述性审查

费城教师学习合作协会(The Philadelphia Teachers Learning Cooperative, TLC)
721 在努力理解课堂生活的过程中，发现了探索可替代内涵的方法。他们一直从事着称为“描述性审查”的口头探究，在这种探究中，教师将问题带到团队中，而这会帮助教师学习到新东西——关于难题、某个儿童、儿童作业与行为中的分歧等等方面的处理方式(Carini, 2000; Kanevsky, 1993)。通过在团队中呈现五个方面的信息——儿童身体仪表与姿态；品性；儿童与其他儿童及成人间的关系；活动与兴趣；以及思考和学习风格——教师强调描述性，并对替代性观念保持开放态度。正如卡里尼(Patricia Carini)所解释的那样：

> 描述性和暂时性的表达意味着什么？这意味着，将评判性的语言，诊断性的或其他如“多动的”、“学习障碍的”或者“发育迟缓的”等标签悬置一边。主席(领导了这个讨论)解释道，没有儿童总存在多动的、视而不见的、令人烦扰的或者其他问题——无论那看起来对饱受折磨或极度关心的父母或教师来说多么严重。她建议说，如果采用一些短语如“在我看来”或“从我的角度来看”，将会给儿童成长留下空间，而不仅仅是我们任何人所能想到的。主席强调最重要的是将描述儿童的语言深植于例子与解释之中，这样语言才会深深地植根于观察。
>
> (Carini, 2000: 14)

在这些方面，就一个主题或问题的多个视角进行考虑会让问题变得更加(而不是更少)复杂。避免简化标签诸如“超……的”、“有缺陷的”或者“延迟的”，可让教师关注儿童能够做什么，拓展“……儿童未来图景的深度和广度”(Carini, 2000: 15)，而不是隐喻性地说与他人相比，儿童不能做什么。

教师研究小组

在第二个例子中，安妮·哈斯·戴森(Anne Haas Dyson)和她的同事们，在一整个学年里，每个月集中两次，探索一个核心问题：“‘差异’在我们日常教学工作经历中产生了什么影响？”(Dyson, with The San Francisco East Bay Teacher Study Group, 1997: 3)。该小组在写作教学背景中探索这个宽泛的问题时，提出了一系列更为具体的问题：

- 我们所说的“差异”是什么意思？

- 谁来决定什么是差异或者谁是“有差异的”？
- 在我们日常教学过程中，我们如何以及何时经历“差异”？是否存在某些课堂生活的维度，使得差异凸显为积极或消极的问题方式？是什么让这些差异成为“积极的”或“有问题的”？
- 我们如何让读写课程在儿童的不同经历和资源面前开放起来？如何让我们的活动保持弹性，如何让我们的期望具有前瞻性？
- 我们如何帮助儿童在一个充满差异的世界里生活？

(Dyson *et al.*, 1997: 3 - 4)

小组从多角度考虑这些问题，结果是理解了“儿童间的水平差异（如语言差异、文
化风格差异、家庭情况差异……以及垂直差异（如建立在能力与技能上的狭窄范围的 722
差异，甚至将年幼儿童标记为‘聪明’或‘不聪明’，‘准备好’或‘没准备好’，‘有困难的’或‘没有困难的’）”（p. 11）。研究性教师以班级和学校为单位来研究学习者，并探索路径来研究语言如何影响我们对学习者的关注和理解，进而如何影响我们的课程和教学决策。

专业化网络

在第三个例子中，塔斐·拉斐尔和苏珊·弗洛里奥-鲁安（Taffy Raphael and Susan Florio-Ruane）在密歇根州创立的教师读书俱乐部联盟（the Book Club Plus Network）将密歇根州全州的市区、农村和城郊地区的教师联系起来，致力于基于探究的专业发展。网络读书会的常规项目是设计和探索各种方式以重新接纳一些青年。作为阅读障碍者或阅读缓慢者的，目标青年经过几年的自我认同之后，已经脱离了校本读写教育，接受了作为异常阅读者的自我形象。网络读书会是协作性的。读书俱乐部运行的这五年已经吸收了多种教师教育团体（从幼儿园到中学）中的教师教育工作者，并将改善教育的设计与自身的专业发展联合起来。通过设计、教学、评价试点课程，网络读书会成员保持并深化了彼此的关系，创造出一种指向课堂读写的实地试验式的概念框架，聚焦于让那些在阅读方面存在困难和有过失败经历的青年重新融入课堂。网络读书会成员共同编写和出版作品，参加面对面的讨论，参观彼此的教室和家园，保持电话交流和网上沟通，定期共同休闲，从而维持着这种关系网（Florio-Ruane *et al.*, 2004; Raphael *et al.*, 2001）。

像上面讨论的两个例子一样，这些教育工作者把语言作为他们探索的重点，挑战着“困难”或“缓慢”阅读者的隐喻，这种隐喻对于课程和教学意义的改善而言是不充分和不合适的。他们强调孩子在校经历的性质，考虑这些经历是否使学习成为可能（或不可能），而不仅仅是用语言给孩子贴上标签，将问题限定在个别孩子身上。

考察文化、语言与意义

在这三个例子中，我们看到了术语（如“挣扎”或“差异”）含义的变化，深刻影响了

新任教师关于教学方法、教材及课堂学习组织方式的选择。并且，对于那些被包含或排除在丰富学习机会之外的儿童也具有深远的意义。若新任教师得出结论，认为“阅读障碍者”一定只能阅读简化的语言、降低难度的文本，那么阅读者就永远不会有机会接触到丰富的、描述性的语言。而这种语言会使文本具有内在的艺术、诗意和趣味。

这些教育者已经进入到文化、语言和意义的重要研究之中。如科克伦-史密斯(1991)数年前所言，与“观念变革型”教师一起工作，能够为这种类型的新任教师和教师教育工作者创造出丰富的学习环境，因为协同工作涉及的不仅仅是做——还包括对持续学习和当代教育变革实践的探究。

使用技术工具

更多当前技术革命如多媒体视频案例的应用，为考察课堂生活及其富含的意义提
723 供了另一种路径(e. g. Kinser and Risko, 1998; Koehler *et al.*, 1999; Lambdin *et al.*, 1996; Lampert and Ball, 1998; Rosaen, 2002; Rosaen *et al.*, 2004; Rosaen *et al.*, 2002)。视频案例可以通过使用一种多媒体编辑器创作出来，让用户借助课堂中的一些媒介(视频、图片、音频及一些文本)进行观看、分析、整理和评论，从而探究可见的教学实践，提出教师与学生相关联的思考问题。这些案例是根据可以遵循的多种路径和一系列可以研究的实践记录设计出来的(Ball and Cohen, 1999)，是帮助候任教师在教学和学习方面采纳一种探究性立场和变通性思维的教学工具(Spiro and Jehng, 1990)。更近一步来说，视频可以重复观看，从而可能放缓课堂生活的节奏，帮助新任教师学习使用概念和理论去理解复杂的课堂互动。

教学和学习的封闭性研究

例如，候任教师可以在小团体中工作，参与用多个视角去观看某一特定学习课堂学习的视频剪辑。可鼓励候任教师对教学和学习做出清晰的设想，并与同伴对比各自的解释。也可鼓励他们对于自己的观察进行提问(而不是给出答案或解释)。下面是在罗萨恩(Rosaen)的读写方法课上，一组学生在观察一名二年级的新生读者[①]詹姆斯(James)上完指导阅读课后给出的问题：

> 1. (我们想知道)在这个(视频)片段中，第二天的课是什么，以便能够更好地帮助詹姆斯(视频中的焦点学生)以及其他困难阅读生理解他们阅读的(书)？
>
> 2. 还有多少学生处于詹姆斯的水平上？她(教师)是如何帮助他们的？如果在这个水平上有很多学生，为什么她不能把他们组成小组，与他们一起

① 译者注：Gibson 将儿童的阅读发展分为三个阶段，(1)新生读者(emergent reader)、(2)早期读者(early reader)、(3)流畅读者(fluent reader)。

学习呢？

3. 与小组学生共同学习相比，一对一地教学是否使詹姆斯受惠？

4.（教师）单独指导詹姆斯学习时，课堂上的其他学生都在做什么？

（学生工作 11/9：Mary and Arlene）

在这里，我们注意到，玛丽和艾琳娜给詹姆斯贴上了“阅读困难者”的标签，这暗示指导者要使用隐喻来解释学生的课堂参与。这种贴标签（的行为）还提供了进一步探索他们解释的切入口：因为詹姆斯的阅读是在一个萌发的水平上，而其他二年级的学生正在读章节书，他们就认为詹姆斯是“困难”的吗？或许，这是因为他们注意到詹姆斯跟老师提到他在幼儿园读同一本书？或者是他们在课上注意到那些能够暗示他是“困难的（阅读者）”的东西？

我们同样也发现，这一组学生正在思考的问题与詹姆斯在学习共同体的资格有关（例如他与其他阅读者相比，是如何相似或不同的，什么样的社会互动可能对他有益）。此外，他们在质疑，怎样组织课堂能使教师可以对某个学生进行一对一的指导工作。这些问题表明了一种意识，即教师在阅读指导中需要关注的很多方面会影响“困难”阅读者的学习，比如教材、分组、学生能力、课堂组织等等。

学会关注背景 724

尤其在繁忙的课堂活动和日常工作中，学会关注某些实践，并把它们与对有意义教学更宽泛的理解相联系是一件复杂的事情（Mason，2002；Schultz，2003；Sherin and van Es，2002）。教师教育课堂上视频案例的使用，可以模糊“课堂”与“田野”之间的区别，帮助候任教师认识“现实”课堂教学的各个方面，并促进他们发展教学技能、教学策略与资源。玛丽在三年级课堂上花了大量时间，艾琳娜在四年级课堂上也进行了研究，这是方法课程的部分要求。他们注意到自己关于有效读写教学的信念与观念存在相似与差异。在思考为什么存在这些相似与差异的时候，他们提到了可能影响他们观点的几种类型的经历：

存在相似点是因为当我们共同工作时，都在（这个课程的）同一部分，我们都在读同样的信息文本，讨论同样的东西，甚至观看同样的（视频）片段。

我们觉得存在分歧，是因为我们在不同的课堂上有不同的经历。一个人可能会看到一些成功的东西，另一个人可能没有看到。同样，当我们将关注点放在不同的事物上，感受到更重要的东西时，自己的看法就会出现。

（学生工作 11/16：Mary and Arlene）

这里，看起来，玛丽和艾琳娜发现一系列经历——课程阅读与讨论，观看视频案例，课堂参与——这一切都促成了他们观点的生成。他们将一致性的部分归因于课程中共同的经历，而将差异归因于实习经历和不同的课堂背景。他们还假定，他们目前的想法与自己的先验知识和信念是相互作用的。目前尚不清楚的是他们是否会同意前文所提及的拉娜的观点，即“现实世界”（课堂）经历是最好的，而课程阅读只是课堂学习的起点。

考察课程、政策和标准

前文用于讨论教师工作及其潜藏的隐喻方法带有意识形态和政治性。这意味着，“课堂生活”并不是新任教师需要经历或思考的全部。学校教育的其他方面，如课程教材、标准文件，以及像《不让一个孩子掉队法》(2002)这样的政策法案，对于教师在工作中需要关注的内容深有影响。对于教师在课堂中的自主类型和自主程度，这些政策法案也会对教师的代理意识产生影响(Pardo, 2006)。有时，当我们在思考整个职业生涯阶段教师的需求时，我们想到需要帮助他们的最先是学习课堂管理和课堂教学，我们假设新任教师可能遗忘诸如课程发展工作之类的任务，而在更有经验的同辈面前承担起领导者的角色。如费曼-尼姆塞尔(Feiman-Nemser, 2001)所指出的，教师教育工作者可以设计新任教师需要经历的整个过程，将注意力集中于教学这一中心任务上。课程可以根据责任水平、关注点和可获得的指导类型进行改变，从而与新任教师的当前发展水平和发展需求相适应。她提出了一种连续体的概念，其焦点从职前阶段的课堂，拓展到入职阶段的共同体，再到随后数年的更宽泛的职业领域中的领导力角色。

725 然而，审视标准化运动和来自于《不让一个孩子掉队法》之类政策的压力以及其他高风险实验计划，正在深深影响着所有教师课堂实践的方式(Anagnostopoulos, 2003; Copenhaver, 2001; Johnson, 2001; Johnson *et al.*, 2003)。密切关注上述项目有助于重新思考，我们延迟让新任教师的注意力聚焦在他们实习课堂所在的共同体上，以及影响教师在实习课堂工作的重要问题上，是否有可能或者是否是值得的。如果新任教师觉察到他们对于自己的经历有一定的控制力（而不是由他们完全控制的），那么他们就需要了解如何能够参与到自身经验的构造之中。

学会质疑

例如，对于读写教学和学习来说，《不让一个孩子掉队法》包含了被倡导为基于实践研究的五项技能领域：音素意识、语音、词汇发展、阅读流畅性、阅读理解能力。但是，由密歇根州(2004 年秋季发布)所开发的新“年级水平内容期望”，包含一些额外的对于读写教学和学习很重要的类别：单词学习（作为词汇发展的一部分），元认知，批判标准和阅读态度。有充足的研究证据表明，对于有效教学而言，这些领域与《不让一个孩子掉队法》中所设定的目标同等重要(Palincsar and Brown, 1989; Pressley *et al.*, 1987)。

教新任教师这样提问：关于这个，谁能让我相信，又能相信哪些？作为教师，在面临任何教材和要求时，他们将迅速注意到密歇根州文件中的额外的聚焦领域，让读写教学和学习超出了可能被视为“基础”的部分，而涉及了更高的水平即批判性思维。根据他们的分析，新任教师可能会问一个后续问题：“如果所有的孩子只是获得‘基础’，‘不让一个孩子掉队’又指什么？”即使他们最终是在“阅读先行”(Reading First)的学校(在这个学校里，从幼儿园到三年级，办学资金以非常具体和事先规定的方式，被分配到州和地方学区，为其提供有效阅读教学)进行教学，新任教师必须意识到，他们仍然拥有很多教学上的选择。他们也必须意识到，他们可以根据本州的要求，证明他们的选择是合理的，主张这些额外的要求对于国家水平而言是一种补充。简而言之，关于课堂上孩子能获得的学习机会，教师可以通过学习逐渐明白自己在批判性抉择上拥有一些权力(Cochran-Smith and Lytle, 1999; Darling-Hammond, 1998; Firestone and Pennell, 1997)。他们可能也要学会为学生作为阅读者、写作者、思考者的成长提供稳定的记录。

理解经验、隐喻和文化将我们引至何方?

在最近关于方法课程和实地经验的研究综述中，克利夫特和布雷迪(Clift and Brady, 2005)得出结论：丰富的、复杂的社会文化方法很有必要融入到教师教育中，以研究新任教师如何理解和解释自身经历。我们的考虑表明了类似的需求，即隐喻如何汇集语言、文化、活动和思想的方式，使其既帮助又限制初学者从经验中学习。正如之 726
前在本文引言部分所讨论的那样，早期关于反映教师教学观念和自我感(sense of self)的隐喻研究，为进一步的实证研究奠定了基础。我们认为有必要进行调查，当新任教师接受不同的培养时，他们对于普遍存在于文化和职业中的隐喻的清晰看法，会如何影响他们的关注点。例如，如果候任教师有机会作为研究团队(由经验丰富的教师和教师教育工作者组成)的一员考察隐喻性语言，那么这些活动能帮助新手教师注意到什么，又关注什么？这些参与如何影响到他们理解自身对于学科知识和学习的责任？不同的隐喻如何塑造他们对于教学命题的命名以及框架的制定？他们使用什么样的概念和实践工具来解决这些问题？社会、历史、政治和意识形态对语言的影响，以何种方式帮助他们解释经验？这些都是有趣的值得考察的问题，能让我们更充分地理解新任教师教学的隐喻，以及如何帮助他们考虑可替代的隐喻。

在本文中，我们同样提供了一些可替代的隐喻，它们能够给教师教育的设计指明方向。我们认为，将田野视为生态环境的思考，有可能促进未来教师、教师教育工作者和任课教师的相对依存和相互作用，而不是将学习经历局限于“外部”的田野，或者“内部”的校园。我们也认为，将教学视为编织，能够带来很多层面的思考，能顾及到对于话语、课堂实践、课程、政策和标准的多种维度的考察。如果这些隐喻被我们用来设计和再设计教师教育经历，那么这些设计在多大程度上代表了教师教育在开展和评估方式上的真实变革？新任教师如何理解他们的经历？在学习批判地思考隐喻性语言塑造和组织经验的方式时，这些经历会在何种程度上给新任教师提供支持？与在无意识的结构之中潜移默化地发挥作用的隐喻相比较而言，在何种程度上，他们学会了选择能有效发挥作用以指导自身实践的隐喻？在提供新隐喻时，非常重要的是站在远离隐喻的位置来评价它们对于我们工作的贡献。

最后，语言、文化、活动和思维间的关系有可能变革教师教育，并为其提供更有效的实习经历。我们需要学习更多关于如何投入经验分析的方法。组织并指导我们教育者工作的隐喻，深深植根于我们的文化和专业之中，使其拥有强大的力量，所以重要的是不仅要了解它们，更要根据它们对我们教育工作者的影响，作出自身的选择。

（佘林茂　译）

参考文献

Anagnostopoulos, D.(2003) Testing and student engagement with literature in urban classrooms: a multi-layered approach. *Research in the teaching of English*, 38(2),177 - 212.

Au, K.(1993) *Literacy instruction in multicultural settings*. Fort Worth, TX: Harcourt, Brace, Jovanovich.

Au, K.(1998) Social constructivism and the school literacy learning of students of diverse backgrounds. *Journal of Literacy Research*, 30,297 - 319.

Ayers, W., Hunt, J.A., & Quinn, T. (eds.)(1998) *Teaching for social justice*. New York: Teachers College Press.

Ball, D.L. & Cohen, D.K.(1999) Developing practice, developing practitioners: toward a practice-based theory of professional development. In L. Darling-Hammond & G. Sykes (eds.), *Teaching as the learning professional: handbook of policy and practice* (pp.3 - 32). San Francisco: Jossey-Bass.

Barton, D.(1994) *Literacy: an introduction to the ecology of written language*. London: Blackwell. Bauer, E.B. & Garcia, G. E.(2002) Lessons from a classroom teacher's use of alternative literacy assessment. *Research in the Teaching of English*, 36,462 - 494.

Berliner, D.C.(1990) If the metaphor fits, why not wear it? The teacher as executive. *Theory Into Practice*, 29(2),85 - 93.

Billig, M.(1987) *Arguing and thinking: a rhetorical approach to social psychology*. Cambridge: Cambridge University Press.

Bomer, R. & Bomer, K.(2001) *For a better world: reading and writing for social action*. Portsmouth, NH: Heinemann.

Britzman, D.(1991) *Practice makes practice: a critical study of learning to teach*. Albany, NY: State University of New York Press.

Brown, R. & Gilman, R.(1970) How shall a thing be called? In Brown, R. (ed.) *Psycholinguistics: selected papers by Roger Brown*, pp.3 - 15. New York: The Free Press.

Bruner, J.(1996) *The culture of education*. Cambridge, MA: Harvard University Press.

Bullough, R.V.(1991) Exploring personal teaching metaphors in preservice teacher education. *Journal of Teacher Education*, 42 (1),43 - 51.

Bullough, R.V. & Stokes, D.K.(1994) Analyzing personal teaching metaphors in preservice teacher education as a means for encouraging professional development. *American Educational Research Journal*, 31(1),197 - 224.

Bullough, R.V., Knowles, J.G., & Crew, N.A.(1991) *Emerging as a teacher*. New York: Routledge.

Carini, P.F.(2000) Prospect's descriptive process. In M. Himley with P. F. Carini (eds.), *From another angle: children's strengths and school standards* (pp.8 - 22). New York: Teachers College Press.

Carter, K.(1990) Meaning and metaphor: case knowledge in teaching. *Theory Into Practice*, 29(2),109 - 115.

Clandinin, D.J.(1985) Personal practical knowledge: a study of teachers' classroom images. *Curriculum Inquiry*, 15(4),361 - 385.

Clandinin, D.J.(1986) *Classroom practice: teacher images in action*. London: The Falmer Press.

Clift, R.T. & Brady, P.(2005) Research on methods courses and field experiences. In M. Cochran-Smith & K.M. Zeichner (eds.), *Studying teacher education: the report of the AERA panel on research and teacher education* (pp.309 - 424). Mahwah, NJ: Lawrence Erlbaum.

Cochran-Smith, M.(1991) Learning to teach against the grain. *Harvard Educational Review*, 51(3),279 - 310.

Cochran-Smith, M.(1998) Teaching for social justice: toward a grounded theory of teacher education. In A. Hargreaves, A. Lieberman, M. Fullan, & D. Hopkins (eds.), *The international handbook of educational change* (pp. 916 - 951). The Netherlands: Kluwer Academic.

Cochran-Smith, M.(2005) The new teacher education: for better or for worse? *Educational Researcher* 34(6),3 - 17.

Cochran-Smith, M. & Lytle, S.(1999) Relationships of knowledge and practice: teacher learning in community. In *Review of Research in Education*, 24 (pp.249 - 305). Washington, DC: American Educational Research Association.

Cohen, E.G. & Lotan, R.A.(1990) Teacher as supervisor of complex teaching. *Theory Into Practice* (29)2,78 - 84.

Collins, E.C. & Green, J.L.(1990) Metaphors: the construction of a perspective. *Theory Into Practice* (29)2,71 - 77.

Cole, M. (1996) *Cultural psychology: a once and future discipline*. Cambridge, MA: Harvard University Press.

Copenhaver, J. F. (2001) Running out of time: rushed read-alouds in a primary classroom. *Language Arts*, 79(2), 148 - 158.

Darling-Hammond, L. (1998) Teacher learning that supports student learning. *Educational Leadership*, 55(5), 6 - 11.

de Guerrero, M. C. M & Villamil, O. S. (2002) Metaphorical conceptualizations of ESL teaching and learning. *Language Teaching Research*, 6(2), 195 - 120.

Dewey, J. (1904/1964) The relation of theory to practice in education. In R. D. Archambault (ed.), *John Dewey on education*, pp. 313 - 338. Chicago: University of Chicago Press.

Dewey, J. (1915) *The School and the society/The child and the curriculum*. Chicago: University of Chicago Press.

Dewey, J. (1938) *Experience and education*. New York: Macmillan.

Dyson, A. H. with the San Francisco East Bay Teacher Study Group (1997) *What difference does difference make*? Urbana, IL: National Council of Teachers of English.

Eisenhart, M. (1995) The fax, the jazz player, and the self-story teller: how do people organize culture? *Anthropology and Education Quarterly*, 26(2), 3 - 26.

Engestrom, Y. (1994) Teachers as collaborative thinkers: activity-theoretical study of an innovative teacher team. In Carlgren, I., Handal, G., & Vaage, S. (eds.) *Teachers' minds and actions: research on teachers' thinking and practice* (pp. 43 - 61). Bristol: Falmer.

Erickson, F. (2004) *Talk and social theory: ecologies of speaking and listening in everyday life*. Cambridge: Polity Press.

Elbow, P. (1986) *Embracing contraries: explorations in learning and teaching*. Oxford: Oxford University Press.

Feiman-Nemser, S. (2001) From preparation to practice: designing a continuum to strengthen and sustain teaching. *Teachers College Record*, 103(6), 1013 - 1055.

Feiman-Nemser, S. & Buchmann, M. (1985) Pitfalls of experience in teacher education. *Teachers College Record*, 87(1), 53 - 65.

Fenstermacher G. D. & Soltis J. F. (1986) *Approaches to teaching*. New York: Teachers College Press.

Firestone, W. A. & Pennell, J. R. (1997) Designing state-sponsored teacher networks: a comparison of two cases. *American Educational Research Journal*, 34, 237 - 266.

Florio-Ruane, S. (1990) Creating your own case studies: a guide for early field experience. *Teacher Education Quarterly*, 1, 29 - 41.

Florio-Ruane, S. & Raphael, T. E. (2004) Reconsidering our research: collaboration, complexity, design, and the problem of "Scaling up what works." In Worthy, J., Maloch, B., Hoffman, J. V., Schallert, D. L., & Fairbanks, C. M. (eds.), *53rd Yearbook of the National Reading Conference* (pp. 170 - 188). Oak Creek, WI: National Reading Conference.

Florio-Ruane, S., Raphael, T. E., Highfield, K., & Berne, J. (2004) Reengaging youngsters with reading difficulties by means of innovative professional development. In Strickland, D. & Kamil, M. L. (2004) *Improving reading through professional development* (pp. 129 - 148). Norwood: Christopher-Gordon.

Frank, C. R. & Uy, F. L. (2004) Ethnography for teacher education. *Journal of Teacher Education*, 55(3), 269 - 283.

Gee, J. P. (1996) *Social linguistics and literacies: ideology in discourse* (Second edition). London: Routledge-Falmer.

Geertz, C. (1983) "From the native's point of view": on the nature of anthropological understanding. In Geertz, C. (1983) *Local knowledge: further essays in interpretive anthropology* (pp. 55 - 72), Third edition. New York: Basic Books.

Gore, J. (1993) *The struggle for pedagogies: Critical land feminist discourses as regimes of truth*. New York and London: Routledge.

Grant, G. E. (1992) The sources of structural metaphors in teacher knowledge: Three cases. *Teaching and Teacher Education*, 8 (5 - 6), 433 - 440.

Grossman, P., Smagorinsky, P., & Valencia, S. (1999). *Appropriate conceptual and pedagogical tools for teaching English: a conceptual framework for studying professional development*. Albany, NY: National Research Center on English Learning Achievement.

Gutierrez, K. D. & Orellana, M. F. (2006) The "problem" of English learner: constructing genres of difference. *Research in the Teaching of English*, 40, 502 - 507.

Hunt, D. E. & Gow, I. (1984) How to be your own best theorist II. *Theory Into Practice*, 23(1), 64 - 71.

Jackson, P. (1968) *Life in classrooms*. New York: Holt, Rinehart & Winston.

Johnson, J. E. (2001) Overcoming the challenge of mandated instructional time. *Primary Voices K-6 (9) 3*, 8 - 13. Urbana, IL: National Council of Teachers of English.

Johnson, T. W., Smagorinsky, P., Thompson, L., & Fry, P. (2003) Learning to teach the five-paragraph theme. *Research in the Teaching of English*, 38(2), 136 - 176.

Kanevsky, R. D. (1993) Descriptive review of a child: a way of knowing about teaching and learning. In M. Cochran-Smith & S. Lytle (eds.), *Inside/outside: teacher research and knowledge* (pp. 150 - 162). New York: Teachers College Press.

Kennedy, M. (1987) Inexact sciences: professional education and the development of expertise. In E. Z. Rothkopf (ed.), *Review of research in education*, Volume 14, 133 - 167. Washington, DC: American Educational Research Association.

Kennedy, M. (1999) Ed schools and the problem of knowledge. In J. D. Raths & A. C. McAninch (eds.), *Advances in teacher education Volume 5: what counts as knowledge in teacher education*? (pp. 29 - 45). Stamford CT: Ablex Publishing Corp.

Kessels, J. & Korthagen, F. (1996) The relationship between theory and practice: back to the classics. *Educational Researcher*, 25(3), 17 - 22.

Kinser, C. K. & Risko, V. J. (1998) Multimedia and enhanced learning: transforming preservice education. In D. Reinking, M. D. McKenna, L. D. Labbo, & R. D. Keiffer (eds.), *Handbook of literacy and technology* (pp. 185 - 202). Mahwah, NJ: Erlbaum.

Koehler, M. J., Petrosino, A. J. & Lehrer, R. (1999) Elements of case design for hypermedia environments in teacher education. *World conference on educational hypermedia, hypermedia and telecommunications*, 1999(1), 1414 - 1415.

Ladson-Billings, G. (1995) Toward a theory of culturally relevant pedagogy. *American Educational Research Journal*, 32(3), 465 - 491.

Lakoff, G. & Johnson, M. (1980) *Metaphors we live by*. Chicago: University of Chicago Press.

Lambdin, D., Duffy, T., & Moore, J. (1996) *A hypermedia system to aid in preservice teacher education: instructional design and evaluation*. ERIC Document 397 808.

Lampert, M. (2001) *Teaching problems and problems in teaching*. New Haven, CT: Yale University Press.

Lampert, M. & Ball, D. (1998) *Teaching multimedia: investigations of real practice*, New York: Teachers College Press.

Lentriccia, F. & McLaughlin, T. (1990) *Critical terms for literary study*. Chicago: University of Chicago Press.

Lortie, D. (1975). *Schoolteacher*. Chicago: University of Chicago Press.

Marshall, H. H. (1990) Metaphor as an instructional tool in encouraging student teacher reflection. *Theory Into Practice* 29(2), 128 - 132.

Mason, J. (2002) *Researching your own practice: the discipline of noticing*. New York: Routledge. McLaughlin, M. W. & Talbert, J. E. (2001) *Professional communities and the work of high school teaching*. Chicago: University of Chicago Press.

Munby, H. (1986) Metaphor in the thinking of teachers: an exploratory study. *Journal of Curriculum Studies*, 18(2), 197 - 209.

Munby, H. & Russell, T. (1990) Metaphor in the study of teachers' professional knowledge. *Theory Into Practice*, 29(2), 116 - 121.

Munby, H. & Russell, T. (1994) The authority of experience in learning to teach: messages from a physics methods class. *Journal of Teacher Education*, 45(2), 86 - 95.

National Commission on Excellence in Education (1983) *A nation at Risk: the imperative for educational reform*. Retrieved February 22, 2006 from http://www.goalline.org/Goal%20Line/NatAtRisk.html.

No Child Left Behind Act (2002) U.S. Department of Education. Retrieved February 22, 2006 from http://www.ed.gov/nclb/landing.jhtml? src=pb.

Ortony, A. (ed.) (1979/1993) *Metaphor and thought*, Second edition. Cambridge: Cambridge University Press.

Palincsar, A. S. & Brown, A. L. (1989) Classroom dialogues to promote self-regulated comprehension. In J. Brophy (ed.), *Advances in research on teaching*, *Volume 1*, pp. 35 - 71. Greenwich, CT: JAI Press.

Pardo, L. (2006) The role of context in learning to teach writing: what teacher educators need to know to support beginning urban teachers. *Journal of Teacher Education*, 57(4), 378 - 394.

Pressley, M., Borkowski, J. G., & Schneider, W. (1987) Good strategy users coordinate metacognition, strategy use, and knowledge. In R. Vasta and G. Whitehurst (eds.), *Annals of child development*, Volume 4, pp. 89 - 130. Greenwich, CT: JAI Press.

Raphael, T. E., Florio-Ruane, S., Kehus, M. J., George, M., Hasty, N. L., & Highfield, K. (2001) Thinking for ourselves: literacy learning in a diverse teacher inquiry network. *The Reading Teacher*, *March* 54(6), 596 - 607.

Rogoff, B. (1990) *Apprenticeship in thinking: cognitive development in social context*. New York: Oxford University Press.

Rosaen, C. L. (2002) Designing and using hypermedia materials to investigate language use in a culturally diverse classroom. *Journal of Educational Multimedia and Hypermedia*, 11(2), 155 - 175. (Online). Available: http://www.aace.org/dl/index.cfm/fuseaction/View/paperID/9214.

Rosaen, C. L., Degnan, C., VanStratt, T., & Zietlow, K. (2004) Designing a virtual K-12 classroom literacy tour: learning together as teachers explore "best practice." In J. Brophy (ed.), *Advances in research on teaching*, *volume* 10: *Using video in teacher education*, pp. 169 - 199. New York: Elsevier Science.

Rosaen, C. L., Schram, P., & Herbel-Eisenmann, B. (2002) Using technology to explore connections among mathematics, language and literacy. *Contemporary Issues in Technology and Teacher Education*. (Online serial), 2(3). Available: http://www.citejournal.org/vol2/iss3/mathematics/article1.cfm.

Schon, D. (1979/1993) Generative metaphor: a perspective on problem-setting in social policy. In Ortony, A. (ed.), *Metaphor and thought*, Second edition (pp. 137 - 163). Cambridge: Cambridge University Press.

Schon, D. (1983) *The reflective practitioner*. New York: Basic Books.

Schon, D. (1987) *Educating the reflective practitioner*. San Francisco: Jossey-Bass.

Schultz, K. (2003) *Listening: a framework for teaching across differences*. New York: Teachers College Press.

Scribner, S. (1984) Literacy in three metaphors. *American Journal of Education* (November), 6 - 20.

Shannon, P. (1992) *Becoming political: readings and writings in the politics of literacy education*. Portsmouth, NH: Heinemann.

Shuell, T. J. (1990) Teaching and learning as problem solving. *Theory Into Practice* (29)2, 102 - 108.

Sherin, M. & van Es, E. (2002) Using video to support teachers' ability to interpret classroom interactions. *Society for Information Technology and Teacher Education International Conference* 2002(1), 2532 - 2536. (Online). Available: http://dl.aace.org/11510.

Siskin, L. S. (1994) *Realms of knowledge*. New York: Routledge/Falmer.

Siskin, L. S. (1995) *The subjects in question: departmental organization and the high school*. New York: Teachers College Press.

Spiro, R. J. & Jehng, J. (1990) Cognitive flexibility theory and hypertext: theory and technology for the nonlinear and multidimensional traversal of complex subject matter. In D. Nix & R. Spiro (eds.), *Cognition, education, and multimedia: exploring ideas in high technology* (pp. 163 - 205). Hillsdale, NJ: Lawrence Erlbaum Associates.

Tobin, K. (1990) Changing metaphors and beliefs: a master switch for teaching? *Theory Into Practice*, 29(2), 122 - 127.

Weade, R. & Ernst, G. (1990) Pictures of life in classrooms, and the search for metaphors to frame them. *Theory Into Practice* 29(2), 133 - 140.

Villegas, A. M. & Lucas, T. (2002) *Educating culturally responsive teachers: a coherent approach*. Albany, NY: State University of New York Press.

Vygotsky, L. S. (1981) The genesis of higher mental functions. In J. V. Wertsch (ed.), *The concept of activity in Soviet psychology* (pp. 144 - 188). Armonk, NY: M. E. Sharpe.

Wenger, E. (1998) *Communities of practice: learning, meaning, and identity*. Cambridge: Cambridge University Press.

Wideen, M., Mayer-Smith, J., & Moon, B. (1998) A critical analysis of the research on learning to teach: making the case for an ecological perspective on inquiry. *Review of Educational Research*, 68(2), 130 - 178.

40. 学习教学过程中自我意识与专业认同的发展

卡罗尔·R. 罗杰斯(Carol R. Rodgers)
奥尔巴尼大学(University at Albany)

凯瑟琳·H. 斯科特(Katherine H. Scott)
独立学者(Independent Scholar)

引言

在《教师教育研究手册》(*Handbook on Research in Teacher Education*)(Sikula, 732
1996)第二版中,有两篇文章谈到了教师的"内在生命"。一篇是弗吉尼亚·理查森(Richardson, V.)对教师态度、信仰相关研究的综述,另一篇是凯西·卡特(Carter, C.)和沃特·多伊尔(Doyle, W.)就个人叙事及生活史研究所进行的综述。理查森认为态度是衡量教师学习的弱指标,不将其纳入考虑,却肯定信仰为行动的重要决定因素。她将"信仰"定义为"心理层面上对自己接触到的真实世界的理解、前提或主张"(Feiman-Nemser and Floden, 1986, p. 103),她认为信仰源自个人经历、在校经历及对形式知识的经历(Clandinin and Connelly, 1987; Elbaz Luwisch, 2002)。鉴于信仰的坚定性源自人生先前的经历、教学经历,理查森总结认为教师教育在一定程度上是一种"无力干预"。尽管信仰是教师的重要组成,但理查森并未直接提出"身份认同"、"自我"等命题。

卡特和多伊尔通过对个人叙事及生平的研究,间接研究了"自我"与"认同"的问题。其研究的前提是"从深层意义上看,学会教学的过程、教学行为、教师经历与选择均属私事,而这些私事与身份认同和生平无法改变地联系起来了"(Sikula, 1996: 120)。生平研究强调了塑造身份认同的社会环境,但个人叙事强调了包括学会教学在内的学习并包含了个人故事的构建。卡特和多伊尔由此总结并提出"从教师生平的框架看……要成为一名教师,意味着:(1)转变身份,(2)将个人理解、个人理想与体制现实相适应,(3)决定如何在课堂活动中表达自我"(Sikula, 1996: 139)。显然,教师是能进入课堂状态的一类人,其对角色认同形成过程包含内力与外力的相互作用。

本文并不反对上述的发现和观点。相反,本文要展示的是近十年来的有关研究,特别是批判理论家(如 Britzman, 2003; Cochran-Smith, 2004; Giroux, 2005; Zembylas, 2003)是如何深化我们对教学过程中"自我"、"身份认同"的认识的。特别要指出的是,认同及认同形成过程,业已占据研究的核心地位,并包含信仰、态度、生平、个人叙事等类别。此外,关于学习教学中的情感因素作用,及教师认同发展的研究
已经有了立足点。同时,自我认同与身份认同的区别与联系仍不甚明朗。最后,理论 733

专家呼吁：教师要意识到身份认同，意识到塑造上述认同的政治、历史、社会因素。这一呼吁非常重要，用布里茨曼（Britzman，1993）的话说，即“承认身份认同的政治因素”。此外，专家还劝告教师要发挥能动性，明确自身观点，借助权威塑造自身专业路径和自我认同。这一领域留下了大量的文献空白，但是，对于这一“黑箱”如何运作——教师如何着手实现从受制于上述力量到提出自身理论的心理转变，以及作为教师的教育工作者如何促进这一转变。上述“黑箱”正代表了心理转变。这一理论引导我们探索发展心理学家如何对这一讨论有所贡献。特别要指出的是，一些建构发展心理学家就如何实现这一转变提出了可能的有用方法，我们借鉴了这些心理学家的观点。本文回顾了许多研究成果，这些成果从根本上来说不是实证性的，而是理论性的。我们希望通过引入心理框架，能将教师教育领域对学习教学中“自我”、“认同”发展的研究引向更重视实证的方向。

本文分为四个部分：首先利用教师教育及专业发展的文献研究当前“自我”、“身份认同”的定义。其后围绕“建构发展心理学家如何启发我们关于‘自我’、‘身份认同’概念发展的认识”做了探讨。第三章回顾了之前和当下支持教师“自我”、“身份认同”概念发展的一些有良好前景的项目。最后从建构发展理论对上述模范项目进行总结，并提出今后研究的建议方向。

“自我”、“身份认同”的定义

我们有必要从大量有关“自我”、“身份认同”的文献中梳理出一套确切的定义。①从本文宗旨出发，我们在教师教育和成人发展领域找到了有关定义。

近十年来，有关教师认同发展的文章、著作层出不穷。同时，认同研究质疑“自我”概念，这或许能够解释，为什么以教师作为自我的著作非常之少。当下，关于“自我”、“身份认同”这两个术语的争议仍然存在。贝贾德（Beijaard）等在其教师职业认同研究成果中指出：“‘身份认同’和‘自我’究竟是如何联系起来的，还很难说清楚。”（Beijaard *et al.*，2004：124）我们首先要回顾“身份认同”形成的更大范围，其后回顾较难理解的“自我”概念。

当前，许多“身份认同”概念都有如下四大基本假设：

（1）身份认同依赖并形成于多重环境中，且上述环境能促使社会、文化、政治、历史力量对认同的形成产生影响；

（2）身份认同是在与他人的关系中形成的，通常包含情感；

（3）身份认同是持续变化的，不稳定的，且呈现多重性；

（4）身份认同包含通过故事对意义进行构建与重构。上述假设均包含如下隐性要

① 本文不会全范围覆盖该课题设计的各领域。因为对个体意识和个人概念的研究几乎覆盖从心理学到哲学，从文献综述理论到认知科学的各个领域。

求，即教师必须努力去认识到自我，认识塑造身份认同的相关环境、关系、情感，并表明重申其发表个人观点的权利。由此要求教师在思考自我角色这一问题上转换心理。“环境”、“关系”描述了身份认同形成的外部要素；而故事、情感描述了身份认同形成的内部要素（或称实义要素）。“意识”、“观点”代表了“争议”点，在这一点上，外部要素的规范要求与内部的意义产生和教师诉求会发生冲突。

身份认同的环境属性 734

认同依赖于我们自我浸入的背景，如学校、教师教育项目、研究小组、家庭、宗教团体、政治团体等（Gee，2001；Fitzgerald，1993；Coldron-Smith，1999；Beijaard *et al*.，2000,2004；Britzman，2003；Carter and Doyle，1996；MacLure，1993；Smagorinsky *et al*.，2004；Clandinin and Huber，2005；Agee，2004）。克兰迪宁和休伯（Clandinin and Huber）将“环境”定义为“教师过去和当下生活、工作期间的全景”（Clandinin and Huber，2005：4）。绝大多数关于“身份认同”的定义都考虑了上述四大假设。但部分定义只将“身份认同”看作环境的产物。菲茨杰拉德（Fitzgerald）写道：“……‘认同’应定义为自我所在环境的理论化比喻”（Fitzgerald，1993：3）。科德伦和史密斯（Coldron and Smith）指出：应将“环境”视为“空间和地点”的产物，应把教师的身份认同视为“一个特定的人在关于职业的一系列可能性的环境中”的产物（Coldron and Smith，1999：714）。环境必然会塑造我们关于“自我感知”和“他人对我们的感知”的认识。我们不一定接触多少环境，就感知多少环境（含思考、认知方式）；相反，我们经常理所当然地把环境视为“真实存在”。如布里茨曼（1993）认为：环境力（contextual forces）具有标准意义，受那些“权威人士”支配，而这些人有着符合其权力管辖之下的人的既得利益。每一环境中都有一系列准则，人们希望这些准则能得到集体中每个人的支持。不过，由于缺乏对上述准则的认识，以及缺乏同化作用的压力，教师被迫屈从环境的力量，他们的能动性、创造性和意见都因此被剥夺了。

詹姆斯·吉（2001）就上述环境力提出了表述最为详尽的观点，他提出了四种相关联的认同视角，即：

（1）自然（nature）视角（N-身份认同，在回答“我们是谁”时，认为身份认同来源于自然，而不是社会，例如：将自己定义为“高个子的人”）

（2）机构（institution）视角（I-身份认同，在回答“我们是谁”时，认为身份认同来源于制度权力，例如：将自己定义为“学校教师”）

（3）话语（discourse）视角（A-身份认同，在回答“我们是谁”时，认为身份认同来源于与他人的对话或沟通，例如：他人眼中的“魅力人士”）

（4）爱好（affinity）视角（A-身份认同，在回答“我是谁”时，认为身份认同来源于“与众不同的实践”，例如：将自己定义为美国职业棒球大联盟球队“红袜队”的球迷）。

“阐释系统”可能是人们在历史、文化层面上关于自然的不同观点；可能

> 是机构准则、传统或规定；可能是他人的话语、会话；也可能是兴趣团体的工作等。认同的关键在于，几乎所有认同特性都能运用各类阐释系统加以理解。（原文为斜体，p. 108）

詹姆斯·吉借用以“非洲裔美国人”这个身份标签为例来说明上述观点：从不同的阐释系统来看“非洲裔美国人”，理解有可能完全不同。比如，从机构层面考察校园中的“非洲裔美国”小孩，可能将其等同于“处境危险”的人。不过，从喜好认同层面理解“非洲裔美国人”，则是指“与从事某种实践的团体有关系”。吉就此得出：“人们并不把自己当作非洲裔美国人，主要因为他们考虑到‘血缘’（自然视角）、‘机构范畴’（机构视
735 角）、他人对其作出回应，或因为某些与众不同的，或好或坏的方面（话语视角）。”他就此认为：“黑”人可能表示他们做出了不是非洲裔美国人的选择；而“白”人可能表示他们恰是非洲裔美国人。这样，身份认同就属于“与他人协商”的范畴了。吉又提出：“关于他们是否会被视为主要的（或某些显著方式）自然型、机构型、话语型、喜好型认同，人们可以接受、反抗或进行协商。”“但如何或通过何种方式识别某种特定认同？这一点仍存有争议。”（原文为斜体，p. 109）这就引出了有关身份认同的第二种假设：既然认同是相关的，因此也是情感性的。

身份认同的关系及情感属性

多样化环境形成了多样化关系，人们由此具有了多样化属性。吉（Gee，2001）指出：身份认同的四大视角都与关系有关。关系对身份认同具有重要意义，主要因为要形成某种身份认同，一个人必须被他人认定为“某种特定类型的人”。

斯梅戈林斯基等人在研究新任教师的身份认同的形成中提出，“身份认同是‘通过文化实践中与他人的约定’共同构建的”这一结论（Smagorinsky *et al.*，2004：21）。塞缪尔和斯蒂芬斯（Samuel and Stevens）在他们对南非黑人教师的研究中，考察了关系与协商的不同层面。这些教师“一方面发展个体教师认同，满足国家需求，并将其与自我意识较好结合起来；一方面批判其指定导师，充当‘改革推动力’，以此反映‘改革’——真像是在绳索上行走。”（Samuel and Stevens，2000：478）由此可见，认同分类的确是非常复杂的！

教师、学生、同事、导师和学校、社区、州之间形成了错综复杂的关系，由此导致了情感性身份认同，也就不足为奇了。越来越多的研究人员已经把“情感”当作身份认同形成的关键要素（Britzman，1993；Hargreaves，2001；Zembylas，2002，2003；Winograd，2003）。布里茨曼曾断言：“社会关系产生了情感。”特别值得一提的是，她引用了由以下几方面相互作用而产生的摩擦：机构结构对教师应如何举止、如何感知的期待，以及教师因“我们是谁”和“生活经历”而早已持有的真实“情绪结构”。（Britzman，1993：252）

哈格里夫斯（Hargreaves）在讨论“情感地理”时，认为教师情感“与工作环境及工作中的人员交往息息相关”。“情感地理”包括“人类相互作用、相互关系的亲疏远近所

体现出的空间、经验结构，这些作用和关系有助于创造、构成和渲染我们对自我、对世界和对彼此的感觉和情感(他对‘情感’‘情绪’未作区分)。”(p. 1061)换句话说，教师情绪是由其工作环境塑造的(如高风险测试)，并在与学生、家长、学校管理人员或其他人的交往中体现出来。哈格里夫斯对加拿大中小学的53名教师进行了访谈，据此得出以下五种不同的“情感地理”模型：社会文化型、道德型、职业型、政治型、生理型。这五种类型均包含关系的亲疏远近，关系疏远，则会产生分裂；关系亲密，则产生团结。比如，一面是中产阶级的白人教师，一面是她经济不宽裕的学生，双方就可能产生“社会文化距离”。当“教师感到自身目的因周围因素而受到威胁或业已丧失”时，如学校里“考试高分挂帅，学生学习靠边”，这就会产生“道德距离”。哈格里夫斯倡导深入理解上述“情感地理”，认为这是构建学校工作关系的关键，也让教师在潜移默化中完全认同自身的角色。

泽姆拜拉斯(Zembylas, 2002,2003)在提及“情感劳动”概念时，重复了哈格里夫斯的观点。所谓“情感劳动”是指教师必须努力遵守学校认可的规则(又称“学校的情 736
感规定”)：“教师身份认同和情感话语是在特定的学校政治安排下形成的，与特定的期待、要求有关，教师应遵守特定情感规定(如教师应将情绪留在‘课外’)”(p. 226)。教育学教授威诺格拉德(Winograd)曾用一年时间回到小学从事教学工作，他运用上述情感理论来进行课堂实验。他担任教师期间，直面挑战，特别是课堂管理的挑战，这让他对自身作为一名“有效教育者”的认同产生质疑。他发现自己常陷入新任教师经常经历的“自责怪圈”。这些教师所在的学校文化能轻易地得出如下结论，即：“这种失败或挣扎，错在教师一人而已；较之结构条件，教师个人对失败这一结果有更大的影响”(Winograd, 2003: 1669)。比如，有一种文化认为，教师应慎言慎行、举止文雅、一心育人。在这种文化观照下，教师的“愤怒感”就会被视为“不良体验”。

身份认同的变化及多样化属性

正如上文所言：教师认同如果被环境、关系等所塑造，至少是部分塑造，教师的身份认同必然是多样的、变化的、过程性的和易变的。吉认为：“在某个特定时间、特定地点，被认定为‘存在’的某人，‘属性’能在相互作用、不同环境中不时发生改变。当然，这种‘属性’可能模棱两可，或者很不稳定。”(p. 99)因此，身份认同不仅是一直变化的，而且是多样化的。贝贾德等(2004)在回顾教师专业身份认同研究成果时指出：由于身份认同具有关系性，其必然也是变化的；在认同形成过程中，这种变化是经常发生的。

> (认同)并非人的固定属性，而是一种关系现象。身份认同发展发生于主体间领域，其最大特点是一个持续的过程。在这个过程中，人们将自我解释为某一类型的人，并在特定环境中被视为这种类型的人。那么，在这种环境中，身份认同同样可以被视作如下这个周而复始的问题的答案：“此时此刻我是谁?”(p. 108)

这里，“身份认同”的重要性在于：(1)“认同”总是处于“建构过程中”，并不稳定；(2)“认同”根据环境和关系发生变化；(3)因此认同多变且多样。

身份认同的故事属性

迄今为止，身份认同问题看似桌面上展开的一副牌，不论什么人，也不论什么时间，都能发生。而事件、对象、事由、地点就是决定要素。身份认同形成或认同发展这两个术语中暗含的“连续性”、“连贯性”似乎有些模糊。因此，有必要通过对事物的内部整理、控制来为(某些概念)赋予意义，这样这种被称作“认同”的、“变化的”、“多样的”、“建构的”、“矛盾的”、“迷惑的”、“立体(主义)的”东西才有实际用途。接受度最广的赋予方式是叙事实践，即说出我们的故事。贝贾德等(Beijaard *et al.*, 2000)指出：“当前，人们将‘身份认同的形成’理解为包含对个人经历的阐释、再阐释的持续进程。”(Kerby, 1991, as cited in Beijaard *et al.*, 2000)米切尔·康奈利、简·克兰迪宁博士(Michael Connelly and D. Jean Clandinin, 1999)是这一观点的重要拥护者。康奈利
737 和克兰迪宁(Connelly and Clandinin)根据斯彭斯(Spence, 1984)“自我叙事建构”理论，将教师身份认同理解为“教师赖以为生的故事的独特呈现，而这些故事是由其过去或当下的生活、工作图景所塑造的……”(引自 Clandinin and Huber, 2005: 4)。斯法德和普鲁萨克(Sfard and Prusak, 2005)认为身份认同与故事构建是等同的概念。他们阐明了身份认同“三分法”：第一人称认同(某人讲述其自身的故事)、第二人称认同(由第二人讲述关于某人的故事)、第三人称认同(由第二人向第三人讲述关于某人的故事)，这三种方法进一步解释了认同形成过程。由此，身份认同是通过某人讲述自身故事或由他人(第二人、第三人)讲述故事的方式得以阐释和建构的。这些故事随时间、环境的变化而变化，并取决于关系状况。

意识及观点

上述四种假设指出了身份认同的本质。教师的意识和语态表明了理论家认为的教师在这些假设条件下会产生相应的行为。身份认同的形成、发展是相互作用的结果，但不一定是意识的产物。不过，理论家呼吁教师对塑造自我认同标准的环境力和关系力要有一定的意识。他们劝告新老教师要“抵制”上述“承载他人意义以致过载”的“标准力”，并根据自我“深刻的信念、投入和欲望”主宰自我认同(Britzman, 1993: 33)。布里茨曼认为，教师个人观点来自于为了教师忠诚度而竞争的多股力量的交汇，尽管这个过程困难重重。这些力量包括：教师工作、学习的中小学校、大学，教师作为学习者的过往经历和身份，以及对成为教师的欲望和自我形象的体验。确立个人观点，意味着不让他人他物(如研究者、学校董事会、教科书)代言，不因权威或“教师应该如何的‘规范概念’而噤声，从而成为自我认同的主人。

与布里茨曼相似，泽姆拜拉斯(2002，2003)提倡培养教师对学校“规范力量”有所觉醒，并进行抵抗；鼓励教师“变换思维方式，不仅要问他们自己其所在学校的情感话语及各项准则如何将其挡在自身欲望之外，而且要问自己(标准话语)如何把一些欲望

装进他们自身并成为‘他们自我假定的一部分’”(p. 229)。泽姆拜拉斯认为：认识学校环境触发的情感(在肢体语言中有所体现，如面部表情、手势、眼神、直觉等)，认识产生上述情感的力量，为教师发表个人观点，发挥能动性，进行自我转变，特别是在他人陪同下完成上述举动做了准备。

威诺格拉德(Winograd)回顾了他一年来作为小学教师的经历，提倡教师应通过批判校方提出的各类“情感规定”，与其他教师树立牢固关系，以此“为社会变革学习、分享并用好自身情感”(Winograd，2003：1670)。

但上述文献未明确从身份认同“受制”到“主宰”身份认同是如何发生的，对就“自我”与“认同”对立问题的论述没有充分的证据。如果某人身份认同能“自我主宰”，那么进行主宰的“自我”又是谁呢？在这个节点上，讨论有意识的、积极的“自我”才有意义。

自我的意义生成及能动性

本节回顾的关于“自我”的文献(Dewey，1938；Kegan，1982；Gee，2001；Nias，
1989；Palmer，1998)假定“自我”的意义远甚于一系列的身份认同转变。即使间断、转 738
变、危机是“进化中的自我”的标志，我们仍可用“连续”、“连贯”作为“自我”的标志。事实上，可将“自我”看作意义的生成者或故事的叙述者。如果我们的身份认同就是故事，那么我们自己就可能是讲故事的人。作为认识自我概念的桥梁，我们要再次回到吉在有关认同的探讨中简要提及的“核心认同”概念。吉认为“一个人的核心认同与一个人多样化的，不与个人‘内在状态’而与个人‘社会表现’相联系的‘认同’不同”。相反，核心认同“在任何情况下，不论是对于自身，还是对于他人而言，都具有一致性。”

约翰·杜威论述了这种不同情况下一致性的重要性。他在著作中提出，从某种意义上来说，缺乏这种一致性会导致人“崩溃”。他说：

> (一个人的)世界如果四分五裂，各个部分无法拼接成一个整体，一方面说明这个人个性出现了分裂，另一方面，这也是导致个性分裂的原因。当这种分裂达到一定程度，我们就可以说这个人已经精神失常了。完整的个性……只有当相继出现的个人经历融为一体之后才能够形成。(p. 44)

约翰·杜威认为，整合是一种通过反思而获得经验的意义。同样，金霍恩(引自布鲁纳，1990.)认为，自我即“统合个人事件成为历史的统一。”(Polking home，1990：44)

詹尼弗·尼亚斯(Jennifer Nias，1989)引用福克斯(Foulkes，1975)和米德(Mead，1934)的研究成果，对“本质自我”(substantial self)(I)和“情景自我”(situational selves)(me)做出了区分。本质自我主要形成于出生时，或幼年时期，有时甚至在未出生之前就已经形成。本质自我通过家庭塑造的价值观以及所处的文化背景表现出来，相对保持不变，而情景自我在当前的语境下可以理解为一个人的“身份认

同”。她认为，一个人的情景自我“包含了我们认为的最能对我们自身进行定义的信仰、态度以及价值观。”(Jennifer Nias，1989：163)本质自我在英文中是主格 I，而情景自我在英语中是宾格 me，前者只有变成后者才能为人所知。情景自我是随着时间的推移而变化的，一个人想要了解情景自我，方法之一就是反思。尼亚斯所称的自我，或者是私下里的自我，被布里茨曼(Britzman)称为“个体存在”。这种存在既是有意识的，又是无意识的，因此只能“进行自我暗示”。

> 我认为，自我(self)和身份认同(identity)就像一枚硬币的两面。我开始相信不可知的核心(unknowable core)的存在，不可知核心杜绝社会性，仅仅能够进行自我暗示。我不会将这个核心置于身份认同之中，因为我认为身份认同是由社会和对认同感的渴望共同组成的。在这对矛盾中，出现了一个术语“私我”(private self)，我称之为“个体存在”(being)。因此，我将内在性(interiority)置于身份认同之中，而内在性能为身份认同提供燃料，但是，自我就本质上而言与身份认同并非属于同一范围。换言之，不像哲学家所说的那样，自我等同于它本身。(Personal communication，August 2005)

教育家也是畅销书《教学勇气》(*The Courage to Teach*)的作者帕克·帕尔默，(Parker Palmer)在定义自我的时候，对认同和完整性进行了区分。他认为认同是“一种组成生命的所有力量都汇聚成自我神秘性的节点，且该节点在不断演变……在这个复杂的领域中，身份认同是内在力量和外在力量的动态交集，它让我知道我是谁，汇聚成人类不可消除的神秘性”(Parker Palmer，1998：13)。与认同不同，完整性表现为：对于组成个人身份认同的经历进行有意识的编织。这是我所能找到的认同关系的整
739 体体现，形成并重塑了我的生活模式。“完整性要求什么对于自我是必不可缺，什么是合适的，什么是不合适的这些问题进行区分——我选择了赋予生命的方式，以促使在我内部汇聚的各种力量产生联系”(Parker Palmer，1998：13)。

心理学家罗伯特·基根(Robert Kegan，1982)从建构性发展角度出发，认为在发展的各个阶段，自我统一于一个有序的意义和意义制造的系统之中。尽管这种统一在各个阶段的表现有所不同(这一点在接下来的内容中会进行详细的解释)，但不同阶段之间有所平衡，使其保持一致。“我们认为，个性有基本的一致性，最好把这个一致性理解为一个过程，而非一个实体。根据罗杰斯(Rogers)的概念，正是这个过程产生了‘自我’，通过‘自我’这个意义制造系统使这个过程得到了认同(p.5)。”

也就是说，虽然自我和身份认同都会随着时间的推移发生改变，我们还是可以认为自我就是意义的制造者(maker)，而身份认同就是制造出来(made)的意义。然而，完整的自我依然是不可知的。正如帕尔默所说的那样，自我是“只有眼角才能捕捉的”难以捉摸的现实。虽然自我不可避免地有不连续性、变化性、不确定性，但是我们普遍

认为在一段时间里，“自我”是可辨识的、一致的，足以使人自信地在社会上立足。为了讨论的方便，本文的自我包含了身份认同，是不断演化的，同时保持一致的存在。自我在与文化环境、制度、自我生活、学习发挥功能等因素的相互作用下，进行了有意识和无意识的建构和被建构，重建和被重建。

从建构性发展角度看自我和身份认同的形成过程

基根（Kegan，1982，1994）明确地提出了一个过程，这个过程是成年时期成长变化及不同的发展阶段。他的理论框架提供了有用的视角，以此来研究隐藏在文献中得到广泛应用的教师身份认同的潜在发展需求。独立于自我的发展能力之外，教师如何理解教师身份认同来自于自身不断发展的能力，换言之，关于教师身份认同的四大基本假设正是基于上述问题。教师如何理解社会因素、文化因素、政治因素和历史因素，如何理解自己和他人的关系，如何通过不同的故事建构并重建意义，只有回答了这些问题，我们才能对教师理解个人经历的不同方式做出定性判断；这些不同的方式反映了教师自我发展能力的差异，从而决定了他们对身份认同的理解。

教师回答问题的不同方式请见表 40.1。

表 40.1　基于建构发展理论透视对教师身份认同的理解差异 740

	教师如何理解社会力量、政治力量和历史力量？	教师如何理解自己和他人的关系？	教师如何通过讲故事构建和重建意义？教师在讲故事时编造了何种意义？教师讲的故事具有何种发展限制？
阶段 2：工具性认知者	• 教师将这三大力量视为他（她）自身之外的具体状态。	• 教师角色的具体概念。 • 和他人的交流遵循一定规则。 • 和他人的关系中没有产生对自身的看法。 • “黄金法则：你如何对我，我如何对你”。	• 经历具体的外部表现。 • 态度分明地看待个人经历。 • 缺乏自我反思。
阶段 3：社交性认知者	• 自我与三大力量保持一致；符合三大力量——由三大力量决定。 • 尚未能够审视三大力量——被外界或他人的与社会力量、政治力量或历史力量相关的价值所威胁。	• 自我是通过关系定义的——别人的观点和预期。 • 对他人有同理心；认为他人对自己的情感负有责任，自己对他人的情感同样负有责任。 • 为了寻求保持和他人的良好关系，自己的行程安排和需求会产生冲突。 • 批评被认为是对自我产生的冲击。 • “黄金法则：我为你做一些我希望的想要做的事，也期待你为我这么做。”	• 能够汇报教育活动中产生的感觉与情绪。 • 由关系联结的故事——她对学生、教师、机构的印象以及学生、教师、机构对她的印象。 • 因为自我由关系组成，因而无法反映关系在教师的想法和教学对学生及个人经历所产生影响的方式，反之亦然。 • 故事被塑造成他（她）认为别人想要听到的故事。

续 表

	教师如何理解社会力量、政治力量和历史力量?	教师如何理解自己和他人的关系?	教师如何通过讲故事构建和重建意义？教师在讲故事时编造了何种意义？教师讲的故事具有何种发展限制?
741 阶段4：自我创作认知者	• 对三大力量及三大力量塑造自我的方式有自己的见解。 • 了解自己如何认识世界以及被世界认识。 • 能确定自我和三大力量的关系，而非被三大力量所确定。	• 对自我有清晰认识；区分自己的感情和他人的感情，对自己的感情负责。 • 借鉴他人的观点，包括批判，并根据自身内部生成的标准和价值观进行评判。 • 同时保持两种矛盾的情感。 • “黄金法则：帮助我们建立确定的价值观、理念、目标，保持社会秩序。”	• 个人经历的缔造者；进行自我反思的最佳人选。 • 根据个人内心标准叙述故事。 • 从自己的角度出发，从而更清楚地认识到关系对教学的影响。

基根对自我的定义表明，教师对个人经历的理解，在不同的发展阶段有所不同，并且随着时间的推移不断发生变化。这些不同反映了教师们在看待个人经历(比如：他们的发展结构)，教学内容(比如：学科、教学策略、学科领域)，教师教学经历(项目哲学、项目期望)以及身份认同(比如：性别、社会经济地位、宗教、政治地位等等方面)上是有差异的。发展结构，或者说发展阶段表明，个人对经历的具体理解方式没有显著区别。

基根提出了五大发展阶段；为了讨论方便，本文只涉及第二阶段至第四阶段。[①] 在第二阶段，或帝国平衡阶段(the Imperial Balance)(Kegan, 1982,1994)，人们有能力扮演另一个人的角色，知道自己与他人的区别所在。自我概念就在这个阶段产生，是对于“我”的一致性概念，是持续不变的一组品性(Kegan, 1982: 89)。这个阶段的成功在于我们在“自己的项目里”(p. 89)，但是无法整合他人的观点和自己的观点，对世界的理解也过于具体。这个阶段的教师很可能会认为教师的角色就是履行自己的目的(或者说自己的项目——是一种自我满足(Scott, 1999))。由于她还没有认识到自己的需求、愿望和兴趣，也就无法清晰地表达出来。她的自我是由这些需求、愿望和兴趣组成的。所以，自我反思会成为非常具体的、黑白分明的分析。

在基根的第三阶段，或人际平衡阶段(the Interpersonal Balance)(又称为“社会化的自我”)，自我“包含了多种声音”(1982: 96)。在这个阶段，教师的自我受到周边环境需求的影响；因此，多重认同的概念可能是一个发展的概念。自我受到关系环境的支配。这个阶段的教师所扮演的教师角色大多数源于文化，或者教师所属的主要环境(例：教师教育项目，学校环境)。他们的观点来自周边的文化环境，并从周边环境里索求赞同和回馈，以评估自己的业绩(Scott, 1999)。因而，他们对于成功或幸福感的评估是由外界标准决定的，而非自己的内心标准。虽然他们会进行自我反思，但是这些反思从本质上都是围

① 本文不讨论第一阶段，即潜伏期儿童，以及第五阶段(因为该发展阶段一般直到中年或更晚年龄段才会达到)。

绕着他们按照“权威”，即那些决定教师经历的人或机构（例如学校，教师教育项目），所定义的期望和要求来看待他们自己的教学。 742

在基根的第四阶段，或体制平衡阶段（the Institutional Balance）（又称为“受自我支配的自我”），自我定义的决定因素从外界移到了内心世界。自我自成体系，有一套明确的价值观，清楚的哲学系统。人们不再被他人的需求、渴望、期望所支配。相反，自我能够解读信息，评估信息，决定作何反应。这个阶段的教师自我认识形成源于内心；不再受到周边文化环境的需求和期待的影响。这个阶段的教师能够审视自己的身份认同；这个发展阶段他们得以评估自我的各个不同方面（例如身份认同，如社会经济阶层、种族、文化、历史等等）是如何在教学活动以及和师生关系中得到证实的，此外，他们还能通过自己的标准，而非他人的标准对自己的教学活动做出评判。

基根有关不断演变的自我的观点，为教师身份认同的研究带来了新的启示，有助于阐明教师对以下呼吁做出反应的各种能力：(1)意识到他们的身份认同以及塑造身份认同的政治力量、历史力量和社会力量；(2)通过途径找到自己的声音，自主地塑造自己的职业道路和职业认同。显然，这些呼吁假定教师在发展过程中是自治的；实际上，这种呼吁有可能让教师面临“头脑发热”的风险（Kegan，1994）。然而，本文已经阐明，有这样一个隐性发展期待，即教师实际上一定有这些发展能力。回到我们在本文开篇提出的问题：教师如何实现从被外部力量定义到自主的心理转变，教师教育工作者如何促进这一过程？我们可以考虑一下一个环境或项目必须具备的因素，以促进教师的不断发展，从而帮助他们成功地实现对自己的期待。首先，本文阐述了项目和学生之间发展匹配的重要性，之后将寻求帮助学生成长发展，或有助于提升教师话语权的模范教师教育项目展开了探讨。

教师构建自己和教师角色之间关系的方式，既无法说明他们在教师教育中的进展，也无法说明他们作为新任教师的经历。相反，教师对自己角色、所处文化环境的规范、价值观（毕业院校课程文化、教学所在学校文化）和可用支持的理解之间却存在相互作用。高发展阶段既有优势，也有风险。低发展阶段也同样如此。为了判断发展能力，或者说教师对自己经历的理解是优势还是风险，需要考虑环境的发展需求（教师教育项目，学校文化）和可用支持（Berger，2002；Daloz，1999；Drago-Severson，2004；Kegan，1982，1994；Scott，1999）。就这点，基根说道：

> 如果我能像希勒尔（Hillel）一样，单脚独立，对几个世纪以来，前人关于环境如何促进个人成长的观点进行一番总结，我会这么说：在不断经历挑战从而得到支持的过程中，人们得到最快的成长；其余的研究都是对这一观点的评述
> 挑战有余，而支持却不足，就会产生抵抗，增加约束；支持有余，而挑战不足，就 743
> 会使人感到无聊，丧失活力。这两种不平衡都会引发人们脱离环境。相反，支持和挑战达到平衡对于融入环境至关重要。（Kegan，1994：42）

达洛兹(Daloz)通过下图阐明了支持和挑战通往融洽或离散的关系：

高挑战	退缩	成长
低挑战	停滞	确认
	低支持	高支持

图 40.1　达洛兹的支持与变革矩阵

达洛兹认为，支持的作用在于“证实人们感受的效度”，挑战的作用在于“拉开学生和环境之间的差距，让学生产生压力，从而强烈要求缩小差距”(Daloz, 1999: 213)。他赞同基根的观点，认为支持和挑战两者之间的平衡，对于学生和老师的自我成长作用最大。但是，基根(Kegan, 1994)和达洛兹(Daloz, 1999)也担忧，会发生“甲之支持，乙之挑战”的情况。因此，从发展角度来看，有效的教师教育项目必须考虑学生的理解(发展结构)和课程发展要求之间的平衡。如果这些项目假设所有教师以相同的方式进行理解，也就是他们有相同的发展观，那么有些学生会成功，有些学生则不会。然而，成功或者失败，与项目发展要求的关系，就如同学生的努力程度、学习动机和决心的关系一样。换言之，可能有一名学生对参加这个项目很有兴趣，但是因为他(她)的认知方式(发展阶段)和外部环境的发展要求产生了错位，他(她)就会脱离环境。只有强调教师教育项目发展要求与未来教师发展能力之间的合理匹配，才能了解教师教育项目能够成功促进教师为了学生，而非其他人，进行自我发展的原因(Berger, 2002)。

744 **促进自我和身份认同的教师教育项目**

下文列出了历史上和现在的各种项目以证明教师是如何通过认识环境，塑造身份认同而面临挑战，以及他们为了自我定义，如何通过反思三大力量得到支持。本文将首先探讨历史上四个教师教育项目，这些项目明确地对个人/批判/社会自我进行了教育，然后呈现当下的教师教育项目在培养自我意识和身份认同方面所付出的努力。

教师教育以及个人自我、批判自我、社会自我的历史简述

费曼-尼姆塞尔(Feiman-Nemser)于 1990 年提出的针对教师教育的概念取向框架，不仅包括了个人取向、批判取向以及社会取向(这是与研究“自我”和“身份认同”联系最紧密的)，还涵盖了学术取向、实践取向以及技术取向。实践和技术取向强调“附加的”知识和技巧，而个人取向、批判以及社会取向，侧重于意识和“自我”的转变(即个人意图，以及塑造这些意图的内部、外部因素)，并鼓励教师根据自己的知识采取行动。下面将要介绍的项目，一方面肯定了教师人格的独特性，另一方面也建议新任教师或是有意愿从事教师职业的人士以批判的眼光，审视自己以及学生群体中的特权和不平等现象。本文展现了我们对早期的教师培养的四个项目、教师中心运动和当代的一些研究，它们如何帮助教师探索自我意识，并进行话语角色的塑造，又如何完成从受外部因素（如历史、政治、社会因素等）主导到教师自我主导身份认同的转变。

业内权威的教师教育项目认为，在人格以及批判和社会性方面，教师的成长和个人的成长密不可分。拥护上述观点的教师教育项目包括：银行街学院（由 Lucy Sprague Mitchell 主持，始于 1930 年），未来学校教师教育项目（1968—1990，最初由 Patricia Carini 主持），哥伦比亚教师学院新学院项目（1932—1939），帕特尼教师教育研究生院项目（1950—1965，由 Morris R. Mitchell 主持）。这些私人项目涉及的学生数量较少。在不同程度上都受到约翰·杜威（John Dewey）、莫里斯·梅洛-庞蒂（Maurice *Merleau-Ponty*）、阿尔弗雷德·诺思·怀特海（Alfred North Whitehead）、西奥多·布拉梅德（Theodore Brameld）等名家思想的影响。他们在教学方面有缜密的哲学思想和价值观，还指出了自我认识的重要地位。或许有人会认为，他们的认同太纲领化了。但他们重视对儿童学习及其所处环境的近距离观察及探究，发现教师的观察力和预设在教师了解儿童及其学习中有重要作用。正如莫里斯·米切尔所说，“教师的教学正是他自身的体现”。换句话说，教师的教学以自身情况为基准，因此，自我意识是一种道德必然性（ethical necessity）。自我意识也是教师能力之源。上述项目也强调了在民主制度中，教师作为公民和公民教育者的重要作用。银行街的杰米·格林伯格（Jaime Grinberg，2002）指出，“银行街”项目认为“有必要挖掘教师自身的社会立场，教师作为社会的参与者即公民，有责任发挥积极作用，承担起自己的责任”（2002：1430）。

教师教育项目 745

这类项目有一些共同点：一方面它们给新任教师带来了挑战，让他们意识到并且审视自己的经历、信仰、对学校和学校教育的设想、对生活和工作环境的看法；另一方面，这些项目对于教师角色的转型起到了必要的支持作用。首先，每个项目均有明确的目标，并把教育视作民主社会的关键组成部分。它们将教师的个人及专业认同，上升到更高的社会层面，而不是局限于教室或教师个人生活（如社会不公、种族歧视等）。其次，这些项目采用实验的方法研究学习和教学，融合了经验和反思，具有进步性。这种经历包括个人的过去，个人看待学习、教学和学校的既有立场，以及个人对教学现状做出的决定。通过这样的方法，对个人经历的反思能够促进个人意识的觉醒。

项目目标

这些项目均致力于建设更美好的社会，尤其是帕特尼教师教育研究生院和哥伦比亚教师学院新学院，更是把这一目标陈述得尤为清晰。促进人的发展并不是最终目的，最终目标是使人的发展服务于更大的目标：促进学生自学能力的发展，以期最终促进全社会的转型。新学院经历过变迁(Teachers College News, 2001)。它曾是试点研究生院,是哥伦比亚师范大学开办的为期四年的教师教育本科实验项目。其人文学科的课程聚焦社会热点,供参加教师教育项目的学生讨论。在培训期间,学生可以自由往返于纽约市和新学院社区。新学院社区位于北卡罗莱纳州的阿什维尔,是由学生负责运营的农场。学生至少有一个夏季在国外学习,以体验不同的风土人情和文化。

莫里斯·米切尔曾是新学院的教师,后来成了帕特尼教师教育研究生院的带头人。他认为教育"应是动态的,追求和平的"。他坚信当学生在丰富的经历之中认识到贫困、战争和种族歧视的问题时,教育才算完成。这一学习历程是漫长的。用米歇尔的话说,南方"革命性强",南方人曾积极争取民权,寻求可持续的土地开发权。

银行街学院和未来学校教师教育项目,其目标也不局限于学校和测试结果,并认为,教育和民主原则上息息相关。"银行街"让参加培训的教师去纽约街头调研,进行长途旅行以期探索国家更大的问题。正如格林伯格(Grinberg, 2002)所述,"银行街……强调教师应积极参与社区和社会关系方面的系统性调研,并将此融入教师学识之中……仅研究社会正义等问题是不够的,重要的是亲身经历,做到感同身受。"(p. 1431)

相比之下,未来学校教师教育项目的目标,没那么关注宽泛的政治和社会问题,而是聚焦在一些意义重大的问题上。例如,人类的特点是什么?教育如何启蒙和发展儿童的人格?哪些资源和行为能够体现儿童的人格及其复杂性?这些学科又是如何反映人类共同的主题呢?这些问题将人的自我意识升华到更宽泛的层面。当然,对特定经历(通过反思反映出来)的深刻理解,仍是教师(以及学生)调研的先决条件。(Rodgers,出版中)

746 ***体验学习、反思以及自我意识***

在每个项目中,自我意识的发展均是基于对过往经历的回想,与环境互动以及观察儿童间的交流而形成的。银行街学院和未来学校教师教育项目在此方面尤为突出,根据要求,在实验中当儿童玩耍时,如堆积木、玩陶土、捏胶泥时,参与项目的师生需要一边回忆自身的类似经历,一边近距离观察儿童的行为,做好每日记录。这些师范生应注意在预设可能造成干扰的基础上,讲述自身和他人的经历,阐述他们(可以是自己的童年也可以是现在)观察到的事物有何意义。卡里尼(和杜威持相同观点)认为,经由与外部世界的互动,人变得可知。因此,谨慎、近距离地观察这类互动意义重大。人总是在观察他人的同时,增进对自身的了解。卡里尼(Carini, 1979)认为:

> 如果对他人的认知,是直接建立在与外部世界的交流时传达出的意思,那么我们可以假设,人们所处的环境具有一定的共性。从这一假设出发,我们可以得到另一推论,即人的自我认知以及对他人的认知是具有相互性和主体间性的。(p. 29)

银行街的师范生“尽力将自身的学习经历作为学习的主题”(Grinberg，2002：1429)。银行街学校致力于“促进个人能力的发展……对待师范生的态度要像对自己孩子一样亲切和耐心，只不过在这种情况下，层次更高罢了”(Lucy Sprague Mitchell，1997;引自 Grinberg，2002：1430)。正如格林伯格(Grinberg，2002)所阐释的：

> 这么做的目的在于加强同儿童学习的关联性。当师范生能够掌握主要内容、领悟相互的联系(通过反思的方式)，并且拥有足够的个人能力以帮助建构个人意义之后，他们就必须着手打造环境，用实际的经历在特定的教室帮助自己的学生学习。(p. 1435)

新学院和帕特尼也将经验和反思视作学习的重要载体。在每个案例中，学生都要结合自身的经历，尝试反驳自己，推翻在他们过去的经历中形成的假设及成见。帕特尼的新生在入学时都要写一份自传，并当着同学的面大声朗读出来。“写自传实则是一种分类的方式，能清晰地反映出学生是出于什么原因而选择这里的研究生院，并且了解他们的‘感觉到的需要’……这些问题的答案一旦浮出水面，就会成为学生日后学习的动力。”(Rodgers，1998：102)。在大多数情况下，尽管并不绝对，帕特尼的学生都自己安排学习的课程。在项目进程中，他们坚持写反思日志，记录生活，并且与负责人莫里斯·米切尔(Morris Mitchell)定期会面。在他的指导下，学生能构建或者重建他们的学习计划，以及他们经历的故事——简单地说，即他们的身份认同。

顾问体系是这些进步的教师教育项目的关键环节，在该体系中，师范生能够既作为学习者，又作为教师一对一或者在一个小组中作为一个指导顾问深入探究其个人经历。大部分的这类会面都采取论坛的形式进行反思，为教师开辟通道，让他们以自身
经历为基础，从被过去所主导(例如，传统的学校体系，种族主义社会，或是特权盛行的 747
世界环境)转而成为能够质疑这些既成体系和假设的人，创造与他们自身日益壮大的声音产生共鸣的学习环境。大多情况下，这些项目选派教师去一些私立学校。这是一个双向选择的过程，教师需选择学校，学校实则也对教师进行筛选。如此一来，教师的需求、呼声及其选定的院校便达到了契合。

当代的方法和项目

当代的渐进性项目(如，Cook-Sather，出版中；Smulyan，2004；Elbaz-Luwisch，2002；Korthagen 和 Vasalos，2005；Featherstone，1993；Abu El-Haj，2003；Palmer，1998；Intrator，2002)和早前的教师教育项目相呼应，并倡导为反思创造时间和空间、打造值得信任的共同体，从讲述经历中领悟经历的意义。与此同时，这些项目还要求教师学会应对与回顾、塑造和限定教师形象、职能等外部因素。亦即我们今日所称的，意识到自身的多重身份认同，塑造一个自主性的教学自我。

如前文所述，本文回顾的研究在本质上大多是理论层面的，有的是探讨有助于形成教师认同的实践活动，包括关于身份转化的第一人称教师报告；有的则建议教师教育或教师专业发展项目应强调教师认同。相较之下，实证研究寥寥无几。在回顾的四十余篇文章或书目之中，仅有三分之一是明确关于教师认同形成的研究或项目。而其中的大部分都为自我阐述的报告。在这一类报告中，有三篇是关于相互独立的项目，七篇描述了大规模的项目。尽管如此，当代有前途的规划性研究依靠的仍是常用的工具、技术、日志和自传等材料、教师研习小组和读书小组、行动研究和合作研究等，其前景十分乐观。此外，一些方案运用这些策略以期实现更大的目标和信仰体系，这些有望提供基根和达洛兹所言的那种挑战与支持的发展桥梁。有一点值得我们注意，没有任何一个研究强调，从长远来看，并非所有新任教师都做好了跨越这座桥梁的准备，这是一件憾事。下面是部分此类研究的简介。

阈限的时间和空间观念十分具有启迪意义，与基根的发展桥梁理论不谋而合。根据人类学专家维多克·特纳(Victor Turner，2005)的研究，艾丽森·库克·萨瑟(Alison Cook Sather)将阈限描述为“独立于标准、制度关系(institutional relationship)、权力和行动的等级结构之外，介于现存方式和新方式之间”(Alison Cook Sather，2005：7)。在库克-萨瑟(Cook-Sather)领导的项目里，参加职前培训的教师通过电子邮件创造的阈限时间和空间，与资深教师结为搭档，一起工作。这些资深的教师不是师范生的合作教师，但积极参与教师教育项目的策划与实施。电子邮件不受时间和空间的约束，这一特性为“最初的加工以及随后的对话”搭建了良好的平台，新任教师能够毫无压迫感地“重新设想”、“重新转变”自己从学生到教师的角色，同时排除以往学校环境的各种干扰，进而倾听自己的声音。

斯缪莱恩(Smulyan，2004)针对一所一流的文科院校的女性研究生，开展了长达十年的研究。她认为，谈及作为时间和空间的学院经历，总的看来，是在学校的鼓励下来对“成功”女性重新定义。学生来到这所学校，带着外界所形成的观念，即认为成功等同于拥有一份收入不菲的职业，如医生、律师、工程师等。经过学校的教育之后，学生对于成功的定义标准趋向于内部因素。这种概念的转变是由于对“社会和内化框
748 架”的反思，并涵盖了对教学的重构。教学不仅是一种辅助，是女性的职业，更是“改变一个不平等不公正的社会”之手段(Smulyan，2004：535)。斯缪莱恩将这种转变部分归功于学校提供的用于描述和解释学生成为教师时在性别问题方面的知识、技能和语言。

艾尔巴茨-卢维斯奇(Elbaz-Luwisch，2002)关于“在写作工作坊中讲述教师自我”的研究是另一范例。她认为，自传是学生认同和教师认同的阈限时间中，劝说性内部声音(自我?)和权威性社会话语交锋的空间(Britzman，2005，个人交流)。通过与一小组互相信赖的同事一起描述、讲述或者提问，自我重新建构经验，并且逐渐成为对他或她自己所认同的主宰，而不是让步于外部力量。艾尔巴茨-卢维斯奇还认为，写作是教

师自我"生成"的助产师。

尽管很多项目都认同反思是制造意义、质疑外部权威和构建认同的必须手段，但是多数项目没有明确指出反思的实际过程。仅有少数项目专门阐述了与其研究相关的反思进程。仍以艾尔巴茨-卢维斯奇(Elbaz-Luwisch, 2002)为例，她清晰地描绘了描述、讲述和质疑的进程框架。她将这个进程称为"重述"。

科萨根和瓦萨罗斯(Korthagen and Vasalos, 2005)描述了一个荷兰的教师教育项目，该项目利用了所谓的"核心反思"理论。"核心反思"理论旨在唤起人格的核心，即认同(一个人想要成为何种类型的教师)和任务(一个人从教的目的和需求)，以及在从事任务过程中的情绪。在一个有同情心和具备专业技能的教学导师的陪同下，一名教师会经历一个往复行动的过程。他或她在行动之后，对行动进行反思，觉察到行动中自身的任务及认同是否起作用。最后，该教师重新制定计划，采取其他的行动。在这个过程中，教师会认识到行为源头之中那些较为"不理性"的成分，例如一个人对自身的概念性认识，恐惧，欲求，以及"从教决定中最深层次的动机"。这两位作者认为，这种意识会对教师行为的改变产生作用，甚至对学校本身也会产生影响。

反思实践派的团体包括费城教师学习合作协会(the Philadelphia Teachers Learning Cooperative, PTLC)(Featherstone, 1993)，以及合作的美国北本宁顿教育与研究展望中心(Prospect Center for Education and Research)、佛蒙特州和伯瑞特波罗镇国际培训学校的教师知识项目(Vermont and the Teacher Knowledge Project of the School for International Training in Brattleboro)，其中佛蒙特的项目尤为突出。在超过25年之久的时间里，费城教师学习合作协会每周都会组织年轻且富有经验的教师进行集会。同全国其他类似团体一样，它(和全国其他几个类似的团体一起)坚持着在未来学校教师教育项目中形成的描述性方法的路线。这个方法包括：对儿童行为的描述，对学生学习情况和实践情况的描述等。这个方法的目的是为了收集到更加准确的证据，使得教师不必为学生贴上所谓的"标签"，或者通过没有证据的"假设"而匆忙作出结论，这样就能了解到学生和学生学习的情况。类似费城教师学习合作协会的组织还有教师知识计划，它同各学科和各年龄段的教师进行合作，在全国范围内运行着相关的学习小组(Rodgers, 2002)。同样地，它也遵照这样一个路线，从对经验的简单描述到对"智慧行为"的分析。基于杜威对反思的概念，教师们被鼓励要"减慢速度"，真正了解他们的学生和学习情况。这两个项目的目的并不是明确去发展教师们的自我和身份认同，而是通过训练教师，使他们意识到真实的情况，避免出现他们仅凭臆想而非事实得出"应该如此"或"希望如此"结论的情况。尽管目的不一样，这两个项目却激发了人们去关注教师自我畏惧或欲求等因素造成的偏离事实的假设。于是，一个鸿沟浮现了出来，即真实情况与教师或教育体系所构想的情况相距甚远。这样，挑战就变成了一种选择，选择是基于对情况的个人理解而行动呢，还是依据体系的要求而行动?

749 最后，我们还必须探讨帕克·帕尔默(Parker Palmer)的重要研究成果。通过与费策尔基金(Fetzer Foundation)合作，帕尔默建立了一系列的工作室，并重新发问：从事教学任务的到底是谁？教师个人情况是怎样构建(或解构)他与学生、学科、同事甚至他本人世界观之间的关系的？教学机构怎样维护和强化能带来优秀教学的个性呢？(Intrator，2002：288)身为大学教授的帕尔默这样写道："在教学的过程中，我与学生建立联系的能力，让学生与学科间建立联系的能力，与其说是来自于教学方法，不如说是来自于我对自己的了解和信心，来自于我将教学内容变得简单易学的过程之中所投注的意愿。"(Palmer，1998：11)他的工作坊重点关注教师的"个人经历，在教学实践中的反思，以及教师从诗人、小说家，以及其他富有智慧的传统知识来源中获取的灵感"(Intrator，2002：288)。帕尔默将教师身份的形成看作是精神性的(尽管不明确是宗教的)实践过程，并且有意识地在培训过程中应用自己的这一理论。在支持性共同体中，环境为教师提供了足够的时间和空间，让人沉思或独处。

分析

这些教师培训和专业发展项目具有一些共同的预期：(1)首先教师必须了解自己，了解自己的参照体系，价值体系以及自身存在的偏见。(2)教师需要对自己有批判性的认识，并且对自己及学生在生活中存在的特权与不平等都要有批判性的认识。(3)教师必须发掘他们自己的社会视角。(4)教师需要从学生的角度来看待教学过程和学习体验，并且注意到这种体验是如何影响其对教学的看法。(5)教师也必须了解同自己不一样的观点。有一些人认为这种自我反思的能力可以算作是一种"道德需求"。每一个项目都同时支持并促使教师改变他们对教学的认识和实践：比如发展教师的自我和身份认同。

建构发展理论帮助我们揭开了隐藏在这些教师培训计划下的发展性需求。该理论显示，模范项目也可能无法适合每个参与项目的教师(Berger，2002；Drago-Severson，2004；Kegan，1982，1994)，这使我们更加清晰地看到，注意到学生们在参与类似培训项目时所表现出来的差异的重要性。所以，如果我们不假思索地认为有一个唯一的静态不变的身份或人格，那么即使最好的项目，也会存在让一部分学生遭到疏远的风险。

或许，这些模范的教师教育项目最适用于处在第三认知阶段和第四认知阶段之间的职前教师。对于这样的师范生，这些项目为其提供了"包容性环境"的三个要素。"包容性环境"旨在支撑成员自我的发展与成长。

> 包容性环境是一种棘手的过渡文化，一个处于不断进化中的桥梁，或是跨文化中的语境。在其中孕育着发展性的转型，在这个过程中整体(即我)渐渐转变成一个新的整体(新我)中的一部分(即旧我)。(Kegan，1994：43)

这些项目为学生中的“亚群体”提供了支持(对一个人经验有效性的肯定),挑战(即怎样弥合在学生中造成紧张情绪的学生与环境之间的鸿沟),以及愿景(Daloz, 750
1999)。达洛兹在对成人学习中导师支持作用的探讨中定义了这样的愿景:

> (愿景)与基根的肯定功能作用类似。导师悬在鸿沟中间,起到沟通的作用;他们在学生越过鸿沟时助其一臂之力。从本质上来讲,导师证明了鸿沟是可以跨越的。通过帮助学生向前进步、构建梦想、规划蓝图,导师提供了一个顺利通关的机会,就像希腊神话中长老对忒勒玛科斯(Telemakhos)的影响一样。(p. 207)

这些教师教育项目(侧重研究师范生的第三阶段)通过为我们提供一系列价值观,一个产生一种共同话语的目的,以及一个学生们都可以参与其中的规则,为我们提供了一个产生联系的环境。就这样,这些项目定义了一套清晰的价值观、期望及目标。这也就为学生们定义自身及其自身的目标制造了一个良好的环境。这些项目所具有的挑战性功能(鼓励学生发展更具自主性的自我)在于鼓励学生们积极进行自我反思,了解自身思想、价值观和人生阅历的局限性,以及这种局限性是如何影响他们的教学的。就这样,学生们的自主性也得到了支持。最后,这些项目的愿景功能是使得学生们拥有一个更大的理想,即为了更加美好的民主社会。

如果职前教师在第三阶段有所领悟的话(即基根所说的社会性自我),他们会感到“超出理解范围”(Kegan, 1994)。如此一来,他们可能会感到失望和沮丧,因为学习项目并没有为其提供所需的足够清晰具体的指导方向。教师教育工作者也会感到失望沮丧,因为在他们看来,学员们应该冒些风险,增强独立思考的能力,而不是一味依靠他们的指导。教师教育工作者会希望学员更加自主,即使这可能超出了他们的能力。于是,学员个人的能力和项目对学员发展的要求之间会存在一个鸿沟。按照达洛兹(Daloz)的模型,项目属于“高挑战低支持”类型。除非这个短缺的支持补上来,弥补了教师们在对自己现状的认识(第三阶段,现阶段制造意义的方式)和对自己未来的期望(第四阶段,自主阶段)之间横亘的鸿沟,否则,学生们就会无法融入项目之中(Daloz, 1999; Kegan, 1994)。

不仅如此,在这些模范项目中处于第四阶段(自主),甚至更高阶段的职前教师仍然有可能会感觉到被疏离。当这些项目帮助学员建立起独立自主、自我推动以及自我反思的能力时,他们想当然地认为学员会赞同他们关于教学的价值观与信仰。于是,一个矛盾的信念浮出水面。一方面,独立和自主被大力提倡;另一方面,项目又对学员们提出了一个不言而喻的期望,即他们能够按照要求行动(第三阶段的认知形式)。因此,具有独立思想及不同价值观的学员们,甚至会对这个项目本身提出质疑。这一部分学员可能会觉得,持反对观点使得他们在这个项目的大背景下处于不利地位(即,应和教授相处融洽，取得良好的分数，和同学和睦相处）。因为他们对自己的意见有一个预期，因此他们会有意识地作出选择，或者积极配合工作，圆满完成培训任务，或者坚
751 持己见，或者退出项目。如果教师教育工作者没有处于第四阶段或者更高的阶段，那么很可能会把这些学员看成对项目的威胁，因此会产生逆反情绪（为了维持项目的价值观），甚至自我封闭。如果运用了达洛兹的模型，那么我们会发现这是“低挑战低支持”的类型。除非两者都有增长，否则的话很有可能造成学员退出项目的情况。

建构发展理论帮助我们了解为什么有的学员在项目中比其他学员进步得更快（Berger，2002；Drago-Severson，2004；Kegan，1982，1994）。这个视角说明，如果说我们的目的在于设计一个能够更好帮助教师建立和发展自我的培训计划，那么，我们就必须同时注意到学员的多样性和项目本身对学员的发展要求。一个发展的视角可以帮助我们更清楚地认识职前教师，并对他们怀有更大的同情心（Kegan，1982）。除了关注行为（例如，贫困、抵抗等），我们要更注意到这些行为对动作发生者来说具有何种意义。这种关注可以使我们更加了解师范生，同时也会促使我们打造更优秀的教师培训计划，从而关注到学员间的多元化问题。这样，项目就会更有可能培养出有自己的观点，以及对教学持批判性看法的优秀教师。

最后，我们还必须注意：该讨论的前提是发展教师的自我意识，这是完全有意义的。这些培训项目的目标是使得学员更加自主、自我激发和自我引导。然而，一旦这些职前教师离开项目而进入到学校的教学环境之中时，他们会变得更加注重第三阶段的认知。实际上，学校这个地方更希望教师扮演一个体系所规定好的角色，而不是展现自主的个人风格（见 Achinstein and Ogawa，2006 年对此的详述）。进入到学校工作的教师们可能会发现，偏离他们希望能在教学过程中定义自己的角色，便会产生他们个人与从教大环境格格不入的风险。因此，教师教育项目也应该考虑到教育体系的发展需求，以及学员们如何同体系进行斡旋，从而对他们自己及其学生更有益。

结论

在本文中，我们通过回顾和分析以往对教师身份认同和自我的研究和定义，对教师身份认同及自我进行了重新定义。正如前文所述，我们认为自我包含教师的身份认同，且自我是不断发展又内在一致的递进过程，是在自我学习、生活的文化背景、机构、和人群互动过程中有意或无意地构建与被构建、重建与被重建的过程。通过对建构性心理学发展理论进行文献综述，我们着重指出了个人通过经验所得出的认识，在不同的认知阶段都有显著不同的特征（即，评价自身的各种能力）。并且，这些不同点会影响教师个人身份认同的形式，在自身教学过程中的情绪波动，以及在自己的教师教育项目中作为一个参与者所感受到的参与程度。

不过，在面对发展多样性的时候，教师教育工作者和教师教育项目具有一种隐性

的发展预期与假设，即教师实际上应该在某种水平上理解自身经历。他们认为，职前教师应该拥有自主和自我批判的能力。在我们的讨论中，我们一直强调的是，若不关注师范生的发展多样性，那么师范生和教授都将处于沮丧甚至分离的危险境地。 752

显然，目前文献和实践中缺失的是实证工作，即致力于更好地理解心理学在教师教育中的角色研究。尽管关于教师情感的研究数目繁多并持续发展，关于个体的心理发展过程，对教师教育项目有效性的研究尚处于雏形。我们期待在未来的十年，这种研究将会得到发展，使得我们能更好地回答我们置于本文之始的问题：(1)教师如何能实现从被这些力量主宰到自我主宰这样的心理转变？(2)教师教育工作者是如何帮助推进上述过程的？(3)参加培训的教师的实践受到了哪些影响呢？(4)对他们学生的学习又产生何种影响？

（佘林茂　译）

参考文献

Abu El-Haj, T. R. (2003) Practicing for equity from the stand point of the particular: exploring the work of the urban teacher network. *Teachers College Record*, 105(5), 817 - 845.

Achinstein, B. & R. T. Ogawa (2006) (In)fidelity: what the resistance of new teachers reveals about professional principles and prescriptive educational policies. *Harvard Educational Review* 76(1), 80 - 109.

Agee, J. M. (2004) Negotiating a teacher identity: an African-American teacher's struggle to teach in test-driven contexts. *Teachers College Record*, 106(4), 747 - 774.

Athanases, S. Z. & B. Achinstein (2003) Focusing new teachers on individual and low performing students: the centrality of formative assessment in the mentor's repertoire of practice. Teachers *College Record*, 105(8), 1486 - 1520.

Antonek, J. L., D. E. McCormack, & R. Donato (1997) The student teacher portfolio as autobiography: developing a professional identity. *Modern Language Journal*, 81, 15 - 27.

Barty, L. (2004) Embracing ambiguity in the artefacts [sic] of the past: teacher identity and pedagogy. *Canadian Social Studies*, 38(3), www. quasar. ualberta. ca/css.

Beijaard, D., N. Verloop, & J. D. Vermunt (2000) Teachers' perceptions of professional identity: an exploratory study from a personal knowledge perspective. *Teaching and Teacher Education*, 16, 749 - 764.

Beijaard, D., P. C. Meijer, & N. Verloop (2004) Reconsidering research on teachers' professional identity. *Teaching and Teacher Education*, 20, 107 - 128.

Berger, J. (2002) *Exploring the connection between teacher education practice and adult development theory*. Unpublished dissertation. Cambridge, MA: Harvard University Graduate School of Education.

Britzman, D. (1992) Structures of feeling in curriculum and teaching. *Theory Into Practice*, 31(3), 252 - 258.

Britzman, D. P. (1993) The terrible problem of knowing thyself: toward a poststructuralist account of teacher identity. *Journal of Curriculum Theorizing*, 9, 23 - 46.

Britzman, D. (2003) *Practice makes practice: a critical study of learning to teach*. Revised edition. Albany, NY: State University of New York Press.

Brott, P. E. and L. T. Kajs (nd). *Developing the professional identity of first year teachers through a "working alliance."* Retrieved April 5, 2006 from http: //www. alt-teachercert. org/ Working%20Alliance. html.

Bruner, J. (1990) *Acts of meaning*. Cambridge, MA: Harvard University Press.

Carini, P. F. (1979) *The art of seeing and the visibility of the person*. North Dakota Study Group on Evaluation, Grand Forks: University of North Dakota.

Carini, P. F. (2002) *Starting strong: a different look at children, schools, and standards*. New York: Teachers College Press.

Carter, K. & Doyle, W. (1996) Personal narrative and life history in learning to teach. In J. Sikula, T. J. Buttery, & E. Guyton (eds.), *Handbook on Research in Teacher Education*. New York: Simon & Schuster Macmillan.

Clandinin, D. J. & F. M. Connelly (1986) *Classroom practice: teacher images in action*. London: Falmer Press.

Clandinin, D. J. & F. M. Connelly (1987) Teachers' personal knowledge: what counts as "personal" in studies of the personal. *Journal of Curriculum Studies*, 19(6), 487 - 500.

Clandinin, D. J. & F. M. Connelly (1989) Developing rhythm in teaching: the narrative study of a beginning teacher's personal practical knowledge of classrooms. *Curriculum Inquiry*, 19(2), 121 - 141.

Clandinin, D. J. & F. M. Connelly (1995) *Teachers' professional knowledge landscapes*. New York: Teachers College Press.

Clandinin, D. J. & M. Huber (2005) Shifting stories to live by: interweaving the personal and the professional in teachers' lives. In D. Beijaard, P. Meijer, G. Morine-Dershimer & H. Tillema (eds.) *Teacher professional development in changing conditions*.

Dordrecht: Springer.
Cochran-Smith, M. (2004) *Walking the road: race, diversity, and social justice in teacher education*. New York: Teachers College Press.
Coldron, J. & R. Smith (1999) Active location in teachers' construction of their professional identities. *Journal of Curriculum Studies*, 31(6), 711 - 726.
Connelly, F. M. and Clandinin, D. J. (1999) *Shaping a professional identity: stories of educational practice*. New York: Teachers College Press.
Cook-Sather, A. (submitted) Newly betwixt and between: revising liminality in the context of a contemporary rite of passage.
Daloz, L. (1999) *Mentor: guiding the journey of adult learners*. San Francisco, CA: Jossey-Bass.
Devaney, K. (1977) *Surveying teachers' centers: from grassroots beginnings to federal support*. Washington, DC: Department of Health, Education, and Welfare (Education Division), National Institute of Education.
Devaney, K. (1982) *Networking on purpose: a reflective study of the Teachers' Centers Exchange*. San Francisco: Far West Laboratory for Educational Research and Development.
Dewey, J. (1938) *Experience and education*. New York: Collier Macmillan.
Drago-Severson, E. (2004) *Helping teachers learn: principal leadership for adult growth and development*. Thousand Oaks, CA: Corwin Press.
Elbaz-Luwisch, F. (2002) Writing as inquiry: storying the teaching self in writing workshops. *Curriculum Inquiry* 32(4), 403 - 428.
Featherstone, H. (1993) Learning from the first years of classroom teaching: the journey in, the journey out. *Teachers College Record*, 95(1), 93 - 112.
Feiman-Nemser, S. (1990) Teacher preparation: structural and conceptual alternatives. In W. R. Houston (ed.), *Handbook on teacher education* (pp. 212 - 223). New York: Macmillan.
Feiman-Nemser, S. (2001) From preparation to practice: designing a continuum to strengthen and sustain teaching. *Teachers College Record*, 103(6), 1013 - 1055.
Feiman-Nemser, S. & Floden, R. E. (1986) The cultures of teaching. *Handbook of research on teaching*, 3rd edition (ed. M. C. Wittrock) (pp. 505 - 526). New York: Macmillan.
Fenstermacher, G. D. (2001) Manner in teaching: the study in four parts. *Journal of Curriculum Studies*, 33(6), 631 - 637.
Fitzgerald, T. K. (1993) *Metaphors of identity*. Albany, NY: State University of New York Press.
Foulkes, S. H. (1975) A short outline of therapeutic processes in group analytic psychotherapy. *Group Analysis* 8, 59 - 63.
Gee, J. P. (2001) Identity as an analytic lens for research in education. In W. G. Secada (ed.) *Review of research in education, 25, 2000 - 2001*. Washington, DC: American Educational Research Association.
Gilligan, C. (2003) *The birth of pleasure*. New York: Vintage Books.
Giroux, H. A. (2005) *Schooling and the struggle for public life: critical pedagogy in the modern age*. Boulder, CO: Paradigm Publishers.
Greene, M. (1984) How do we think about our craft? *Teachers College Record*, 86(1), 55 - 67.
Greene, M. (1995) *Releasing the imagination: essays on education, the arts, and social change*. San Francisco: Jossey-Bass.
Grinberg, J. G. A. (2002) "I had never been exposed to teaching like that": progressive teacher education at Bank Street during the 1930s. *Teachers College Record*, 104(7), 1422 - 1460.
Hargreaves, A. (2001) The emotional geographies of teaching. *Teachers College Record*, 103(6), 1056 - 1080.
Hopper, T. & K. Sanford (2004) Representing multiple perspectives of self-as-teacher: integrated teacher education and self-study. *Teacher Education Quarterly* 31(2), 57 - 74.
Huberman, M. (1982) Making changes from exchanges: some frameworks for studying the teachers' centers exchange. In K. Devaney, *Networking on purpose*, San Francisco: Far West Laboratory.
Intrator, S. (2002) *Stories of the courage to teach: honoring the teacher's heart*. San Francisco: Jossey-Bass.
Jennings, L. B. & Smith, C. P. (2002) Examining the role of critical inquiry for transformative practices: two joint case studies of multicultural teacher education. *Teachers College Record*, 104(3), 456 - 481.
Johnson, K. (2003) "Every experience is a moving force": Identity & growth through mentoring. *Teaching and Teacher Education*, 19, 787 - 800.
Kegan, R. (1982) *The evolving self*. Cambridge, MA: Harvard University Press.
Kegan, R. (1994) *In over our heads*. Cambridge, MA: Harvard University Press.
Korthagen, F. & A. Vasalos (2005) Levels in reflection: core reflection as a means to enhance professional growth. *Teachers and Teaching: Theory and Practice*, 11(1), 47 - 71.
Levine, K. P. (2004) The birth of the citizenship school: entwining the struggles for literacy and freedom. *History of Education Quarterly*, 44(3), 388 - 414.
MacLure, M. (1993) Arguing for yourself: identity as an organizing principle in teachers' jobs and lives. *British Educational Research Journal*, 19(4), 311 - 323.
McGowen, K. R. & L. E. Hart (1990) Still different after all these years: gender differences in professional identity formation. *Professional Psychology: Research and Practice*, 21(2), 118 - 123.
Marsh, M. M. (2002) Examining the discourses that shape our teacher identities. *Curriculum Inquiry*, 32(4), 453 - 469.
Mead, G. H. (1934) *Mind, self and society*. Chicago: University of Chicago Press.
Mitchell, A. (1997) Teacher identity: a key to increased collaboration. *Action in Teacher Education*, 19, 1 - 14.
Moore, A., G. Edwards, D. Halpin, & R. George (2002) Compliance, resistance and pragmatism: the reconstruction of schoolteacher identities in a period of intensive educational reform. *British Educational Research Journal*, 28(4), 551 - 565.
Nias, J. (1989) Teaching and the self. In M. L. Holly & C. S. Mcloughlin (eds.), *Perspectives on teacher professional development*, London: The Falmer Press, 155 - 173.
Noddings, N. (2003) *Caring: a feminine approach to ethics and moral education*, Second edition. Berkeley: University of California Press.
Palmer, P. J. (1998) *The courage to teach: exploring the inner landscape of a teacher's life*. San Francisco: Jossey-Bass.
Rex, L. & M. C. Nelson (2004) How teachers' professional identities position high-stakes test preparation in their classrooms.

Teachers College Record, 106(6), 1288 - 1331.

Richardson, V. (1996) The role of attitudes and beliefs in learning to teach. In J. Sikula, T. J. Buttery, & E. Guyton (eds.), *Handbook of Research on Teacher Education*. New York: Simon & Schuster Macmillan.

Rodgers, C. R. (1998) Morris R. Mitchell and the Putney Graduate School of Teacher Education, 1950 - 1964. Unpublished dissertation, Harvard University Graduate School of Education.

Rodgers, C. R. (2002) Seeing student learning: teacher change and the role of reflection. *Harvard Educational Review*, 72(2), 230 - 253.

Rodgers, C. R. (in press) Learning to teach as an art: John Dewey and the Prospect Teacher Education Program (1967 - 1991). *Teacher Education Practice*.

Rodgers, C. R. (in press) "The Turning of One's Soul": learning to teach for social justice: The Putney Graduate School of Teacher Education (1950 - 1964). *Teachers College Record*, 108(7).

Samuel, M. & D. Stevens (2000) Critical dialogues with self: developing teacher identities and roles — a case study of South African student teachers. *International Journal of Educational Research*, 33, 475 - 491.

Schoomaker, F. (1998) Promise and possibility: learning to teach. *Teachers College Record*, 99(3), 559 - 591.

Scott, K. (1999) *Parenting boys identified as having learning disabilities: a meaning-making perspective*. Unpublished Doctoral Dissertation, Harvard University Graduate School of Education.

Sfard, A. & A. Prusak (2005) Telling identities: in search of an analytic tool for investigating learning as a culturally shaped activity. *Educational Researcher*, 34(4), 14 - 22.

Sikula, J. P. (ed.) *Handbook of research on teacher education*, Second edition. New York: Macmillan.

Smagorinsky, P., L. S. Cook, C. Moore, A. Y. Jackson, & P. G. Fry (2004) Tensions in learning to teach: accommodations and the development of a teaching identity. *Journal of Teacher Education*, 55(1), 8 - 24.

Smulyan, L. (2004) Choosing to teach: reflections on gender and social change. *Teachers College Record*, 106(3), 513 - 543.

Spence, D. (1984) *Narrative truth and historical truth: meaning and interpretation in psychoanalysis*. New York: Norton.

Stengle, B. & A. R. Tom (1995) Taking the moral nature of teaching seriously. *The Educational Forum* 59(2), 154 - 169.

Sterling, M. (2005) *Influences on professional learning: five teachers' stories*. Unpublished doctoral dissertation, Lesley University (pp. 24 - 57).

Van Manen, M. (1994) Pedagogy, virtue, and narrative identity in teaching. *Curriculum Inquiry*, 4(2), 135 - 170.

Van Manen, M. (1999) The practice of practice. In M. Lange, J. Olson, H. Hansen, & W. Bünder (eds.), *Changing schools/changing practices: perspectives on educational reform and teacher professionalism*. Louvain, Belgium: Garant.

Van Manen, M. (2000) Moral language and pedagogical experience. *Journal of Curriculum Studies*, 32(2), 315 - 327.

Watts, H. (2005) The legacy of teachers' centers. Unpublished Monograph, Keene, NH: Antioch New England.

Williams, R. (1961) *The long revolution*. New York: Columbia University Press.

Winograd, K. (2003) The functions of teacher emotions: the good, the bad, and the ugly. *Teachers College Record*, 105(9), 1641 - 1673.

Zembylas, M. (2002) "Structures of feeling" in curriculum and teaching theorizing the emotional rules. *Educational Theory*, 52 (2), 187 - 208.

Zembylas, M. (2003) Emotions and teacher identity: a poststructural perspective. *Teachers and Teaching: Theory and Practice*, 9 (3), 214 - 238.

41. 同行学习：教师共同体与共同的教育事业[①]

乔尔·韦斯特海默(Joel Westheimer)
渥太华大学(University of Ottawa)

756 在挪威语和希伯来语中，“教”与“学”在词源学上是不可分割的。[②] 在这两种迥然不同的语言中，教与学均为教育学的一体两面。教的人同样也是学习者。但是，教师在日常工作中，几乎没有被给予正式或者非正式的学习机会。而且，教师教育项目并不总是培养未来的教师成为未来的学习者。更重要的是本篇写作的起因：很少有教师做好充分的相互学习的准备，很少有学校创造条件使得教师之间的相互学习成为可能。正如萨伊莫·萨拉森(Seymour Sarason)在其1971年出版的经典著作《学校文化与变革问题》(《*The Culture of School and the Problem of Change*》)中提到的著名论断：教师不可能在自身学习环境不佳的情况下，为学生建立并维持高效的学习环境。共享学习、对话、讨论、辩论和共同体的文化是怎样的？这样的环境如何影响教师和学生？我们怎么培养未来的教师与同事进行专业性的交流沟通并从中受益呢？

本文回顾了以往和当前关于教师专业共同体概念的界定，这些都与教师学习有关。我们还将教师同行作为教师学习的特定环境和资源加以概念化。我们强调实证研究，以便在教师实践中验证这些概念，特别是一些研究教师实践的方法揭示了其所蕴含的教师价值观和对抗性的意识形态。接下来，我们会简要介绍这些概念的发展过程，回顾在研究中和实践中建立教师学习共同体的多重目标和存在的长期冲突。

术语注解

许多学者观察到，在谈论学校教师工作的文献中，很多术语如“教师共同体”，“教师专业共同体”和“专业学习共同体”经常交替使用(Furman and Mertz, 1997; Little and Horn, 2006)。因此，谈论教师在学校的协作是不是集体工作是一个困难的问题。使问题更加复杂的是，这些相同的术语有时也用来描述教师在学校以外的、在专业网络和暑期工作坊的工作。例如，英语教师专业共同体和档案袋评价教师共同体都鼓吹自己为教学和学习提供了支持。此外，“专业的”一词以各种方式被使用。例如，有的

---

① 本研究得到渥太华大学“高校研究教授项目”以及加拿大社会科学与人文科学研究委员会(Social Sciences and Humanities Research Council)的支持。感谢 Karen Emily Suurtamm 作为研究助理对文稿的编辑和整理。还要感谢对初稿提出建议的朋友：Brad Cousins, Sharon Feiman-Nemser, Barbara Leckie, Karen Emily Suurtamm。

② 本研究的对象是众多有关教学的圣经寓言，并在格罗斯曼等人(Grossman, et al., 2001)的著作中有所提及。

使用这一术语，特别与技术的“培训”相区分，认为“培训”将教师视为盲目的规则追随者，而“专业的”一词视为令人尊敬、充满思考的教师教育与实践（如同在教学的专业化中一样）。很多学者描述了为了相互学习，而进行的更深层次对话。例如，布莱恩·洛
德（Lord，1994）着重区分了轻松愉快和严肃紧张的同事关系。他说，和一个同事相 757
处，并不等于把同事看作是其所进行研究和提高教与学的资源。同样，利马（Lima，1997）和贾扎布科斯基（Jarzabkowski，2002）也就教师之间的友谊和他们专业关系的异同进行了争论。

本文我们主要关注教师间有关教师学习的互动。我们使用的术语“教师专业共同体”，特指一组在一起进行专业努力的教师（这些努力是特别针对教师工作开展的）。我将用“专业学习共同体”和“教师学习共同体”指代一般在学校场域的，前面所提及的小组的子团体——他们主要聚焦于与同事一起学习或向同事学习。

教与学同时进行

在过去的三十年间，学界对教与学的认识已发生了翻天覆地的变化。在教与学的认知科学和新理论上的革新，改变了研究者和实践者看待教育发展的方式。在课堂层面，研究者开始考虑学生如何依据他们周围的环境，探索建构知识的方法（Bruner，1996；Gardner，1985；Lave and Wenger，1991；Vygotsky，1978）。教师教育工作者开始强调教师学习的社会性和相互依存性。学习共同体成为共同考量学生学习，以及教师合作的一种受欢迎的方式（Barth，1990；Sizer，1992）。根据洛尔蒂的观点，他将存在专业孤立的学校称之为“蛋箱”[①]学校（Lortie，1975），教师在这样的学校中往往彼此孤立，只专注于自己的课堂。为了避免学校中普遍的孤立现象，改革者开始提倡新的学校结构和教师实践，从而认识到在共同体中学习的重要性。通过聚焦教师工作的环境，这些改革者希望鼓励协作并增进专业对话。

至少在一些改革的圈子里，学校作为正式组织的传统观点，逐渐被共同体的概念取代。一些研究证据表明，将学校作为共同体，突出学校环境“在战略的不同方面及本质上有差异的政策杠杆”（McLaughlin，1993：80；Sergiovanni，1994a）。麦克劳林写道，“共同体隐喻”，“使（政策）关注实践的准则和信仰、合作关系、共同目标、合作场合、相互支持和共同责任的问题”（McLaughlin，1993：81）。研究人员认为，通过关注教师专业共同体，我们理解了教师关系，奠定了他们学校工作和生活的方式。截至20世纪90年代中期，创造更有利于促进教师集体使命感和责任感的专业化环境，已成为许多地区、州和全国进行学校改革的一项重要内容（Hargreaves，1994；Lieberman，1995；Meier，1995；Sizer，1992）。

① “蛋箱”：装蛋用的有分格的板条箱（译者注）。

尽管许多教育工作者都以在一个同行共同体中进行教师学习为目标，但是关于这些共同体的具体构成，以及共同体如何创建和维持等具体内容仍然是变化多样的。在学校改革的相关文献中，教师专业共同体研究数量众多且差别很大。有些研究重点强调变量和创建互补视角，分析人员能在实践中更好地研究教师共同体。然而，其他的视角，无论对于学校中专业学习共同体的目标还是手段而言，都构建了一种竞争性的
758 意识形态。由于“共同体”术语本身的难以捉摸，我们无法具体定义专业共同体内教师的合作与交流。

共同体的歧义性

人类学家瓦雷尼(Vaerenne, 1986)在研究美国社会和社会多样性的概念时得出结论：关于共同体的概念，存在巨大的理论混乱。他发现了在社会心理中并存的个性与共同体的理性难以调和。事实上，两个多世纪以来，人们一直在对这些术语固有的复杂性进行研究。当代反映个体和共同体之间，以及各共同体之间冲突关系的例子比比皆是。这本书的读者，无疑是多重共同体的一部分，每个部分在众多不同的维度上有或强或弱的组合，如共同的信仰，互动和参与的规范以及异议的空间。举例来说，读者可能会是“学者共同体”的一部分，“教师教育工作者共同体”的一部分，“宾夕法尼亚大学共同体”的一部分，“租客共同体”的一部分，以及他们当地的街坊共同体的一部分，等等。

对于教育工作者而言，共同体概念化问题急剧扩大，但是理论和实践的差距问题是不可回避的。研究教师专业共同体的人员和改革者，常常发现植根于实践的共同体概念往往过于简单，而那些根植于理论的实践也不能完全令人信服(Strike, 1999)。用三、四或五个特征能够构成确定共同体的方法吗？能够来验证一个特定的个体联盟是或不是一个共同体吗？这样的特性把共同体作为一个静态的实体进行诠释，很少有社会分析家会认为这样的简化合适。许多对于实践中的教师专业共同体的人种志研究走得相当远，它提供了一个视角去理解经历和互动的性质(Achinstein, 2002; Grossman *et al.*, 2001; Little, 2003)。不过，虽然社会学家普遍认可的特征提供了认识共同体及其组成元素的共同语言，但是他们定义共同体的方式并不十分严谨。更重要的是，确定这些特征也很少能令别人相信共同体的益处，尤其是反对改革的人。关于共同体的阅读有点像阅读爱情，都缺乏经验。然而，以各种视角确定的特征与短文及人种志分析方法相结合，促成了构建一种能够促进并理解教师实践专业共同体的逻辑框架。

专业学习共同体的多个重叠目标

阿钦斯坦(Achinstein)以组织学家范玛南(Van Maanen)和巴利(Barley)为基础修

改了教师专业共同体的定义，简明扼要地反映了许多变革的要点，这些要点是很多人致力于建立学校专业共同体所追求的：

> 教师专业共同体可以被定义为一组在一个学校从事共同工作的人；对教
> 学、学生和学校教育持有一定程度的相似的价值观、规范和取向；通过建立相
> 互依存的结构开展协作性工作（改编自 Van Maanen and Barley，1984）。 759
> （Achinstein，2002：421－422）

不同视角的教师专业共同体，提出的具体目标和流程在文献中的描述各不相同；但是很多文献强调教师学习，经常把教师专业共同体论述为专业学习共同体。正像米切尔和萨克尼（Mitchell and Sackney，2000）定义的那样，专业学习共同体里的教师"采取积极的、反思性的、协作性的、促进成长的学习取向方式，来面对教学和学习中的谜团、问题和困惑"。下面，我们将会介绍能反映研究人员与改革者已经为专业学习共同体的教师所设定的共同目标的六大整体类别。当教师在"集体质疑无效的教学程序，检验新的教学和学习观念，寻找认识和回应差异与冲突的生成性手段，并积极支持彼此的专业成长"上行动一致时，每一个视角的研究发现都指出了其对教与学的益处与挑战（Little，2003：914）。

尽管这部分教师教育研究手册强调的是教师学习，但是值得注意的是还有其他方式能表明教师共同体的重要性。除了通过标准化考试衡量学生成绩这种狭隘的目标之外，还存在其他的将教师学习概念化的方法。事实上，有一个虽小但意义重大的工作团体，批评教师学习的工具性概念，为了聚焦学校强大的公共关系，其基于狭隘的工具化目标（通常观念是教师学习促进学生学习的改善）排斥了其他令人信服的理由。（参见，Fielding，1999；Hargreaves，1994；Jarzabkowski，2002；Nias，1999）。与此同时，一些学者和从业者观察到，并非所有的专业共同体都是有效的或令人满意的。教师天天见面并在周末共同进餐，但他们在一起的时间里，主要是抱怨或者嘲讽学生，这大概就是他们一起所经历的强大的共同关系，但这绝不是大多数改革者所追求的（Little and Horn，2006；McLaughlin and Talbert，2001）。

虽然以下分组有大量的重叠部分（这些观点并不准备严格分类），但是它们在审视教师专业共同体内教师学习概念相关的工作中，被证明是有益的。以下各节描述六个相互联系的目标，它们经常被研究人员和改革者引用，力图构建、维持、研究学校的专业学习共同体。教育者希望通过发展专业学习共同体以达成以下目标：（1）提升教师技能，促进学生学习；（2）创造探究知识的文化环境，使得这种观念在教师和学生中都发挥作用；（3）提升教师在领导和学校管理方面的学习；（4）促进新任教师的教师学习；（5）作为教师学习的先决条件而减少孤立；（6）追求社会正义和民主。

提升教师技能，促进学生学习

毫无疑问，教师学习共同体最核心且最常被提及的目标是提升教学（Lieberman and Miller，2004；McLaughlin and Talbert，2001）。这种寻求最直接改进教师实践的教师学习共同体的愿景，也许在利特尔的呼唤中得到最简单的反映：“设想一下你将会
760 成为一名好教师，因为你成为某个学校的一员——仅仅是因为那样一个事实”（Little，1987：493）。在一个以私密性和独立性为特征的行业里（Little，1990；Lortie，1975；Pomson，2005），教师向同事学习的机会远比许多人想象的要少（Smylie and Hart，2000）。学校的“蛋箱”结构，学校日常日程安排，以及对教师各种相互冲突的要求，使协作性实践与反思举步维艰。寻求打破这些规范的学校，希望教师与其他人分享他们所遇到的问题和成功，并对学生学习担负集体责任。

例如，克鲁泽等设想了一个框架，来研究学校专业共同体；在这个框架下，所有教师的教学成长和发展，都会被视为共同体的责任，共同体的组织结构，如同伴互助及实践交流的时间都被视为是主要的内容（Kruse *et al.*，1995：27）。根据他们的理论框架，成功的专业学习共同体的特点包括明确注重学生学习、实践反思、独立实践、共同协作、观念分享。因此，推动教师学习的结构性条件包括：具有一定时间的会面交谈，彼此物理空间的接近，相互依存的教学角色，交流结构和足够的教师自主（Krus *et al.*，1995：25）。这样的专业学习共同体，培养了协作和交流的规范，这样的协作与交流能增加教师提高课堂实践水平的机会（Louis and Marks，1998；Little，1999）。

文献分析了此主题的众多影响因素，但是大部分教师学习共同体的特征是相似的和互补的。事实上，许多杰出的研究支持这样一种观念：如果给专业共同体适当的组织条件以保持其强劲的发展势头，可以大大加强教学创新。例如，芝加哥大学的学校改进中心（Center for School Improvement），用三年多的时间研究了小学，得出的结论是专业学习共同体推动学校的教学实践进行持续改革（Bryk *et al.*，1999）。基于学校组织与变革中心（the Center on Organization and Restructuring of Schools）对 820 所美国中学注册入学的 11 000 学生进行的研究，李等人（Lee *et al.*，1995）做了介绍。他们发现，若学校呈现出发展势头较好的专业学习共同体的一致性特点，教师的课堂教学更可能按照正在进行的教学变革而改变。同样，麦克劳林和塔尔伯特（McLaughlin and Talbert，1993）在加利福尼亚州和密歇根州的高中进行了纵向研究，他们发现教师专业学习共同体与教学的改进和改革有关联（参见，McLaughlin and Talbert，2001）。雷耶斯等人在对拉丁裔学校的工作报告（Reyes *et al.*，1999）中也发现，学习共同体使教师能提升自己的实践。在过去的十年中，定量和定性的研究都支持这些说法（Kruse and Louis，1995；McLaughlin，1993；Newmann and Wehlage，1995；Sergiovanni，1994b；Smylie and Hart，2000；Thiessen and Anderson，1999）。

对于强调教师和同事一起学习而言，学生学习也是一个核心议题。因此，也有与学生学业成就相关的研究（Little，1999；Louis and Marks，1998；McLaughlin，

1993)。在《成功的学校重组》(*Successful School Restructuring*)中,纽曼和韦拉格
(Newmann and Wehlage, 1995)对包括美国各地的 1 500 名小学、初中、高中进行了四
个大规模调研并得出调查报告。在调查广度和数据严谨性方面,这些调研的结果是显
著的,内容包含调查三至四年的纵向案例研究、学生的测试结果的汇编。研究人员在
16 个州的 44 所学校进行了实地调研。在总结这些研究(1988 年全国教育纵向研究,
学校重建研究,芝加哥学校改革研究,学校重组的纵向研究)时,学者把成功的专业学 761
习共同体归纳为与以下方面有关:降低学生辍学率,降低缺勤率,在数学、科学、历史、
阅读上取得的学业成就(以标准化考试作为尺度),以及缩短不同社会经济背景下的学
生学业成就差距。总之,这些研究提供的大量证据表明,学生的学习依赖于,至少部分
依赖于“学校在何种程度上支持教师知识和技能的持续发展和有效实践”(Smylie and
Hart, 2000: 421)。

以校为本的教师学习共同体的另一个可行做法是,教师共同协作而不是独自检查学生学习(Little *et al.*, 2003)。在过去的几年间,已出现了一些项目明确聚焦于此的做法。例如,其中一个项目旨在“通过对学生工作的一个连续、全面、严格的考查,以发展学校全体教员的能力来提高教学质量”(教育发展研究院,2006)。利特尔和他的同事发现考查学生工作的专业学习共同体的有用方面包括:检查学生工作的通用工具的本地化过程,教师的舒适度与挑战性之间的良好平衡,使用学科专业知识的机会,促进建立强大的和结构化的小组关系(Little *et al.*, 2003: 189 - 190)。其他人为的围绕学生工作检查中相似的教师互动,是学习共同体中教师(和学生)学习的根本(Ball and Cohen, 1999; Ball and Rundquist, 1992; Little, 1999; Sykes, 1999)。

研究还表明了教师讨论(通常称为“教师对话”)的具体性质和内容之间的关系,以及这种交流对教师自身和学生学习的益处。这些研究旨在区分简单交谈与以师生学习的生成性为特征的教师对话(例如 Achinstein, 2002; Little and Horn, 2006)。例如,洛德的“批判性同事关系”的模型指出,如果专业学习共同体是以培养教师并提升学生学习为目标,教师的谈话和交流应该反映出以下三个方面。首先,在讨论教学中的冲突和不同看法时,教师必须是开放的。他认为这种冲突(假如是有用的冲突)是“有生产力的失衡”(Lord, 1994: 192)。其次,他强调,教师需要对模糊逐渐熟悉和适应。第三,考虑到冲突和模糊的开放性,他希望加强而不是削弱共同体,教师必须寻求洛德所说的“集体生成性”(Lord, 1994: 193),或实践在模糊和冲突之中一起继续他们工作的集体承诺。同样,鲍尔和科恩(Ball and Cohen, 1999)从借鉴现场本位的教师专业发展案例研究入手,对教师关于合作和个人工作的交流提供了深刻分析。他们认为,将教师的专业发展根植于教师日常的具体实践,可以极大地丰富教师学习。鲍尔和科恩建议,关于实践进行的讨论,特别是当这样的讨论在批判性同事共同体中进行时,会增加教师学习机会,夯实教师成长的实践基础(Gray and Rubenstein, 2004; Hord, 2003; King, 2002; Little and Horn, 2006)。

让观念起作用——知识探究的文化

虽然改进教师实践常常是促进学校教师学习共同体的基本目标，但是教师学习共同体的观念没有把这一目标放在首要和核心位置。在文献中有关教师集体学习和实践的其他视角也有很大的影响力。许多关于学校改革和教师共同体的研究，通过把重
762 点放在教师在学校的生活经验上，力求凸显其他着力点的变化。例如，一些改革者构想出一种成功的校本专业学习共同体的方式，如彼得·圣吉所描述的那样："这个学习共同体的所有人，无论个人还是作为整体，都将持续提升和拓展他们的意识和能力"(Senge, 2000)。虽然我在这里引用的文献肯定关注提高教学质量，但是眼前的目标是在工作坊中，让教师进行教学和实践中的集体反思和交流，从而构建知识探究的专业文化。

例如，一些人主张教师进行学科探究，把教师视为自身学科的学生，旨在深化教师的学科知识的专业发展，强调对比"直接应用性的可能和更久远的知识更新的目标"(Grossman *et al.*, 2001: 952)。正如格罗斯曼和他的同事解释的那样，挑战是"维持对学生的关注，同时为教师建立与他们所教课程相关的组织以便其学习，教师共同体必须同时关注学生的学习和教师的学习，把它们放在相同地位(Grossman *et al.*, 2001: 952)。教师夏季学院长期以来给予教师学科领域的智力支持，但这项工作不可避免地总是在学校的专业共同体之外发生。使教师在学校从事困难重重但是非常有意义的知识更新，是提升专业学习共同体的一个日益流行的策略(Lieberman and Miller, 2004; Little *et al.*, 2003; Smylie and Hart, 2000)。这类卓越的实践比比皆是，其中一个方案就把人文学科的教师汇集起来，通过研究他们自己的学科(Grossman *et al.*, 2001)，或基于学科的改革，建立跨学科的课程。如科学课程变革的"2061 计划"(American Association for the Advancement of Sciences, 1994)。

这些方案遇到了"持续矛盾"的重大困难，这就是笔者将关于"持续矛盾"部分论述的内容。然而，值得注意的是，如此研究专业学习共同体的研究人员越来越重视探索和说明这些矛盾状况。其中一个反思性分析的详细例子是：格罗斯曼和他的同事在西雅图的一所城市高中碰到的由英语教师和历史教师混合构成的共同体。这一混合共同体使格罗斯曼及其同事面对复杂的研究背景。为了建立跨学科的人文课程的"知识经历"而将教师聚集在一起，他们发现，这既成果丰硕，同时也困难重重。例如，他们发现教师通常不习惯于同行学习所形成的是一种"伪共同体"，在其中，每一个人倾向于表现出似乎大家一致同意的行为，他们绕开重要的分歧内容并制止冲突。同时他们发现：当他们从伪共同体转向实质性的对话时，原先专业共同体被强行抑制住的冲突很快就会浮现出来。阿钦斯坦(Achinstein, 2002)，冈恩和金(Gunn and King, 2003)，乌莱因等(Uline *et al.*, 2003)对类似的问题进行了讨论。这些改革项目不回避类似于这些研究所描述的挑战，似乎更有可能成功地培育真正的知识探究和教师学习文化(Gray and Rubenstein, 2004; Little and Horn, 2006)。

另一个关于建构知识型文化的例子，来自传统的教师研究和传统的大学-学校研究合作伙伴关系。例如，科克伦-史密斯和莱特尔(Cochran-Smith and Lytle, 1992b)在其具有突破性意义的研究中指出，教师探究不仅提升了教师个人实践，而且也提升了整个专业共同体的集体协作与文化。更重要的是，教师的研究往往关注教学实践，而不是具体的学科问题。教师和研究者一起(经常有大学的研究人员)审视他们自己 763
的实践，共同研究其在其他地方进行的研究，并对自己在有关的教学策略、学生和更广泛的教育政策问题方面的假设提出挑战(Hatch *et al.*, 2005; Noffke and Stevenson, 1995)。正如利伯曼和米勒解释的那样，因为研究是本土化的，所以能“与其他教师所经历的实践中的困境产生共鸣”(Lieberman and Miller, 2004: 29)。一些项目致力于融合关于教学方法和学科相关问题的研究①。事实上，教学环境研究中心的研究人员麦克劳林、塔尔伯特和其他人员曾多次发现，专业性强的学习共同体具有深入和持续讨论课程教学的特点；在这种讨论中，教师共同审视低效教学，对共同的教学实践提出批评和挑战(McLaughlin and Talbert, 2001; Little, 2003)。在这些学校中，教学很少被认为是个性化的、死记硬背和教书匠式的工作，而多被认为是“高智力的工作。基于专业共同体，教师既要承担自己学生学习的责任，又要承担教师间彼此学习的责任，因此视教学为一个具备知识性的，并充满共同体精神的职业”(Lieberman and Miller, 2005: 153)。

将教学视为智力工作，建立教师学习共同体，从而鼓励知识交流并“重视思想”，这些思想理念深深植根于教师伦理感之中；而不仅仅只是为了所谓的更好的实践效果(例如 Ball and Wilson, 1996)。例如，通过总结卡茨和费曼-尼姆塞尔(Katz and Feiman-Nemser)的新任教师入职培训工作，古德莱德和麦克曼蒙(Goodlad and McMannon, 2004)指出，教师常被告知在学校中要为学生谋幸福，促进学生的发展。他们认为，虽然这一点似乎是不言自明且极其普遍的，但是创造一个智力和道德上良性发展的环境，教师需要“彼此关心和继续接受(成人)学习机会”(Goodlad and McMannon, 2004: 96)。这不仅是留住新任教师的好方法，更是，

> 最应该要做的事情。维持一个支持性的环境，不需要冠冕堂皇的口号或仪式性的事件来提醒我们社会应该展现的行为。杜威告诉我们，诸如礼貌、同情、尊重等特征应常规化，这些特征都反映了人之所以为人应具备的文化教育和学习。(Goodlad and McMannon, 2004: 96)

本文接下来要讨论的是在关于新任教师入职培训及教师早期教学经验的研究中，

---

① 例如，参见卡内基基金会的 K-12 学院的教学和学习奖学金[CASTL], www. carnegiefoundation. org/programs/index. asp? key=32。

通过发展教师学习共同体来改善支持性环境这一主题。

教师学会成为领导者

我已经注意到在校本学习共同体内的教师，如何有智慧地将学科内容和教学策略相结合以提升教学实践。对学校政策领导决策及学校改革进行更广泛的集体审察和决策，是改革者一直鼓吹构建智慧参与和在工作中教师学习的另一种手段。很多教师
764 叙述学校教育的重大政治问题，讨论并写下他们渴望改变的意愿，但是据科克伦-史密斯（Cochran-Smith，2001）观察，教师们反思日常决策，从事创见性探究及合作的机会甚少。由于改革者提倡教师领导力，因此除了上面提到的，关于对教师教学方法和学科知识要求之外，教师还需共同协作，担当学校领导者的角色。

教育政策制定者已经意识到，组织设计和有效领导，对于为师生建立并维护充满活力的学习共同体十分重要（Lieberman and Miller，2004）。对于学校政策的共同决策、集体行动，以及对更广泛的学校改革问题进行反思，被视为是吸引教师形成共治以及改进实践的有效方法。现在许多学校改革者希望教师成为教学领导者，他们可以跨越班级院系或学科的壁垒，一起工作、学习，从而促进教育改革（Barth，2003；Lieberman，1995；Leithwood，2002；Maeroff，1993）。专业学习共同体提升有效的教师领导力，它也能够得到由教师为主导的学校中共治实践的支持（Westheimer，1998）。

在教师融入领导岗位方面，长期存在的一个矛盾便是利特尔和巴特利特（Little and Bartlett，2002）所提出的"休伯曼悖论"。休伯曼通过研究教师的职业发展发现，参与学校和学区领导角色的教师比那些仅仅满足于在教室与学生打交道的教师遭受更大的"职业倦怠"压力（Huberman，1993）。正如利伯曼和米勒对悖论进行总结时所述：一方面，教师从他们所参与的学校改革和领导工作中得到激励，另一方面，正是这样的工作导致职业倦怠、不满、职业冲突和失望（Lieberman and Miller，2004：19）。其他一些研究也得出了相似的结论（McLaughlin and Talbert，2001；Johnson *et al.*，2004）。

在很大程度上，研究者和改革者怀疑担任领导职务的教师所遇到的困难，大部分是由于学校和学区中缺乏合作领导的职业文化所致。如果教师在领导角色中能够协同工作，而不是个人去寻求影响董事会的改变，那么教师集体参与的益处就会实现，在个人努力中出现的职业倦怠就不会出现。因此建立协作文化就成为了那些试图让教师担当领导角色的人的目标（Lieberman and Miller，2004；McLaughlin and Talbert，2001；Lambert，2003）。为了给专业学习共同体的蓬勃发展创造必要条件，多项研究已经审查学校和学区管理者，例如，调整学校的时间表，这样教师们就有时间聚在一起（Barth，2003；Glickman，2002）。改革者认为，在专业学习共同体内工作，教师领导者可以使得他们自己以及同事的教学工作重新充满活力，使其有协作性、针对性和动态

性(Fullan, 1994; Hargreaves and Fink, 2006; Lieberman and Miller, 2004)。此外，当教师担当领导者角色时，这些学校中的教师学习可以作为抵制教师职业倦怠的助力。当教师经历专业成长后，他们继续从事教学的可能性更大(Nias, 1999; Strong and St. John, 2001; Thiessen and Anderson, 1999)。

新任教师的学习

教学工作一直以来都具有非同寻常的高流失率这一特点，尤其是在新入职的教师中(Lortie, 1975; Johnson et al., 2004)。多项研究表明，大约百分之五十的新入职教 765
师会在教学的前五年里离职(Grissmer and Kirby, 1997; Murnane *et al.*, 1991)。此外，教师的入职培训和留任方案，往往没有其他专业性职业那么统一而有条理。除了一些特殊情况，一般人们期待新任教师在第一天的教学表现和承担的工作与从教 25 年的教师水平相当。

使第一年教学更加困难的是，新任教师工作的大部分时间都与同事处于隔离状态；业内人士称这种隔离具有“孤注一掷”或“玩火自焚”的特点(参见，Ingersoll and Kralik, 2004; Johnson *et al.*, 2004; Kardos *et al.*, 2001)，这种普遍的隔离则带来两种与教师学习共同体讨论相关的建议：第一，为了顺利度过教学前几年，新任教师要求与老教师建立联系；第二，大多数新老教师要求更强烈的联结感，要求共同体促成他们继续从事这项职业的个人和职业满足感。

苏珊·穆尔·约翰逊和他的同事在哈佛大学从事“新一代教师项目”(Project on the Next Generation of Teachers)，他们通过对 50 多名新任教师做的一次纵向研究发现，学校的专业文化在很大程度上影响着新任教师做出是否继续教学或是从事其他职业的决定(Johnson *et al.*, 2001)。他们鉴定出三种专业共同体(新任教师导向，老教师导向，混合导向)(对新任教师提供各个层次支持的)(Kardos *et al.*, 2001)。在老教师导向的专业文化中，教师倾向于分成新老教师两个阵营，结果是戏剧性的：

> 在我们研究的第一年，50 名新任教师中有 21 名在以老教师为导向的专业文化中教学。在这 21 名教师中，9 名教师在第一年结束时离开了自己的学校(43%)，5 名(24%)离开了公立学校。(Johnson *et al.*, 2004: 150)

类似地，在新任教师为导向的专业文化中教师流失率也很高，在此文化中共同体很强大，但是并未致力于教师学习。与此相反，在混合导向的专业文化中，新老教师平等地共存于专业共同体，并围绕分享和提高实践确定他们融合的专业文化方向。这些学校强调“教师即学习者”(Johnson *et al.*, 2004: 158)；它们稳定教师队伍的能力似乎比其他两种导向的要高得多(在他们的研究中，17 名在混合导向的专业共同体开始教学的教师中，仍然有 14 位在教学)。

费曼-尼姆塞尔以及其他人的重要研究，同样表明了专业合作及交流的重要性，尤其对新任教师而言。特别是，在强大的专业共同体中，实施的良师指导推动了教师留任、教师学习以及教学创新(Feiman-Nemser *et al.*, 1999; Gold, 1996; Katz and Feiman-Nemser, 2004; Strong and St. John, 2001; Smith and Ingersoll, 2004)。这还有助于新任教师形成和实现他们良好的教学愿景，有助于实现对他们教学的专业认同(Hammerness, 2006; Shulman and Shulman, 2004)。随着进入教学领域的路径不断增加，很多新任教师在没有经过专业培训就进入教育领域的情况下，良师指导就显得尤为重要。

766 **减少孤立，促进教师相互学习**

另一个影响新老教师在工作中学习的因素是：在更大范围内，对于日益严重的疏离现象的文化思考(Bellah *et al.*, 1985; Selznick, 1992; Wehlage *et al.*, 1989)。学者们指出，泛滥的个人主义和彼此隔离日益成为影响公共健康的一大障碍(Putnam, 2000)。例如，阿米塔·埃齐奥尼的社群运动旨在弥补这些弊病(Etzioni, 1993)。心理学家观察到人类通过建立关系和交流，来满足他们对于归属感及社会联系的需求(Bronfenbrenner, 1979; Erikson, 1963)。同样地，社会学家和政治科学家强调来自于参与共同体的认同感和责任感。杜威指出人类的经验具有固有的社会性，因而依赖于共同体内人与人之间的交流与合作(Dewey, 1938)。

许多人认为，既然传统的联结渠道逐渐减少，学校必须提供这种联结方式，并指出建构联结的目的。为了在学校有满意的专业生活，也为了给学生创造共同体条件，教师和学生同样要求这种联结。社会学家和人类学家一直以来对联结人们的各种纽带十分感兴趣，改革者在对他们的工作进行思考后，致力于让教师形成学习共同体，这样可以激励他们的工作，丰富他们之间以及他们与学生之间的关系(Lieberman, 1995)。他们希望教师们可以在自己认为有意义的项目上共同合作。教师们可以在午饭期间，放学后，或一天中的空闲时间见面讨论课程、教学和个别学生的情况。这些教师可能会体验到一种成员感和归属感，而不是多数学校普遍存在的隔离和疏离感，因此而巩固这个专业。相应地，专业学习共同体中教师之间信任(Bryk and Schneider, 2003)和友谊(Lima, 1997; Jarzabkowski, 2002; Hargreaves, 1994)的重要性也得到了研究。这些努力的中心目标就是培育并保持一种专业文化，它可以提供归属感、联系感、同伴感，让教师之间能够相互学习，体验专业技能的不断提升(Bryk and Schneider, 2003; Pomson, 2005; Uline *et al.*, 2003)。

然而，学者们提倡建立共同体的话语，并不仅仅是为了吸引和留住教师，提高教师实践和学生分数(即一些人所提出的狭隘的工具性目的)。对于教育者、社会理论家和哲学家的共同体隐喻也与民主、社会公正以及美好的社会愿景等观念密切联系。我将在下一节中分析这些观点。

追求社会公正、民主和公共的生活方式

一些作家发现“专业”学习共同体的语言可能限制其视野，使其专注于狭隘的实用和技术目标（Zeichner, 1991; Fielding, 1999; Hargreaves and Fink, 2006）。确实，“专业”一词能够吸引别人关注技术专业知识，而不是更广泛的社会和政治责任，尤其是当“专业”一词与提高学生考试分数联系在一起时（这也越来越适用于政策制定者）。一些作者提议，在追求建立一个更好的社会过程中，广大教师群体的愿景应该反映民主共同体的重要性。例如，古特曼在其开创性作品《民主教育》（*Democratic Education*, 1987）中提出，旨在加强共同体民主观念的学校教育者们，必须“创造条件让教师们可以培养民主文化的批判性反思能力”（Gutmann, 1987: 79）。菲尔丁将他的教师共治愿景（他所谓的“激进共治”），与“能够促进民主且目的明确的教育实践”、 767
“共同体实践”、“彼此间乃至世界性的教育参与”联系起来（Fielding, 1999: 17 - 18）。菲尔丁的建议更具主题性，与学校教育实践联系并不紧密（同伴学习的力量，师生角色互换，将教育作为民主工程重建等等）。但是他也与那些建议把教育、民主与学校中教师共同体相联系的学者和教育作家观点一致（Clark and Wasley, 1999; Furman and Mertz, 1997; Hargreaves, 1994; Meier, 1995; Pomson, 2005; Westheimer, 1998）。

从这个意义上来说，民主不仅仅是集体决策的手段，它与斯特赖克（Strike, 1999）所描述的“高度民主”（thick democracy）一致，即：

> 存在一种人类共同体，在这个共同体内人类社会的繁荣得到最大的实现，因此这种共同体对于美好生活至关重要。“高度民主”赞同民主实践促进公平的决策，但是它所重视的远远不止这个。“高度民主”十分重视参与、公民友爱、包容性、团结等。（Strike, 1999: 60）

那么，让学校把高度民主观点作为追求的教育目标有什么意义呢？追求高度民主的学校共同体，至少起源于世纪之交的约翰·杜威及本世纪初的其他进步主义者。杜威写道，“民主不仅仅是一种政体，它主要是一种生活联结的方式，一种共同经验的联结”（Dewey, 1916: 87）。因此学校要求活动有“社会目标”，并且“采用典型的社会情境作为教材。因为在这样的条件下，学校本身变成了一种形式的社会生活，一个共同体的缩影，每个人都能够与学校之外的经验联结的其他形式有密切交流”（Dewey, 1916: 360）。

从杜威教育哲学到关于教师在学校生活、工作、学习条件的讨论，这方面的研究范围正变得愈发宽阔。在学校中，教师们应积极参与到发展源于联合项目的民主共同体中。杜威提到“事物通过经验分享和联合行动中的运用获得意义”（Dewey, 1916: 16），我们可以在一些要求更加重视学校教师专业共同体的倡议中发现这一论点。正如哈格里夫斯和芬克观察的那样，让学生从教师那里学习，在多元社会共同生活的重要技能之构想中，要么不真诚，要么太天真。因为这些教师至少在学校里都很少与同事沟通交流并建立联系，而这些正是建设性话语的集中体现(Hargreaves and Fink，2006：15)。

民主共同体的观念也表明了社会改善和社会公正观念的发展。例如，在《民主教育》中，艾米·古特曼将不压迫、不歧视作为支持民主教育的主要原则。不压迫不歧视的原则可以让家庭成员以及其他的共同体成员，通过要求“专业教育者去发展孩子评估良好生活和社会竞争观念的议事能力”(Gutmann，1987：46)，去影响孩子未来的选择但又不是完全限制其发展。同样地，把教育当作改造社会的一种手段的研究者和实践者，认为教师专业共同体是创造学校文化的一种方式，在共同体中教师和学生都能学会这种促进学校改变的方法(Ayers，2000；Fielding，1999；Hargreaves，1994)。

768 虽然一些人已经关注研究教师共同体推进社会正义进程的可能性，但是几乎没有评估这些变革方案在影响改革成败上的实证研究。此外，很多非实证的话语评论像糖衣：修辞上优美，思想上却毫无建树。常被选作为以社会公正为导向的教师共同体典范的价值观，往往是那些引起大多数人共鸣，而不一定反映那些哲学或政治对于正义的观念。“所有的孩子都能学习”，比起那些有可能引起争议的价值观和目标而言，更有可能成为为社会公正而努力的教师共同体的价值观定位；迄今为止还没有区分追求特殊的社会正义进程的教师共同体与其他共同体区别的研究。也就是说，教师共同体(及其相关研究和描述)与引起关于社会正义问题紧张局势的某种意识形态相比，更有可能吹嘘高度的包容性(例证见 Fielding，1999)。

持久的问题和结论

组织管理大师彼得·圣吉因他在 1990 年出版的《第五项修炼》获得了极大的关注，这本书促使美国企业考虑发展“学习型组织”。圣吉解释道，在学习型组织中，人们持续相互学习，因此“新的以及拓展的思维模式得以形成”，“集体意愿得以释放”(Peter Senge，1990：3)。此书对致力于以自身努力影响学校改革的研究者和实践者们影响深远。当圣吉的学习型组织概念与学校改革相结合的时候，“学习型共同体”便成为教育者中的流行词。[①]

但是学校不是企业董事会，它们的运行方式与企业也不同。致力于发展学校专业共同体的学校管理者、教师、教育者、教育研究者，面临着各时期重要改革都会面临的障碍。一些障碍在文献中得到广泛关注(孤立，时间缺乏，学校建筑，标准考试等外部压力)。其他的一些没有得到足够的重视或者完全被忽视(强烈的共同信仰和包容性

① 圣吉的新作品，直接讨论了教育问题：*Schools That Learn：A Fifth Discipline Fieldbook for Educators，Parents，and Everyone Who Cares About Education*. Doubleday，2000.

之间持久的紧张趋势，微观政治和冲突，宏观政治和权力）。在这一章余下的部分，我们继续探讨实践中教师学习共同体遇到的持续挑战。为了更好地理解教师专业共同体和教师学习之间的联系，需要对被忽视的障碍做进一步的研究。

孤立与隐私文化

教学中的孤立与隐私文化，一直是教师共同体文献中探究和评论的持久主题。实证研究不断表明，同时打破自主和隐私的规范困难重重，这已经显示了对教师学习的潜在益处。例如，哈格里夫斯及同事（Hargreaves and Fink，2006）询问教师在寻求变革学校的过程中遇到的障碍，教师给予的最显著的答复是：他们需要独自实施这些改革措施，不需要任何同事间专业对话的帮助。同样，埃尔莫尔和伯尼发现“教学改善的最大敌人”是大部分教师在学校期间所经历的孤立（Elmore and Burney，1999：268）。
孤立问题日益严重，不仅是由于教学的结构条件引起的，同时也是文化引起的。利特 769
尔所谓的“孤立文化”经常被一些教师内化，因为难以或没时间向同事学习（Little，1990，1999）。波姆森（Pomson，2005：787）精妙地总结了对教师孤立主义的两种解释。即：

> (a)当满足教学所需要的资源时，教师孤立主义是（在这种环境下的）一种适应性策略；(b)当空间上的物理隔离非常普遍时，教师孤立主义是这种工作环境下的一种生态条件。

如果教师很少见面或者很少交流，就不可能相互学习。然而即便不是多数学校，至少也是在许多学校中存在这样的情况。大量的研究进一步验证了这些相互连结的令人不安的事实：教师通过工作和学习中的集体实践和反思而受益匪浅，教学文化和学校组织性限制却阻碍了这些行为（例如，Bryk *et al.*，1999；Kruse and Louis，1995）。实际上，正如科克伦-史密斯和莱特尔所言，整体看来，个人实践的情况似乎在很大程度上受到专业组织规范的支持而不是挑战。

> 作为一个专业，教学基本上是教师在远离其他教师的孤立情况下的所作所为。教师评价要考查教师个人的课堂表现。在合同协议中，教学课时是关键因素。实际上，教师在课下或者与其他教师交流时，学校管理者、学生家长，有时甚至连教师自己都认为这不是在工作。（Cochran-Smith and Lytle，1992a：301）

再者，孤立不仅限于新任教师或者老教师，而且不受学校特定地域限制（Johnson *et al.*，2004；Lytle and Fecho，1991）。为了凝聚全校教师力量，相关改革已经实施了二十年。尽管如此，许多教育者仍认为教师工作基本上是个人工作(Barth，2003；Bredeson，2003；Grossman *et al.*，2001)。

尽管专业学习共同体的限制不仅是组织性的而且还是专业文化内部所固有的，甚至还实施了便于合作的措施，但是阻力依然很大。在《私密的持久力：教师专业关系的自主性和创新性》(Persistence of Privacy：Autonomy and Inititative in Teacher's Professional Relations)中，利特尔描述了一个越来越为学校改革者、教工开发者以及教师们所熟悉的现象：

> 教师互动的最常见结果，会进一步加强孤立而不是削弱孤立。因此，洛尔蒂所描述的个人主义、现实取向、保守主义的文化，不是被教师合作或交流最流行的例子改变，而是被进一步渗透。(Little，1990：511)

费曼-尼姆塞尔和弗洛登(Feiman-Nemser and Floden)阐述了类似的区别。学校教学的“蜂窝式”本质，可以被视为相互学习的缺失，或学校中对专业自主性的支持(Feiman-Nemser and Floden，1986：517)。利特尔及其同辈注意到“学生学习以及教师教学实践的典型标准与少量典型性专业对话相悖，与目前以不干涉隐私以及和谐为
770 特点的模式也相矛盾”(Little，2003：189－190)。管理层赋予教师更多决策权的计划，会使教师摆脱官僚主义，但不会加强他们之间的联系。

关于教师孤立问题的持久性解释，另一个共同主题是教师自身害怕暴露。许多学校的专家教师都被认为是自信独立，可以自给自足(Cochran-Smith and Lytle，1992b)。羞于或惧怕接受评价以及抵触同事或领导交流，导致了教师更喜欢独立教学，而不是接受学校安排以及随之而来的窘迫感。一些教师，甚至是新任教师都害怕：如果问太多问题会使同事觉得他们能力不足(Richardson-Koehler，1988；Pomson，2005)。这些标准还有利于解释其他项目遇到的阻力，例如微格教学，教师互相录制教学过程并相互评价(参见 Grossman *et al.*，2001)。

改革者如何解决这些障碍？研究者以及学校改革者注意到，克服与教学这个专业息息相关的教师孤立的关键方法，包括精心构建的需要合作的专业活动(Lieberman and Miller，2004；Barth，2003；Kahne and Westheimer，2000)，围绕主题内容将教师聚集在一起的跨学科教学策略(Grossman *et al.*，2001)，以共同兴趣为基础的行动研究项目(Cochran-Smith and Lytle，2001)，以及围绕学科的组织结构，例如，鼓励交流观点及相互学习的高中各个部门(Little，1999；McLaughlin，1993)。每个策略都认为让教师聚集在一起，从而加强教师相互学习将会促进教师克服长期形成的孤立状态，同时，缓解教师孤立(例如，通过改变学校教育的组织结构)将会促进教师相互学习。

更显著的是，那些没有设定知识以及实用目标，却致力于共同体建设的尝试，不仅

是最不可能整合教师资源进行共同探究，而且是最短暂的。团队建设、阳光委员会、共进午餐以及课后社交聚会都是优质的补充手段，但却无法替代有意义的专业集体工作。据发现，设计共享的课程单元是更好的办法，比单独的“介绍你的邻居”这样的活动，更有利于促进教师学习和对话(Barth, 2003; Kahne and Westheimer, 2000)。卡曾斯等(Cousins *et al.*, 1994)在一所小学实施的一项详细而活力十足的研究发现，教师之间深入的课程计划以及合作引发了重大的概念和情感上的收获，但是随意的对话和偶尔的建议则很难做到这一点。

在方法上具有相似性的是，挑战教学专业中常见的孤立文化策略与数十年来倡导的更广泛的学校改革策略很相近。克服最棘手的障碍，发展并维持学校专业学习共同体，为此进行的改革措施，主要是针对同样变革的手段：上文提及的组织条件和管理条件，以及接下来要讨论的学校时间结构和建筑结构。

时间与标准化压力

时间对于大多数教师都是珍贵的东西(Lortie, 1975; Johnson, 1990)，构建教师关系不是一蹴而就的过程。再者，尤其是以向教师提供学习机会为基础而建立专业共同体则需要大量的时间(通常无报酬)(Cochran-Smith and Lytle, 1992b; King, 2002)。一些研究者认为，学校通过改革增加教师合作的专业时间，可能是改善教师学 771
习的前提(Bredeson, 2003; Leithwood, 2002; Shollenberger-Swaim and Swaim, 1999)。例如，教师研究是促进教师集体反思自身行为的显著策略，并被广泛认为是教师学习和教师共同体的潜在推动力。但是许多教师对是否参与其中还是犹豫不决，担心这样会占用他们与学生相处的时间(Cochran-Smith and Lytle, 1992b)。实际上，教师学习最显著的例证却发生在校外。教师协会和发展研讨会更多的是在夏季或其他非教学时间的孤立工作坊展开活动。教师发展性学习很少融入到日常教学过程中去(King, 2002; Little, 1999; Cochran-Smith and Lytle, 1992)。

最近对学业标准以及测试的重视，使得教师更没有时间进行集体合作。高度受限的课程框架，基于学业标准的评价体系，以及施加给教师和学生的高风险测试，都严重削弱了教师团体的教学能力，教师们都将教学和课程开发定位在提高教师自己以及学生的学习经历上。对于学生和教师来说，目前最热门的教学对话是关于学业标准、高风险测试以及能力测试这些问题，而教师需要开发学习共同体或者创新集体教学方法等等，这些呼吁可能都被淹没在喧嚣之中。在美国，四十九个州已经采用了更高的学业标准作为教育改革的主要策略之一(Clark and Wasley, 1999)。考试分数经常作为分班、升职以及毕业的标准(National Research Council, 1999)。尤其在某些学区，低分以及高风险政策威胁着学生、教师以及校长，在这些学区，以测试为导向的教学法和课程往往占主导地位(Brabeck, 1999; Shepard, 1991; Wiggins, 1993)。许多情况下，集体领导及反思的机会受到限制，学校仅关注学生考试分数。在对 6 个州 12 个学区的24所学校开展的研究中，贝里等人发现"尽管高分问责体系有利于引导专业发展专注于学生的课程需要，但是鲜有证据表明该体系有利于促进教师改变实践以提高学生学习能力"(总结于督导与课程发展协会(ASCD)，2004：3)。再者，"存在这样一种趋势——尤其在差学校，学校降低了对专业发展活动的关注，将注意力转移到受试科目上，或学校给予学生的一般性帮助脱离了课程目标"(同上)。

面对基于学业标准的改革，大多数教师机构抵制不了其猛烈冲击，也不能自由追求师生学习的更广阔的视野，这意味着并不常提及的教师专业共同体的相关问题。许多学者表示，"共同体"这个术语可能被误用，以避免面对更尖锐的问题，即教师专业化，学校基金，专业地位等(Meier，2000；Zeichner，1991)。这些教育者指出，"学习共同体"等无法缓解一些学校正在面临的财政危机，例如科佐尔(Kozol，J.)在《极度不平等》(Savage Inequalities)中所描述的那些学校，需要有足够的资金才能让教师主动奉献出课下时间，或者让他们友好相处。时间或者金钱也许不足以促使教师放弃生成教师学习的讨论，但许多学者看来，这两者是必要的前提(Ayers，2000；Sizer，1992；Westheimer，2000)。

同样，哈佛大学实施的"新一代教师"研究项目(the Project on the Next Generation of Teachers)之一，表明了教师缺乏时间，阻碍了形成稳固的合作型教师专业文化(Johnson *et al.*，2004)。他们指出，为新老教师提供会面时间与空间都需要花
772 钱，时间与金钱问题可能会成为建立共同体的障碍，尤其在低收入或缺乏教职工的学校(参见 Shollenberger-Swaim and Swaim，1999 for the limitations of teachers' time)。为响应考试指示而缩减课程，以及给本已繁重的教师时间表添加额外的"练习课"，进一步限制了教师合作以及专业交流的机会(Kohn，2000；Meier，2000；Ohanian，1999)。

学校建筑

尽管公立学校改革者很少有机会从零开始建立新学校，但他们进行的许多小规模的个人活动，使得学校的建筑空间更有利于教师之间以及师生之间的互动。当然，许多教育家一直渴望这些改变(Meier，1995；Barth，1990；Sergiovanni，1994a)。也许由于缺乏有意义的权威，教育学家总是过度开发大多数学校的建筑计划，有关物理建筑对于学习环境影响的实证研究屈指可数，而影响教师参与学校学习活动的能力与偏好的实证研究更是空白。针对学校物理建筑的研究工作，则仅仅局限在关注健康环境、空气质量、取暖、制冷等(Schneider，2002)。

也有一些明显的例外，例如《教育建筑：芝加哥竞赛中的新学校设计》(*Architecture for Education*：*New School Designs from the Chicago Competition*)(Sharp *et al.*，2003)和奈尔和菲尔丁合著的《学校设计的语言》(*The Language of School Design*)(Nair and Fielding，2005)。这两本书都致力于将教学研究、学校规划

与设计策略联系起来。这些作者认为，有效的学习环境，像依赖课程一样依赖于学校的空间安排。例如，奈尔（Nail）和菲尔丁（Fielding）引用了克里斯托弗·亚历山大（Christopher Alexander）"模式语言"的经典之作，来提倡那些反映当今关注学习共同体，至少关注学生的学校（Brubaker，1997）。亚历山大在建筑世界的突破性著作，其目的是辨别促进人类关系相互作用以及相互交流的建筑环境"模式"。在《学校设计的语言》一书中，作者将亚历山大的理论运用到设计学校中，以期解决"广泛认可的最优（教育）实践标准与大部分学校设施实际之间的差距"（p. 2）。

其他例证选自对教师专业主义以及共同体更广泛的研究。例如，斯克里布纳等（Scribner *et al.*，2002）所说的学校，校长决定取消教师课堂，教师在学校各班级之间来回走动：

> 我们认为，校长的做法有一点好处就是取消教师办公室的桌子。然而，我们有了院系的概念。教师的桌子都放在一间屋子。教师们不喜欢这样做，但新任教师看不出有什么不同。我们甚至不知道他是否预想过这样做的好处，但仅仅将教师聚集在一起，新任教师将会刺激老教师以发展他们的新观点，老教师将会向新任教师传授他们的经验。（科学教师，引自，Scribner *et al.*，2002：68）

他们的例证表明，再微不足道的"建筑"决策也能对学校专业文化产生巨大的影响。

最后一个探究领域，认为学校建筑和组织对专业学习共同体的影响出现在关于小 773
型学校方面的文献里（Ayers，2000；Raywid，1996；Stevens and Kahne，2006）。小型学校的日趋私人化以及复杂性的减少，使教帅、管理者以及学生间的官僚主义减少了，相互依赖性加强了。一些研究验证了布雷克（Bryk）等人的发现："在所有的因素中，小型学校是专业共同体的重要催化剂，与大型学校相比，专业共同体在少于350个学生的小学中更盛行"（Bryk *et al.*，1999：767；Darling-Hammond *et al.*，1995；Gladden，1998；Raywid，1996）。

同时，特定形式的建筑可能通过建立共同的空间与教师合作相关联，这些空间可以被看作是为了控制或排斥不受欢迎的行为。例如，校中校的组织结构可能导致建筑内部的更大冲突，同时引起关于控制或孤立的担忧（Achinstein，2002；Raywid，1996）。再者，冈恩（Gunn）和金（King）研究发现，由于一项假设，即"冈恩和同楼层的其他队员串联起来反对团队领导，教室的邻近有利于形成团队的小团体"，所以一位作者的班级被重新分配到另一层楼上（Gunn and King，2003：182）。

但是，总体上，有关学校建筑的文献趋向于更隐喻而非更直接。例如，布里德森（Bredeson）提倡在学校内建立促进专业发展的新"建筑"。据布里德森所说：理想情况下，教育家的学习空间不是“孤立的、自我限制的空间，而是有助于个人发展，促进协作学习，构建合作能力”的空间（Bredeson，2003：40）。其他人也发现了空间安排对于教师学习和协作的影响（Glickman，2002；Leithwood，2002；Raywid，1996；Rosenholtz，1989）。上述针对学校物理空间的温和式或隐喻式改革与学校的组织和行政改革并列，引起了包括对促进教师学习共同体感兴趣的教育家，以及政策制定者在内的广泛关注。

共同体和自由包容之间的矛盾

对那些有意在学校建立共同体所必须跨越的实践和理论支流，普遍流行的共同体模式一般对其理解较为深刻。但当讨论关于将支流变成沼泽的社会和政治力量时，大多数共同体的模式较为模糊，这最好的证据莫过于关于教师专业共同体的信仰、意识形态和冲突问题的大量文献的光鲜浮夸。例如，多样性构想已经成为大部分关于学校和教师共同体讨论的中心内容。“宽容”、“多元文化角度”和“思想多元化”等观点在文献中比比皆是。实践者追求建立民主平等“共同体”的理想，他们既希望不过分狭隘，也不会漫无目的，有关这样的两难困境却鲜有研究探讨。教师共同体与教师学习紧密相连的研究与实践大多数倡导教师共同协作，忽略差异，为教师创建更友好更宽松的工作环境。权利失衡及因此带来的无能感导致众多有利改革难以发挥作用，就此需要更多的研究工作。简言之，关于共同体在控制冲突方面何以成功或失败，以及他们如何保证具有多元化背景和兴趣的成员能够全员参与等问题颇有价值。我们这些研究
774 教师协作的人员若在上述混乱、模糊、神秘的领域中辛勤工作，便可大大受益。具体而言，有必要研究至少两种持久重叠的紧张关系：同时追求包容和共同体；不愿在共同体中纳入竞争意识和冲突。

对于专业学习共同体而言，现缺乏广泛地将学校作为共同体来表现共同体与包容性之间紧张关系的文献。正如斯特赖克（Strike）所指出的，这种文献尚未“充分接受在一个自由民主社会的公立学校分享其价值观所带来的困难”（Strike，1999：47）。尽管大多数改革派倡导将共同价值观作为教师共同体的基础（Fielding，1999；Little，1999；Sergiovanni，1994a），但很少有人致力于解决斯特赖克所注意到的构成性价值观和自由包容性之间的矛盾。斯特赖克解释说，构成性价值观（足够协调一致而构建教师和学生共同体的价值观）代表着人们关于美好生活的向往，以及关于学校可能会对其实现有所贡献的方法之信仰和理想。天主教学校是典型的带有强烈构成性价值观的学校，因为“那些天主教学校共同体的成员可以共享相同的教育项目。他们知道自己到底是什么，因为对于美好生活，对于学习如何有助于创造美好生活而言，他们拥有一个共同的想法”（Strike，1999：50）。但是，如果我们考虑极端性的话，没有一个共同体可以凭借共同价值观而完全团结，与此同时仍然能保持完全的包容性。的确，人类学家早就发现共同体是由其边界定义而形成的。谁包含在内，谁排除在外，两者同

等重要。

针对这种困境的讨论已有一些，这里我们只介绍其中两个。斯特赖克(1999)建议创造一个中间立场，呼吁构成性的价值观拥有足够的“空间”构成共同体，却又足够含糊而允许全体成员享有竞争意识：

> 这种自由包容性的标准并不如此排斥构成性价值观，因为它想要将其私有化。自由主义者往往重视共同体。对于那些不赞成它们的人，他们拒绝具有强制性价值观的团体……(Strike, 1999: 68)

斯特赖克主张，在公共学校与公共空间内为提升联结自由度的中间地带创造更多机会，例如，公立学校内的“房子”，可以为那些对美好生活拥有不同想法却仍保持基本价值观念的学生和教师提供家园。鉴于众多不同的房屋拥有不同程度的基本理念，可以推测，没有人会被完全排除在学校社团外或被归类为二等公民。

斯克里布纳等人的工作阐释了第二种反应。这些作者认为专业自主和个人需求而非与共同体产生冲突，实际上是专业共同体成为可能的必要条件。他们发现，很多有关专业共同体的文献认为共同体健康与集体身份替代个人身份及需求的程度相一致(Scribner *et al.*, 2002: 49)。他们建议建立一种审查专业共同体力量的更清晰的框架，这种框架也许被称为专业关系中不同个体的共享身份认同，而不是那种人们所看到的要求放弃个体自主权与需要的集体认同。一位作者认为，专业自主性以及关注个人需求是促进教师能够且真正相互学习的专业共同体之有力的必要条件。他们描述道，有一个学校的校长因企图强加给教师共同身份而被断然拒绝。教师认为强加的 775
集体行动威胁了他们的专业自主权。而在另一个(更好)学校，校长鼓励共享认同(“我们”)，保护教师的个人需求和他们的专业自主权(“我”)，并且因此激发了强烈的专业共同体意识，共享的教师学习也随之发展成了标准。

在《学校教师：教师工作中的共同体、自主与独立性》(Among Schoolteachers: Community, Autonomy, and Individuality in Teachers' Work)中，作者作了相关研究，在对两个教师专业共同体的描述分析中认识到一种常见的紧张局势与担忧：对于一个拥有共享信念与利益的共同体，个体独立性会被压抑，个体会退化为一个单一的整体(Westheimer, 1998: 146)。但是米勒共同体(Mills Community)在工作中似乎显示了其他一些东西：在专业学习环境的探索中，个体与共同体成为出乎意料的伙伴。

> 米勒学校的教师、行政人员及教工，这也是个体所构成的常见整体：不管是外向的或是内向的，热爱社交的或者孤僻的，引人瞩目的或者默默无闻的，通通包含在内。(但是这些身份)也揭露了问题，也就是批评者对于个体与集体的习惯性两极化……看到了大量关于个体在共同体中的多重身份以及与

> 共同体相关的身份。华特(Walter)的特色是静静地说话。保罗(Paul)会制作轮椅。马克(Mark)是工作狂。萨博丽娜(Sabrina)活跃于当地政界,并被认为会在学校课程发展中发挥重要作用。

这所学校的集体项目展示了教师们的聪明才智,并塑造了将这些才华用于社会性目的的模型。它们不是将个体埋没于集体中,而且通过集体工作与频繁忙碌的投入,在集体内外为个体身份的发展提供了机会与场所。同时这也使得教师能相互学习彼此的才华与能力。

还有一些其他的研究探讨了包容性与共同体间的矛盾,其中有一小部分是基于经验实践的(Leithwood, 2002; Malen, 1995; Marshall and Scribner, 1995)。但是,正如之后的课题所研究的那样,这一领域研究正亟待进一步的调研。教师集体项目到底以何种方式促进教师学习与发展?如何不以牺牲个体教师自主意识为代价,同时又实现共享身份认同?在这种共同体中,学校领导可以发挥何种作用?

拒绝接受竞争性理念

教师、管理者、学校董事会成员及学生家长对教与学持有的观点影响课程、组织以及向学生传达的有关教育目的的价值观(Hargreaves and Fink, 2006; Strike, 1999)。这些观念及其取向,不仅体现在课程内容上,也体现在各所学校教师专业共同体的组织及实践中(McLaughlin and Talbert, 2001),或是体现在学校里的更小单位,比如高中各部门(Siskin, 1994)。教师集体学习,也相应的会受更大专业共同体与生俱来的
776 特权及偏好的影响。有的学校可能会强调教师个人的自主、权利以及对其他同事的责任,有的学校或许会看重强烈的集体使命感和价值观。一组教师可能为跨学科课程而共同工作,而另一组却是为协助个体教师实现自主课程目标而共同奋斗。相较于这么多学校,这两个例子(当然还有很多)都代表了这样一个团体,教师从不觉得孤立,他们共享互相学习的机会,同时在工作中获得满足感。但是差别也随之而来:理论上,不同形式的学习共同体反映了不同专业共同体的理念,塑造了教师看待世界的哲学观念、社会价值和政治观点的差异更型塑了追求这些理念的教育目的的差异。

甚至不同学校描述教师共同工作的字眼都发人深省。例如,"团队"(team)表示许多个人聚在一起共同完成某项任务的工具性小组。其他学校可能将学校及学生归类为"家庭",暗示个人是集体的一部分。在团队里,个人可以一起完成独自无法实现的目标。在家庭里,理想情况下,个人拥有联结、归属感及亲密关系。

研究者在研究教师共同体对教师学习所产生的影响时,更进一步从实践上区分不同学习共同体中的教师学习会颇有收益。许多人认为教师应该共享信念,建立健康的专业共同体,但却没人指出什么理念值得去共享。"到底应该共享什么理念?"这个问题很棘手,几乎总是有待于实践者以及政策制定者去想象。关于详述引起教师学习以

及交流的某些观点方面的专业学习共同体的文献很充实，借用利特尔（Little）对共治的描述——“概念尚不确定，理念前景仍乐观”（Little，1990：519）。

研究者及改革者往往维护共享理念（sharing beliefs）在共同体建立中所扮演的角色，但却忽视了理念自身本质的重要性，以及这些理念又是如何产生不同学习方式的。不仅要发展学习共同体清晰的概念，同时要清楚地了解概念具体包含的价值观、任务及观点。这能够使教师在建立专业学习共同体方面的努力更富有成效（Cochran-Smith，2001；Westheimer，2000）。

未来的研究

自有关专业学习共同体的讨论盛行之后，约二十年间，涉及教师如何与同事共同学习以及彼此学习的文献显著增加，很多不同的学校改革成效取决于教师共同工作，互相学习的能力（Lieberman and Miller，2004）。然而，教师教育以及教师发展则刚刚开始成为发展学习共同体的一个焦点。那些由负责课程、组织或财政决策的教师共同体所领导的学校，需要教师互相学习并熟练掌握如何在高要求的环境中处理人们在学习工作中遇到的有关利益、责任、冲突以及争端的问题。

研究已经证明了教师专业学习共同体间的关联，也改善了教师实践以及学生学习，加强了知识探究氛围，提升了教师担当领导者的意愿及能力、新任教师的学习及留任降低了彼此处在隔离状态的风险，提高了社会公平与民主。这些研究为专业学习共同体领域的后续研究工作提供了意义重大的合理根据。例如，利特尔和霍恩（Little 777
and Horn，2006）目前正在研究教师话语，力图发现何种“教师对话”成果显著，可以激发教师学习的最大潜能。更多此类研究将为对理解教师互相学习的方式大有裨益。

此外，长久以来的矛盾仍然存在，急需进一步探究。周边的紧张局势包括：孤立与隐私；在标准化及评价氛围下，教师参与共同学习的时间；学校建筑；包容性；不同理念。至今的研究已经表明，倘若处在这些紧张局势内却没有为教师提供充分的培养，那么教师学习所持有的期待就很容易受挫（Lieberman and Miller，2004）。

对教师发展与改革而言，教师间互相学习这一领域前景喜人。如何进一步分析教师学习共同体在实践中的实质与方向，这是摆在研究者与教师教育工作者面前的任务。

（佘林茂　译）

参考文献

Academy for Educational Development (2006) Reviewing student work. Improving student achievement. Retrieved February 23,

2006 from http: //scs.aed.org/rsw/.

Achinstein, B.(2002) *Community, diversity, and conflict among schoolteachers: the ties that bind*. Advances in contemporary educational thought series. New York: Teachers College Press.

Alexander, C.(1986) *A new theory of urban design*. New York: Oxford University Press.

American Association for the Advancement of Science (1994) *Benchmarks for science literacy*. New York: Oxford University Press.

ASCD, Association of Supervision and Curriculum Development (2004) Teacher professional development in high-stakes accountability systems. *ASCD Research Brief*, 2(13).

Ayers, W.(2000) *A simple justice: the challenge of small schools*. New York: Teachers College Press.

Ball, D.L. & S. Rundquist (1992) Collaboration as a context for joining teacher learning with learning about teaching. In D.K. Cohen, M.W. McLaughlin, & J.E. Talbert (eds.), *Teaching for understanding: challenges for practice, research, and policy* (pp.13 - 42). San Francisco: Jossey-Bass.

Ball, D.L. & S.M. Wilson (1996) Integrity in teaching: recognizing the fusion of the moral and the intellectual. *American Educational Research Journal*, 33,155 - 192.

Ball, D.L. & D.K. Cohen (1999) Developing practice, developing practitioners: toward a practicebased theory of professional education. In L. Darling-Hammond & G. Sykes (eds.), *Teaching as the learning profession: handbook of policy and practice*. San Francisco: Jossey-Bass.

Barth, R.S.(1990) *Improving schools from within*. San Francisco: Jossey-Bass.

Barth, R.S. (June 2003) *Lessons learned: shaping relationships and the culture of the workplace*. Thousand Oaks, CA: Sage.

Bellah, R., R. Masden, W. Sullivan, A. Swidler & S. Tipton (1985) *Habits of the heart: individualism and commitment in American life*. New York: Harper & Row.

Brabeck, M.(1999) Between Scylla and Charybdis: teacher education's odyssey. *Journal of Teacher Education*, 50(5),346 - 351.

Bredeson, P.V.(2003) *Designs for learning: a new architecture for professional development in schools*. Thousand Oaks, CA: Corwin Press.

Bronfenbrenner, U.(1979) *The ecology of human development*. Cambridge, MA: Harvard University Press.

Brubaker, W.C.(1997) *Planning and designing schools*. New York: McGraw-Hill Professional.

Bruner, J.(1996) *The culture of education*. Cambridge, MA: Harvard University Press.

Bryk, A. & B. Schneider (2003). Trust in schools: a core resource for school reform. *Educational Leadership*, 60(6),40 - 44.

Bryk, A., E. Camburn & K.S. Louis (1999) Professional community in Chicago elementary schools: facilitating factors and organizational consequences. *Educational Administration Quarterly*, 35,751 - 781.

Clark, R.W. & P.A. Wasley (1999) Renewing schools and smarter kids: promises for democracy. *Phi Delta Kappan*, 80(8).

Cochran-Smith, M.(2001) Learning to teach against the (new) grain. *Journal of Teacher Education*, 52(1),3 - 4.

Cochran-Smith, M. & S.L. Lytle (1992a) Communities for teacher research: fringe or forefront? *American Journal of Education*, 100(3),298 - 324.

Cochran-Smith, M. & S.L. Lytle (1992b) *Inside/Outside: teacher research and knowled*ge. New York: Teachers College Press.

Cochran-Smith, M. & S.L. Lytle (2001) Beyond certainty: taking an inquiry stance on practice. In Leiberman, A. & Miller, L. (eds.) *Teachers caught in the action: professional development that matters* (pp.45 - 58). New York: Teachers College Press.

Cousins, J.B., J.A. Ross & F.J. Maynes (1994) The reported nature and consequences of teachers' joint work in three exemplary elementary schools. *The Elementary School Journal*, 94(4),441 - 465.

Darling-Hammond, L. & M. McLaughlin (1999) Investing in teaching as a learning profession: policy problems and prospects. In Darling-Hammond, L. & G. Sykes (eds.) *Teaching as the learning profession: handbook of policy and practice* (pp.376 - 412). San Francisco: JosseyBass.

Darling-Hammond, L., J. Ancess & B. Falk (1995) *Authentic assessment in action: studies of schools and students at work*. The series on school reform. New York: Teachers College Press.

Dewey, J.(1916) *Democracy and education: an introduction to the philosophy of education*. New York: Macmillan.

Dewey, J.(1938) *Experience and education*. New York: Macmillan.

Elmore, R.F. & D. Burney (1999) Investing in teacher learning: staff development and instructional improvement. In L. Darling-Hammond & G. Sykes (eds.), *Teaching as the learning profession: handbook of policy and practice* (pp.263 - 291). San Francisco: Jossey-Bass.

Erikson, E.E.(1963) *Childhood and society*. New York: Norton.

Etzioni, A.(1993) *The spirit of community*. New York: Crown Publishers.

Feiman-Nemser, S.(2001) Helping novices learn to teach: lessons from an exemplary support teacher. *Journal of Teacher Education*, 52(1),17 - 30.

Feiman-Nemser, S. & R.E. Floden (1986) The cultures of teaching. In M.C. Whittrock (ed.), *Handbook of Research on Teaching* (pp.505 - 526). London: Collier-Macmillan.

Feiman-Nemser, S. & S. Schwille (1999) *A conceptual review of literature on new teacher induction*. Washington, DC: National Partnership for Excellence and Accountability in Teaching.

Fielding, M.(1999) Radical collegiality: affirming teaching as an inclusive professional practice. *Australian Educational Researcher*, 26(2),1 - 34.

Fullan, M.G.(1994) Teacher leadership: a failure to conceptualize. In D.R. Walling (ed.) *Teachers as leaders: perspectives on the professional development of teachers* (pp.241 - 253). Bloomington, IN: Phi Delta Kappa Educational Foundation.

Furman, G. & C. Mertz (1997) *Community and schools: promise and paradox*. New York: Teachers College Press.

Gardner, H.(1985) *The mind's new science: a history of the cognitive revolution*. New York: Basic Books.

Gladden, R.(1998) The small school movement: a review of the literature. In M. Fine & J.I. Somerville (eds.), *Small schools, big imaginations: a creative look at urban public schools* (pp.113 - 137). Chicago: Cross City Campaign for Urban School Reform.

Glickman, C.D.(2002) *Leadership for learning: how to help teachers succeed*. Alexandria: Association for Supervision and Curriculum Development.

Gold, Y.(1996) Beginning teacher support: attrition, mentoring and induction. In C.B. Courtney (ed.) *Review of Research in*

Education, 16,548 - 594. Washington, DC: American Educational Research Association.
Goodlad, J.I. & T.J. McMannon (eds.) (2004) *The teaching career*. New York: Teachers College Press.
Gray, P.M. & L. Rubenstein (2004) Achieving and sustaining critical colleagueship. In B. August & M. Wolfe, *Looking both ways: studies in cross-institutional professional development, Vol. 2 — facilitating collaboration* (pp. 45 - 58). New York: The City University of New York, Office of Academic Affairs.
Grissmer, D. & S.N. Kirby (1997) Teacher turnover and teacher quality. *Teachers College Record*, 99(1),45 - 56.
Grossman, P., S. Wineburg, & S. Woolworth (2001). Toward a theory of teacher community. *Teachers College Record*, 103 (6),942 - 1012.
Gunn, J.H. & B.M. King (2003) Trouble in paradise: power, conflict, and community in an interdisciplinary teaching team. *Urban Education*, 38(2),173 - 195.
Gutmann, Amy (1987) *Democratic education*. Princeton: Princeton University Press.
Hamerness, K. (2006) *Seeing through teachers' eyes: professional ideals and classroom practices*. New York: Teachers College Press.
Hargreaves, A. (1994) *Changing teachers, changing times: teachers' work and culture in the postmodern age*. New York: Teachers College Press.
Hargreaves, A. & D. Fink (2006) *Sustainable leadership*. San Francisco: Jossey-Bass.
Hatch, T., M. Eiler White & D. Faigenbaum (2005) Expertise, credibility, and influence: how teachers can influence policy, advance research, and improve performance. *Teachers College Record*, 107(5),1004.
Hord, S.M. (2003) *Learning together, leading together: changing schools through professional learning communities*. New York: Teachers College Press.
Huberman, M. (1993) *The model of the independent artisan in teachers' professional relations*. In J. W. Little & M. W. McLauchlin (eds.) *Teachers' work: individuals, colleagues, and contexts*. New York: Teachers College Press.
Ingersoll, R. & J. M. Kralik (2004) *The impact of mentoring on teacher retention: what the research says*. Denver, CO: Education Commission of the States.
Jarzabkowski, L.M. (2002) The social dimensions of teacher collegiality. *Journal of Educational Enquiry*, 3(2),1 - 20.
Johnson, S.M. (1990) *Teachers at Work*. New York: Basic Books.
Johnson, S.M. and the Project on the Next Generation of Teachers (2004) *Finders and keepers: helping new teachers survive and thrive in our schools*. San Francisco: Jossey-Bass.
Kahne, J. & J. Westheimer (2000) A pedagogy of collective action and reflection: preparing teachers for collective school leadership. *Journal of Teacher Education*, 51(5),372 - 383.
Kardos, S.M., S.M. Johnson, H.G. Peske, D. Kauffman, & E. Liu (2001) Counting on colleagues: new teachers encounter the professional cultures of their schools. *Educational Administration Quarterly*, 37(2),250 - 290.
Katz, D. & S. Feiman-Nemser (2004) New teacher induction in a culture of professional development. In J.I. Goodlad & T.J. McMannon (eds.) *The teaching career* (pp. 96 - 116). New York: Teachers College Press.
King, M.B. (2002) Professional development to promote schoolwide inquiry. *Teaching and Teacher Education*, 18(3),243 - 257.
Kohn, A. (2000) *The case against standardized testing: raising the scores, ruining the schools*. Portsmouth, NH: Heinemann.
Kozol, J. (1992) *Savage inequalities: children in America's schools*. New York: HarperPerennial.
Kruse, S. & K.S. Louis (1995) *Developing professional community in new and restructuring schools*. In K.S. Louis, S. Kruse & Associates, *Professionalism and community: perspectives on reforming urban schools* (pp. 187 - 207). Thousand Oaks, CA: Corwin Press.
Kruse, S., K.S. Louis & A. Bryk (1995) An emerging framework for analyzing school-based professional community. In K.S. Louis & S. Kruse (eds.), *Professionalism and community: perspectives on reforming urban schools*. Thousand Oaks, CA: Sage.
Lambert, L. (2003) *Leadership capacity for lasting school improvement*. Alexandria, VA: ASCD.
Lave, J. & E. Wenger (1991) *Situated learning, legitimate peripheral participation*. Cambridge, UK: Cambridge University Press.
Lee, Valerie E., J.B. Smith & R.G. Croninger (1995) Another look at high school restructuring: more evidence that it improves student achievement, and more insight into why. *Issues in Restructuring Schools, Issue Report No. 9*. Madison, University of Wisconsin: Wisconsin Center for Education Research (pp. 1 - 10).
Leithwood, K. (2002) *Organizational learning and school improvement*. Greenwich, CT: JAI.
Lieberman, A. (ed.) (1995) *The work of restructuring schools: building from the ground up*. New York: Teachers College Press.
Lieberman, A. & L. Miller (2004) *Teacher leadership*. San Francisco: Jossey-Bass.
Lieberman, A. & L. Miller (2005) Teachers as leaders. *The educational forum*. v69, Winter.
Lima, Jorge Ávila de (1997) *Colleagues and friends. Professional and personal relationships among teachers in two portuguese secondary schools*. Ph.D. Dissertation, Ponta Delgada, Portugal: Serviços de Documentação da Universidade dos Açores.
Little, J.W. (1987) Teachers as colleagues. In V. Richardson-Koehler (ed.) *Educator's handbook* (pp. 491 - 518). White Plains: Longman.
Little, J. W. (1990) The persistence of privacy: autonomy and initiative in teachers' professional relations. *Teachers College Record*, 91,509 - 536.
Little, J.W. (1999) Organizing schools for teacher learning. In L. Darling-Hammond & G. Sykes (eds.), *Teaching as the learning profession: handbook of policy and practice*. San Francisco: Jossey-Bass (pp. 233 - 262).
Little, J.W. (2003) Inside teacher community: representations of classroom practice. *Teachers College Record*, 105(6),913 - 945.
Little, J. W. and Bartlett, L. (2002) Career and commitment in the context of comprehensive school reform. *Theory and Practice*, 8(3),345 - 354.
Little, J.W. & I.S. Horn (2006) Resources for professional learning in talk about teaching: from "just talk" to consequential conversation. Paper presented at the annual meeting of the American Educational Research Association. San Francisco. April.
Little, J.W., M. Gearhart, M. Curry & J. Kafka (2003) Looking at student work for teacher learning, teacher community, and school reform. *Phi Delta Kappan*, 85(3),184 - 192.

Lord, B. (1994) Teachers' professional development: critical colleagueship and the role of professional communities. In N. Cobb (ed.), *The future of education: Perspectives on national standards in America*. New York: College Entrance Examination Board.

Lortie, D. C. (1975) *Schoolteacher: a sociological study*. Chicago: University of Chicago Press.

Louis, K. S. & H. M. Marks (1998) Does professional community affect the classroom? Teachers' work and student experiences in restructuring schools. *American Journal of Education*, 106, 532 - 575.

Louis, K. S., S. D. Kruse & Associates (1995) *Professionalism and community: perspectives on reforming urban schools*. Thousand Oaks, CA: Corwin Press.

Louis, K. S., H. M. Marks & S. Kruse (1996) Teachers' professional community in restructuring schools. *American Educational Research Journal*, 33, 757 - 798.

Lytle, S. L. & R. Fecho (1991) Meeting strangers in familiar places: teacher collaboration by crossvisitation. *English Education*, 23(1), 5 - 28.

McLaughlin, M. W. (1993) What matters most in teachers' workplace context. In J. Little & M. McLaughlin (eds.), *Teachers' work: individuals, colleagues, and contexts* (pp. 79 - 203). New York: Teachers College Press.

McLaughlin, M. W. & J. E. Talbert (1993) *Contexts that matter for teaching and learning*. Stanford: Center for Research on the Context of Secondary School Teaching, Stanford University.

McLaughlin M. W. & J. E. Talbert (2001) *Professional communities and the work of high school teaching*. Chicago: University of Chicago Press.

Maeroff, G. (1993) Building teams to rebuild schools. *Phi Delta Kappan*, 74, 512 - 519.

Malen, B. (1995) The micropolitics of education: mapping the multiple dimensions of power relations in school policies. In J. D. Scribner & D. H. Layton (eds.) *The Study of Educational Politics*. Washington, DC: Falmer.

Marshall, C. & J. D. Scribner (1995) It's all political: inquiry into the micropolitics of education. *Education and Urban Society*, 23, 347 - 355.

Meier, D. (1995) *The power of their ideas: lessons for America from a small school in Harlem*. Boston: Beacon Press.

Meier, D. (2000) *Will standards save public education?* Boston: Beacon Press.

Mitchell, C. & L. Sackney (2000) *Profound improvement: building capacity for a learning community*. Lisse, The Netherlands: Swets & Zeitlinger.

Murnane, R. J., Singer, J. D., J. B. Willett, J. J. Kemple & R. J. Olsen (1991) *Who will teach? Policies that matter*. Cambridge, MA: Harvard University Press.

Nair, P. & R. Fielding (2005) *The language of school design: design patterns for 21st century schools*. New York: Designshare, Inc.

National Research Council (1999) *High stakes: testing for tracking, promotion, and graduation*. Washington, DC: National Academy Press.

Newmann, F. M. & G. G. Wehlage (1995) *Successful school restructuring: a report to the public and educators by the center on organization and restructuring of schools*. Washington, DC: American Federation of Teachers.

Nias, J. (1999) Teachers' moral purposes: stress, vulnerability, and strength. In R. Vanddenberghe & A. M. Huberman (eds.) *Understanding and preventing teacher burnout: a sourcebook of international research and practice* (pp. 223 - 237). Cambridge: Cambridge University Press.

Noffke, S. E. & R. B. Stevenson (eds.) (1995) *Educational action research: becoming practically critical*. New York: Teachers College Press.

Ohanian, S. (1999) *One size fits few: the folly of educational standards*. Portsmouth, NH: Heinemann.

Pomson, A. (2005) One classroom at a time? Teacher isolation and community viewed through the prism of the particular. *Teachers College Record*, 107(4), 783.

Putnam, R. D. (2000) *Bowling alone: the collapse and revival of American community*. New York: Simon & Schuster.

Raywid, M. A. (1996) *Taking stock: the movement to create mini-schools, schools-within-schools, and separate small schools*. Urban Diversity Series No 108. New York: ERIC Clearinghouse on Urban Education, Teachers College, Columbia University (ED 396 045).

Reyes, P., J. D. Scribner & A. Paredes Scribner (eds.) (1999) *Lessons from high-performing Hispanic schools: creating learning communities*. New York: Teachers College Press.

Richardson-Koehler, V. (1988) Barriers to effective student teaching: a field study. *Journal of Teacher Education*, 39(2), 28 - 34.

Rosenholtz, S. J. (1989) *Teacher's workplace: the social organization of schools*. White Plains, NY: Longman.

Sarason, S. (1971) *The culture of the school and the problem of change*. Boston: Allyn and Bacon.

Schneider, M. (2002) *Do school facilities affect academic outcomes?* Washington, DL: National Clearinghouse for Educational Facilities.

Scribner, J. P, D. R. Hager, & T. R. Warne (2002) The paradox of professional community: tales from two high schools. *Educational Administration Quarterly*, 38(1), 45 - 76.

Selznick, P. (1992) *The moral commonwealth: social theory and the promise of community*. Berkeley: University of California Press.

Senge, P. M. (1990) *The fifth discipline: the art and practice of the learning organization*. New York: Doubleday.

Senge, P. M. (2000) *Schools that learn: a fifth discipline fieldbook for educators, parents, and everyone who cares about education*. New York: Doubleday.

Sergiovanni, T. J. (1994a) *Building community in schools*. San Francisco: Jossey-Bass.

Sergiovanni, T. J. (1994b, May) Organizations or communities? Changing the metaphor changes the theory. *Educational Administration Quarterly*, 30(2), 214 - 226.

Sharp, R., C. Moelis, & M. Robbins (2003) *Architecture for education: new school designs from the Chicago competition*. Chicago: Business and Professional People for the Public Interest.

Shepard, L. A. (1991) The influence of standardized tests on the early childhood curriculum, teachers, and children. In B. Spodek & O. N. Saracho (eds.), *Issues in early childhood education. Yearbook in early childhood education* Vol. 2 (pp. 166 -

189). New York: Teachers College Press.
Siskin, L. (1994) *Realms of knowledge. Academic departments in secondary schools*. Philadelphia: Falmer Press.
Shollenberger-Swaim, M. & S. C. Swaim (1999) *Teacher time: why teacher workload and school management matter to each student in our public schools*. Redbud Books.
Shulman, L. S. & J. H. Shulman (2004) How and what teachers learn: a shifting perspective. *Journal of Curriculum Studies*, 36 (2), 257-271.
Sizer, T. R. (1992). *Horace's school*. Boston: Houghton Mifflin.
Smith, T. M. & R. M. Ingersoll (2004) What are the effects of induction and mentoring on beginning teacher turnover? *American Educational Research Journal*, 41(3).
Smylie, M. & A. W. Hart (2000) School leadership for teacher learning and change: a human and social capital development perspective. In J. Murphy & K. S. Louis (eds.), *Handbook of research on educational administration* (pp. 421-441). San Francisco: Jossey-Bass.
Stevens, W. D. & Kahne, J. (2006) *Professional communities and instructional improvement practices: a study of small high schools in Chicago*. A Report of the Chicago High School Redesign Initiative Research Project by the Consortium on Chicago School Research at the University of Chicago.
Strike, Kenneth A. (1999) Can schools be communities? The tension between shared values and inclusion. *Educational Administration Quarterly*, 35(1), 46-70.
Strong, M. and L. St. John (2001) *A study of teacher retention: the effects of mentoring for beginning teachers*. Santa Cruz, CA: University of California, Santa Cruz.
Sykes, G. (1999) Teacher and student Learning: strengthening their connection. In Darling-Hammond, L. & G. Sykes (eds.) (1999) *Teaching as the learning profession: handbook of policy and practice* (pp. 151-179). San Francisco: Jossey-Bass.
Thiessen, D. & S. E. Anderson (1999) *Transforming learning communities: getting into the habit of Change in Ohio schools — a cross-case study of 12 transforming learning communities*. Toronto: Ontario Insititute for Studies in Education of the University of Toronto.
Uline, C. L., M. Tshannen-Moran & L. Perez (2003) Constructive conflict: how controversy can contribute to school improvement. *Teachers College Record*, 105(5), 782-816.
Vaerenne, H. (1986) Part I: Telling America. In H. Varenne (ed.), *Symbolizing America* (pp. 13-45). Lincoln: University of Nebraska Press.
Van Maanen, J. & S. Barley (1984) Occupational communities: culture and control in organizations. *Research in Organizational Behaviour*, 6, 287-365.
Vygotsky, L. S. (1978) *Mind in society*. Cambridge, MA: Harvard University Press.
Wehlage, G. G., R. Rutter, G. A. Smith, N. Lesko & R. Fernandez (1989) *Reducing the risk: schools as communities of support*. Philadelphia: Farmer.
Westheimer, J. (1998) *Among school teachers: community, autonomy, and ideology in teachers' work*. New York: Teachers College Press.
Westheimer, J. (2000) Communities and consequences: an inquiry into ideology and practice in teachers' professional work. *Educational Administration Quarterly. Special Issue: School as Community*, 35(1), 71-105.
Wiggins, P. (1993) *Assessing student performance: exploring the purpose and limits of testing*. San Francisco: Jossey-Bass.
Zeichner, K. H. (1991) Contradictions and tensions in the professionalization of teaching and the democratization of Schools. *Teachers College Record*, 92(3), 363-377.

经典

6.1 教育中理论与实践的关系[*①]

约翰·杜威(John Dewey)

倘若不先分别对理论和实践的本质与目标作一番探讨,便试图界定理论与实践的 787
确切关系,这即便不无可能,也必将困难重重。

一、无需论证,我便可认定,对教师进行充分的专业教育,不应完全是理论性的,还应包括一定的实践。而实践工作的首要问题,便是所要达成的目的。在教育实践中,人们也许会持两种有着天壤之别的主要目的,从而使实践工作的数量、条件与方法等大相径庭。一方面,我们开展实践工作的目的,可以是让受训教师学会使用其专业所必须的工具,掌握对课堂教学和管理的技巧,获得教学技能并对教学熟练精通。以这种观点看来,实践工作无论多么出色,在本质上终归是学徒式的。另一方面,我们也可以提议把实践工作看作是为教师提供真正主要的理论教育的工具,即让教师获得学科知识和教育原理的知识。这便是一种实验的观点。

这两种观点的差异显而易见;而且,这两种目的共同提供了所有实践工作都需服从的限定性条件。从第一种观点来看,实践的目的在于塑造和训练现实中的教师;这一目的,从直接和根本的意义上来说,都是实用性的。从另一种观点来看,直接的目的(the immediate aim)是达成最终目的的途径,为良好教学技能的形成提供思维方法与材料,而并非像前者那样,力求立即培养出一名高效的技工。这样理解的实践工作,在践行中主要关注实践所引起的思维反应,即让学生[②]更好地掌握学科知识的教育意义,以及科学、哲学和教育史的教育意义。当然,结果远非如此。倘若实验室的实践帮助那些学习物理和化学的学生们获得相关原理的更深刻理解,而这些实践却未能同时帮助他们获得有关教学和管理班级的技能,这实在是匪夷所思。倘若获得这一技能的过程未能启发和丰富他们对学科知识和教育理论的理解,同样令人费解。然而,分别以两种不同的观点作为主要目的的实践工作,在理念和践行中存在着根本性的差异。倘若实践的首要目的是获得履行教师职责的技能,那么,用于实践的时间量,实践工作展

---

* J. Boydston (ed.), *Essays on the New Empiricism* 1903 - 1906: *Vol*. 3. *The Middle Works of John Dewey 1899 - 1924*. Carbondale: Southern Illinois University Press, 1904, pp. 249 - 272.

① 本文仅代表作者个人论点,而不代表任何机构的官方论点;因为作者认为,讨论一些自己认为重要的原则而不是规定一套程序的体系,将会更有裨益。本文最早刊登于国家教育科学研究学会的《第三年度年鉴》(*Third Yearbook of the National Society for the Scientific Study of Education*),1904 年,第 1 部分,第 9—30 页。

② 本文中的"学生",主要指为今后从事教学工作而进行教学实习的师范学院的学生,而不是一般意义上的学生。——译者注

开的场所，实施、监督、评价和联结的方法，均将与以实验式的理念为主导的方法大相径庭；反之亦然。

在这一问题的讨论中，我将阐述我称之为实验式的观点，以区别于学徒式的观点。虽然我主要立足于学院，但是，坦率地说——以此作为必要的修正(mutatis mutandis)，我所谈到的内容同样适用于师范学校。

788 (一) 首先，我要引用其他专业学院的例子。培训教师的问题是专业培训中一项更普遍的事务，对此，我怀疑，作为教育者，我们是否始终如一地铭记于心。我们的问题类似于培训建筑师、工程师、医生、律师等职业的问题。事实上，人们很容易忽视专业准备在教师职业生涯中的作用(这似乎令人汗颜且难以置信)。因此，教师们更责无旁贷，理应从其他职业更为广泛且成熟的经验中去发掘适用于自己职业的宝藏。若我们现在转向考察其他职业专业的历史，便能发现以下的显著趋势：

1. 要求获得更高的学业成就，这是从事专业工作的前提。

2. 在应用科学和艺术中，特定行业的发展是专业工作的核心。例如，我们可以将化学和生理学在当今医学培训中所占据的地位，与“实习”和“药物学”(materia medica)在上一代培训中的地位作一番对比。

3. 在专业学校提供的各种实践活动中，对学生最有裨益的是典型且集中的实践活动，而非宽泛且细致的实践活动。此乃安排实践工作和半专业工作的基础(鉴于时间限制等因素)。总之，实践活动，其目标在于使学生个人独立运用所需的思维方法以掌握实践技能(control of the intellectual methods)，而非立即成为技能的熟练掌握者。这种安排必然会使学生在相当程度上推迟掌握专业技能，甚至直到学生毕业后从事其职业。

这些结果对我们而言更为重要，因为绝大多数的专业学院和教师培训学院出于同一出发点。这些专业学院的历史表明，人们曾经认为学生应当一开始便尽可能熟练地掌握实践技能。然而，其他专业学院坚定地从这一立场转向了实践工作应当以激发和阐明思维方法为目标的立场。这究竟是何缘由？在众多原因中，以下两点尤为突出：

(1) 首先，这些学校可支配的时间甚为有限，因此必须高效地使用时间。我们无需认为学徒模式本身是一件坏事。相反，它可以被视为一件好事。但学生在培训学院的时间毕竟是短暂的。既然时间有限，发挥其最大的功用便是当务之急；而且，相对而言，对这段短暂时间的合理利用在于奠定科学的基础。因为这些科学基础是人们无法在专业的实际工作中充分获得的，而此后的职业生涯却能够给人提供充裕的时间以获得和完善专业技能。

(2) 其次，专业学院没有能力为获得与使用最优的技能提供令人满意的环境。与真正的实践相比，法学院和医学院至多只能提供与现实相去甚远的模拟环境。对这些学院而言，尝试让学生在现实工作中不知不觉地充分掌握技能，就如同让文法学校[①]花

① 在美国，文法学校(grammar school)原指接收10—14岁学生的初中，后来指小学。——译者注

上几个月的时间试图传授学生商业会计技能(这种传授通常失败至极)，而学生在银行和会计所里花几个星期便能在实践的失败中掌握这些技能。

人们或许会说，这个类比不能很好地适用于教师培训学院，因为这些机构有模拟和实践的部门，在现实职业生活中给教师们提供所遇到的相同环境。然而，这仅仅是针对以奥斯威戈模式(Oswego pattern)[①]而组织的师范学校而言，也就是说，只有在这样的学院里，小学教师才被赋予充裕的时间来完全掌管课堂上的教学与纪律，而不会受到听课教师的干扰。在其他情况下，真实学校环境中的一些最基本的重要特征则所剩无几或毫无踪影。多数“实习学校”不过是折衷的产物。理论上，它们接近于正常的 789
环境。实际上，“孩子们的最大利益”被如此严格地保障和监管，以至于这种环境类似于远离水池而学习游泳。

有多种途径可以将“实践工作”的环境与现实的教学活动相脱离，且乍看让人并不以此为然。剥夺维持教室纪律的职责，无时不在、随时准备提出建议并大包大揽的专家，近距离的监督，教学对象的规模缩小等等，不过是其中一二而已。我将稍后谈及“课程计划”的话题，因为它与另一话题相联系。在此，教学计划也许意味着一种模式，使得实习教师所处的环境变得不真实。如果实习教师准备了一系列或多或少已经确定的课程，然后获得有关这些课程计划的评价，并且以是否实施预定计划来判定他在教学上是否成功，那么，与那些从与学生的交流中获取经验而制定和修改教学计划的实习教师相比，他所持有的态度，则是截然不同的。

一种是在真实教学的主导下发展学科知识，通过教师的主动和反思的批判发挥效用；另一种是在上级教学管理者的评判关注(假定的或者现实的)下发展学科知识，或许很难找到如此相去甚远的两类路线了。在教学实践问题中，那些显得与维持教室或课堂纪律的职责更为相关的方面在过去已经令人注目，而那些更加微妙且意义深远的有关思维职责的方面却常被忽视。对此，人们考虑的问题是确保教学实践有一个真正的学徒制环境。

(二) 强调教师需要精通教学和维持纪律，这使得实习教师的注意力舍本逐末，而且朝向了错误的方向——也许不是绝对“错误”的，但从需求和机会的角度来看，相对而言，则是不正确的。实习教师们时常会面临两个问题，且必须获得解决之道。它们举足轻重，需要全身心地投入对待。这两个问题便是：

1. 立足于学科知识的教育价值和用途来掌握学科知识，或者可以说，通过教育规律在学科知识中的应用来掌握教育规律，而这也是教学的材料以及纪律与管理的基础。

2. 掌握课堂管理的技巧。

这并不意味着这两个问题毫不相干或彼此独立。相反，它们是紧密联系的。然

① 指纽约州立大学奥斯威戈分校(State University of New York at Oswego)。——译者注

而，学生的心智无法同时给予两者相同程度的关注。

当新任教师首次面对三十至六十个学生的课堂时，对他们而言，最棘手的问题便是不仅仅要完成教学任务，还需承担维持课堂秩序的责任。资深教师已经掌握了兼顾多重任务的必备技能，比如，在全班朗诵的时候，既照顾到整体，又注意到个人；将当前工作视为核心，同时又兼顾到每天、每周、每个月的教学计划。对于那些刚刚从业的教师所面临的困难，这些资深教师却很难感同身受。

教学如同演奏钢琴，存在着技巧。如果这种技巧要在教学中发挥功用，则要依赖于某些原则。但是，学生可能仅仅学到了方法的外在形式，却无法将它们真正地运用于教学之中。正如每位教师都熟知的那样，儿童拥有内在和外在的注意力。内在注意力意味着对身边事物无保留、无限制、全身心地投入。它是对智力直接且私人性的运用。因此，它成为智力成长的基本条件。追踪这类智力的发展，识别它存在与否，了解它是如何被激发和维持的，如何通过结果检验它，以及如何检验由它引起的显著效果，这些均为卓越教师的特征与评判标准。这意味着对心灵活动的洞察，区分真实行为与
790 伪装行为的能力，以及鼓励真实行为而阻止伪装行为的能力。

另一方面，外在注意力则将书本和教师看作独立的对象。它表现为某些常规的姿态和肢体表达而非思维的活动。儿童们很善于表面上对学校课程的形式表现出人们通常所期望的那种注意力，而内心却将其思想、意象和情感倾注于那些与课程毫无关联对他们而言却更为重要的主题之上。

于是，教师若过早地注重维持教室秩序这一紧迫且实际的问题，几乎必定将外在注意力奉为首要。此时，教师还未曾接受过心理洞察力的训练，使他无法立即（几乎是自动地）做出判断：在某一特定时刻，学生需要的哪些种类和模式的学科知识能够保持他们的注意力且继续有效地健康发展。但他们却一清二楚：他必须维持秩序，必须保证学生们的注意力集中在他所提出的问题、建议、指导、评论，以及他们的“课程”上。因此，这种境况最终导致了教师在外在注意力而非内在注意力方面获得了技巧。

（三）将注意力集中于次要的问题而忽略首要的问题，如此形成的工作习惯便越趋向经验性而非科学性的认可。实际上，师范生不是根据他被要求遵循的原则而调整教学方法的，而是根据自己在实践中发现的成功与失败不断进行调整。比如，在维持班级纪律上，他看到比自己更成功更有经验的教师的处理方法，以及其他人对他的嘱咐和指导。如此这般，教师的主导性教学习惯便最终形成了，相对而言，并无参照心理学、逻辑学和教育史的原则。在理论上，这些学科原则是占主导地位的；在实践中，这些方式方法是教学的推动力，它们来自于盲目的实验、不合理的事例、任意和机械的规律，以及基于他人经验的建议。至此，我们便能解释（至少在很大程度上）这种双重性和无意识的口是心非，是教师行业的恶疾之一。一方面，人们对某些崇高、抽象的理论热情高涨，如自我活动、自我控制、思维和道德上的原则等。另一方面，教学实践却很少关注正式的教学理论。理论和实践没有在教师个人的经验中得到同步发展，也未曾

得到整合。

最终，教师的教学习惯可以建立在两个基础上。它们在思维的启发和不断的批判下形成，并且应用于已有的最好条件。然而，只有在实习教师熟知他的学科知识，并且以掌握有关心理和伦理的教育哲学为条件，才有实现的可能。只有当这些因素被纳入思维习惯中，并成为工作中观察、洞见、反思时的一部分时，这些原则才能自动、积极、有效地得到运用。而这意味着，实践工作首先应当考虑的是，培养这些师范专业学生成为善于思考、思维敏捷、具备教育学知识的学生，而非帮助他们立即精通教学工作。

这是因为，立即获得技能可能会付出停止成长的代价。与那些在有关儿童发展的心理学、逻辑学和伦理学方面掌握更多重要知识的教师相比，那些从专业学院毕业并拥有管理班级能力的教师，在最初的一天、一周、一个月甚至一年的时间里，可能显得更具优势。但是，他们以后的“进步”，可能仅仅局限于完善和改进已有的技能而已。这些人似乎知道如何教学，但他们却不是教育学的学生。如果他们不继续学习学科知识和心理活动方面的知识，即使他们继续学习关于教学的书籍，阅读教师类的期刊，参加教师进修等等，也无济于事；因为问题的根源不在于此。如果教师不能成为这样的
学习者，他们就不能继续改进学校管理机制，而且他们终究不能成为真正的教师、灵魂 791
的启迪者与导师。培训学院的教师总是坦率地承认，他们对自己的学生毕业后职业的发展失望至极，即使是对那些看似比较有前途的学生而言也是如此！那些学生刚开始时，似乎十分成功；然而出人意料的是，他们不能保持稳定的发展，这一点似乎难以解释。在某种程度上，这莫非是由于在初期的实践工作中过早地强调掌握直接教学技能而造成的吗?

我还可以继续指出其他弊端，在我看来，它们或多或少都出于同一原因。其中包括教师思维独立性的缺乏，即他们思维上存在盲目屈从。相关教师机构(teachers' institute)和教育类期刊上的“模范课程”是一座丰碑。一方面，为了取得立竿见影的实践效果，他们不惜一切代价，在权威面前表现出了热切的渴望；另一方面也表明了我们的教育组织乐意不加考查与批判地接受任意一种看似能产生良好效果的方法或手段。对于那些能明确清楚地指导如何进行教学的人士，教师和未来的教师均趋之若鹜。

教育的发展遵循着这样一种趋势，即从一种路线转到另一种路线。由于教师们缺乏独立思考的能力，在一年或七年的时间内采用这种或那种新的教学研究和方法，然后又突然转向另一种全新的教育信条，是不可能实现的。教师们，尤其是那些身负行政职务的教师们，倾向于沉浸于其职业的繁文缛节中，耗时耗力于制定表格、规章和条例，以及填写报表和统计数字，这些都是思维活力缺失的又一力证。但是，教师们如果能够抱着自己永远是教育学学生的精神，便能打破客观环境的干扰束缚，并且使自身得到体现。

二、现在，让我们从实践方面转向理论方面。为了使实践工作真正服务于实验式教育的目的，理论的目标与精髓应该是什么呢？此时，我们面对的是这样一种信念，即

理论教学仅仅是理论性的、深奥的、脱离实际的,因此如果学生不能立即从事教学工作,那么理论教学对教师的教学工作相对而言毫无价值;而只有“实践”才能为专业学习提供动力,并为教育学课程提供素材。人们通常声称(或者至少不自觉地假定),除非通过让学生进行教学工作来即时同步地巩固理论知识,否则学生们将缺乏学习学科知识、教育心理学和教育史的专业动机,而且将缺乏有关它们与教育之间关系的认识。但事实真是如此吗?还是恰当的理论教学本身就包含了实践性的因素与内容呢?

(一)鉴于本文无法涵盖教育哲学和教育科学的所有方面,我将从心理学的观点出发来讨论这个问题。我认为,这可能是所有教育学的理论教学中最具代表性的方面。

首先,初学者虽无直接的教学经验,但他们从自身经历中获得了大量极其实用的知识。有人认为,除非学生们立即通过亲身的实践教学来检验和阐释所学的理论,否则,理论指导便是纸上谈兵,空洞无物。这种论调忽略了课堂中的思维活动与其他经历中的思维活动之间的连贯性。它忽视了这种连贯性对达成教育目的有举足轻重的作用。持有这种论点的人,似乎将课堂内的认知心理与其他场合的认知心理隔离开来,使其判若鸿沟。

这种隔离不仅多此一举,而且危害甚大,因为它抛弃或轻视了学生拥有的最宝贵的财富(不仅最为重要,而且永远属于学生),即他们的自我指导和个人经验。我们有理由假定(因为学生并不低能),他们每时每刻都从生活中获取知识,并且还在日复一
792 日地继续学习。他们肯定会相应地从自己的经验中得到大量的实际素材,用以在学习过程中阐明理论原则和智力发展法则,并且给予这些原则或法则以生命力。此外,由于没有人是在理想的环境中长大的,每个初学者都不乏实际经验,并能用它们来解释发展受阻的案例——失败、适应不良、退步,甚至是堕落的例子。这些现成的资料有病态的,也有健康的。在学习的问题上,它旨在体现和说明两者的成就和失败。

然而,未能将这个实践经验的主体考虑在内,这不仅仅是一个严重的错误(这违反了从已知到未知的原则)。这种忽视往往导致当前教育方法中的一些陋习。正因为师范学院没有引导学生们认识到他们自己在过去和现在的成长与在学校中的成长所遵循的是同一法则,也没有引导学生们认识到在幼儿园、操场、街头和客厅所遵循的心理学与课堂心理学是同一性质的,学生们不自觉地假定了课堂的教育属于完全不同的类别且遵循着特有的规律。[①] 不自觉地但同样是深信不疑地,学生们开始相信特定的学习“方法”和专门适用于学校的教学方法,这些方法适用于特定的场所并有着特殊的应用。因此,他们开始坚信材料、方法和手段对达成教学目的的效用,但他却从未意识到应该信任他们在学校外所获得的经验。

我认识一个师范学院的教师,她总是说,当她无法让她的学生懂得有关儿童的某

① 在这里,“成人”心理学发挥着效用。一个不了解自己的人很难了解他人。然而,成人心理学应该与儿童心理学具有一般性。

些事情时，她会要求她的学生们换个方式，把自己的学生想成是在日常的家庭生活中所熟知的侄子、侄女或表弟、表妹。我认为，无须多言，便能证明学校内和学校外学习连贯性的断裂，导致了教育中的资源浪费和方向错误。

我更愿意利用这个假定（我认为它将会被普遍接受）来强调，让实习教师们与课堂心理学有这样一种生硬错位的接触危害巨大，而这种生硬且错位，是因为学生们不知道如何预先从他们最为了解的自我经验中选择和组织相关的原则和材料。①

从这个基础出发，我们在对他人教学的观察即课堂观摩中，可能需要转向教育心理学的角度。但是，这里我想强调上述关于教育实践工作的相同原理。对模范教师或资深教师教学活动的最初观察，不应仅仅是以实用为导向的。学生观察优秀教师是如何教学的，不应仅仅为了积累教学方法以便促进自己教学的成功。他们应该去观察心灵的互动，去观察老师和学生是如何彼此回应的——心灵之间是如何沟通的。他们应该首先从心理学而非"实用"的角度来进行观察。如果在学生可以独立使用心理学进行课堂观摩之前，强调实用的角度甚于心理学的角度，那么，模仿原则将必然会在观察者未来的教学中起着过分夸大的作用，从而牺牲了他们个人的洞见和主动性。学生在这一阶段的成长中，最为需要的是能够洞察进行着思维交流的人们的具体心理活动。他们需要学会从心理学的角度去观察，这与仅仅观察教师如何在展示某一主题时获得"良好效果"是有天壤之别的。

毋庸置疑，具备了心理学观察和解释能力的学生，将会关注教学中更为技巧性的内容，即优秀教师在各科目的教学中所运用的各种方法与手段。如果准备恰当，这不一定会导致学生们成为模仿者或传统模范的追随者。这些学生有能力将优秀教师所具有的重要的实践手段转化为相应的心理学知识，而且不仅知其然更知其所以然。这 793
样，他们就能独立判断和评判这些教学手段的正确应用及改善。

正如上文所言，教育心理学区别于普通意义的心理学，在于其对两种因素的重视。首先是对成长与发展这一特定目的的重视，同时也是对它们的对应物即停滞与适应的重视。其次是对社会因素的重视，即对不同心灵的彼此互动的重视。我认为，我们绝对无法直接从纯粹的心理学数据中得出任何教育程序和教学原则。无限制条件的心理学数据（也就是我所说的纯粹的心理学数据）涵盖着人的所有心理活动。如同思维的发展和进步一样，思维的停滞与衰落，也同样遵循着心理规律。

我们向来不从物理学规律中总结出实践性的格言，例如建议人们遵照重力法则行走。只要人们行走，他们就必然是在这一法则所揭示的条件下行走的。同样，只要人们进行思维活动，他们就必然遵循着正确的心理学理论所陈述的那些原则。试图将这些心理学原则直接转化为教学规则是多此一举，也毫无意义。但是，当一个懂得机械

---

① 如果我一直重复"经验"这个词，或许会避免误解。它并非指我心中的形而上学的内省，而是指转向自身经验的过程，并考查它们是如何发展的，以及什么东西促进或者抑制了这个有机体内部的和外部的动力与束缚。

原理的人想要达成某种目的之时，他会知道需要将哪些条件考虑在内。他知道如果想建一座桥，那么就必须用特定的方法和特定的材料来建造，否则，他所得到的将不会是一座桥，而是一堆垃圾。这同样适用于心理学。确定目标，例如促进健康的成长，心理学的观察和反思便能帮助我们控制这种成长相关的条件。我们会明白，如果我们想达到那个目的，就必须按照一定的方法去做。教育心理学的特殊标志在于：它将心理学材料置于如何促进成长并避免停滞与浪费这一问题之中。

我已在上文提及社会因素的重要性是教育心理学的另一特殊标志。当然，我不是指一般的理论心理学忽视了心灵间互动的存在和重要性，尽管直到现在，社会因素在心理学中还没有得到重视，这并非虚言。我是指：与心理学家不同，对教育者而言，考查某人的思想受到另一个人思想自觉地或不自觉的刺激时做出的回应，这相对而言十分重要。从教师的立场来看，无须多言，学生们表现的所有习惯都被看作是对某些人或某一群人所提供给他们的刺激的反应。因此，毋庸置疑，教师所需考虑的当务之急在于：就他目前与学生的关系而言，他自己的言行推动或抑制了学生的态度和习惯的形成发展。

如果这两个关于教育心理学的假定得到认可，我认为只有遵循以下步骤，教育理论才能发挥最大的作用。即从学生自己的心理成长经验中所包含的价值和规律出发，进而逐渐过渡到对他知之甚少的人的了解，最后再逐渐试图影响他人的心理活动。只有这样，师范生才能养成对教师而言最为重要的心理习惯，即对内在注意力而非外在注意力的关注；或者说，他们认识到教师的重要职责在于指导学生的心理活动，而在此之前，他们必须首先了解学生的心理活动。

（二）现在，我来谈谈学科知识或者学术知识，我希望借此说明，教学材料若使用得当，并非如人们有时所想的那样，是纯粹理论性的，与教学的实践问题毫无关联。我记得，一个毕业生曾经调查过他所在学院的骨干教师是否接受过专业培训，以及是否学
794 习过教育学。他将一份基本上是否定性的调查结果送到了当地的教育组织。有人或许会说这并不能证明什么，因为仅仅就教学而言，本科教学本来就很糟糕。然而不可否认，大学里的确存在着一些优秀的教学，而且那些从未接受过教育实践和理论指导的教师也有着一流的教学。

这个事实是不容忽视的，正如我们无法忽视另外一个事实一样，即在教育学产生之前，我们就已经有了很多优秀的教师。我并非主张取消教师培训——这是我最不愿看到的。我认为，上面所提到的事实证明了学术知识本身或许便是用来培养和塑造优秀教师的最有效的工具。倘若它在不自觉和无确定意图的情况下就已经发挥了如此巨大的功用，那么我们便不无理由相信：如果教师从培训学院里获得这些知识，并能因此有意识地思考它与心理活动的关系，那么学术知识将会比我们通常所料想的更具有教育学价值吗？

人们有时认为，学术知识似乎与方法无关。即使当人们不自觉地怀有这种态度

时,也会使方法成为外在于学科知识的附加物。它的阐释、获取及应用必然相对独立于学科知识。

就其本性而言,实习教师的学科知识体系必须是系统性的。它不应当是一堆毫不关联的废物的混合。即使(如同历史学和文学一样)它不能被严格地称之为“科学”,也至少是依据一定的方法而制成的材料,是参照主要的思维原则筛选组合而成的。因此,学科知识中也存在着方法,这种方法是迄今为止人类思想发展的最高级的方法,即科学方法。

我们如何强调这种科学方法就是心理方法本身都不为过。[①] 这种使学科知识成为研究分支的分类、阐释、解释和归纳方法,事实上并不处于脱离思维之中。它们反映了教师在致力于处理经验所提供的原始材料,并使它们能够立即满足和激发积极思考之需求时,所有的种种思想态度和心理活动。既然如此,如果通过这种方式,学生未能持续获得心理活动方面最好的实物教学(object-lesson)(这标志着心理成长和教育进步),那么就意味着在专业培训的“学术”方面存在问题。我们有必要认识到,教师使自己习惯于高级心理运作方式是极为重要的。一个教师在未来越是有可能从事基础教学,这种锻炼就越不可少。否则,诸如当前初等教学中常常谈论并且描绘儿童假定的思维水平等陋习还将继续。教师只有获得关于更高级的思维方法的全面训练,并且因此彻底明了充分和真实的思维活动意味着什么,才可能真正尊重儿童心灵的完整与力量,而非纸上谈兵。

当然,这种观念会受到以下论点的挑战,即实习教师的学科知识与面向尚未成熟的学生的学科知识,两者的科学组织原则是大相径庭的。因此,对更高级别的学术知识过多、过早的熟悉,事实上可能会成为教师发展的阻碍。我不认为有人会认为教师真的完全知道什么才是对他们有益的,但也许可以合理地说,对特定形式的心理习惯的持续学习,可能会使那些较年长的学生摆脱较年轻的学生所有的心理冲动和习惯。

然而,我认为在这一问题上,师范学校(normal schools)和教师学院(teachers' colleges)收获了一个最大的机遇,这不仅关涉到接受培训的教师,还涉及与教师培训无关的大学和高等院校中教育方法的改革。师范学校和教育学院(collegiate schools 795
of education)的职责在于,在呈现科学、语言、文学和艺术的学科知识时,都能使学生看到并感受到:这些学习是思维运作的重要体现。从而使它意识到它们不仅是服务于应用专门知识的技术手段的产物,而且代表了基本的心理态度与运作。事实上,某种科学方法和分类不过是以最具体的方式表达和阐释了简单常见的思维活动模式在必要条件下所能达到的事情。

① 埃拉·F.扬(Ella F. Young)教授在《教育学中的科学方法》中,发展了这一观念,成就显著。对此,我深为感激。

总之，对未来教师的“学术”指导，应该将学科知识回归于普通的心理根源。[①] 只要这一目标能够达成，上面提到的那些依据对学科知识的高级处理和低级处理之隔阂而得出的反对意见便会失去说服力。这并不意味着，适用于师范学院学生的学科知识与呈现方式，也一定适用于小学生或高中生。但是，这的确意味着，如果习惯于从学科知识与心理反应、态度与方法相关的功能来看待学科知识，教师会敏锐地察觉 4 岁的儿童或 16 岁的青少年心理活动迹象，并且能够因为所受的训练而无意中便自发地评估那些适合于用来激发和引导心理活动的学科知识。

这就解释了为什么有些教师虽然违背了教育科学所制定的各种规律，但却依然获得成功。他们充满了探究精神，并且不管做什么或如何做，他们对这种精神的存在或缺失都十分敏感。他们能够成功地唤醒和激发所接触的人去进行同样敏锐与激烈的心理活动。

这并不是在为这些不规范、不成熟的方法辩护。但是，我想重申刚才的论点：如果说某些教师单纯地依靠丰富的知识和直觉便能洞察学生的思维活动，并且在没有合理的理论原则指导下就已经成就非凡；那么，同样的学术知识若能被更加自觉地使用，即明确地联系心理学规律而得到运用，它必将价值连城。

我在上文提到师范学校拥有改良一般教育的机遇，我是指，如果我们的学科知识(不论在何处)仅仅使学生获得有关外在事实和规律的知识，即使帮助他们获得了如何运用这些材料的思维方法，那么它也是不充分的。必须让学生们意识到：人类接受过训练的大脑能够有效地控制其自然态度、冲动和回应，这才是所有科学、历史和艺术研究最为重要的目标。这不仅是师范学校的任务，而且是所有专业的高等院校都需承担的责任。

当前，知识与方法的分离对两方面而言都是有害的，这既不利于高等学术教育，也不利于教师培训。不论是为了最终目的，还是为了实用或专业的目的，我们都应当把学科知识的呈现理解为心灵寻求和处理事物真理方法之客观体现。这是能够消除这种分裂的唯一途径。

从更加实用的角度而言，这一原则要求师范生面对新的学科知识(从而提升他们的学术知识并更加清楚地意识到方法的本质)时，应该结合其教学之功用而进一步组
796 织同样的知识。“实习”学校和“实验”学校的中小学课程，应当与专业学院老师的学科知识教学保持最紧密、最有机的联系。如果某个学院的情况并非如此，这可能是因为在培训课(training class)教材中，学科知识是被孤立地，而不是被作为心理方法的具体表达展示给学生；或者是因为实习学校(practice school)受到某种有关教学材料和方法的惯例或传统的制约，没有采用有效的教学方法。

① 似乎没有必要再提及哈里斯(Harris)博士不断提到的观点，即师范培训应当给予即使是最基本的主题以更高的关注与综合。

事实上,众所周知,有两种原因导致了当今教学的现状。一方面,传统环境导致学科知识在小学教学中无足轻重、内容贫瘠,强调进行机械的反复练习,而非心理活动;并且导致了中学对某些传统文化科目的教学变成仅仅对于某些技能的掌握,而这些科目被视为同一知识体系中的独立分支!另一方面,对科学分支的传统划分(学科知识的学术方面),倾向于将师范学校中的教学理解为特定技巧或信息的获得,从而或多或少地脱离了它们激发和引导思维能力的价值。

当务之急是融合与集中。如果小学和中学要逐步地更具智慧地引入更有价值和意义的学科知识,就需要将学科知识和思维而非"训练"保持一致,这个目标的实现要求根除大学学科知识完全孤立的专业化现状,要求人们更为主动且兴趣盎然地关注教材在表达心理活动之基本模式中重要作用。这些模式之所以是基本的,在于它们不仅是在心灵处理日常经验提供的一般材料时使用,而且在处理科学的系统化材料时也需要遵循。

(三)如上所述,这一点要求在培训师范生的时候,把学生在实习学校和实验学校的学习过程与进入他们视野的更广阔的学习领域联系起来。然而,考虑到中小学对学科知识的需求,这种联系需要连续地、系统地进行。习惯于编写用于某个年级几天或几周单独、孤立的教学计划,不仅不能达到目的,而且可能危害极大。我们需要全力避免学生抱有这样的态度,也就是自封于他们得到的学科知识,千方百计地尝试把那些知识立刻变成适合于某个年级的课程并且应用于教学。我们需要的是把整个课程看成是持续的、反映心灵自身发展的增长。所以,在我看来,这就要求对小学和中学的课程进行连续的、纵向的考虑,而不是横截面式的考虑。必须引导学生明白以下道理:地理、自然研究或者艺术学科中的相同知识,不仅仅在某个特定年级逐日发展,而是在整个学校发展中逐年发展;他们应该首先了解这一点,再受到鼓励去尝试为某个单独的年级而调整教学计划中的学科知识。

三、若把上述几点归纳起来,那么教学实践应如下所述(虽然我有点担心,下面的方案也许显得有些刻板而不那么令人满意):

第一,实习学校应该主要用于进行观察。而且,观察不是为了解优秀的教师如何进行教学,也并非为了得到能运用于教师自身教学的"亮点",而是为了获得心理观察和反思的材料,以及一些关于学校整体教学活动的概念。

第二,让那些已经获得心理学洞察力,并且对教学问题有深刻了解的学生成为助教,使他们更加深入地了解儿童的生活和学校的工作。这一阶段的学生不会承担直接的教学,但是能够帮助正式的教师。辅助的方式多种多样,且能够真正有益——不管 797
对学校还是对儿童都有帮助,对这些受训学生而言,也受益匪浅,远胜于人们所想。[1]

① 什么是实习学校真正需要完成的工作?这个问题对其道德影响十分重要。同样,对于"实习"环境与真实教学环境的一致也甚为关键。

给予落后的孩子或者曾经辍学的孩子特别的关注，在材料准备及手工作业上提供帮助，这些均为佳例。

第三，这种实践经验能使这些未来的教师从偏向心理和理论上的视角转为更加技术性的视角，来观察理解课堂教学和管理。在初期，非正式、逐步地接触教学，让学生头脑里充满了素材。这些材料不知不觉地被吸收并组织起来，为需承担更多责任的教师工作做了充分的准备。

如上所述，这些学生在做助教的同时，必定会帮忙选择和组织学科知识。开始组织知识的时候，他们至少会参照几个年级的情况，从而强调学生持续连贯的增长。此后，他们可能会寻找补充材料、发现工作中的问题，这些如果积极有益，便可能成为使自己的助教工作更为深入的宝贵资源。或者，对于更优秀的学生，他们可能会为课程和学习做出备用计划。

第四，当学生通过助教工作，做好准备去负担起更多的责任时，就可以进行真正的教学了。基于之前的准备，实习教师在教材、教育理论和前文提到的观察上都已非常充分，应该给与他们最大限度的自由。他们不应受到严密的监督，也不应在教学内容和方法上立即受到批评。学生们应该明白，他们不仅被“允许”去发挥自己的思维主动性，而且被“期待”去这样做。此外，在对他们进行评价时，他们自己控制局面的能力要比按部就班实施某个教学方法或计划更为重要。

当然，他们也应该与资深的老师一起对完成的工作和获得的教育效果进行讨论和评价。但是，应该给予实习教师足够的时间，允许他从突发事件带来的冲击和新环境中恢复过来；并且要让他获得足够的经验，能够理解批评对于已完成工作的根本意义。与此同时，应该要求专家或者监督者引导学生批判性地评价自己的工作，找出成功和失败之处并分析原因，而不是过于肯定或具体地批评他们工作的某个方面。

当然（可惜，并不是所有的情况都是如此），批评的目的是引导学生在原则的启发下思考自己的工作，而不是引导他认识方法的优劣。无论如何，最拙劣的思想评价莫过于让学生上几堂课，基本上每堂课都全程监督他，而且几乎每堂课结束都评价他授课的方式——哪些方面成功哪些方面失败。这样的评价方法，可以让学生掌握一些这个职业的诀窍和手段，但是不可能培养出有思想且独立的教师。

而且，尽管对学生的此类培训（如上所述）应该广泛且持续不断，以便让学生熟悉工作且积累大量经验，可是培训的目标应该清晰明确，而非杂乱无章。对于教师而言，
798 更重要的责任在于不断地发展某个主题，体会那个主题的发展；而不是针对更多的主题教授一定数目（必然是在较小的范围内）的课程。换句话说，我们想要的不是许多具体的技能，而是要了解一个主题在教育发展上的意义；并且，在某种典型的情形下，掌握某种控制方法，已成为教师在其他情况下自我评价的标准。

第五，如果现实允许——也就是说，如果培训期间时间充裕，如果实习学校规模适当，能容纳的学生数目达到要求，而且能满足所需完成工作的条件——经过上述学习

阶段的学生应该做好了进行特定的学徒式工作的准备。

假定学校的条件允许真实的而非外在形式的实习教学,并且假定学生在实习之前已经完成了教育理论、教育史、教材、观察和实验式的实践活动等培训,那么莫要将我上述之言理解为要取消实习,这些实践教学活动目的在于让个人掌握教学和管理的实际技巧。教师一定会在某个时刻掌握教学技能;如果条件适宜,在培训或类似的过程中掌握这些技能益处良多。通过实习期的考验,我们会更快地发现和筛选掉那些不适合教学但却有可能成为教师的人,我们可以在他们进入教育机构之前就将其筛选掉。

然而,即便在学徒期,给予学生所能承担的责任和主动性也至关重要,而且对他们的监督不能片刻不停或者过于紧密,批评也不能太仓促或者太具体。这种过渡性实习期的作用,不在于让监督者成为教师,使学生延续他们的理念和方法;而在于学生通过与成熟和富有同情心的教师长期接触,得到启迪和启发。如果公立学校的环境合适,如果所有的学校管理者和校长都具有相当的知识和智慧,而且如果他们有时间和机会用自己的知识和智慧去影响寻求他们帮助的年轻教师的发展,那么我想,学徒期的作用将会被简化为使年轻教师能够尽快适应角色并及时筛除不适合教学的人。

总之,我可以说,我认为自己在本文中提到的原则不是不切实际的乌托邦式幻想。现在,师范学校里旨在改进学科知识范围和质量的运动正在稳步进行,势不可挡。级别较高的师范学校实际上已经被称为"大专"(junior college)。也就是说,它们提供两年的课程,这些课程在很多情况下已经达到正规大学的水平。越来越多的师范学校的教师拥有了大学教师所有的学术培训经历,不少机构甚至已经超出了这样的水平;显而易见,今后十年的趋势,必将是许多师范学校宣布有权授予正规大学的学士学位。

所以,本文中探讨的这种学术知识在不久的将来必将出现。若加上另外两个因素,就无理由不实施本文所阐述的理论联系实践的理念。第二个必要的因素是作为观察和实习学校的中小学需要采用先进的教育模式,而这种教育模式与培训课程中关于学科知识和教育理论的教学是相符的。第三个必要的因素是心理学和教育理论方面的学习活动,它使学科知识的师范教育与中小学教学活动之间的关系变得具体重要。

上述理念无法实现,我认为,这不可能是外界条件所造成的,而是校内或校外的权
威认为培训学院的真正作用就是满足人们已经意识到的这些需求。当然,在这种情况 799
下,培训学院的教学毫无疑问便是简单地延续现有的教育实践类型,并偶尔简单地改进一下细节而已。相应地,本文所隐含的假设是:若仅仅接受和遵循现行的教育标准,教师培训学院并没有完成其全部职责,领导教育事业才应该成为它们必不可少的职责之一。若要促进教育事业的发展,我们需要做的,不仅仅是培养出能够更好地完成当前任务的教师,而是改变这些教育机构的教育观念。

(范国睿　张　琳　译)

6.2 教师在专业发展中的成长[①]

露西·斯普拉格·米切尔(Lucy Sprague Mitchell)

800 一位老教授曾说,评判布丁的好坏,不在品尝之时,而在品尝之后的数小时。这一真理也同样适用于除布丁以外的许多其他东西!教育实验的结果直到数年以后才显示出来,如银行街工作坊(Bank Street Workshops)。我们需要时间来尝试,去探索之后教育中哪些经验、方法和技术最适合在职教师更好地成长,以走向专业成熟。我们和教师都必须在工作中学习。成长是一个缓慢的过程,欲速则不达。其次,当一个人被紧张和琐碎的日常工作所淹没,他就无法从其中完全脱离出来,从而观察那些正在缓慢发生的事情。如果许多年没见过一个小孩,确实会为他的成长感到惊讶,甚于每天看着他成长的父母的感受。一个长期的实验也同样如此。只有后来用超然的态度去研究每天的记录,人们才能得到一个全景图。这就是保存记录的原因,用比记忆更可靠的东西作为分析的基础。当把几年的记录放在一起,它们就构成了已经发生的事情的动态图像。

第二部分主要以工作人员的身份述说我们工作坊的故事。在那里的六年,我们对每天发生的事情都进行记录并做了一个报告。在这样一个报告中,人们不会"只见树木不见森林"。现在,在第三部分,我们会从详细记录转向分析,即从在工作坊做了什么转向我们和教师从中学到了什么。

我们以对教师在理解和享受新工作中的成长的分析为起点,就像我们已经重复说过的,这是工作坊实验的核心目标。在整个实验中,我们就工作坊采用的技术和对教师专业成长的贡献程度来衡量工作坊的成败。我们会回到教师的工作初衷——他们想从工作坊中获得什么,分析阻碍或帮助教师成长的因素,以及通过教师进步走向专业成熟的成长阶段。这将使我们快速地越过与第二部分相同的某些内容,因为我们的分析必须基于工作坊中所发生的事情的记录。

他们工作和工作坊的初衷

显然,与父母、矿工、厨师、律师一样,教师不是因具有相似的特征、个性,或对生活的态度而聚集在一起的群体。这些群体的共同点在于它不是一种个性特征而是一种

① Lucy Sprague Mitchell, *Our Children and Our Schools*. New York: Simon and Schuster, 1950, pp. 323 - 338.

工作。当我们谈及分析教师成长时，我们将关注专业的思维和态度，很大程度上忽略了性格、背景、兴趣，以及他们对教学工作偏见上的广泛变化，尽管所有这些因素影响他们的专业成长。如果我们发现一组个性极其多样化的教师对工作持有相似的态度， 801
我们会检测该项工作得以继续的条件，并且探索这些条件能在多大程度上解释这个群体的共同态度。

所以，我们以回忆工作坊教师对他们工作的初衷为开端，这可以在他们想从工作坊中获得什么体现出来。我们认为，当我们开始工作坊时，纽约学校的情况是很多——或许最多——全国学校普遍情况的典型。儿童的思维和态度，以及对他们计划的课堂仍然处于过渡状态。“新课程”体现的新思维和新态度已经传达给了教师，但在实践中并没有真正取代旧课程。教师们在不同程度上坚持他们熟悉的旧课程(对他们来讲很大程度上意味着学科知识)，在设置不到 20 门或更多的独立研究课程之前，旧课程的设置已有二十多年的历史。在那个旧框架内，他们试图认真执行新的教学方法，这些方法他们已经被指导使用多年。教师普遍抱怨的是，虽然他们愿意使用新课程，但受到工作条件的限制，如班级容量大，教室的空间狭窄，设备陈旧等。他们的课时是致力于儿童“表达自我”的活动，包括项目、单元、旅行、研究、会议，以及“展示和讲述”，但在大多数情况下被认为是附加的，是打断实际工作的插曲，“期望信息”(the desirable information)包含在旧教学大纲中。

许多教师很大程度上仍然依赖“期望信息”的传统来源，那就是，包含记录事实的教科书。早期传统学校的教师并没有局限于单一教材。但是，大多数增加的书本仍然充满事实信息及各种教材、百科全书等。“研究”在极大程度上意味着阅读其中的一本书，真正的原始材料很少用于研究。儿童被要求解释图片、地图、书面材料，对他们思考这些教材之间的关系提出挑战。很少有教师考虑课堂以外的功能世界和儿童们生活的世界。这世界如同一个实验室，儿童可以获得直接经验，在教师的指导下以初级水平开展调查，这些都将激发他们新的兴趣，并赋予书中的事实信息以意义。

教师也已经获得了关于对待儿童的态度和“操控”他们的方法的指导。在这里，教师试图认真遵循这些指导。为了让儿童在讨论中自由地表达自己，很多教师干脆把课堂交给儿童，不参与这些“自由”课时，也不负任何责任。儿童在面对这些责任时毫无经验。没有教师的指导，他们无所适从，聆听的儿童也感到无聊。关于课堂“气氛”的新指导以微妙的方式给许多教师带来了困难，为了尝试使儿童“自由”，教师在儿童建立群体内部或个体的自我约束之前，放宽了旧的压制性纪律。他们混淆自由与许可，对教师自己和儿童都造成了灾难性的后果。

在这种情况下，教师想从工作坊获得的东西几乎是一致的。他们想看到如何管理那些他们被指导使用的新教学技术，而不是为什么要使用它们。他们主要的兴趣不是更好地理解新课程的教育学和心理学基础。他们强调说，他们希望“没有理论”——也就是说他们已经有了足够的理论论题。他们想要执行这些理论指导的“实践帮助”。

很显然，这些教师对成为他们“新工作”的技术员没有安全感。从旧课程到新课程的过渡阶段是自然的，这也是任何学校系统在尝试引入新的思想与态度时教师的正常反
802 应。因为从广义上讲，几乎所有地方经验丰富的教师都接受了培训，这些培训主要强调学科的方法论，这些教师也在支持这种传统方法的系统中教学了很多年。包含每个学期详细内容的课程学习、需要背诵的课本、纪律惩罚、金星奖励等。上述官方支持给予了这些经验丰富的教师以自信，然而当他们受到的指导不严格、不详细时，他们便失去了自信。他们尝试通过新的技术单元、旅行、会议、研究、儿童委员会等方式认真地执行新的指示。但作为一个整体，这些教师不觉得他们有责任去研究自己的学生，以及基于这种研究为学生规划经历。在一些学校，教师被告知要进行实验，但他们中很少有人这样做或想这样做。

总之，教师工作的初衷是遵循指导，把新的教学技术付诸实践，对理解这些技术背后的心理学及教育学思想不负有责任。是什么导致了他们对工作的此种态度？尝试回答这个问题十分重要。这是因为他们对工作的这种态度，一定深远地影响着各地每个有相似态度教师的专业成长。了解教师是否在心理学条件下进行工作，可以解释个性高度多样化群体对待他们工作的共同态度，这是非常重要的。

行政体系对教师态度的心理学影响

在第二部分讲述我们公立学校工作坊发展的故事时，我们用一个很重要的章节来描述这项为期六年的实验的背景，即庞大的行政体系。教师在这个体系下工作，绝大多数教师在这里获得他们所有的教学经验及对教师的心理学影响。我国很大比例的儿童工作教师都在相似的系统中展开工作。因此，尝试分析行政体系的本质似乎是有用的，这些系统如何在心理上决定教师的工作态度，进而决定他们对新工作的理解和享受。

大型学校的系统被组织成一个由分级官员承担决策责任（即做出批示或给予批准）的行政等级制度。各个学校的学监位于顶层，教师位于底层，教师的工作直接与儿童相关，而整个系统是为儿童产生的。分级责任每向上一级就离儿童更远一步。好校长了解学校里的儿童，但是无法像教师一样与学生保持亲密关系。他与教师打交道比与儿童打交道更多。好学区学监只有在偶然去教室时，他才了解他所在学区的儿童和教师。他与校长打交道比与教师打交道多；与教师打交道比与儿童打交道多。行政级别越高，官员获得了越来越广泛的责任和权力，而与教师和儿童之间却越来越远。行政阶梯的提升意味着加薪，这不可避免地促进了更高的职位的竞争并刺激了教师晋升的意愿。这便是这种等级组织的本质，无论是在学校系统、政府、军队，或其他地方。

这种行政组织类型会对它的成员产生什么心理影响？因为更广泛的权力和更高

的薪水取决于晋升到更高一层的阶梯，这很容易让每一层成员倾向于关注更高层的 303 占有者，让他们看到他们直接“上级”的指示，争取上级的批准，所有这些意味着跟随上级的指示，上级的思路和规划，而不是关注于建立在他们自己层面责任的思考和计划，以及在他们自身经验基础上根据自身判断所做出的行动。最糟糕的是，一个行政等级制度能分散任何层面有抱负心的成员做好本职工作的注意力和精力，使他成为下级成员的独裁者，这也许是为了抵消他的顶头上司对他的权力施压。一位处于行政权力最底层的有抱负心的教师，也许会将关注点从学生转移到晋升；他可能也成为他课堂中的独裁者，以在情感上抵消校长对他施加的压力。如何运行庞大学校系统的复杂机制，同时避免忽视各个层面工作的重要意义，又不会滋生独裁的态度，这是公共教育中的最主要问题之一。

最好的状况是，任何行政阶梯在某种程度上，对所有教师都具有心理影响，对晋升比其他事情更有兴趣的教师还不占少数。分级责任的特有本质（不考虑薪水方面）是使最底层的教师关注最直接的上司，即校长的指导，视他们的工作为接受校长的指导，这些指导由远离最高权力的教育委员会和学监委员会发布。他们在庞大的学校系统行政机构之内的所有经验，已经使他们不再担当起为每个儿童进行个别计划的责任，不再对在课堂进行实验和掌握主动权，不再相信基于他们自己的经验而做出的判断，不再参加，甚至遵循对他们自身没有影响的教育努力，总之，不再把他们的教学工作作为一种职业。在这种行政体系中，固有的、真正管理儿童学校生活的人是出于对教育决策的责任。更令人吃惊的是，因为在工作坊非正式的氛围中教师感到很放松，他们一次又一次地表达了这种异常的感受并视这个问题为他们最大的难题之一，尽管就系统中的教育思想决策而言他们仍然处于系统的最底层级，他们如何为自己课堂内的教育思想负责？

当等级的阶梯盛行于商界、家庭和各种社会组织时，可能这所有一切都只是整个社会的反应而已，毕竟，我们的公立学校系统是在社会中发展的。成功就意味着在各行各业中一步一步往上晋升，远离实际工作，日益接近管理——发出命令而非接受命令。所有从这个旧等级组织结构转变为一个与民主理想更一致的组织，都会发现这种转变的困难。在阶梯的每一层级，那些在上面尝试发展更自由方式的人与那些在下面试图使用一种新自由的人一样，都感到了这种转变的困难。历史性滞后是处于转变中的所有机构的特征。它是民主演进的一部分。

教师的专业成长阶段

当我们开始了解教师时，我们逐渐肯定他们早期的学习兴趣，即在形成工作态度的过程中教授新的教学技术。这种态度是在行政等级体制中逐渐形成的，在这样的体制中他们被期望遵循来自“上级”官员的指导，而非通过教育和心理问题的思考。除了使用新的教学技术，他们的新工作还需要他们做许多事。新工作要求他们研究儿童的需求和兴趣；要求他们灵活调整项目，以使这些项目适合儿童；要求他们承担规划的责任，且有实验性。但在心理上，他们已经适应了被要求处于等级梯层体系的最底层级。
804 他们的角色是遵循自上而下的指令。难怪他们不相信自己能够承担新的责任和主动进行实验探索。难怪他们担心的焦点在于如何学习，其次才是为什么学习。

第一阶段：思考、规划和实验中的自信

这便是工作坊的出发点。个性与背景都存在差异的教师，对讨论儿童喜欢什么，以及如何使课程适应儿童的需求都是不耐烦的；他们说，这样的基本概念是“纯理论的”，对他们来说“不实用”。他们一致想从我们这里得到实际的帮助，即向他们讲述或展示如何操作“活动项目”，或如何组织和表达一个“单元”。我们相信，教师像其他人一样，从经验中学比从书本中学要好，因此，我们就开始了教室里他们所谓的儿童“示范教学”，之后我们在工作坊中开会讨论儿童的反应。我们事先计划一位教师和他的学生一起旅行；我们帮助他们以表演游戏作为开始，或组织原创游戏，或画地图、壁画；我们实施了一项科学实验，并主持了后续与儿童的讨论。

在示范教学之后，教师倾向于重复我们所做的，而不是找出使儿童适合新情景的新经验。有几个例子：在工作人员计划让一位教师和他们的儿童同游以后，尽管不同的旅游更有益于当前的学习，这位教师与下一组儿童重复了相同的旅游。教师继续使用我们提供的原素材而不是自己找新的素材。工作人员帮助一个六年级班的儿童组织一出原创剧，从让他们写制作一件羊毛外套的每个步骤的顺口溜开始，即从羊到在商店里买哪件外套的过程。教师在之后帮助孩子们练习写作的剧本中也重复了这一相同的模式。就是说，教师亦步亦趋而不是沿着新思路创作和实验。我们确信这种亦步亦趋的模式不是由于缺乏原创力或能力，也不认为教师会特别抵制新的教学方式。更确切地说，他们在真正的新工作面前缺乏自信。我们感到他们亦步亦趋的模式延用了他们在原工作中形成的态度，在原来的工作中，他们被期望完全遵循给予他们的指示。只要他们持有这种旧模式，他们就无法让自己全身心投入到一个真正的新工作中去。但要打破这种模式，他们需要一定程度的自信，而这又需要时间。我们保证不是来评估他们的监督者，但这种保证只有慢慢地被接受。当这最终被接受的时候，他们变得不那么害怕失败。他们职业成长的第一个阶段是当他们获得足够的自信心去实验、去尝试新东西之时，如果他们的首次试验不是完全成功的，那么他们也不会过分不安。只有那时，紧张才会开始让位于使用新的教学方式所带来的成就感。

当然，一些教师达到自信第一阶段的时间比另一些教师要长。我们持续地给出建设性意见，并且鼓励他们参与与独立计划有关的任何尝试，直到教师有足够的把握，视我们为顾问而不是遵循的向导。

第二阶段：对于获得背景知识的渴望

起初，我们为所有的个别项目或单元提供必要的背景内容和原始资料。我们每个人背着重重的资料来到学校。我们为教师和儿童带来了相关的书籍。即使巨大的图形浮雕地图在地铁上携带很困难，我们还是从银行街文件中带来了图片。当教师做地 805
图模型时，我们还带来了一些教学材料和工具，如简单的科学仪器和银行街的橡皮泥。在所有与儿童的非正式讨论中或在工作坊的会议上，我们很自然地利用我们多年教授儿童和教师所积累的背景知识。对教师们来说，大部分内容都是新的。当他们看到儿童是多么的有趣，如何开始观察新事物，提出新问题，并展现出真正的求知欲时，大部分教师使用了我们的原始材料和背景知识。

工作坊第一年工作结束的时候，一个常见的评论是："我们还不太了解如何用这种方法来教学，因为我们没有背景知识。"作为一个整体的组，被要求下一年投入相当长的时间来讨论直接的背景知识。许多教师被要求要为暑假制定一个阅读清单。作为一个组，他们决定收集这类材料组成一个学校的原始资料库，这是教师职业成长向前迈出的一大步。这一步意味着他们赞同如何使用能够丰富儿童课程经验的所有种类的材料。这还将意味着更多。最后，它意味着教师接受了更多的课后工作并成为他们工作的一部分；它意味着教师分享他们的经验和问题，并且分享他们宝贵的"私人"图片库和其他原始材料；这还意味着他们的兴趣、责任感从教室延伸到整个学校。

第三阶段：课程建设概念的发展

教师对新工作的理解和兴趣逐渐沿着学科知识和儿童发展两条线扩展开来，直到它们最终融入到课程建设的概念中。

教师在思考儿童发展的职业成长中已经经历了几个阶段。一开始，他们的兴趣在很大程度上局限于问题学生。几乎每个教师都有一些行为不正常的学生，有些教师的班级全部由这种学生组成。教师们最初使用儿童心理学方法处理他们在自己班上的麻烦问题。许多教师一开始拒绝有行为问题的学生。"你对这样的学生什么也做不了。""你不能改变他们的家庭，那为什么还要做这些？""总之，他们不应该待在学校。"这种拒绝的态度慢慢发展为对这些学生为什么会如此令人困扰的思考，这挑战了在学校中什么都不能为他们做的快速判断。当然，有些儿童实在是太不稳定了，以至于不能待在学校。但是越来越多的情况是，教师希望在说"他们不应该待在学校"这句话之前，给予理解的帮助。

大多数教师的兴趣都最终从局限于问题儿童扩展到包括所有儿童的全部成长。他们开始意识到所有儿童都有需要教师满足其情感的需求；并且，儿童的学习能力是与他们对生活的满意度紧密相关的。他们开始用人类关系的古老办法，例如，荣誉卡和五角星等提出问题。对于那些在竞争中不成功的儿童而言，这些荣誉有什么作用？对那些成功的儿童又有什么作用？这些荣誉是否会将儿童分成竞争性的阵营？他们是否将注意力转向成就而不是兴趣？大多数教师开始感到奖励是有害的，儿童在合作、小组任务中的真正的兴趣就像在竞争中一样。他们告诉校长自己的感受，校长接受了他们的观点。

教师对儿童成长的理解，很大程度上是由工作坊关于这个学校真实的儿童讨论所带来的——是教师正在教的儿童，而不是一般意义上的“儿童”。银行街心理学家观察教室中的儿童，然后在工作坊中讨论。校长要求每个教师对一个儿童做案例分析。鉴于这些案例大多与问题儿童有关，心理学家要求每个教师至少为一位成长比较令人满
806 意的儿童做一个案例分析。对他们本校学生案例分析的讨论，帮助教师理解所有儿童的情感需求和在不同成熟阶段的特殊需求，这些是师生关系，也是家庭内其他人际关系，以及与同学关系的基础。理解儿童的情感需求有助于教师改进班级氛围。

另一个与儿童发展密切相关的方面，是在成长过程中儿童在不同阶段是如何学习的。这些文字，例如，“儿童的兴趣驱动”、“直接经验”、“成熟水平”，从理论领域转移到课程计划的实践领域。理解学生是如何学习的与教学方法有直接关系。对于新的教学方法，教师的兴趣从如何获得技能拓宽到为什么这些方法能帮助儿童健康全面地成长。

一开始，教师认为课程内容是一系列需要独立学习的课程和独立的单元。从这里，一点一点地，他们逐渐想到为自己的学生设计一个完整的项目，由围绕儿童所收集的各种信息的基本关系组成经验与活动渐增的为期一年的项目。当教师开始达到这一点时，我们建议工作坊为整个学校的社会学习设计课程材料。设计这一课程的成果显示了教师惊人的成长，这些教师的兴趣一年前很大程度上局限于新的教学技能，现在他们不仅明确地建设性地思考了从幼儿园到六年级的孩子们在社会学习中全部课程内容所采取的渐进步骤，而且他们还把思维拓展到整个学校系统中。也就是，即使工作坊接受制定相当独立的实验课程的许可，他们也不仅只是想为自己的学校做些事情。他们明确希望在官方课程的规定框架内工作。但是在这个官方框架内，他们希望去实验，去发现如何用最适合儿童成长的方法来解释规定的课程内容。

在这一点上，他们实际上是将儿童发展与课程内容结合起来。儿童的需求——身体上、智力上以及情感上的，不仅成为教学技巧，还是学科知识选择的基础。当这两个基本概念——儿童发展和使课程适应儿童变得密切相关时，教师已经具备了建立一个课程的能力。工作坊中写的社会研究课程（教师、行政人员和银行街工作人员）基于两个基本概念：儿童们是怎样的以及什么学科知识、经历和活动最能促进他们的成长。而这些恰恰是在我们工作坊开始时被教师称为“纯理论”和对他们“没有实际作用”的基本概念。我们认为，那些教师们能够如此快速地理解和应用这些概念，表明他们是作为群体的学习者。对一个成人而言，还有什么比“他仍然是一个学习者”更佳的赞美之词呢？

第四阶段：把他们的工作与学校之外的世界相联系

随着他们自己的工作变得更加富有创造性，我们注意到，教师一直保持对教育思想和其他地方教育事件的紧密关注。我们会议上的教师不断推荐现有的著作和杂志文章以及有趣的展览与讲座。我们认为，这意味着教师感受到了与无处不在的更广泛教育的一致性。

由于教师对建立社会研究课程更加负责任，我们听到越来越多关于国际和世界问题的讨论。我们无法判断他们的社会思考是不是受到激发，因为我们不知道他们在学校之外的生活。但我们认为我们可以这样说：作为教师，世界的社会问题与他们的工 807
作越来越相关，作为成人和专业教师，他们分享他们的思想。这些教师建议我们邀请别人在工作坊会议中谈论跨文化关系。这样的会议是在教师的不同成长阶段从教学技术的视角来思考跨文化关系。另一个是在成人层面上坦率讨论关于“同一个世界”概念的观点。我们认为这一点意义重大，教师感觉到，对学校里的教师而言，工作坊是一个适合讨论这种话题的地方。我们有理由确信，他们在开始工作坊实验的时候并没有这样的感受。

教师发展了专业的态度

我们多少有些武断地将所有这些成长列举为专业态度的发展阶段，尽管很多阶段是同时发生的。他们的态度，他们对工作的概念，当然地被扩展了。如同我们指出的，这不仅仅是为了使他们在其从事的工作中成为更好的教师。我们眼中的教师的成长是最令人振奋的方面，虽然微妙却依旧明显，这能营造出振奋人心的氛围。他们的新工作是一项挑战——不是令人恐惧的累人的工作。我们遇到的每一个工作坊的教师都激动地谈论着“她的学生们做了什么”的故事。这些教师，正如我们所说的，对他们的学生有着浓厚的兴趣。当他们看到学生表现出新的兴趣，对于观察与发现的新热情，通过思考具体关系形成处理问题的新习惯，表达自己思想和感情的新方法时，教师变得很激动。这种新课程奏效了！他们变得富有创造性、实验性，也很勤奋。因为这种新的教学方式意味着辛勤工作。懒惰的、冷漠的教师不会用这种方式来教，或者只是用肤浅的形式，但他们只是教师中的一小部分。他们中的大部分在一项创造性的工作中获得极大的满足。因为这正是他们的新工作。没错，创造性的工作总是辛苦的。但它们也是有趣的。

我们相信，只有当教师经历过创造性的教学之后，只有极小比例的教师愿意放弃。当他们在教室中成长得更有创造力的时候，他们更加意识到实际的不利因素，并且越来越不能容忍——简陋的设备、狭小的空间、过大的班额。任何真心希望教师从事创造性工作的学校系统必须实施新课程。任何一个社区都希望教育儿童的教师是热情、富有创造性的，这种教师必须坚持将不必要的障碍予以解决。教师自己有可能成为一股引导更清晰的社会思考的力量，这要求为我们学校中的儿童和教师创造更好的工作条件。教师，一旦从权威监督而产生的心理障碍中解放出来而进行创造性教学，他们就有可能成为我们的教育领袖。在学校生活中，他们是最接近儿童的，我们视他们为教育领袖过分吗？

（范竹君　译）

6.3 教学专业素养之本质[①]

大卫·C. 伯利纳(David C. Berliner)

研究专业知识有许多原因。首先,它是一个有趣的主题,仅此一项足够促成一条研究的主线。研究记忆术的专家、棋手、出租车司机或数学家使我们着迷,低能特才(idiot savants)[②]和天才也同样如此。这样的个体非常罕见,他们的能力似乎对于我们这些没有达到他们能力水平的人来说很神秘。除此之外,对专家的知觉和解决问题的研究,有时为我们提供了深刻了解他们的认知过程和使用的知识种类洞察力,这经常与新手使用的认知过程和知识基础有实质区别。这样的信息帮助心理学家更好地理解记忆组织:在某个特定领域发生的推理方式和做出判断的方法。尽管可能还不是专业知识,但这种知识有实际的好处:它可以被用于为新手教学提供支架,帮助他们获得更高的能力。应该要记得,专业知识是一个特征,这种特征通常只有在长期的体验以后才慢慢发展而成。绩效水平的描述性专业知识通常只由一小部分有能力的人在任务中获得。 808

也有其他原因解释为何要研究教学领域的专业知识。随着教师和学校逐渐成为众矢之的,教师与其他领域的专家——桥牌手,棋手,物理学家,放射线研究者类似,他们是职业中的个体,这已成为教师获得自豪感之源泉(参见,Glaser, 1987; Chi *et al.*, 1988)。另外,关于教学法专业知识的信息,可以帮助政策制定者关注教师考核、绩效工资、职业阶梯和非师范教师资格认证项目,所有这些都需要懂得描绘专家和新手的表现类型(Berliner, 1989)。

研究教师专业知识的另一个原因是,学习相当高级和复杂的教学法知识确实需要多年的时间。教学法知识——课堂组织和管理的知识,动机、教学法、纪律和学生个体差异的知识——通常不是由公众评价的。事实上,任何曾经养育过儿童或训练过狗的人认为教学是很简单的。这样的人不曾在公立学校的课堂上工作过,那里不要求他们具备高水平的管理、组织和人际方面的社会技能,只要求他们成为一名教 25 或 30 个差异明显的学生的合格教师。教学领域专业知识的研究,旨在对专家教师在公立学校

---

① F. K. Oser, A. Dick and J-L. Patry (eds.), *Effective and Responsible Teaching: The New Synthesis*. San Francisco: Jossey-Bass, 1992, pp. 227 - 248.

② 低能特才(idiot savants),指智能在正常人水平之下,但在某一领域具有特殊的才能的人。科学家认为这类人的智能与左脑功能受损、右脑起补偿作用有关。低能特才者一半为孤独症患者,也有正常人由于其他原因导致脑部受伤而成为这一类人。——译者注

课堂这样复杂的社会环境中，为完成教学目标所采用教学知识的复杂形式有更深刻的理解。

由于研究专业知识很有趣，它使我们对认知更加了解，它鼓舞了士气，且由于目前缺乏对教学知识复杂性的理解，所以许多检测教学领域专业知识的研究已经开始进行。研究的主要兴趣点，是在影响教学与学业成就方面专家和新任教师之间存在的差异。这些研究大多数关注教师效能，重点关注这些教师在责任教学(responsible
809 teaching)方面有何不同。本文尝试改变这种状况，主要通过提供对专家型教师某些特征的一个选择性评论，强调突出反映责任教学和有效教学之间的文献。这个评议是围绕关于专家型教师和新任教师已有实证数据的七个主题而组织起来的。

命题

命题一：专家主要在本领域和特定情境中有所擅长

希等人(Chi *et al.*，1988)认为，专家主要在某个领域有所擅长的原因是显而易见的，专家在一些领域比其他领域有着更多的经验——很可能是反思经验。莱斯格尔德(Lesgold，1998)和其他人在一项研究中调查了放射科医师，估计他们已经是第十万次看X射线了。在德格鲁特(deGroot)的学术工作和其他研究(Newell and Simon，1972；Chase and Simon，1973)中，估计国际象棋专家已经花了10到20万个小时盯着棋的位置(deGroot，1965)。关于这方面的一个观点是由波斯纳(Posner)提出的："一个学生每周花40小时、33周共花1 320小时来学习。试想一下，花费超过10年的时间在大学学习一个学科——象棋，你就能大概估算出大师级棋手所花费的时间了……假设象棋大师识别50 000种国际象棋的排列组合是合理的，这与一个英文读者能够识别出的英文单词的数量没什么不同"(Posner，1988：xxxi)。

鉴于在人类机能复杂领域成为专家需要较长的时间，个体通常只能在单一领域表现出色也就不足为奇了。在对教师的研究中，我们也注意到时间和经验在专业知识发展中起到重要的作用。在碎片化证据和轶事报道的基础上，一些学者提出，教师至少要有五年的在职工作经验才能达到专业知识的顶峰。有着十年经验的专家教师，作为教师，他们至少进行了一万小时的课堂教学，而在此之前，他们作为学生至少有15 000小时是在课堂上度过的。尽管不是所有这样有经验的教师都是专家，但是没有丰富的课堂经验就成为专家型教师的情况并不多见。

通过经验获得的特定领域知识很可能是情境化的。例如，在我们的一项研究中，专家型教师、优秀新任教师(advanced beginner)和普通新任教师被要求给一组高中学生上一堂30分钟的概率课(Berliner and others，1988)。在他们上课的时候将其过程录制下来，课后通过刺激回忆，他们被要求告诉我们，他们在教学时的思考并解释他们的教学行为。关于这项研究的有趣事情是，我们激起了专家型教师令人难以置信的愤怒。我们曾以为，他们会轻松地完成教学任务，并且我们可以用他们的表现评估优秀新任教师和新任教师所展示的技能。尽管专家们事实上的确以各种方式展现了更多的技巧(Clarridge, 1988)，但所有参与者都对参与到该任务中表示不满。他们中的一个人还在研究中退出了，另外一个还在研究过程中崩溃哭泣。

教师愤怒的原因是我们把他们从教室转移到实验情境，他们感到在这样的情形下自己没有表现得更好。我们已经花了 30 分钟做规划，足以使得优秀新任教师和普通新任教师感到舒适，但专家型教师称他们需要更多的时间——从 3 小时到差不多 3 星期。从采访中我们才明白，在没有彻底了解需要教的内容并计划一到两个教学活动 810
时，专家很少会进入课堂。另外，他们不了解这项研究中的学生。

我们的采访揭示了专家型教师的专业知识，部分地取决于通过以下三种方式了解学生：(1)他们知道所教学生的认知能力，这有助于他们确定教学难度。(2)他们了解学生，由于我们关注到了他们在教学中使用个人的而非官僚的和非正式的控制机制。(3)他们在学生中有声誉。在教师自己的学校里，他们的学生知道他们是专家，并且对他们的教学会有所期望。这些教师总是有这样一些学生，他们期望好的教学，希望学的更多，即使他们的智力已经达到了极限。当教师面对一群陌生人时，他们认为自己“了解学生”的三个方面一个都不具备，对此他们感到很痛苦。此外，所有的专家都提及他们因不能使用惯例所产生的问题，惯例是任何专家表现的基本部分(Bloom, 1985; Leinhardt and Greeno, 1986; Berliner, 1987)。我们让专家教师离开教室，这使得他们离开了自己所擅长的环境。

研究揭示了对责任教学的关注，在原始数据分析中不是很明显。第一个是专家对教学任务有足够计划时间的要求。这个问题不应该仅仅被认为是专家确保更有效的教学的一种方法。另一种解释也适合于这些数据。与新任教师和优秀新任教师相比，专家型教师似乎有更高的自我尊重和更尊重他们的学生，他们认为没有完全掌握材料就出现在课堂上是不太专业的表现。他们似乎感到这是他们亏欠学生的，当不能完成他们那部分社会契约时，他们感到很羞愧。参与这项研究可能被视为需要违反道德义务，这也许可以解释他们表现出来的出人意料的极度愤怒。专家关注的另一个伦理问题是，他们需要在初始教学之前计划一个或更多的活动。我们认为，这是因为他们中的大多数追求非讲授为主和非教师主导的教学环境，这不需要大量的规划时间，他们喜欢更直接的教学方式。相对而言，普通新任教师和优秀新任教师却很少如此，他们的教学方式更为直接。

专家行为的第三个值得注意的方面是，他们对自己的学生有更多的了解。通过访谈发现，为了使教学适应学生的需要，必须对自己的学生有更多的了解。在该案例中，普通新任教师和优秀新任教师对于这一点的关注并不突出。也许专家行为最有意思的方面是，他们缺乏掌握所教学生的个人知识的观念促使他们使用官僚而不是非正式的机制来控制学生的行为。除了一个专家之外，所有人似乎对这个很不安。任务似乎要求他们采取更加权威的角色，而不是他们通常习惯使用的角色，这种权威角色随着他们掌握专业知识而普遍被抛弃。这也可能是导致他们愤怒的原因。

我们的另一个研究阐释了针对特定领域、与课堂相关的教学知识的性质，这种性质随着时间而建立，并且可能不适用于其他人际交往的领域（Carter and others, 1987）。这也揭示了专家的人性方面，这在普通新任教师和优秀新任教师那里尚未被清晰地展示。专家、优秀新任教师、无经验的新任教师，参加了一个给予他们班级信息的模拟实验。他们收到了学生的测试卷，学生上交的作业和一套包含代表性的学科信
811 息，以及一些学生个人、家庭和社会行为的学生信息卡。模拟实验需要被试想象在第五周的时候接手这样一个班级，因为原来的教师由于紧急事件而不得不离开。这项研究中的新任教师努力工作，试图将学生信息卡分类整理成文档。在这里我引用了一些从研究中获得的协议条款。

> 从某些本质良好的儿童里面，我把喜欢这类工作的坏儿童从儿童中挑选出来，如果我开始写自己的评论，我将会那么做。如果我负责这个班级一段时间后，我仍然会倾向于对其进行分类。
>
> 我查看了学生卡，也查看了测试分数，尝试把学生分成三组：一组我认为是有破坏性的；一组我认为没有破坏性也不需要密切关注；第三组是因为卡的背面是空白的，我实在不知道他们的信息。之后我再将其进行分组。我意识到不是所有破坏性的学生都会得到差的分数，我决定把卡片排序，从顶端最优秀的学生到明显更差的学生，往下堆叠，只是为了得到排名的这样一个想法。

这种做法与专家的做法形成鲜明对比。与新任教师相比，专家不太关注学生的具体信息。此外，专家不相信先前教师留给他们的信息。他们认为这些信息是无用的，因为他们确信在每个课堂上儿童都有自己的处事方式。他们并不认为学生缺乏动机，或非常聪明，或有破坏性的信息，与病例报告上表明儿童是高血压还是低血糖的信息一样具有概括性。教师已经认识到每个学生在每堂课上呈现不同的个性，与医疗记录不同，教育记录是不可信的。因为这一点，也由于他们对学生的一般看法——将他们视为基本上相似且可教的（Calderhead, 1983），参与我们研究的专家没有理由在学生信息卡的细节上花费时间。专家把时间用在查看学生的测试和上交的家庭作业上，试图在更深层次上理解学生知道些什么。当问道为何不使用学生信息卡时，专家做出如下回应：

> 我认为此时，姓名不是很重要。之前我没有遇到过的儿童，我现在没有理由对他们做任何有价值的判断。因此他（先前的教师）有完整的一包秘密

> 材料，我看过了有关儿童父母工作的地点，儿童是否可爱之类的琐碎事情，这对我来说是不相关的信息。
>
> 特别是当我重新从一张白纸开始的时候。我常常尝试去……只有可能有严重的问题或某个学生在某些事情上需要特别关注时，我才愿意去了解学生的一些背景信息。总之，学习域(learning areas)就是由学生组成的一个集群，我喜欢向他们学习并形成自己的观点。
>
> 这是一个有代表性的课堂，有一些需要应对的问题学生。当你开发出一些针对他们的计划时，你需要把这些因素考虑进去。有很强进取心的聪明的儿童，有害羞的儿童。这是一个有代表性的班级。
>
> 我没有看过卡片。除非有关身体障碍的评论，比如，听力障碍、视力障碍，或者一些我从护士那里知悉的问题，否则我是不会这样做的。我从不想在学生开始学习之前就对他们进行评价。我发现，如果我不这样做(对学生进行评价)的话，我成功的概率会更大。

专家之所以不相信留给他们的关于每个学生信息，是因为他们相信学生在不同环 812
境中表现不同——这一信念与大多数人格理论一致。不愿意检查记录好像是这些教师有意识的行动，以防止过早形成对学生的预期，确保他们形成的关于学生的认识是源于自己的个人经验。这是很为学生考虑的行为，这也是负责任的专业行为。专家忽视学生信息的原因也可能是他们拥有一种自我效能感和积极的期望。专家几乎一致相信每个儿童都可以学习，而且他可以教每个指定给他的儿童。他们似乎没有把学生的表现水平归于能力而是归于努力，或者家庭等外部的可变因素。对于他们自己的行为，控制的轨迹似乎在内部。他们为自己的成败负责，专家型教师，而不是普通新任教师或优秀新任教师，在上述描述的教学情景中所表达的愤怒，便是一个典型的例子。

专家比普通新任教师和优秀新任教师利用更少的学生信息，这样的情况同样存在于有经验的或新的内科医生在复审申请人的实习医生职位或住院医生职位、有经验的和新进财务顾问复审公司财务报表时(Johnson，1988)。特定领域的经验告诉人们哪些是值得注意的，哪些是不需要的。

很难猜测某人在新情景中会做什么，但这种特定的知识很可能不会在领域间迁移。当专家教师加入一个社会俱乐部，参加一个专业会议，或在研究生院注册课程，他们很有可能表现得像个新手一样。也就是说，他们试着将人群分类，把他们分成不同群体，就像新任教师对待第一个班级的学生那样。我们慢慢理解了知识在大部分情况下是受情境约束的。正如布朗(Brown)、柯林斯(Collins)和杜吉德(Duguid)(1989)所说，认知是有情境的；它们不是漫无目的地存在大脑中，不与行为和情景相分离。通往跨情景迁移的道路似乎充满荆棘。如果没有认知工作，即某种脑力劳动的形式，迁移通常不会自发出现(Perkins and Salomon，1989)。因此我们可以预计，专家型教师像其他专家一样，主要在他们自己的领域，并且是在那个领域内特定的情景下才表现卓越。他们的专业知识不会自动在领域间迁移。

命题二：专家把完成目标所需要的重复性操作发展为自律行为

格拉泽(Glaser)指出，解码专家的有效解码技术是自律行为的例子，他们通过自律行为来释放活动记忆以处理其他更加复杂的情况(Glaser，1987)。在专家型教师中，一些教学功能的自律或程序化的例子不胜枚举。例如，莱茵哈特和格里诺(Leinhardt and Greeno，1986)研究了小学数学课堂，将新任教师和专家型教师的开放式作业检查进行比较。专家型教师的检查很简短，所花时间比新任教师少三分之一。这位专家可以获得关于出勤和谁做、谁不做作业的信息，并且也能够识别谁在接下来的课程中需要帮助。在整个活动中，她循循善诱，主要引出学生的正确答案，并且成功地保证所有功课的正确性。而且，她以轻快的节奏进行着，从不会让课堂失去控制。对记录出勤、核对家庭作业时以合唱的形式作答、对学生举手以获得关注，她都有她的常规做法。这位专家型教师还用明确的信号来开始及完成课堂的各部分内容。

与此相反，当新任教师把开放式作业复习作为数学课的一部分时，她不能够充分地了解谁做、谁没做作业，她在记录考勤上也出了问题，她那模棱两可的问题导致她误
813 解了作业的难度。她一度失去了对课堂节奏的控制。她从来不知道在后面的课程中哪些学生会有更多的困难，重要的是，新任教师表现出对熟练的日常工作还不是非常精通。她似乎没有以习惯性的方式来采取行为，因此学生们不确定自己在班上的角色(Leinhardt and Greeno，1986)。

在一项由克拉伯和塔尔格伦(Krabbe and Tullgren，1989)所做的小型研究中，他们评估了新任教师和那些德高望重的经验丰富的教师(我称之为专家型教师)的日常教学，分析了初中水平的英语语言文学课程。专家型教师平均花 14 分钟导入文学课，而新任教师花两分钟。专家们需要那么多时间来引起学生注意或进行课程导入，这是他们日常课堂的惯例。首先，他们简单陈述活动目标(例如，“我们会讨论几种可以了解人们个性的方式”)。接下来他们会给出清晰、明确的指示，告诉学生他们想要学生干什么(你要考虑三种情况的答案)。然后他们为这堂课的下一个阶段创造一个积极的氛围。专家们想方设法使更多的学生的参与其中，他通常使用与课程主题相关的中心概念和主题的类比来唤起学生的好奇心。经过他们的这种导入，课堂目标清晰明了。专家教师的这三步惯例还伴随着教师的情绪转换，从课程介绍一开始的或幽默或有趣，到随着口头陈述、讨论或者口头阅读的深入变得认真且敬业(Krabbe *et al.*，1988)。在分析新任教师的录像时，这种教学常规的模式和惯例不是很明显。克拉伯和塔尔格伦(1989)发现了一种惯例，即课堂的口头陈述阶段，专家教师分层次逐渐介绍材料，通过使用学生的背景和日常经验来阐明他们的观点，随着教学的进行为学生提供实践机会。在这个阶段，新任教师在这堂课结束时，会询问文本专有的事实问题。

新任教师教文学或语言艺术课的方式与教材相关，没有实行惯例的感受。

外科专家、滑冰选手、网球运动员，以及钢琴演奏家（Bloom，1986）经过长期训练而形成的习惯不比专家教师少，正因为如此，他们的表现才能那么流畅，表演才能不费吹灰之力。这些看上去对专家很轻松，对新手很棘手的事情是成千上万小时有反思的经验。但是我们可以再次推测，在他们形成惯例时，专家教师心中不仅仅只有效率、效果和学生成就。这种惯例，释放了心灵以便于人们关注情景中的许多方面，从而发现自我。思想是一个有限的信息处理器。一个没有形成习惯的钢琴演奏家是机械的，他对观众、指挥家、音响效果、每场表演中存在的微妙的和独特的元素无所关注。因此，习惯是如此完美，以致于它释放了钢琴家的心灵，使得他能自由地处理比在键盘上她的手指的位置更多的东西。同样地，如果教师的所有注意力只是直接放在使课堂的教学元素沿着正确的路径运行上，那么很少会有高层次的思考，而课堂上的情感和道德层面也会被忽视。

在新任教师的课堂上也可能发现这篇文章的支持依据，例如，由莱茵哈特和格里诺（1986）进行的一项研究。没有常规的家庭作业检查，新任教师不会发现哪个学生昨天晚上在家里遇到了困难，专家型教师却可以发现。克拉伯和塔尔格伦（1989）的研究发现，专家型教师的常规习惯可能使他们将注意力分配到将教学内容与学生个人知识和共同经验的联系上。也就是说，教师的学科教学知识（教师讲解、比喻、类比与其他将要教的东西变为更容易学的东西的转化）质量也许部分取决于支持性的常规习惯。这是由于当关注同时发生的事件时，互动型教学中的学科知识经常是不断生成发展的。因此，常规化可能促进课堂上良好的人际关系的形式，同时，也会促进教学目标的 814
实现。

命题二：在解决问题时，专家比新任教师对于任务要求和社会形势更敏感

格拉泽（1987）指出，专家形成的指导他们行为的思维模式受工作情境的需求所限制。豪斯纳和格里菲（Housner and Griffey，1985）在一项对经验丰富的教师和新体育教师的研究中，提供了经验丰富的教师对这些事情敏感的证明。他们发现，经验丰富的教师和新任教师在计划教学时对信息需求的数量相同。每个小组成员可以就他们即将教的学生的数量、性别、年龄等的信息提出合理要求。但是在两个领域，经验丰富的教师比新任教师要求得更多。他们需要了解他们将要教授的学生的能力、经历和背景信息，他们需要知道他们将要教学的场所设施。事实上，在这项研究中，在八位经验丰富的教师中，有五位要求在他们实施教学之前去看看他们的教学场所。新任教师没有这样的要求。经验丰富的教师对教学发生的社会和物理环境十分敏感。

真正实施教学时，经验丰富的教师在教学中比新任教师更频繁地进行改变，利用社会线索来指导他们的互动教学决策。经验丰富的教师把他们对学生表现的判断作为改变教学的线索比新任教师多 24%，他们判断学生的参与度比新任教师多 41%，学生享受活动的程度比新任教师的学生多79%，他们对学生的情绪和感觉的理解比新任教师多82%。新任教师将学生对活动的口头陈述作为他们改变教学活动的主要线索，对这些线索的反应要比经验丰富的教师多131%。显然，新任教师主要在被要求改变时才作出改变，他们似乎无法解码由学生发出的关于进行教学方法改变的社会线索。而经验丰富的教师，对这种社会线索要敏感得多，并且使用这些线索来调整教学。再次，我们有证据表明，专家的行为方式与新任教师的行为方式相比，前者更容易把学生考虑进来。他们的经验教会他们怎样解读由学生发出的微妙的线索，这使得他们对学生的需求更加敏感。他们对效益的荣誉感可能部分地源自其高度的社会敏感性。

命题四：专家在解决问题方面是机会主义的

格拉泽(1987)指出，专家在计划和行动的时候是机会主义的。他们利用新的信息，快速地对问题给予新的解释和陈述。相对而言，新任教师就缺乏灵活性。博尔科和利文斯顿(Borko and Livingston，1988)讨论了新任教师和专家教师的这种相同行为。这些研究者用来描述专家型教师特征的术语是“即兴创作者”，这些教师的课程有机会主义特征。他们认为专家教师有深思熟虑的常规脚本可以遵循，但遵循的同时又非常灵活，以便对学生的行为有所回应。一位专家在讨论他的计划时清晰地描述了教
815 学的即兴特征：“许多时候我只是将这个目标放在我的书中，只是使儿童暴露出他们的弱点。”专家还提到，他的互动教学与网球赛相似：“我稍微做一点，那么他们也做一点。我再做一点，他们再做一点，但我的反应只是一个反应。我的反应取决于他们的反应。”

博尔科和利文斯顿写道：“专家型教师即兴发挥的成功似乎取决于他们快速生成或提供例子的能力，以及将学生的评论或问题和课堂目标联系起来的能力。”(Borko and Livingston，1988：20)新任教师在从教时不是这样的。这项研究中，当学生做出评论或提出的问题需要解释，而教师没有事先准备时，当他们必须对学生的评论或问题做出反应时，所有的三个新任教师都遇到了问题，他们有时不能把握课堂的方向。即使学生提出的问题与课堂的主题相关，也同样如此。此类经历导致两位新任教师阻止学生在他们的课堂上提问或者发表评论。虽然他珍视学生的反应，吉姆——新任教师中的一位——虽然珍视学生的这种反应方式：“我认为……因为我在处理问题方面还没那么熟练，最好是中断问题，只是讲内容，因为如果他们让我从头到尾讲完内容的话，他们听起来会比较清晰……我不想阻止(有学生提出)问题，但有时我宁愿先完成(我的)陈述，然后再回答问题。”(Borko and Livingston，1988：26)

与专家相比，机会主义教学对新任教师来说显然更困难。对新任教师来说，即兴发挥或机会主义必需的教学模式相对于专家而言似乎没那么具体，相互联系也比较少，无疑也是不易理解的。脱胎于自信的灵活使得专家型教师能够利用呈现自我的教学机会。他们可以将教学个性化，在教学中发展学科教学知识，这使他们以新任教师

没有的方式让课程适应学生的行为。这种能力必定使专家比新任教师更加灵敏地(感知)学生的需求及对这种需求有所反应。专家的经验和自信使他们更多地考虑学生,更关心学生,更有灵活性,对学生了解的事物更加感兴趣等。专家表现出来的这种人文关怀和有效的人际关系品质仍然是典型的新任教师遥不可及的。

命题五:专家和新任教师对于问题和情形的陈述有质的区别

希等人(Chi *et al.*, 1988)注意到专家在理解问题上似乎比新任教师更深一个层次。专家运用的概念和原理与要被解决的问题更为相关。新任教师的理解似乎停留在比较肤浅的层面;他们展现了较少的规则性推理。我们在研究教学领域的专业技能时发现了一些支持这一论点的证据。在我们的一项小型研究中,亨尼宁(Hanninen, 1983)创设了一些有关天才儿童教育问题的现实情景。例如,其中的一个情景描述了一个八岁的亚洲男孩马克,他有严重听力障碍,喜欢数学和科学,对计算机有浓厚的兴趣。把对这类教育问题情景的描述呈现给十五位研究者,其中,五位是对教育天才儿童有丰富经验的专家;另五位同样是经验丰富的教师,但没有任何天才教育的背景;还有五位是天才教育教师,尚未获得教师资格证。

某些协议的开头表明了很多专家和新任教师的内心想法,一个新任教师在开头语中写道:“马克看起来好像很有天赋,兴趣颇丰。”另外一位新任教师发表意见:“马克的教师应该鼓励马克继续进行科学实验和学习计算机。”一位在天才教育领域还是新 816
手的有经验的教师认为:“他应该能够进一步追求自己的兴趣爱好。”这些试图分析马克需求的文章开头平庸、简单,只注意到问题的肤浅特征;与之相反,一位专家立刻以“马克的需求可以分为三大领域:学术深造,情感调整,应对身体障碍的训练”开始。与新任教师相比,这篇文章对于问题的呈现更加有条理,更加复杂。专家也比其他教师更多关注马克的情感特点。上述情况在专家中普遍存在,下面我们会对此进行详细讨论。

如果有人把教学知识看作是一种复杂多维的知识体系,它需要复杂的思维,那么可以这么认为,根据牛顿第二大定律——能量守恒定律——可以把某一问题归类于可以解决的问题,这与把马克的教育需求划分为三类并描述与每种分类相关的行为没有不同。从教学领域来看,这种问题的呈现是合适的。

我们用来了解教师思维情节的情景分析法(scenario methodology)被纳尔逊(Nelson)运用到一项设计更加精妙的研究中,这项研究的对象是一些专家和新任体育教师。她给出的结论是:相比于新任教师,专家“显示应用了更多样化的良好的教学原则”(1988: 25)。在描述教学问题和为每个问题提供更多的解决方法时,专家更有创造性、更彻底。在另一项研究中,彼得森和康莫克(Peterson and Comeaux)通过视频,引出经验丰富的教师与新任教师的评论,结果他们发现,经验丰富的教师的评论“反映在基本知识框架中,他们严重依赖课堂活动的程序性知识和有效课堂教学的高阶原理”

(Peterson and Comeaux，1987：327)。

这两项研究的相似之处显而易见。在纳尔逊(1988)的研究中，有一位专家论及一个肥胖儿童设计运动项目的问题。“我想找出一些关于他锻炼的积极事情，……如果我不能对儿童进行正面强化，我可能会失去他对这项任务的投入。”在彼得森和康莫克的研究中，一位经验丰富的教师提到了一位教师发给学生一份主观测试试卷的事，“我猜想，在这位教师发放试卷前，如果可以分享一篇匿名的优秀文章，或者从中摘录一段，或者至少大概讨论一下什么是令人满意的回答——诸如此类，那也许是个好主意。他可以对所犯的错误、误解进行匿名评论，及时与学生解决问题。他可以把这项测试当作一次学习的经历，而不是仅仅发还给学生，放在一边，或者可能直接扔掉”(Peterson and Comeaux，1987：328)。

在专家型教师和经验丰富的教师评论中，我们看到了有原则的想法的证据，前者阐明了一个关于强化和动机的原则，后者阐明了一个教学原则，即测试作为一种学习经历，把测试的有效性从评价功能中分离出来，这十分有用。这些论证不是新任教师的典型反应。此外，关于动机的评论以及学习经验在考试中的应用(不仅仅是为了反馈，奖励或者惩罚)，这些都表明了对周密的教学的兴趣。“真诚的”(genuine)一词描绘了有经验的教师所做的大量教学工作的特征。这种教学，其目的主要是为了成长和进步，而不是将学生按能力高低逐个进行分类排列。

在我们的另一项研究中(Stein *et al.*，即将出版)，我们着眼于专家教师预测学生如何回答全国教育进展评估(National Assessment of Educational Progress)中数学和科学试题的方式。从被试自述的记录中，我们发现，相比于新任教师或有经验的新任教师，专家用一种更为详细和具体的方式为问题命名或标注。专家也用一种相当复杂的方式对问题进行任务分析。他们分析问题中呈现的要求以判断学生可能会在这些
817 问题上碰到哪些难题。当被试用语言表达有关项目困难的原因时，或当他们标出学生正确回答问题所需要的各个步骤或能力时，在他们的有声思维中任务分析被编码了。80%的专家分析了问题的任务要求，在他们必须进行有声思维的5个问题中，有1—4个问题他们分析了任务要求。在新任教师与有经验的新任教师中，每个组只有50%的人进行问题的任务分析，而当他们这样做时，他们也只是对5个问题中的1个问题进行了分析。专家教师的任务分析也比其他人更详尽、更清晰。

对学生用于回答问题的认知推断，专家和他人也不同。专家似乎非常了解学生的思维方式，以及这种思维如何与具体数学或科学问题的内容互动。另外，专家似乎能够全面考虑学生可能会应用的错误计算。专家有更多经验处理学生的错误，因此知道学生可能犯什么样类型的错误。新任教师很少讨论学生解决问题时可能会应用的错误计算。我们从这项研究得出结论，数学和科学教学的专家比新任教师和有经验的新任教师更有可能用更高明的方式来呈现学生要解决的测试问题，因为他们能更好地标注问题类型，从学生的角度进行问题分析，从而洞察某个类型问题的本质。由于(对问

题进行了）标注和任务分析，专家可以频繁地预测学生在回答问题时会犯哪类错误。由于他们的预测更准确，他们似乎能够比新任教师或有经验的新任教师作出更好的解释，并且能更好地理解学生的思维方式。

命题六：专家具有快速准确的模式识别能力；新任教师总不能理解他们所经历的

精确的线索解读和图像识别，降低了人们认知加工的工作量，并且使人瞬时了解某个领域。例如，快速图像识别让专家棋手确认可能发生困难的区域。新手则不擅长识别这些图像，即使他们注意到了，也不太可能对情况做出正确的推论。

在我们的一个研究中，我们向被试展示课堂场景的幻灯片，并要求他们描述所见到的内容。每张幻灯片在三个不同的时间被短暂观察。在第二遍观看幻灯片后，一位科学课的专家型教师说："这未必是一堂实验课，更多的只是写作活动，还有人填写表格，他们准备收拾好设备，这堂实验课也就结束了。"看完第三遍后，专家说："是啊，有……很少的设备在外面，看样子似乎不久就结束了。这些书是合上的，看上去几乎就是要进行打扫的状态。"新任教师通常没有察觉课堂上的相同线索，因此无法做出引导专家理解课堂的推论。顺便提一句，专家是完全正确的。这是一种清扫类型的活动。

在另一项研究中，普通新任教师、有经验的新任教师、专家型教师同时观看三个电视屏幕，分别介绍在相同班级工作的不同的组。如同在使用幻灯片一样，我们看到了相同的现象(Sabers *et al.*, 1991)。在观看有声思维录像带的过程中，一位专家评论道："再次离开显示器……我没有听到铃声，但学生已经在课桌旁，似乎从事有目的的
活动，这时我能确定他们一定是一个速成学习群体，因为他们走进房间，便开始做事， 818
而不是仅仅坐下或交际。"事实上，左边显示屏的场景中的学生确实一走进教室便开始学习，并在整个教学期间一直在学习。对我们和专家来说，这些学生似乎表现出了很多的内部动机。而且，正如这位专家所指出的，这是一个速成学习群体：这是被认定为有天赋的学生（开辟）的科学课堂。

我们认为，解读一个课堂，类似于解读国际象棋棋盘，在某种程度上被看作是基于成千上万小时所经历的图形识别事件。恰恰由于新任教师或其他相对缺乏经验的教师缺少经验，（导致）他们确切解读课堂信息的能力有限。与教学活动相关的信息如此丰富和复杂，以至于普通新任教师和有经验的新任教师对他们之所见不能达成共识。在那项他们同时监测三个电视屏幕的研究中，普通新任教师和有经验的新任教师似乎在理解课堂观察上遇到了麻烦，对在课堂中发生的事情给出了似是而非的解释。例如，以下是有经验的新任教师的两种评论，他们被要求描述所观察的课堂的学习氛围：

> 它看起来……我不会把它看成（给人）非常激励（的感觉）。它不无聊，但也不是很有热情。
>
> 非常积极，同时也很放松。非常积极……能够集中（学生）的精力以成为

群组的状态，这很好，然而，同时完成他们需要为班级做的事，也给课堂增添了轻松的感觉。

这样的矛盾很常见。当这些被试被要求描述学生对课堂的态度时，出现了更多矛盾。例如：

> 对于他们中的大多数人，它看起来不像一个让人喜欢的课。一个男孩看起来有点像，说："哦，怎么又是这门课。"他们看起来对坐在课堂上没有非常大的热情。
>
> 他们对班级非常兴奋，乐意学习，很多情况下要使学生对科学产生兴奋很难，但这位教师好像能使他们兴奋，他们愿意学习，而且想要学习。

作为一个群体，这些有经验的教师，在教学的第一年，似乎不能理解他们所看到的场景。他们在同时观测视频时碰到了困难，因此，他们经常报道相互矛盾的观察，好像对他们所观察的场景及其意义有困惑。由于普通新任教师比有经验的新任教师更不熟悉课堂活动，他们甚至表现得更加不知所措。他们很多人表达了一次观看三个屏幕的困难；通常，他们只能专注并理解一个屏幕。这限制了他们观察，当被问及具体事件时，他们就犯了错误，自相矛盾。他们无法察看出呈现给他们信息中的整体图像。

我们的另一项研究也显示了(Carter, 1988)在解读课堂能力上专家和新任教师之间的差异。在这项研究中，被试观看了描述一所高中一堂科学课教学或数学课教学的一系列幻灯片。被试拿着遥控器，被告知按照自己的节奏浏览五十幅左右的幻灯片，可以停下来评论任何他们感兴趣的幻灯片。新任教师和有经验的新任教师在他们停下来发表的评论上似乎没有特定的模式，我们发现，这像在我们使用视频的那项研究中有同样的矛盾。也就是说，一个新任教师可能说，"一切都看起来不错，他们都很专心，"而另一个新任教师可能会说，"看起来他们开始结束任务，(他们的注意力)开始游
819 离于课堂之外了。"专家的记录模式非常与众不同。与其他群组的被试相比，专家发现了相同的值得评论的幻灯片，并做出了一致的评论。例如，三位专家对51页幻灯片做了以下评论：

> 对参与进来的人和正在发生的事情而言，这都做得不错。
>
> 好像每个人对在实验室所做的事都很感兴趣。
>
> 每个人都在一个良好的氛围中工作。

有两位专家对51页幻灯片做出这样的评论：

更多的学生合上书本，书包放在了课桌上，手交叉着，准备离开。

一定是课堂快结束了，每个人为下课铃响做好了准备。

专家之间分歧的减少特别显著。这意味着他们已经学会了去关注某些相同的事物，用同样的方法诠释视觉刺激物。当我们拜访眼科专家或汽车修理工时，他们关注的事情和它是被如何解读的，这与专家做法的相似性正是我们所期望的。在技能习得的早期，普通新任教师和有经验的新任教师没有获得这方面足够的经验。

在使用幻灯片的那项研究中，一位专家以独特的方式展现了快速解决所见事物的能力。在一个被拍照的教室里，有一个女孩穿着灰色夹克衫走了进来，走到书桌旁，把包放到地上，整堂课都目视前方，既没有翻开书本，也没有参加任何教学活动或学生会话，她看上去好像心情很沉重。快下课时，她开始默默流泪，眼泪慢慢淌过脸颊，但是教师和其他同学都没有觉察到。铃响了，女孩突然起身跑出教室。透过广角镜头拍摄的静态幻灯片，女孩的行为几乎很难被注意到。但是，一位专家在文件盒的底下拿了一张幻灯片说道："这个穿灰衣服的女孩不太对劲。"当他看下一张幻灯片时，他说道："没错，确实有事情使她不开心，不过这和课堂没什么关系。"我们认为，这是视觉领域里对细微图像精确加工的显著例子。当我们讨论上面第三个命题时，我们也评论了在社会敏感性上的这种技能。当我们在接下来讨论命题七时，将评论一个相关的现象。

命题七：专家在其经历的领域感知有意义的图像

希等人(Chi *et al.*, 1988)指出，专家卓越的感知技能不是源于天生超群的感知能力，而是取决于经验影响感知的方式。在观察十万次 X 光或观察学生一万小时之后，教师所关注的事情和信息的解读方式很有可能已经发生了变化。在另外一个用课堂场景做实验的幻灯片中(Carter, 1988)，我们仅用很短的时间将幻灯片展示出来，要求专家、普通新任教师和有经验的新任教师告诉我们他们看到了什么。普通新任教师和有经验的新任教师的反馈是，他们对幻灯片的描述很清晰，通常也很准确。

普通新任教师：普通一个金发男孩坐在课桌前，看着文章，左边的一位女生正在伸手问他要东西。

有经验的新任教师：(这是)教室，学生背对摄像机，坐在课桌前学习。 820

有经验的新任教师：教室里坐满了学生。

与普通新任教师和有经验的新任教师上述这些代表性的文字描述相反，一些专家教师常常通过推理对他们的所见做出回应：

> 这是手工活动类课。小组里的男生和女生可能是初中高年级(的学生)。
>
> 他们可能是就某个项目进行分组讨论的学生团体,因为座位没有排成行。

对专家而言,重要的信息是有教学意义的信息,比如学生的年龄或者他们参加的教学活动。他们比新任教师察觉到更有意义的图像。纳尔逊以专家和体育课新任教师(为实验对象)重复了我们的发现。当观察一张为了展示常见管理问题的幻灯片时,即学生没有穿运动服,一位新任教师莫名其妙地误读了这一场景:“我以为这是一个旁观者,恰好路过,也有可能上课迟到,或者在纠结要不要运动,因为有点害怕所以待在别处,只是观望而已。”(Nelson, 1988: 15)一位观察相同幻灯片的专家不仅觉察到这个女孩没有穿运动服,她以更加全面的视角观察整个教学情境,做出了更有意义的解读:

> 之前我注意到这个没有穿运动服的女孩,她可能有医生给予的理由或其他事情,不过,她远离其他同学,她应当被包含进去,可能会有点麻烦,但至少应该与其他学生更近。和班级其他学生一样,她也要读书,教师也要担心她正在干什么,如果讲台上或者其他学生丢了什么东西,她要承担责任。教室门那么开着,她要走的话,随时有这种可能,教师要对她负责。无论如何她都没有融入到班级中。(pp. 15 - 16)

在任何领域,专家所提取的信息源于他们所面对的现象,某种程度上源于他们专业领域的概念和原则,这些概念和原则赋予现象以意义。也就是说,所有领域的专家好像是自上而下的处理器,赋予专业领域的刺激物以意义。在教育领域中,用于解读现象的概念是专注,或参与。上文引证的体育教育专家就是用头脑中的这个概念解读幻灯片的。在解读幻灯片的研究中,专家的关注点是工作的概念:“学生看黑板”,“学生独立学习”,“教师查看在实验室做实验的学生”等。

当然,这种工作取向是提高专家教出来的学生取得高成功率的要素。但是,我们也发现,专家的某些特征与成就之间的联系(尽管有助于它)不是特别明显。更多地是与教学责任相关。例如,从我们的两项研究中,已经发现的证据表明(Nelson, 1988;
821 Rottenberg and Berliner,即将出版),专家型教师考虑了课程对学生的责任,希望学生以某种方式参与自己知识的创造,这种方式也许是讨论、合作学习、提出问题或项目。在某种程度上,专家好像在传达这种责任的观念,当他们讨论课堂观察时似乎对其很敏感。这一证据发现于克拉里奇(Claridge, 1988)的研究中。在这项研究中,一位非语言交流专家对录像带做了评估。该专家发现,专家型教师的合作行为——邀请学生与他们共同工作的水平较高。该专家还发现,普通新任教师和有经验的新任教师会设置障碍来保持他们的权威。(当然,专家所观看的录像带没有将教师的知识经验水平分等级。)而且,专家教师似乎对他所教学生的情感问题异常敏感。在上文讨论过的研究中,那位专家从录像带有限的线索中发现了学生的不开心,这就展示了这类社会敏感性。前述的体育教师也同样如此。

物理学家可以使用牛顿定律解释物理学问题。生物学家可以使用体内平衡或生态位的概念解释生物学问题。化学家、汽车修理工、工程师也会用他们掌握的最显著、最有用的概念解释他们所碰到的问题。教师会用注意力、工作、责任和情感等重要和有用的概念来解释他们在工作中遇到的(教学)事件。前两个概念处理教学中的效果而非责任问题,后两个概念明确处理责任问题而非效果。也许更有趣的是,在专家看来效力和责任是两个融合的概念。

结论

这篇文献综述中描述的研究结果是非常清晰的。首先,专家教师与其他领域的专家有共同的特点。其次,专家的特定领域知识的本质相当复杂。采集支撑这两点的证据对教师职业来说十分重要。最后,关于专家的证据表明,他们独一无二的声誉不仅仅是基于他们作为指导者的效力。当然,证据支持这一主张:专家思维和行动的方式——这种方式可能会提高专家作为指导者的效力——与新任教师不同。但是,对相同数据的评论表明,专家与新任教师思维和行动的不同也在于提高责任教学的方式。这些思维和行动的差异好像不能归于年龄和阅历的差异——尽管这种差异确实存在;相反,这似乎是由反思的课堂经验造成的,它导致了专家大抵会以与本书第一章描述的互补综合模型一致的方式进行教学。专家似乎比其他教师能更好地理解这两种方法是相互独立的。并且相信有效地承担责任是必需的。也就是说,一位负责任的教师应给予学生有机会取得人生成功所需要的知识和技能,一个有效的教师应给予学生尊重和关心。除了极少数的例外,被调研的专家展示了他们对学生的这种责任感。他们在课堂上也有一个积极的激励制度,重视学生的个体差异,相信自己的效能和学生的学习能力,关注他们所工作的课堂环境中的情感因素和有效因素。

对专业知识的研究已经证明了(专业知识)在政策分析中是有用的。理解专业知识的情境有助于了解我们对教师期望的有限性,以及有时不合理的预期。获得教学领
域的能力需要相当长的时间,更不用说专业知识了,对这一点的认识,改变了我们有关 822
新任教师支撑体系的方式和教师教育项目的限制的思考。学习专家关注什么,他们发现什么值得记忆,他们如何使用常规习惯,以及他们如何维持一个体恤学生的课堂,更利于使教师教育项目设计聚焦于获得既负责任又有效的教学所需要的教学知识。该研究也为我们提供了思考教学领域中不同种类知识的增长或发展的方法。已经提出的关于教学专业知识发展的理论与现有的数据相吻合。一个例子是我描述的一项专业知识发展五阶段的理论,它假定了普通新任教师、优秀新任教师、胜任教师

(competent performer)、熟练教师(proficient performer)和专家教师(Berliner, 1989;基于 Dreyfus 和 Dreyfus 的研究,1986)的发展过程。知识增长的发展理论对用于评价教师的评估种类、评估内容、评估时机都有意义。

教学法的专业知识现在被视为一个我们称为负责任的和有效的教学综合。这似乎是一种复杂且高度综合的特定领域的知识和技能,是有高度动机的个体经过多年缓慢地发展而成的。这不是任何人都能达到的发展水平。少数达到这种水平的教师应该受到尊重。当公众受到批评的教育时,这种教师是应该需要公众注视的人。日复一日,年复一年,批评者中很少有人可以与专家的教学技术相匹配。

(范竹君　译)

参考文献

Berliner, D.C. "In Pursuit of the Expert Pedagogue." *Educational Researcher*, 1987,15(7),5 - 13.

Berliner, D.C. "Implications of Studies of Expertise in Pedagogy for Teacher Education and Evaluation." In *New Directions for Teacher Assessment*. Princeton, NJ: Educational Testing Service, 1989.

Berliner, D.C. and others. "Implications of Research on Pedagogical Expertise and Experience for Mathematics Teaching." In D.A. Grouws and T.J. Cooney (eds.), *Perspectives on Research on Effective Mathematics Teaching*. Reston, VA: National Council of Teachers of Mathematics, 1988.

Bloom, B.S. (ed.). *Developing Talent in Young People*. New York: Ballentine, 1985.

Bloom, B.S. "Automaticity." *Educational Leadership*, Feb. 1986,70 - 77.

Borko, H. and Livingston, C. "Expert and Novice Teachers' Mathematics Instruction: Planning, Teaching Arid Post-Lesson Reflections." Paper presented at the meeting of the American Educational Research Association, New Orleans, LA, Apr. 1988.

Brown, J.S., Collins, A., and Duguid, P. "Situated Cognition and the Culture of Learning." *Educational Researcher*, 1989,18 (1),32 - 42.

Calderhead, J. "Research into Teachers' and Student Teachers' Cognitions: Exploring the Nature of Classroom Practice." Paper presented at the meeting of the American Educational Research Association, Montreal, Canada, Apr. 1983.

Carter, K. "Processing and Using Information About Students: A Study of Expert, Novice and Postulant Teachers." *Teaching and Teacher Education*, 1987,3,147 - 157.

Carter, K. "Expert-Novice Differences in Perceiving and Processing Visual Information." *Journal of Teacher Education*, 1988,39 (3),25 - 31.

Chase, W.G. and Simon, H.A. "Perception in Chess." *Cognitive Psychology*, 1973,4,55 - 81.

Chi, M.T.H., Glaser, R., and Farr, M. (eds.). *The Nature of Expertise*. Hillsdale, NJ: Erlbaum, 1988.

Clarridge, P.B. "Alternative Perspectives for Analyzing Expert, Novice, and Postulant Teaching." Unpublished dissertation, University of Arizona, Tucson, 1988.

deGroot, A.D. *Thought and Choice in Chess*. The Hague, The Netherlands: Mouton, 1965.

Dreyfus, H.L. and Dreyfus, S.E. *Mind over Machine*. New York: Free Press, 1986.

Glaser, R. "Thoughts on Expertise." In C. Schooler and W. Schaie (eds.), *Cognitive Functioning and Social Structure over the Life Course*. Norwood, NJ: Ablex, 1987.

Hanninen, G. "Do Experts Exist in Gifted Education?" Unpublished manuscript, College of Education, University of Arizona, Tucson, 1983.

Housner, L.D., and Griffey, D.C. "Teacher Cognition: Differences in Planning and Interactive Decision Making Between Experienced and Inexperienced Teachers." *Research Quarterly for Exercise and Sport*, 1985,56,44 - 53.

Johnson, E.J. "Expertise and Decision Under Uncertainty: Performance and Process." In M.T.H. Chi, R. Glaser, and M. Farr (eds.), *The Nature of Expertise*. Hillsdale, NJ: Erlbaum, 1988.

Krabbe, M.A. and Tullgren, R. "A Comparison of Experienced and Novice Teachers' Routines and Procedures During Set and Discussion Instructional Activity Segments." Paper presented at the meeting of the American Educational Research Association, San Francisco, Mar. 1989.

Krabbe, M.A., McAdams, A.G., and Tullgren, R. "Comparisons of Experienced and Novice Verbal and Nonverbal Expressions During Preview and Directing Instructional Activity Segments." Paper presented at the meeting of the American Educational Research Association, New Orleans, LA, Apr. 1988.

Leinhardt, G. and Greeno, J. "The Cognitive Skill of Teaching." *Journal of Educational Psychology*, 1986,78,75 - 95.

Lesgold, A. and others. "Expertise in a Complex Skill: Diagnosing X-Ray Pictures." In M.T.H. Chi, R. Glaser, and M. Farr (eds.), *The Nature of Expertise*. Hillsdale, NJ: Erlbaum, 1988.

Nelson, K.R. "Thinking Processes, Management Routines and Student Perceptions of Expert and Novice Physical Education

Teachers." Unpublished dissertation, Louisiana State University, Baton Rouge, 1988.
Newell, A. and Simon, H. A. *Human Problem Solving*. Englewood Cliffs, NJ: Prentice-Hall, 1972.
Perkins, D. N. and Salomon, G. "Are Cognitive Skills Contextually-Bound?" *Educational Researcher*, 1989,18,16 - 25.
Peterson, P. L. and Comeaux, M. A. "Teachers' Schemata for Classroom Events: The Mental Scaffolding of Teachers' Thinking During Classroom Instruction." *Teaching and Teacher Education*, 1987,3,319 - 331.
Posner, M. I. "Introduction: What Is It to Be an Expert?" In M. T. H. Chi, R. Glaser, and M. Farr (eds.), *The Nature of Expertise*. Hillsdale, NJ: Erlbaum, 1988.
Rottenberg, C. V. and Berliner, D. C. "Expert and Novice Conceptions of Everyday Classroom Activities," forthcoming.
Sabers, D., Cushing, K., and Berliner, D. C. "Differences Among Teachers in a Task Characterized by Simultaneity, Multidimensionality and Immediacy." *American Educational Research Journal*, 1991,28,63 - 88.
Stein, P., Clarridge, P. B., and Berliner, D. C. "Teacher Estimation of Student Knowledge: Accuracy, Content and Process," forthcoming.

评析

42. 学会教学之研究：反思

勒内·T. 克利夫特(Renée T. Clift)
伊利诺伊大学厄巴纳-香槟分校(University of Illinois at Urbana-Champaign)

正如本部分的"视点"和"经典"文章所阐明的，无论在职前教育还是在职后教育， 827
教师学习是教师教育议程的中心。在 20 世纪 80 年代和 90 年代，教师学习也是改革议程明确的重点。于 1994 年通过的《2000 年联邦基金目标：美国教育法案》(*Goals 2000：Educate America Act*)，为教师和管理人员学习如何提高学生学业成就提供了资助。针对未来教师的学习和有经验的教师学习，1988 年修订的《高等教育法案》(*Higher Education Act*)条款Ⅱ提供了三个独立的资助类别来提高教学质量。基金会也支持这项改革。例如，2002 年，纽约教师卡内基公司的新时代教师项目(Carnegie Corporation of New York's Teachers for a New Era project)(与福特基金会(Ford Foundation)和安嫩伯格基金会(Annenbery Foundation)合作)开始资助大学与当地的学区合作，改革职前教师教育和支持教师毕业后进修。目前有 11 所大学参与其中，都致力于改善教师学习，从而提高学生的学习水平(www. teachersforanewera. org)。

当职前教师教育的批评者不断挑战大学、专科学校以及教育部门的课程时，围绕教师学习的问题存在很多有争议的主题。例如，在最近的《新闻周刊》(*Newsweek*)中，乔治·威尔(George Will，2006)反对教师教育课程的主题，如社会正义和教师作为"学生严格的敌人形象"如何在学校中表现出身份认同的意识。在《教师教育杂志》(*Journal of Teacher Education*)中，桑德拉·斯托茨基(Sandra Stotsky，2006)呼吁应把教育职前教师的责任转移到提供纪律的部门，并且这个部门将授予的是文科教育硕士(Master of Arts in Teaching，MAT)学位。

> 如果从事 5 年级到 12 年级的教学需要完成一个 MAT 课程，它包括四门本学科的课程和真正的研究生课程及不超过一门的方法课，之后还有教育实习，包括讨论教室里所发生事情的工作坊。教师测试和本科阶段毕业考试都不是必需的。(Sandra Stotsky，2006：263)

尽管教师教育的学术归宿、课程的本质，以及学科知识和教学法的平衡一直以来都是辩论的主题，但是研究的基础——支持教学的位置和本质、课程、教师的资格等——的实证证据非常少(Cochran-Smith and Zeichner，2005)。的确，即使先前有两个研究教师教育的手册已出版，以及在过去的十年聚焦教师教育的国际期刊一片繁荣

(如《教师教育研究》(*Studying Teacher Education*);《亚太教师教育与发展杂志》828 (*Asia-Pacific Journal of Teacher Education and Development*)),但是教师个人知识与教师在教师教育项目中的学习、学校的实际教学,以及与学生学习之间的联系等方面的数据提供的很少。以本部分的章节和框架为桥梁,我将讨论我们作为研究者必须考虑的五个方面,这将影响我们对教师学习进行严谨研究的能力,并能够为政策和实践提供信息。

设计和实施学习教学的纵向研究

人们非常认同作为整体的教师教育领域和具体的教师学习研究,都将在很大程度上受益于一段时期的教师学习研究,以及学习在实践中是如何表现出来的纵向研究(Wilson *et al.*, 2001; Clift and Brady, 2005)。自从克利夫特(Clift)和布雷迪(Brady)(关于这方面的)评论(著作)出版以来,更多的研究已经出版。这些研究主要依赖定性设计,以对几位新任教师的采访,或使用包括课堂观察的案例研究设计为基础。几项研究试图呈现新任教师的学习和教学的多个视角,因为合著者经常是研究者以前的学生(现在是教师),他们在一起工作,从而理解职前项目的学习机会以何种方式在实践中继续。文章包括研究者和新任教师的声音,因此,提供了关于从学生到全职教师转变的两种观点。这些案例研究确定构建水平的因素(例如,Smagorinsky *et al.*, 2004; Bickmore *et al.*, 2005)、地区水平因素(例如,Grossman and Thompson, 2004)和个人因素(例如,Smulyan, 2004),它们影响教师学习和教学实践,包括一些新任教师决定转移到与他们关于教学和继续学习的信仰、实践,以及意图更适合的情境中。

在一项波士顿地区的纵向研究中,苏珊·摩尔·约翰逊(Susan Moore Johnson, 2004)及其同事仔细记录了能够招募和留住有才华的新任教师达五年之久的学校环境。他们研究了建筑层面的因素,这些因素鼓舞了50个教师继续学习如何最好地教学,以及如何最有效地影响他们的学生,特别是在有充分设计归纳和指导项目的学校。

> 虽然每所这样的学校都极度重视成人学习和专业成长,但是仍有这样一个基本的假设,即当教师更有知识、更有技能时,学生会受益。教师的发展是有目的的群体性努力,而不是有动力的、创业型个体的独自努力。(Susan Moore Johnson *et al.*, 2004: 237)

当我们思考纵向工作的重要性时,要注意到上面引用的所有首席研究员在他们各自的机构内是被授予终身教授的。因为没有任期考核的压力,他们可以耗费几年时间进行数据收集和分析。同样重要的是,包括我的研究在内的这些研究都获得了外部资助，其中主要是通过联邦拨款。

为了增加纵向研究的数目，资金是必需的，但额外的因素也影响纵向设计，特别是那些涉及更多深度个案研究的因素。我自己的研究小组（Clift *et al.*，2006）记录了我们通过教师教育项目跟随十三名同学，观察他们第一年的教学（或不教）情况时所面临的挑战。研究所有权，角色和职责的转移，个人和职业目标的交叉，都自始至终影响着 829
研究团队的组成。当团队成员离开项目时，项目就会丧失很多信息，这是由于他们的职业目标并不包括参加一个五年或五年以上的项目。不仅包括他们个人关于项目和所有参与者的知识，而且还有他们带给团队的知识，因为他们的兴趣领域对我们的讨论和数据解释给予了很多信息。当有新的成员加入项目时，这些人还要尽力去了解方法论、参与者和团队文化，因此就会浪费很多时间。

当考虑设计纵向研究、寻求资金、组成研究团队时，随着研究团队对其成员及参与者的相互学习了解，我们需要仔细考虑维持成员参与的方法。在这方面，几乎没有文本方法指导我们工作，这意味着对教师学习领域的研究，必须留意周全的参考资料和恰当的批判方法论，这是由于这项研究要探求真问题。

语言、力量和弱点

本节中所有篇章都与杜威的论文一致，都信奉教师是连续学习教学的学生这一观点。其中两篇文章明确地把语言作为学习的一个重要方面。罗杰斯和斯科特（Rodgers and Scott）聚焦于职前教师和教师教育工作者的需求，调查当一个人成为一名教师时，其自我和身份是如何形成和重组的。他们指出，他人用来描述自我的术语和个人用于自我描述的术语共同发挥作用，在特别语境和特别关系下定义身份。罗萨恩和弗洛里奥-鲁安（Rosaen and Florio-Ruane）对一些比喻进行了还原，它们明显或不明显地构建了教师教育、教师学习和学生学习的本质。他们的讨论详述了社会和文化因素塑造我们对于个人、团体和事件的解读方式。这两篇文章均以不同的方式说明教师为什么必须留心塑造他们的信念和实践的语言，必须对语言的利弊维度进行连续反思。

由教师教育者和从事教师教育自我研究的教师组成的国际共同体，经常提出并研究自己和他人的教与学的语言所相关的社会、情感以及政治等方面的问题。在提到关于教师教育者的自我研究时，布洛和皮尼格（Bullough and Pinnegar，2004）警告道：

> 自我研究表达形式的构建总是与爱有关，而认识到教师对于学生深度的道德责任也会使得这种表达形式得到调整。在此，脆弱性造成一个真正的危险，但它被认为是学习的一部分，这其中还涉及了学习的归零。当学习的归零发生之时，教师教育者感受的脆弱必须可控，以便在其表达教学和研究报

告中不会造成伤害。(Bullough and Pinnegar，2004：340)

学习者的自我调查是一项个体、私人、反思和政治性的事业，特别是关注那些人们可能会忘却的领域。当它是私人的、自愿的、受自己控制的时候是一回事，而当要求与教师、研究者，甚至是同行分享自己对自己的学习研究时则完全是另一回事。当我们
830 研究学习教学和教师学习，使我们的学生和同事反思语言在社会和自我构建中所扮演的角色时，我们是在对我们之所学可能充满敌意的制度和政治环境下做研究。此外，如同评论开头引用的威尔的文章所述，我们必须留意那些对我们之所做予以反对和蔑视的意识形态。语言是如何构建和限制世界观，以及不同人对它进行的不同解释，这些问题使得语言研究变得极其重要。但是我们也要注意，当学生在教室环境或研究项目的情景中探索自己的实践或信念时，其所造成的个体的易受攻击性，以及当我们使用语言来挑战语言使用时，其所造成的个体和群体的易受攻击性。正如我们团队里一个成员所指出的，“告诉你我的感觉，我觉得越来越舒服，但我不知道是否……但是一定有一个编辑的按钮。”(Clift *et al.*，2006：93)换句话说，学习教学和教师学习的研究不会在语言、政治、意识形态或权利真空状况下发生。有意关注这一现实，而不是事后感到意外，是研究设计的一个重要方面。

侵扰和保护研究对象

就此，韦斯特海默(Westheimer)的文章指出了教师在自己学校的学习共同体工作时，学习共同体内的尊重、竞争以及争论之间存在着微妙的平衡这些问题。

> 很多把教师共同体和教师学习联系起来的研究都提倡与实践合作，忽略差异，为教师创造更为友善、更为开放的工作环境。将更多的工作投放于研究权力的不平衡及无效感所产生的后果上是很有价值的，因为上述二者威胁着改革的善意初衷。(p. 773)

一位研究人员或是持不同观点的记录员的存在会加剧这些威胁。即使化名，在该学校或社区里工作的读者也很可能读懂化名背后的意义，能够识别当事人、地点和事件。对于自我和职业身份的威胁不是来自于被全国读者了解，而是源于被当地读者知晓。因此，负面的或者就促进学习而言无效的个体情境学习的例子，可能导致个体尴尬，甚或是与其他同事产生敌对状态。

对大多数机构审查委员会而言，任何对人类研究参与者的潜在危害问题是(研究能否)获批的关键因素。事实上，一些委员会已经不允许关于教师研究牵涉他(她)的学生的任何研究(Hemming，2006)。在我们对方法课程和实习经验的研究进行回顾

时(Clift and Brady, 2005),我们发现,许多研究自己学生的研究者没有注意到这样的可能性,即这些学生正忙于教授提倡的行为,这些以某种特定方式展开的学习和行为正是课程期望的结果,而他们的发现也未因这一提醒而修正。调查某人自己的学习,以及他学生的学习需要随时随地多渠道地收集学习的证据。但是,即使调查者并不参与到课堂中,对于教师学习的研究仍然受研究者的参与或自身正在参与调查研究的影响。

同样,研究人员也会因他自身的参与而发生改变。当调查者被学校社区接受,并 831
受邀与社区成员一起研究专业学习时,这种影响尤其明显。例如,当学校管理者同意并鼓励她去研究教师参与学校改革行动时,克雷格(Craig, 2003)记录了她的不适,她试图让别人接受自己,随后对这种情形进行了的反思。习惯于在学校里,以及与教师们一起工作,她很惊讶地得知,尽管自己很受行政人员的欢迎,但很多教师却不欢迎她。他们中很多人用怀疑的眼光看待她的出现,并让她明白他们与她谈论关于改革的看法时是很犹豫的。她对在学校工作及与教师一起工作的想法发生了根本性的变化。

> 即使我被吸进 YMS 改革漩涡的边缘之中,但由于我作为研究者的工作和身份受到了学校教育者的质疑,这个质疑自始至终都存在,结束后我也开始质疑我的工作。如同实践工作者,我还寻求谨慎地操控整个形势的方法,并避免踩到地雷,如同参加一个虽被邀请但不是很受欢迎的聚会。如同改革的努力所展示的一样,整体效果并没有表现出不适,它在伴有深刻地描述社会、叙述历史的积极改革背景下,包含了所有那些职业生命形成的全部动荡力量。(pp. 644 - 645)

教师学习的研究,无论是小型自我研究、改革研究,还是大型纵向研究,教师教育者与其他不同领域的人一起工作会更有接受挑战的潜力。当我们设计并与学生一起设计关于教师学习的研究时,我们可能需要超越审查委员会的要求去思考我们的工作如何影响事件我们的研究成果,以及我们作为教师/研究者/学习者的自我意识。

改变、改变和更多的改变

当我还是副教授的时候,我被邀请参与一项教师教育改革项目。因为我的研究领域是课程设计和教师教育,这似乎是一个很自然就接受的邀请。我们的研究过程和成果与国内其他一些从事教师教育课程改革的研究者的作品一起被收录到一本书中(Clift *et al.*, 1992)。在我们那章结尾之处,我们详细描述了项目的废除,因为政府命令限制专业教育的总课时。我对失去这个机会很失望。我天真地认为,一旦我们和全体教职工协商好,并通过学校和国家的审批流程,我们就能研究这个项目,调查学生的学习效果，并在我们了解学生学习的基础上修改项目。在与研究一项特定项目的人经过一段时间的谈话后，我变得更加务实。在研究的中期他们才发现项目被修改了。随着时间的推移，各种政治、社会和个人的因素都会影响项目的稳定性以及评估项目影响程度的机会。

我现在在一个有19年历史的部门工作，这里经历了8个部门负责人，5个系主任，
832 6个院长和一个涉及幼儿、小学及中学教师教育项目的重大改革。尽管行政上有种种变化，我和我的同事们都致力于帮助教师更好地理解、更有成效地去教他们的学生。我们中的很多人都从事学生学习的系统研究。我也在一个划分略少于900个学区的州工作，若从教育经费在学区间的公平分配来看，这个州排名垫底。每十所学校就有七所学校财政赤字，但还在运营(Illinois Poverty Summit, 2005)。教师离开极度贫困学校和城市学校的比例高于其他学校(Klosterman *et al.*, 2003)。当我写这篇文章时，全国有很多主要关于教育经费的辩论。辩论包含了以下问题：是否应该拨款支持对新任教师某种水平的指导和入职培训，是否应该支持赋予教师和学校更高的责任感。机构内部的变化和由政策造成的外部变化总是存在的。

当我们考虑设计关于教师学习和支持这种学习的环境(大学课程、社区经历、基于学校的经历等)的系统研究时，我们不能忽视来自国家、州和地方持续不断地要求改变的压力。我们要么哀叹这种持续不断变化的存在，要么认识到教学和教师教育的环境很难稳定。当这种变化对学生和社区有害时，教师和教师教育者是如何学习对其进行有效抵制的，他们如何学习以对学生和社区有利的方式来适应变化，这是两个尚未有很多文献的研究学习教学的领域。能用文件充分证明的是，目前教师学习研究领域的研究主要是以定性研究为主，其中大部分是小规模的，也有很多是某种形式的自我研究。

关于学习教学研究的培训

越来越多的研究教师教育的学者呼吁，对如何让我们的研究生成为下一代学者进行反思。例如，在美国教育研究协会(AERA)"研究与教师教育"小组报告最后的合成章节中，蔡克纳(Zeichner, 2005)呼吁，认真考虑该如何培养教育研究者，包括对教师教育研究的博士训练项目投入更多的资金，增加与有丰富经验的教育者合作的博士后工作机会。舒尔曼等人(Shulman *et al.*, 2006)的研究表明，那些准备成为应用型学者的教育博士与那些打算主要投身于研究的博士生相比，应该用完全不同的方式来培养。我们大多数的博士生都只了解数量有限的教师教育研究模式，尤其是在教师学习和教师教育者学习的领域。

在这部分的介绍中，沙伦·费曼-尼姆塞尔(Sharon Feiman-Nemser)总结，呼吁把教师学习与学生学习相结合，并更好地整合研究项目。这很难实现，除非研究者——

无论是在教师教育、学生学习、组织行为等哪个领域——设计包括但又远远超越了他们自身的课堂和学生的研究项目。由来自不同背景、代表不同理论取向的研究者和（学院、大学和P－12）教师进行的设计，应该（通过）合作以寻求共同学习和互相学习对方专长的资助，将研究生以更有意义的方式带入工作中。实际上，很多这些研究生之前是教师，如果他们的专业知识和经验被开发，研究设计将会变得更丰富，更富有成效，更加尊重所有参与的人员。最后，关于之前提到的人员流动的问题，我们可能需要 833
更多地考虑使研究设计能预期裁减人员；考虑一些项目使研究生以合作论文的形式参与；考虑一些文化使合作受到期望和奖励；考虑更多的出版物（包括纸质版和互联网上的电子版）使多视角、求同存异、交替解释成为常规。

杜威的文章以如下的呼吁而结束："若要促进教育事业的发展，我们需要做的不仅仅是培养出能够更好地完成当前任务的教师，而是改变教育的观念。"怀着尊敬的情怀，我想以对这段引文的解释作为结尾。当务之急是教育研究的水平和教育研究者的教育水平的提高，这不是简单地通过证明毕业生可以将现在所需做的事做得更好就能达到的，而是改变"什么构成对教学与学习教学的有意义研究"的理念。目前，很多研究者在与他们的博士生一起从事研究时，习惯在自己的学科领域复制自己的研究经历。这种状况在很多对于科研成果的发表实行个人问责的机构更为严重，因为他们知道如何评价这种形式的生产力。由于资金匮乏，或是鼓励多学科、协作、跨机构和长期研究的专业结构的缺乏，这种状况就会更加明显。关于学习教学的研究，旨在学习和改变我们所知与所做的，对我们这些致力于不断提高教与学水平的人来说是十分重要的议程。

（范竹君　译）

参考文献

Bickmore，S.T.，Smagorinsky，P.，& O'Donnell-Allen，C.(2005) Tensions between traditions：the role of contexts in learning to teach. *English Education*，38(1)，23－52.

Bullough，Jr.，R.V. & Pinnegar，S.E.(2004) Thinking about the thinking about self-study：an analysis of eight chapters. In J. J Loughran，M.L. Hamilton，V.K. LaBoskey，& T. Russell (eds.)，*International handbook of self-study of teaching and teacher education practices*. Dordrecht，The Netherlands：Kluwer Academic Publishers (pp.313－342).

Carnegie Foundation of New York (n. d.) *Teachers for a New Era*. Retrieved January 7，2007 from http：//www.teachersforanewera.org.

Clift，R.T. & Brady，P.(2005) Research on methods courses and field experiences. In M. Cochran-Smith & K. Zeichner (eds.)，*Studying teacher education：the report of the AERA Panel on Research and Teacher Education*. Mahwah，NJ：Lawrence Erlbaum (pp.309－424).

Clift，R.T.，Houston，W.R.，& McCarthy，J.(1992) Getting it RITE：A case of negotiated curriculum in teacher education. In L. Valli (ed.) *Reflective teacher education：case studies and critiques*. New York：SUNY (pp.116－135).

Clift，R.T.，Brady，P.，Mora，R.A.，Stegemoller，J.，& Choi，S.J.(2006) From self-study to collaborative self-study to collaborative self-study of a collaboration：the evolution of a research team. In C. Kosnick，C. Beck，A.R. Freeze，& A.P. Samaras (eds.)，*Making a difference in teacher education through self-study：studies of personal，professional，and program renewal*. Dordrecht，The Netherlands：Springer (pp.85－100).

Cochran-Smith，M. & Zeichner，K. (eds.) *Studying teacher education：the report of the AERA Panel on Research and Teacher Education*. Mahwah，NJ：Lawrence Erlbaum.

Craig，C.J.(2003) Characterizing the human experience of reform in an urban middle-school context. *Journal of Curriculum*

Studies, 35(5),627 - 648.

Grossman, P. & Thompson, C. (2004) District policy and beginning teachers: a lens on teacher learning. *Educational Evaluation and Policy Analysis*, 26(4),281 - 301.

Hemming, A. (2006) Great ethical divides: bridging the gap between institutional review boards and researchers. *Educational Researcher*, 35(4),12 - 18.

834 Illinois Poverty Summit (2005) 2005 *Report on Illinois Poverty*. Chicago, IL: Author Retrieved on January 22,2007 from www. heartlandalliance. org/creatingchange/documents/ 2005RptonILPoverty. pdf.

Johnson, S. M. & the Project on the Next Generation of Teachers (2004) *Finders and keepers: helping new teachers survive and thrive in our schools*. San Francisco: Jossey-Bass.

Klosterman, B. K., Presley, J. B., Peddle, M. T., Trott, C. E., & Bergeron, L. (2003) *Teacher induction in Illinois: evidence from the Illinois Teacher Study*. Edwardsville, IL: Illinois Education Research Council. Retrieved on January 22,2007 from http: //ierc. siue. edu/documents/ IERC_03_2. pdf.

Shulman, L., Golde, C. M., Bueschl, A. C., & Garabedian, K. J. (2006) Reclaiming education's doctorates: a critique and a proposal. *Educational Researcher*, 35(3)25 - 32.

Smagorinsky, P., Cook, L. S., & Johnson, T. S. (2004) The twisting path of concept development in learning to teach. *Teachers College Record*, 105(8),1399 - 1436.

Smulyan, L. (2004) Choosing to teach. *Teachers College Record*, 106(3),2004,513 - 554. Retrieved on November, 29,2005 from http: //www. tcrecord. org.

Stotsky, S. (2006) Who should be accountable for what beginning teachers need to know? *Journal of Teacher Education*, 57(3), 256 - 268.

Will, G. (2006, January 16). Ed Schools vs. Education. Newsweek. Retrieved on January 28,2007 from http: //www. msnbc. msn. com/id/10753446/site/newsweek/.

Wilson, S., Floden, R., & Ferrini Mundy, J. (2001) *Teacher preparation research: current knowledge, gaps, and recommendations*. Washington, DC: University of Washington Center for the Study of Teaching and Policy.

Zeichner, K. M. (2005) A research agenda for teacher education. In M. Cochran-Smith & K. Zeichner (eds.), *Studying teacher education: the report of the AERA Panel on Research and Teacher Education*. Mahwah, NJ: Lawrence Erlbaum (pp. 761 - 759).

43. 教师学习：规范、逻辑与实证视角

丹尼尔·法伦(Daniel Fallon)
卡内基公司(Carnegie Corporation)

前言

20世纪50年代末60年代初，我在安提阿学院(Antioch College)开始了我的学术 835
生涯，既有严谨的通识教育，亦有现实世界的实习工作。我又以研究生的身份到弗吉尼亚大学(University of Virginia)攻读实验心理学研究生。学习和动机是我研究的主要领域，主要是用动物进行严格控制的实验。以大学生为对象，使用现今被称为认知科学的程序，我也在人类的学习、记忆和保持记忆等方面进行过研究。

作为一个新晋教授，我在系的参议会中强力主张招收更多有色人种学生，当这些主张都取得成功时，我加入了学术管理的队伍。我的工作计划要求限制了我继续进行实验室的实验工作，因此我转而进行实验文献的写作，依靠的是在实验室和在家做的文献分析。

我作为三所大学的文理学院院长，后来又成了另一所大学的院长，我把我的研究重点从心理学转移到教育学。我写了关于美国高等教育课程创新和比较高等教育的文章，关注德国的研究型大学。1989年，作为国家艺术科学学院(Colleges of Arts and Sciences)理事会的主席，我与美国师范教育学院协会(American Association of Colleges for Teacher Education)合作，通过计划30(Project 30)，即国家卡内基资助计划(Carnegie-funded national initiative)，探索师范教育的创新。

通过对上述背景的简要介绍，阐述我对手册这一部分价值的评论。“视点”和“经典”部分激发了我从三个视角考虑教师学习的研究和分析，即规范的、逻辑的和实证的视角。在我开始写的时候，我回想起威廉·詹姆斯(William James)在其1890年的经典著作《心理学原理》(*Principle of Psychology*)中说道：“我经常面对这样的情况，即必须支持我的一个经验自我并放弃其他，于是其他的自我就变得不真实，但是经验自我的命运是真实的。它的失败是真正的失败，它的胜利是真正的胜利。”(James, 1890：309－310)对此，我感同身受。

推理模式

有很多种方法能够分析教学和学校教师在引发学生学习过程中的作用。我通过

其对三种推理模式的文献来组织这一部分，即规范的、逻辑的和实证的。

836 对基于实验科学和量化方法培养出来的人来说，“规范”这一术语，通常意味着围绕变量发生的多种测量中的主要趋势。常规参照测试就是这种用法的一个例子。但是，在大多数教育话语下，规范这一术语有专门含义，源于一个叫塔尔科特·帕森斯(Talcott Parsons，1937)的社会学家的工作。18世纪，大卫·休谟(David Hume)最明确地将这一框架结构引用到哲学思想中，他将描述性陈述(是什么)和规范性陈述(应该是什么)进行了对比。因此，规范性陈述指的是以价值为核心的推理模式。教师应该是有能力、有爱心并且专业的，这便是规范性陈述的一个例子。

逻辑推理完全依赖于论述清晰、易于理解的原则。对于逻辑而言，知识是通过“思考”这种理性的过程而获得的，而不是依靠观测得到验证。比如，如果我们知道没有学科知识，儿童就不能学习学科知识，那么，我们便能推断，如果教师不知道这一学科知识，学生也不能从这个教师那里学到这一学科知识。

经验主义指的是，知识直接来源于对经验的观察。虽然对于与科学方法相关的过程和推理来说，经验知识是必不可少的，但是对于科学来说，仅有经验知识本身是不够的，它还需要通常以设计实验为形式的系统观察。经验推理能够从定性的方法中获得，如考试和之后学生作业的评分，或者来源于定量的方法，如计算一个学生相对于其他学生正确解出算术题目的数量。

这些模式在教育文献上的应用

规范的、逻辑的结论可能需要经验验证，但对于很多重要的目的而言，没有必要这样去做。例如，当有公开证据表明教师促成了学生的学习时，我们便可以选择用经验来定义成功的教学。鉴于大多数观察者都同意这一观点，因此，这种经验性定义具有有效性。当问及在教师教育和教师学习文献中，我们是否具有实践证据支持一个论断时，我会把它作为第一道筛选程序。

现在思考一个几乎每个人都会赞同的规范的命题，那就是教师不应该虐待学生。从概念上讲，我们可能会想象一种经验验证来检验虐待学生的教师是否成功，即通过测量比较虐童教师(abusive teacher)的学生与非虐童教师(non-abusive teacher)的学生的学习。然而，这种研究在道德层面上是不受支持的，而且在很多地方是违法的。很多规范的命题都是这种类型的，也就是说，他们定义了一个否定任何经验性主张的道德情境的门槛。

同样的论据也适用于大多数逻辑论证，如同上一命题中阐述的那样，教授某学科知识的教师应该了解这个学科知识领域。虽然很多规范的和逻辑的命题不需要实践证实，但是，即便当这些逻辑的或规范的论据似乎非常合理的时候，实证研究通常也会揭露一些对于教师学习这个领域非常重要的事情。

想想教师学科知识的例子，对此我们已经建立了一套逻辑基础。在数学领域，有

一个很引人注目的经验证据，即随着教师拥有的数学知识的提升，学生的学习也随之
提升，但也只能到一定的限度，随后的情况则颇令人费解。一项关于国家纵向数据库
（Monk，1994）的实证研究，把教师学习大学课程的数量作为评价其数学知识的手段，
把国家教育进步评测的得分作为评价学生学习的标准。学生的数学学习确实随着教 837
师所学课程数量的增多而提升，但是最多只能到大约五门课的渐近线。另一项由罗恩
等人（Rowan *et al.*，2002）的实证研究表明，高学位的数学教师所教的学生，比低学位
的数学教师所教的学生学到的东西少。

这些发现对理解教师学习的本质很重要，因为它与学生的学习相关，但是若仅仅基于逻辑的论证，这些发现可能并不那么令人信服，经验研究必不可少。此外，这些实证研究的发现引起了对一个规范推断的质疑，即教师通过在他们将要教授的领域，完成高级学术工作来提升他们教授学科知识的水平。这些发现并不一定与这些推断冲突，但是它们表明，在我们决定怎样去证明这一推断之前，以实证调查为根据的重要的学历资格可能是需要的。

实证调查也会揭示一些令人吃惊的发现，这些发现可能会彻底改变某个领域。一个活生生的例子便是，19 世纪由于疾病细菌理论的发展而引起的医学进步（Ewald，1994），很多人认为这是科学为人类的福利做出的最重要的贡献。路易斯·巴斯德（Louis Pasteur）实验工作的重要突破出现于 20 世纪早期，它促成普遍采用“彻底清洗消毒”的作法，即在临床干预前，将双手彻彻底底地清洗干净。这个简单的实践随即使人类的死亡率大大下降，人类预期寿命随之增加。我们现在都能理解，细菌会导致疾病，刷洗能够清除掉看不见的微生物。这场在拯救生命上的大飞跃可能来自于细致的实证研究。这样的前景也可能适应于教育吗？一个具有说服力的答案就取决于实证调查的类型，它目前在教师教育和教师学习领域还处于萌芽阶段。

感觉历史性的转变

费曼-尼姆塞尔（Feiman-Nemser）关于教师学习的导言部分清晰强调了我的理解，即在规范和逻辑推理方面，教师教育和教师学习这一领域的研究成果深入而又丰硕，但在经验知识方面却十分肤浅。正如博尔科等人（Borko *et al.*，2007）所指出的，教师教育是一个相对较新的研究领域，对有益于该领域的实验设计与操作花费较大，并且十分复杂。虽然这是一项准确的评价，但是政治、社会和技术等因素共同驱动了进行合理实证研究这一历史时刻的降临。

先进的社会正在经历一个革命性的转折点。1910 年，美国的人口普查发现，50% 的成年人报告他们已经接受了八年以上的学校教育。到 1968 年，超过 50% 的美国成年人报告他们已经接受了十二年以上的学校教育。20 世纪后期，这种人力资本的聚合所产生的影响极大地显现在了所有的经济部门中。

诸如信息、技术和服务等知识依赖型的新型工业正在高速地创造财富。一个多世

纪以前，构成了美国经济支柱的农业、制造业和重工业，现在越来越多地成为发展中国家的经济特征。高薪酬低技能的工作正移出美国，在美国境内取而代之的是对技能水平和教育背景要求较高的新型工作。由于所有的先进社会都在发生这种基本的政治
838 经济的深层变革，美国现在正与其他国家竞争受过教育的劳动力。目前学校和教师所普遍承受的基于标准的压力便主要是由这些力量所驱动的。在不久的将来，它们更可能增加而不是减退。

我们已经看到了物理技术主要通过新技术所实现的显著增长，以及智能技术通过先进的统计分析方式所实现的显著提高。现在，我们有能力在非常小的空间内将庞大的数据进行存储和分类，并且能够比较容易地从这些数据库中检索到想要的信息。20世纪80年代后期引进的广泛的、强制性的、全国范围内的测试和信息存储能力，使纵向数据库的积累与管理成为可能，这些纵向数据库把每个学生的测试成绩与前一年教他们的教师相联系。熟练于统计的研究者开始完善这些分层线性模型，去发现学校教育的各种因素对学生学习的相对贡献，如同标准化测试测量的那样。因此，实证方法引发人们对增值评估措施的广泛讨论，并且越来越认同在提高学生成绩方面，教师是与学校相关的因素中最重要的因素这一结论。

我们还处于接受这些进步的非常早期的阶段。统计技术比以前更加强大，但不管怎样，它仍处于发展的初级阶段，措施通常取自那些未知的或不完美的心理测量特性的测试。我们还尚未把它们应用到更广泛的、更真实的评估之中。正如公共政策所反映的一样，社会对提升学生的学业成就给予了无法阻挡的压力，鉴于此，政府在教育研究方面重点投资的时机已经成熟。教师教育和教师学习领域的研究团体可能将迎来千载难逢的机遇，并获得研究的资金和条件，从而极大地扩展我们实验知识的研究。

框架结构

罗杰斯和斯科特(Rodgers and Scott)以及罗萨恩和弗洛里奥-鲁安(Rosaen and Florio-Ruane)的章节每一篇都反映了教师专业的规范传统，每篇都承认缺乏实证验证。

出于在临床心理学上形成的以洞察力为基础的传统，罗杰斯和斯科特在一开始就声明，“我们希望引入心理学的框架结构会让教师教育领域在学习教学的自发及身份的发展过程中更多地朝向实证工作发展”(p. 733)。他们基于观察得出如下结论：“显然，在文献和这个领域仍然缺失的是在教师教育方面寻求更好地理解心理学作用的实证工作。”(p. 752)这一章以提问结尾，并没给予解答，那是我确定教学是否成功的主要标准，“对(教师的)学生的学习产生了什么影响?”

罗萨恩和弗洛里奥-鲁安在他们的导言中声明，“我们呼吁对本文提供的设计与重新设计教师教育的潜在性隐喻进行实证研究……”(p. 708)。他们在结论部分写道，“反映教师教学观念和自我意识的隐喻研究为实证研究提供了基础”(p. 726)。之后，

作者提出了一系列关于教师学习的问题，这些问题都能在实证研究中得到答案。例如："如果未来教师有机会加入由经验丰富的教师和教师教育者组成的研究团体，并开展隐喻语言的调查，这些活动会帮助新任教师注意并重视什么？"这些教育对这些师范 839
生的学习产生怎样的影响，这一实证问题本文并未提及。

这些章节中最值得注意的是对所表述的想法缺乏实证基础。我已经确定学生的学习是教师学习和教师教育研究的关键因变量。诸如由罗杰斯和斯科特、罗萨恩和弗洛里奥-鲁安引用的规范性研究的贡献是提出开发一套自变量的强大的理论框架。在这些自变量能够与可靠且可测量的因变量联系起来之前，它们与其他未经检验的假设一样，都排在等待科学验证的长队之中。

韦斯特海默关于学习共同体的章节，对专注于实证结果的研究文献进行了广泛调查。例如，韦斯特海默引用的关于四项研究的调查结果，显示了教师专业学习共同体对多种因变量的影响，"学生辍学率的降低，缺勤率的降低，在数学、科学、历史、阅读等方面学业成就的提高（按标准化的考试来衡量），使得不同社会和经济背景下的学生获得的学业成就差距缩小"（p. 761）。

韦斯特海默的文章也阐述了收集数据的演绎方法和归纳方法间的矛盾。演绎推理从一系列理论假设开始，然后设计检验理论的数据收集及分析程序。在这样的演绎模式中，韦斯特海默称，"高度限制的、州级的课程框架，标准化的评估体系，以及对教师和学生进行的高风险的测评可能会大幅减少新任教师作为教师共同体进行教学的能力"（p. 771）。但他没有提供实践证据来支持这一说法。随后，他引用了一个非实证研究的推测"……时间和金钱问题很可能是共同体的阻碍，特别是在低收入和人员不足的学校"（p. 772）。描述这些论点的理论框架有待于实证检验。

归纳推理以相反的顺序提出问题。例如，在一套周密的研究中，助力学校（Springboard School）首先确定与某些变量匹配的学校，包括低社会经济地位，其中一组表明了显著提高的快速轨迹，而另外一组则没有（Oberman, 2005）。调查的问题是：什么条件区分了这些学校？最主要的差异就是在高成就学校中教师专业学习共同体的发展。每一所高成就学校都以时间和资金的低耗为特征，而且恰恰处于韦斯特海默所推测的会削弱作为共同体进行教学能力的那种公共政策环境。因此，在实证观察基础上建立起来的归纳方法对那些源自于大受欢迎但缺少证实理论的假设性演绎推理造成了一个不可逾越的挑战。

经典

在"经典"中，规范性推理十分丰富，它们也反映了对经验证据价值的深刻理解。

露西·斯普拉格·米切尔（Lucy Sprague Mitchell）鼓舞人心的文章在第一段介绍了经验主义，"这是一个长期的实验，只有后来当人们用超然的态度研究每天的记录时，才能得到一幅完整的画面。这是保持记录的原因——留下某些比记忆更值得信赖

的东西作为分析的基础”(p. 800)。对于学生学习的因变量，米切尔写道：“……基于
840 两个基本的概念，孩子喜欢什么，什么样的学科知识、经历或者活动能够更好地促进他们的成长”(p. 806)。她以再次强调学生的学习作为总结，“我们遇到的每一个工作坊的教师都在热议‘她的儿童都做了什么’的故事”(p. 807)。我们在这位依靠经验观察学生学习的热忱先驱身上看到的——事实上——是让她成功的东西。

视教学为实践，通过有指导且有反思的经历来发展这种实践，为此杜威的信息密集而不相互依存的雄辩构建了一个具有信服力的案例。在论及学生的教学实习上，他认为“……使用这段短暂时间的智慧在于科学依据”(p. 788)。他强调，与那些“他与学生接触获得经验而发展时，必须构建并修改教学计划”的教师候选者相比，对他们而言，教学实习的随意性使得这种情景不真实(p. 789)。对于这一因变量，杜威坚称“强调某一结果的压力，也就是成长或者发展……”(p. 793)。在一项预测性观察中，他说教师教学要求“对小学和高中的课程有一个连续的、纵向的思考，而不是一个剖面视角”(p. 796)。对于杜威而言，从直接经验产生实证导向的必要性是毋庸置疑的。

伯利纳(Berliner)对新任教师和专家级教师的不同点进行了研究，他的经典描述在许多方面仍然极具价值。毫无疑问，他在比较、对比初任教师和更有经验的教师的实践方面存在异同。他的研究强有力地证明了定性的方法而非定量的相关方法是可以实证的、系统性的且富有成效的。为他的论据提供充分说服力的是他能从大量的非教学领域新任教师与专家的实验文献中形成研究发现的能力。对于这一关键性的因变量，伯利纳的发现与米切尔和杜威的发现一致，都指出学生学习是衡量教师水平的关键因素。例如，伯利纳描述了一些专家的教学“主要是成长和改善，而不是按连续能力将学生进行分类排列”(p. 816)。如同那些助力学校一样，他的研究是归纳的，而不是演绎的。伯利纳并未以尝试证明源自理论的假设作为开始，相反，他通过仔细观察经验/专业知识从低到高的教师之间的差异，并且用实证结果支配他的理论思考。虽然这方面的研究为我们概述了教师学习目标可能是什么样子的，但没有告诉我们如何帮助新任教师学习成为专家。今天，当我们能够使用与增值分析方法相关的技术去识别在实践上非常有效的教师之时，继续进行这一工作仍具有十分重要的意义，可以比较他们与新任教师以及有经验但成效很低的教师在课堂实践上的差异。

总结及结论

我阐述了三种处理教师教育和教师学习文献的视角。规范性的推理是建立在价值基础上的，并且描述了教学这项事业应该是什么。逻辑推理确保了关于教学的命题体系是内在一致的。经验推理依靠对公开可观察事件的可靠观察，通常由细致的测量和定量分析推进。规范性的命题本身便具有价值，不需要总是有经验的验证。对于逻
841 辑命题而言，很少需要证实，因为每一个命题都能通过其他命题合理地确定。然而，没有实证研究，科学很难进步。如果没有坚实的实证基础，我们没有足够的信心决定一

个负责任的项目以确保教师学习。

教师教育和教师学习的文献有丰富的规范和逻辑论证，但是支持教师学习项目的实证证据却很匮乏。丰富的规范性文献确保了可能用于实证研究的大量关键因变量。测量教师质量以及教师学习的基本且必需的因变量是由教师教学实践引起的学生学习。

我们正在进入一个历史时期，在这一时期为了促进教师学习领域严谨且高质量的实证研究，我们可能会获得财政和学术上的支持。我们的物理技术和智能技术方面远远优于过去的几年里任何可得到的技术。因此，我们有充分的理由赞同威廉·詹姆斯的乐观描述，我们在实证研究方面的成就将会是真正的成就。

（范竹君　译）

参考文献

Borko, H., Liston, D., & Whitcomb, J. A. (2007) Editorial: genres of empirical research in teacher education. *Journal of Teacher Education*, 58, 3 - 11.

Ewald, P. W. (1994) *The evolution of infectious disease*. New York: Oxford University Press. Chapter 10.

James, W. (1890) *Principles of psychology*. *Volume I*. New York: Henry Holt and Co.

Monk, D. H. (1994) Subject area preparation of secondary mathematics and science teachers and student achievement. *Economics of Education Review*, 13, 125 - 145.

Oberman, I. (2005) *Challenged schools, remarkable results: three lessons from California's highest achieving high schools*. San Francisco: Springboard Schools.

Parsons, T. (1937) *The structure of social action*. New York: McGraw-Hill.

Rowan, B., Correnti, R., & Miller, R. J. (2002) What large-scale survey research tells us about teacher effects on student achievement: Insights from the Prospects study of elementary schools. *Teachers College Record*, 104, 1525 - 1777.

44. 教师学习：锐意改革的同行之评论

薇薇安·特洛恩(Vivian Troen)
布兰迪斯大学(Brandeis University)

凯瑟琳·C. 博尔斯(Katherine C. Boles)
哈佛教育研究生院(Harvard Graduate School of Education)

842 当我们受邀为《教师教育研究手册》写一篇评析论文时，我们很高兴能有机会对不同教育工作者群体充满力量的文字做一些回应。它给了我们一个机会，使我们能结合历史性的视角和未来的眼光，回顾25年来我们一直致力于探讨的主题——教师学习。

我们认为这一部分最宝贵的地方在于：每篇文章都强调了教学的智力本质，学科知识的主导地位，理解学生思想(mind)和心理的重要性，并为教师与其同行一道发展专长提供了机会。这些文章重视教学和学会教学的各种层次和水平(认识到其复杂性并重视专业知识，重视自身专长)，意识到所有的理念都根植于教学和学校的文化之中。每篇文章都秉持了约翰·杜威(John Dewey)的观点，我们必须培养教师成为"教学的学生"(students of teaching)，而且正如这些文章所清晰表述的那样，如果我们不着手建设一支善于思考、具有批判精神、高智慧、能够胜任且具有强烈的教师身份意识的教师队伍，这是很危险的。"经典"部分的文章和"视点"中的三篇文章均是从一个更"现代"的视角阐述他们的观点，认为在教育领域中，教师和学习者所面临的困难和挑战在过去的100年中并没有发生明显改变。

"独木难成林"，离开智力共同体(intellectual community)，我们所谓的"深层次学习"(deep learning)便不可能会出现。乔尔·韦斯特海默(Joel Westheimer)在梳理了上世纪一些历史学家和社会学家有关教学的研究之后，直截了当地说，无论在过去还是现在，教学文化与这种智力共同体的建立是背道而驰的。他指出(与我们自己的经验吻合)，很少有教师会准备好去学习其他教师，也几乎没有学校会为教师之间可能的相互学习创造条件。

阅读这些文章，使我想起1985年我们二人结成教学伙伴，学习/教学合作组，并促成波士顿和布鲁克莱恩地区(Boston and Brookline)、马萨诸塞州公立学校(Massachusetts public schools)与惠莱克学院和西蒙斯学院(Wheelock and Simmons Colleges)(美国最早的教师专业发展院校之一)之间协作的过程。我们都是小学四年级的教师，我们都研究我们的职业生涯和实践，并扩展至学校和学校教育文化。

843 由于敏锐地意识到专业隐私弱化的规范和在职教师之间合作的缺乏，以及我们所在学校的"意气相投"的学校文化，我们开始寻求能够帮助解决我们看得见的根本弱点的结构。我们注意到了任课教师中这种既不需要同事支持，也不需要贡献智慧的内在独立性的生活。教师职业的“一步到位”(one-step)的本质，是导致现在师范生质量下降的主要因素，现在却成为劳动力市场上知识女性众多的选择机会。当我们观察有学习问题的儿童——那些最不善于处理碎片化时间的儿童时，我们也十分困扰，他们被请出教室的时间越来越长，频率越来越高。作为教授相同班级的合作教师，我们罗列了一份需要变革的事项清单。很快我们就意识到，我们正在探索教育变革的蓝图。

我们和同行教师团队一起从约翰·杜威开始，研究这些“经典”。杜威的观点为我们院校联盟提供了哲学基础，在这样的院校联盟中，我们尝试构建一种全新的学习文化，其中就有我们所谓的“教师作为教学的学习者”。在杜威看来“……除非他们(教师)继续作为学科知识的学习者和思想活动的学习者……”并且除非“……教师是这样的学习者，他才可能在学校管理的机制中自我进步，他才能成长为一名教师，一位人类灵魂的启蒙者和导师”(Dewey，1976)。我们赞同杜威的观点，同时，通过我们在提高作为教师的智力专业水平上的合作与努力，可以向自己和他人证明，教学可以并必然是一门专业，在这里教师与学生共同获得成长和学习。

我们撰写并出版了一些文章，并尝试在多个场合表达我们的声音。《教育领导力》(*Education Leadership*)拒收了我们第一批文章的其中一篇，理由是“已经有教师投过这方面的文章”。在美国教育协会(AERA)会议的一位被调查者评论了我们的表现，把我们描述成“具有崇高目标的布鲁克莱恩(Brookline)女孩儿”。很多人认为我们的想法过于激进，其他人对我们的身份表示怀疑。我们仅仅是教师，我们怎么能提议进行这些改革呢?

但是，幸好有多元力量的融合，尤其是联合工作组的毅力和力量，还有我们的校长杰瑞·卡普兰(Jerry Kaplan)的支持和惠洛克学院凯伦·沃思(Karen Worth)教授的大力支持，最终学习/教学合作组(The Learning/Teaching Collaborative，LTC)终于组成并成长起来(Troen and Boles，1994)。合作组的总体目标是为教师建构一个全新的专业角色，并为他们在自己的教室提供继续从教的机会。学习/教学合作组由四个部分组成：(1)基于院校的职前教师培养模式；(2)团队教学；(3)特殊教育的综合授课；(3)作为学校一部分的教师的其他角色，利用我们所谓的非师范教师教育的专业教学时间。这一团队教学模式改变了教学组织，使有特殊需求的儿童主流化，并为任课教师在科研、课程发展和教师培养等方面创造了全新的专业角色。

学习/教学合作组的核心就是学习教学的持续性。把新任教师引入到团队文化中来，资深教师和新任教师以同样的方式使他们的教学实践公开化。这种教师学习的环境，融合了各种级别的专业能力和知识水平，提供了丰富的知识刺激。所有人都融入到教学研究中来，资深教师向新任教师学习，新任教师也向资深教师学习(Troen and Boles，1997)。

乔尔·韦斯特海默强调，当前的教学文化与过去的教学文化对于建设智力共同体是不利的。我们的目标是改变学校和学校教育的文化，并着手创造一个学习共同体。

“视点”和“经典”单元中最重要的主题与学习/教学合作组的中心理念高度吻合：

844 1. 为成功的教师学习创造合作的环境；
2. 承认学会教学是一个持续的过程；
3. 认识到教学是一项复杂的、需要智慧的工作。

历史文献同意这些观点：教学是一项复杂的需要智慧的工作，无法通过一个短期的实习学会，与同事一道合作的教学比一个人单独学习更富有成效。教学的复杂水平是逐渐增加的，教师们需要经历各种阶段才能达到精通的程度，但他们永远都是作为学习者的教学(students of teaching)。

露西斯·斯普拉格·米切尔(Lucy Sprague Mitchell)在她的《我们的孩子和我们的学校》(*Our Children and Our Schools*)(1951)一书第15章中提到了所有以上三个主题，其中讲述了她如何用银行街工作坊与纽约城市公立学校(Bank Street Workshops with New York City public school)教师一起从机械学习中解放出来，进入深层次的课程理解。她的文章巧妙地记录了从考察和实验到创造新课程，以及教师智慧在这些阶段的参与。这是LTC与新、老教师共同工作的非常有意义的一面。

米切尔意味深长地谈到了教师“通向专业成熟的成长道路”。如她所言，一个“新的课程”取代了教师使用了20年的课程，交给了纽约城市公立学校教师。新课程要求更新方法，却没有给教师充实的培训，因此教师仍然延用以前的方法。新的教学方法作为活动或附加课程(add-ons)，而在真正的教学过程中仍然使用老的教学大纲。米切尔指出“……教师们感觉自己几乎没有责任去研究他们的学生，也没有责任在这种研究的基础上为他们安排经验活动。很多学校要求教师进行这些试验，但是很少有教师这样去做或者愿意这样去做。”

一旦教师进入到工作坊中，他们就开始问一些关于这些方法在何种情景中才能发挥作用的问题。米切尔质疑道：“就体制中一些教育思想的一般决定而言，教师仍然处于最低的层次上，他们怎么能够对他们所在班级的教育思考负责呢?”米切尔把教师的缓慢觉醒描述为在工作坊中为他们所提供的新材料进行有思考的使用——从模仿活动及使用源材料到更深入的学习的进步。随着这个团体的发展，它对背景内容越来越感兴趣，教师们开始建立自己的课程来满足学生的需要。教师们的兴趣从如何在新技术领域中获得技能，扩展为为什么它们能够帮助儿童全面健康地成长。

大卫·伯利纳(David Berliner)在他的《有效的负责任的教学》(*Effective and Responsible Teaching*)(1992)的章节中，把教学和学习教学视为一个持续进行的过程。他研究了专业知识的基本要素，注意到如同其他领域的专家一样，专家型教师能够把握日常工作，并把“为了完成目标需要的重复操作”发展为一种轻车熟路的自动操作，这就把他们解放出来，进而去关注教学智慧方面。专家型教师能够解读这些线索，识别样式并“瞬间理解某个领域”。而新任教师对同样线索的理解能力有限。正如伯利纳所言：“认识到获得教学领域的能力，需要花费大量时间，更不用说获得专业知识了，这改变了我们对于支持新任教师的体系和教师教育项目的有限性的思考。”我们运用学习/教学合作模式帮助职前教师学习，正如伯利纳所建议的那样“……专家注意的，发现值得记住的，他们如何开展日常工作，怎么管理一个替学生着想的课堂……” 845
同时开发职前模式能够“关注获得对于有效的教学所必需的教学知识”。

米切尔(Mitchell, 1951)和伯利纳(Berliner, 1992)在他们的三篇文章中，也重复了我们在杜威(Dewey, 1976)的文章中读到的关于教学是一门智慧的工作的简单印象。韦斯特海默对于教师实践共同体的发展的回顾回应了米切尔的工作坊方法(教师共同思考)而不是对上述的观点进行简单的答复。在不牺牲每个教师自主性的前提下，形成共同的身份意识需要付出努力，韦斯特海默并没有忽视困扰这些努力的矛盾。我们学习/教学合作组工作中的一个主要的挑战，就是寻求教师合作和教师个人需要之间的平衡点。韦斯特海默提出了“教师的合作项目如何能够进一步促进教师的学习和发展?”这一问题，使我们回想起我们创建 APT 时的动机，这是学习/教学合作组四大元素中最大的创新。

我们之所以要设计 APT 模式，主要是为了满足教师所表达的他们在教学工作中更智能化和专业化责任的需要。这也为教师们提供了机会，让他们能够在自己感兴趣的领域学习新技能，获取专业知识。在 APT 结构中，一些非常复杂的专业发展(并且现在仍然如此)得以实施，并取得成效，这部分是因为 APT 允许教师们从事复杂的工作，它们一直需要持续且集中的努力。对于参与 APT 的教师而言，专业发展不再被视为“既定主题的下午工作坊”的概念，如同被大多数教师视为高高在上的权威所安排的“毫无作用的培训”。相反，APT 的教师专业发展工作则是着眼于每位教师和他们学生的兴趣及内在需求。

在 APT 过程中，一些教师通过开展研究以提高自身的教学水平，或者去验证一些教育理论与实践的设想。其他一些教师承担着给研究生实习生上课的责任，并且设计一些课程，把学生在大学学到的理论与实际的课堂实践联系起来。一些人开发、试验、实践和评估新的课程，作为大范围的课程改革计划的一部分，或者与当地的教育咨询公司一起开发课程。作为团队教育过程的全权参与者，他们成为更有能力的任课教师，也成为了更有力的教育拥护者(Troen and Boles, 1996)。

二十多年前，当我们开始考虑改革教育职业时，我们依据的是某些理论知识和大量实证经验。而当我们为变革而学习和工作，与大学合作并看到理论的价值时，我们认识到了把理论和实践相整合的重要性(Troen and Boles, 2003)。

我们从杜威和米切尔的著作中所学到的东西，今天依然正确，如同他们创作的时代一样。米切尔在纽约的工作坊项目展示了教授新课程的智化方面，也重现了此前杜威对教学作理性研究的努力。杜威和米切尔强调了观察的重要性——教师相互之间的仔细观察并从工作中共同学习。伯利纳的主张强化了杜威和米切尔之前建立的规范。

现有的文章出现了同样的主题——罗杰斯和斯科特(Rodgers and Scott)提出的从发展的视角看待自我,这与伯利纳和米切尔强调的教学技能的发展相呼应。这一单元的文章如何能够启发我们在21世纪的工作?首先就要关注新任教师的培养和他们开始教学生活的情景。新任教师进行教学时会发生什么?教师或教师教育工作者有哪些职责去建构这六篇文章的作者所描述的如此动人的教师共同体?

846 我们意识到,如果没有支持性的环境,没有那些新任教师或资深教师都可以得到恰当、持续支持的专业发展共同体和同事,这些作者的想法是很难实现的。我们已经确定,研究也继续证实了教师仅依靠自身很难学会优质教学。我们确信,新任教师需要支持和协作的学习共同体。

但是当审视新一代教师时,我们十分沮丧。作为经验丰富的教师教育工作者,我们看到有很多新任教师在经过三年时间的教学之后就感到他们已经精通教学,可以"升级"为管理者(Boles and Troen, 2004)。为应对这一状况,教师教育工作者有责任也有义务重申杜威、米切尔和伯利纳所架构的知识基础,韦斯特海默,弗洛里奥-鲁安和罗萨恩(Florio-Ruane and Rosaen)、罗杰斯和斯科特等人也在现代情境中对其进行了完美的描述。然而,在一个极易以责任为衡量标准的社会框架下,很难达到高标准(正如20世纪早期,在纽约市执行不佳的课程,以及20世纪60年代教授很差的新数学(the New Math)一样),我们会忽视掉这些作者或思想家的良训,也会为了获取高分这种短期收益而牺牲教师的智力生活,这是极其危险的。

当决策者问道,我们有什么证据能证明在儿童教育中,这些工具、方法或者理论能够发挥作用,我们是否准备好了有效的答案?这里的关键在于,它想诱导我们说,为了回答这些问题,"我们需要更多的研究"。尽管研究总会有所帮助,但我们不需要更多的研究告诉我们已知的东西。假如我们仍旧延续那种阻碍学习共同体创建的学校文化,那么我们也不需要更多的研究告诉我们已经做错的和会继续做错的。我们知道做什么是对的,成功的模式已经建立。我们只需遵循这种榜样。

(范竹君　译)

参考文献

Berliner, David C. (1992) The nature of expertise in teaching. In Fritz K. Oser, Andreas Dick, & Jean-Luc Patry (eds.) *Effective and responsible teaching: the new synthesis*. San Francisco: Jossey Bass.

Boles, K. & Troen, V. (2004) Don't let your babies grow up to be teachers. In *Recruiting, retaining and supporting qualified teachers*, Edited by Caroline Chauncey. Cambridge, MA: Harvard Education Press.

Dewey, John (1976) The relation of theory to practice. In Jo Ann Boydston (ed.) *The middle works*, 1999 - 1924. Carbondale, IL. Southern Illinois University Press.

Johnson, S. M. & The Project on the Next Generation of Teachers. *Finders and keepers: helping new teachers survive and thrive in*

our schools. San Francisco: Jossey-Bass, 2004.
Mitchell, Lucy S. (1951) Growth of teachers in professional maturity. In *Our children and schools*. New York: Simon and Schuster.
Troen, V. & Boles, K. (1994) Two teachers examine the power of teacher leadership. In *Teachers as leaders: perspectives on the professional development of teachers*, ed. Donovan Walling. Bloomington, IN: Phi Delta Kappa Educational Foundation.
Troen, V. & Boles, K. (1996) Teachers as leaders and the problems of power: achieving school reform from the classroom. In *New directions for school leadership: every teacher a leader*, ed. Marilyn Katzenmeyer and Gayle Moller. San Francisco, CA: Jossey-Bass, Inc. Publishers.
Troen, V. & Boles, K. (1997) An examination of teacher leadership in a professional development school. In *Professional development schools*, (ed.) Marsha Levine and Roberta Trachtman. New York: Teachers College Press.
Troen, V. & Boles, K. (2003) *Who's teaching your children? Why the teacher crisis is worse than you think and what can be done about it*. New Haven, CT: Yale University Press.

第七部分

谁来负责？

——教师教育与认证政策的权力

主编

苏珊娜 · M. 威尔逊

(Suzanne M. Wilson)

视点

45. 皇帝的新装：我们真的需要教师专业教育和资格认证吗？

苏珊娜·M. 威尔逊(Suzanne M. Wilson)
密歇根州立大学(Michigan State University)

我们生活在一个对教师教育的质量与控制展开激烈争论的时代。那些认为教学 851
需要大量准备工作的教师教育工作者呼吁开展专业培养，包括大学课程和指导性教学实习。怀疑者质疑，是否需要采取“这些措施”，如果这样做了以后，皇帝是否就真的穿了新装。他们质疑教师培养的内容、管理和质量，与许多同时代的人一样，担心教师培养行业的垄断。人们用多种方式给这一争议贴上标签，如非传统的教师教育与传统教师培养之争，专业化与自由化之争，这些标签在某些方面模糊或过分简化了两者之间的重要差异。关于质量和控制是教师教育和认证历史中长期存在的问题，对此，我们理应精通。

本部分主要探讨有关教师资格认证的历史、内容、特点等热点问题。正如本文作者及其回应者清晰阐述的那样，原因是多样的。第一，学校教育在美国是地方性事务，教师的招聘也属于地方管辖。所有人(包括家长、行政官员和公众)都想获得发言权，然而对于哪些是成为教师的重要因素，他们的意见分歧很大。我听说一个州参议员声称不管她的侄女平均学业成绩(GPA)如何，她都应当参加教师教育项目，因为她是一个“爱孩子”的好女孩。我也听说一位父亲清楚地表明，教师仅需要了解她所教学科的知识，并且只要能一直保持比学生多了解一章的内容就足够了。

该领域争取专业地位的不断尝试影响了教师教育的历史。这些文章所论述的第二个起作用的因素是实现教师教育专业化发展的艰难过程，以及关于教学的知识基础和其评价技术等问题。毫无疑问，由于对于公有制和专业自主权的双重需要，引发了关于教师应该如何、何时以及在什么情况下获得培养、资格认证和教师资格证书的长期讨论。

此外，作者们强调外力的重要性可以被理解为美国怀疑主义(American skepticism)，尽管其有两种不同的形式。第一种是对自由化的争论，在教育领域通常表现为对择校、特许和代金券的呼吁。这一观点认为自由化会带来更高的生产力和效率。另一种形式可能最好被理解为“批判转向”(critical turn)，这种观点认为我们要经常反省：“当前的教育结构满足了谁的最大利益？”这种形式的怀疑主义对自由化以及教师和教师教育工作者专业自主性的动机提出质疑。

公有制、专业自主权以及怀疑主义等问题深深植根于贯穿美国历史与文化的政 852
治、知识、历史、文化和经济现实中，下列文章的作者阐述了这些问题在教师认证历史中是如何起作用的。迈克尔·塞德拉克(Michael Sedlak)描述了自20世纪70年代后期以来教师认证与许可的历史。塞德拉克强调了长期以来影响教师资格认证的多重因素:地方官员、学校管理者、新兴的学校机构以及一代又一代(通常)语言犀利的评论家。塞德拉克还记载了关于教师评价"技术"(techology)的历史,特别是考察了教师各种尝试的主要内容及其演变过程。正如大多数杰出的历史学家一样,塞德拉克提醒我们,当今世界的很多事物并不都是全新的,今天使教师教育工作者及他们的评论家饱受折磨的问题和担忧,早已在美国教学和教师教育发展历史上爆发过。

大卫·伊米戈(David Imig)和斯科特·伊米戈(Scott Imig)继续阐述这一问题,他们提供了内部人士对过去25年间美国教师教育与资格认证的政见。他们描述了,当代争取教师专业化的教师教育工作者及其同盟与一直挑战教育机构管辖权的新保守派和布什政府之间的斗争。他们指出,我们已经从"传统的资格认证"转移到"竞争性资格认证",这一观点使我们了解到那些引发教师资格认证争论的相关政策的概貌,尤其是《不让一个孩子掉队法》(No Child Left Behind Act)。

威尔逊(Wilson)和塔米尔(Tamir)运用布迪厄(Bourdieu)的社会场域、习性与资本理论对教师教育控制权的争夺作了概括。从这一视角出发,教育的社会场域在夺取或维持控制权的个人或群体之间不断地被重新商议。布迪厄在亚里士多德(Aristotle)和中世纪学者的工作基础上提出,每个个人或群体都有自己的习性(一种价值观、信念、品性、文化规则等等),它们在很大程度上决定着人们的行为,或者形同布迪厄提出的"占位"(position taking)。威尔逊和塔米尔指出,认真分析针对教师教育的批评会帮助教育机构,包括教师教育工作者审视自己的习性。由此,我们就能准备好以富有成效的方式处理这些批评了。

爱德华·克罗(Ed Crowe)和弗兰克·默里(Frank Murray)在文中提供了全面的评论。一直以来,默里都是教师教育工作者的领导者,他提出疑问:为什么选拔并留住300万名有能力的教师去全国的学校进行教学会如此艰难?克罗提出了一个根本性问题:将教学或教师教育作为一种专业是否是合理的目标?教师和教师教育工作者通常并不想问这个问题。

该部分最后提供了少量文献以解释塞德拉克、伊米戈、威尔逊和塔米尔强调的争论的动态,包括该系统的某些重要的历史和当前批判的摘录。例如,巴格利(Bagley,1919)认为教师培养的标准太低。巴格利将教学看作一门艺术,他深深担忧,教师培养的低投入将会导致教学成为机械性的实践,因为更多的没有接受充分培养的不合格教师走上教学岗位。贝斯特(Bestor,1953a,1953b)提出了另一个批判性视角。在《论教师教育与教师资格认证》(*On the Education and Certification of Teachers*)一书中,他认为我们必须使教师培养成为大学的责任(而不仅仅是教育学院的责任)。他还呼吁减少教学法的培养,教师应深入了解人文科学和自然科学,各州应把严格的关于学科知识的考试作为州级教师资格认证的必备条件,并实施有组织的教学实习。

该部分内容还涉及教师教育内部人士以往关于提高教学专业性的观点，包括国家 853
教师教育与专业标准委员会（National Commission on Teacher Education and Professional Standards, NCTEPS）发布的文件。派克（Peik, 1948）曾在博林格林会议（Bowling Green Conference）上发言并援引了一个有趣的例证，这个例证阐释了在教育领域中，教师专业培养与教师为美国公民参与世界领导力竞争所扮演的角色之间的相互关系。拉尔夫·麦克唐纳（Ralph McDonald, 1956）时任博林格林州立大学（Bowling Green State University）校长，也是当时教师专业化运动的领军人物，他阐述了教师专业化成长的历史，即从最初只是一个模糊的想法，到 1946 年 NCTEPS 开始有组织地召开关于教师专业化的会议。该部分内容还提供了教师专业化的两种现代观点，一种来自教师教育的内部人士阿灵顿（Allington, 2005），另一种来自外部人士赫斯（Hess, 2002）。阿灵顿指出，如果忽略州级和国家教师资格认证与鉴定政策，那么，这将会极大促进教师教育。这是因为这些政策总是阻碍优质的教师专业培养。赫斯也对教师资格认证的成本与收益提出了质疑，他从市场的角度呼吁竞争性的资格认证，并对阻碍我们寻找优质教师的政策与实践进行“创造性破坏”（creative destruction）。

非师范教师教育路径作为解决问题的政策措施应时而生，这些问题在教师认证历史中多次被论述，因此，我们也提供了几篇关于非师范教师教育路径的文章。沃茨（Watts, 1986）指出，教育机构并不赞成存在风险的非师范教师教育路径，并对支持改革者的两个主要论点提出质疑：（1）教师短缺；（2）传统的教师培养项目阻碍了有才华的人成为教师。库珀曼（Cooperman）和克拉格霍尔兹（Klagholz, 1985）对新泽西州非师范教师资格认证途径的阐述，说明该州在政治领域对教师资格认证的讨论与争论是怎样发展演变的。这一点尤其有助于我们理解关于教师质量和教师知识的重大设想是如何转化为教育政策话语的。

最后，由于教师测试已经成为讨论教师资格认证的中心问题，我们提供了两篇关于教师评价的文章。教师测试逐渐发展和演变，部分是由于我们对什么是优秀教师、教师需要了解什么，以及哪种测试能最好地预测未来教师的教学效果看法的不断改变。该部分提供了两个不同时期的案例：斯通（Stone, 1984）的《综合考试》（*Complete Examiner*）和福克斯（Fox, 1982）的《国家教师考试》（*National Teacher Examination*）。

总之，该部分的文章讲述了教师教育争取专业地位、控制权与质量的案例。长期以来，内外人士对相似的承诺与抱怨产生了一些共鸣。然而，进步仍然存在，虽然有时比较缓慢。我们可能还没有一个能保证所有美国孩子拥有优质新教师的资格认证与许可系统，但 2007 年教师教育的状况已与 1849 年和 1919 年有所不同。只有教师教育工作者及评论者从当前和过去吸取经验，才能实现持续（也许会更令人满意）的进步。汉斯·克里斯汀·安徒生（Hans Christian Andersen）的《皇帝的新装》（*The Emperor's New Clothes*）作为道德剧提醒我们，极小的问题也可能蕴含深远的意义。

有时教师教育工作者认为，只有坏人，如那些纠缠皇帝的人，才会提出本文的这些问题，如关于教师专业自治和专业地位、自由市场在教师资格认证中的作用、决定和测验教师的内容与方式的相关挑战。尽管认识到这一点很困难，但是，现在我们理应不断自省，为何我们要披上专业的外衣以及我们是否具有这样的权利。

（付艳萍　金马妮　译）

参考文献

Bagley，W. C. (1919) The training of teachers. *Proceedings of the National Education Association*，499 – 504.

Bestor，A. E. (1953a) *Educational wastelands：the retreat from learning in our public schools*. Urbana，IL：University of Illinois Press.

Bestor，A. E. Jr. (1953b) On the education and certification of teachers. *Education and Society*，78(2016)，81 – 87.

Cooperman，S. & Klagholz，L. (1985) New Jersey's alternative route to certification. *Phi Delta Kappan*，66(10)，691 – 695.

Fox D. J. (1982). *National Teacher Examinations*. Arco Publishing，Inc. New York.

McDonald，R. W. (1956) The professional standards movement in teaching：evolution of an idea. The professional standards movement in teaching：progress and projection. *Proceedings of the National Commission on Teacher Education and Professional Standards*，*National Education Association of the United States*，*8 – 21*. (Report of the Parkland Conference held at Pacific Lutheran College，Parkland，Washington，June 26 – 30).

Peik，W. E. (1948) Building a still better teaching profession for our times (abstract of conference keynote address). The education of teachers as viewed by the profession. *Proceedings of the National Commission on Teacher Education and Professional Standards*，*National Education Association of the United States*，*9 – 17*. (Official group reports of the Bowling Green Conference held at Bowling Green State University，Bowling Green，Ohio，June 30-July 3).

Quillen，L. J. (1959) The education of teachers：quest for quality. The education of teachers：curriculum programs. *Proceedings of the National Commission on Teacher Education and Professional Standards*，*National Education Association of the United States*，*31 – 40*. (Official report of the Kansas conference，University of Kansas，Lawrence，Kansas，June 23 – 26).

Stone，I. A. M. (1984) *The elementary and complete examiner；on candidate's assistant：prepared to aid teachers in securing certification from the board of examiners*. A. S. Barnes and Company：New York and London.

Watts，D. (1986) Alternate routes to teacher certification：a dangerous trend. *Action in Teacher Education*，2，25 – 29.

46. 关于目的、实践与政策的冲突观念：美国教师资格认证的历史

迈克尔·W. 塞德拉克(Michael W. Sedlak)
密歇根州立大学(Michigan State University)

一直以来，关于美国教师资格认证与许可的历史饱受争议：从微观层面——雇主 855
与未来教师，到宏观的国家政策层面——各级政府、利益诉求相互冲突的公私组织。决定由谁来教育我的孩子、你的孩子以及其他人的孩子是一场斗争，这场斗争既根植于美国人自身的竞争观念，又受到国家认同和个人抱负问题的影响：教育应该在构建民主社会的过程中扮演怎样的角色？为什么我们想让孩子上学？掌管我们孩子的人生与未来的权威体现在哪些方面？我们应该信任谁来照看我们的孩子？学生在学校里应该学什么以及怎样学？在招募、选拔和起用教师的过程中，这些问题被提出，而当孩子进入义务、普及和有税收支持的学校时，它们的答案更加重要。

自16和17世纪西欧人开始移民到这个新大陆(美洲)开始，为自己的孩子挑选教师或为他人的孩子寻找教师的问题就已经出现了。事实上，在一些地方这一实践甚至出现在原住民(First Peoples)到达之前。几个世纪以来，挑选教师主要是个体相互协商的事情。

将自己的孩子委托给他人照顾和教育，折射出对上述问题的担忧，并经常带来令人深思和怀疑的决策。中部殖民地的领导人与六族印第安人(the Indians of the Six Nations)所进行的交换反映了这些担忧。作为1744年签署的协议的一部分，六族的领导者被邀请将本部落的年轻人送到威廉和玛丽学院(William and Mary College)。印第安人拒绝了这一邀请并做出以下回复：

> 我们知道你们十分珍视在那些学院学习的知识，而且对你们而言，将我们的年轻人和你们的年轻人一起抚养花费颇多。我们坚信，你们的初衷是为我们着想，我们发自内心地感谢。但是，你们都很聪明，应该知道部族不同，对事物的认知也不同，因此，如果我们对此类教育的看法碰巧与你们不一致，请不要怪罪。我们已有过此类经历。我们部族的几个年轻人曾在北部省的学院接受教育，他们学到的都是你们的科学；然而，当他们回到我们身边时，他们跑得很慢、对丛林生活方式一窍不通……他们既不是猎人、战士，也不是智者，根本一无是处。
>
> 然而，尽管我们拒绝你们的提议，但仍心存感激，为表达我们的感激，如 856

果弗吉尼亚的绅士们能够将几个孩子交给我们，我们会好好地教育他们，教给他们我们所有的知识，并将其培养为真正的男子汉。

这一令人感动却无礼的回信表明，那些关于在学校中由谁教什么以及为了什么目的而教的决定意义深远。[①]

白人、欧洲移民者同样也关心教育的目的，无论何时，他们都支持能够挑选并聘用合适的教师来教育孩子的机制。在整个殖民时期，直到19世纪初期，学校的功能十分有限但影响深远。殖民者从英格兰带来了他们对于灵魂救赎的关注，并很快要求将这种统治他们家乡的正统宗教观念上升为法律。在新世界(the New World)，他们没有真正复制1553年到1581年间发生在英格兰的令人眼花缭乱的政策变化。那时，所有的新教徒教师被天主教徒替代，随着政权的变化，天主教教师又被新教徒所替代，几年后他们都很快被英国国教的教师替代。然而，在马萨诸塞湾(Massachusetts Bay)，当殖民者的第二代出生后，最高法院认为青少年"不仅要能识字，还要接受纯正的'教义'教育，并在1654年建议监督地方学校的地方行政委员开除那些'缺乏信念、生活不道德的而且依据基督教教义不能令人满意的教师'"(Kinney, 1964: 39)。

跟马萨诸塞州一样，大多数殖民地授权一些地方管理者，包括宗教长老、杰出公民以及非专业人士负责挑选和聘用教师。在招聘教师时，这些雇主通常使用非正式的方法。他们依赖政府的意见，考察应聘者的信念和价值观，评价他们的体能和勇气。他们雇用个人熟悉的亲戚，偶尔试图判断未来教师(potential teachers)的学术专长，这主要通过考察应聘者的书写并听他们阅读《圣经》里面的训诫或段落。然而，学术能力测试通常不考察其他重要能力，主要原因是由于当时流行的教学方法——记忆与背诵。如果我们对教师能力的要求仅仅局限于读写方面，那么，毫无疑问，我们对学校科目的理解过于肤浅了。

虽然不是招聘合适教师的最佳方法，但自由市场上的这种个人协商的方式被证明是一种长期存在的模式。它一直持续到19世纪前期，历时两个世纪。渐渐地，这一传统被裙带关系的滥用和懒惰或未加培养的考官的负面影响所削弱，更重要的是，新兴的教育目的对其提出了挑战，该目的的倡导者不再相信私人安排的效果。

19世纪前三十年，社会、经济和人口的一系列变化刺激改革者提出了关于教育的

---

① 本杰明·富兰克林(Benjamin Franklin)在其1753年写给皮特·科林森(Peter Collison)的信中(再版见Labaree, L. and Bell, 1961, p. 483)最早提到这个协议。1784年，富兰克林在一本名为《关于美国野蛮人的评论》(*Remarks Concerning the Savages of North America*)的小册子里再次表达了这一观点(再版见Smyth, 1907, pp. 98-99)。本文引用的就是富兰克林1784年的观点。实际的协议更加简洁和正式，但观点都是一样的(Van Doren and Boyd, 1938, pp. 72-73,76)。

第七部分的几位作者都关注到教育目的的不同界定影响着教师资格证政策，但是没有人真正地指出这些影响，见Angus, 2001; Imig and Imig, 2006。我的同事帕特里克·赫勒迪(Patrick Hallady)和我在一个美好的夏天讨论了这一问题，在此感谢他的建议。

新愿景。以蓬勃发展的工业资本主义、第一次失业工人浪潮和美国工人阶级兴起为标志的经济变革使杰出公民、商业领导者以及一些政治家相信，使工人遵守工作秩序、学会尊重财产、养成新的时间观念并学会守时，这些是十分必要的。以不断增加的人口密度，住宅区的分化、分层以及家庭住所与工作场所的分离为特征的城市化导致改革者用机构监督取代了个人与邻里间社会控制的分裂形式。以真正外来的爱尔兰天主 857
教农民的到来为标志的人口变化，鼓励市政当局为国际化民族发展建立国家管理机制。总之，这些变化表明，实现变革还有大量的工作要做，而社区和州领导者认为学校应承担这一任务。[①]

社会和经济对教育的新期望要求学校除了致力于阅读能力和宗教教育外还应有更广泛的目的。这些新的目的需要新的组织、课程与教学形式，要求教师具备专业知识和奉献精神，愿意为自己将要从事的职业付出，能够对改革家所指的真正的教育系统做出贡献。

19 世纪中期的改革者转向从某些前沿方面，强调教师队伍的资格认证问题。最激进的公共政策行动集中于构建一个资格认证系统的雏形。由于不愿忍受与地方权力和“过度民主”(excesses of democracy)相联系的权力滥用，而且不满足于仅仅引进更好的考试，改革者在 19 世纪中期发起了一项改革，将教师资格认证过程集权化。政府部门开始争取考试系统的控制权，这种控制权偶尔在州级层面，但主要在县级层面。[②]

改革者发现现行的考试存在许多问题。教育改革者认为，当地许多非专业人士的个人偏好是教师测试传统中的最大问题。在民间流传的一些评估包含太多诸如约翰・斯韦特(John Swett)在加利福尼亚州教学回忆录中列举的例子。他是旧金山教育委员会的主席——“一个过于自负的人”——筹备并组织了一项综合考试。斯韦特重新编制了地理部分的考题：

1. 列举地球上所有的河。
2. 列举地球上所有的海湾、海洋、湖泊以及其他水域。
3. 列举世界上所有的城市。
4. 列举世界上所有的国家。
5. 标出美国各州的边界。

斯韦特补充说，在考试进行了一个小时之后，一些应试者“仍在回答第一题，一些人在做第二题，几个人在做第三题，只有一个人在回答第五题”。几年后，在查阅教育

---

① 19 世纪早期社会和经济发展的简单描述借鉴了：Ruby，2004；Church and Sedlak，1976；Kaestle，1983；Reese，2005.

② 关于这一时期政策制定的详细介绍见：Sedlak，1989；Angus，2001；S. Wilson and Youngs，2005；Herbst，1989.

委员会的档案后，斯韦特发现委员会主席发布的一份报告显示，“所有应试者的分数相似，正确率为 60%”(Swett, 1911: 114)。有时候考官甚至也无法回答自己提出的问题。印第安纳州的一位应聘者被问道“25 美分乘以 25 美分是多少”。当他回答不知道后，考官显得“有点茫然”，他认为答案“是 6 又 1/4 美分，但他也不确定。”(Elsbree, 1939: 183; Vold, 1985)

地方考官在极大的压力下去伪造考试成绩以确保与自己关系密切的群体成员获得教师职位。一位俄亥俄州的考试管理者认为集中控制测试机构的运动是吸引人的，并证实地方考官的个人弱点“并非偶然”。

> 858 那些表现出无知和缺乏能力的应试者会以最急切和令人生厌的方式强求获得证书。有时，当地的董事们辩称应聘者因为胡搅蛮缠而获得证书，就如同亚伯拉罕(Abraham)请求索多玛(Sodom)的例子。强壮的哥哥曾不止一次暗示考官，如果他的妹妹没有获得许可，考官将会遭到惨痛的报复，然而这个女孩根本不会背诵乘法表，即使这是她从事教师职业必备的技能。
>
> (《第五次年度报告》(*Fifth annual report*)(俄亥俄州)，1858: 99)

由于考试一直是私人的事情，只有应聘者和考官参加，考试标准与个人成绩都是保密且具有灵活性，这一点受到任免制度支持者的青睐。然而，由于私人考试很容易被滥用，一些社区领导者呼吁向公众开放考试。除了消除公众对徇私舞弊的担心外，公共考试还有其他益处。在史无前例的积极支持社区发展的时期，当一所学校与另一学校竞争，以期改善社区地位并吸引居民时，对教师和学生进行公开测试是一种有吸引力的机制。1850 年，新泽西州一位公共考试的倡导者提出疑问：“为何不进行县域间的竞争以选拔最好的教师、最好的学校和最有学识的学者，这不是比哪个县能培养出最肥的猪与最大的萝卜更合适吗?”(Elsbree, 1939: 184)

集权化机构致力于深化和扩大教育的功能，它们面对臭名昭著的传统考试，最初要求县甚至是州政府的官员负起测试未来教师和返岗教师的主要责任。例如，俄亥俄州较早地让法院在每个县任命 3 位“公立学校的考官”以“考核与认证教师”(Kinney, 1964: 46)。其他公立学校倡导者迫切要求实行更严厉和标准化的考试，并鼓励开发和实行更系统化的学术能力测试甚至专业知识测试。那时出现了专门出版新考试委员会过去经常使用的习题册(供未来教师为即将到来的考试学习和复习)的小企业。这些习题册的内容覆盖所有学校学科中从基础到高级的问题。

1872 年，约翰·斯韦特出版的习题册是典型代表。它能够帮助校长们为应聘者，甚至为需要评价学生知识水平的没有经验的教师设计有效的试题。算术部分开始的问题类似于“用 7 美元除半美分，用 5 美元乘以 5 美元”。结束时问题难度更大，如“找出 18、48、72、66 的最大公约数和最小公倍数”。英语语法问题包括让应试者“用将来完成(第二完成)时、陈述句完成句子,以表明动词'lie'、'lay'、'sit'和 set 的正确用法",以及"回答某个谚语的内涵,并举例说明"。一个简单的地理问题,如"加利福尼亚州的四个主要出口地";而一个较难的问题,如"在同一纬度,为什么太平洋会比美国的亚特兰大海岸更温暖?"斯韦特的作文题更详细,应试者被要求就如下题目写一篇两页纸的文章:

> **社会**:是什么?是什么时候开始存在的?最初是什么样的形式?有何益处?对艺术和科学有什么影响?原始社会与文明社会有哪些区别?社会的罪恶与恶习有何不同?(从历史的角度进行说明)。

或者是 859

> **战争**:什么时候开始的?怎样引发的?战争有哪些种类?战争是正义的吗?战争的罪恶和益处是什么?原始战争和文明战争的不同之处是什么?新发明对战争有何影响?战争会结束吗?(都从历史角度进行说明)
>
> (以上均引自:Swett, 1911: 5,18,19,38,40,50,100 和 101)

这一考试手册还包括专业知识部分,这些知识越来越多地被县和州行政官员纳入到必备考试中。爱荷华州的督学(superintendent)集体发布了一项声明,指出该州的教师"思维知识欠缺,不懂得思维的运作以及如何控制思维"。声明发布之后,立法机关修改了考试法,将"教学的理论与实践"列为考试内容(Aurner, 1918: 298)。例如,1848 年缅因州的考试询问了应试者如何与"(1)非常不听话的,(2)身体和心理懒惰的,(3)经常犯错误的,(4)任性冲动的"的孩子相处(缅因学校报告(*Maine School Report*),1948: 57;Elsbree, 1939: 180)。艾萨克·斯通(Isaac Stone)的《初级与综合考试》(*The Elementary and Complete Examiner*)是最有名的公共考试题集之一,该书以关于专业知识的章节开始,指出"除非应试者非常了解教学的理论,并且能够身体力行,否则上述(关于学科的)问题所隐含的原则对他们并没有什么帮助"(Stone, 1984: 200)。斯通对专业知识的分类范围从常规的问题(例如"你怎样看待学校教室的通风设施")到复杂和有难度的问题(例如关于激励学生、教学法和纪律的问题)。

> 教师让淘气的或品行不端的学生帮自己做事情是明智的吗?
>
> 教师应该对学生的智力发展负责吗?
>
> "满堂灌"(pouring in)和"只讲概要"(drawing out process),哪个方法更好?
>
> 你怎样看待教师与学生家长的关系?

简要陈述你对“**教育科学**”的看法。

(Stone，1984：200 - 201)

在其他主题方面，斯韦特的选集提出了一些关于教学“理论与实践”的问题：

你喜欢让学生在背诵的时候保持什么姿势？
学生犯什么样的过错时你会实施体罚？
你认为公立学校和私立学校的相对优势各是什么？
你认为所有教育者的目的应该是什么？

(Swett，1872：66 - 70)

除了使考试系统标准化外，对学校教育持有新社会愿景的政府当局也要求教育者必须更专业，并能够通过正式的专业培养发展知识、技能和对职业的忠诚。在历史上，至少是在 19 世纪前半叶，在广大教师群体中，只有极少一部分人接受过一到两个学期的专业教育，因此极少有证据表明教师对教学、学生或其所在的教学共同体持有奉献精神。教学在很大程度上只是一个临时性工作，教师可能只是比学生掌握了更多重要
860 的学科知识。大部分教师几乎没有动力去接受学术甚至初级的专业教育。少数敬业的、成功的教师可能会从为教师出版的重要教学指南中获得关于组织学校、激励和管理学生以及评价背诵的专业知识，这些教学指南的作者通常具有丰富的经验，他们通常会到各地组织研讨会和工作坊。[①]

十九世纪四五十年代，从新英格兰到中西部州县的教育领导认为教师在志向、奉献精神、技能上存在不足，为了解决这一问题，他们呼吁为成立第一所专门的教师教育机构，即师范学校进行公共资源投资。历史学家详细记载了师范学校及其他地方性教师机构的起源与发展。[②] 关于教师培养和资格认证政策发展的这个重要时期，我想做几点简单说明。那些为建立并维持专业教育项目而斗争的最有影响力的州领导对公共权威的作用都持有开明的观点，特别是学校在改善社会、经济和个人状况方面的潜能。他们确信，很多流行的教学实践在保证学生获得未来工作和生活所需要的公民意识和工业生产能力方面，几乎没有任何作用。那些仅仅考查学生的记忆背诵或管制学生谦恭服从的老师，没有甚至不愿去考虑其他教学技巧（很多领导者都相信这是学校实践中的现状，即便是在最好的学校）。贺拉斯·曼（Horace Mann）与波士顿高中教师们的对峙显示了其对参与式教学的偏好，他的诸多关于欧洲出现的新技术的报告也

① 见 Church and Sedlak，1976；Sedlak，1989；Elsbree，1939.
② 关于教师教育项目的起源和早期发展的最详细的论述见：Herbst，1989；Labaree，D.，2004.更全面的研究参见：Ogren，C.，2005；Frazer，J.，2007.

说明了这一点(Church and Sedlak, 1976; Ruby, 2002)。

此外,20 世纪中期再次出现了师范学校与文理学校的竞争。在一些地区,师范学校甚至还得与中等专科院校争夺市场份额。这一时期,教育阶梯出现重合,许多机构都为 14 到 21 岁之间的青少年男女提供教育服务。但是,萌芽期的文理学院的倡导者反对师范学校的创立与扩张,它们不仅想要剥夺这些机构的教育培养功能,而且为大城市之外的青少年提供更多学术研究的机会。例如,赫布斯特(Herbst)通过仔细分析指出,马萨诸塞州西部的韦斯特菲尔德师范学校(Westfield Normal)与曼荷莲女子学院(Mount Holyoke)在争夺年轻女学生的竞争中获胜,并且利用公立教育机构的优势,用较低的学费吸引学生(Herbst, 1989: 80 - 81)。

对教育功能持保守、狭隘观点的人并不欢迎新兴的教育机构。例如,在马萨诸塞州,师范学校成立后不久,爆发了一场政治运动以废除刚刚创办的师范学校并解散州教育委员会。正如卡尔·凯索(Carl Kaestle)和马里斯·维诺夫斯基(Maris Vinovskis)在对这场运动的研究中指出,师范学校的反对者在报告中指出,"现有的专科学院和高中完全有能力培养足够的教师"。这一反对委员会的结论源于关于教育目的和管理的传统观念:

> 鉴于我们的学区学校(District Schools)一年只平均开放 3 到 4 个月,将这类学校变成独特的、独立的专业机构显然是不可能的,也是不可取的,而师范学校建立的期待恰恰如此。(Kaestle and Vinovskis, 1980: 218; Kaestle, 1983)

这正是曼(Mann)和与他同时期的政策领导者在之后的几十年里不断斗争的态度 861
和观点。

19 世纪中期以后,雄心勃勃的公立教育改革者开始转向教师的选拔与聘任。他们不仅明确反对对学校教育期待过低的传统,不满足且反对受地方控制的"不合格教师",而且他们还依靠史无前例的投资与支持塑造新政策,构建能够为新社会和经济培养学生的标准化系统。他们迫切要求(如果不是强制的话)教师教育政策应该认可、鼓励正式的专业教育。他们不仅努力将认证的过程提升到州县层面,而且期望并奖励人们获取教育证书。19 世纪后半叶,这种新模式在全国各地得以发展。地方当局试图制定各种认证法律,填补相关空白。但这一行为对更高的政府权威形成了挑战。因此,考试和认证之间的平衡一直在波动。在 1863 年加利福尼亚州首先用专业教育证书取代考试后,其他州也陆续实施。到 1900 年,有 41 个州承认以下两者——师范学校的文凭和四年制大学的证书——为考试的替代方式。新英格兰地区和南方腹地历史上长期处于地方控制的考试传统之中,两地的考试与认证发展过程也更加坎坷,但是到 20 世纪初期,这种转变反映出明显的全国共识(参见,Sedlak, 1989)。

教师们也开始加入到拥护教育专业化地位的队伍中，尤其是那些受现有教师选拔和招聘实践困扰的教师。19 世纪 50 年代及之后一段时期，由于旨在传播教育目的新愿景的运动蓄势待发，致力于使教学工作成为真正职业的个体，对现有雇佣体制中认为教学是多变和业余的想法深感愤恨。他们对每年举办的考试、不可预测的标准以及临时的证书感到越来越失望。随着教师越来越看重有效教育，他们希望教师招聘能够去行政化，因为现有的体制似乎削弱了教育行业内部的精英管理精神。改革者和许多教师都认为，由于学校有着日益增长的不可或缺的社会功能（包括解决社会问题和扩大经济机会），它们应该明确排斥所有传统和外部归因，信奉更加可靠的、标准化的、统一的和专业的实践活动。

在资格认证与教师招聘的下一历史阶段，专业教育认证模式统治地位加速提升，前期研究（成果）在最短的时间内稳步增加。当然，教师的任命仍然归地方管理，但各州逐渐开始限制未来教师的人选。各州逐渐将受教育程度而非考试成绩作为授予教师资格的基础。据一位研究该问题的知名分析师说，到 1873 年，政策制定者开始承认师范学校证书是“专业执照”，一些州完全依靠它们作为资格认证的基础。到 1897 年，有 28 个州认可师范学校的文凭，而到 1921 年，除一个州外，其他所有州都“将从师范学校和大学毕业作为获得教师资格认证的依据”（Cook，1927：3）。因此，到第一次世界大战期间，以文凭作为授予教师证书条件的资格认证政策成为全国性政策。[①]

尽管大多数地区都转向文凭认证制度，南方地区依然存在考试的现象。事实上，
862 该地区每个州都依然将考试成绩与专业学习作为授予教师资格的条件。在其他地区，发展也参差不齐。例如，在印第安纳州和威斯康星州，由于不愿将本州的全部力量用在教育领域，认证的集权化进程缓慢。同时，许多州依然要求应聘者通过考试获取高中教学资格。但是，受到日益增长的师范学校与大学学习项目的影响，考试中涉及到的专业教育的问题越来越多，包括教育学、管理学、教育史和教育哲学。

随着专业教育项目中的毕业生开始在各州教育部门中担任领导职务，通过文凭进行教师资格认证模式的实施范围显著扩大。州教育部成为教育行业专业化水平最高的部门之一，其职员通常将职位的获得归功于自己的受教育程度，或者愿意对专业教育机构的游说作出反应。那些将自己的职位归功于文凭的职员并不认可考试的作用，并且试图削弱其对教师资格证的影响。正如一位评论者所指出的那样，“新的专业学校培养出的教师强烈反对通过考试筛选出的教师，因为考试本身过于强调学科知识”（Morrison，1928：49）。

受过专业培养的教育者反对那种认为专业教育只需掌握学科知识就能促进教学有效性的观点。他们熟悉滥用考试的传统，对当前考试实践倾向于鼓励和奖赏的伎俩和肤浅表示担忧。此外，在 19 世纪末和 20 世纪初，其他更有声望的专业正在放弃非

---

① 以下几段话主要参考 Sedlak，1989，266－267。

正式的异质的授予许可证的实践，而采用标准化的教育证书。许多人认为专业化自身需要先进的正规的专业教育，有时作为考试的替代，有时与其相结合。不管什么原因(有些是真实的，有些则明显是自欺欺人的)，在教育体系中位居领导地位且受过专业教育的教师和管理者，其影响力进一步瓦解了简单地用考试方法遴选的传统。

要求专业教育或使考试更具挑战性和专业性以提高标准的做法，必然使更多的应试者遭受挫折。人们认为提高标准会限制教师职业准入机会，会影响农村出身的年轻人的社会流动。例如，一战后不久，伊利诺伊州公立学校的督学收到一封来信，这封信是由一位丈夫去世后打算重返讲台的46岁的女士写的，她甚为恼火。由于名额不足，她被允许授予临时的“紧急资格证”(Emergency Certificate)，却无法获得一个“没有‘紧急’字样的资格证”，她如此向督学抱怨并请愿。督学公开回复了这封信，目的在于公开表明“强烈的诉求可能直达认证当局和教育委员会的内心，以缓释或驳回法律的明确要求，因为它忘记了受教育的孩子的主要利益，或使这一利益降至次要地位”。他提出了关于教师资格认证标准的问题，指出在教学领域，许可证传统主要源于早期挑选一些残疾人做教师的做法——“假设学校教学是室内职业，需要最小限度的身体健康和健全”。他评论道：形势改变了，特别是具有扎实学术资格的年轻中产阶级妇女开始争取教师职位。

> 大多数期望在学校教学的年轻女性，都试图非常尽责地为工作做准备。 863
> 然而，陈旧的观念依然存在，即选拔教师应该具有慈善的目的。在伊利诺伊州，每次试图提升教师的学术与专业要求的尝试都遭遇较高的标准，它阻碍了贫家女孩进入教师行业。这一观点完全忽视了一个现实，即更多的怜悯，更多的共识应该用在保证穷人的孩子有最好的教师上，而不是让贫家女孩获得一份她不能胜任的工作。(Ed.，1924：761)

总之，在一战爆发前的半个世纪，教师认证领域在很多方面发生了变化。基于专业教育而不是仅仅依靠考试授予应聘者教师资格证的实践迅速发展。不管是通过考试还是受教育程度，授予教师资格的权力集中到州层面。由于各州不断加强对教师资格认证的控制，再加上集权化和标准化的普遍趋势，那些在19世纪中期推动资格认证的各县督学的权力不断下降。下文的表格明显体现了这一趋势，其预示着教师资格认证权力正快速集中到州层面(Cook，1921；Cook，1927；Cubberley，1906；Jackson，1903)。地方认证也受到19世纪后期建立的“互惠”措施的影响，尤其是在北部地区，其大部分州都制定了详细合同以实行资格证书相互认可(Barrett，1902)。

同时，资格证书的种类也急剧增加。学校中各类教职员工职责的分化是导致这一变化的主要原因。公众及专家对于精确的、条理的、“科学”的各种分类计划的着迷也无疑促进了这种激增。到20世纪，许多地方开始施行永久或终身资格证(主要基于学历文凭)以代替19世纪中期发行的年度性的短期教师资格证。

值得注意的是,在19世纪末20世纪初期,几乎所有的教育"进步主义人士"都赞同教师资格认证政策与实践的变化,同时出现了许多以新的教育目的为依据的更大规模的组织变革。比较保守的"管理"(administrative)进步主义者也加入到"教学"(pedagogical)进步主义者的队伍中,这些"教学"进步主义者支持教学方法和课程设计应该进行相对彻底变革。他们不仅表现出对课程现代化的热情,同时也致力于扩大州县当局对地方学校的权威并深化科学理性主义对学校的影响。[①]

尽管可能出于不同的原因,两个群体在很大程度上都支持对教师和管理人员进行专业教育。教学的进步主义者想要改革教学实践,使学生的学习能够从肤浅的对事实记忆的传统转变为更加深入和有力地理解知识,然而,传统方法在20世纪仍然十分普遍。他们希望学生能够有更多的课堂参与,课程能够更多地与学生经验相联系,同时希望学生(尤其是在高中阶段)能从传统的高压学习中解放出来。他们认为19世纪激进的古典课程和教学方式是"不民主"的,不符合在校学生多样化的状况——移民学生、有色人种儿童以及出身于工人阶级的青少年群体促使高中转变为大众化机构。他
864 们迫切要求选拔和招聘的教师能够投身于现代化、多样化的课程,并且对儿童发展和心理、所有教学方法,以及带领学校进入20世纪的社会愿景有深刻理解。

进步主义管理者主张"让学校远离政治",增加"专家"在行政和管理中的席位,并随时随地地以科学的名义呼吁集中管理。这些主张激烈地挑战了地方民主的表现和具体实践,如建立学校董事会成员选拔的监查系统,这些成员坚持代表社区利益,代表那些通过不正当的方式进入教师行业的不合格人员。同时,他们还通过设置并迅速增加实用学科和职业课程来实现课程的现代化与分化,以提高效率和经济生产力。由于担心传统学校教学与现代工业和企业经济的脱节,这些进步主义者认为教育应发挥更大的社会功能。与寻求更多个人机会的自由进步主义者相比,他们更多地关注经济效率和职业适应,尤其是那些与成立初中以及改造中等教育运动有关的人。但是,两个群体都设想学校具有宏大的、不可或缺的社会作用,这一愿景依赖于同时具有学术和专业知识与奉献精神的教师,他们的能力得到州认证政策的保证。

保守主义教育学者和管理改革者受到传统考试的困扰,尽管这些考试用以识别和聘用未来教师的地位日益下降,同时,他们也被迫将较高的教育成就作为认定教师合格的条件。他们认为,转型后的高中显然需要更高的学业文凭,甚至小学中的个体化和个性化学习的紧急措施都揭示了典型教师考试的弊端(Dutton and Snedden, 1908)。斯坦福大学的克伯雷(E. L. Cubberley)是20世纪早期最有影响的教育改革者,他在关于资格认证和许可的系统研究中有力地论证,中学教师需要接受"比高中或师范学校所能提供的更先进的培养"。

---

① "教育进步主义人士"中存在巨大的差异。见 Tyack, 1974; Church and Sedlak, 1976; Rury, 2002.

> 高中是一个带领学生接触新的学科以及新的教学方法和思维方式的地方……除非教师接触那些学科(特别是新的选修课程)的大师，并且习得大师处理该领域真理的方法，否则他不可能将这种信息的真谛传递给在中学受他指导的年轻人。(Cubberley，1906：59 - 60)

克伯雷指出，这一先进教育绝对不可能“通过书面考试的方法实施”。他接着提到，获得这种水平教师的唯一“安全的方式”是把“明确的教育要求(如从公认的名牌大学毕业”)作为授予教师资格证的先决条件。他还指出“教育中的特定工作或教育课程应该纳入大学课程”以保证“严格的教学法培养”(pp. 60 - 61)。卡伯雷认为所有认证层次都应满足这一要求。他指出，“甚至幼儿园的工作也是特殊的，需要专门培训”，并支持幼儿教师“从卓越的幼教专业学校毕业，或者从州立师范学校的幼教系毕业”(pp. 62 - 63)。他认为加利福尼亚州最近详细制定的州资格证规则是典范，但也承认在 1906 年其它州几乎都不能符合这一愿景。

克伯雷对集权化和提高教师认证的学术标准的现状和速度的不满引起了广泛的 865
共鸣。几乎所有地区的改革者都发动了紧锣密鼓的运动，促使该州政策朝向加利福尼亚州模式发展。他们的行动结果见以下两个表格。首先，1910 年以后越来越多的州要求教师必须具备学士学位。

水平	**要求具备学士学位的州的数量**						
	1900	**1910**	**1920**	**1930**	**1940**	**1950**	**1960**
小学	0	0	0	2	11	21	40
中学	2	3	10	32	40	42	51

如上表所示，教师资格认证的毕业要求在 20 世纪 20 年代传播最迅速。这一时期，标准迅速提升，出现师资短缺。下面的表格显示了四年制大学学习和专业学习的同步扩张(改编自 Kinney，1964：83)。

	州数	
	1921	**1927**
要求四年大学学习	12	32
要求四年大学和专业学习	4	25

加利福尼亚州始终引领“进步的”资格证运动。该州 1893 年的资格认证法案规定了教师资格证的最低标准，即要取得高中教学资格证，申请人至少要在被认可的大学的教育学领域修满 12 个学分。该州于 1906 年进一步提高了这一要求，当时州教育委

员会要求：要获得中学教师资格证，必须修满 1 年并拿到毕业所要求的学分（有许多学科范围限制，所有这些限制在 1928 年被取消）（Frazier，1938：304）。

北部、东部和西部地区许多州的行动落后于加利福尼亚州，但是密歇根州与之同步。为了应对来自密歇根州教师协会（Michigan State Teachers Association）的压力，20 世纪 20 年代初，加州正式通过小学教师的师范学校毕业标准。在中学阶段，北部中心协会（North Central Association）强烈要求该州超越简单的学士学位要求，并建议重新界定“合格”教师，即被认证的教师只能教大学所学的专业或辅修专业的科目。该州逐渐扩大了专业学校的要求并将这些要求标准化，以至于到 1925 年他们开始设想整个 20 世纪都会一直实施这一标准（Goodrich，1928：548；Davis，1924b；Stinnett，1969）。

南部各州提高教师准入标准的步调更缓慢一些，主要通过集中控制认证过程以及放弃教育证书考试的传统方式。该地区自世纪之交开始支持师范学校的培养工作，但显然还是实施相对缓和的“建议”参加（师范学校培养）的政策。那些直到 20 世纪 20 年代还在坚持运用考试制度的州，如北卡罗莱纳州，试图要求教师参加为期两周的县
866 级学院培训来强化教师的专业教育，并为教师开办暑期学校（Stinnett，1969：398；ed. 1922，p. 304）。该州允许教师培养机构开发自己的专业教育方法，这些方法几乎不受本州的干涉。整个 20 世纪 20 年代，南部地区专业教育的标准一般从暑期学校、延伸课堂（extension classes）、短期机构和读书会转变为正式的职前教育项目（Stinnett，1969：398）。该地区的标准化压力主要来自于专业教育机构而不是州政府。

除了增加对正规专业教育的期待之外，20 世纪 20 年代的提高标准运动开始阐述和实施对教师教育项目内容的管理。社会学和心理学基础、一般教学法和学科教学法以及教学实习的课程包，直至 20 世纪 80 年代教师专业化改革浪潮兴起，才开始纳入课程结构比例构成教师培养的模式。

标准的提高直接影响到教师队伍的专业资格。1925 年初开展的一项调查显示了各州在多大程度上接近“每个课堂都有一名受过专业培养的教师这一目标”。例如，在 1920 年与 1925 年间，一些州显著提高了至少接受两年师范教育的教师比例。北卡罗莱那州“受过专业培养”的教师比例从 18%提高到 40%；宾夕法尼亚州的比例从 50%提高到 78%；俄勒冈州从 54%提高到 70%；怀俄明州则从 24%提高到 40%。研究者据此认为，提高教师资格认证和准入标准的“州改策的强势影响”提高了接受师范教育的教师比例（Bagley，1925：113－114；Morrison，1928：49；Rosier，1925；Dynes，1931；Hood，1916；Learned and Bagley，1920；Cook，1920；Deffenbaugh and Ziegel，1932；Evenden *et al.*，1933；Siedle，1934；Slaughter，1960；LaBue，1960）。

一旦专业教育模式作为主要的教学方式在全国范围内建立和传播，考试的地区和性质将发生巨大转变。考试并没有完全消失，然而在整个 20 世纪的前 30 年间，它们在教育事业中发挥着非常特殊的作用。没有人严格提倡将考试作为控制教师行业准

入的一般机制。甚至是在最紧急的情况下，也没有人认为可以利用考试作为授予教师资格证的条件。事实上，对教师队伍的每一项分析，包括劳动力市场和人口统计资料，都有对考试常见抱怨的冗长陈述。考试导致了不合格的（教师）培养，考试“不能预测教师教学的成功”。而且，“当考试被滥用时，不当认证的沉重地方压力时有发生”（Anderson *et al.*，1937 and 1934；Parkinson，1932：422－448；Carnegie Foundation for the Advancement of Teaching，1932：56 及其后）。然而，在一些农村学区还在继续使用考试，有时是为教授特定学科（如音乐或美术）提供的临时机会。

20 世纪 80 年代之前，在考试方面最有意思、最明显的运动，围绕 1940 年实施的国家教师考试（National Teacher Examination，NTE）开展。那些谴责仅依靠一次考试就授予初始资格的批评家认为，考试可以在教师聘任和升职中发挥有效的作用。特别是 20 世纪 30 年代期间，当时有大量的剩余教师，需要施加极大压力去创造一项考试，以帮助应聘者较多的地区甄别合格的教师。

国家教师考试植根于 20 世纪 20 年代末和 30 年代期间完成的三个系列考试项目。第一个项目开发了评估小学教师专业知识和学科知识的工具，并推荐给许多大学区的人事部门。第二个项目被卖给 100 多家教师教育机构去评估有志从教的大学生。 867
第三个也是最有影响的方案由卡内基基金会（Carnegie Foundation）赞助实施，以评估宾夕法尼亚州中等教育和高等教育的质量。在威廉姆·勒尼德（William Learned）和本·伍德（Ben Wood）的领导下，该项目推动了一系列大学和研究生考试计划，其中包括研究生入学考试。[①]

勒尼德和伍德在全国范围内公布了他们的研究结果，它奠定了讨论未来教师，甚至是宾夕法尼亚州实力最强的高等教育院校的毕业生，应具备的智力和学术能力的基础。他们声称，除了那些有志向从事商业、艺术、农业以及秘密科学领域的人，教师的平均成绩低于其他所有考试者的成绩（Learned and Wood，1938；Sedlak and Schlossman，1986；Warren，1985）。更糟糕的是，未来教师的专业课程成绩甚至低于同样参加测试的高中学生。勒尼德与伍德的对比研究使他们得出了“那些准备进入教师行业的人智力水平有限”的尖锐结论，认为他们是“思维愚钝、能力不足”的“狭隘的人”，可能适合小学教学工作，但并不适合高中这样需承担更多责任的职务（Learned and Wood，1938：351－353）。尽管 20 世纪考试运动的先驱——路易斯·特曼（Lewis Terman）把一些未来教师划分为“九级天赋”（congenital ninth graders），评论界一般避免对这一令人痛心的对比的关注（Terman，1939：112）。

本·伍德是卡内基项目的高级研究员之一，1930 年被任命为美国教育研究所合作考试服务中心（Cooperative Testing Service of the American Council on Education）的

---

① 国家教师考试的内容见：A. Wilson，1985，1986a；Baker，1995；Haney Madaus，and Kreitzer，1987；and Sedlak，1989.

主任。在由洛克菲勒(Rockefeller)赞助的普通教育委员会(General Education Board)的大力支持下,该服务中心主要负责设计、出版和发行学科试卷(McConn, 1931)。除了与全国范围内的大学考试部门合作以外,该服务中心无偿为许多机构提供考试,包括卡内基项目。由于越来越多地参与到考试设计和管理中,1932 年,罗德岛的普罗维登斯地区的学校校长要求考试服务中心设计一次特殊的考试“作为教师选拔程序的一个阶段”(A. Wilson, 1985: 11)。在几年时间内,其他学区也了解了考试服务中心提供的考试范围,费城、匹兹堡和克利夫兰学区也成为该中心的服务对象。由于普通教育委员会将于 1940 年停止对其进行财政投资,服务中心宣布将不再继续为学区提供考试服务。受这一威胁的困扰,1939 年,几个大学区的督学与美国教育委员会(American Council on Education)进行会晤并成立了全美教师考试委员会(National Committee on Teacher Examinations),保证继续提供考试服务以确保当地人事部门识别并招聘到最好的教师。

不久之后,具有创业家精神的伍德宣布,他的“教师考试服务”将帮助雇主解决认证标准不一致的问题。为了说服教师教育工作者相信他的考试服务并不是鼓励督学全面认定统一的专业认证项目,伍德强调,考试只是选拔、招聘和提拔教师过程的“一个阶段”。但是,他谴责“一群半文盲在用人单位负责人轻信的目光前炫耀他们的文凭”或观察到“教育部门如果不比其他部门由更多的白痴构成,至少也与它们一样”,他发现几乎不能消除教师教育工作者对考试服务持有的怀疑态度(Wood, 1936: 381; Wood and Beers, 1936: 498)。例如,知道新的考试地点之后,宾夕法尼亚州立教师学院(Shippensburg (Pennsylvania) State Teachers College)的校长在《哈佛教育评论》
868 (*Harvard Educational Review*)的文章中对伍德提出质疑。他担心美国教育委员会的威望和实力会使提议的考试广受欢迎,产生足够影响,进而造成大量的无意损害,“必须警告这一打着改进学校教学服务的旗号、事实上却破坏几十年来为获得更好的教师队伍而做出的有智慧的规划”(Rowland, 1940: 277 - 288)。其他人担心教师教育项目会沦落为只是“指导学校如何通过这些考试”。由于受到资助机构的压力,伍德被迫缓和自己对考试的热情,并尽力弥补他多年来为难、冒犯的专业教育者与自己的关系。在一次美国教师学院协会(American Association of Teachers Colleges)举办的会议上,伍德承认“客观的考试没有也不能衡量我们称之为教学能力的这一微妙的复杂物的全部”(A. Wilson, 1985: 25)。

人们集中努力了一年多,才编写完第一次国家教师考试(National Teacher Examination)的一系列测试项。最终的考试由一组长达 12 小时的多项选择题组成,其中包括 8 个小时的公共考试,主要关于推理、理解、表达、当代事务、社会问题、学科领域的问题以及一系列专业问题,如教育和社会政策、儿童发展与方法等(Ryans, 1940: 275; A. Wilson, 1985: 18 - 23; Wood and Beers, 1936)。大部分考试主要评估未来教师对大学课程的基础性知识以及对时事的熟悉程度,许多问题是关于军事问题和罗斯福新政的。伍德指出，考试的“专业学习”部分，人为控制的相对较少——共2个小时，以免留下考试服务试图“对教师培养课程施加不利影响”的印象。因此，专业知识部分主要设计为评价未来教师对没有争议的基本原理的熟悉程度，例如，了解约翰·杜威(John Dewey)是“当代哲学领域实验方法的主要倡导者”；或者知道各种“进步主义”出版物的不同标题；或者了解控制青少年的最佳方式是激发他们对“社会认同”的痴迷。然而，这些肤浅的问题，本质上并没有缓解教师教育工作者的担忧。在20世纪40年代开始对考试进行管理时，教师联合教师教育工作者共同谴责将国家教师考试作为“优质教学”的测量尺度的做法(A. Wilson, 1985, 1986a: 6)。

从开始的那一刻，国家教师考试的“专业知识”部分就饱受批评。一些人抱怨专业部分比它在必要考试中占的实际份额重要得多(A. Wilson, 1985)。其他人认为这些问题本质上是政治问题，主要是宣誓效忠进步主义信条的一种形式。在考试实施的第一年，一位记者参加了国家教师考试，之后他又采访了其他应试者，他发现在专业考试中，“人们好像能立刻感觉到某些特定答案是被期望的”。

他甚至说道：“这部分的许多问题似乎涉及态度而非知识。”从问题的措辞上，人们可能得出结论，期望的答案是由教育上左倾(即被归为自由主义者或进步主义者)的人所给出的。与一战以来其他大型考试的评论家一样，他也发现，许多问题带有“城市色调”。他总结说，那些纽约市报纸的读者具有绝对优势。“一个善于观察的东部居民比中西部居民或南部居民有更大的机会获得好成绩”。这一“都市文化”偏见本质上是不 869
民主的。同时，他发现，选择题(强制的单项选择)尤其不适合那些他认为“教条性”的问题。机器阅卷这一新技术令他更加沮丧：人们想要解释或阐述的答案(这并非对其内容有挑战性态度)被简单地表示为对或错(Winetrout, 1941: 480-481)。

正如20世纪30年代教师过剩引发了国家教师考试，二战引发了劳动力市场急剧短缺，这一突然变化让国家教师考试运动的扩张改变了方向。它最初只是作为帮助学区筛选教师的补充手段，这些学区被太多的申请者所拖累。由于二战使得未来教师队伍急剧萎缩，甚至最大的学区也很少再使用这种方法，于是这一作用被渐渐弱化。事实上，国家教师考试的赞助者很快通过大幅度削减考试的范围和规模而减少开支，他们将考试时间由12个小时缩减到3个小时，并且几年内都没有再设计新的考题。

曾经的机会主义者本·伍德利用南方决定(South's determination)来维持以种族为基础的双重工资计划(尽管该计划于1940年被美国最高法院宣布无效)，以此维护国家教师考试制度的传播。在法院判决之后，南部各州开始考虑新的招聘和支付教师工资的方案。例如，南卡罗莱纳州为未来教师和在职教师建立了新的基于考试的认证系统，即基于“客观的”国家教师考试成绩授予“等级”证书(不同等级不同工资)。伍德重新考虑了考试的市场战略，尽管担心自己会“与种族问题掺杂在一起”，他很快发现了把国家教师考试作为一种机制的优点，该机制能够帮助南部各州维持独立的教育体系，同时又满足法院强加的“客观性”要求(Baker, 1995: 55及其后)。他在南部各州组织召开了一系列会议并提出计划，即绝不给“能力极不平等的人”授予相同的资格证书。他安抚白人听众，非裔美籍教师的成绩一般会排在后 20%。令他高兴的是，整个地区的督学认为国家教师考试将“找到解决由聚焦诺福克决定（Norfolk decision）（法院反对双重工资制度）而带来的问题的建设性方案（Baker，1995：55）。①

伍德的例子是很有说服力的：根据约翰·贝克（John Baker）对当时形势的详细分析，在接下来的一年，一个接一个的学区和州“开始利用考试成绩使所谓的考绩制度合法化，这种考绩制度可以产生工资差别”（Baker，1995：56）。例如，在佛罗里达州，考试的使用引起以下情况：在坦帕市，获得最高工资的教师中 84%为白人教师，非裔教师只有 6%；而工资最低的教师中，80%为黑人，白人仅有 1%。在棕榈滩，工资最低的群体中，60%为非裔美籍教师，但是没有一个白人教师，而工资最高的群体中也没有黑人教师（Baker，1995：57－58）。由于这一制度被认为“客观且有效”，因而得到法院的认可。全美有色人种协会（National Association for the Advancement of Colored People）和瑟古德·马歇尔（Thurgood Marshall）阻止这一新的资格认证和基于业绩的计划，但毫无进展。伍德在南卡罗莱纳州获得了巨大成功，他为该州依靠国家教师考试建立自己的工资制度“铺平了道路”（Baker，1995：59）。该州组织了专门委员会来评价伍德在州政策形成中的作用，其结论是，他说服行政人员相信，由于考试得分是“客观和公正的”，它们“将免于受到为种族歧视目的服务的控诉”（Baker，1995：60）。尽管很多人声称国家教师考试缺乏效度，例如，南卡罗莱纳州一位调查人员发现，不能
870 保证“一个人考试的表现与卓越教学有紧密联系”。但是，成绩折射的种族差异以及考试的科学客观性，吸引了立法机关在 1945 年同意了基于国家教师考试的工资政策（Baker，1995：61）。

尽管，本·伍德“害怕进一步宣传国家教师考试与基于考试的绩效工资之间的关系”，他的后继者们继续在全国范围内，尤其是在南方地区，扩大考试在教师招聘和奖励政策中的作用。具有讽刺意味的是，当全美有色人种协会在 20 世纪 50 年代取得胜利之后，布朗决议（Brown decision）导致了“南部地区更广泛使用考试”（Baker，1995：63－64）。几年内，南部各州对教师和管理者进行测试变成强制性事情，并成为每个大城市的要求。除了扩大绩效工资制度的适用范围，国家教师考试也日益被采用，斯科特·贝克冷静地分析道“在种族隔离的学校系统中，成千上万的非裔美籍教师被降级和解聘”（Baker，1995：64）。由战争引发的教师短缺在 1952 年后第一次婴儿潮一代升入小学时变得更加恶化，全国性的、持续的教师短缺在这一时期影响了教师招聘、认证和雇用策略。在一战期间，（为了吸引更多人从教，政府）颁发“紧急”证书（给教师），因为这些教师很难通过正式的教师资格认证。随后州和学区又尝试通过提高工资、增加公共财政支持、免除贷款、免除兵役等措施来吸引人们从教。与 20 世纪 20 年代的

① 南加利福尼亚州的例子受到许多学者的广泛关注，参见：A. Wilson，1986b；Baker，1995；Sandifer，1984.

教师短缺同时发生的是，二战后资格认证标准实际上被提高了。那时，几乎所有州的政策都以专业教育文凭为基础，因此人们集中关注未来教师能够获得的，以及被要求的学术和专业培养的规模、范围与实质。在 1940 年至 1967 年间，最低专业标准提升的极其缓慢，小学阶段大约 28 个课时，中学阶段要达到 18 个课时。然而，大多数教育机构的培养项目远远高于这些最低要求，1958 年对认证机构的一项调查表明，小学培养项目一般要求 36 个小时，中学项目要求 24 个小时（Stinnett，1969：418 - 420；Armstrong，1951；Woellner，1946，1949，1952）。长期的实践经验（实习教师）成为惯例。

这些标准的提出后，随之而来的是 20 世纪 50—60 年代对教师资格认证和培养的激烈争论。多数情况下，争论是意识形态和言语层面的。二战后的 40 多年间，认证的实际框架依然十分稳固。这一松散的专业教育行业——州教育和认证当局、教师培养机构、K - 12 教师组织——领导权，逐渐受到另一个松散的智力、政治和专业利益集合体的挑战，它在极大程度上由学院和大学中的学科教师领导。

如同 20 世纪早期进步主义派系对政策的塑造一样，这两个群体也由类似的动机驱动，他们在全国的学校中推行他们的教育目的和教学方法，以实现他们各自的职业利益。然而，与进步主义前辈们不同的是，二十世纪五六十年代这两个群体在培养、认证和招聘 K - 12 教师方面的计划迥然不同。作为最早被公众熟知的团体，“教育信托基金会”（educational trust）[①]或“教育家”继续他们的世纪运动，在培养水平提升基础 871
上扩大和改善专业认证，深化培养和雇用过程中对从业者的影响。学科维护者（academic disciplinarians）批评专业教育的价值，并反对所有以长期的专业培养作为认证基础的繁杂的州政策。他们认为，在要求苛刻的四年制高等教育中获得的扎实的通识教育对教授 K - 12 学校课程是足够的。[②]

这是那些致力于为学校提供广泛的社会议程，与拥护较窄目的、注重在核心课程中获得学校知识的两大群体之间多年争论的最恶劣性的表现。当然，自 20 世纪 20 年代以来，在《中等教育的基本原则》（*Cardinal Principles of Secondary Education*）（1918）阐述的愿景下，以及后来与 20 世纪 30 年代末和 40 年代期间出现的“生活适应运动”（life adjustment movement）的相关政策及其实施准则的影响下，第一个群体逐渐占据主导地位。至少，美国课程已经改变以适应这一愿景，为进入公立学校的众多儿童和青少年提供服务。其他历史学家重现了这一学校教育目标的重要转变，即从关心智力发展和学科知识转到关心社会和情感的发展，并采用与职业、健康和家庭生活等领域相关的“实用”目标（Ravitch，1983：55）。由于关于儿童教育的设想与关于教

① 指为改善教学环境而捐赠财产所设立的信托。

② 许多历史学家都研究过这一时期的争论，见 Ravith，1983；Church and Sedlak，1976；Reese，2005；Angus and Mirel，1999。

师培养的设想密切相关，本文将简要地解释从精英的、经典的学习向普遍的、全纳的"与社会相关的"学习的转变。①

学校课程迅速发展，为成千上万的工人阶级和移民儿童的利益与需求服务，他们曾在小学阶段就放弃了系统的学校教育。改革者断言，迫使这些儿童接受经典课程是不民主的，这些课程似乎是为少量的上大学，或进入特权经济和有社会地位的青少年服务的，改革者在课程中增加了一系列职业的、实用的和个性化的发展经验方面的内容。同时，他们分解了传统学科，既适应那些被认为不能掌握严谨的学术要求的学生，也为这些课程注入新的相关性和目的性。当能够负担得起时，许多学区增加了社会和健康服务。随着学校课程全纳性的提高，许多学校内部的分化和差异化加剧。这些创新是很有必要的，正如提交给美国教育理事会青年委员会（American Youth Commission of the American Council on Education）的一份有影响力的报告所提到的，这些创新能够从根本上满足"那些能力平庸或不足，对抽象的学术材料缺乏兴趣的儿童"的需求。该研究于 1937 年公布，促使生活适应运动走向最后阶段，并对现代课程设计提出挑战。研究指出，课程学习不必仅仅由于学科或学科的某些方面对文明作出极大贡献，就必须包含这些内容。尤其是对当代青年的普通教育来说，将这些价值观和实用科目相混淆是不可取的，然而这种做法却很常见。当然，培养一批少数的某一领域的专家也是十分必要的（引自 Ravitch，1983：60－61）。在之后的几年时间里，生活适应运动的压力增加。1944 年，著名的教育政策委员会（Educational Policies Commission）发布了强有力的言论，即学校应满足"青少年的迫切需求"，即所谓的《为所有美国青少年的教育》（*Education for All American Youth*）。委员会声称，未来不应存在"学科的贵族"，"数学和机械、艺术和建筑以及历史和家务都是平等的"，这一观点挑战了传统学科的历史性和传统性。20 世纪 40 年代末，戴安·拉维奇（Diane Ravitch）对这一运动的重现和强化，对美国学校，至少是它们的课程产生了影响（Ravitch，1983：62－63）。

872 通过学校教育实现社会发展的观点引起了社会各界的批评，这并不令人感到奇怪。针对 20 世纪 30 年代威廉·C·巴格利（Willam C. Bagley）与"本质主义者"提出的缩减学科内容的目标，20 世纪 50 年代初期批评者联合起来参与专业教育机构的"大辩论"名噪一时。尽管他们的动机和动力截然不同，"反对进步主义者"因其共同的敌人——生活适应运动而团结起来。在拉维奇的回忆中，这是一个"浮夸的目标"（bloated target）（Ravitch，1983：70）。

更深思熟虑的批评家与莫蒂默·史密斯（Mortimer Smith）一样，对于知识平等的进步主义设想感到愤怒。这一前任学校董事会的成员反对这个概念——"本质上没有一个学科会比其他学科更具价值……机械技能的培养与思维和想象力的发展具有相

① 参见上一注释中的著作，此外，参见，Cohen and Neufeld，1981；Ravitch，2000。

同标准…美发与防腐即使不比历史和哲学更重要，也是与其同样重要”(Smith, 1949: 21-22,42,59-60,92-93)。

批评者们很快开始将矛头转向教师教育共同体，认为教师教育共同体需为人们对经典课程和传统教师为主的方法所产生的反智主义斗争负责。一位伊利诺依大学的人文科学教师恶意抨击了教育学教授，他认为这些教授把教师转变为“奶妈、性教育指导者、医疗顾问、失恋咨询师、上下刷牙与平行刷牙争论中的裁判员以及指导机动车操作的教授”。这位教师狠狠谴责了教育学院的人，从他们对“与社会相关的”课程的热情到将“浮夸的散文”伪装成学识(H. Fuller, 1951: 34)。当时，他在伊利诺伊大学的一位同事，历史学教授小亚瑟·E. 贝斯特(Arthur E. Bestor, Jr.)很快采取行动，提出本质问题：权力被大学中的教师教育学院篡夺。1953年初在威斯康星大学(University of Wisconsin)的一次演讲中，贝斯特攻击那些来自大学的教育学教授，称他们在公众面前将自己表现为谈论学校教育广泛目标和目的的唯一合法代表，这一演讲后来在他对流行的教育实践和哲学进行全面抨击的著作《教育的废墟》(*Educational Wastelands*)中得到发展。这个学院的教师试图解释“教育或所谓的教育学课程是为教学做准备的适当方式”这一毫无根据的观念(Bester, 1953: 82)。贝斯特并不反对把教育学作为一个研究领域，并声称作为一名历史教师，他成功利用了学习、教科书以及因材施教方面的重要知识。但是，他继续说道，“高效的历史教师需要具备多种思维和个性特征、广博的知识以及大量认知技能，而教学法只是其中之一”。他的主要观点是，“显然每位教师必须拥有一些教学法的知识和技能，正如医生必须有一些能力，也就是我们所说的‘临床方法’”(bedside manner)，但是这种学习不应该成为医学教育或教师教育的核心。“对医生来说重要的是他的医学知识；对教师来说最重要的是具备任教学科的知识。期望主要通过教学法的训练来培养一名好教师，与期望通过学习临床方法的课程来培养一位好医生一样愚蠢”。他说，如果我们像管理教育学院那样管理医学院，“我们将会被那些亲切的、貌似可信的、完全了解如何行医，却不能确定人们是否有内脏的医生治死”。教师培养是大学最重要的职能之一，除非“整个大学”都致力于培养教师，否则无法培养出好的教师。把培养教师的工作委托给教育系或教育学院是“当前公共教育中出现如此大规模的反智主义的首要原因”(Bester, 1953: 82)。 873

贝斯特谴责文科和科学教师允许这一令人不安的状况发展。这些教师未能对公共教育、教师的需求保持警惕。由于他们的不警觉，傲慢的教育家们“急忙填补了这一空白”。贝斯特提到，学科专家必须夺回对本科课程的结构与实质的权威。一到两门选修课可以达到教学方法的最低学习要求。但是，他警告说，“在任何情况下都不应允许教育学系使用任何形式控制未来教师的本科项目”(Bester, 1953: 83)。即使在研究生阶段，事实上，所有课程需要在学科领域，而不是教学法领域。同时，对教学法、学习与管理的研究需要在社会科学中共享。他接下来转向法律体制——各州资格认证要求，这些要求阻碍了他的“教师培养的合理计划”。由于对基于大学的教师教育的组织与个人经济方面的敏感,他认为:“事实上,这些要求是将特殊利益合法化(一种保护性关税),在很大程度上是在专业教育家的要求下制定的。”他想用法律代替这些准则,此法律能够“保护学校免于招聘到不合格的教师,而不是确保教育学教授在招生方面不会有所损失”(Bester, 1953: 85)。要求专业教育最低学分的条款需要被废除。“利用他们的特权地位废除这些要求”将有助于为“大量优秀的、当前被不公平的、专制的教学要求排除在公立学校之外的通识教育毕业生”开放教学市场。最后,资格认证和专业培养的重组将“结束有经验的教师所进行的没有目的的教学法课程学分的累积”,并且比任何其他的单一改革更能“恢复公立学校的声望”。这一变革将吸引那些真正具有学术兴趣和能力的人、使他们不会“从一开始就被排除在外,因为被迫放弃他们的学术兴趣,把时间浪费在了教育学课程上”(Bester, 1953: 87)。这样的教学队伍也做好准备并且有能力抵抗空洞的进步主义新浪潮中折射出的反智主义,迎接婴儿潮。

贝斯特及其文科院系同事们的这些看法既反映了他们与教育目的的对立观点,又表现出对他们自身的政治、经济和职业利益的敏锐认识,并回应了内战后文科学院和古典书院对师范学校进行扩张的对立看法。整个20世纪,对未来教师专业的研究稳步发展,从20世纪初的10或11个学分增加到20世纪50年代的30多个学分。学士学位的整体课程规模并没有增加太多,因此,在很多方面,本科课程是“零-和游戏”(zero-sum game),专业课程的发展取代了(在通识教育、学科专业和选修课中)文科和科学学科的课程。随着教师教育在大学工作中所占的比重越来越大,教育人才影响力的增加及他们对公共话语和政策的影响削弱了学科专家的作用。他们在20世纪50年代的进取精神某种程度上代表了对公共立法和组织权威的新追求,正如上一代人对专业教育共同体的追求。毫无疑问,哲学和政治理念上的严重差异使群体产生分歧,并形成了他们观点和运动的本质。但是,个人的雄心与集体的利益加剧了这种斗争。

874 这一竞争在20世纪50年代末和60年代初进一步加深,1957年苏联人造卫星的发射引起的举国轰动,掀起了重塑学术课程学科霸权地位的集中运动,尤其是激励数学和科学的教学与学习的努力加剧了这一竞争。这些年,大学中的文理教师在课程和教学改革运动中,很大程度上霸占了公共性和基础性投资。这是教师教育共同体与大学的批评者之间争夺资源和权力的另一种表现(Church and Sedlak, 1976)。

1963年,攻击的强度达到顶峰。相伴而生的两份关于K-12学校教育的总体情况,特别是对教师教育现状的控诉,一份是同情的,一份是严厉的。前哈佛大学校长詹姆斯·B.科南特(James B. Conant),同时也是美国高中相对自由和支持性声明的创始人,撰写了《美国教师的教育》(*The Education of American Teachers*)。当时,该书表现出对教师教育和认证行业出人意料的宽容。他体谅市场环境的艰难,认为它们对学校教育形成了限制。他挑战学科专家,从而探索更加有效的学科教学方法。然而,科南特期望教师教育工作者、他们的学科同事以及任课教师共同承担培养教师的责任,此举激怒了教师教育工作者。他对师范生教学实习经历的热衷暗中削弱了他们对高等教育专业课程的热情(Conant, 1963; Judge *et al.*, 1994; Stinnett, 1967)。

1963年,詹姆斯·D. 柯纳(James D. Koerner)出版了他的第二本书《美国教师的不当教育》(*Miseducation of American Teachers*),尽管他声称曾"冷静地"和"非武断地"研究过教师教育,但他几乎激怒了预备教师、管理者和教育系统中的其他专家在内的所有人。他这种直言不讳的和羞辱性的研究,谴责了教师和担任管理职位的教育者、立志从事教育职业的学生以及州许可人员。以下是他的最臭名昭著的抱怨(Koerner, 1963; Labaree, 2004)。

> 3. 教育作为一门学科资历不足……它还没有开发出广泛且具影响力的知识与技能的资料库,以证明该领域正在获得独立的学术地位。它在我们的大多数学院已经获得这种地位,或者更确切地说,是因为学术部门放弃责任而获得的,这并不能使教育成为一门真正的学科;这只会使得学术领域的根基更加不稳。
>
> 5. 这是一种无礼的说法,显然冒犯了大部分教育家,但这是事实且应当指出:教育专业教师的才智不足是限制该领域的根本因素,并且会一直如此……尽管具有代表性的教育人员日益频繁地呼吁学术质量,但他们仍然存在严重的反智主义压力。
>
> 6. 同样,教育专业学生的学术水准一直是个问题。庆幸的是,这里有一些进步,更具讽刺意味的是,(学生)比教师的进步更大。在过去的几年里,许多学校成功地提高了教师培养项目的录取要求,这可能是由于其最初的要求太低了。
>
> 7. 教育专业课程的坏名声罪有应得。毋庸置疑,它通常是幼稚的、重复的、愚蠢的和有歧义的。造成这一现状有两方面的原因:教师的局限性以及学科自身的支离破碎、过于分化和言过其实,多数情况下都处在膨胀的状态 875
> 中……课程内容的知识匮乏依然是该领域的主要特征。
>
> 8. 人们对于典型的教师培养项目中的教育课程数量的诟病并非言过其实。根据我对成绩单的调查,中学学科教师平均需要27个学时的教育课程。这接近大多数高校一年的工作量,显然过多。小学教师平均需要49个学时的教育课程,这大约是他们本科生涯的40%,我认为,这是完全站不住脚的。在教师学院和很多大学教育系这些课时均值甚至更高,文理学院使得这个平均值有所下降。不言而喻,需要大幅缩减这些课程的数量。
>
> 11. 教师教育中的学术部分也需要关注,毕竟这是基本的。学术领域的课程有时并不比教育课程有力,这是大学教师需要坦诚面对的事实……尽管学术教师较之教育学院同事,在培养学生及自然生存能力方面具有一定的优势。与教育教授相比,他们的教学在学生眼中必定更加有效。所有迹象表

> 明，文科领域的课程可以比现在做得更好……如果高中教师经常无法胜任教学工作，大部分责任应归咎于各学科院系。(Koerner，1963：17－19)

像教育工作者团体中的许多其他批评者一样，克尔那对教育目的持相对狭隘和学术化的观点。他开始指出，“除了假定西方文明是好的，我们别无选择”。“我们的文明是长期、痛苦的驯服、培养和完善人类动物性过程的产物，人类区别于其他动物的两个特征——智力与同情心，使这一过程成为可能。”教育能够不断提高人性，远离野蛮状态，“借助最有利于人类持续发展的课程，大力、系统地培养每一代人的智力”(Koerner，1963：6－7)。与其他人一样，他抱怨反智主义，认为这种理念充满进步主义思想的最新表述。然而，有趣的是，克尔那严格区分了教育目的和最有可能实现这些目的的教学法。尽管反对教育职业化、生活适应教育以及其他现实的或实用的功能，但是他赞同教育的浪漫主义者，如卢梭和杜威。他提到，“如何在课堂中更好地实施这种基础教育是另一个问题”。“让我们用尽一切办法采用进步主义教学法，让学生尽可能积极地参与到学习过程中，并通过各种方式支持那些观点……努力减少残酷行为和无意义的课堂控制，据说，过去这是教育的组成部分。”与他同时代的许多人不同，克尔那认为，在“有效实施通识教育”的情况下，“大多数人”都有受通识教育的机会(Koerner，1963：9－10)。

尽管学科专家在这场运动中发挥着强有力的领导作用，仍然有其他一些人试图挑战教育信托基金会，他们的利益和抱负植根于近来社会和人口的变革。特别是聚居在
876 高速发展的郊区的那些雄心勃勃的专业人士和中产阶级，他们逐渐对学校中学科中心的削弱感到不安。他们中有许多人将其职业成就、地位和大量财富归结为他们的文凭和受教育程度。他们大学毕业，甚至获得了专业硕士学位，有的获得《美国士兵法案》(*G. I. Bill*)的援助。他们致力于建立新兴的美国精英阶层，认可并奖励教育成就。他们通过为高等教育文凭投资来保护自己孩子的未来，因为这些文凭能通向特权职业之路。因此，他们与反生活适应教育的评论者产生共鸣，反对将高中转变为就业指向的教育机构，而这些就业机构是为了满足那些不想上大学的人的职业和社会需要。他们被贝斯特和其他教师的论点所吸引，这些教师认可 K－12 系统中更狭窄、更精英化的大学预备目的(Church and Sedlak，1976：422)。

在批评声高涨的同时，已经解散的教育信托基金会的各种支持者提出各类不同的行动计划。最大的群体，即任课教师，在 20 世纪 40 年代，二战刚结束时开始集合。大卫·安格斯(David Angus)重现了教师的积极努力，他们内心的声音处在专业教育合作伙伴——教师教育家和州教育当局的控制下。安格斯注意到，在二战末期，教师队伍“超负荷工作，工资低且士气低落”，在经过半个世纪的教育投资和教育行业势力的扩张后，他感到“利益丝毫没有惠及他们”(2001：19；E. Fuller，1952：26－27)。他们很快求助于国家教育协会(National Education Association，NEA)，该协会已经逐渐

摆脱了大学领导并在1946年成立了国家教师教育与专业标准委员会（National Commission on Teacher Education and Professional Standards，NCTEPS，TEPS）。该委员会原属于全美教育协会的教师部门，它首倡教师要拥有“独立的声音”，此举挑战了大学专业教师对“教师教育和认证”的主导地位（Angus，2001：20）。控制准入机制是所有职业实现专业化发展的关键，任课教师力图在控制教师准入方面发挥更大的作用。全国教师教育与专业标准委员会发起了教育领域著名的“专业标准化运动”。例如，其新视野工作组（The New Horizons Task Force）就致力于将“教学变成一个自我指导的专业，有能力为成员的胜任担起责任”（Kinney，1964：92；Topp，1957；Benham，1979）。

接下来的几年，全国教师教育与专业标准委员会组织了各种关于教师资格认证和教师培养的会议。在专业许可“民主化”的口号下，全国教师教育与专业标准委员会旨在促进从业人员在国家政策制定方面的作用并影响教师教育的内容。很大程度上，他们实现了州政府所有认证部门的集权化，这些部门接受咨询委员会的建议，委员会成员包括委员会官员和教师。这一策略限制了教育学院院长的权力（Angus，2001：20）。他们成为推翻州级传统实践的关键力量，这些实践本质上允许他们自己设计教师教育项目，此举使得认证交流非常困难，对于那些想跨州追求教学机会的教师来说代价更大（E. Fuller，1952：27）。教师也参与了对教育学校低准入标准和薄弱的师资培养的批判。1950年国家教师教育与专业标准委员会的一位领导人指出：

> 除了极个别的州以外，美国的教师教育系统基本上是专业教育歪曲后的 877
> 大杂烩……我们甚至为养猪者提供了计划更好、资金更多的专业教育体系，然而，我们在教育儿童的专业人员上却没有这么做（Angus，2001：20）。

亚瑟·贝斯特和詹姆斯·克尔那对它的描述都太形象了。

几个机构合作提出了各州“批准项目”的替代方案。1952年，国家教师教育与专业标准委员会、全国各州教师教育与认证负责人协会（National Association of State Directors of Teacher Education and Certification，NASDTEC）以及新成立的美国教师教育学院协会（American Association of Colleges for Teacher Education，AACTE）合作成立了一个全国性外部鉴定机构，该机构为1 200个教师培养机构开发并实施国家标准。它的生成机构——全美教师教育认证协会（National Council for the Accreditation of Teacher Education，NCATE）负责提高全国教师培养标准并收集“支持教育专业地位的公众意见”（National Council for the Accreditation of Teacher Education，1951；E. Fuller，1952：28；Russell，1952；Tuttle，1953；Lieberman，1960：191－201）。那个时代有24个职业都在模仿委员会的做法，全美教师教育认证协会由任课教师、教师教育人员以及州级教师资格认证官员共同领导。在“大辩论”时期，全美教师教育认证协会的领导人满怀敬意地处理了贝斯特和其他学科专家关心的问题。意识到“零-和”高等教育课程中对争夺席位的批评，全美教师教育认证协会的主任，W. 厄尔·阿姆斯特朗制定了一个平衡“教师教育课程”的模型（Armstrong，1957）。1957 年，阿姆斯特朗从委员会的“时事短评”草案说起，提出理想的培养应该包括广泛深入的通识教育、学科专业以及有限、连贯、以实践为基础的教师专业课程。他强调在典型的四年本科生项目中实现这一理想非常困难，并声明“对所有完全合格的中小学教师而言，当最低 5 年大学培养的基本要求被普遍接受时，这一理想将会实现”（Armstrong，1957：241）。随着社会越来越复杂，知识成倍增长，社会对教育的要求倍增，普通大众的受教育水平更高，他们对教师的信任取决于同等水平的资格认证，他说“花 4 年以上的时间完成整个项目的趋势变得越来越明显”（p. 241）。阿姆斯特朗想扩大通识教育的学习范围，为此，他把一些专业学科和专业教育放到第 5 年。他还指出，当教师被聘用时，他已经在这 5 年里习得了入门经验。他并没有专门指出这些项目的主要部分的相对比例，但是他提到，整个学区（包括通识教育教师和专业教育教师）应该一起探讨项目目标及主要成分的比重（Armstrong，1957：241；Selden，1960）。

阿姆斯特朗的初步建议引发了讨论，但几乎没有行动。伊利诺伊大学的教育哲学家哈里·布劳迪（Harry Broudy）做出了一个比较全面的回应，他声称，全美教师教育认证协会的提案主要把学校教育看作“文雅的、白领的工艺”，因为它使真正的、理论导向的专业知识遭到贬值，代之以各领域高度专业化却有限的技能发展。布劳迪提出疑
878 问，何种“智力、经济和社会地位”需要掌握这种受限的技能培养要求？如果短暂和失败是这种堕落的“专业”教育的全部，那么他可以“预见这一趋势的逻辑结果”：

> 有人指出，文科学位再加上一些教学实习就足够了，建议在某些学校系统降低工资，并任用有文科学位与实习经历的教师；那么，也许高中学历加实习也能成为教师……如果教学仅仅是一门技艺，那么实习教师这一培养模式迟早会取代其他所有的模式，因为只有通过动手操作才能学会一门技艺，而掌握教学这一技艺的最佳途径就是教学实践。（Broudy，1959：109）

布劳迪总结指出，如果全美教师教育认证协会的提案能够引发成果丰富的对话和全国范围内教师教育的改进，“它将有助于拯救专业教育”。但是，如果把该提案作为解决措施，这将是“走向自杀的一步——一个徘徊不前的、渐进的但最终却是致命的自杀”（Broudy，1959：112；Bowers，1959：112 - 116）。

可能是为了响应安理会 1957 年提案的观点，在之后的 30 年里，全美教师教育认证协会经历了几次重组，每次重组都导致任课教师失去一定的影响力，而教师教育工作者获得多数的投票支持（Angus，2001：21；Kinney，1964：92；Armstrong，1960：9）。同时，正如安格斯观察到的，20 世纪 60 年代反专业主义的两个标志——教师们的

争斗与联合，使得全美教育协会和美国教师联盟的教师在资格认证和教师教育方面的发言权更少了。

尽管国内许多大的教师教育机构都加入了全美教师教育认证协会，相对而言，20世纪六七十年代期间，只有个别教师教育项目获得全美教师教育认证协会的认可。全美教师教育认证协会逐渐被视为一个花费颇多，却没有实现替代州级认证以确保全国范围内证书互认的承诺。公众普遍抱怨大多数教师教育项目质量太差，该协会的声誉不断下降，影响力也不断削弱，导致全美教育协会和美国教师教育学院联合会都受到一些影响。1977 年，全美教育协会和美国教师教育学院联合会重新组建新的领导层并投资开展了一项为期 3 年的研究。这一研究由密歇根州立大学教学研究院（Michigan State University's Institute for Research on Teaching）的克里斯托弗·惠勒（Christopher Wheeler）主持，全面分析了认证过程的所有活动（Wheeler，2005；Wheeler，1980；Watkins，1980）。惠勒发现，全美教师教育认证协会实施的资格认证程序使原来那些最差的教师教育项目得以改善，这些机构至少可以从委员会认真执行评审的过程中获益。但是，各种压力导致委员会视察小组大部分时间都用在开展相对肤浅的调查上。他发现，视察小组的构成和分析深度太容易受控和妥协，因为当成员候选人过于严谨或者发现了其他项目有太多问题时，机构能够否决小组成员，并且它们通常就是这么做的（Wheeler，1980：57）。主办机构对外部认证的态度也让委员会的领导和小组成员感到沮丧。一位项目领导人告诉惠勒，“我们把全美教师教育认证协会看作是克服问题最经济的方式”。对于该委员会的视察，他坦率地说：

> 我们教育学院的全体教师对全美教师教育认证协会是有敌意的，因此，
> 我们决定尽量让检查悄悄地进行。只有系主任和我知道委员会快要来视察 879
> 了。我写了涵盖我们问题的完整的组织报告。之后我们试图让可能会在委
> 员会视察期间闹事的教师离开学校并事先指导其他人做好检查的准备。我
> 们故意施压要求一支较小规模的视察小组，因为设想他们会因为时间有限而
> 无法深入地调查。（Wheeler，1980：57）

这一扰乱战术发挥了作用：教师教育鉴定委员会认可了他所有的项目。由于标准模糊、缺乏说服力，视察小组经常被迫进行粗浅的检查，目前盛行的方法就是判断一项标准是否“存在或者缺失”。除此之外，别无他选。他们很少评论教师教育项目进展是否良好。惠勒发现，这种最低标准方法成为相对成功的项目朝向积极方向发展的重大障碍（Wheeler，2005；Tom，1980a；Gubser，1980；Wisniewski，1981；Tom，1981；Tom，1980b）。由于其操作过程和标准遭到猛烈抨击，全美教师教育认证协会彻底被激怒并花费多年的时间改善它的实践。委员会内部的领导能力也受到挑战，全美教育协会和美国教师教育学院联合会同时呼吁组建新的领导层并重新调整未来的发展方

向。由兰德公司(Rand Corporation)的阿特·怀斯(Art Wise)指导变革,特别是使认证程序向新标准和结果导向的绩效评估方向发展。

尽管教师资格认证和聘用的方法几十年来饱受争议,但直到20世纪60年代初,情况才略有改变。前30年的时间里,各州越来越依赖专业教育文凭去认证新教师。甚至当"大辩论"缓和时,教师教育工作者仍然牢牢控制教师培养的诸多细节。各州政府官员事实上确实规定了教师培养的基本要求,但高等教育机构在实施公共指导方针方面保留着相当大的自主权。全国性认证促使各州和各学区努力寻求一致性,帮助提升了一些最差的培养项目。由于国家教师考试(National Teacher Examination)的复兴,考试渐渐摆脱南方种族政治的尴尬,但仍没有对最初的认证产生深远的影响。越来越多的支持者发出自己的声音,但仍不足以对政策环境产生重要影响。

20世纪60年代政局发生巨大转变,随着教育事业被写进"向贫困宣战"(War on Poverty)草案,重塑20世纪80年代认证政策的意识形态和利己主义的融合得到延迟。1964和1965年间,林登·约翰逊(Lyndon Johnson)总统制定的雄心勃勃的国内议程,使得扩大教育的社会功能的观点(此观点在20世纪50年代被提出,但之后逐渐沉寂)再度复兴。对弱势群体儿童及没有上大学的学生的积极关注暂时破坏了所谓的"精英"倡议,这一倡议在过去十年间获得大量的宣传和投资。核心教育共同体的成员致力于研究学校失败的源头和后果,探寻习得有价值知识的不同方法及教育成就与成人流动的关系。他们忙于构建对阶级、种族和性别敏感的补偿性项目或课程,并再次获得了讨论和政策辩论的机会。最终,他们的理念和项目在争取公共和私人资金的竞争中获胜。20世纪60年代末和70年代期间,教学浪漫主义蓬勃发展,当时学校尝试新的组织形式(如"开放教室"),或教学方法更加以儿童为中心,比如在数学课堂上运用
880 教具。这些决不是模范实践,也很少永久不变,但是在大众媒体中很受欢迎,被广泛讨论并且没有像生活适应运动的许多表现招致人们的嘲笑。

在政策一致性持续了一段时间之后,伴随着越来越多的言辞对抗,20世纪80年代认证领域开始重新洗牌。在20世纪的最后20年,雄心勃勃的政治和专业利益没能经受住二战后的言论斗争,因此将策略转移到改变教师培养与许可机制上来。这部分内容十分复杂,本文仅通过重建它的提纲来予以总结,将论述细节的责任留给其他作者。

20世纪60年代期间,对教育愿景过于保守的批判再度复兴,联邦政府第一次承认了它的合法性并给予财政资助,这在1983年发布的报告《国家在危机中》(*A Nation at Risk*)可找到其最初的声音。它通过重新关注"卓越"和竞争力,激起第一波问责和标准改革的浪潮。20世纪50年代反对教育家的观点认为这种对教育目的和教育成就相对狭隘的定义毫无意义,并且它是以相当传统的教学法观点为基础。自20世纪80年代早期以来,关于教育目的与教学的不同观点之间的冲突是认证政策斗争中不可或缺的一部分。在K-12和高等教育阶段,"新进步主义"(new Progressivism)面临着"新要素主义"(new Essentialism)的挑战。一方面,扩大教育功能的支持者谴责精英主义

的标准与卓越运动，认为它们可能会强化或加剧现有的不平等。如果不是故意的，至少也是错误、狭隘的问责措施带来的结果。他们认为，对学生过度的、惩罚性测试经常妨碍教学和学习，浪费了学生利用学校的经验有意义地成长的机会，这些最多有助于提高分数，而分数除了能够显示肤浅的应试技巧之外，并不能代表什么。他们反而倡导采用多种教学方式，如有雄心的或“冒险性教学”、“概念学习”或“为了理解的教与学”，越来越支持那些能够反映这样一种教学方法的教师认证标准。另一方面，教育目的和内容的扩展使保守者陷入困境，因为包含多元文化和实践的课程或某些选修课程的发展使传统核心学术学科知识受到损害。他们对直观性教学和以教师为中心的教学方法的热情逐渐增长，认为小组学习的拓展或项目化教学使得课堂脱离了以学生为中心的目标。他们本来希望把教师认证要求限制在大学学科培养上，但事实上却诋毁所有基于大学的教师专业教育是不适用的、高代价的、无聊的和没有价值的。与早期冲突相比，那些一直以来没有受到政府足够关心的群体（例如，非洲裔美国人的宗教和社区组织）的领导者认为，把传统教学以及核心学科的学业成就作为改善经济条件的有效途径具有巨大的经济效益，他们在政治上与这种保守主义的观点保持一致。

具有讽刺意味的是，二十世纪八九十年代多数保守派的仇恨主要源于 60 年代末和 70 年代激进的左翼反专业主义和消费主义情绪。许多学科（特别是社会学、政治学、人类学和历史学）的学者也成为消费者权利倡导者，攻击社会提供的卫生保健、教育与社会福利服务，坚持认为这些职业的专业化使实践者和他们工作结果相脱离。此 881
外，早期的评论文章指出，这些领域要求获得掌控行业准入的权利，从而提高专业壁垒并减少教员的进入与选择。最近，保守派和许多原本自由主义的群体（非裔美籍民权领导人）再现了这一分析，利用一系列市场与择校措施弱化和破坏专业的野心。在教育领域，人们反对竞争性认证、自由主义运动接受早期呼吁结束专业联合或教师准入垄断的观点。

总之，关于学校的目的以及它在社会中的定位、我们想要孩子通过学生经历成为什么样的人、我们认为学校如何最大程度实现这种影响，以及我们可以相信哪种人能够照顾孩子和决定我们孩子的命运，这些观点之间深刻而持久的差异塑造了教育中认证标准的形成与发展。当然，个人和组织的利益与抱负也影响着这种发展。每个在这个故事中的人都要实现自身利益，都要建立、提升并保护自己的事业。理解并赞同这些个人利益的力量是重要的，但是，更重要的是要把这些关于教育目的的不同观点从传统的政治中脱离出来。

（付艳萍　金马妮　译）

参考文献

Anderson, E. W., Butsch, R. L. C., Ellsbree, W. S., & Torgerson, T. L. (eds.) (1934) Teacher personnel. *Review of*

Educational Research, 4, 253 - 352.

Anderson, E.W., Butsch, R.L.C., Cooke, D.H., Ellsbree, W.S., Torgerson, T.L., & Umstatt, J.G. (eds.) (1937) Teacher personnel. *Review of Educational Research*, 7, 237 - 354.

Angus, D.L.(2001) *Professionalism and the public good: a brief history of teacher certification*. Washington, DC: Thomas B. Fordham Foundation.

Angus, D.L. & Mirel, J.E.(1999) *The failed promise of the American high school, 1890 - 1995*. New York: Teachers College Press.

Armstrong, W.E.(1951) *Tabular summary of teacher certification requirements in the United States*. U.S. Office of Education, Circular No. 233. Washington, DC: Government Printing Office.

Armstrong, W.E.(1957) The teacher education curriculum. *Journal of Teacher Education*, 8, 230 - 43.

Armstrong, W.E.(1960) The NCATE in 1960. *Journal of Teacher Education*, 9, 9 - 14.

Aurner, C.R.(1918) *History of education in Iowa*. Vol. II. Iowa City: State Historical Society.

Bagley, W.(1925) State progress in reducing the proportion of untrained teachers. *School and Society*, 22, 113 - 114.

Baker, S.(1995) Testing equality: the National Teacher Examination and the NAACP's legal campaign to equalize teachers' salaries in the South, 1936 - 63. *History of Education Quarterly*, 35, 49 - 64.

Barrett, R.C.(1902) Reciprocity in licensing teachers. *Proceedings and Addresses*, 299 - 305. Washington, DC: National Education Association.

Benham, B.J.(1979) *Teacher training: the futile 135-year search for a foolproof formula*. Paper presented at the annual meeting of the American Educational Research Association in San Francisco.

Bester, A.E.(1953) On the education and certification of teachers. *School and Society*, 78, 81 - 87.

Bowers, H.J.(1959) The NCATE: suicide or salvation? *Journal of Teacher Education*, 10, 112 - 16.

Broudy, H.S.(1959) The NCATE statement on the teacher education curriculum. *Journal of Teacher Education*, 10, 107 - 112.

Carnegie Foundation for the Advancement of Education (1932) *State and higher education in California*. Sacramento: California State Printing Office.

Church, R.L. & Sedlak, M.W.(1976) *Education in the United States: an interpretive history*. New York: Free Press.

Cohen, D.K. & Neufeld, B.(1981) The failure of high schools and the progress of education. *Daedalus*, 110, 69 - 89.

Commission on the Reorganization of Secondary Education (1918) *Cardinal principles of secondary education: a report of the Commission on the Reorganization of Secondary Education*. Appointed by the National Education Association. Washington, DC: National Education Association.

Conant, J.B.(1963) *The education of American teachers*. New York: McGraw-Hill.

Cook, K.M.(1920) Certification by examination — the open door to the teaching profession. *American School Board Journal*, 61, 29 - 30.

Cook, K.M.(1921) *State laws and regulations governing teachers' certificates*. Washington, DC: U.S. Bureau of Education.

Cook, K.M.(1927) *State laws and regulations governing teachers' certificates*. Washington, DC: U.S. Bureau of Education.

Cubberley, E.P.(1906) *The certification of teachers: a consideration of present conditions with suggestions as to lines of future improvement*. Fifth Yearbook of the National Society for the Scientific Study of Education, Part III. Chicago: University of Chicago Press.

Davis, C.O.(1924a) The training and experience of teachers in the high schools accredited by the North Central Association. *School Review*, 30, 335 - 354.

Davis, C.O.(1924b) The training of teachers in North Central Association accredited high schools. *School and Society* 19, 390.

Deffenbaugh, W.S. & Zeigel, W.H.(1932) *Selection and appointment of teachers*. U.S. Department of the Interior, Bulletin No. 17, National Survey of Secondary Education. Washington, DC: Government Printing Office.

Dutton, S. & Snedden, D (1908) *The administration of public education in the United States*. New York: Macmillan.

Dynes, J.J.(1931) How certification is practiced in the various states. *Nation's Schools*, 7, 67 - 71.

Dynes, J.J. (ed.) (1922) Education of teachers in different states. *School and Society*, 15, 304.

Dynes, J.J. (ed.) (1924) Sympathy and the certification of teachers. *School and Society*, 19, 760 - 761.

Elsbree, W.S.(1939) *The American teacher: evolution of a profession in a democracy*. New York: American Book Co.

Evenden, E.S., Gamble, G.C., & Blue, H.G.(1933) *National survey of the education of teachers*. U.S. Office of Education, Bulletin No. 10. Washington, DC: Government Printing Office.

Franklin, B.(1784) *Remarks concerning the savages of North America*. In A. H. Smyth (1907), *The writings of Benjamin Franklin*, Vol. 10, pp. 97 - 105. New York: Macmillan.

Frazer, J.(2007) *Preparing America's teachers: a history*. New York: Teacher's College.

Frazier, B.W.(1938) *Development of state programs for the certification of teachers*. Washington, DC: Government Printing Office.

Fuller, E.(1952) Toward a qualified teaching profession. *Journal of Teacher Education*, 3, 26 - 28.

Fuller, H.J.(1951) The emperor's new clothes, or Prius Dementat. *Scientific Monthly*, 72, 32 - 41.

Goodrich, C.L.(1928) The annual convention of the North Central Association. *Michigan Educational Journal*, 5, 548.

Gubser, L.(1980) NCATE's director comments on Tom's critique. *Phi Delta Kappan*, 62, 117 - 119.

Haney, W., Madaus, G., & Kreitzer, A. (1987) Charms talismanic: testing teachers for the improvement of American education. *Review of Research in Education*, 14, 169 - 238.

Herbst, J.(1989) *And sadly teach: teacher education and professionalization in American culture*. Madison: University of Wisconsin Press.

Hood, W.R.(1916) *Digest of state laws relating to public education*, Part E: the examination and certification of teachers. U.S. Bureau of Education, Bulletin No. 47. Washington, DC: Government Printing Office.

Imig, D.G. & Imig, S.R.(2006) The teacher effectiveness movement: how 80 years of essentialist control have shaped the teacher education profession. *Journal of Teacher Education*, 57, 167 - 180.

Jackson, W.R.(1903) The present status of the certification of teachers in the United States. In, *Biennial Report on Education in the United States*. Washington, DC: Government Printing Office.

Judge, H., Lemosse, M., Paine, L., & Sedlak, M.(1994) *The university and the teachers: France, the United States, England*. Oxford: Triangle.

Kaestle, C. F. (1983) *Pillars of the republic: common schools and American society, 1780 - 1860*. New York: Hill and Wang.

Kaestle, C. F. & Vinovskis, M. A. (1980) *Education and social change in nineteenth-century Massachusetts*. New York: Cambridge University Press.

Kinney, L. B. (1964) *Certification in education*. Englewood Cliffs, NJ, Prentice-Hall, Inc.

Koerner, J. D. (1963) *The miseducation of American teachers*. Boston: Houghton Mifflin.

Labaree, D. F. (2004) *The trouble with ed schools*. New Haven: Yale University Press.

Labaree, L. W. & Bell, W. J. (1961) *The papers of Benjamin Franklin*, vol. 4. New Haven: Yale University Press.

LaBue, A. C. (1960) Teacher certification in the United States: a brief history. *Journal of Teacher Education*, 11, 147 - 172.

Learned, W. S. & Bagley, W. C. (1920) *The professional preparation of teachers for American public schools: a study based upon an examination of tax-supported normal schools in the state of Missouri*. New York: Carnegie Foundation for the Advancement of Teaching.

Learned, W. S. & Wood, B. (1938) *The student and his knowledge: a report to the Carnegie Foundation on the results of high school and college entrance examinations of 1928, 1930, and 1932*. Bulletin No. 29. New York: Carnegie Foundation for the Advancement of Teaching.

Lieberman, M. (1960) Considerations favoring national certification of teachers. *Journal of Teacher Education*, 11, 191 - 201.

McConn, M. (1931) The Co-Operative Test Service. *Journal of Higher Education*, 2, 225 - 232.

(Maine State Board of Education) (1848) *Maine school report*. Augusta: State Printing Office.

Morrison, J. C. (1928) Certification for improving professional leadership. *American School Board Journal*, 76, 49, 50, 169 - 70.

National Council for Accreditation of Teacher Education (1951) Proposal for the establishment of a National Council for Accreditation of Teacher Education. Reprinted in (1952). NEA to act on proposed council. *Journal of Teacher Education*, 3, 84.

Ogren, C. A. (2005) *The American state normal school: "an instrument of great* good." New York: Palgrave Macmillan

(Ohio State Board of Education) (1858) *Fifth annual report*. Columbus: State Printing Office.

Parkinson, B. L. (1932) Certification of teachers. In T. A. Schuttle (ed.), *Orientation in education*, 422 - 448. New York: Macmillan.

Ravitch, D. (1983) *The troubled crusade: American education, 1945 - 1980*. New York: Basic Books.

Ravitch, D. (2000) *Left back: a century of failed school reforms*. New York: Simon and Schuster.

Reese, W. J. (2005) *America's public schools: from the common school to "no child left behind*." Baltimore: The Johns Hopkins University Press.

Rosier, J. (1925) Report of the committee on standards, requirements, and credits of teachers in service. *Proceedings and Addresses*, 237 - 241. Washington, DC: National Education Association.

Rotherham, A. J & Mead, S. (2004) Back to the future: the history and politics of state teacher licensure and certification. In Hess, F. M., Rotherham, A. J., and Walsh, K. (eds.), *A qualified teacher in every classroom? Appraising old answers and new ideas*, 11 - 47. Cambridge: Harvard Education Press.

Rowland, A. L. (1940) The proposed Teacher Examination Service. *Harvard Educational Review*, 10, 277 - 288.

Ruby, J. L. (2004) *Education and social change: themes in the history of American schooling*, 2nd ed. Mahwah, NJ: Lawrence Erlbaum Associates.

Russell, J. D. (1952) An analysis of the proposed National Council for Accreditation of Teacher Education. *Journal of Teacher Education*, 3, 87 - 93.

Ryans, D. (1940) The professional examination of teaching candidates: a report of the first annual National Teacher Examinations. *School and Society*, 52, 273 - 284.

Sandifer, P. D. (1984) *Teacher certification examinations in South Carolina, 1940 to 1984*. Paper presented at the annual meeting of the American Educational Research Association in New Orleans.

Sedlak, M. W. (1989) "Let us go and buy a schoolmaster, " historical perspectives on the hiring of teachers in the United States, 1750 - 1980. In D. Warren (ed.), *American teachers: histories of a profession at work*, 257 - 291. New York: Macmillan.

Sedlak, M. W. & Schlossman, S. L. (1986) *Who will teach? Historical perspectives on the changing appeal of teaching as a profession*. Santa Monica, CA: Rand Corporation.

Selden, W. K. (1960) Why accredit teacher education? *Journal of Teacher Education*, 11, 185 - 190.

Siedle, T. A. (1934) Trends in teacher preparation and certification. *Educational Administration and Supervision*, 20, 193 - 208.

Slaughter, E. E. (1960) The use of examinations for state certification of teachers. *Journal of Teacher Education*, 11, 231 - 238.

Smith, M. (1949) *And madly teach: a layman looks at public school education*. Chicago: Henry Regnery.

Smyth, A. H. (1907) *The writings of Benjamin Franklin*, Vol. 10, pp. 97 - 107. New York: Macmillan.

Stinnett, T. M. (1967) Teacher certification. *Review of Educational Research*, 37, 248 - 259.

Stinnett, T. M. (1969) Teacher education, certification, and accreditation. In J. B. Pearson & E. Fuller (eds.), *Education in the states: nationwide development since 1900*. Washington, DC: National Education Association.

Stone, I. (1984) *The elementary and complete examiner; or candidate's assistant: prepared to aid teachers in securing certificates from boards of examiners*. New York: A. S. Barnes & Co.

Swett, J. (1872) *Questions for written examinations: an aid to candidates for teachers' certificates and a handbook for examiners of teachers*. New York: American Book Co.

Swett, J. (1911) *Public education in California: its origins and development, with personal reminiscences of half a century*. New York: American Book Co.

Terman, L. (1939) An important contribution. *Journal of Higher Education*, 10, 112.

Tom, A. R. (1980a) NCATE standards and program quality: you can't get there from here. *Phi Delta Kappan*, 62, 113 - 116.

Tom, A. R. (1980b) Chopping NCATE standards down to size. *Journal of Teacher Education*, 31, 25 - 30.

Tom, A. R. (1981) An alternative set of NCATE standards. *Journal of Teacher Education* 32, 48 - 52.

Topp, L. (1957) The role of the National Education Association in the professional standards movement. *Progressive Education*, 34, 102 - 105.

Tuttle, E. M. (1953) The National Council for Accreditation of Teacher Education. *American School Board Journal*, 126, 55, 8, 10, 96.

Tyack, D. B. (1974) *The one best system: a history of American urban education*. Cambridge, MA: Harvard University Press.
Van Doren, C. & Boyd, J. P. (eds.) (1938) *Indian treaties printed by Benjamin Franklin*. Philadelphia: The Historical Society of Pennsylvania.
Vold, D. J. (1985) The roots of teacher testing in America. *Educational Measurement*, 4, 5 - 7.
Warren, D. (1985) Learning from experience: history and teacher education. *Educational Researcher*, 14, 5 - 12.
Watkins, B. T. (1980) Report criticizes teacher-education accreditation. *Chronicle of Higher Education*, 21, 4.
Wheeler, C. W. (1980) *NCATE: Does it matter?* East Lansing, MI: Institute for Research on Teaching, Research Series No. 92.
Wheeler, C. W. (2005) *Personal interview*.
Wilson, A. J. (1985) *Knowledge for teachers: the origin of the National Teacher Examinations program*. Paper presented at the annual meeting of the American Educational Research Association in Chicago.
Wilson, A. J. (1986a) *Historical issues of validity and validation: the National Teacher Examinations*. Paper presented at the annual meeting of the American Educational Research Association in San Francisco.
Wilson, A. J. (1986b) Historical issues of equity and excellence: South Carolina's adoption of the National Teacher Examinations. *Urban Educator*, 8, 77 - 82.
Wilson, S. M. & Youngs, P. (2005) Research on accountability processes in teacher education. In M. Cochran-Smith & K. Zeichner (eds.), *Studying teacher education: the report of the AERA Panel on Research and Teacher Education*, 591 - 643. Mahwah, NJ: Lawrence Erlbaum Associates.
Winetrout, K. (1941) The National Teacher Examinations, 1941. *Journal of Higher Education*, 12, 479 - 484.
Wisniewski, R. (1981) Quality in teacher education: a reply to Alan Tom. *Journal of Teacher Education*, 32, 53 - 55.
Woellner, R. C. (1946). Teacher certification. *Review of Educational Research*, 16, 279 - 282.
Woellner, R. C. (1949) Teacher certification. *Review of Educational Research*, 19, 250 - 253.
Woellner, R. C. (1952) Teacher certification. *Review of Educational Research*, 22, 182 - 185.
Wood, B. (1936) Teacher selection: tested intelligence and achievement of teachers-in-training. *Educational Record*, 17, 381.
Wood, B. & Beers, F. S. (1936) Knowledge versus thinking. *Teachers College Record*, 37, 487 - 499.

47. 从传统的资格认证到竞争性资格认证：25 年的回顾

大卫·G. 伊米戈(David G. Imig)
马里兰大学帕克学院(University of Maryland, College Park)

斯科特·R. 伊米戈(Scott R. Imig)
北卡罗莱纳大学惠明顿分校(University of North Carolina, Wilmington)

引言

教师资格认证已经成为自由主义者与保守主义者，寻求改革教学和教师教育的政策工具。韦伯斯特(Webster)将资格认证界定为“授予那些完成课程学习或培训，通过一项考试、测试或符合既定标准的人的一份官方文件”。在过去的 25 年中，从应该由谁发放资格证书的问题到获得资格证书需参加的教师培养的形式与功能，从认证标准的设定到评估候任教师能力的方法，教师资格认证的每个方面都饱受争论。 886

这一时期，我们考虑从最初资格认证的最低要求(通常包括学术学位与专业教育课程)转到通过更复杂多样的方式获得资格证书(NASDTEC, 1999)。然而，令人奇怪的是，这个高度复杂的教师资格认证系统在各州之间几乎没有差异——组约的资格认证要求与华盛顿的要求极度相似。各州之间的教师资格互认，为新教师设计的评价系统(指原来的国家教师考试)以及教师教育项目的通用认证标准等推动了全国教师政策质量保证体系的建立。

各州选拔教师的方式也发生了变化，它们不再分析候任教师的成绩单，而是直接招聘那些完成州认可的教师教育项目的人；不再规定教师应学习哪些课程并要求所有大学培养项目遵照这些规定，而是关注教师能力测试并把认证教师教育项目的权力让渡给国家性认证机构。当前，各州主要把州组织的基本技能和学科知识的评估作为授予教师资格证的必要条件。在各州政策与治理推动现行教师许可和资格认证系统发展的同时，联邦政策现在也影响着资格认证过程的方方面面。

国家层面的教师资格认证也经历了显著的发展。美国成立了国家专业教学标准委员会(National Board for Professional Teaching Standards, NBPTS)，并组建了 3 个重要的教师教育改革工作组：国家教育革新网络(National Network for Educational Renewal)、霍姆斯小组(Holmes Group)以及 30 项目(Project 30)。各州教育长官委员会(Council of Chief State School Officers)成立了州际新教师评估与支持协会(Interstate New Teacher Assessment and Support Consortium, INTASC)，同时，系统的或基于标准的学校改革开始控制教育话语。人们逐渐认可教师是学校内部影响 PK－12 阶段学生学习的最重要变量(Haycock, 1998; Sanders and Rivers, 1996)。

887 政治党派和经济集团在这方面的意见一致，都把培养好的教师列为国家的优先事项。一旦改变资格认证法律，教师质量就会改变，这一假设成为上述运动与实践的基础。本文主要追溯1980年至2005年间与教师质量有关的政策发展历程。首先我们要对教师许可与资格认证的发展趋势作简要回顾。

教师许可与资格认证

17世纪60年代后期，新英格兰的城镇与乡村要求谋求教师职位的人必须参加考试，这可能是未来教师颁发教师许可证的起源。这在今天仍然是确保候任教师“不会带来坏的影响”的方法，也就是说，这些通过考试的人达到了作为教师的最低要求，把孩子托付给他们是安全的。19世纪中期出现了资格认证，给那些满足该州特定要求的人授予学位或资格证书，并受到州师范学校规定课程的影响。在长达一个世纪的时间里，县级督学(通过设计和管理教师考试)一直控制着教师行业的准入。之后，州级督学开始负责为未来教师设置标准和制定获得资格认证的要求(Stinnett，1958；也见Sedlak，本卷)。

尽管很多人试图将作为教育行业准入条件的教师从业执照，与作为教学实践标准的资格证书区分开，事实是大多数人依然把二者混用(Cronin，1983；Goodlad，1990)。不管人们如何利用“教师资格认证”，这一术语激励了一代活跃分子对州级资格认证过程的方方面面进行讨论，并质疑它在界定优质教学中的效果(Asera and Chin，2005；Ballou and Podgursky，2000；Goldhaber and Brewer，2002；Hanushek，1997；Leigh and Mead，2005；Rice，2003；Rotherham and Mead，2003；Walsh，2001)。

在这些争论中，有些人提议提高对想要获得教学资格的人的要求与期望，另一些人则建议降低当前资格认证系统的复杂度，进而让更多的人进入教师行业。一部分人将资格认证作为提高教师质量的手段并主张各州、各州的区域联盟、专业团体、标准委员会或联邦政府应该加强对哪些人能进入教学行业及教学改进方面的控制；另一部分人则认为，如果降低或取消当前对教学的限制，教师群体会更加多元化，教师的能力会得到提升，学校和学生也将从中获益。

州政府必须在保障有充足教师的同时，确保这些教师得到良好培养，这一事实是人们围绕资格认证进行争论的基础。一些人认为，制定教学标准的责任应该与各州保障充足教师的责任分离开来(Goodlad，1990)。各州重塑了在资格认证上的角色，过去25年间最重要的事件之一就是努力让专业人士负责制定标准，这也是本文接下来要讨论的重点。

这场争论的一个有趣的方面是谁应该对新教师进行认证。随着时间的推移，教师资格认证已经从地方性事务(通常伴随着由地方管理的教师知识考试)转变为学区或地方教育督查的事务，又逐渐成为州级政府的事务。20世纪初，人们普遍认为教师资格认证隶属州政策，为所有人提供免费的公立教育是各州责任的一部分（Learned *et al.*，1920）。最终，专业人士认为，作为一门职业，教师和教学应该受到专业实践或标 888
准委员会的监督。1946 年，全美教育协会（National Education Association，NEA）成立了国家教师教育与专业标准委员会（National Commission on Teacher Education and Professional Standards，TEPS）之后，教师资格认证上升为国家层面讨论的话题，并促成认证教师培养机构的全美教师教育认证协会（National Council for the Accreditation of Teacher Education，NCATE）的成立。然而，在联邦立法者和政府机构关注到教师资格认证事务之前又经历了两代人的努力。

当前，教师资格认证饱受争议。由于各个政治派别都有人支持把教师资格认证，作为国家重塑教师队伍，或重新界定新教师的知识和技能的工具，在这一点上，自由主义者与保守主义者之间的意见分歧并不明显。左派与右派政党中都有人坚持认为，国家应使资格认证过程更加严格，也都认为应降低资格认证的重要性并由校长负责教师的聘任（不管其是否有教师资格）。这些分歧推动国家专业教学标准委员会（National Board for Professional Teaching Standard，NBPTS）的成立，随后，对美国卓越教师资格认证委员会（American Board for the Certification of Teacher Excellence，ABCTE）的成立也发挥了重要作用。同时，也促成了“非师范认证”（alternative certification）概念的提出。

在民主党与共和党的州长们、其他州的立法者、两个主要的教师组织以及一些商界领导人与慈善家组成的联合集团的共同努力下，国家专业教学标准委员会成为英国人所谓的拥有政府投资与支持的半官方机构（quasi-non-governmental organization，quango）（在之后的几十年间，国家专业教学标准委员会支配了将近 1 亿美元的联邦拨款）（Futrell，2005）。该委员会阐述的 5 个核心提议以及它所开发的多个研究领域与课程的标准和评价，引发了政治家和公众的兴趣与支持。

与此同时，新泽西州实施的非师范资格认证，提出了一种完全不同的标准制定方法——这一运动最终被大多数州接受并引起人们重新思考资格认证的概念（Michelli，2005）。几乎从它被提出开始，非师范资格认证就被联邦教育部（U. S. Education Department）、共和党研究委员会（Republican Study Council）以及许多州政策团体和国家的“智库”（think tanks）当作一种能更好地吸引人们从事教学的方法而大力推崇（Gursky，1989）。尽管有些人致力于提升教学的活力和质量，有些人致力于扩大教师行业的准入机会，但现实情况是，两个群体在新教师应该了解哪些知识以及如何能最好地获得这些知识这一问题上存在巨大分歧。

教师资格认证是一种手段而不是目的，它是确保教师能够从事教学的最低条件，是政策制定者管理或控制哪些人进入教师职业的政策工具之一。尽管关于资格认证的讨论激发了人们关于什么是理想的新教师的思考，政策制定者不可避免地回到制定一系列最低标准，或是规定新教师应该了解与能够做的基本内容上来（Sykes，1990）。

教师教育项目审批与专业认证也是用于保证教师质量的工具。在过去25年间，所有这些政策领域都发生了巨大变化。然而，在描述这些变化之前，本文简要地回顾人口统计特征在教师资格认证与许可中的作用。

人口统计特征与教师资格认证

除了关于教学与教师教育的政治与意识形态方面的斗争以外，人口是影响教师资
889 格认证争论的最重要因素，即"迫在眉睫"的教师短缺。正如下文所要指出的，全美教学与国家未来委员会(National Commission on Teaching and America's Future, NCTAF, 1996)的报告刺激了政策界施行一定的教师政策。国际比较与停滞不前的K－12学生的考试成绩引发了人们对教师质量的极大关心。其中最引人关注的NCTAF报告提出未来10年间各地公立学校需要招聘220到240万教师(NCES, 1999)。面对教师短缺的现状，作者强调指出，政策制定者面临着质量与数量的双重难题(Berry *et al.*, 1998; Bradley, 1999; Darlington-Hammond, 1996)。事实上，威廉姆·杰斐逊·克林顿(William Jefferson Clinton)总统在1997年的国会演讲中同时提出了吸引更多人从事教学与提高每个课堂教师教学质量的需求(The White House, 1997)。之后，政策制定者原本应该关注寻找降低新教师离任率的方法，但他们却忙于利用旨在吸引更多人教学的激励项目和贷款宽限项目解决教师短缺问题(Olson, 2003; Wayne, 2000)。

资格认证成为各州的责任

各州政治家与政策制定者经常一边呼吁提高所有候任教师的入职标准，一边呼吁为一些人降低教师职业准入要求，这一事实让资格认证的观察者们感到困惑。(他们)凭借非师范资格认证的名义向一些人降低准入条件，却向另一部分人提出更高的准入要求(通常是平均成绩绩点(GPAs)或SAT/ACT分数)。掌控资格认证过程的各州学校董事会(大多数成员是在州级选举中被选出或接受政府和/或州级学校督学的任命)发现，让所有候任教师遵守统一的标准是很困难的。一些州的候任教师享有很大的"优势"，他们的教师培养时间短、面临的课程要求低且实习时间也更短。而另一些州对新教师的要求很高，它们允许候任教师仅接受几周培训就进入教师行业，但这些人需要在教学最初几年内积累专业发展学分。"传统"教师培养项目中大多数的教师教育工作者都认为，这些差异化的要求有失公平。

这一时期，许多政策制定者都缺乏对教师资格认证概念的理解，特别是各州在教师资格认证中的角色。对于一些右派人士而言，州级资格认证只是"由教师工会和教育学院运营的垄断联盟……极大地削弱了课堂教学质量"(Heritage Foundation, 1989)。面对这一状况，他们不是去指责州级系统和官僚体系，而把重点放在传统的教

师培养项目上，认为它们是这一状况的罪魁祸首。事实上，1988 年乔治 • H. 布什(George H. Bush)竞选总统时就提倡将非师范资格认证当作“为那些想要做合格教师的人扫清不必要障碍”的途径。对资格认证实践与教师培养的批评不仅仅是政治右派。同年，全美州长协会(National Governors Association，NGA，1989)大力提倡将非师范资格认证作为增加数学和科学教师数量的一种方法。

随着基于大学的教师教育项目逐步满足了 PK - 12 初等和中等学校教师的需求，教师教育的权力从大学转移到州级层面。由于新教师数量的增长远远超出了州政府为教师颁发许可证书的能力，致使各州以项目审批的形式把颁发教师资格证的责任委托给了各个大学。如果没有经过各州的批准、没有实施该州许可的教师教育课程或是 890
没有被授予开展教师教育的权力，大学就不能开展教师教育项目。30 年后，联邦政府意识到当前的政策与实践无法培养出合格的教师。然而，尽管人们普遍认为联邦政府应该在教师培养或教师资格认证方面发挥新的作用，但对如何实现这一目标出现了两种不同观点。一种是走专业化道路，即将教学作为一个需要广泛培养和长期投入的学术性职业；另一种是所谓的去专业化道路，即把教学看作是一个不需要培养且更重视学科知识的短期工作。

专业化 vs. 去专业化

那些倡导提高教学和教师标准的人要求实现教师专业化。他们指出，如果教师想要得到其他专业人士所应有的尊敬和报酬，就必须提高标准。去专业化者则指出，教学的最低条件是必需的，但这些条件不应成为阻止“最优秀的人”进入教学行业(哪怕仅是短期从事教学工作)的限制因素。他们经常借用“为美国而教”(*Teach for America*)计划在吸引大学毕业生方面取得的成功，指责当前的政策限制了教师职业的准入。专业化人士与去专业化人士都希望各州修改资格认证的过程，增加或减少教学的要求，把资格认证看作重塑美国教师的替代性政策工具。

或许，关于什么是好的教学的多种辩论铸成了一场运动，这场运动旨在建立一个具有一致内容与政策杠杆的标准化学校系统(Fuhrman，1994；O'Day and Smith，1986)。在实现系统改革的过程中，教师资格证是一种工具，它确保由那些经过州认证的教师培养项目培养的教师，来教授该州 PK - 12 的学生。教师教育被视为各州改革的组成部分，教师教育的开展要符合各州的实际情况与期望。这一点是全国各州教师教育与认证负责人协会(NASDTEC，1999)的重要主题，该协会详细阐述了基于项目结果与可证明的专业实践的新资格认证标准。各州希望完成州认证项目的教师能够教授相应的学习课程。资格认证是评估新教师是否掌握教学内容及是否有能力把教学内容呈现给 PK - 12 学校中多样化学生的一种途径。

但是教师教育工作者为教学与教师教育提出的大部分政策建议，即所谓的专业化议程，同样被看作是与系统改革相冲突的。尽管那些提出狭义的教学概念(即让所有学生满足预期的学习结果或成就标准)的专业人士,常常与去专业化者有相同的期望,但是专业人士对新教师有另外一套期望。专业化发展道路不仅与系统改革的步调不一,与当下高等教育领域进行的改革也不一致,大学校长表达了对组织化的教师职业——大部分以教师工会为代表——的反对意见(Appleberry, 1994)。由于不愿与PK－12的教师成为同行,大学校长发起了一场运动,阻碍他们对专门化或专业化认证的参与,并提出了基于组织任命而非专业标准的非师范资格认证(Splete, 1996)。毫无疑问,同样的压力并没有将教师培养项目延长至5年,也没有促进对教育学院专业
891 化发展的信任。不同于其他专业学校举办的高于学士学位的、以研究为导向、追求地位和自负盈亏的专业培养项目,教师教育项目面临社会地位较低、范围有限、只有学士学位、以教学为中心、拥有较少的资源且不受尊重的现状(Labaree, 2004)。

关于教师教育的争论

因此,当前关于教育学院的作用、目的的争论与教师资格许可与认证的讨论密切相关。有人认为教育学院发展成了各州PK－12学校教育系统的延伸,因此这些专业学院需要培养各州教师"传授"PK－12阶段各门课程的能力。这一观点不仅体现在关于教师教育项目如何获得各州认可的观点中,并且,在49个州(总共50个)将教师教育置于PK－12机构而不是高等教育机构的事实中也有所体现。这一观点也表明,教师教育工作者作为州级雇员,要确保通过资格认证的教师能按照各州PK－12标准进行教学。

另一种被高校教师所支持的观点认为,教育学院是超越各州范围的学术/学科共同体。这一观点认为教师教育工作者等同于负责质疑现状(包括各州的教育议程)并开展课程、教学、学习以及政策方面研究的大学教师。在教授们看来,如果各州规定了学习的课程或某种教学方法,学院应质疑其适用性或提出其他可供选择的方向。

当本文快要完成的时候,大量的研究和观点再次提出了一些严肃的问题,这些问题与教育学院在培养与支持新教师方面的作用有关。《纽约时报》(*The New York Times*)的头版头条发表了一篇名为"教育学院为谁所需?"的文章,这一文章被看作是"教育学院的讣告"(Finn, 2005)。芬恩(Finn)观察到,文章作者阿尼牟那·哈特科利斯(Anemona Hartocollis, 2005)给出的答案是"几乎没有人需要教育学院"。之后他提到"教育学院已经迷失了方向:当前,在课堂管理中,'社会正义'与高尚的理论战胜了学术能力与技能,通往教学专业的非师范路径也挑战了教育学院联盟的垄断地位"。

芬恩及其他新保守派们提出,应该将教师教育与资格认证分开,并且取消教师教育认证项目的做法。他们认为,教师教育的传统拥护者与师范教育的支持者之间的竞争将培养出更高质量的教师。这些关于教师教育改革的争论(以及谁应该控制教师行业的准入)本质上是关于专业主义与去专业主义、管制与放松管制之间的争论(Allen, 2000; Cochran-Smith and Fries, 2001; Darling-Hammond, 2000)。一方面,专业主义

者认为，实施资格认证、颁发证书、鉴定和项目认可，以及由此而来的更高地位与报酬是确保获得高质量及足够数量的新教师的关键。去专业主义者谴责它们之间的联系，抨击依靠大学的教师教育、州立教师资格认证体系以及全国高级资格认证与教师培养标准。特别是，这些批评者提出了以下几个方面的问题：(a)当代教师教育的认识论与教学基础，猛烈抨击了建构主义、学习者中心以及批判理论；(b)教育学院教师使用的质性或叙事研究范式；(c)高等教育长期居于教师教育"市场"的主导地位(Herring, 2001; Izumi and Coburn, 2001; Kozloff, 2001)。

逐渐增强的集权化 892

随着《1965 年高等教育法案》(*Higher Education Act of 1965*)在 1992 年被再度授权，越来越多的州开始运用联邦政策指导资格认证与教学政策变革的行动。该法案同意国家专业教学标准委员会(NBPTS)作为非政府组织可以对候任教师进行评估，并强化了州政府在制定资格认证标准方面的作用。同时，此次修订加大了州政府加强教师资格许可实践的资金投入，并鼓励各州提出更多的非师范教师资格认证策略。与此同时，新成立的"为美国而教"的半官方机构(旨在吸引"最优秀的人"加入教师行列)也获得了大量资金和政治支持。

联邦政府、其他国家级实体组织、州政府和学校权威在教师教育问题上的角色和区别存在模糊性，这种模糊性是由政策建议造成的，而这种政策建议常常出自专业机构和国家级实体组织。当全美教师教育认证协会(NCATE)在 1992 年提出建立国家鉴定体系的愿景(呼吁把新兴的州立项目许可系统与全国性专门化鉴证系统整合为一个完整的体系)时，学院与大学校长们都表示反对。之后不久，美国教师教育学院协会(American Association of Colleges for Teacher Education, AACTE)正式发布了一项反对决议，并提出了另一种认证方法。一群文科学院的校长(通过独立学院委员会(Council of Independent Colleges)的领导)创立了教师教育认证委员会(Teacher Education Accreditation Council, TEAC)。由于有着长期独立的传统，加之州内有许多小规模的文科学院，爱荷华州成为关于国家机关在制定教学与教师教育标准方面是否发挥恰当作用争论的焦点。这些争论聚焦地方主义与集权主义问题，而集权主义受到决议的反对。在学院和大学校长声称专业化的鉴定机构仅仅符合某一个教师培养项目或专业学院的利益的时候，所有的专业化资格鉴定正受到攻击，二者同时发生并非巧合。全美教师教育认证协会(NCATE)的标准与认证过程成为人们特别关注的对象，许多位于华盛顿特区的机构领导人为教师教育认证委员会(TEAC)提供支持，或他们承诺在全美教师教育认证协会与教师教育认证委员会的争论中不会偏袒任何一方。

同时，国家专业教学标准委员会正在拓宽其评估标准与发展愿景。教育考试服务部(Education Testing Service)新开发的认证考试——教学实践考试系列(PRAXIS Series)——进一步强化了将教学作为规范高级资格认证的措施。政府、非政府组织以及私立部门共同致力于建立整体化的全国质量监控系统,这一措施表明,通过政策建立一个紧密联系的教学与教师教育系统是可行的。

随着1992年《高等教育修正案》的颁布,新克林顿政府将教师教育提上政府工作议程。联邦法律提案的起草人呼吁各州的计划能引导:

> 一个完整和连贯的方法来吸引、招聘、培养和认证教师、管理者及其他教育工作者,进而形成一个能够使所有学生达到严格标准、才能卓越的专业教育工作者队伍。(Cohen and Smith, 1993)

尽管关于集权主义与地方主义的争论(Strike, 1997)仍在持续,教师资格认证仍然是可选择的政策工具。

893 **全美教学与国家未来委员会报告对资格认证的影响**

曾经分散的势力开始走向联合。20世纪80年代卡内基公司(Carnegie Corporation)的议程成为全国性的改革和创新议程。古德莱德(Goodlad, 1990)出版了《我们国家学校的教师》(*Teachers for Our Nation's Schools*)一书,霍姆斯小组(Holmes Group, 1986)一直把教师教育作为改革教学的首要措施。但是,引领20世纪90年代变革的主要政策工具来自另一个半官方机构。1994年,全美教学与国家未来委员会(National Commission on Teaching and America's Future, NCTAF)成立,该机构由卡内基集团和洛克菲勒基金会(Rockefeller Foundation)投资,琳达·达林-哈蒙德(Linda Darling-Hammond)主持这个由26人组成的委员会的工作,该委员会主要负责查找证据、委托研究产品并汇集研究证据。其发布的报告《什么最重要:为美国的未来而教》(*What Matters Most: Teaching for America's Future*)呼吁"到2006年,美国每个教室都安排合格、有爱心和知识渊博的教师",这明显是基于专业化的议程提出的。委员会呼吁开展高质量的职前教师培养,为学校全体教师提供持续的专业发展机会,成立自主的专业标准委员会,改进教师资格认证,强化专业鉴定,授权给教师,建立专业发展学校并开发新的评价学生与教师的模式,这些举措对教师和教师教育工作者具有极大的吸引力,并引起了媒体的广泛关注。

各州与联邦层面的政策制定者普遍采纳了报告的建议,联邦政府为相关措施的实施提供了3 000多万美元的财政资金。除政府投入外,慈善基金会也进行了前所未有的资助。与此同时,此报告的信条也赢得了广泛的支持。全美教学与国家未来委员会的政策理念被运用到美国国会1998年提出的6个立法提案中,这些提案与《高等教育法案》重新授权教师教育项目有关。由于鉴定、评估与资格认证这一"三脚架"(three-legged stool)式的专业化策略在政策制定者中十分受欢迎，联邦和州政策都采纳了这一策略来证明各系统之间的一致性。人们同意向州际新教师评估与支持协会(INTASC)制定的标准进行投资，也越来越关注这些成果在以绩效为基础的教师教育资格认证系统(该认证系统由全美教学与国家未来委员会引入)中的运用。同时，州层面的政策制定者超越不同政治党派(从州长汤米·汤普森(Tommy Thompson)(R-WI)和约翰·恩格勒(John Engler)(R-MI)到詹姆斯·亨特(James Hunt)(D-NC)以及格雷·戴维斯(Gray Davis)(D-CA))，全力支持国家专业教学标准委员会制定高级认证资格标准，这似乎是多方力量达成广泛共识并且充满希望的时期。

受全美教学与国家未来委员会的影响，许多人希望将该委员会报告中的重要条款纳入到联邦政策中，并融入到每个州的政策中，以确保所有儿童都拥有合格且有爱心的教师。全国质量保证体系化解了地方主义与集权主义的矛盾，该体系被认为是一个专业控制与责任主义的"集权化-地方化"系统，它的建立使得质量认证的权威从地方院校转移到国家。州际新教师评估与支持协会、国家专业教学标准委员会与全美教师教育认证协会逐渐联合起来，更多的人希望建立全国性的资格认证体系。不得不说，全美教学与国家未来委员会是一个强大的机构，它应当引起巨大的变革。

强烈反对

尽管专业化议程正逐渐被教师组织、其他教育协会以及州与联邦法律制定者接
纳，但同时也引发了大量反对意见。托马斯·B. 福特汉姆基金会(Thomas B. 894
Fordham Foundation)及其他一些右派的"智库"提出了有条理的反对意见。福特汉姆基金会基于专业化平台上每一个挑战实证合理性的研究，发布了一项"声明"(Ballou and Podgursky, 1998; Ballou and Soler, 1998; Petrilli, 1998)。同样，资本研究中心(Capital Research Center, 1998)也发行了政策简报来批判全美教学与国家未来委员会的措施。

> 全美教学与国家未来委员会是由全国教师教育团体组成的有序组织，并与两个主要的教师工会紧密合作。它打着教学"专业化"的旗号，致力于将教师培养与资格认证的权力，从各州和社区转移到由委员会内部成员经营的私人管理机构。这些成员从自己控制的集权化的教师教育系统中获益颇多，而对公众却是不负责任的。

福特议姆基金会发布的报告《更好的教师，更好的学校》(*Better Teachers, Better Schools*)受到中立派与保守派的大力支持(Kanstoroom and Finn, 1999)。这些新保守派指责全美教学与国家未来委员会被"规则的浪漫"(the romance of regulation)所迷惑，提出应撤销对教师资格认证以及教师培养与聘任的规制，扩大地方的自由裁量权。

他们声称“当前为了提高教师质量而实施的监管策略有严重的弊端”，指出应把要求降到最低。他们认为，“监管还会削弱旨在改善学校和提高学生成就的标准与问责战略的效力”。“简化教师准入与招聘程序”、“去除大部分限制与障碍”、“为人们进入教师行业开辟更多的途径”（Palmaffy，1999），这都是他们的口号。

福特汉姆基金会的提议是为了“拓宽准入口径，削弱对过程的监管，让教师对自己的教学效果负责，并主要运用课堂有效性来评价教师的教学效果”，这一提议引起了许多人的兴趣。老布什当政期间，一些卓越的教育工作者游说国会，产生了许多脱离专业化议程的系统。各种不同的政策简报和意见书最终导致国会各种提案的更正——从扩大联邦对职前教师教育支持的措施到吸引“掌握更多学科知识的优秀候任教师进入教学行业”。国会的措施并没有强调教育学院的能力建设，而是强调非师范资格认证以及进入教学行业的非传统途径。专业化逐渐让位于问责制，而问责制成为教学与教师教育的主导性政策框架。

集权化政策制定的新时期

联邦与各州政策提案的结合，加上行业自身的努力，利用半官方机构维护在教师教育政策制定方面的主导地位，使得专业化议程从组织实践和学术控制转为外部的或集权化的政策。这些政策同时适用于公立和私立的教育学院，并为教育学院的院长和教师们带来了很多启示。教师教育的权威从学校和州级机构逐渐转移到制定政策、主导实践的国家实体机构。

尽管一些人可能会指出，集权化从布什政府就开始了，但克林顿当政期间联邦教育部的各种声明都体现了集权化目标设定。教育部长理查德·赖利（Richard Riley）
895 反复敦促应将大量精力投入到教师质量问题上。他在一次演讲中提出要开发教师许可的统一框架，声称“我们必须在如何培养美国教师这个问题上彻底做出改变”，并指责大多数情况下，教育学院和教育系都处于校园边缘“令人昏昏欲睡的地方”，“像是高等教育体系中被遗忘的离异家庭的儿童”（Riley，1999）。他向学院和大学校长提出一系列关于教师质量方面的计划，包括成立“21 世纪数学与科学教学全国委员会”（National Commission on Mathematics and Science Teaching for the 21st Century），并由前参议员约翰·格雷恩（John Glenn，D-OH）担任主席；建立用于教师招聘的国家就业服务资料库，由美国国家科学院（National Academy of Sciences）开展关于教师考试的研究。在克林顿当政时期，教师教育成为一项全国性事务。此外，随着全国主要政策框架从专业主义转移到问责制，学院和大学受到越来越严格的检查，同时，还面临着创新性地改革教师教育项目的挑战。《1998 年高等教育修正案》（Higher Education Amendments of 1998）第 206 和 207 条指出的规制的重点，表明联邦政府将实现教学与教师教育监督者这一角色的巨变。

重新生效的《高等教育法案》

共和党控制了国会修订的《高等教育法案》，对教师教育提出了新的问责要求。1998 年 2 月和 3 月间，当国会接手教师教育事务时，提出了十种不同的立法建议。条款二（Title Ⅱ）替换了很多现有条目，新法案取消了许多教师教育项目，并为各州提供资金以修改教师资格认证要求，进而提高对教师学科能力的期待，同时开发其他非师范路径。国会以问责制的名义，强制实施了一系列公开报道和披露教师绩效的规定。参议员杰夫·宾加曼（Jeff Bingaman）（D-NM）指出，教育学院获得了超过 20 亿美元的联邦学生补助金，而“大量证据表明这些投资并没有得到回报……那些（在州级教师考试中）获得高通过率的学院让有志成为教师的学生在考试中作弊”（Bingaman，1998）。尽管宾加曼的初衷是要实现教师教育专业化，他的举措也导致了一系列问责方案的出台。

在参议院采取措施的同时，众议院议员乔治·米勒（George Miller）（D-CA）在众议院（House of Representatives）引入了一项立法，该法案呼吁：

- 提高教师许可证的要求，提升新教师的学术知识水平；
- 让学院和大学负责培养教师胜任自己计划教授的学科；
- 呼吁各州扩大非师范的教师准入路径；
- 为教师及其他学校员工长期的专业发展创造条件，以增加其学科知识。

议会通过的这一措施（在 1998 年 5 月 6 日进行的两党联合投票中，414 比 4 通过）是由多数成员共同制定的，其中包括教师教育项目的毕业生参加学科考试时必须达到 70％的通过率，同时，呼吁州长“让未来教师可以凭借文理学院或非营利机构的教育学院项目获得培养的机会”。

参议院也帮着游说，要求制定全国教师教育情况的国家年度报告。美国教育部长 896
每年都要汇报新教师的合格程度以及教师许可与认证标准化考试的平均成绩。同时，各州和各个机构也被强制要求提交教师教育质量报告。学院或大学报告需包含以下内容：

- 毕业生在该州教师资格认证与许可考试中的通过率；
- 此通过率与该州平均通过率的对比值；
- 参与每个教师教育项目的学生数，学生进行指导性教学实习的平均时数，以及实习过程中的师生比；
- 该项目是否拥有州级认可和国家鉴定的证明；
- 项目是否被该州评定为低效能（低效能指的是毕业生在州级认证考试

中的通过率达不到基准线)(Paige, 2002)。

大学校长和他们的组织联合起来反对宾加曼-米勒条款(Bingaman-Miller provisions),特别是使全美教师教育认证协会的鉴定成为强制性措施,并将学生受资助资格与候任教师在州考试中的通过率相挂钩。一位领导人认为,当时的政治环境是"有害的",这一授权是一种"制度入侵"(Magrath, 1998)。除了关于学生获得经济资助资格以及强制执行全美教师教育认证协会鉴定的条款被撤销(作为高等教育共同体承诺解决教师教育质量问题的交换条件),其他问责制条款都得以通过。

在1998年《高等教育修正案》颁布之后,华盛顿高等教育政策共同体的大部分关注点转移到为修正案制定实施规则上。这一过程没有引发任何争议。高等教育共同体起草了这些管理条例。教师教育作为管理条例争议的焦点被写进《高等教育法案》条款Ⅱ的第207条,试图描述搜集必要问责数据的方法论。并且,给出每年强制出现在州和机构年度报告中相关术语(例如证书、通过率、候任教师等)的一般性定义。鉴于各州、学院和大学要提供资金投入的法律要求,国家教育统计中心(National Center for Education Statistics, NCES)组建了包括学者、州政府官员以及利益团体领导者在内的咨询委员会,该委员会起草了一份报告刊登在《联邦公报》(*Federal Register*)上。

教学和教师教育的控制权显然已经转移到华盛顿。新颁布的国家法规将教师教育归为所有学校的责任,规定大学或校长要对教师教育项目的质量负责。依靠一系列汇报单和教师考试,国会决定的改革与先前在各州所有PK-12学校实施的问责制相一致。联邦政府强制实施这些问责制的规则,却没有提供资金支持,这就导致教师教育的开支增加。但当它们对那些汇报相关数据的州实施罚款和处罚,它们也会受到威胁。

在美国州立学院与大学协会(American Association of State Colleges and Universities, AASCU)发布的原则声明和成立其他教师教育鉴定机构的呼吁中,明显
897 可以看到高等教育对专业化议程的反对。对许多人来说,美国州立大学与学院协会的政策声明——呼吁各州重申对教师许可与项目认证的责任——代表了它对教师专业化运动的强烈反对(Appleberry, 1994)。同时,应注意到这些变化发生在更广泛的背景下,即教师工会试图让高校教师和大学官员畏惧国家专业教学标准委员会、州际新教师评估与支持协会、全美教学与国家未来委员会、全美教师教育认证协会等半官方机构,这些机构在很大程度上受到全美教育协会(National Education Association)和国家教师联盟(American Federation of Teachers)的控制。因此,这些机构是他们的"敌人"。

学院、大学领导人、教育学院院长及其教师们逐渐认识到,教师培养的责任和教学政策正在发生巨大转变。20世纪70年代和80年代初,教师教育逐渐成为各州的事务,而到20世纪90年代晚期,教师和教师教育政策逐渐国家化并被专业人士"控制"。

鉴于教师教育已经成为一系列去集权化，且通常是分散在整个学校的系列项目，1998年的修正案使得教师教育成为大学校长的首要责任。在政府当权者的鼓励下，教师教育的责任从对教师教育的实施担负实际责任的大学校长和教务长身上，转移到对教师教育的成功承担法律责任的大学领导人身上。同时，控制权从各州到联邦层面的转变也强化了对问责制的期待。州立教师教育机构在项目认证与新教师资格许可的过程中对教师教育承担的传统责任，逐渐转移到国家和专业部门。一些人将这一转移描述为教师教育政策的"联邦化"。由于不同政治党派的利益相关者都参与其中，布什政府也将会出台政策巩固这一变化。

布什政府的教育政策

2000 年参加总统竞选时，G. W. 布什不断提到"德克萨斯州的学校在降低辍学率以及提升学业成就方面取得的奇迹般进步"，并将其作为美国教育的典范（Haney, 2000）。布什坚持认为这一奇迹归因于教师资格认证的改革、非师范资格认证方式的扩大、教师终身制的改革、在高度需求教师的学校创造差异化师资队伍与工资奖励计划。此外，布什还十分重视"以科学研究为基础"的策略（Fenoglio and Cannon, 2001）。

在担任总统的第一个月，布什将教育作为其首要和最显著的计划。他提出了一个他认为将会"彻底改革联邦教育政策"的教育计划（Milbank, 2001）。该计划主要关注"什么能发挥作用"，减少官僚作风，增加灵活性，给予父母更大的权利，并且呼吁加强学生的责任，这都与他在竞选过程中的承诺相一致。计划还号召各州帮助所有 3 到 8 年级的学生"做出不同的学业选择并设计相应的评价方法"，要求学校按照种族、性别、英语熟练程度、残疾以及社会经济地位，分类汇总学生的学业成绩并予以公示。各州要对学生的学业表现承担更多的责任。

在党派之争极其激烈的环境中，加之社会对选举政治关心，布什政府执政的前两年，国会颁布了一项国内法律——《不让一个孩子掉队法》（*No Child Left Behind Act*，P. L. 107 - N110，以下简称 NCLB）。这次两党达成罕见的合作意向，两院和两党都完成了教育立法工作，并于 2001 年 12 月底将法案递交给布什签署。尽管 NCLB 遭到大多数有组织的教育共同体的反对，并被认为具有侵犯性且存在太多缺陷，然而在 9·11 危机余波还未消失之际，NCLB 于 2002 年 1 月 8 日被签署成法律。由于该法 898
案对地方主义及地方控制造成威胁，只有共和党主席通过了这一法案（Alvarez, 2001; Beadle, 2001; Cardman, 2001）。

教师组织、学校董事会代表、国家立法委员会议（National Conference of State Legislators）和美国学校管理者协会（American Association of School Administrators）一致反对 NCLB 的最终版本。反对主要集中在"没有资金支持"以及针对学校和学区的法案缺乏灵活性等方面。几乎每个人都认为这一新法律是自《1965 年初等和中等教育法》（*Elementary and Secondary Education Act of 1965*，ESEA）以来最具野心和侵犯性的教育法案，自由主义人士和保守派都赞赏该法案的意图是好的，但也都表达了对联邦政府侵犯地方教育政策制定的反对意见。保守派们认为，NCLB赋予华盛顿太多的控制权，而自由主义人士则声称，其无助于消除富裕学校与贫困学校的差异或解决学业成就差距的问题。尽管国会和参众两院对教师教育与教师专业发展的看法存在巨大分歧（如，关于“优质”教师的定义以及初任教师和经验丰富的教师是否都应该接受教师教育与专业发展），但这些分歧在早期就得到了解决，最终的法案对教育学院和教师教育产生了重要影响。其影响之一是，由《初等和中等教育法案》（ESEA）款项资助的教师专业发展必须建立在“具有科学基础的”研究之上。同时，来自华盛顿的财政支持的传统渠道，需要与当下新的校本专业发展资金相结合，教育学院需要改变努力的方向，转而向地方教育当局获取资金。

《不让一个孩子掉队法》与教师政策

该立法的另一现实意义是，它将教师质量放在优先地位，作为制定公共政策的指导准则。教师质量是有关教育政策争论的主要问题，也是NCLB的核心。人们召开了许多关于教师质量的跨部门的会议。商界领袖发表了如何提高教师质量的报告，基金会制定了诸多项目议程并赞助了多个联合行动计划，各州决策者颁布了相关法规，“智库”提供了许多非师范策略。事实上，在布什的第一任期中，大部分教育政策都是建立在优质教师是实现教育改革的根本因素这一基础上的。

越来越多的人认为优质教师是帮助PK－12学生学习的必要因素。按照布什政府的说法，优质教师是具有教授核心学科的知识与能力，能够显著提高PK－12学生的学业成就的教师。这一概念以威廉姆·桑德斯（William Sanders）的“增值”评估模式得出的证据为基础（Sanders and Horn，1998；Sanders and Rivers，1996）。许多团体及慈善人士都把增值方法论作为改革教师教育专业发展、许可、资格认证与鉴定的方法。例如，美国国际商用机器公司前任执行官卢·格斯特纳（Lou Gerstner）成立的独立机构——教学委员会（The Teaching Commission）认为，增值方法论是“最具前景的技术”，呼吁“利用‘增值’方法的一些做法来衡量每个学校的学生成就”（The Teaching Commission，2004）。

布什政府将教师资格认证作为改革教学的政策工具，并鼓励各州把州教师许可条
899 款与NCLB联系起来，搜集关于优质教师的信息，要特别关注教师的语言能力和学科背景，并把它们作为优质的指标。NCLB将优质教师（highly qualified teacher，HQT）界定为：

> （一位大学毕业生）获得了完整的州级教师资格认证（包括从非师范资格认证途径获得的资格认证）或通过了州级教师许可考试；或者是在那些因为紧急、突发或临时状况而放弃资格认证或许可要求的州，获得了教学许可证。

许多人都认为这一法律不惜任何代价以确保教师获得学科知识。这些措施招致不同群体的批评，教育信托基金会（Education Trust）便是其中之一，许多人认为这一中立利益团体（centrist advocacy group）是NCLB大部分观点的主要来源。例如，教育信托基金会（2003）发行了《说出（或不说出）关于优质教师的全部事实》（*Telling the Whole Truth (or Not) About Highly Qualified Teachers*），谴责联邦与各州汇总关于教学状况的数据与信息。该集团的主席凯蒂·海科克（Kati Haycock, 2003）指出，教师质量条款曾多次被“忽视、错误地解释或无法理解”，她声称联邦教育部提出了州级最低标准，却忽视了将优质的教师置于那些需要改进的学校。教育信托基金会的报告与之前审计总署（General Accounting Office）的一项名为《不让一个孩子掉队法：更多信息将帮助各州判断谁是优质教师》（*No Child Left Behind Act: More Information Would Help States Determine Which Teachers Are Highly Qualified*）中关于教师质量的研究相似，该研究指出各州需要更多评价现有教师学科知识的信息（Bright and Harmeyer, 2002）。这一研究也发现，人们对有效或优质教学的构成因素意见不一。各项不同研究表明，教师教学的有效性取决于教学年限、学历、教学任务（自己所教的学科或其他学科）、州级资格认证、教师培养与专业发展、教师的标准化考试分数以及言语能力等多个变量。尽管联邦教育部发起的研究也无法缩小教学有效性的指标范围，政策制定者依然坚持需要优质教师。

联邦教育部引用新组建的教师援助团队（Teacher Assistance Corps）、教师工具包（a Toolkit for Teachers）、美国卓越教师资格认证委员会（American Board for the Certification of Teacher Excellence）、新成立的“有效教育策略网”（What Works Clearinghouse）以及从各州教育长官委员会（Council of Chief State School Officers）和全美教师教育与资格认证主管协会（National Association of State Directors of Teacher Education Certification）获得的技术援助等诸多倡议，对海科克的批评做出了积极的回应，并在法律要求下给予指导。

由于缺乏更好的优质教师指标，近年来的政策主要关注于两个评价指标：关于学科知识的标准化考试成绩及获得某个核心学科或科目的学位。在许多来自不同政治党派倡议集团的支持下，布什政府很有可能继续使用优质教师的狭隘概念来要求教师达到这一标准。

布什政府试图通过综合利用一些法规、警告以及资助策略来实现教育愿景。尤其是他们将提供更多的教师准入路径来提高教师质量，采纳“竞争性的”和“非师范的”资
格认证作为政策工具。他们鼓励避免接受“传统的”教师教育的一些尝试，包括通过提 900
供资助发起在线教师培养项目，如西部州长大学（Western Governors University），为军人开设“军人教师速成”（Troops to Teachers）计划，以及针对名牌大学毕业生的“为美国而教”计划（Teach for America）。与此同时，他们还呼吁对“传统”的教师教育实施更严格的管制，包括要求教育机构报告候任教师参加各州管理的考试成绩，委托各

州评价教师教育项目毕业生的学业成绩等。其结果是，国会与美国教育部在提高传统教师教育项目绩效水平的同时，采取了一些降低(如果不是消除的话)教师教育标准的措施，来帮助开设非师范教师教育项目。

布什的教师教育政策

布什政府还采用了一系列令人惊讶的政策工具来推动教师教育的改革。教育部长的报告谴责了传统的教师项目，提倡发展非师范教师教育路径。联邦政府投资7 700万美元用于实施非“传统的”教师教育项目并宣传新的专业发展和教师教育形式(Bradley, 2003)。同时，联邦政府还向各州和地方学区提供将近30亿美元建立新的教师教育模式。《残疾人教育法案》(*Individuals with Disabilities Education Act*, *IDEA*)和《高等教育法案》的重新颁布，加上各种建议进一步推动了教师教育的改革。如果能够被充分实施，这些政策建议将致使联邦政府对教师教育的财政支持，转移到包括地方学区在内的其他教师教育机构，这将严重削弱教育学院培养充足的优质新教师的能力。

所有政策建议在联邦教育部递交给国会的《教育部长关于教师素质的年度报告：直面培养高素质教师面临的挑战》(*The Secretary's Annual Report on Teacher Quality*: *Meeting the Highly Qualified Teachers Challenge*)(Paige, 2002)中有全面的解释。该存在严重的缺陷，但其中的四个政策建议有深远影响：

- 支持“地方性的”、“建立在当前最好的非师范教师教育项目基础上的”，“能够培养具备急需技能的教师”的“教师培养”模式的发展；
- 支持各州取消教育学院的“专营权”(exclusive franchise)、削减“数量惊人”的教育课程，或者是帮助各州取消教育学院课程与州级教师资格认证间的联系，使“就读教育学院成为教师的一种选择”；
- 帮助各州制定“统一的”认证要求，强调候任教师的言语能力和学科知识，开发新的“有挑战性的评价方法”，并提出“专业学科内容”方面的要求；
- 帮助各州把判断新教师是否合格的权力“从州级资格认证官员转交给地方学校校长”。

尽管这些政策建议大部分来自于进步政策研究所(Progressive Policy Institute)(Hess, 2001)早期发布的一份报告，但它们代表了布什政府的政策方向。该研究所的报告同时还为2002年3月有关教师培养的白宫会议提供了框架。关于教学和教师培养的研究与实践的根本争议包括：

- 严格的研究表明，言语能力和学科知识是优质教师最重要的特性；

- 几乎没有证据证明教育学院的课程能改善学生成就； 901
- 当前的资格认证体系打击了那些最有才能的候任教师进入教学行业的积极性，反而让太多不合格的候任教师从教；
- 非师范教师资格认证的途径表明，简化的体系能在增加教师数量的同时维持甚至是改善教师质量。

佩奇(Paige，2002)的报告存在大量错误。对于一个不断要求研究证据应“具有科学基础”的政府而言，这一报告几乎没有科学的证据来支撑。报告中引用的研究有明显的理想化倾向，该研究只有一个投资者，并且没有满足接受同行评议或经过随机测验的要求。此外，从表面看，这一报告是教育学院在迎合《高等教育法案》条款Ⅱ第207条要求的表现，却没有关注候任教师的表现或者进入教育学院学习的候任教师的通过率。报告援引以前成绩低下的考试而从根本上否定该法案。之后，佩奇(2003)声称，当前教育系统的特点是分数极低和“十年级水平”考试，指出“目前许多州的教师标准都是极低的”。

同时，布什政府还传递了影响各州教育委员会和政府管理教师许可与资格认证的意图，进而采取更有益于NCLB的政策。其目标之一是将教师教育课程与州级许可要求相分离。布什政府提出了竞争性的资格认证，并把它作为优质教师队伍的保障，这一资格认证方式被认为是正规或传统教师资格认证的替代。事实上，竞争性的资格认证将招聘满足地方学校需求的最佳教师的权力让渡给了地方学校官员，促进了许多不同资格认证方式的出现(包括由各州、专业标准机构、地方教育机构、国家专业教学标准委员会和美国卓越教师资格认证委员会、教师组织及其他机构制定的资格认证)。竞争性的资格认证逐渐引起人们的广泛讨论，但迄今为止，拥护它的人很少，真正采用它的人更少。

布什政府还打算建立适用于全国范围的非师范教师资格认证项目——美国卓越教师资格认证委员会，来替代州级许可。这一半官方组织主要通过模仿国家专业教学标准委员会(NBPTS)，旨在同时为新教师和在职教师开发新的资格许可和高级资格认证。该组织将成为一个不属于各州管辖的、独立的机构，各州不得不把对新教师进行的国家标准化测试并颁发教学许可的权力让渡给它。

布什政府雄心勃勃的提案，也是最受争议的提案之一，就是成立美国卓越教师资格认证委员会。与国家教育考试服务中心(Education Testing Service)、国家评估系统(National Evaluation Systems)以及其他考试中心开发的教师考试不同，美国卓越教师资格认证委员会实施的这项新评价，不是依据个别州的某个教师标准，而是立足于一组通用标准(弗吉尼亚州、加利福尼亚州和纽约州)和一系列指导原则，基于教师教育而建构的知识正是这些指导原则的理论基础。政府最初拨付500万给教育领导者理事会(Education Leaders Council)来开展这项工作，之后又给全国教师质量委员会

(National Council for Teacher Quality)拨付 3 500 万可自由支配的补助金来进一步完善这一计划(Cardman, 2003)。

美国卓越教师资格认证委员会最初的关注点是新教师,主要为那些至少拥有学士
902 学位的大学毕业生提供获得通行证的机会,他们必须已经掌握书写技能和教学的基本知识,并能通过刑事背景审查和一系列证明学科知识熟练度的考试,并且还要有着良好的课堂教学实践经验。同时,美国卓越教师资格认证委员会,试图凭借为通过"严格的考试且有着由学生成绩证明的优秀教学经验"的教师颁发"硕士教学资格证书"之名(Master Teaching Certificate),与国家专业教学标准委员会进行竞争。

美国卓越教师资格认证委员会通过寻求各州立法机构、教育委员会与专业标准委员会的支持来推动其评价系统的应用。在该系统实施的第一年,美国卓越教师资格认证委员会得到了六个州教育领导者理事会成员的支持。变更考试承包商之后,为获得广泛的认可和接纳,美国卓越教师资格认证委员会发起了一场轰轰烈烈的运动(Bradley, 2003)。然而,重点不在于美国卓越教师资格认证委员会的组织结构,以及为获得认可而组织的运动,而在于它代表了布什政府建立非师范教师资格认证路径(国家专业教学标准委员会等州级许可证)的努力,并且体现了教师资格认证实践的巨大转向。

自各州需要确保有充足的新教师以来,其资格认证政策就不再考虑优质的问题,而是确保当前有足够的教师以满足需求。如果需求很大而教师数量很少,各州会修改他们的教师资格认证政策使更多的人能进入教师行业。布什政府没有依靠各州的权力机关而是依靠非州政府实体进行新教师的认证工作。

美国卓越教师资格认证委员会对教育学院造成了巨大的影响,它是新保守派提出重新建立教学和教师队伍最深思熟虑和最具想象力的措施之一。正如他们提出了竞争性资格认证的观点,他们还认可专业化鉴定机构之间的竞争。尽管早期联邦教育部的官员在特定部门或在专业培养领域支持各种鉴定机构的观点,但是,这一情况没有在教师教育领域发生,原因在于并没有专门的教师教育鉴定机构。2003 年 10 月,布什政府给予教师教育认证委员会(Teacher Education Accrediting Council)资金支持和认可,以鼓励非师范的教师教育鉴定机构的发展。

教书匠的争论

最后,布什政府成员强烈呼吁为学校配备不同类型的教师。国家教育科学院(Institute for Education Sciences)院长格罗弗·R. 怀特赫斯特(Grover R. Whitehurst)提出了两类教师的观点:一类是在教育学院接受教育进而在改善学生学习方面承担多重责任的教学专家;一类是实施规定的学习模式和培养计划的教书匠。怀特赫斯特指出,《不让一个孩子掉队法》的成功在于有充足的擅长教学、维持纪律并确保 PK-12 学生在各种学业成就评价中表现"足够好的教师"。他提到,专业教师对于高需求学校而

言是沉重的负担，相比之下，聘用教书匠带来的效益更高。

结论：教学的竞争性资格认证与政策

此处的争论是，为教师与教师教育提供质量保障、控制政策与实体机构在数量上的猛增，作为一种政策遗产被20世纪80年代和90年代期间的教师行业（和教师教育 903
工作者）广泛接受。国家专业教学标准委员会、全美教师教育认证协会、全美教学与国家未来委员会及全国性标准制定机构等作为州级机构之外的、控制教师行业准入以及推动优质教学的专业机构受到人们的欢迎。人们从未想到这些机构之间会出现竞争（这些机构的策略和理念通常相互竞争）。教学与教师教育在2006年的现实处境与25年前预估的状况大不相同。拥护竞争、自由市场和消除管制的新保守主义政策不遗余力地借助竞争性资格认证来重新设计教学政策。随着针对教育学院的政策越来越多地由联邦政府制定，教育学院院长和教师们不得不特别关心国会和白宫的态度。在美国教师教育学院协会与美国教育委员会开展的一项研究中，国会成员"对教育学院越来越不满"并且坚持认为教育学院在培养优质教师、"改善K－12学校以及与本校中成为教师的毕业生保持联系"等方面都负有责任(Gunderson, 2003)。

改变态度和制定政策是紧迫的。2005年，出于将《1965年高等教育法案》与NCLB联系起来并重新修订《残疾人教育法案》（*Individuals with Disabilities Education Act*，PL 105－17）的目的，国会继续下令推进《1965年高等教育法案》（PL 105－244）的进程，这一举措十分重要。这些联邦政策的共同之处在于它为联邦政策制定者提供了重新设计教师资格认证，并强化看似削弱教育学院的政策与实践的机会。

这些发展让我们确信，布什政府下定决心要极大地降低教育学院对教师培养和资格认证的影响。一些人认为，布什政府有目的地将教师行业置于危险境地、削弱教学的专业地位并撤除教学工作的专业环境。这些努力都是经过精心选择的，包括赞助教学行业的非师范路径，把"优质教师"界定为只具有学科知识的教师，以及诋毁教育研究者开展的研究与培训。几乎没有教育学院在这次抨击中幸免，教育学院教师对优质教学与学习的信念与理解也面临威胁。

25年来，许多人致力于使教学成为一门专业。教学知识基础的编纂、专业教学实践者培养空间的扩展、职责的区分、增加责任的机会、对教学自主性的呼吁是教学专业化的重要因素。国家专业教学标准委员会、州际新教师评估与支持协会和全美教师教育认证协会都是用于实现教学专业化进程的政策工具。20世纪90年代期间，全美教学与国家未来委员会强化了先前国家教师教育与专业标准委员会(TEPS)以及美国教师教育学院协会的二百周年纪念委员会(Bicentennial Commission of the AACTE)的措施。到20世纪90年代末，这些不同机构达成了广泛共识，其一致程度令人惊讶，政府也被迫采纳教学专业化议程。

新保守主义者使这些措施脱轨并提出了非师范议程，即关于公共问责制、撤销管制、竞争，且依靠市场力量控制教学和教师教育的议程，这一事实意义巨大。他们把对话从强调专业标准和进步主义观点——关注学校在提供“获取知识的途径”和“让年轻人适应政治民主文化”方面的作用的议程，转移到集中关注“足够好”的教师的议程（Finn *et al.*，1999；Goodlad，1990；Whitehurst，2003）。同时，布什政府关注将教师
904 资格认证的标准从“安全的教学”转变为“优质”的教学，努力将资格认证从州级责任转变为国家层面的责任。最后，这些努力在选拔新教师方面赋予了校长更大的选择权，尽管校长具有更大的教师选择权与教师质量之间几乎没有联系。虽然专业化共识是州际新教师评估与支持协会和国家专业教学标准委员会制定的教师标准的基础，同时也是全美教师教育认证协会制定的教师教育标准的基础，但新保守派的措施削弱了教师专业化进程并且将教学专业置于更危险的境地。

出路在哪里？教育专业人员不得不接受教师有效性议程并提出通用的绩效标准，否则他们在这场争论中将没有发言权。教师有效性主要由 PK－12 学生在学业成就考试中获得的分数来衡量。在推动这种教学措施上达成共识，是所有关于教学和教学政策对美国学校作用的长期讨论中的一个必要起点。在缺乏动力重塑教学专业地位的情况下，教学将会被认为是一种技术性职业或一种半专业化工作，因此，也将缺乏社会地位与公众的认可。把教师资格认证作为政策工具，进而推动教师把改善 PK－12 学生的学习作为根本职责只是一个起点。

（付艳萍　孙小冬　译）

参考文献

Allen, M. (2000) *Two paths to quality teaching: implications for policymakers*. Denver, CO: Education Commission of the States.

Alvarez, L. (2001, June 15) Senate passes bill for annual tests in public schools. *The New York Times*, A1.

Appleberry, J. (1994) *Statement on responsibilities for teacher education*. Washington, DC: American Association of State Colleges and Universities.

Asera, R. & Chin, E. (2005) *Teacher certification: multiple treatment interactions on the body politic*. Draft Paper for the International Policy Handbook. Palo Alto, CA: Carnegie Foundation for the Advancement of Teaching.

Ballou, D. & Podgursky, M. (1998) *The case against teacher certification*. National Affairs Inc. The Public Interest.

Ballou, D. & Podgursky, M. (2000) Reforming teacher preparation and licensing: continuing the debate. *Teachers College Record*, 102(1), 5 - 27.

Ballou, D. & Soler, S. (1998) *Addressing the looming teacher crunch: the issue is quality*. Washington, DC: The Progressive Policy Institute.

Beadle, A. (2001) Education conferees prepare for final exam. *CQ Daily Monitor*, 37(94), 1 - 3.

Berry, B., Darling-Hammond, L., & Hasselkorn, D. (1998) *Teacher recruitment, selection and induction: strategies for transforming the teaching profession*. New York, NY: National Commission on Teaching and America's Future.

Bingaman, J. (1998) The role the Federal government can play in improving teacher quality. *Educational Horizons*, 78, 3 (spring), 115 - 116.

Bradley, A. (1999, September 2). States' uneven teacher supply complicates staffing of schools. *Education Week*, 17, 1, 7.

Bradley, A. (2003, October 8). Federal funding for teacher test. Education Week, 23, 6, 1 - 17.

Bright, K. & Harmeyer, S. (2002) *Higher education: activities underway to improve teacher training, but reporting on these activities could be enhanced*. Washington, DC: United States General Accounting Office.

Capital Research Center (1998) *Professional teaching standards: a policy brief*. NCPA: Washington, DC.
Cardman, M. (2001) K-12 bill ready for its closeup with the House. *Education Daily*, 34(15), 1.
Cardman, M. (2003, September 29) Alternative certification groups gets \$35M ED grant. *Education Daily*, 36(181), 1.
Cochran-Smith, M. & Fries, M. K. (2001) Sticks, stones, and ideology: the discourse of reform in teacher education. *Educational Researcher*, 30(8), 3 - 15.
Cohen, M. & Smith, M. (1993) Goals 2000: *Educate America Act*. (Draft of March 18.) Washington, DC: U.S. Education Department.
Cronin, J. M. (1983) State regulation of teacher preparation. In L. S. Shulman & G. Sykes (eds.), *Handbook of teaching and policy* (pp. 171 - 192). New York, NY: Longman.
Darling-Hammond, L. (1996) What matters most: a competent teacher for every child. *Phi Delta Kappan*, 77(7), 193 - 200.
Darling-Hammond, L. (2000) Teaching for America's future: national commissions and vested interests in an almost profession. *Educational Policy*, 14(1), 162 - 183.
Education Trust (2003) *Telling the whole truth (or not) about high school graduation, and telling the whole truth (or not) about highly qualified teachers*. Washington, DC: Author.
Finn, C. E. (2005, August 25) An obit for ed schools, *Gadfly*. http://www.edexcellence.net/foundation/gadfly/issue.cfm?id=267.
Finn, C. E. & Madigan, K. (2001) Removing the barriers for teacher candidates. *Educational Leadership*, 58, 8, 29 - 31.
Fuhrman, S. H. (1994) Politics and systemic education reform, *CPRE Policy Briefs*. New Brunswick, NJ: Consortium for Policy Research in Education.
Futrell, M. H. (2005) The National Board for Professional Teaching Standards. In S. Cimburek (ed.), *Leading a profession: defining moments in the AACTE agenda, 1980 - 2005*. Washington, DC: American Association of Colleges for Teacher Education.
Goldhaber, D. D. & Brewer, D. J. (2002) Does teacher certification matter? High school teacher certification status and student achievement. *Educational Evaluation and Policy Analysis*. 22, 129 - 146.
Goodlad, J. I. (1990) *Teachers for our nation's schools*. San Francisco, CA: Jossey Bass.
Gunderson, S. (2003) *Teacher preparation and the reauthorization of the Higher Education Act*. Arlington, VA: The Greystone Group, Inc.
Gursky, D. (1989) Looking for a short-cut. *Teacher Magazine* (December), 59 - 64.
Haney, W. (2000) The myth of the Texas miracle in education. *Education Policy Analysis Archives*, 8(41). Retrieved from http://epaa.asu.edu/epaa/v8n41/.
Hanushek, E. A. (1986) The economics of schooling: production and efficiency in public schools. *Journal of Economic Literature*, 24, 1147 - 1177.
Hanushek, E. A. (1997) Assessing the effects of school resources on student performance: an update. *Education Evaluation and Policy Analysis*, 19(2), 141 - 164.
Hartocollis, A. (2005, July 31) Who needs education schools? *The New York Times*.
Haycock, K. (1998) Good teaching matters... A lot. *Thinking K*-12, 3(2), 1 - 8. Washington, DC: The Education Trust.
Herring, M. Y. (2001) *At the core of the problem-reforming teacher preparation in Oklahoma*. Princeton, NJ: National Association of Scholars.
Hess, F. M. (2001) *Tear down this wall: the case for a radical overhaul of teacher certification*. Washington, DC: Progressive Policy Institute.
Higher Education Amendments of 1998, Conference Report to Accompany H. R. 6, 106th Congress, 2nd Session. (September 25, 1998).
Holmes Group (1986) *Tomorrow's teachers*. *East Lansing*, MI: Author.
Izumi, L. & Coburn, K. G. (2001) *Facing the classroom challenge: teacher quality and teacher training in California's schools of education*. San Francisco, CA: Pacific Research Institute for Public Policy.
Kanstoroom, M. & Finn, C. F., Jr. (eds.) (1999) *Better teachers, better schools* Washington, DC: Thomas B. Fordham Foundation.
Kozloff, M. A. (2001, July 31) A direct and focused approach: necessary conditions for fundamental reform of schools of education. *EducationNews.org*.
Labaree, D. F. (2004) *The trouble with ed schools*. New Haven, CT: Yale University Press.
Learned, W. S., Bagley, W. C., McMurry, C. A., Strayer, G. D., Dearborn, W. F., Kandel, I. L., & Josselyn, H. W. (1920) *The professional preparation of teachers for American public schools: a study based upon an examination of tax-supported normal schools in the State of Missouri*. New York, NY: Carnegie Foundation for the Advancement of Teaching.
Leigh, A. & Mead, S. (2005) *Lifting teacher performance policy report*. Washington, DC: Progressive Policy Institute.
Magrath, P. (1998) *Community letter*. Washington, DC: National Association of State Universities and Land Grant Colleges.
Mathematical Policy Research (2004) *The effects of Teach for America on students: findings of a national evaluation*. Princeton, NJ: Author.
Michelli, N. (2005) Alternative routes to certification. In S. Cimburek (ed.), *Leading a profession: defining moments in the AACTE Agenda, 1980 - 2005*. Washington, DC: American Association of Colleges for Teacher Education.
Milbank, D. (2001, January 24) Bush makes education 1st initiative. *Washington Post*, 1.
National Association of State Directors of Teacher Education and Certification (1992) *Promoting systemic change in teacher education and certification*. Seattle, WA: Author.
National Association of State Directors of Teacher Education and Certification (1999) *Manual on the preparation and certification of educational personnel, 1998 - 1999*. Dubuque, IA: Kendal/ Hunt Publishing Company.
National Center for Education Statistics (1999) *Data system for accountability provisions of the Higher Education Amendments of 1998, Title II*. Washington, DC: Author.
National Commission on Teaching and America's Future (1996) *What matters most: teaching for America's future*. New York, NY: Author.
National Council for the Accreditation of Teacher Education (2000) *NCATE 2000 unit standards*. Washington, DC. Author.

No Child Left Behind Act of 2001, Pub. L. No. 107 - 110, 115 Stat. 1425.
Olson, L. (2003, January 9) The great divide: ensuring a highly qualified teacher for every classroom. *Education Week's Quality Counts*, 22(17), 9 - 18.
Paige, R. (2002) *Meeting the highly qualified teacher challenge: the Secretary's annual report on teacher quality*. Washington, DC: U.S. Department of Education.
Paige, R. (2003) *Meeting the highly qualified teachers challenge: the Secretary's second annual report on teacher quality*. Washington, DC: U.S. Department of Education.
Petrilli, M. (1998) *Reinventing teacher education*. Indianapolis, IN: The Hudson Institute.
Rice, J. K. (2003) *Teacher quality: understanding the effectiveness of teacher attributes*. Washington, DC: Economic Policy Institute.
Riley, R. (1999, February 16) *Putting standards of excellence into action* (Sixth Annual State of American Education Address). California State University, Long Beach, CA.
Rotherham, A.J. & Mead, S. (2003) *Back to the future: The history and politics of state teacher licensure and certification*. Washington, DC: Progressive Policy Institute.
Sanders, W. & Horn S. (1998) Research findings from the Tennessee Value-Added Assessment System Database: implications for educational evaluation and research. *Journal of Personnel Evaluation in Education*, 12, 247 - 256.
Sanders, W.L. & Rivers, J. C. (1996) *Cumulative and residual effects of teachers on future student academic achievement*. Knoxville: University of Tennessee Value-Added Research and Assessment Center.
Scannell, M.M. & Scannell, D. P. (1994) Teacher certification and standards. In T. Husen & T. N. Postlethwaite (eds.), *International Encyclopedia of Education* (2nd ed.). London: Pergamon, 1994.
Splete, A. (1996) *Revised draft for the Teacher Education Accreditation Council* (TEAC). Washington, DC: Council for Independent Colleges.
Stinnett T. (1958) *The education of teachers: new perspectives*. Washington: National Education Association.
Strike, K. (1997) Centralized goal formation and systemic reform: reflections on liberty, localism and pluralism. *Education Policy Analysis Archives*, 5(11), 1 - 35.
Sykes, G. (1990) Licensure and certification of teachers: an appraisal. In J. Millman & L. Darling Hammond (eds.), *The new handbook of teacher evaluation: assessing elementary and secondary teachers* (pp. 62 - 75). Newbury Park, CA: Corwin Press.
The Teaching Commission (2004) *Teaching at risk: a call to action*. Report of the Teaching Commission. New York: The Teaching Commission.
Walsh, K. (2001) *Teacher certification reconsidered: stumbling for quality*. Baltimore, MD: Abell Foundation.
Wayne, A.J. (2000) Teacher supply and demand: surprises from primary research. *Education Policy Analysis Archives*, 8, 47.
The White House. (1997, January 19) *Background on President Clinton's agenda for the nation: State of the Union Address*. Washington, DC: Author.
Whitehurst, G. (2003) Scientifically-based research on teacher quality: research on teacher preparation and professional development. *In Meeting the highly qualified teachers challenge: the Secretary's second annual report on teacher quality* (pp. 39 - 54). Washington, DC: U.S. Department of Education.

48. 发展中的教师教育场域：如何理解挑战可能会有助于改进教师培养

苏珊娜·M. 威尔逊(Suzanne M. Wilson)
密歇根州立大学(Michigan State University)

埃兰·塔米尔(Eran Tamir)
布兰迪斯大学(Brandeis University)

> 要提升小学及中学教育质量，最可靠、最快捷的途径莫过于做减法从而实现加法(addition by subtraction)的效果，即关闭所有的教育学院。
>
> ——威尔(Will, 2006)

引言

我们所生活的这个时代非常热衷于讨论“传统”教师教育的价值，其中包括教师培养项目、教师资格认证及许可活动、教师培养项目的认证程序等。相关评论涉及：教师教育项目“智力贫瘠”，教师教育工作者们既“傲慢”又“无能”(Hess, 2005)；“各大教育学院散发着一种根深蒂固的沉闷气息(Rochester, 2002)”；沉寂良久的对教师教育事业的批评声再次回响。类似的关注至少在20世纪30年代便已开始，20世纪50年代获得公众的大量关注，60年代一系列书籍出版，如贝斯特(Bestor)的《教育的废墟》(*Educational Wastelands*)(1953)，林德(Lynd)的《公立学校的庸医术》(*Quackery in the Public Schools*)(1953)，史密斯(Smith)的《疯狂地教》(*And Madly Teach*)(1949)，科南特(Conant)的《美国教师的教育》(*The Education of American Teachers*)(1964)，柯纳(Koerner)的《美国教师的错误教育》(*The Miseducation of American Teachers*)(1963)等。克尔纳认为教育学院的课程“模糊、含糊又浪费时间”(Koerner, 1963: 56)。贝斯特也指出，“教师教育过分强调传授学生教学法理论，培养的教师虽然对如何教学能夸夸其谈，但对具体科目所知甚少以至于很难将这门课程教授得令人满意”(Bestor, 1953)。 908

教师教育管理当局并非总能欣然接受这些批评。教师教育的捍卫者们将批评者描绘成“暴徒的联盟”(an alliance of thugs)或是将孩子变成“利益之源”(sources of profit)而“公然挑衅公立教育”的“商人”(Hess, 2005)。也有针对批评者歪曲和误解教师教育方面所进行的研究与实践。教师教育工作者和批评者们似乎都准备好随时向对方发起指控。[①] 但这一过程掩盖了重要的差异：批评者们扮演的是对社会正义漠不关心的保守派角色，从他们对教育和教师质量的关注点便能看出他们的政治立场；[②] 而教师教育工作者们则抱成一团，成为进步主义理想圣坛上的信徒，但他们却缺乏学科知识，只关注过程，从不关心内容。

909 每个人都似乎想要分一杯羹：教育部长通过教师质量报告参与其中(U. S. D. E.，2002，2003)；国家专业教学标准委员会(National Board for Professional Teaching Standards)通过判定和认证卓越教师来争取权力；州政府试图控制教师培养的内容(Prestine，1991)；而联邦政府则尝试关闭教育学院，开辟其他教育渠道培养和遴选教师，如美国卓越教师资格认证委员会的认证培训项目，该机构曾在布什执政期间获得了联邦政府大量的财政资助。托马斯·B. 福德姆基金(Thomas B. Fordham Foundation)、美国教师联盟(American Federation of Teachers)、联邦教育部(Department of Education)、美国教育研究协会(American Educational Research Association)、全国教师质量委员会(National Council on Teacher Quality)、国家教育研究院(National Academy of Education)等机构都纷纷对教师教育研究进行资助，并发布了大量研究报告。同时，美国企业研究所(American Enterprise Institute)、胡佛研究所(Hoover Institute)、布鲁金斯学会(Brookings Institution)、进步政策研究所(Progressive Policy Institute)以及曼哈顿研究所(Manhattan Institute)等在内的智库赞助了各种学术会议。纽约时报(*New York Times*)(Kristof，2006)和新闻周刊(*Newsweek*)(Will，2006)的专栏作家也加入到讨论的阵营。这些报告中最新的是莱文(Levine)的《培养学校教师》(*Educating School Teachers*)，他主要重申了以往社会各界对教师培养问题的批判和分析。该报告吸引了极大的关注，并提醒着我们教师教育依然是学术圈、公众和媒体热衷批判的对象。

我们的目的在于理解和勾画出这些批评者和他们的关注点。因此，本文主要探讨两个问题：批评者是谁？他们关心什么？通过检视当代教师培养和认证管理权所面临的挑战，即不同个体、组织与机构之间展开的权力斗争，我们希望对塑造、影响并重新定义教师培养与资格认证话语权的社会制度和权力交易有更深入的理解。

尽管我们所采用的分析方法更加温和，但仍受布迪厄(Bourdieu，1988)经典著作《学术人》(*Homo Academicus*)中对法国高等教育体制研究的影响。在铺陈这个观点的过程中，我们意在构建一个有效的概念框架，以使辩护者和挑战者更好地理解教师教育"社会场域"。从这个意义上说，我们面临着与布迪厄相似的问题，当初，他作为一

---

① 对这些论点的分析之一，请参考科克伦—史密斯(2005)，科克伦—史密斯和弗赖斯(2001)的文章，以及那一期致力于探讨教师教育政治的《教师教育杂志》(第56卷，第3期)。科克伦—斯密斯和弗赖斯(2001)认为批评者的批评非常不合理，对此我们并不乐观。

② 这种现象在"文化战争"中较为常见，尤其是那些关于课程的争辩。例如，持有教育保守思想(如教授"原则")的政治自由主义者经常被误认为是政治保守派(Wilson，2003)。这可能会让批评者感到沮丧，并促使其进一步疏远教师教育当权者。

个局内人试图理解他所处的领域中不同团体和个人为权力与控制进行竞争的方式。布迪厄刻画学术共同体的尝试招致了诸多同事的严厉批评。我们希望在布迪厄(Bourdieu, 1985,1988; Bourdieu and Wacquant, 1992)所谓的“社会场域”中,将教师教育作为权力斗争的争论概念化,这使得当代围绕教师许可与认证的活动获得更加“客观的”或至少比较中立的评价。在激烈的分裂斗争中,批评者和辩护者凶猛搏斗,有时甚至会发布一些带有偏见的研究成果和评价。此时若退后一步,尝试用一种(可能)中立的方式对教师教育进行分析显得十分必要。[①] 在此,我们首先要做的是找出教师教育的批评者及批评的内容。当然,考查教师教育当权者对这些评论的回应也同样重要,我们将在后续章节对此展开讨论(Tamir, 2006; Wilson,出版中)。

作为社会场域的教师教育

让我们从了解“社会场域”(social field)这个概念,理解它的大体结构、行动逻辑及组成部分开始。根据布迪厄和华康德(Wacquant, 1992)的观点,社会空间(social space)是由“客观关系的结构”构成的:

> 职位,就其存在及对拥有者、代理人或组织的掌控力而言,都因其在各种 910
> 权力(或资本)的分布结构中显性或潜在的地位而被客观地界定,谁拥有了这种权力(或资本),谁就能获得决定该领域成败的特殊权力。(p. 97)

换言之,“场域”是社会主体(social agents)——个体、组织和机构——相互影响、作用并争夺权力的场所。这些社会行动者共享一套理解、信仰、价值观和规范,它们构成了该场域的游戏规则和逻辑(Bourdieu, 1985)。

对于这些关于“场域”的共识,不同场域的行动者对此有不同的理解,但任何特定场域的社会行动者们总有一个共同之处:他们对自己所在场域的重要性都深信不疑并怀有强烈的使命感,要继续从事“场域”产品的生产活动,正如艺术家们都相信自己的工作十分重要一样。这其中还有自私(self-serving)的一方面,即场域的所有成员都在向“场域”投资并依赖“场域”的发展壮大,但这并不代表他们内部不存在激烈的竞争,教师教育“社会场域”的社会行动者之间亦是如此。他们对教育的重要性和教师教育的必要性深信不疑,但对怎样的教师教育是有效的这一问题的理解却各不相同。讨论之后会回归该问题,探讨教师教育“社会场域”究竟需要共享哪些信念、价值观和知识。

① 我们意识到使用诸如“客观”、“平衡”等术语所存在的本质问题,但我们认为,在认可没有哪种视角具有纯粹客观性的情况下,采用多种视角是可能且有益的。

正统(The orthodoxy)

那么哪些人可能处于教师教育"社会场域"的网络关系中呢?我们先从"教师教育当权者"开始①,其中包括:1948 年由六个不同类型的教师教育工作者协会合并而成的美国教师教育学院协会(American Association of Colleges of Teacher Education, AACTE),以及成立于 1920 年,成员覆盖 700 所大学和学院、500 个学院系统和大多数州教育部的教师教育工作者协会(Association of Teacher Educators, ATE)。安格斯(Angus, 2001)、伊米戈(Imig,本书)和塞德拉克(Sedlak,本书)等学者都曾详细介绍过这些协会的历史、发展与演变。

但是并非所有的教师教育工作者都与这些协会结盟,所以我们需要加入霍姆斯小组(Holmes Group),这是一个研究性大学的联盟,因受《国家处在危机之中》(*A Nation at Risk*)(National Commission on Excellence and Education, 1983)一书的影响而关注教师教育,并于 1996 年成为霍姆斯合作伙伴(Holmes Partnership);美国教育研究协会(American Educational Research Association, AERA),尤其是 K 部门——教学与教师教育部,吸引了大量来自教师教育项目的人才,这些人通常对教师教育实践与研究很感兴趣;此外还包括全美教师教育认证协会(National Council for Accreditation of Teacher Education, NCATE)和教师教育认证委员会(Teacher Education Accreditation Council, TEAC)这两个教师教育认证机构,以及负责认证个体教师资格和培养项目的州教育部。大部分州教育部的职员都接受过教师教育培训,自然与教育当局(education establishment)结成同盟。批评者通常把当权者理解为怀有进步教育思想的个体(Hirsch, 1996; Null, 2006; Ravitch, 2000)。但是,州部门人
911 员如何与大学教师教育工作者或中小学教师、管理者联合尚存在极大的不确定性。有时这些组织广泛开展合作并持有相同的理念和理想,但有时它们又相互争执,彼此之间争权夺利。比如,当州政府和联邦政府对公立教育和教师质量的控制权竞争日益激烈时,这一现象尤为明显(Prestine, 1991; Ramirez, 2004; Tamir, 2006)。州政府部门及其他组织的地位转变提醒我们,布迪厄的"场域"概念——正统或异端,都是不固定的且不断变化的。

让我们稍作停顿,思考一下这些关系和组织中的部分图景。这些机构囊括了很多个体,这些人都被认为是传统教师教育机构的成员:大学教师教育者、许可和认证教师的国家工作人员、认证机构、专业协会和运动的领导者,比如美国教师教育联合会的大卫·伊米戈(David Imig)和沙伦·鲁宾逊(Sharon Robinson),全美教师教育认证委员会的阿特·怀斯(Art Wise),霍姆斯小组和后期霍姆斯合作伙伴朱迪思·拉尼尔

① 我们在这里使用"当权者"(establishment)一词并不带有任何贬义,尽管它经常暗含贬义的色彩。我们使用该词的目的是为了反映批评者的视角,他们体验并诠释这个支持传统教师教育作为统一阵营的松散系统,正如科南特(1964)所阐述的那样。科南特和其他学者也使用过"教育学家"(educationists)这个词。

(Judith Lanier)、弗兰克·默里(Frank Murray)和罗伯特·英杰(Robert Yinger),以及默里领导的教师教育认证委员会。[1] 此外还包括一些组织网络,如改进教师教育的城市网络项目(Urban Network to Improve Teacher Education)及"正统"设立的替代性培养项目,包括德惠特·华莱士-《读者文摘》基金(Dewitt Wallace-Reader's Digest Fund)的"通向教师职业项目"(Pathways to Teaching Careers Program)。

如果把影响这些机构的基金会、团体、其他学者、大力提升教师和教师教育的倡导者等纳入考虑范围,这个网络将很快被填满。比如,与怀斯有着长期合作的琳达·达林-哈蒙德(Linda Darling - Hammond),通过在全美教学与国家未来委员会(National Commission on Teaching and America's Future, NCTAF)等机构工作,而与教师专业化运动密切相关。此外,还有卡内基教学促进基金会(Carnegie Foundation for the Advancement of Teaching, CFAT)现任主席李·舒尔曼(Lee Shulman)的有关教师专业知识的理念,对国家专业教学标准委员会的发展,以及由各州首席教育官员委员会(Chief State School Officers, CCSSO)委托州际新教师评价与支持协会(Interstate New Teacher Assessment and Support Consortium, INTASC)所开发的标准与测试,都产生了深远的影响。其他教师教育领导者,如玛丽莲·科克伦-史密斯(Marilyn Cochran-Smith)、罗伯特·弗洛登(Robert Floden)、格洛里亚·拉德森-比林斯(Gloria Ladson-Billings)等,通过在美国教育研究协会或美国教师教育学院协会等机构任职,并从这些机构获得荣誉来发挥自己的影响力。更为复杂的是,这些行动者的理念和观点会不断发生变化(尽管这里的描述暂时"冻结"了一副不断变化的风景,也不应当被构建为一种静态场域的描述)。

此外,很多专业期刊也扮演着教师教育理想机关的角色,包括《教师教育行动》(*Action in Teacher Education*,由 ATE 赞助,ATE 也是本手册的赞助者),《教师教育杂志》(*Journal of Teacher Education*,由 AACTE 赞助),《国际教学与教师教育期刊》(*International Journal of Teaching and Teacher Education*)以及《教育研究者》(*Educational Researcher*)和《美国教育研究期刊》(*American Education Research Journal*), AERA 的许多成员都会在该杂志发表文章)。如前所述,很多州一级的组织也都创办了自己的期刊。

尽管参与者和会员组织远不止以上这些(我们向文中没有提及的机构和学者表示歉意,我们的目标只是为了描述该场域的特点,而不是详细罗列所有成员的名单),但这些由不同的个人、机构和专业组织所形成的网络正代表了布迪厄所描述的"正统"的

---

① 为勾勒这些关系图,我们同时借鉴了布迪厄和斯普林(Spring, 1997)的著作。我们并不意图描绘所有行动者和关系,事实上,这样的描绘也将是难以理解的。然而,我们希望让大家了解教师教育场域的复杂性。更为复杂的是,教师教育当权者是作为更大的教育当权者的一部分,充斥着更多的行动者和复杂关系。同样,我们重点关注全国的整体情况,对各州和地方的行动者和关系不作详述。(默里(Murray,本书)认为,大部分行动都发生在州与地方。)

社会场域——把握着对特定“场域”起决定作用的观点、利益、实践，并维持着愿景一致的个体、团体、组织的集会。

912

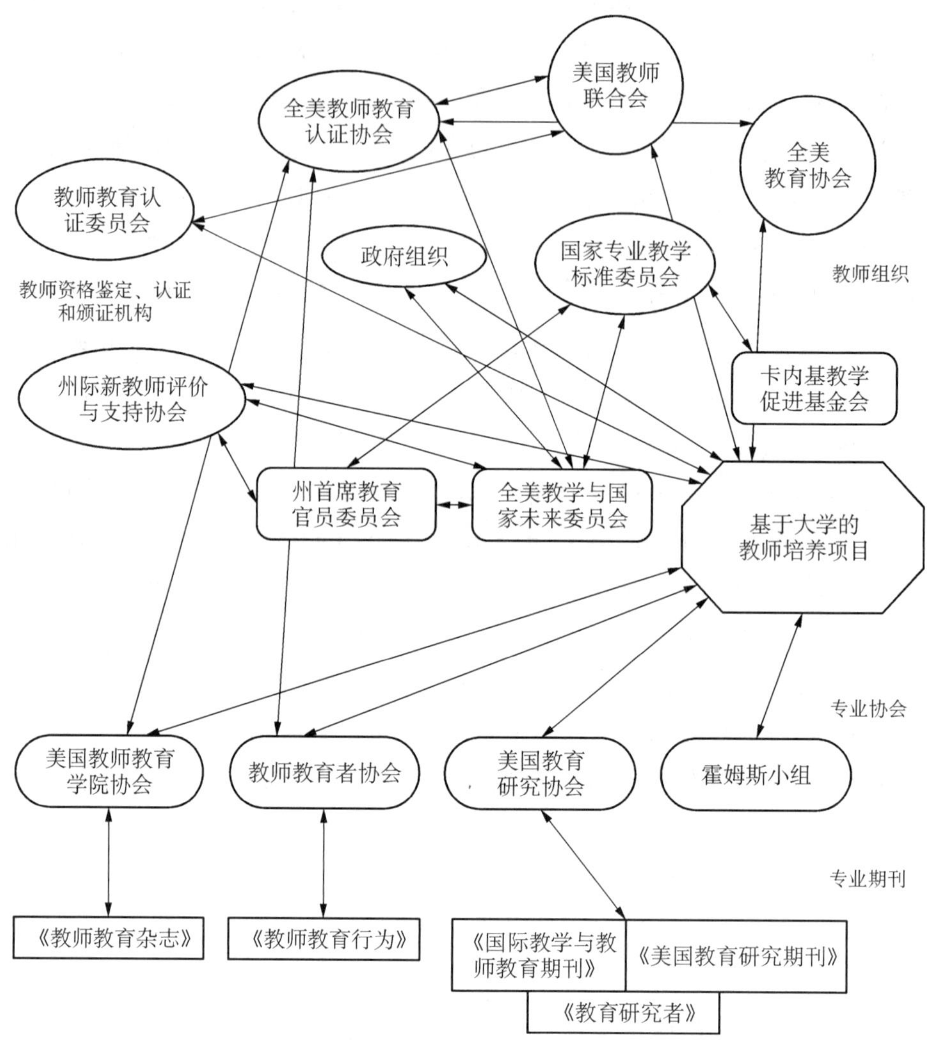

图 48.1 “正统”的教师教育网络

异端(The heterodoxy)

尽管这些行动者构成了教师教育当权者的核心，但还有一些其他的行动者，即布迪厄所谓的“异端”，他们对教师质量、培养及认证也持有强烈的看法。根据布迪厄的观点，这些异端在场域中同样至关重要，但他们不一定拥有共享的规范和假想，即布迪厄所谓的“文化资本”来获得该场域的合法权威。因此，异端试图向现状发起挑战。

这些异端包括哪些成员呢？首先是由学区和各州设立的教师教育师范学院，其次还包括国家教育信息中心(National Center for Education Information，NCEI)和刚成立的国家非师范教师资格认证中心(National Center for Alternative Certification，

NCAC)，该中心由费斯特伊泽(Emily Feistritzer)负责，主要对非师范教师资格认证路径的数据进行记录，并举办年度会议传播该路径的有关知识、实践，通过“www. teach- 913
now. org”发表关于该路径的政策，还设计了一些专门吸引特定人群参与教学的项目，包括科普(Wendy Kopp)创办的“为美国而教”项目[①](Teach for America，TFA)、“军人教师速成”计划(Troops to Teachers，TTT)、“纽约市教学人员”计划(New York City Teaching Fellows Program，NYTCF)等。这些非师范教师资格认证路径有时与“传统”教师教育格格不入，因为它们内部存在大量的差异，其本身并没有形成庞大的共同体，(Cochran-Smith and Zeichner，2005；Humphrey and Wechsler，2005；Johnson *et al*. 2005；Schulte and Zeichner，2001；Wilson *et al*.，2001；Zeichner，2005)。事实上，在非师范教师资格认证项目的支持下，很多新手教师最终会倾向于采取传统的路径以获得资格认证。因此，即使在替代性背景的掩盖下，所谓的“非师范教师资格认证路径”的支持者中也可能充斥着正统派成员。

还有新成立的美国卓越教师资格认证委员会，该委员会受美国教育部资助，并为其成员提供可替代的教学“通行证”。实际上，教育部还资助了“为美国而教”项目与“军人教师速成”计划。还有一些规模更小的改革，如“知识就是力量”项目(Knowledge is Power program)学校，它们在对传统教师培养模式倍感失望后，转而把兴趣点放在了拓展新的教师教育领域上。

此外，还有大量个人或组织通过发布报告、举办会议，对教师培养的质量和教师资格认证的必要性提出质疑。如艾贝尔基金(Abell Foundation)、太平洋研究所(Pacific Research Institute)及进步政策研究所(Progressive Policy Institute)都发布过相关报告(Izumi and Coburn，2001)。托马斯・B. 福特汉姆基金(Thomas B. Fordham Foundation，1999)曾发布过一份题为《我们需要的教师及如何获得更多的教师》(*The Teachers We Need and How To Get More of Them*)的“声明”，并由教师教育当权者的各派批评者签名。在胡佛研究所(Hoover Institute)发起的会议上，来自美国企业研究所(American Enterprise Institute，被认为是布什政府公共政策核心智囊团之一的机构)的弗雷德里克・赫斯(Frederick Hess，2001，2002)也写过大量的报告、书籍和社论宣扬我们需要“拆除传统教师资格认证的高墙”。其他批评者，如赫希(E. D. Hirsch，1996，2006)、拉维奇(Diane Ravitch，2000)则质疑教师培养项目课程内容的质量。经济学家戴尔・巴卢(Dale Ballou)和迈克尔・波德古尔斯基(Michael Podgursky)也对教师资格认证的垄断性，教师资格考试的弱相关性和肤浅思想等提出挑战(Ballou and Podgursky，1998，2000a，2000b；Podgursky，2004)。全美教师质量委员会(其顾问团成员包括赫斯、赫希、科普等)的凯特・沃尔什(Kate Walsh)也写过关于教师教育当权

---

① 由普林斯顿大学学生温蒂寇帕设立，鼓励常春藤高校的学生利用两年时间在农村或城市的公立学校进行义务授课，并终身为扩大儿童的教育机会而奋斗。

者的评论,如最新发表的《教育学院没有教过的阅读知识,小学教师没有学过的知识》(*What Education Schools Aren't Teaching about Reading and What Elementary Teachers Aren't Learning*)(Walsh *et al.*, 2006)。最近,一些关心教师学科知识的数学家和科学家也加入进来,他们的主张与二十世纪五六十年代的批评者大致相同:有关教师教育的课程挤占了未来教师们过多的时间,减少了他们在大学学习学科知识的机会。这些行动者之间的关系结构见图 48.2。

914

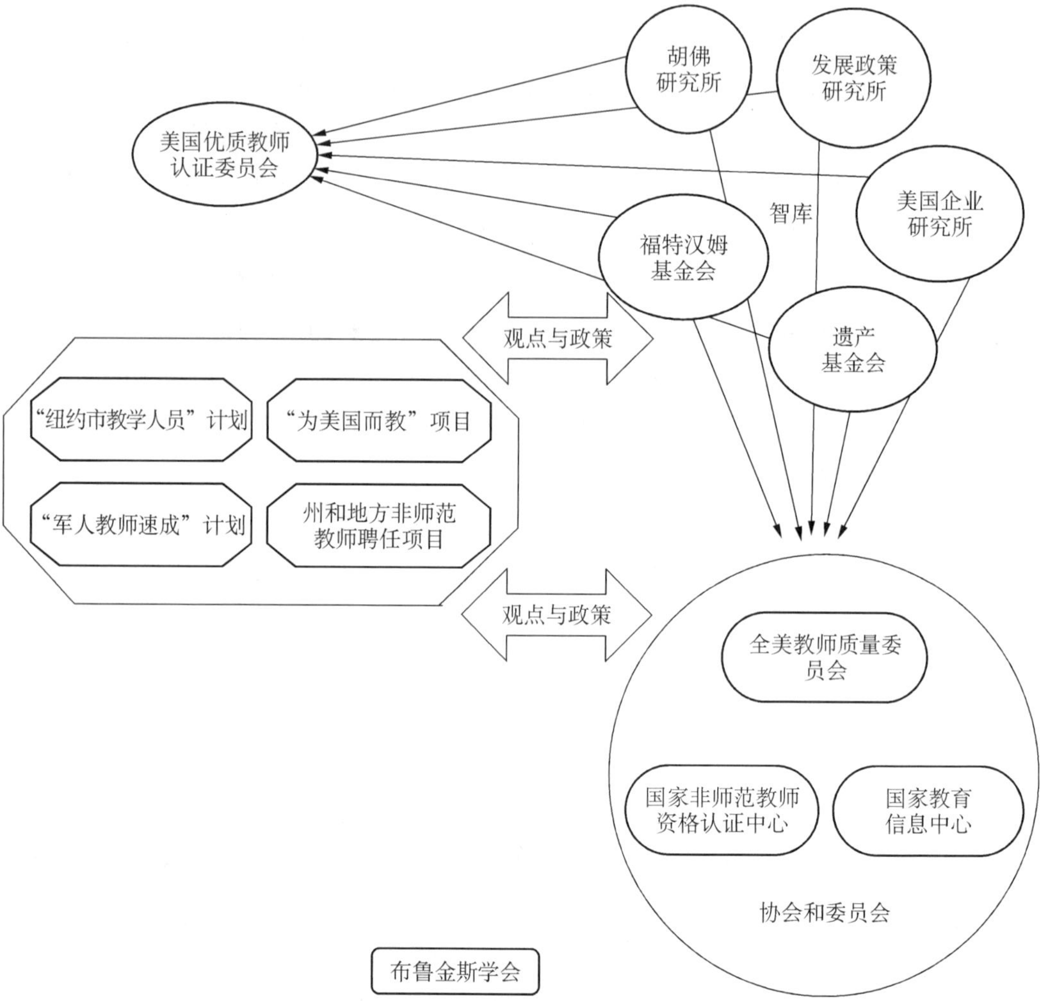

图 48.2 “异端”的教师教育网络

边界跨越者

一些挑战者对正统持有强烈的敌对立场,有些人尽管批评,但似乎没有那么激进。例如美国教师联盟(American Federation for Teachers)支持教师是专业人士的观点,但并非所有的批评者都认同此观点。不过他们对“传统”教师培养质量深表忧虑,这种忧虑在他们的报告《构建一种职业:加强教师培养与入职培训》(*Building a*

Profession: Strengthening Teacher Preparation and Induction)中得以体现。同样，各州教育委员会(Education Commission of the States)(Allen, 2003)和国家研究委员会(National Research Council, NRC)开展了教师培养的最新研究(也包括对国家专业教学标准委员会(National Board for Professional Teaching Standards, NBPTS)的研究),这表明它们似乎也是教师教育的利益相关者,但很难清楚地区分它们属于正统还是异端。事实上,使用“正统”或“异端”等概念可能会无意中传递一种静的状态(当然,场域中同一人或同一机构也可能会同时被场域中不同的行动者看成是自由主义者、中间派、保守主义者或激进主义者)。正统和异端之间的边界互相渗透、交织,它们的联盟以及指导它们行动的思想、设想和价值观都会随时间改变。而且,一些个体和组织将教师教育束之高阁,否认它的存在,如李·舒尔曼(2005),这位教师专业化议程的捍卫者,最近也公然宣称教师教育并不“存在”。我们之后会继续讨论这个问题。

由凯蒂·海科克(Katy Haycock)所领导的教育信托基金会(Education Trust)是另一个模糊教师教育当权者和挑战者界限的例子,全美州长协会(National Governors Association, NGA)也同样如此。这些机构持有的观点与教育当权者产生共鸣,如教师资格认证、教师培养、美国专业教学标准委员会等,同时也乐于接受挑战者所提供的非师范教师认证路径。例如,全美州长协会就同时支持正统和异端的一系列战略:为教师提供的高质量专业发展活动、高标准的教师测试与资格认证……绩效薪酬、师范 915
学院、非师范教师资格认证路径等(NGA, 2006)。

为教育改革提供大量资助的基金会和组织也可能同时赞成两方的观点,并支持两方的组织和机构所采取的行动。如纽约卡内基基金会既为“为美国而教”项目提供了非常慷慨的资助,同时也支持一项改革教师培养的雄心勃勃的尝试——“新时代教师”(Teachers for a New Era, TNE);这在很大程度上是当权者人为组织大批机构的集合。国家科学基金会(National Science Foundation, NSF)也同时支持挑战者和当权者的工作,有时还要求双方进行合作;布鲁金斯学会,一个无党派的智库(尽管有些人认为是“自由主义”或“中间派”,还有人认为是“保守派”)也同样需要在正统和异端的边界中找到自己的位置;亚瑟·莱文(Arthur Levine)尽管一直宣称自己是试图提供批判视角的内部人士,在近期对教师教育项目的评论中也有意采取了这种跨界的立场。边界跨越者中似乎也包含了边界模糊者,这些行动者一起暗示着一个第三方利益集团,使得教师教育当权者与挑战者之间原本可以互相渗透的边界变得更为模糊(见图 48.3)。

总而言之,教师教育的社会场域是一个巨大的、不断变化的、拥挤的空间,具有不同的共同体、机构、个体、利益集团与组织。本文所呈现的示意图都不是静态的位置图,因为不同组织和机构的位置是时常变化的。我们也不想形成这种习惯——在当代话语中经常呈现意味着所有的个体和群体组织的想法是一样的。这些群体中有相当大的分歧,并非所有的教师教育工作者们都彼此认可,挑战者之间亦是如此。

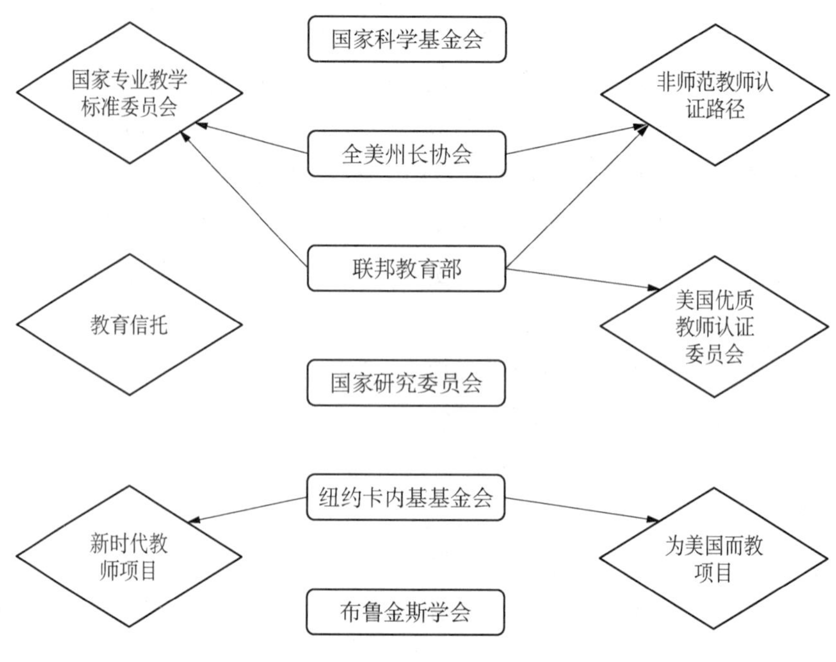

图 48.3 “跨越边界”的教师教育网络

917 当理解了这种示意图是启发式而非静态的实体时，我们现在回到挑战者们的评论内容上。我们将围绕以下四个主题来论述针对教师教育系统的挑战。①

挑战

布迪厄(1988，2005)认为，挑战者对某“场域”当前所“生产”的“产品”价值提出质疑并试图对其进行重新定义。在这里，挑战者的批评相对比较直接：当前的教师教育体系没有“生产”出高质量的教师。然而，要对这个问题的根源进行诊断就必须探讨四个相互交叉的主题。这些辩论的其他分析者也曾对这些主题的某些方面进行过论述，包括科克伦—史密斯(Cochran-Smith，2006)、科克伦-史密斯和弗里斯(Fries，2001)、格罗斯曼(Grossman，2004)、拉巴雷(Labaree，2004)、蔡克纳(Zeichner，2003)等。我们的分析将对以上研究做一些补充。

“反竞争的潮流”：监管和官僚主义问题

其中一个对教师教育当权者的批判很大程度上是关于“选择权”的问题。批评者指出同现有教育的其他方面一样，教师教育过于保守，陷于传统并缺乏灵活性，更糟的是收效甚微。例如，芬恩(Finn)认为公立教育系统需要“打开更多的大门，欢迎来自四

① 在整篇文章中，我们使用教师教育“当权者”、“体系”、“正统”等术语来指代图 48.1 所示的各种个体和组织。

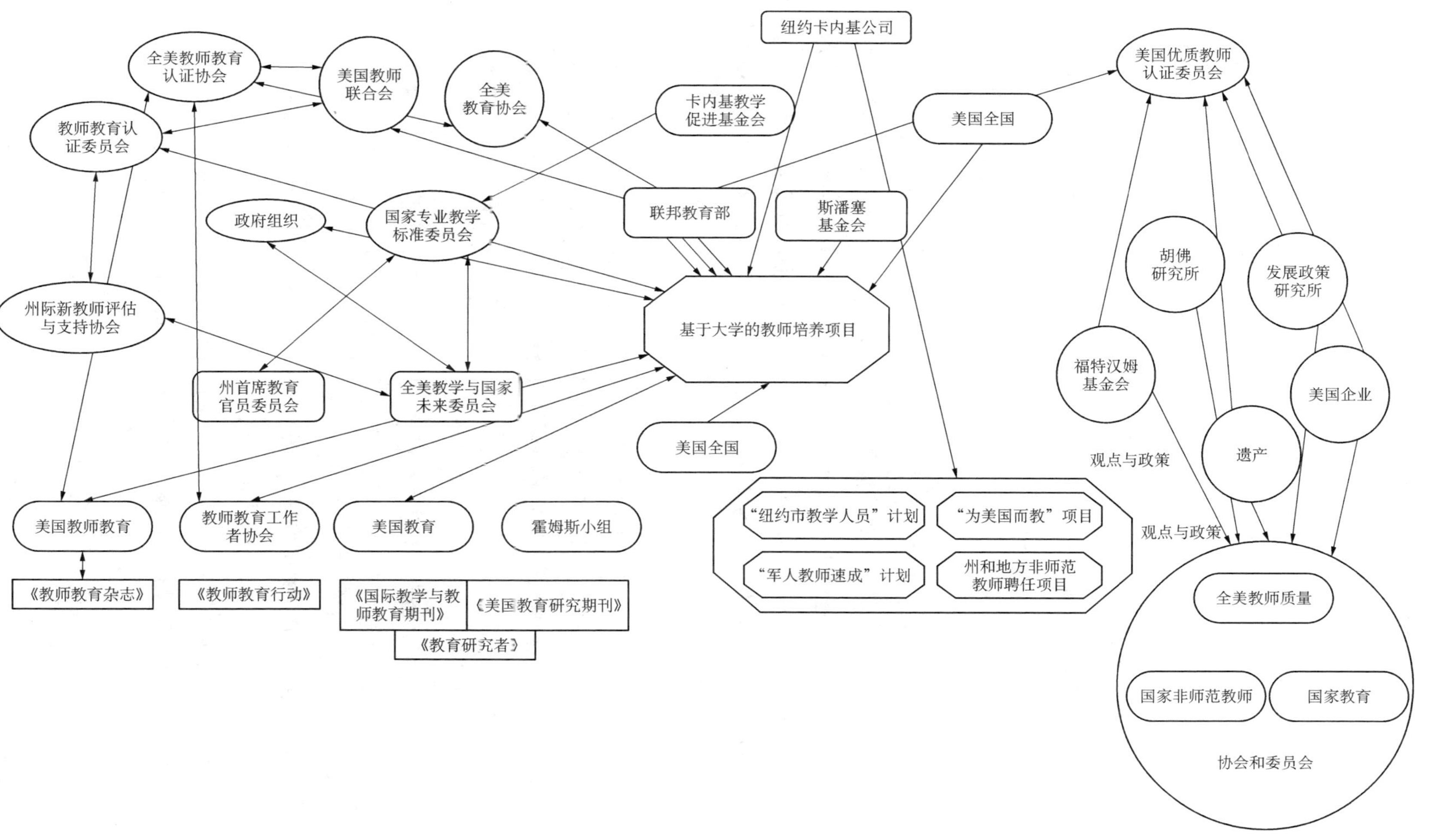

图 48.4 教师教育的社会场域

面八方的人加入进来，减少各种禁锢和障碍以及监管麻烦，寻求真正的人才而非一纸凭证”(Finn，2003：5)。但令他沮丧的是，现实恰恰相反：“教育领域形成了一套传统智慧……这归结为：相似性太多。我们都被告知要通过增加正规培训和提高资格认证条件来提升学校的教学质量，而这些工作本来就已经做得十分到位了”(Finn，2003：5)。

蔡克纳(2003)、科克伦-史密斯和弗里斯(2001)将这种批判战线称之为“消除管制”改革(而支持者则称之为“常识”改革)(Hess，2004)。围绕该“市场”或反/去监管问题的还有若干个子标题。首先，是不必要的成本问题。传统的教师教育体系非常昂贵，未来教师“不仅需要支付学费，放弃工作机会以修读相关课程，还必须在没有任何报酬的情况下从事8—12周的教学实习。此外，教师如果想去不是他们完成培训的州工作，则必须忍受取得额外认证的官僚习气”(Hess，2001：5)。他认为，要求未来教师“穿过众多费时且与工作又没有太大相关性的铁环”会消耗他们的“企业家精神与活力”。

其次是假定替代项目从本质上而言具有积极潜力。那些主张为教师培养和认证开放市场的人深信传统的教师教育将很多人拒之门外，尤其是一些“聪明人”、转行者及有色人种。芬恩声称“这种培训和认证周期太过累赘，充斥着米老鼠课程[①]和形形色色的要求，阻断了很多有能力的潜在教师进入公立学校任教的机会”(Finn，2001：129)。如果我们除去这些障碍，使通往教师职业的道路更为通畅，我们便能吸引更好的、更独特的人才来从事教师职业。

918 > 既然优秀的教师可能来自许多地方、以不同的方式被培养并通过多种渠道进入学校任教，州政府应取消阻碍优秀教师候选人进入课堂的所有不必要环节与障碍。用这种方式解除对教学资格的管制不仅可以增加教师人选，还能提高师资质量(p. 144)。类似“为美国而教”这种将没有受过公立学校正规教学法课程训练的文科毕业生安置到贫困农村社区或城市内部进行教学的项目能够如此受欢迎，表明这种不用经受几年教学法学习而能从事教学工作的机会对部分最优秀的大学毕业生非常有吸引力。(p. 145)

这里的论点是：非师范教师资格认证路径在本质上是好的，它的存在能够吸引大批无法通过“传统”渠道接受教师教育的群体。

挑战者基于市场观点提出的第三个理由重在说明：社会“场域”缺乏可见的内、外部问责机制。批评者很早就指出教师教育似乎对任何批评都持抵制态度：

> 教育领域最令人震惊的事实之一是教育界内部缺乏比较严肃的自我批

---

① 非学术类的大学学位课程。

> 判。科学家或学者间对彼此研究成果的批判，被认为是促进知识进步最常见，也是最必要的部分，但对新的教育方案却鲜有专业领域的其他教育家进行充分而坦率的批评。(Bestor，1953)

10年后，科南特做过类似观察，并指出“教育当局的自我防卫性太强，它把所有的改革建议都视为威胁……总之，它过于排斥外部的批评，却又极度缺乏严格的自省”(Koerner，1964)。

今天的挑战者对该问题同样非常关注。当赫斯(全方位)深思了对教师教育不必要带有敌意的讨论时指出，“为回应这种恶意攻击，教师教育共同体假设所有尖锐的批评都必定是恶意或不合理的这一做法对自身毫无益处”(Hess，2005：197)。即便面对善意的批评，部分教师教育当权者也会立刻指责挑战者们不怀好意。如果将该领域向市场开放可能改变这种趋势，批评应当被鼓励(而非被阻止)，还能迫使教师教育工作者们“提高产品质量”。

对取消管制和开放市场的呼声各异。一些支持者，如赫斯(2001，2005)谨慎地指出，开放市场并不意味着要关闭所有的教育学院，这与乔治·威尔(George Will)的观点略有不同。确实，部分挑战者也认为存在着高质量的教师教育项目，这些“好”项目无疑能够禁得起市场竞争的考验，另一方面，那些无法提供高质量培训的机构自然会被淘汰。

总之，市场/反官僚主义的观点形成了一系列诸如解制、效率或有效性、自由选择、问责制、高质量(这些概念在20世纪80年代成为政治和教育领域讨论的核心)等非常有影响力的概念，并以一种令人信服、合乎逻辑，甚至对于一些人来说几乎无可非议的方式，把这些观点与主张联系起来，从而通过自由市场来改善教师教育。我们也注意到这种对教师教育的批评与更笼统的教育体系的批评家提出的论点密不可分(Ballou 919
and Podgursky，1998，2000a，2000b；Finn，2001；Hess，2002；Hess *et al.*，2004)。这些挑战(针对更大的教育体系)认为公立教育要想获得成功就必须实行私有化(即引入市场机制)。批评者认为当自由市场存在后，官僚主义那些死板、压抑而又令人窒息的分支也就随之瓦解，拥有强大力量的社会结构和自利性组织也会逐渐消失，其直接结果是，随着系统“脂肪”的去除和更为合理的经费支出，系统的生产力和效率也会蓬勃发展。当然，这些批评并非仅仅针对教育体系，因为关于市场化的辩论长久以来一直是美国如何在保证公平与效率的前提下，分配社会财富和权力所争论的主题之一。

在这里我们的目标是理解异端的抱怨，因而不会具体探讨“正统”对这些不满的回应，也不会描述这些挑战，在此对其横加指责。有关正统对批判的回应我们留待日后去深入分析，感兴趣的读者也可以阅读科克伦-史密斯(Cochran-Smith，2006)、科克伦-史密斯和弗里斯(Cochran-Smith and Fries，2001)以及蔡克纳(Zeichner，2003)的著述。但我们还是有必要简要说明，为了回应市场批判，教师教育管理当局通常会提出公立教育致力于促进公平，而市场则不能达到这样的效果，我们可以从美国日益扩大的贫富差距透视这一点，尽管市场能够刺激竞争，竞争又能够促进健康的创新与变革，但教师教育当权者也认为竞争会催生分类和选择，这些做法可能阻挠知识的获取从而破坏机会的公平，而这些恰恰是美国公立教育体系的终极目标。

基于研究的论证

针对教师教育当权者的第二个挑战涉及到“证据”，因为证据拥有“传统”教师培训项目的附加值。史密斯和弗里斯(Smith and Fries，2001)称之为“证据担保”的争论：

> 每一方都在努力建构自己的证据，通过明确详细地指出对方存在方法论错误，数据报告不准确或不完整，逻辑或推理的错误，以及由此而导致的结果上的本质性错误，以此来削弱别人的证据。(p. 6)

用于证明传统教师培养项目质量的论据多种多样，包括教师培养项目中学生的入学成绩和即将毕业的未来教师的教师资格考试成绩等。例如在20世纪80年代，新泽西州的政策制定者们对比了通过非师范路径选拔的教师和传统师范教育培养的教师在资格考试中的成绩，发现后者远远落后于前者，这些数据后来被用作支持非师范教师认证路径的证据(Tamir，2006)。随着争论的日趋激烈，正统和异端都迫切想要开发更好的数据库从而为自己的观点寻求最佳，甚至是终极论据。在这种情况下，科学不再被认为是促进人们客观认识社会现实的工具，而被认为是决定社会政策的最终仲裁者，如同许多人所认为的那样。

关于研究证据的国家级的最新辩论关注教师教育和认证增值评估(Ballou and
920 Podgursky，2000b；Darling-Hammond，2000a；Goldhaber and Brewer，2000，2001；Darling-Hammond *et al.*，2001；Abell Foundation，2001a，2001b；Darling-Hammond，2002；Darling-Hammond and Youngs，2002)。其他机构也加入到讨论中。美国教育部发布了一份关于教师培养五大问题的研究综述(Wilson *et al.*，2003)，各州教育委员会也纷纷发布自己的报告(Allen，2003)。更多的报告紧随其后，包括美国教育研究协会的最新报告(Cochran-Smith and Zeichner，2005)以及由达林-哈蒙德和布兰斯福德(Bransford，2005)所编辑的国家教育研究院(National Academy of Education)报告。全美教师质量委员会(Walsh，*et. al.*，2006)最新发布的报告就是另一例证，它检测了教师教育项目是否整合了“国家阅读小组”(National Reading Panel，2000)的研究发现。

挑战者对教师教育研究基本的疑问包括：这些研究认为有效的或熟练的教师应具备哪些素质？这些教师是否需要掌握学科知识？他们是否需要教学法知识或其他形式的专业知识？教师教育项目是否传授新教师们那些“基于科学的研究”中有关阅读

教学或数学教学的知识？是否有证据表明较之于非师范教师资格认证路径的教师，通过传统渠道获得教师资格认证的教师更好或更差？教师教育项目是否能在整体或部分项目上（如实习经验或学生教学）产生可观察的影响？[①]

对这些问题感兴趣的研究者通常会使用统计数据库，这些数据库会根据教师持有的认证类型，将教师与学生的标准测验成绩联系起来，同时试图控制个人/群体特征，如社会经济地位（SES）和种族，以及教师特征，如年级平均成绩、学科知识或专业、大学类型、教学经验、是否有教育硕士学位（Darling-Hammond，2000b；Felter，1999；Goldhaber and Brewer，2000；Monk，1994）。总体而言，这项研究的目的是对比通过非师范路径从事教学的教师与接受传统教师教育的教师的教学效果（通过检测学生的成绩）。

达林—哈蒙德和布兰斯福德（2005）所采取的路径略有不同。他们既包括了以上描述的这些研究结果，同时也提出疑问：重要领域的知识是什么，例如，是关于学习的研究还是关于教学的研究？我们可以从逻辑上推断教师教育项目需要涵盖这些知识是因为其工作的本质，而不是因为某个研究者发现介绍这些观点的教师教育项目能够培养更多优秀的教师（史密斯（2006）对该问题的阐述）。

即使已经对规定教师教育的知识基础进行了这么多的尝试，我们依然可以提出以下问题：基于研究的教师培养的价值结论是什么？教师教育领域的证据比其他领域更参差不齐，更零零星星，还是更有力。研究者可以就人们如何学习深层知识做一案例（如 Bransford *et al.*，1999），也可以就如何教授阅读（NRP，2000）或数学（NRC，2001）的已有知识做一个不太令人信服的案例（make a weaker case）。但总体而言，研究几乎无法就教师培养或认证、教学实习、学科知识和教学课程、项目认证的效果提供明确结论（Allen，2003；Cochran-Smith and Zeichner，2005；Wilson and Floden，2002；Wilson *et al.*，2001）。正是由于缺乏关于教师教育附加价值的明确研究，加之教师教育研究质量参差不齐，挑战者们可以更为理直气壮地支持他们的市场化观点：开放教师教育和教师资格认证的大门，直到有足够的研究能够证明应该关闭市场。他们对开放市场的效果持乐观态度，也认为竞争能够加快开发更好证据的进程。

使批判更为复杂的是对教师教育研究质量的质疑。挑战者们认为教师教育工作 921
者们整体上没有进行高质量的研究，没有采用合适的研究设计，或没有批判性评价支持他们观点的研究。“他们有选择性地引用支持教师资格认证的研究，而忽视那些意见不同的研究。”艾贝尔基金（2001a）写道：

① 挑战者没有涉及的问题对教师教育当权者而言同等重要。例如，在何种程度上教师教育项目能够培养教师教授不同群体的学生和残障学生？这类问题对于教师教育当权者的成员非常重要，与此研究相关的评论可参考科克伦—史密斯和蔡克纳（2005）以及琳达·达林—哈蒙德及布兰斯福德（2005）。

> 分析被不精确的测量所填充，为了掩饰缺乏支持教师资格认证的证据……研究者们专注于那些质量不高但他们感兴趣的测量变量上，有时忽视更优的测量变量……他们毫不怀疑地引用了未经同行评议的研究。

这些批评也是对教育研究的增值评估进行诸多讨论中的一部分。教育当局内外都对高质量的教育研究需要具备哪些因素提出了疑问(例如 Erickson, and Gutierrez, 2002; NRC, 2002; Raudenbush, 2005; Whitehurst, 2002)。

如上所述，教师教育社会场域的挑战之一在于它是一个动态的目标。关于教师教育的研究尤其如此。例如，尽管很多人认为关于教师教育的研究很薄弱，但目前多个正在开展的重要项目都大有可能更清晰地呈现各种教师培养方式的增值性。这些项目包括“教学项目之路径”(Pathways into Teaching Project)(Boyd *et al.*, 2006)和“俄亥俄州教师质量伙伴行动”(the Ohio Teacher Quality Partnership)(Lasley *et al.*, 2006)。这两个项目都是为了对比不同教师培养项目的效果而设计的。

这些证明和“科学”证据的讨论与其他更大范围的全国性讨论相呼应。科学与政治的混合体现在美国人生活的诸多方面。这令我们想起近期关于创世论在公立学校科学课程中所处位置的辩论，以及对干细胞研究的各种支持与反对的论点。这是一场古老的争辩，因为科学常常被政治、宗教和权力所塑造，因此在教师教育“社会场域”的政治博弈中，诸如谁的科学、什么科学、应该如何使用科学等主题会成为这场对话的重要部分也就不足为怪了。

同样，我们不会深究正统的反应。但我们有必要说明教师教育工作者通常是通过批评异端(有时)对于科学的狭隘观点来进行反驳的，尤其是针对实验设计是“黄金法则”的言论。他们还指出教学是精神与道德层面的工作，本质上非常复杂，不能因此仅凭实证数据进行判断。在部分教师教育当权者看来，“高度”关注“研究说了什么”就是企图向教育强加极权主义的技术统治论。

专业主义论点

第三种挑战涉及“专业主义”议程，[①]针对专业主义的挑战是很复杂的。首先，有批评者声称教学不是专业，尤其是在工会存在的情况下，它更多的是一种劳动或行政部门(Mitchell and Kerchner, 1983)。其他挑战者认为教学除了不能满足某些专业化的
922 标准，有可能成为一门专业。例如，查布认为如同其他职业一样，教育职业也应该建立在自主权和问责机制的原则上(Chubb, 2001)。不幸的是，没有这些原则。

---

① 蔡克纳(2003)认为美国的教师招聘可划分为“专业主义”(professionalism)、“解制”(deregulation)和“社会正义”(social justice)三种基本取向。这些取向与我们所描述的三方面的批评大致相同。然而，蔡克纳认为解制派主张教师所需要的无非是学科知识。我们不太同意这个观点，因为并非所有的解制派都认为专业知识应让位于学科知识。

> 一个专业体系有两个标志：自主权和问责制。当需要工作时，专业人士所接受的任务能够很好地表明充足自由裁量权的行使，但行使自由裁量权（自主权）的自由则要受到问责监督机制的制约。这些规定通常注重任务的结果，而不是工作开展的过程。一种教育的专业化模式应该认识到，教师和学校需要决定如何最好地教育每位学生。系统不应监管或特别关注每所学校提供的教育，应该关心和监管学生学到了什么。（p. 37）

因此这里的挑战不是教学不应被视为一种专业，而在于它仍然最多是一种“伪专业”或“类专业”（pseudo-or quasi-profession）。类似的挑战还在于教师教育在专业知识方面缺乏共识。同样，批评者指出专业性职业的标志之一是共享的专业知识基础。挑战者指出教学缺乏一致认同的专业知识主体和技能，而医学和法律职业则具备这些：

> 问题在于教学中不存在可比的知识和技能主体。对不同教学策略的优点向来多有争论，即便教师教育工作者和资格认证支持者也有一段艰难时期，无法对优秀教师的具体技能进行清晰的界定。（Hess，2002）

虽然不是批评者，卡西克（Cusick，1992）和拉巴雷（Labaree，2004）就教学“软”技术的核心也做过类似的评论。在这些评论中，挑战者对教师教育当权者无能，或不愿用具体的术语描述教师应具备的知识和技能深感不满。模糊的语言被用来描述优秀教学：好老师懂得反思和倾听，他们具备“全球视野”，而且“以身作则”。这种“教育术语”让很多想知道这些术语意义及这些术语如何被测量的批评者们感到沮丧。他们期待更好的界定优秀教学“技能”的内涵，对此国家阅读小组的报告作了可能最为清晰的阐述（National Institute of Child Health and Human Development，2000）。此外，挑战者要求证据能表明教师教育当权者重视的知识和行为与学生的学习呈正相关（Hess，2001）。挑战者建议如果正统无法或不愿意明确而清晰地提出衡量教师所需知识的标准，“我们就不应该将其他人排除在外……这并不意味着在这种职业中不合格是可接受的，只是我们认为授权是一种无效的且存在潜在伤害的控制质量的方式”（p. 11）。

关于教师知识的讨论大多集中在教师学科知识问题上，主要因为正统和异端的所有成员都认为教师需要了解他们所教授的学科知识。但是关于教师学科知识（它的内容和特征、充分性以及与专业知识的其他形式的平衡）的讨论同样令人担忧。很多挑战者或含蓄或明确或被误解地宣称：学科知识（和口头表达能力）是决定教学的全部，
要么因为没有专业知识基础，要么因为教学是一项实践艺术，最好的学习是通过实践 923

并在实践中习得，而非在专业学校中习得（例如 Whitehurst，2002）。许多教师，尤其是小学教师（例如 Ball，1990；Ball *et al.*，2001；Ma，1999）和一些未按专业分配的中学老师（Ingersoll，1996），不具备足够的学科知识这一事实，导致很多挑战者指责教师教育工作者在教育课程上花费太多时间，而没有安排足够的时间来加强未来教师的博雅教育和学科教育（liberal and disciplinary education）。教师认证考试仅仅有助于巩固教师低标准意义上的学科知识，例如，米切尔（Mitchell）和巴思（Barth）在一项研究中发现这些测试的大部分题目都是选择题，主要考查高中水平的知识，“我们没有证据表明它考查了学士学位级别的内容”（Mitchell and Barth，1999：8）。

总之，批评者严重怀疑教学缺乏明确且可测量的知识基础，教师教育当权者不过想获得专业组织的头衔而不想承担义务。

这些批评者的尖锐程度不同，有些批评者认为教学有可能成为一门专业，但仍需做很多改进才能满足一门专业的基本要求（如构建一致的专业知识基础、建立内部问责机制等），其他人声称教师只需要具备口头表达能力和一些学科知识，除此无他。某些批评者则认为教师是一门专业，需要专业知识，但他们仍怀疑正统对教师学科知识的培养过于平庸，并且缺乏严格的资格认证考试（见本卷中克罗（Crowe）对该问题的进一步阐述）。

社会正义：“意识形态”论点

> 许多师范学校阻止那些缺乏合适“品性”（disposition）的未来教师，亦即那些不拥护今天“进步主义”政治教义的人，甚至取消他们的资格。凯伦·西格弗里德（Karen Siegfried）在费尔班克斯大学，拥有 3.75 的 GPA 成绩，但在发表了某些保守主义的观点后被她的教学法教授告知其缺乏教师所需要的“专业意向”。她现在正学习成为一名航空技术人员。（Will，2006）

最后一项挑战涉及了一种指责，即教育当局者被一种令人窒息的意识形态所绑架，尽管为了自由而抗议，却并不接纳非师范教育的观点。赫希曾将其描述成一个“冒充改革的正统”（orthodoxy masquerading as reform）和“集权式的智力统治”（totalitarian intellectual dominion）（Hirsch，1996）。芬恩（Finn）和拉维奇（Ravitch）曾指责“教学法精确”（pedagogical correctness）的教育机构（Finn and Ravitch，1996：41）。让我们来看看挑战者所批判的这种意识形态究竟是什么。

很早以前教师教育当权者就接受了 K－12 教育的进步立场（Dewey，1902；Hirsch，1996；Ravitch，2000），这种“意识形态挑战”的主题之一涉及进步主义对课程质量和学生所学产生的直观性影响。拉维奇认为教师教育当权者的进步主义引起了“对学校学术使命的持续攻击”，她认为这解释了为什么这么多孩子“被落下”：“进步主义”政策在鼓吹民主和满足每一个孩子需要等说辞的包装下，助长了美国学校的种族差异和社会分层(Ravitch，2000：15)。

赫希(Hirsch，1996)也表达过类似的观点，但他避开了“意识形态”等词汇，因为他
认为教育当权者只是被一些观点(而非“意识形态”)所控制。相反，他断言教育体系存
在于三股“思维推动力”所组成的“思想世界”中——浪漫主义(Romanticismand)、美国 924
优越主义(American exceptionalism)和专业主义(professionalism)。当这些思想被运
用到儿童教育上时，会产生各种问题。

> 浪漫主义在心理和道德方面的设想并没有走向它们的开创者所希望和预期的方向。浪漫主义或许曾经用我们的语言创造过很多最伟大的诗歌艺术，但它有关教育的理论则是错误的；美国优越主义确实存在一定的现实依据，因为我们民主政治的传统及独立思考的习惯在世界历史上很特殊，但是优越主义可能会变得只有自满，逃避学习其他民族经验的挑战；专业主义从某种崇高的意义上讲，能够增加人们对自身工作的自豪感和责任感，但极端的专业主义则会导致狭隘和分离主义者的产生。(p. 126)

需要重点注意的是拉维奇和赫希对进步主义意识形态的谴责，在于他们坚定地认为这些观点与许多教师教育当权者奉若神龛的“社会正义”议程相悖。换句话说，他们批判的并非是正统为所有大众提供公平、高质量教育的承诺，而是教师教育当权者为实现公平而采用的策略。教育管理当局的评论家认为，进步主义并不等同于公平教育。

除了无法兑现其为所有儿童提供优质教育的承诺，很多挑战者感到正统似乎还企图向每个人灌输一种浪漫主义、进步主义和建构主义的价值观。赫斯(Hess，2005)解释道：

> 许多批评者担心教师教育领域的一些代表人物…毫无自谦地声称教师教育会不可避免地支持某些特定价值观……美国教育研究协会的现任主席拉德森-比林斯(Ladson-Billings)表示，她个人认为好的教学应是支持“反种族歧视、反性别歧视、反同性恋歧视…反压迫社会公正的教育学”，尽管她承认这种教学会不可避免地包含一些“不受欢迎、带有政治危险性”的课程和教育决策。

为什么这么危险？赫斯(Hess，2001)指出因为许多老师都很年轻，容易受到影响，而且教师教育当权者的价值观没有反映出更大社会范围内的价值观。

> 委托教育学院控制教学准入、资格认证权，则赋予了教师在这场敏感的社会和道德讨论中的优先位置。教师教育工作者倘若反映了整个社会的分

> 工则引发不了多大的关注，但事实并非如此。教学法的教授们倾向于信奉一种“建构主义”的教育观、课程和学校教育理念。教师教育领域的一项共识是：激进的多元文化论是好的，有理想的白人教师应该被强制面对社会根深蒂固的种族歧视。

目前，挑战者主要将批判聚焦于教师教育和项目认证中日益强调重视“品性”这一做法上。未来教师因为拒绝接受建构主义、反压迫和社会正义等进步思想而被排除在教师教育项目之外的传言比比皆是。戴蒙（Damon）观察发现全美教师教育鉴定委员
925 会的标准“说明一个成功的候任教师必须展示某种正确的信仰和态度”（Damon，2005：2），表现出诸如富有同情心或社会正义感等“品性”。而且，全美教师教育鉴定委员会的标准是候任教师不仅需要具备这些信念，并且还必须让这些信念来引导他们的行为。让戴蒙感到忧虑的是全美教师教育鉴定委员会对“品性”这一词汇的使用并没有反映社会科学家倾向性特质（dispositional traits）的知识，社会科学家强调行为倾向，而非道德价值或社会/政治意识形态。这一做法有待商榷：

> 那些被授权评估师范生的人拥有不受限制的权力决定候任教师应该思考什么和做什么，他们应该相信或重视什么，那些服从权威的候任教师都需要注意他们对道德信仰和责任的表达。（Damon，2005）

那么，挑战者是否希望美国学校的教师忽略种族歧视或成为性别主义者？挑战者是否认为教师应该根据性别、种族、阶层和性取向来区别对待孩子或他们的父母呢？或许这样的人确实存在，但把挑战者都假设为意欲维持现状的种族主义者就过于武断了，扼要表述这种批评就掩盖了内部的复杂性。我们国家在同性恋婚姻、社会福利、宗教等问题上存在着深刻的分歧。而教师在许多方面则处于中间立场，作为公共部门的雇员，他们必须尊重差异并能够在这些差异中工作。然而，话语表明教师不得不持一套固定的价值观（反性别歧视、反种族歧视等），对持不同价值观念的人进行边缘化的行为也显得荒缪和狭隘。或者正如芬恩和拉维奇曾经写道“最后才发现教育的帐篷其实并不大”（Finn and Ravitch，1996：41）。尽管在这里我们无法就其复杂性进行深度探讨，但尚能提供一些观察结果。

教师教育的争论是建立在教师应该在学校做些什么，以及由谁来担任教师的假设上。对教师的假设是基于学校目标的假设。美国人并未就这个根本性的问题达成共识。有些人将学校视为我们向孩子传承辉煌的过去及现在遗产的场所；而另一些人（常常）则怀疑美国的伟大性，对他们而言，学校是作为变革推动者的教师为学生日后重新改造世界作准备、彻底修缮社会不公以及对我们国家进行重新设想的场所。此外，我们不仅无法对学校教育的设想达成共识，对其他一系列价值取向也持有不同意

见。究竟哪种价值观会在社会安全、卫生保健、干细胞研究及智能设计等问题的争辩中占据上风，我们拭目以待。

有些挑战者在批判教师教育正统的“社会正义”议程时，也会对教师教育工作者之间的同质性以及他们激进的社会愿景做出反应。他们认为，这种同质性是一种“奥威尔式的思想控制”(Orwellian mind control)，最先俘获未来教师年轻的思想，并对其进行洗脑。然后通过他们的威胁以控制孩子们的思想。在挑战者看来，那些敢于反抗的未来教师会遭受严厉的指责和污蔑，并被剥夺成为教师的机会。

这一挑战关涉到两个哲学上的问题，第一个问题与文化相对主义有关，第二个问题则是关于专业人员通过他们的实践经验来建构其(特有的)价值规范系统的争论，他们所要建立的这套价值规范系统可能与外行的一般价值规范相互抵触。这些问题所引起的两难处境并非轻易就能解决，更不能简单地认定提出问题的人是保守主义者、种族主义者或排外主义者(尽管挑战者中很多人持有这些观点)而将他们排除在外。如果认真对待，这种批评表明有些团体认为它们的核心价值体系受到正统议程的侵犯 926
和漠视。具有讽刺意味的是，正如批评者所指出的那样，这种对不同观点的排斥明显违背了教师教育当权者在面对其他团体(如少数族裔、移民或其他经常被边缘化的人群)时，致力于体现多元文化主义及多样化的承诺。

这些进步主义观点对批评者似乎更具危险性和压迫性，因为他们通过专业人士的议程进入话语体系，利用他们的专业力量使其观点和知识显得权威、客观和“真实”。在知识和真理被强烈质疑的教育领域中，挑战者将这种情况看成是试图把个人思想强加给整个社会的自由主义的少数群体，这是对权力进行不负责任和不民主的滥用。

此外，挑战者的尖锐程度也不同。戴蒙明确指出，以这种方式来制定全美教师教育鉴定委员会标准的决定仅仅是出于不经意的学术研究还是“对思想和行为的刻意控制”，目前尚不清晰(Damon, 2005: 5)。而以威尔(Will, 2006)和赫斯(Hess, 2006)为代表的其他挑战者则很快得出结论，断言教师教育当权者有意要制定一种“奥威尔式的思想控制”(Orwellian mind control)(Damon, 2005)。

这些讨论隐含了国家正在从更广泛的意义上探讨“道德价值”(moral values)。有时挑战者称他们主要担心反映在教师培养课程中的价值和观点的“不平衡”，有时又似乎在指责进步主义者(如更广泛的自由民主党)抛弃了他们的道德准则，学校——更具体指教师教育当权者——需要回归“道德”，但并不清楚这是否是指“基督教”价值。人们意料之中的是对正统的挑战往往针对其主流价值，包括进步主义、建构主义、浪漫主义、社会正义、机会均等、平等和公正。

对教师教育管理当局的重塑

本文的目标较为适中：检验布迪厄社会“场域”理论的有效性，来帮助我们理解当前教师培养和资格认证所面临的管理权的挑战，重点关注对当权者的批判，而不是正统对这些挑战的回应。尽管有些人不理会不受控制的正统和异端的观点，但对我们而言，布迪厄的框架是有用的。我们相信存在一个正统，尽管松散，不断变化，教师教育"社会场域"的特点是占主导地位的规范、价值、观点、意识形态以及假设塑造了社会主体的行为方式。布迪厄将行动者这种社会化的行为称之为"习惯"(habitus)。简而言之，习惯是个体在生活中所形成的品性、行为、信仰和规范，受到个人的资本来源——经济资本、文化资本和社会资本——及在场域中所处位置的影响。习惯影响着社会行动者对场域的理解方式，或者如布迪厄所称习惯是行动者"对游戏的感知"。根据布迪厄的观点，我们的理性观点被我们所掌握的资本来源、习惯以及我们在社会场域中所处的位置所制约和限定。

927 根据这一理论，我们认为尽管教师教育管理当局离"异端"行动者所处的位置相对较远，并经常对他们的思想持抵制和不屑的态度，但若能更加清楚地了解我们场域的结构、场域内行动者的类型以及他们所占据的位置，教师教育当权者确实能从中获益。个人习惯的问题在于人们并没有意识到习惯的存在，价值和规范是隐性的，它们在潜移默化中被接受。这些批评者在帮助我们"认识"自己的规范和假设中扮演着极为宝贵的角色。事实上，我们发现退后一步去审视那些评论能够极大地帮助我们反省自己的假设和世界观(我们这里主要借助人类学的传统假设——了解对方能帮助我们了解自己)。在总结部分，我们先概述挑战者对正统的看法，再反思对教师教育"社会场域"的主要批评。①

那么，挑战者在考察教师教育当权者时"看到"了什么呢?(牢记，教师教育当权者包括目前存在的 1 300 多个教师教育项目)。他们看到了一系列无所不在的思想，尽管这些思想的意图是获得自由，但有时却会令人感到压迫和窒息。这些思想包括进步主义，进步主义的标志性信念是政府是为人民谋利益的，这一思想在简・亚当斯(Jane Addams)和赫尔-豪斯(Hull-House)的著作中得到充分的说明(Bentham, 1879; Himmelfarb, 1991)。更具体地说，他们看到了进步主义教育思想关注儿童和经验；学习的"自然主义"和浪漫主义思想；亲身实践、以项目为主导的教学法，以及对权威的怀疑主义(教师毕竟不是演讲者，而是导师、辅助者和合作者)；批评者还看到了教师教育当权者在最好的情况下忽略并在最坏的情况下积极抵制与其进步主义观念相异或相左的思想(包括对学习和教学"科学"的实证证据)。挑战者还看到他们投身于某种社会正义，认为所有教师应该持有特定的价值、信念和品性，包括成为社会变革者，补救社会不公以及为每一个孩子提供通往未来财富、学术、专业或个人成功的机会；他们还

① 正如梅洛-庞蒂(Merleau-Ponty)(1945/1962)在《知觉现象学》所解释的那样，意义来自于对我们自身和他人认知的理解。认知可真可假，这并不重要，因为从现象学的角度来理解问题有赖于理解人们的客观经历及其对世界的诠释。在这里我们并不是强调挑战者的认知是"真"，但他们的认知是值得我们认真考虑的。因为我们场域的变化离不开这些力量的介入。

看到了教师“作为专业人士却没有伴随那种身份的相应义务”的描述。他们看到了一个臃肿的、低效且保守的官僚系统。

考虑有些批评者没能看到什么同样重要。他们当中很多人没有看到这个场域内完成培养项目的教师水平很高；很多人没有看到不少教师其实学科知识丰富，甚至算得上渊博；很多人没有看到教师教育工作者们批评或关闭平庸的教师培养项目；很多人没有看到教师教育工作者们的创新精神或敏捷反应；很多人没有看到对进步主义的批判或对特定进步主义教学法的怀疑；很多人没有看到这个职业的一些标志：内部问责机制、统一的知识基础、专业而严格的培训、充满挑战的资格考试；很多人没有看到教师教育工作者们在教师教育项目课程内容上所达成的一致意见，也有很多人没有看到该“场域”与当前关于有效教学的科研知识保持一致。

那又如何呢？布迪厄使我们认识到，无论我们喜欢与否，正统和异端之间的界限是可渗透的，也是经常变化的。根据布迪厄(Bourdieu，2005)的观点，只要“场域”能够为挑战者提供运行和展现他们思想的空间，场域内统治权的争夺便是常有的，而且会一直进行下去。在这个过程中，过去被剥夺过控制权的行动者成为伺机重新夺权的潜在挑战者。事实上，现今的教师教育“社会场域”与20年前相比已大为不同。当前，48个州和哥伦比亚特区存在500多种非师范教师资格认证路径便是最好的例证。非师范路径包括“为美国而教”、“军人教师速成”计划等，目前，这些已成为教师教育管理当局(工作)的一部分。很多成员曾经认为具有商业化思维的问责机制和标准是强加给教育机构的，但目前却成为教育全景的一部分。已经被国家专业教学标准委员会 928
(NBPTS)和美国卓越教师资格认证委员会(ABCTE)提上议程的绩效薪酬制度也是如此。

正如布迪厄(2005)所称，局外人(有时)可能急剧地改变“场域”运行的方式。特定群体的统治地位有赖于他们所拥有的不同资本的价值——经济资本、社会资本、文化资本、官僚资本。当一种资本的价值(兑换率)下降时，在它的基础上所形成的权威也会遭受质疑。这也意味着依靠其他类型的资本或混合资本，一些具有新思想的行动者能够获得更多权力。比如，在质疑支持和证明正统运行的传统教师培养体系的资本结构后，非师范路径便成为教师教育“社会场域”权力结构中的合法部分。与宣扬进步主义教学法重要性的教师教育工作者的文化资本不同，严格的非师范路径强调教师接受博雅教育和具体学科知识背景的重要性。加之，能够依靠的研究非常匮乏——无论是说明教学或教师教育专业知识基础的研究，还是展现教师教育价值的研究，正统的资本被进一步侵蚀。

那么，作为“老”正统的成员，尤其是当自身资本价值转移时，我们应该如何应对？我们既不认为所有的批评是刚愎自用、反民主、保守的或带有压迫性的，也不认为礼貌性地全盘接受对表面价值的所有批评是有益的。虽然不是所有的批评者及其评论都值得认真对待，但很多确实值得关注。他们的批评或许可以帮助我们认识自己需要发展何种形式的资本。尽管布迪厄认为经济资本胜过其他各种类型的资本，但他同样也强调文化资本的力量。

如果教师教育管理当局的传统文化资本被侵蚀，那我们还能获得哪一种新型资本呢？或许是时候让所有教师在教师培养项目中应该掌握何种知识基础的问题上达成共识。共同的知识基础并没有阻碍医学、法律或建筑学院的专业项目与特定的焦点相适应。对我们来说，具有全国性的共同承诺，同时也可能为项目留下各有所长的空间。开发这种知识基础需要我们致力于优质教育研究，这些研究既具备公信力，又能产生专业可靠的结果。如果我们对"教师们需要了解什么以及能够做什么"这一问题有统一的答案，并且能够证明教师所掌握的知识对学生的学习和发展产生的影响，那挑战者们就不会那么容易接管我们的工作（教师培养或认证）了。这种文化资本也会导致其他形式的资本，包括对官僚机构的更多控制。

但仅仅增加更多的文化资本是不够的。我们可能还需要对内部和外部的批评保持更加开放的态度，因为民主和有生命力的机构都有赖于辩证的张力。鉴于挑战者在某种程度上能反映教师教育管理当局的真实形象，我们尚有很多重要的工作要做。

但是我们提议的对话绝不意味着邀请挑战者取代"场域"中的权力地位，这种对话也并非我们一厢情愿（本文所提及的内部和外部的各种声音便是明证）。保持教师教育领域与其他领域（比如州政府、商业合作和宗教）的相对独立，对公共教育的未来，对教师培养免受单一意识形态（包括来自内部）的控制都是极其必要的。因此，尽管自主
929 权并不一定要维护旧秩序，但也绝不意味着它要受制于利益强大且无孔不入的经济精英的狭隘利益和观念。我们不能忽视的事实是，挑战者的部分论点正是由这些利益集团资助的保守派智囊团所培育而成的。也有很多挑战者的利益仅仅在于破坏政治上强大的教师联盟（他们认为教师教育是该体系中最脆弱的部分）。事实上，布迪厄指出经济精英有利用他们的经济资本，以一种似乎合法的、合情合理的方式确立他们利益的趋势，并使所有人认为这将惠及众生。但我们知道自由市场并不会促成更加公平的社会，这个国家的贫富差距只会越拉越大。

我们也知道挑战本身和挑战者并非坚如磐石。过去20年来对教师教育管辖权的挑战不是经济的、保守的，有时是宗教的精英与民主的、进步主义自由的教师教育当权者之间的狭隘观念之争，这不是一个简单的故事。我们认为现实要远远复杂的多。有些挑战并不代表经济精英的利益，而是代表那些被正统排除在系统之外的其他团体成员的利益，因为他们的想法完全不同。认证领域的美国卓越教师资格认证委员会、鉴定领域的教师教育认证委员会（TEAC）、教师培养领域中的"为美国而教"项目等是这类组织的典型代表。这些组织都曾受到过教师教育机构一些正统代表人物的猛烈抨击，他们根本不考虑非师范路径的价值。但如果我们在乎民主，就应该允许这些组织（和其他组织）加入到有关如何最好地培养高质量教师的对话中来。忽视或疏远这些组织，情况只会更为危险，因为其他那些确实代表狭隘利益的挑战者会认为，现在的体

系是独裁主义的、不民主的，因此应该被全部取代。事实上，所有的专业性职业都背负着自私、垄断和排他的骂名。它们宣称以服务社会为使命，同时关注巩固自己的特权。

新韦伯主义者认为专业人士倾向于垄断他们的工作环境和相关利益，从而加剧社会不公。这种批评是基于一种斗争理论的视角，将现实社会视为个体和组织为控制各种资源进行斗争的场所(Weber，1952)。在行业之间和行业内，“局内人”(insiders)(想要作为把关者，并限制入门途径来防止人员过剩的专业人员)和“局外人”(outsiders)(因无法克服专业人士所设立的障碍而不能获得只有成员才所能享有利益的业外人员)之间的关系持续紧张。柯林斯(Collins)认为“与其仅仅对市场动态做出反应……职业试图控制市场条件。其中那些特别成功的我们称其为‘专业’”(Collins，1990：25)。专业通过在工作中融入各种社会惯例，并将日常实践转变成非常神圣的行动(turning their everyday practice into one that generates sacred symbols)，以保护它们的特权免遭非稳定劳动力市场的影响和其他职业的潜在竞争(Abbott，1988；Collins，1990)。教育和文凭便属于建立公共合法性的社会惯例之一，它们反过来会促使专业人士遵循市场的封闭性并排除非成员介入实践(Collins，1990；也见 Tamir and Wilson，2005)。

这两种自相矛盾的途径强调了专业矛盾或模糊的本质，即可能服务于公众利益，但同时也可能尝试使其成员受惠。佩尔斯(Pels)使其概念化为“双面神”(Janus face)：专业自主性的概念“展现了一种内在的双面性或二元性，其中善与恶、功能的必要性和功能性失调的统治似乎总是如影随形”(Pels，1995：81)。尽管有理由相信，在有些情 930
况下，比起受政治利益驱动的州政府机构和受经济利益驱使的商业团体，专业团体能够为公众提供更好的服务，但专业人士同时也应该保护公众免受行业权力及其垄断带来的危害。

在这里，研究能为我们提供帮助吗？事实上，永远不可能存在完全客观或不偏不倚的研究和科学。根据定义，它们是人类研究领域中的一部分。“场域”政治则会对研究主题、研究问题、研究方法与设计以及研究结果的呈现方式产生极大的影响。与此同时，污蔑所有的研究都带有宣传目的是有失公允的。就那些不考虑当前政治格局，只为促进和改善“场域”整体状况的研究者而言，他们的研究成果丰富且发人深省。我们认为，本手册呈现的学术工作是为了帮助该领域的成员批判性地思考并积极行动而设计的，从而形成一个对不同观点更为开放的氛围(同时也试图保护和发展我们的专业自主核心从而以更全面、更民主的方式服务于公众利益)，我们相信类似这样的研究对公众是有益的。我们也相信其他不同类型、关注不同问题的学术研究，只要研究方法得当，并怀有善意，也会对公众有所帮助。

最后，在我们为构建一个能培养优秀教师的教师教育体系而继续努力时，必须要接纳其他团体参与到讨论中来。这并不意味着我们要争取形成一个错误的统一或达成虚假的共识，因为这不切实际且带有麻痹性，有时是不民主的实践。每个“场域”都需要多样化的思想和非常积极的异端来维持其活力和生产力，就“专业”领域而言，它是公共利益的真正的仆从。而且，正如布迪厄和华康德(1992)所主张的那样，社会场域的整体概念依赖于社会代理中介人(social agents)间存在斗争这一前提(倘若没有异端，“场域”也不再是场域)。当前，为使正统这一方更加开放而付出一些代价，可谓意义重大。多样性和开放性意味着对其他思想和方法的操纵有着更持久、更富激情的政治动力，那么传统精英们保持其权力和思想统治地位的可能性更小。另一方面，“场域”整体将受益于更加民主的斗争，因为这种斗争首先是促进必要变革的素材和催化剂，其次是帮助“场域”获得更多公共合法性的重要机制。这种演变可以将不断变化的教师教育正统的成员放置在社会空间中更好的位置上，因专业领域可能更好地成为公共利益的服务者，并享有更多的合法性，同时又能够显著减少自身的自利性，消除几乎所有专业领域都存在的顽疾。最后，只有当我们拥抱这些挑战、认真甄别并积极回应那些能够帮助我们为美国儿童培养更好教师的挑战，教师教育场域才能够繁荣。

(江小华　译)

参考文献:

Abbott, D. A. (1988) *The system of professions: essay on the division of expert labor*. Chicago: University of Chicago Press.

Abell Foundation (2001a, October) *Teacher certification reconsidered: stumbling for quality*. Retrieved 26 December 2001 from http://www.abell.org.

Abell Foundation (2001b, November) *Teacher certification reconsidered: stumbling for quality: a rejoinder*. Retrieved 26 December 2001 from http://www.abell.org.

Allen, M. (2003) *Eight questions on teacher preparation: what does the research say*? Denver, CO: Education Commission of the States.

American Federation of Teachers (1998) *Building a profession: strengthening teacher preparation and induction: a report of the K-16 Teacher Education Task Force*. Washington, DC: Author.

Angus, D. L. (2001) *Professionalism and the public good: a brief history of teacher certification* (J. Mirel, ed.). Washington, DC: Thomas B. Fordham Foundation.

Ball, D. L. (1990) The mathematical understandings that prospective teachers bring to teacher education. *Elementary School Journal*, 90, 449 - 466.

Ball, D. L., Lubienski, S., & Mewborn, D. (2001) Research on teaching mathematics: the unsolved problem of teachers' mathematical knowledge. In V. Richardson (ed.), *Handbook of research on teaching* (4th ed., pp. 433 - 456). New York: Macmillan.

Ballou, D. & Podgursky, M. (1998) *The case against teacher certification*. National Affairs Inc. The Public Interest.

Ballou, D. & Podgursky, M. (2000a) Gaining control of professional licensing and advancement. In T. Loveless (ed.), *Conflicting missions? Teachers unions and educational reforms* (pp. 69 - 109). Washington, DC: The Brookings Institution.

Ballou, D. & Podgursky, M. (2000b) Reforming teacher preparation and licensing: what is the evidence? *Teachers College Record*, 102(1), 5 - 27.

Bentham, J. (1879) *An introduction to the principles of morals and legislation*. Oxford: Clarendon Press.

Bestor, A. E. (1953) *Educational wastelands: the retreat from learning in our public schools*. Urbana, IL: University of Illinois Press.

Bourdieu, P. (1984) *Distinction: a social critique of the judgment of taste*, trans. Richard Nice. Cambridge, MA: Harvard University Press.

Bourdieu, P. (1985) The social space and the genesis of groups. *Theory and Society*, 14(6), 723 - 744.

Bourdieu, P. (1986) The forms of capital. In J. Richardson (ed.), *Handbook of theory and research for the sociology of education* (pp. 241 - 260). Westport: Greenwood Press.

Bourdieu, P. (1988) *Homo academicus*. Stanford: Stanford University Press.

Bourdieu, P. (2005) *Questions in sociology*, trans. A. Lahav. Tel Aviv: Resling.

Bourdieu, P. & Wacquant, L. J. D. (1992) *An introduction to reflexive sociology*. Chicago: University of Chicago Press.

Boyd, D. J., Grossman, P., Lankford, H., Loeb, S., Michelli, N. M., & Wyckoff, J. (2006) Complex by design: investigating pathways into teaching in New York City schools. *Journal of Teacher Education*, 57, 155 - 166.

Bransford, J. D., Brown, A. L., & Cocking, R. R. (1999) *How people learn: brain, mind, experience, and school*.

Washington, DC: Commmittee on Developments in the Science of Learning, Commission on Behavioral and Social Sciences and Education, National Research Council.
Chubb, J.E.(2001) The system. In T.M. Moe (ed.), *A primer on America's schools* (pp.15 - 42). Stanford, CA: Hoover.
Cochran-Smith, M.(2005) Introduction to the issue: the politics of teacher education. *Journal of Teacher Education*, 56(4), 332 - 342.
Cochran-Smith, M.(2006) *Policy, practice and politics in teacher education: editorials for the Journal of Teacher Education*. Thousand Oaks, CA: Corwin Press, Sage Publications, and American Association of Colleges for Teacher Education.
Cochran-Smith, M. & Fries, M. K. (2001) Sticks, stones, and ideology: the discourse of reform in teacher education. *Educational Researcher*, 30(8), 3 - 15.
Cochran-Smith, M. & Zeichner, K. (eds.) (2005) *Studying teacher education: the report of the American Educational Research Association panel on research and teacher education*. Mahwah, NJ: Lawrence Erlbaum Associates.
Collins, R.(1990) Market closure and the conflict theory of the professions. In M. Burrage & R. Torstendahl (eds.), *Professions in theory and history: rethinking the study of the professions* (pp. 24 - 42). London, Newbury Park, and New Delhi: Sage Publications.
Conant, J.B.(1964) *The education of American teachers*. New York: McGraw Hill.
Cusick, P.A.(1992) *The educational system: its nature and logic*. New York: Addison-Wesley.
Damon, W.(2005) Personality tests: the dispositional dispute in teacher preparation today and what to do about it. *Fwd*: , 2(3). Retrieved 10 March, 2006 from http://www.edexcellence.net/ institute/publication/publication.cfm? id=343.
Darling-Hammond, L.(2000a) Reforming teacher preparation and licensing: debating the evidence. *Teachers College Record*, 102(1), 28 - 56.
Darling-Hammond, L.(2000b) Teacher quality and student achievement: a review of state policy evidence. *Education Policy Analysis Archives*, 8, http://epaa.asu.edu/epaa/v8n1/.
Darling-Hammond, L. (2002) Research and rhetoric on teacher certification: a response to "Teacher Certification Reconsidered." *Education Policy Analysis Archives*, 10(36), 1 - 54.
Darling-Hammond, L. & Youngs, P.(2002) Defining "highly qualified teachers": what does the "scientifically-based research" actually tell us? *Educational Researcher*, 31, 13 - 25.
Darling-Hammond, L., Berry, B., & Thoreson, A. (2001) Does teacher certification matter? Evaluating the evidence. *Educational Evaluation and Policy Analysis*, 23(1), 57 - 77.
Darling-Hammond, L. & Bransford, J. with LePage, P., Hammerness, K., & Duffy, H. (eds.) (2005) *Preparing teachers for a changing world: what teachers should learn and be able to do*. San Francisco: Jossey-Bass.
Dewey, J.(1902) *The child and the curriculum*. Chicago: The University of Chicago Press.
Erickson, F. & Gutierrez, K.(2002) Culture, rigor, and science in educational research. *Educational Researcher*, 31(8), 21 - 24.
Felter, M.(1999) High school staff characteristics and mathematics test results. *Education Policy Analysis Archives*, 7, http://epaa.asu.edu/epaa/v7n9.html.
Finn, C.E.(2001) Getting better teachers. In T. Moe (ed.), A *primer on America's schools*. Stanford: Hoover Institution Press.
Finn, C.E.(2003) Foreword. In Broad Foundation and the Thomas B. Fordham Foundation, *Better leaders for America's schools* (pp.5 - 8). Washington, DC: Thomas B. Fordham Foundation.
Finn, C.E. & Ravitch, D.(1996) *Education reform, 1995 - 1996: a report from the Educational Excellence Network to its Education Policy Committee and the American people*. Indianapolis: Hudson Institute.
Goldhaber, D.D. & Brewer, D.J.(2000) Does teacher certification matter? High school teacher certification status and student achievement. *Educational Evaluation and Policy Analysis*, 22, 129 - 145.
Goldhaber, D.D. & Brewer, D.J.(2001) Evaluating the evidence on teacher certification: a rejoinder. *Educational Evaluation and Policy Analysis*, 23(1), 79 - 86.
Grossman, P.L.(2004, April) *The research we want, the research we need: a teacher educator's perspective*. Paper present at the annual meeting of the American Educational Research Association. San Diego, CA.
Hess, F.H.(2001) *Tear down this wall: the case for a radical overhaul of teacher certification*. Washington, DC: Progressive Policy Institute.
Hess, F.H.(2002) Break the link. *Education Next*. Retrieved 15 October, 2005 from http:// www.educationnext.org/20021/22.html.
Hess, F.H.(2004) *Common sense school reform*. Hampshire, UK: Palgrave Macmillan.
Hess, F.H.(2006, February 5) Schools of reeducation? *Washington Post*. B07.
Hess, F.H.(2005) The predictable, but unpredictably personal, politics of teacher licensure. *Journal of Teacher Education*, 56(3), 192 - 198.
Hess, F.H., Rotherham, A.J., & Walsh, K. (eds.), (2004) A *qualified teacher in every classroom? Appraising old answers and new ideas*. Cambridge, MA: Harvard Education Publishing Group.
Himmelfarb, G.(1991) *Poverty and compassion: the moral imagination of the late Victorians*. New York: Knopf.
Hirsch, E.D.(1996) *The schools we need and why we don't have them*. New York: Doubleday.
Hirsch, E.D.(2006) *The knowledge deficit: closing the shocking education gap for American children*. New York: Houghton Mifflin.
Humphrey, D.C. & Wechsler, M.E.(2005, September 2) Insights into alternative certification: initial findings from a national study. *Teachers College Record*.
Ingersoll, R.(1996) *Out-of-field teaching and educational equality*. Washington, DC: National Center for Education Statistics.
Izumi, L.T. with Coburn, K.G.(2001) *Facing the classroom challenge: teacher quality and teacher training in California's schools of education*. San Francisco: Pacific Research Institute for Public Policy.
Johnson, S.M., Birkeland, S.E., & Peske, H.G. with Munger, M.S.(2005) *A difficult balance: incentives and quality control in alternative certification programs*. Cambridge, MA: Harvard Graduate School of Education.
Koerner, J.S.(1963) *The miseducation of American teachers*. Boston: Houghton Mifflin.
Kristof, N.D.(2006, April 30) Opening classroom doors. *The New York Times*.

Labaree, D.F.(2004) *The trouble with ed schools*. New Haven, CT: Yale University Press.
Lasley III, T.J., Siedentop, D., & Yinger, R.(2006) A systemic approach to enhancing teacher quality. *Journal of Teacher Education*, 57(1),13-21.
Levine, A.(2006) *Educating school teachers*. Washington, DC: The Education Schools Project.
Lynd, A.(1953) *Quackery in the public schools*. Boston: Little, Brown.
Ma, L.(1999) *Knowing and teaching elementary mathematics: teachers' understanding of fundamental mathematics in China and the United States*. Mahwah, NJ: Lawrence Erlbaum.
Merleau-Ponty, M.(1945/1962) *Phenomenology of perception*, trans. C. Smith. London: Routledge & Kegan Paul.
Mitchell, D.E. & Kerchner, C.T.(1983) Labor relations and teacher policy. In L.S. Shulman & G. Sykes (eds.), *Handbook of teaching and policy* (pp.214-238). New York: Longman.
Mitchell, R. & Barth, P.(1999) How teacher licensing tests fall short. *Thinking K-16*, 3(1), 3-23.
Monk, D.H.(1994) Subject area preparation of secondary mathematics and science teachers and student achievement. *Economics of Education Review*, 13,125-145.
National Commission on Excellence and Education (1983) *A nation at risk: the imperative for educational reform*. Washington, DC: U.S. Government Printing Office.
National Commission on Teaching and America's Future (1996) *What matters most: teaching for America's future*. Washington, DC: Author.
National Commission on Teaching and America's Future (2003) *No dream denied: a pledge to America's future*. Washington, DC: Author.
National Governor's Association (2006) *Education reform policy*. Retrieved 20 April, 2006 from http://www.nga.org/portal/site/nga. Washington, DC: Author.
National Reading Panel (2000) *Report of the National Reading Panel: teaching children to read: an evidence-based assessment of the scientific research literature on reading and its implications for reading instruction* (NIH Publication No. 00-4769). Washington, DC: National Institute of Child Health and Development. *Report of the National Reading Panel*.
National Research Council (2001) *Adding it up: helping children learn mathematics*, J. Kilpatrick, J. Swafford & B. Findell (eds.). Washington, DC: Mathematics Learning Study Committee, Center for Education, Division of Behavioral and Social Sciences and Education. National Academy Press.
National Research Council (2002) *Scientific research in education*, Shavelson, R.J. & Towne, L. (eds.). Washington, DC: National Academy Press.
Null, J.W.(2006) We must start over: a new vision for the profession of teaching. In J.W. Null & D. Ravitch (eds.), *Forgotten heroes of American education: the great tradition of teaching teachers* (pp. xix-xxix). Greenwich, CT: Information Age Publishing.
Pels, D.(1995) Knowledge politics and anti-politics: toward a critical appraisal of Bourdieu's concept of intellectual autonomy. *Theory and Society*, 24(1),79-104.
Podgursky, M.(2004) Improving academic performance in U.S. public schools: why teacher licensing is (almost) irrelevant. In F.M. Hess, A.J. Rotherham, & K. Walsh (eds.), *A qualified teacher in every classroom? Appraising old answers and new ideas* (pp.255-277). Cambridge, MA: Harvard Education Publishing Group.
Prestine, N.A.(1991) Political system theory as an explanatory paradigm for teacher education reform. *American Educational Research Journal*, 28,237-274.
Ramirez, H.A.(2004) The shift from hands-off: the federal role in supporting and defining teacher quality. In F.M. Hess, A.J. Rotherham, & K. Walsh (eds.), *A qualified teacher in every classroom? Appraising old answers and new ideas* (pp.49-79). Cambridge, MA: Harvard Education Publishing Group.
Raudenbush, S.W.(2005) Learning from attempts to improve schooling: the contribution of methodical diversity. *Educational Researcher*, 34,25-31.
Ravitch, D.(2000) *Left back: a century of battles over school reform*. New York: Simon & Schuster.
Rochester, J.M.(2002) *Class warfare: besieged schools, bewildered parents, betrayed kids and the attack on excellence*. San Francisco: Encounter Books.
Schulte, A.K. & Zeichner, K.M.(2001) What we know and don't know from peer-reviewed research about alternative teacher certification programs. *Journal of Teacher Education*, 52,266-282.
Shulman, L.S.(2005) Teacher education does not exist. *Stanford Educator*, 7. Retrieved 12 March, 2006 from http://www.ed.stanford.edu/suse/news-bureau/educator-newsletter.html.
Smith, M.(1949) *And madly teach: a layman looks at public education*. Chicago: Henry Regnery.
Spring, J.(1997) *Political agendas for education: from the Christian Coalition to the Green Party*. Mahwah, NJ: Lawrence Erlbaum Associates.
Stoddart, T. & Floden, R.E.(1995) *Traditional and alternative routes to teacher certification: issues, assumptions, and misconceptions*. National Center for Research on Teacher Learning, Michigan State University.
Tamir, E.(2006) *The politics of education reform: state power and the field of educational policy in New Jersey*. Unpublished doctoral dissertation, Michigan State University, East Lansing, MI.
Tamir, E. & Wilson, S.M.(2005) Who should guard the gates? Evidentiary and professional warrants for claiming jurisdiction. *Journal of Teacher Education*, 0 56(4),332-342.
Thomas B. Fordham Foundation (1999) *The teachers we need and how to get more of them: a manifesto*. Washington, DC: Author.
U.S. Department of Education (2002) *Meeting the highly qualified teachers challenge: the secretary's annual report on teacher quality*. Washington, DC: Author.
U.S. Department of Education (2003) *Meeting the highly qualified teachers challenge: the secretary's second annual report on teacher quality*. Washington, DC: Author.
Walsh, K., Glaser, D., & Wilcox, D.D.(2006) *What education schools aren't teaching about reading and what elementary teachers aren't learning*. Washington, DC: National Council on Teacher Quality.
Weber, M.(1952) *Economy and society: an outline of interpretive sociology* (*Vol. 1-3*). New York: Bedminster Press.

Whitehurst, G. R. (2002) *Scientifically based research on teacher quality: research on teacher preparation and professional development*. Paper presented at the White House Conference on Preparing Tomorrow's Teachers. Washington, DC.

Will, G. (2006, January 16) Ed schools versus education. *Newsweek*.

Wilson, S. M. (2003) *California dreaming: reforming mathematics education*. New Haven: Yale University Press.

Wilson, S. M. (in progress) *Jurisdictional challenges to teacher education*.

Wilson, S. M. & Floden, R. F. (2002, May) Addendum to *Teacher preparation research: current knowledge, recommendations, and priorities for the future*. Report commissioned by the Education Commission of the States. Also available *as Creating effective teachers: concise answers for hard questions*. Washington, DC: ERIC Clearinghouse on Teaching and Teacher Education.

Wilson, S. M., Floden, R. F., & Ferrini-Mundy, J. (2001, March) *Teacher preparation research: current knowledge, recommendations, and priorities for the future*. Center for the Study of Teaching Policy, University of Washington, Seattle, WA. (Available online at http://www.depts.washington.edu/ctpmail/.Reports.html# TeacherPrep)

Zeichner, K. M. (2003) The adequacies and inadequacies of three current strategies to recruit, prepare, and retain the best teachers for all students. *Teachers College Record*, 105(3), 490 - 519.

Zeichner, K. M. (2005) Research on alternate routes into teaching. In M. Cochran-Smith & K. M. Zeichner (eds.), *Studying teacher education: the report of the American Educational Research Association panel on research and teacher education* (pp. 656 - 689). Mahwah, NJ: Lawrence Erlbaum.

Zumwalt, K. (2005) Teachers' characteristics: research on indicators of quality. In M. Cochran- Smith & K. Zeichner (eds.) (2005) *Studying teacher education: the report of the American Educational Research Association panel on research and teacher education* (pp. 157 - 260). Mahwah, NJ: Lawrence Erlbaum Associates.

经典

7.1　初阶试卷与综合试卷*

A. M. 艾萨克·斯通(Isaac Stone, A. M.)
基诺沙高中校长(Principal Kenosha High School)

分数的除法(Division of Fractions)

1. 繁分数的运算 939

2. 清晰阐释 3/4 除以 2/5 的运算法则和原理

3. 计算$\dfrac{49^{5/8}}{97}$和$\dfrac{34^{3/5}}{146^{3/11}}$的和与差

4. 一个人在三块草地上养羊。第一块草地里养了 63 只羊，是第二块草地里羊数目的 7/8；第二块草地里的羊数目的 5/3，是第三块草地里羊数目的四倍。问：一共有多少只羊？

十二进制(Duodecimals)

1. 将一英寸分为 12 等分，每一等分被称为什么？

2. 十二进制的乘除运算法则和原理。

十进制分数(Decimal Fractions)

1. 从左到右分数值如何变化？

理论与实践(Theory and Practice)

1. 如何管理一所学校？

2. 作为学生的精神导师，教师应具备怎样的精神？

3. 用什么方法来激励教师？道德还是金钱？

---

* 由于篇幅限制，本文只选取了原文中的部分问题。Isaac Stone, *The Elementary and the Complete Examiner; or Candidate's Assistant: Prepared to Aid Teachers in Securing Certificates from Boards of Examiners*. New York and Chicago: A. S. Barnes and Company, 1864.

4. 教师在教学过程中想要达到“奏响打动心弦、余音绕梁的旋律”的效果需要做什么特殊的准备?

5. 你认为教师的职责是什么?

6. 教室应该如何通风?

7. 教室应该是什么样子的?

8. 教师对孩子的健康负有何种责任?

9. 心理学的知识对教师来说是不是一种有用的储备? 为什么?

10. 教师是否应该为学生的智力发展负责?

11. 描述学生“学习的顺序”

12. 教师是否应该承担学生的道德和宗教信仰的教育?

(江小华　译)

7.2 教师培训*

威廉·C. 巴格利(William C. Bagley)
纽约州哥伦比亚大学师范学院(Teachers College, Columbia University, New York)

美国关于教师专业培养的政策,非常好地反映了美国公众对教师这一职业的态度。考虑到在座各位的身份,这里无需再重申这一民主国家最重要的职业中的种种问 940
题。我们都清楚,总体来说,相比于其他类似等级或具有相似意义和责任的机构,师范院校获得的支持太少了。我们知道,师范学院受公众尊重的地位不如人文学院、工程学院、农学院、医学院或者法学院。我们知道,这造成了师范学院在提供有利条件和吸引有志青年两方面均遭遇困境。

这些事实我们都非常了解,但是出于某些原因,这一切并不为公众所知晓。一些基本事实值得被重申,直到大家都充分了解它们的深远意义。其中有以下四点我想要特别强调。

首先,进入师范学校并准备为公立学校服务的高中毕业生的心智能力比准备进入其他行业的毕业生明显要低。一个典型大州的调查研究结果明确表明了这一点,长期了解这一情况的人也都已经证实,即使不是绝大多数州,许多州也都存在相同的情况。不仅大量公立学校的教师工作服务时间相对较短,半数教师四年或不到四年就离职了,而且整整四分之一的教师在第二年结束或者结束之前就离职了。从整个群体来看,绝大多数没有受过专业培训的教师,包括少数为工作做了不同程度的认真准备的教师,都没有表现出所需的较好素养(material)。毫无疑问,这种情况主要是在过去十到十五年内形成的,在此之前,师范学校招收选拔的相对而言都是成绩较好的学生。重视程度随着越来越多的其他工作岗位向女性开放,女性有了更多的职业选择。除非立即采取措施将教书育人变为一个终身的、有吸引力的、受人尊敬的、回报丰厚的职业,否则公立学校的困境势必将变得越来越严重。

另一项公众需要充分意识到的事实是,在各个文明国家之中,我们对公立学校教师培养的排名靠后了。例如,在战争之前,英国三分之二的小学教师都受过与其工作职责相关的职业培训,我的意思是他们所接受的培训相当于我国四年高中加上两年师范学校的训练。而在美国,只有不到五分之一的小学教师接受过这么长时间的培训。

我们的情况不是只和英国、法国这些国家比较才相形见绌。我们的南美姊妹共和

---

* W. C. Bagley, Training of teachers. *Proceedings of the National Education Association*, USA, 1919, pp. 499 - 504

国之一——智利，人口四百万，与马萨诸塞州人口差不多，但智利全国有十六所师范学校，比马萨诸塞州多了五所。尽管智利的师范学校不要求相当于高中毕业的学历作为
941 入学条件，但它们要求学生住校六年，不仅免除学费，还提供食宿，甚至提供这么长时间专业学习和培训期间的服装费用。如今智利小学中百分之四十的教师接受过如此长时间的专业课程，其余的百分之六十也接受过一定的专业性职业培训。

很显然，我们的人民若是希望继续维持他们在民主世界的领导地位，他们必须意识到为这个国家的儿童提供优秀的教师队伍的做法最具民主意义。事实上，其他每一个文明国家对公立学校教师的培养，都采用了与我国培养陆军和海军官员相似的自由政策，即选拔候选人的方法是择优录取，用公共经费对这些候选人进行严格教育。正如其他许多国家，美国公立学校中绝大多数教师来自那些无力负担孩子到师范学校接受长期专业培养的家庭。解决这一困境有两种方法：一是要求充分的专业培养，但只将这种资格限制在那些能够负担培养费用的人身上；二是要求专业培养，且向所有合格的候选人开放教师岗位，但是要求公费覆盖培训费用。目前两种方法都没被人们采用。获得教育资格证书的标准十分低，甚至不用相关的培训即可轻而易举地获得，这样的资格证书实在是名不副实。他们建立师范学校，期望大量学生会心甘情愿地自己花钱来接受职业培训，然后与那些走后门进入教师职业的人竞争。结果很容易预测，如我们所见，师范学校不仅不能吸引优秀的生源，而且毕业生连小学每年所需填补的空缺职位数量的六分之一都不能满足。大多数(师范学校的)毕业生选择前往足够先进，且能满足专业培训标准的城市地区，这使得农村或乡村学校里只剩下那些不成熟的，未接受过培训的教师，而全国有超过一半的儿童在那里接受学校教育。

第三个需要引起公众关注的事实是，如果不提高教师培养标准的话，公众期望的公立学校为孩子提供优质教育是不可能实现的，甚至在我们最先进的学校系统，这一标准也要远远高于今天的标准。当然，并非所有对公立学校的奢望都能实现，就像“圆”无法变成“方”，不能建造一个体积是原有立方体积两倍的立方体，不能设计一个永动机。我们越早认识到这些不可能，对我们的教育事业就越好，因为有时候优秀的教师，甚至是教育界的教授会被过于美好的梦想冲昏了头脑，而这些美梦是不可能实现的，除非回溯到万物的本源，重塑人类。然而即便是关于教育进步的最朴实、最理智的愿望也需要教学技巧和教学见解共同达到一定的水平，而目前达到这种水平的情况极为罕见。许多家长都有一个模糊但真实的想法，即自己的孩子没能在学校获得应该获得的，这些家长不是要求奇迹发生，而是期望孩子能够获得教师无法提供的教育。这些教师之所以无法提供给学生应获得的教育，原因是他们只接受了最多四年的高中教育和一点点的专业培训，这种培训试图在一到两年使教师能在八年的教育项目中教授全部学科，并管理每一项活动。

第四个事实需要特别重视。对充分的教师培养的忽视已经导致了一种旨在弥补这种忽视的制度的出现，但这种制度本身就孕育着错误的种子。我坦白地指出，这便

是通过繁琐的监管系统来弥补教师培养的不足。这很快产生了一群“卓越教师”(superteachers),如果我可以用这个词的话,一群与授课教师(classroom teachers)相 942
比受过更好培训,领着更高工资的教师,他们与授课教师的关系就像工厂里工头与工人的关系。越来越多的教学计划和细则由这些卓越教师制定。尽管,过去他们被选拔出来很大程度上是基于他们在一线教学中的成功,但现在这种情况正在快速消失。总之,他们的工作与教学及管理学生中的直接问题相脱离。授课教师不是将自己的工作看作是一门美好的艺术,而是被迫将它看作一个机械的行业,他们不是成为应该成为的艺术家,在目前的趋势下,正越来越被迫坚守技工的岗位。

现在,如果一名画家获得了成功,他不会立即将他的笔墨交给一群门外汉,期望他们在自己的指导下来创造佳作;一名成功的演员如果永久地退居幕后,不会期望舞台工作人员(置景人和换景人)按照他的安排在满座的观众面前表演;一名成功的小说家不会雇一批写手东拼西凑地完成一部巨著。如果伟大的艺术家依然为一手素材感到极度痛苦,如果成功的演员不是不顾(声誉)而是由于他赢得的卓越声誉依然活跃在舞台,如果小说家依然构思着他的剧情、描绘着他的人物,这都是因为他们知道,每增加一点成功都会收获相应的回报和认可。除非在教育工作中,我们保证教师能从他们的成功中得到丰厚的回报,同时与他们的艺术素材直接接触,不然教学将仍是所有工作中最可悲的职业。

也许现在来纠正工厂化制度所带来的种种错误已经太迟了,但对教育行业来说这一切还不算太晚。问题是要立刻将教育放在独一无二的位置,只有在这种位置,教育才能发挥它被希望发挥的重要作用,才能确立教学一线工作真正作为一门艺术的地位。这意味着首先要大力扩充师范生培养机构,这是解决问题的唯一办法。

我坚信,试图用两年时间培养一名教师,在他寻找工作时,使其能成功适应任何年级碰巧空缺的岗位的政策是极度短视的。一位八九岁小孩需要接受的教育和一名初学者或者八年级学生需要接受的教育是截然不同的。当人们开始对他们进行编排时,仅在学校工作的小范围内,所出现的教学困难也是巨大的。对做好自己工作的四年级教师的要求,与对任何个体被期望所承担的要求是一样严格的。我们必须消除愚蠢的错觉,即教师的(学识)装备随着学生的年龄直接变化。我们永远不可能在小学拥有专家级的服务水平,但如果这些基础学校希望做好这些基础性工作,那我们必须拥有这种专家级的水平。如果给师范学校四年时间来培养不同类型的教师,如农村学校教师、低年级教师、中年级教师、高年级教师、初中教师、高中教师;如果给每一个想要进入师范学校学习的合格学生都提供奖学金;如果只对师范学校毕业生开放教师资格;如果他们坚持师范学校的目的是培养教师,认定这项工作足够伟大、足够重要并能占据师范学校的全部精力;如果他们坚持师范学校的目的是为了公众的利益,而不是它所在的当地社区的经济利益,每个社区拥有一所师范学校,这个社区中的所有学校如同教学实验室一样是可以利用的;如果投机商人太过顽固,他们坚决要求把学校搬迁到其他地方;如果师范学校的教师能获得略高于其他高等或专业机构的教师的薪水(从他们肩负着培养公立学校教师这样重大责任的角度来看,获得这样的薪水理所应当);如果按照这些简单的步骤来做,问题将能得到解决,并且一系列困扰公立教育的其他令人烦恼和令人费解的问题也将被解决。

943 我特意用“简单”来描述这些步骤的特征,因为他们真的不难。总的来说,他们承受的难度不能和过去两年中,我们所取得的六项成就中的任意一项的难度相比。在过去两年中,我们通过了征兵法案,发行了自由债券,实施了造船项目,资助了我们的盟友,派遣了两百万士兵前往法国。就算在目前这种高税收的情况下,这些花费也会让人望而却步。在过去的几年中,国家每年在酒精饮品上的开销就不少于15亿美元,这一开销未来很可能将被节省下来。由于停止使用酒精饮品,这个数字还将增长。保守估计,国家因为禁酒令而增加的可用财富将以每年二十亿的数字增长。这笔增加的财富该投入何处?提议将相当一部分,比如一半,投入公立教育是否更合适呢?公立学校已经履行了其义务,所以产生了这一消费。当然我们被告知,促成禁酒令的主要原因是由于工业的大发展,但是其他国家也经历了工业发展,甚至比我国工业化得更彻底,但这些国家并没有推行可见的禁酒令运动。但是在这个国家有一项因素是其他国家没有的:学校在两代人的时间里,明确而系统地向我们的孩子灌输禁酒的理念。教育这个推磨缓缓运行,潜移默化之中达到了令人惊叹的效果。

要求教育分得即将到来的一半收入不合理吗?十亿美元投入到每年的教育预算中将立刻解决我们的问题。我们可以将我们的公立教育提高到别的国家没有达到也无法达到的高度。我们可以在十年的时间里为我们国家的每一间教室,无论是农村学校还是城市学校,都配备工作能力出色的教师。我们可以给教师支付薪水,使他们对此不仅满意,而且心甘情愿地将教书育人作为一项终生职业。我们可以支付给进入农村学校的教师所需的差异性补助,帮助他们留在学校,在这个战略性的岗位上,为我们国家的未来做出比其他任何群体更大的贡献。我们可以将我们的师范学校打造成教育业的西点军校,在那里,全国最优秀的人才接受教育训练,立志投身于教育这项民主国家最重要的事业之中。

(江小华 译)

7.3　为我们的时代打造更美好的教师职业*

W. E. 派克(W. E. Peik)
明尼苏达大学教育学院院长(Dean，College of Education，University of Minnesota)

摆在我们面前的任务非常重要且紧迫。两年前在夏季教育集会①(Chautauqua) 944
上，我们就强调了师资补充的紧迫性。在牛津镇②，为了能通过教育提升生活中的民主标准，我们又强调了改善教学服务的重要性。

今天，在鲍灵格林(Bowling Green)，③我们将深入了解教师为了提供专业服务所做的充分的职前准备。

我们需要一种可行的教育哲学作为教师教育的指导框架。如今教师教育的总体目标是什么？近来，出于兴趣，我试着对此作了陈述，这是我所记下的：

> 我们必须建立更高水平的教师专业队伍。他们必须更好地被选拔，接受更广泛、更有效的良好教育；尤其要能力出色，有责任心，在教学领域学问精深。教师必须充满激情，比以往掌握更多的专业知识和技能。教师必须具备以上这些能力，这样才能教育美国的儿童，使他们充分成长与发展，成为未来的公民和自由人，在我们的家里，我们的社区，我们的国家，推进民主的生活方式，为自己赢得保障，同时成为更有能力的人，充分履行作为世界公民的职责，如果还有时间和机会，阻止任何世界大战的发生。

对于一百二十万所小学、初中和高中，公立学校和私立学校的教师(其中包括我们这个时代最聪明的人)这一庞大群体而言，从能力上来说，并非无与伦比。但是从公务领导能力上(现在我们这个队伍所拥有的能力)，从法律和组织的地位上来说，他们的领导力很少能被超越。正是这种领导力，他们对于国家和国家立场的代表性，使得这

---

* 摘自会议主旨发言摘要。W. E. Peik, The education of teachers as viewed by the profession. *Proceedings of the National Commission on Teacher Education and Professional Standards*, *National Education Association of the United States*, 1948, pp. 9 - 17. (Official group reports of the Bowling Green Conference held at Bowling Green State, University, Bowling Green, Ohio, June 30 - July 3.)

① Chautauqua(夏季教育类户外集会)，是美国一项成人教育运动，在19世纪末期到20世纪初非常流行，以第一届的举办地肖托夸湖命名，这种户外集会(肖托夸集会)在20世纪20年代中期得到扩张，并遍布美国乡村。——译者注

② Oxford，美国俄亥俄州地名，迈阿密大学(Miami University)位于该镇。——译者注

③ Bowling Green，美国俄亥俄州地名。——译者注

次会议对于美国教育而言，具有重大意义。正是我们作为世界大国新的领导角色，使得这次会议意义非凡。我们所领导的这个世界的部分地区还处于废墟中，大部分地区还处于痛苦中，五分之三的人还没受过教育，原子弹的阴影还未散去，使得本次美国教师会议更显得尤为重要。事实上，在这个世界领导力中，民主本身还受到考验，通常它似乎笨拙地前进，可能未来不是总有前进的机会，这使得此次教师会议显得无比重要。在我国教师教育历史上，从来没有这么多领导人物汇聚一堂，讨论基本的、本科的、专
945 业的，针对未来职业需求的美国教师教育。这就是为什么鲍灵格林不能辜负美国教学工作的原因，因为不通过它们，可能影响美国在国际关系中的命运。

教师教育评估，机构认证和资格标准

作为与我们的工作日常有接触的从业者，我们必须开发自己的培养标准和内容。让我们分析一下在这方面我们国家需要统一的几点事宜：

选拔要求和供给限制

社会没有充分筛选出适合从事教师这样一个要求高、难度大的职业的人。太多的教师仍然是高中高级学术能力处在后面的学生。太多教师还不具备让学生亲近的人格品质，也很少有人关注道德和文化标准。由于中学教师数量过剩，但却鲜有人经历过谨慎的选拔和完善的培训(尽管这些已经在发展)，与过去应对教师选拔和供给过剩相比，政府部门和大学需要更具智慧和勇气。

鲍灵格林必须为此指明道路。我们是否有勇气对各大机构直言不讳？一千七百所初级学院、艺术学院、师范学院和大学足以摧毁教师职业的质量、地位和支撑。高标准的选拔和培养，是教师职业自身现在应该具体、一致推进的，除非满足了需求方的实际需要，否则我们国家没有一所机构有权力采用任何一种捷径，培养任何人成为一名教师。

为了教师的职责而评估和提升教师教育和培训

教师教育包括四项紧密相关的领域：(1)针对所有人的一般通识教育；(2)针对不同工作的额外的专业化普通教育；(3)教学领域中的特殊问题(specialization)；(4)教学专业理论和实践。

教师教育中的机构责任及合作

师范学院正在变为州立学院。教师教育不该也不需要成为这一进程中的受害者。事实上，一个州立学院比一个小的师范学院要更大、更广阔，它可以在选择和指导通识

教育、学科知识的专业化、专业导向及培训等方面做得很出色，为了更好的专业化、更容易适应特殊群体的需要和更经济的单位成本，它有着更大的招生量。但是教师教育在州立学院绝不能成为被忽视的副业(side line)，这种情况不是没有发生的可能和迹象。所有其他可习得的职业加起来，也没有教师这一职业重要。它是任何教学机构的主要功能。

博雅学院(Liberal arts colleges)要想培养教师，必须在课程重组、指导、选拔、监督教学实习、特殊儿童教育研究(clinics for special child study)、增强教育院系的实力、教职工参与州立机构和公立学校会议方面，制定适当的规定，才能赢得这样的权力。除了博雅教育，教师教育还是专业教育。如果一个学院不愿意从事职业培训，也不与职 946
业培训有什么联系，那么它应该不想培训教师以获得职业资格。

总之，我国应该有更少，但更强、更仔细认证的各种类型的教师培养机构。教育学院或教育系应该本着领导和协调的良好精神，与所有教师教育机构合作，而这些机构必须本着同样的精神与教育学院或教育系合作。它们互相对峙的时代早已过去了。

至于那些有善意的良知，但有时犯错的教职工必须为教学专业化发展的迟滞负责。反对专业培养的教职工的存在，尤其是如果这类教职工以某种状态削弱专业培养的话，那么这应该被视作无法达到标准的表面(prima facie)证据。幸运的是，这种情况正在快速地改善。

长期的专业培养

这样一种职前教师教育模式，即充分的通识教育、专业课程、广泛的能力、教育理论和实践的充分培养，及足够的选修课程，使得根据兴趣、特殊天分和缺陷的个性化调整成为可能，然而，这无法在四年内完成，最少需要五年时间。为了教学而开设的五年制课程，能够最大程度地满足我上文所提到的本科生所应具备的相关能力的培养。我认为完成这样的课程应该被专业学院，而不是研究生院授予高级专业学位。

我已经提到这些任务的规模涉及教师、学生以及相关非专业人员的数量；行动-计划、宣传、公共关系，试图通过全国性的组织来解决职业统一等种种特殊问题；对需求供给的调整；更好的选拔、功能性的通识教育、教师工作的广泛专业化、更完整的职业定位和训练；所有教师的培养期限的延长；为研究专业人员提供更好的研究生培训项目；以及与此相关的种种其他问题。我相信这些对我们是有利的，我们将在此领域做出非凡的贡献。我们必须为我们的时代建设一支更加强大的专业教师队伍。

(江小华　译)

7.4 论教师教育与教师资格认证*

小阿瑟·E. 贝斯特(Arthur E. Bestor, Jr.)
伊利诺伊大学(University of Illinois)

947 初等教育和中等教育的分离,以及它们与高等教育的分离是一个行政事实,是自然的,而且是无法避免的。然而,近年来它在美国已经转换为重大的知识分裂,威胁着我们公立教育系统的健康甚至国家的知识福利。这种分裂已经蔓延到了大学,在那里教师教育几乎完全处于所谓的教育学院或教育学系的控制之下,很少甚至根本不受其他大学教师教育思想的影响。

"教育"一词的滥用和误用推进了这一过程。教育系实际上关注的是"教学的艺术、实践或专业,特别是关于教学原则和方法的系统化学习或教学"。上文引用的内容是词典中对"教学法"的定义,而不是对"教育"的定义。确切地说,所谓的教育学院或教育系仅仅是教学法系。

这不仅仅是遣词的问题。现行的这种错误术语已经微妙且危险地歪曲了几乎所有美国人对公立教育政策的看法。教育是与整个大学息息相关的,这是一个显而易见、毋庸置疑,却往往被遗忘的事实。按照该词的正确含义,大学里的每一个系都是教育系。我所在的系实际上是历史思维教育系(Department of Education in Historical Thinking)。历史系这个词只是这一概念的简称而已。自称为教育系的部门实际上是研究教学方法(Pedagogical Methods)的系。无论如何,它都无权将其名字简化为教育系,从而暗示自己与其他院系相比与教育的关系更大。

错误术语的滥用屡见不鲜且非常明显。教育领域的教授利用不严谨的学术术语,在大众面前将自己塑造成大学里教育的最终目标或目的的唯一咨询专家。他们人为地向大众灌输一些毫无根据的概念,即教师的职业培训是要学习所谓的教育课程,也就是教学法的课程。

请不要误解我。教学法本身——对教学与学习这一过程的谨慎研究——是一个合法的研究领域。在研究学习心理学、开发有效的教科书和教辅材料、实验课堂程序、因材施教等方面,已经做了许多重要工作,并且一定还将继续下去。作为一名历史教师,我对能够提高历史教学效果的所有方法都有直接兴趣。但一名优秀的历史教师还

---

* 选自作者1953年7月29日在怀俄明大学的演讲,在由伊利诺伊大学出版社当年出版的《教育荒地》(*Education Wasteland*)一书相关内容基础上有所扩充。Arthur E. Bestor, Jr., On the education and certification of teachers. *School and Society* 78(2016), 1953, pp. 81 - 87.

需要具备心理和性格方面的诸多品质，需要具备渊博的学识和丰富的思维技能，教学法的知识只是其中之一。

当然每一名教师都应该掌握一些教学法知识和技能，就像每一名医生都应该掌握 948
熟练的“临床方法”(beside manner)一样。首先我们无法确定是否仅仅通过相关的讲座就能掌握这些技能，其次就算真能如此，这些课程对于任何一个职业的培训而言都不是最重要的。对于医生来说，重要的是他的医学知识，对于教师来说，重要的是他对于所教学科的了解。想要仅仅通过培训教学法的知识来成就一名优秀教师的想法，和想要仅仅依靠“临床态度”课程来造就一名优秀医生的想法一样荒谬。然而在一所中西部大学，有一门叫做“小学科学”(Science in the Elementary School)的课程，目录信息直接写明：“没有科学背景的假设，没有覆盖内容的尝试。”如果医学院也像教育学院这样运作，我们可能早就死在了那些令人愉快的和貌似可信的医生手下，因为他们对如何行医了如指掌却不知道人类是否有胃。

为公立学校培养教师是美国大学最重要的职能之一，是整个大学的一项职能。这一职能只有当整个大学都在履行时，才能有令人满意的效果。但事实上这一功能被委托给教育学系、教育学校或教育学院，而这也就是现今众多公立教育中出现令人担忧的“反智主义”(anti-intellectualism)的主要原因。

人文学院和科学学院的教师必须改正之前的错误。在本科阶段，对未来教师应当进行文科教育和科学教育，这个道理应该是不言而喻的。博雅教育(liberal education)的理想是为了训练人严谨的思维，培养人的兴趣以及广泛的基础知识。社会中还有谁比教师更需要这些素质？我们越来越认同医生、律师和工程师若要取得真正的专业卓越，必须接受与他们专业不直接相关的其他知识学科(intellectual disciplines)的均衡培训。教师是否更需要这样的教育呢？对于教师来说，基础的知识学科不是专业技能(professional stock in trade.)的补充，而是专业技能的本质所在。教师们不能预见何时会被要求教这些学科中的任何一个或全部。他指导的学生有权期待教师对他们不同的知识兴趣和雄心都有真诚的理解和共鸣。教学应该是最后一个被允许，用狭隘的职业观点来干扰全面平衡的本科文理科教育的职业。应当通过选修课来满足最低的教学法要求，选修课是大学博雅教育课程的正常补充，但是无论如何都不应允许教育学系对师范生的本科课程擅加干预。

研究生课程中被认可的合理目标是提供关于基础知识学科的持续培训。在我看来，在为公立学校教师设计良好、有用的研究生课程方面，美国大学失败了，而且败得很惨，它们甚至没能运用基本的常识来解决这个问题。教师被迫在以下两者之间选择：要么是全面的、学术的但高度针对其需要的研究课程(research program)，要么是肤浅、浮夸、反智的教学法课程(pedagogical program)，对教师已经掌握的职业技能进行一本正经、无聊乏味的重授。大学不应该强迫教师在这种不可接受的两难之间做出选择，而是应该提供既有的高学术标准的同时，又关注中小学教学实际问题的课程。

我们必须考虑公立学校教师的现实情况。他往往被要求教授两门或更多不同的课程。即使是单一的课程也需要从其他领域借鉴与这一课程相关的适当信息。教师最有价值的财富是各种各样精确的学识，而不是在快速进行的片段化学习中获得繁多
949 却缺乏深度的知识，在精确的知识的学习中，他们自认为会做出原创性贡献。简单来说，学校教师的研究生课程应该是在本科阶段所学（或本应该学的）的博雅教育的延伸和深化。只要教师愿意，大学应该为他提供继续接受博雅教育的机会，当其理性地朝着这一目标开展认真的、有思想性的工作时，也应该被授予合适的学位。

我用一个具体的例子来说明。假设有一个学生接受了四年的博雅教育，在此过程中他达到了教学所需的教学法要求。或许他是历史专业的学生，并在英语方面也作了大量工作。他还学习了自然科学、经济学和政治方面的基础课程，掌握了一门外语阅读能力。他的首次教学任务是一门社会学课程，一门英语课程，还有一门代数课程。他打算利用暑假返回大学学习高等课程。那么大学应该如何帮助他呢？

首先，大学应该允许他学习能够帮助其完善历史各方面知识的课程。从这一点来说，许多本科课程可能比针对研究型学生的研究生课程更为合适，应当允许他选择这些课程。当完成了一门完整的历史课程，应该允许他重新学习他在大学期间放弃的数学课程，像主修数学的本科生一样系统地补上这一课。因此，大学开设的课程应该是有他的前期工作的领域，他被要求教授的领域，或者他首次有了兴趣的领域。

这样学习的结果将造就胸有成竹的教师。不仅如此，受过良好通识教育的人才，将收获比四年本科学习更广泛更深入的知识。不管他学习的是名义上的本科课程的哪部分，以此方式达到这种效果的学习都是一种高级学习。这才是一所大学应该自豪地推出的教育类型，而且它应该具有颁发高等教育学位的合法权力。本科毕业后学习一学年这样精心打造的课程，且能掌握两门学科，并达到既定（pre-established）标准的，学生应该获得硕士学位。本科毕业后，以优异的成绩学习三年，且能掌握五门学科，并达到既定标准应该被授予博士学位。

建立各个学科的这些标准需要更多的深思熟虑。为了获得一个学位，学生必须在所选的每门学科中展示出与接受过专业训练的合格本科生（至少）同样的理解力。课程总共约 30 学时，其中包括本科课程。但课程的数量不应该作为主要的标准。为获得学位，每门课程的综合书面考试是必不可少的。另外，博士的五门课程都需要口试。对某些基础书籍（学科中的经典书目）应该有特别要求，并进行测试。两种学位都不要求学位论文，但应该要求学生在课程学习期间，在所学的每一领域中至少完成一篇原创论文，且把它记录到他被授予的学位里。

大学中的传统研究课程和我刚刚描述的教学课程（teaching program）应该被认为是并行，但同时又是有区别的。两者都应该受大学研究生院的管理，但所授学位应该是不一样的。传统的硕士或博士学位将继续在研究课程中被授予，与此相应，大学可以为教学课程授予教育硕士学位和教育博士学位，当然这些学位已经存在了。但现在

的提议是将它们作为一个整体置于大学的管理(辖)下,而不是交给教育系或者教育学 950
系来裁定,学生可以通过大学任何一个文科或理科学系来获得这些学位。

这个崭新的、覆盖全校的新学部(faculty)对大学中的示范与实验学院(demonstration and laboratory schools)的课程具有直接管理权。对于普通大众来说,大学附属学校是致力于实现大学所代表的科学与学术理想的中小学教育机构。现实中也必须如此,不应有差池。该计划需由学者、科学家和教育学家共同决定,其实验性工作应聚焦于有效教授基本学科知识这一问题,并按照科学与学习的实际形态来组织。

教育问题的高级研究将按照它应有的方式进行:大学作为一个整体和跨学科基础。换言之,心理学家、社会学家和统计学家合作调查各种教和学的问题。历史学家、政治学家和经济学家合作研究教育管理的各个方面。大学为公共教育服务,不是通过把它的责任指派到教育学系,而是自身通过提供机会、设备和资金将各个学科的专家聚在一起,合作研究,同时又不永久地将他们从所属学院抽离。

理性的教师培训项目中存在一个很大障碍——政府对教师资格证书的强制要求。这些要求事实上是一项特殊利益立法(special-interest legislation),很大程度上是在专业教育学家的授意下制定的。公民、科学家、学者、专业人士、教师必须团结起来,要求48个州的立法机关仔细地、切实地审查控制教师资格认证的法规,作为教育改革的第一步。现行的法律必须被那些保护学校免于接受不合格教师的法律所替代,而不是被教学法强调的教授防止学校招生流失的法律所替代。

从逻辑或常识的角度来看,现在对于教师资格认证的安排完全是乱七八糟的。地方学校领导能够单独面试教师,同时检查他们的证书文凭,比只看成绩单的官僚们更适合判断候任教师的潜在能力与水平。相反,政府机构比当地学校校董会更方便判断一个学生在其所学学科中的能力,因为能将学生的成绩单与其他上百名学生作比较,能举行标准化的考试,还能寻求各个学科领域的专家的建议和帮助。然而在现有的体制下,责任完全反过来了。地方机关有能力自己决定的问题,反而被州政府上层教育官僚部门紧紧掌握着;而政府执行起来最方便的和最低的要求很大一部分却留给了地方部门或者半官方认证机构。

改革的第一步是废除将受教育(在教学法方面)的时间作为获得教师资格要求的相关规定。这就意味着将这些要求从其独有的特权地位中完全废除,然后建立一个新制度,以保证有教师资格的教师既精通教学,又在其所教学科领域受过良好培养。

不同的证书应当处理这些不同的问题。需要有一种证书去证明教师教学熟练度,而获得此证书的方法应该有多种。一名有经验的教师若想要呈现成功的、一定时长的教育职业生涯便应获得此证书。对于之前没有经验的候任教师而言,顺利完成一段时
间的教学实习应该作为主要考核要求。指导实习的机构通常指定特定的教学法课程 951
作为先决条件,因此政府无需在授予教学水平证书的时候再对教学法的课程有所要

求。对于既没有教学经验也没有实习经验的学生，应规定他们取得临时性证书以便他们可以去指定学校试教，来保证那些缺少经验的学生获得在职培训和特殊指导及监督。政府应该资助这些项目来帮助招募教师，或者可由大学的延伸部门（extension departments）来执行。在这些条件下完成一段时间的教学之后，授课者就应该被授予永久的教学水平证书。这种安排能够使学校吸收一大批优秀的文科毕业生，目前，他们由于无理的、任意的教学法要求而被排除在公立教育之外。在获得了教学水平基础证书之后，接下来教学法课程作业应该完全由教师个人选择。

公立学校教学的每一门基础学科，应该提供另一种证书。理想情况下，应基于该学科的国家综合考试（state-administered comprehensive examinations）授予这些证书，并且这种考试定期向所有认为自己能够合格的人开放。这种考试至少有针对学科或专业的初级证书（limited certification）和针对学科或专业的高级证书（advanced certification）两种水平。大学学习期间学生如果能在某个学科上修满 15 或 20 个学分可以授予初级证书，30 或 40 个学分，可以授予高级证书。证书应该针对具体学科而不是所有领域。换言之，应该有历史学，政治科学，经济学的证书；社会学的教师被期望至少拥有两到三个相关学科的基础证书。

应鼓励未来教师在本科期间努力在多个学科上达到取得证书的标准。在职教师为了更好地工作，在暑假或正规学期返回大学进修，都应该抱着一个明确的目的：将他所教学科的基础证书提高为高级证书，或取得其他学科的证书。适用于学校本身的许可和评判标准应该很容易与这种认证体制挂钩。理想学校中的每一位教师都有所教课程的高级证书。任何对于这一理想标准的偏离都将降低学校的地位。

薪水的提高也应该与这种机制有效地关联起来。“专业成长”（professional growth）一词常常作为是否给教师涨工资的依据之一，目前这还是一个模糊的概念。赋予它一个确切的定义并非难事。在所提议的制度下，每当教师将基础证书提高为高级证书或获得一个新的学科的基础证书，便是专业成长的具体证明。而每一次进步都可能使教师提薪。

除了教学水平证书和不同学科的证书，还应该规定其他特殊证书。比如，小学教育中存在许多特殊的问题，除了一般的教学水平证书，还可以制定小学教师教育心理学证书，并且需要谨慎地制定获得证书的要求，使其清楚且具体。证书不应该颁发给那些仅仅学过各种教学法知识的人，而是只能颁发给那些在正规心理学系中，在精心设计的内含大量工作的项目中接受过教育的人。也应该提供一种教育管理的证书，但只有当证书持有人在教育系学习了那些原来主要在政治系（或公共管理系）、经济系和法律系才有的内容时，获得这样的证书才合情合理。其他特殊证书——一些证书无疑是必需的——也应该按照相似的原则建立。

952 沿着这条概述的脉络，对教师培训和资格要求的重新组织，可以纠正当下某些严重滥用的问题。经验丰富的教师漫无目的地累积教学法课程学分的现象将因此终结。

一度失落的现实主义和明确的使命感将在教师培训中重现，事实上，教师培训将再次回归它的功能。

一个坚定的基于人文学科和自然学科，而不仅仅是职业教学法技能的教师教育课程，较之于其他一切方法，能更好地重振公立学校的雄风。教师不仅能掌握足够的所教学科的知识，还能激发起对这些学科的尊重，抵制现在威胁学校的反智之风。当趋势有所改变时，具备真挚兴趣和优秀能力的年轻人将会被吸引到教师队伍中来。他们并不排斥放弃自己的知识兴趣，而将时间浪费在教条主义的（pedagogues）课程中。按照有条不紊的计划，通向教学的大门将会是通向学习本身的大门。

（江小华　译）

7.5　教学专业标准化运动：观念的演变*

拉尔夫·W. 麦克唐纳（Ralph W. McDonald）
博林格林州立大学校长（President, Bowling Green State University）

953 关于决定人类活动进程的力量，富有探索精神的人类提出了一些假设。有人坚决认为军事征服在很大程度上决定了世界历史的兴衰；有人认为自然，如海洋、山脉、矿石、气候的伟大力量真正地形成了我们的文明或阻碍我们的文明。在我看来，一个更接近、更深入的关于人类社会进化的分析使我们离真相更近：决定人类命运的最有力的因素是思想（idea）。

思想的笔描绘了人类进步的历史画卷——伟大的思想、渺小的思想以及在发展中似乎消失在光环或阴影中的优秀的思想。然而，整个的历史画卷是由思想绘成的。

教学专业标准化运动是一个发展中的思想。其主要内容有：教学是真正意义的专业行为，为了公众的利益，在为进入教学领域的合格人员排序和建立档案时，必须要组织得十分专业，制定并运用合适的标准对教师的选拔、培养、认证、道德行为以及工作进行管理。

其他专业的贡献

“从业者对专业标准的职责”这一概念并不源于教学领域。很早之前，医学、牙医学、法律及其他主要专业早已认同并运用此基本观点。随着此类相同观点在各自的服务领域取得成果，这些领域的工作便成为真正的专业。尽管事实上教学是所有职业之母，但在发展成为一个专业方面，它却远远落在了后面。从1946年起，美国教师的组织团体已经参加了与美国其他主要专业领域相同种类的革新或改变。早在1946年之前，许多教育领导者就已经各自在努力改善教师选拔、培养（preparation）、资格授予和专业成长等方面的状况。然而，要取得广泛持久的发展，光靠他们个人的努力是远远不够的。

* 受篇幅所限，节录原文。Ralph W. McDonald, The Professional Standards Movement in Teaching: Progress and Projection. *Proceedings of the National Commission on Teacher Education and Professional Standards, National Education Association of the United States*, 1956, pp. 8 - 21. (Report of the Parkland Conference held at Pacic Lutheran College, Parkland, Washington, June 26 - 30.)

思想的进步 954

自然地，我应该把我强烈的信念渗透到与国家组织化教学团体的广泛联系之中。

1945 年迈出了重要的第一步：把美国高等教育领域中德高望重的学术领袖引到全美教育协会(National Education Association，NEA)的工作组织中。在所有其他专业的兴起过程中，主要的步骤之一是建立从业人员组织与政府及国内大学院系的合作关系。随着那些专业的培训项目逐渐从独立的技术学院和机构转变为大学校园内的专业学院，许多专业通过大学生活与历史悠久的通识教育项目的密切整合，获得新的实力和声望，药学、法学、工程学、林业、新闻学和其他主要专业已经具备了真正的专业实力并获得了专业地位。

我了解到，只有在教师教育领域鼓励同样的转化和联合，教学才可以获得重要的专业地位。全美教育协会高等教育部(the NEA Department of Higher Education)后来改名为高等教育协会(Association for Higher Education)，为中小学教师组织与国内重要学院和大学的领导之间建立广泛联系提供了机会。

国家教师教育和专业标准委员会的前身——肖托夸会议

1946 年，全美教育协会代表大会之前，全美教育协会执行委员会(the NEA Executive Committee)批准了教师培养和认证委员会(the Committee on Preparation and Certification)立即召开全国紧急会议的请求，专业标准化运动便开始了。在关键时刻召开了肖托夸会议(Chautauqua Conference)。公立学校尤其是教学人员的状况，已经严重到无法用“危机”来形容的地步，已经有大批教师离开了课堂。美国教育部(the U. S. Office of Education)报告的数据显示，在 1946 年之前的六年间，共有 633 200 名教师离开了课堂。更严重的是，选择教学职业的大学毕业生的比例也大幅度下降。为了吸引更多的教师走进教室，各地当时已经就降低教师培养和资格标准做了广泛的尝试，导致在很多州出现了任何一个活着的人都可以成为合法“教师”的现象。随着标准的逐步下降，更多的优秀教师离开了课堂，有能力的毕业生很少选择教学作为职业。由于不顾一切地追求学校的开放性，美国人似乎没有意识到他们的行为把事情弄得更糟，导致有组织的教师对此无动于衷。

肖托夸会议是特意为唤起教师的职业意识和职业良心而组织的。训练有素的小学和高中教师与来自重要学院和大学院系的学者围在一起考虑共同的问题，这在历史上是第一次。会议中，每个人都得到了平等对待，每个人的意见都得到了在座其他教师们的同等关注。会议计划的每一个细节都是为了促进行动，这些问题直指要害。每次会议的讨论都围绕“现在”的状况。问题始于“怎么办……”和“以什么方式……”，而

不是“应该…”和“这会是一个好主意吗…”。组织化的教学专业认证学院为教师教育
955 提出的革命性议案，与欧内斯特·梅尔(Ernest Melby)为主席的团队的做法有异曲同工之妙，这个团队的成员是精心挑选而来的，他们是来自美国各级各类教育部门中认真、睿智的领导者。

国家教师教育和专业标准委员会的创立

十年后，我们很难理解肖托夸会议采取的方式是多么具有革命性。我会经常回忆这次会议(布法罗代表大会，Buffalo Delegate Assembly)以及接踵而来的事件，那是美国教师的光荣时刻。在一系列大胆的史无前例的事件中，这个国家的教师克服了一个多世纪的惰性，表明了立场，在此基础上，一个真正的专业性职业的框架才一步一步建立起来。

在课堂教师地区会议上被点燃的火花，在肖托夸会议上成为了燃烧的火炬，继而在布法罗会议上又变成了一个永不熄灭的灯塔，指引教学进入真正专业的港湾。肖托夸的核心是理念。过去，理念很重要。现在，理念依然重要。理念必须是这场运动的精髓。

国家教师教育和专业标准委员会开始运行

实施此理念的项目组织与开发工作在布法罗会议(Buffalo meeting)之后正式开始。委员会的新成员认识到艰辛和汗水才刚开始。任务纷繁复杂且一路荆棘，包括：提醒美国人民警惕他们的学校尤其是教师职业的状况；保证美国在不同地区、不同水平的最基层的教师都完全接受这一理念；制定目标和政策，把此理念应用在与教学实践相关的每一个主要因素中，从候任教师的招募到薪酬和工作条件标准；组织研究以获得该问题所有方面的信息，为过程评估提供标准；确立国家、州和地方各层面直接行动的合作机制；启动针对选举、培养、资格认证、实践准入、职业发展(growth in service)和教师专业服务的具体行动项目。

通过国家、区域、州和区的会议以及地方无数的小型会议，在短短几年间，该理念变成了有组织的教师职业共同的义务及坚定信念。

专业标准化运动的发展

似乎全国有组织的教师领导层过去仅仅是在等待被呼唤的信号。州教育协会的行政人员和执行秘书的领导力、智谋、政治才干在推进此理念的过程中发挥了重要的作用。同样地，国家教育组织和教师专业强有力的外部盟友中的大多数领导者很快也加入了这场运动。在两到三年内，通过共同努力致力于完成专业标准的大型组织已经

产生。几乎所有的州都有同样的州立委员会。实际上,每一个与全美教育协会紧密联系的全国协会都有一个促进教师专业标准发展的专门项目。美国教育中最重要的团体之一:国家教师教育和资格认定州级主管协会(National Association of State 956
Directors of Teacher Education and Certification),已经在委员会的培养之下,达到成为全国性领导和服务性机构的新高度。

文献

在理念的熏陶和有组织的行动下,这个专业开始有所作为。自肖托夸会议以来的一年内,思潮开始转向。教师组织开始控制紧急认证,并缩小其范围。认证标准在肖托夸会议之前几年受到冲击和弱化,之后由于这一新兴专业性职业坚持不懈的努力,认证标准的下降趋势被停止并先后在各个州发生逆转。一些研究,如雷·C. 莫尔(Ray C. Maul)每年做的国家教师供需研究,开始揭示教学领域的未解之谜,并把注意力集中到亟须付诸行动的领域。在委员会的领导下,一份专业标准文献开始以表达政策声音的形式出现,即《教师教育杂志》(*Journal of Teacher Education*)——国家和区域性会议报告,还有大量其他出版物。这股上升趋势积极稳妥地从肖托夸进行到牛津(Oxford)、博林格林(Bowling Green)、新汉普郡(New Hampshire),再到印第安纳(Indiana)、帕罗奥图(Palo Alto)、卡拉马祖(Kalamazoo),然后到迈阿密滩(Miami Beach)、奥尔巴尼(Albany)、迪卡(DeKalb),直到现在影响到帕克兰(Parkland)。

资格认证

1946 年,有 15 个州对教师资格的基本要求是完成四年制学位的培养。到 1955 年,上升为 31 个州。但是,随着提升资格标准的进程更加广泛和深入,远甚于这个令人印象深刻的数字所展现的内容。在这 10 年中,联邦所有州都成功地加强了教师资格认证。更为重要的是,到目前为止,我相信联邦中所有州都有一套持续有力的行动方案,以进一步提高教师资格标准。

教师培养

1946 年以来教师职前教育的主要成就是夯实了教师的博雅教育(liberal education)基础。虽然一个经过四年培养的教师在专业学科上得到了更好的训练,但实际上在教师培养中最重要的收获是,他是一个广泛意义上的受过更好教育的人。合格教师最重要的特征是接受广泛的博雅教育。甚至对于医学、法律、商业、工程学、神学和其他已经形成专业体系的职业而言,博雅教育这一基本条件也普遍存在,同时专门化的专业培养学习建立在此基础上,或者和此基础紧密相连。在培养教师的过程中,完备的博雅教育或通识教育更加重要,而且应该更广泛、更深入、更全面。

教师职前培养和资格标准的提高也大大改善了职业福利、财政补偿和教师工作条件。教学的高标准也让从事教学工作的人们获得了更高的尊严和名望。家长和民众普遍都乐意或坚持认为，应该为那些从事教学工作的人提供更丰厚的薪酬和更好的工作条件。

“教师专业”思想的不断发展已经成为庞大的美国教师团体的显著成就，这一团体越来越接近真正的专业化水平。

957 全美教师教育认证协会的发展

从一开始甚至是在肖托夸会议之前，这个运动的核心任务就已经是确立和保证为入职教师提供高标准的职前培养的学院项目。跟我们在民主社会中已经取得专业地位的其他职业一样，自愿的专业认证过程是达到这个目标的唯一有效方法。对每一个专业来说，朝着这个方向的过程是最难实现的。这一进程中的关系也是最微妙的，亟须所有真诚的相关团体共同合作。这个领域的发展对教学专业标准化运动来说，具有最深远意义上的贡献。

在委员会和美国教师教育学院协会（American Association Of Colleges For Teacher Education，AACTE）长时间耐心的共同努力下，后者同意把专业认证权授予根植于美国教师组织的广大代表委员会。1951 年 4 月，我邀请一些组织的主要代表在全美教育协会总部进行会谈，这些代表分别来自：美国教师教育学院协会（AACTE）、国家教师教育和专业标准委员会（NCTEPS）、全国首席教育官员委员会（National Council of Chief State School Officers）、全国各州教师教育与认证负责人协会（National Association of State Directors of Teacher Education and Certification）和全国学校董事会协会（National School Boards Association）。在这个会议和后来举行的一个会议上，经过官方对其代表的确认，全美教师教育认证协会（National Council for Accreditation of Teacher Education）成立。1954 年 7 月 1 日，该委员会开始运作。非常幸运的是，在委员会被安排承担国家职业认证职能的前几个月，W. 厄尔·阿姆斯特朗（W. Earl Armstrong）成为委员会执行理事。在厄尔·阿姆斯特朗的领导下，委员会正在努力使这一结构发挥它应有的功能。

专业组织的作用

我想在我们的议程上添加第五个主要问题领域，不仅仅是为了这个会议，更是为了所有会议和为获得教学专业地位和专业标准的一切有组织的努力。这个问题领域可能是所有领域中最重要的，它关系到这个国家教师组织的强劲和真正专业化的发展。

全美教育协会（National Education Association）是世界上最伟大的组织之一，它的发展是我们所有人的骄傲。然而，在我们的民主社会中，教学如果要提升到专业水平，建立这一协会仅仅是成为那种我们需要的专业组织的开始。

当国家、州和地方协会被看作一个整体时，与一个真正的专业组织的需求相比，我们的专业会费少得可怜。即便我们的专业会费再增加一倍仍不足以成为我们的财政支持，而财政对一个专业组织项目来说是很重要的。对个体而言，我相信美国的教师们很乐意推动这件事。当然，如果我们声称教师是一个专业，但却不能为一个专业项目提供最基本的财政支持，那我们难辞其咎。

我们的专业组织的另外一个弱点就是入会标准不够专业。你可能像我一样回忆，几年前，有报道称罗斯福总统(President Roosevelt)的狗——法拉(Falla)已经正式成为美国教育协会会员时引发了强烈抗议。如果不论何人、何地、有无资格，都可以通过交五美元会费成为我们所谓的专业组织的会员，我们又如何能声称这个组织够专业呢？只要我们继续这样的准入政策，根据事实本身(ipso facto)可以证明自己是伪君子和叛徒，因为我们坚信教学是一门专业。最近你有努力加入一个医学协会吗？你可以 958
每年交固定年费就加入当地的律师协会吗？你可以仅仅通过交一笔钱并向秘书报上自己的名字，就可以加入美国建筑师协会(American Institute of Architects)或任何一个地方分会并声称自己是建筑师吗？当然，这些事情你都做不到，因为这些组织是专业团体。

我期待在这次会议上，美国所有教师专业的领导层和会员能把这个问题放在我们议程的第一位，即我们什么时候会开始为获得一个美国真正专业的教师组织而开始诚心诚意地努力？

正如我在这份报告开头处所提到的，教学专业标准化运动是一个理念的进展：即教学是真正意义的专业行为，为了公众的利益，在确定合格教学人员的地位与特征时，必须视教学为专业，制定并运用合适的标准对那些进入这个职业的人的选拔、培养、认证、道德行为以及工作进行管理。

致力于这个观念，让我与杰米·塞克斯顿·霍姆(Jamie Sexton Holme)齐声说出：

> 莫寻我，将离去，
> 那时，床便空空如也，门却依然开启——
> 黎明之前，吾将行朝圣之旅！
>
> 山于天际，
> 苍穹沉沉，终逝去。
> 星辰降落时，我若临顶，
> 我知道，便可触及，咫尺而已！

(刘素玲　译)

7.6 国家教师考试*

大卫·J. 福克斯(David J. Fox)
纽约城市大学,城市学院(City College, City University of New York)

专业教育考试(6道例题)

959 1. 在美国,现在的高中可能被看作平民学校(Common school),正如在早几年小学是平民学校。这种陈述是正确的,因为

(A) 更多学生到高中后仍然需要基础阅读和数学技能方面的指导

(B) 美国绝大多数青少年能进入高中学习

(C) 经过一段时期的新课程引进,高中课程体系已经稳定

(D) 现在更多学生进入大学继续深造

(E) 来自社会上层的学生进入大学预备机构

2. 一个非常小的孩子知道在他家里,小的、有毛皮的、打呼噜的物体叫“小猫”;当他去别人家里时,这个小孩指着一个只狗说“小猫”。这说明了

(A) 及时强化

(B) 同时区分

(C) 无条件反射

(D) 初级刺激泛化

(E) 中级刺激泛化

3. 据发现,有天赋的孩子会在________方面超过智力普通的孩子。

(A) 个人和社会适应

(B) 体型及健康

(C) 社会成熟和镇定

(D) 以上全是

(E) 以上都不是

4. 关于古诗,在记住单独句子之前应该把整首诗多读几遍,这样的建议说明了一种关于________规律的意识。

(A) 前摄抑制

---

* David J. Fox, *National Teacher Examinations*. New York: Arco Publishing, Inc., 1982.

(B) 完形组织

(C) 集中练习

(D) 次级强化

(E) 后摄抑制

5. 在学习理论家的参照系时，了解学科组织顺序的最好方式可能是从 960
________。

(A) 熟悉到陌生

(B) 一般到特殊

(C) 逻辑到心理

(D) 社会到个体

(E) 复杂到简单

6. 要测试小学二年级、年龄为七岁三个月的学生的一般思维能力，以下哪一种是最理想的测试工具？

(A) 洛奇-桑代克(洛桑二氏)智力测验(Lorge-Thorndike Intelligence Test)

(B) 古迪纳夫智力测验(Goodenough Intelligence Test)

(C) 文兰社交成熟测试(Vineland Social Maturity Test)

(D) 韦氏儿童智力量表修订版(Wechsler Intelligence Scale for Children (Revised))

(E) 韦-贝二氏智力量表(Wechsler-Bellevue Scale)

参考答案

1. B　2. D　3. D　4. B　5. A　6. D

数学教育(7道例题)

1. 与50年前相比，在大多数公立学校系统中数学教学项目的不同，主要在于________。

(A) 拒绝训练和识记

(B) 电脑的运用

(C) 数学和其他课程领域的融合

(D) 强调社会效用

(E) 强调数学意义

2. 从下面的数学表达式中选出一个圆圈里适合填“<”符号的数学式。

(A) 4+9○8+5

(B) 51+40○10+80

(C) 64－16○41＋13

(D) 20＋40○30＋10

(E) 5＋16○17＋4

3. 报纸页面右上角的“3”表示

(A) 序数

(B) 基数

(C) 特定点的总集

(D) 位值

(E) 整份报纸的部分版面

4. 乘法结合律表示

961 (A) $a\times a=a^2$

(B) $(a\times b)\times c=a\times(b\times c)$

(C) $a\times b=b\times a$

(D) $a\times(b\times c)=(a\times b)+(a\times c)$

(E) $a+b\times a=a+a\times b$

5. 一个学生用 5y 减去 3y，得到答案 2。他的错误可能是因为没能正确理解(　　)的含义。

(A) 逆向加法律

(B) 结合律

(C) 交换律

(D) 分配律

(E) 合并同类项定律

6. 在一个数轴上，一个数和它的相反数的和总是

(A) 比两者中任意一个数大

(B) 一个正数

(C) 0

(D) 两者中较大的数

(E) 1

7. 你们班的学生很难理解你正在教的内容。下面几项中，最不应该被强调的是

(A) 数学概念的意义

(B) 数学定理的严格证明

(C) 数学原理的动机

(D) 数学原理的应用

(E) 练习数学过程的需要

参考答案

数学

1. E 2. C 3. A 4. B 5. D 6. C 7. B

（刘素玲　译）

7.7 新泽西州非师范教师资格认证途径*

索尔·库珀曼(Saul Cooperman)　　利奥·克拉格霍尔兹(Leo Klagholz)

962 到明年秋天,新泽西州各地方学区将会开展美国第一个与教师资格认证相关的学区管理的培训项目。其设计者讨论这一充满争议的计划的起源和实施。

> 确切的事实是,我们的许多教师不能恰当地履行我们所赋予他们的职责。在我看来,这就是美国教育的主要不足。[①] (Sterling M. McMurrin, Former U. S. Commissioner of Education, 1963)
>
> 美国教育改革中最亟须改革我们任课教师的培养方式和认证方法。[②] (Emily Feistritzer, 1984)

1985 年 9 月,新泽西州的地方学区将开展美国第一个与教师资格认证相关的学区管理的培训项目。提供此种项目的地区能通过签订临时合同,聘请那些没有通过传统的教育项目但已经通过他们将要任教的学科能力测试的大学毕业生。此外,这些地区可以向州资格认证项目推荐那些成功完成学区管理项目的人。

这种非师范教师资格认证途径是新泽西州长达两年多的关于教师培养和资格认证的讨论结果。但是,从另一方面来说,这种非师范途径反映了 20 年来对美国教师评估改革需求的思考。

在过去的四分之一世纪,教师教育的批评者对同样主题的评论只发生了些微小的变化。这些批评者抱怨主修教育的学生不算是学业成绩最优秀的,抱怨专业必修的教育课程的质量和数量决定了较差的大学教育,抱怨学区能够授予那些没有获得教学资格的人以"应急"资格证书——这样的局面逐渐削弱了学校改革的努力。[③]

---

* 限于篇幅,节录原文。Saul Cooperman and Leo Klagholz, New Jersey's alternate route to certication. *Phi Delta Kappan*, 66(10), 1985, pp. 691 - 695.

① 引自,James Koerner, *The miseducation of American teachers* (Boston: Houghton-Mifin, 1963). p. 4.

② C. Emily Feistritzer, *The making of a teacher: a report on teacher education and certication* (Washington, D. C.: National Center for Education Information, 1984), p. 54.

③ James Bryant Conant, *The education of American teachers* (New York: McGraw-Hill, 1963). pp. 51, 81. 也见, W. Timothy Weaver, "In search of quality: the need for talent in teaching," *Phi Delta Kappan*, September 1979, pp. 29 - 32, 46. Evidence suggests that the lower academic talent of school teachers as a group is a long-standing phenomenon, going back as much as 50 years. 如,见 Ernest L. Boyer, *High school: a report on secondary education in America* (New York: Harper and Row, 1983), p. 171.

早在1963年，批评者们就开始建议候任教师参加学院和大学提供的教师培养项目。詹姆斯·柯纳(James Koerner)在当年出版的《美国教师的错误教育》(*The Miseducation of American Teachers*)中建议通过"采取某种资格考试系统，给当地董事会为学校配备教师方面的完全自由。在这种系统中，教师可以展示他们在即将任教学科上的能力以得到认可。"柯纳写道，"这样的系统可以通过多种方式来操作，但是不管其他细节怎样，以能力为原则才是最重要的"。[①]

柯纳认为这种系统——结合了资格考试和教学能力展示——可以提供一种解决 963
方法，这种方法针对"当前许多得到充分认证和具备资格的教师团体的低教学水平，以及教师所参加的培训不能有效促进其在工作岗位上的表现"等问题。[②]

> 不管盛行何种认证系统，为了不明确的未来，绝大多数新教师无疑会继续参加学院或大学有组织的项目。考试系统只会把对教学准入的强调，从规定的预备程序转到对教学能力的展示，开辟一条途径使得教学成为开放的而不是封闭的领域，给高学术标准的正式系统施加实质性压力。[③]

自1963年以来，如果有变化，也是执行这个计划的可能性发生了变化。当柯纳写到一种非师范教师资格认证系统时，由于政治上的不可行，他否定了自己的建议。他说："形成当地董事会雇用教师的自由市场，总的来说，对公立教育也许是一项巨大的增益"，"当然，这样的事情不会发生"。[④]

最近，各州教育委员会(Education Commission of the States)建议"州认证原则应是足够灵活的，可以通过邀请来自商业、工业、科技团体和高等学习机构的有资格的人士参与认证，以激励公立学校的服务"。[⑤] 类似地，唐纳·克尔(Donna Kerr)建议我们应该测试当前认证系统中的非师范途径，是否允许在国家教师考试(National Teacher Examinations)中成绩位于前百分之十的学生，可以不修教育学课程直接进入教学行业。[⑥]

显然，与柯纳时代相比，今天的教育者们更乐于变革。今天，替代传统教师培养的项目更有可能实现。现在，这正发生在新泽西州。

1982年7月，新泽西州开始着手创建非师范教师资格认证途径，当时州教育董事会非常关注"应急"证书的认证过程。教育部通过在新泽西州启动对教师培养和认证

---

① Koerner, p. 252.

② 同上。

③ 同上，p. 262.

④ 同上，p. 252.

⑤ Task Force on Education for Economic Growth, *Action for excellence: a comprehensive plan to improve our nation's schools* (Denver: Education Commission of the States, 1983), p. 39.

⑥ Donna H. Kerr, "Teaching Competence and Teacher Education in the United States," *Teachers College Record*, Spring 1983, p. 546.

程序的综合考察，来回应董事会的关注。基本上，与先前的其他研究相似，教育部也得出了同样的结论。

教育专业学生的质量

新泽西研究聚焦的其中一个领域，便是加入州教师培养项目的学生的质量。1982年，在新泽西州，计划攻读教育专业的高中毕业生学习能力倾向测验（Scholastic, Aptitude Test, SAT）成绩低于22个专业领域的学生（总计24个领域）。此外，计划专修教育专业的毕业生和已经被允许进入新泽西社区和州立学院的毕业生（他们占新泽西州内高中教育机构新教师的70%），在满分800分的测验中，19%的学生在学习能力倾向测验语言部分得分为299分或更低，60%得分为399分或更低，只有12%的学生得分为500分或更高。[①] 而1982年，新泽西所有高中生在学习能力倾向测验语言部分的平均分是416分。

在全国范围内，那些专修教育专业的学生并没有做得更好。[②] 比如，1982年参与教学工作培养的学生的学习能力倾向测验得分比国家平均分低80分。[③]

新泽西教育部发现他们的结论与厄内斯特·博耶（Ernest Boyer）的结论——即如果最差的学生们进入教学领域，那么美国学校将无法为培养下一代的工作做好充足的
964 准备[④]——一致，这不足为奇。正如杰里·布罗菲（Jere Brophy）所言，有效的教师“可能比普通教师更聪明、更敬业”。他补充道，有效教师要更聪明，因为他们必须承担复杂的任务，如计划、分析、组织课堂时间以及延缓判断。[⑤] 如果能力最差的大学生决定做老师，他们可能以学生喜欢、可以激发学生学习动机的方式来处理这些复杂的任务吗？

美国学校必须培养（education）年轻人有效融入高科技社会。因此新泽西教育部（New Jersey Department of Education）提出的第一个问题是，我们如何吸引更多学业优异的人到我们的公立学校教学？如何在他们中识别出那些具备胜任这项任务的人？

不一致的培养

新泽西教育部关于教师培养和资格认证的研究促使另一个问题明晰起来：教师培

---

① “Executive Summary,” *An alternative route to teacher selection and professional quality assurance* (Trenton: New Jersey State Department of Education, September 1983), p. 1.

② 参见，如 Weaver, “In search of quality ...”; and Victor S. Vance and Phillip C. Schlechty, “The distribution of academic ability in the teaching force: policy implications.” *Phi Delta Kappan*, September 1982, pp. 22–27.

③ Task Force on Education for Economic Growth, p. 27.

④ Boyer, p. 172.

⑤ Jere Brophy, “Successful teaching strategies for the inner-city child,” *Phi Delta Kappan*, April 1982, p. 529.

养项目与学生的必修课程之间普遍存在不一致性。比如,一项关于为新泽西学校培养大部分教师的六所学院的研究表明,这些学院列出了 120 种教育课程,甚至一些学院要求教育专业的学生去修其他学院没有开设的课程。这样的不一致说明,对新教师所需的必要知识与有效教师特征的认识缺乏一致性。

新泽西的这个发现与其他关于教师教育项目一致性的研究并无差异。费斯特伊泽(Feistritzer)指出,包含“太多教师教育项目的课程……是不明确、不实用的”。[①] 博耶(Boyer)建议应该要求教育专业的学生参加一项为期四年的一般学术研究项目,并在第五年学习精选的教育核心课程。[②]

对教师教育项目(培养内容)一致性的关注并非最近的现象。早在 1963 年,詹姆斯·布莱恩特·科南特(James Bryant Conant)就指出,在一所学院完成一系列教育课程的学生可能没有考虑过“在另一所学校甚至是同一州内的学生所学的是相同甚至相似的事实或原理”。[③]

从教育部的研究和其他研究者的观察中,新泽西教育部发现,鉴别所有新教师的知识基础至关重要。这是教育部建立非师范教师资格认证途径的基础。

“应急”认证

自 1942 年以来,一种“应急”认证系统允许新泽西学区在缺乏持有教师资格证的教师的情况下雇佣无证者从事教学。按照这种方式,1982 年雇用的新教师中有 20% 的这类教师进入教育系统——他们中的大多数缺乏足够的学科知识的培养和教学专业训练。在某些情况下,以“应急”认证雇用的教师甚至没有大学文凭。应急资格认证是一种两难的状况;尽管应急教师缺乏专业培养,他们既没有校内支持也没有必要的专业训练。进一步说,学区只有在教师数量不足的情况下,才可以转向求助于这个薄弱的替代系统。但当持证候任教师的质量比较差时,除了雇用他们做老师,别无他法。

早在 1963 年,科南特就谴责了低等级标准认证。他写道,“对任何一个认真履行 965
州要求的人来说,这绝对是一个全国性的丑闻”。[④] 除了一小部分特殊领域,新泽西州非师范认证最重要的功能之一便是:在所有其他领域取代应急认证,这些特殊领域包括:特殊教育、职业教育、双语教育和英语作为第二语言的教育。

然而,具有讽刺意味的是,在教师短缺的情况下,新泽西学区可以委派没有接受过培养的教师在没有支持和训练的情况下去教他们没有资格任教的学科,而新泽西教育部一直源源不断的接到那些对公立学校教学工作既感兴趣又具备所教学科能力和知

---

① Feistritzer, pp. 59 – 60.

② Boyer, pp. 175 – 76.

③ Conant, p. 141.

④ Conant, p. 51.

识的人们的请求。这些人包括会计师和数学家，也有大学或私立学校的教师。但是除非教师短缺或者不考虑持证申请者的质量，否则不会考虑让这些人做教师——这发生在真正的“紧急”之下，即质量和数量的任一项指标均处于紧急状况。

初步提案

经过认真研究新泽西教师资格认证过程中固有的问题，教育部人员形成了一个非师范教师资格认证途径提案。[1] 这个提案的目的是开启一个项目，从而打开课堂的大门，使有教学能力和教学热情，但没有通过认证的人进入课堂。然而，不像紧急认证那样，存在组织不善的特点，这种非师范途径将提供一个严谨的、学区管理的培训项目。这个提案在1983年9月首次向公众宣布。建议的改革措施如下：

- 明确界定所有新教师必修的课程；
- 更明确地定义有效教学，这将有助于提高学院和大学的教师教育项目的质量并形成学区管理的培训项目；
- 用一种精心研制、严谨的对学院教师培训的项目替代紧急认证（除了一些特殊专业的具体教学），此改革的目的是要吸引没有经过传统项目认证的有能力的大学毕业生；
- 新标准的制定将要求新泽西所有未来教师有学士学位，并在将要教的学科测试中展示“令人满意的能力”。

开启程序

通过广泛听取利益群体代表的意见、关注点和经验，教育部人员对提案进行了优化。确保了非师范途径的开启，也能使大多数利益群体相信最后的方案会处理他们的特殊需求。事实上，在提案刚刚宣布时，极力叫嚣着反对非师范教师资格认证途径的一些群体，后来都成了这个计划的支持者。

博耶报告

为了确定所有新教师所必须具有的基础知识与技能，新泽西州长托马斯·基恩
966 (Thomas Kean)任命了一个厄内斯特·博耶(Ernest Boyer)领导的，由10位教师教育

① 一种非师范途径……比比皆是。

方面杰出的领导者组成的专家小组。① 这个小组的任务是决定(1)新教师必须知道的知识;(2)有效教师如何教学。

专家小组这样定义有效教师,即有明确的目标、以适当的步调循序渐进地进行教学、用有趣的问题检查学生的理解程度、为学生提供许多详细的案例和清晰的指导。专家小组认为,一个有效教师会为所有学生提供充分有效的练习,安排所有学生参与到学习中,为学生提供独立学习的机会,评价每个学生的进步程度。一个有效教师也必须能够激发学生的创造性想法,帮助学生对自己所学的知识进行评估,并且培养学生明智地运用知识的能力。② 专家小组得出结论,虽然大多数教师教育工作者同意这些内容,但是知识和技能经常“既没能有效传授给新教师,也没能运用在实践中”。③

为了使教师教育更有效,专家小组建议实施一个更实际的课程——即“从实践问题到理论,而不是相反的路径”。④

州立委员会

形成非师范教师资格认证途径之后,州立教育委员任命了一个顾问委员会。

经过长时间考虑,委员会几乎一致推荐“经过州批准的学区培训项目”。项目报告建议当地学区发展一个三(阶)段培训项目,并向新泽西教育部提交书面的项目计划以获得批准。⑤ 这个三段项目是为了逐步培养由博耶小组确定的在实际课堂教学中所需的知识和技能。经过 200 个小时的临时指导——临时老师负责一个班之前要接受 80 个小时指导——和为期一年的有指导的教学,学区培训计划期望新教师能把理论和实践联系起来。

委员会也建议每个“临时”教师候任者都应该具备以下条件:

- 拥有学士学位;
- 通过任教学科的能力测试;
- 在任教学科修满 30 学分的课时,或有同等的相关学科工作经历(中学

① 除了卡内基教学促进基金会(总部在新泽西普林斯顿)主席博耶,这个小组还包括: David Berliner,位于图森的亚利桑那大学教育心理学教授;Frank Brown,位于查波尔希尔的北卡罗莱纳大学教育院长;Edgar Epps,芝加哥大学城市教育教授;Emily Feistritzer,华盛顿特区国家教育信息中心主任;Jay Gottlieb,位于纽约市的纽约大学教育心理学教授;Lawrence Lezotte,位于东兰辛的密歇根州立大学学校改进中心主任;Archie Lapointe,新泽西州普林斯顿教育发展评估、教育测试服务中心执行主任;Kathryn Maddox,卡诺瓦县学校多机构的教师教育中心主任;Charleston, W. Va.;和 Barak Rosenshine,位于厄巴纳的伊利诺伊大学教育学教授。

② *Report of a panel on the preparation of beginning teachers*, Ernest L. Boyer, chairman (Princeton: New Jersey State Department of Education, March 1984).

③ 同上。

④ 同上, p. 2.

⑤ *Report of the State Commission on Alternative Teacher Certication*, Harry Jaroslaw, chairman (Trenton: New Jersey State Department of Education, May 1984).

水平)，或在任何独立领域修 30 学分(就小学教师而言)；

- 通过学区人事部门的面试，该面试注重考查背景、学习经历以及博耶小组认为应具备的某些道德和个人品质。

1984 年 9 月，经过广泛的听证会之后，州教育董事会批准了非师范教师资格认证途径，将其作为对教师培养和认证的行政法规的几项修订之一。

预期收益

非师范教师资格认证途径可能在以下方面使新泽西教育受益。第一，它将扩大合格候任教师的数量，给当地学区更多选择教师的机会。第二，它给教学带来知识渊博
967 的、充满热情的新骨干教师，他们很有可能以新的方式看待课堂教学经验。第三，它强调教师熟练掌握自己所教学科的重要性。

非师范教师资格认证途径也将给传统教师教育项目带来竞争，从而提升整个行业的活力。

最重要的也许是，非师范教师资格认证途径会取代新泽西实行了 40 年的应急认证传统。当代美国教育讨论的一个共同话题是教学需要专业化。正如琳达·达林-哈蒙德(Linda Darling-Hammond)在兰德公司(Rand Corporation)进行的关于教学危机的研究中提到的，在教学成为一项更具吸引力的职业选择之前，引进和留住优秀教师的困难将会阻碍旨在提升教育项目和课程的改革的成功。[①] 她总结道，使教学更具吸引力的关键是使教学更加专业化。埃米莉·费斯特伊泽(Emily Feistritzer)对此表示赞成。她说，"如果教学要成为一个真正的专业，它需要像真正的专业一样行动"。[②] 然而，如果没有形成更加严格的入职和培训要求，教学将永远不会成为一个真正的专业。

这是新泽西的目标。修正后的教师认证准则要求新泽西所有传统教师教育项目的学生也要完成一个学科专业，要求所有教师教育项目包含博耶小组确定的重要知识。修定后的准则要求所有认证申请人——不管是来自传统的还是非师范途径的——都要通过一个学科能力测试。非师范教师资格认证途径将通过吸引一批新教师到新泽西的课堂，同时消除紧急认证的弊端，来完善这些改革。

---

① Linda Darling-Hammond, *Beyond the commission report: the coming crisis in teaching* (Santa Monica, Calif: Rand Corporation, July 1984), p. v.

② Feistritzer, p. 52.

7.8　非师范教师资格认证途径：一种危险的趋势*

多伊尔·沃茨(Doyle Watts)

引言

教学专业一直受到一系列低标准认证的困扰，包括应急认证、临时或暂时的认证。 969
由于不受欢迎，这些资格证书至少被认为是不够标准的资格证书。获得这些证书的人经常被限制任教时间的长度，如果他们想留在课堂，就必须满足标准的认证条件。标准教师认证——非师范途径的最新进展对教学工作的质量和我们的教育系统造成了更大的威胁。不幸的是，低于标准的教师培养项目取代了颁发低标准证书的做法，却能获得标准的教学证书。

完成非师范项目的人，与那些通过标准项目培养的教师会得到相同的专业证书。如果非师范教师资格认证途径具备同等或更好的效果，这也许不会引起忧虑。令人遗憾的是，现有的非师范认证项目是比较差的。事实上，非师范途径看起来仅仅是不合格个体取得教学证书的捷径，因此，没有接受过充分培养的教师会被安排去负责孩子的教育。

新泽西州教育委员会的主席这样描述该州的非师范教师资格认证途径，"这种改革……目的是要用一个严格的合法的非师范系统取代应急系统……"(Cooperman，1985：24)。如果你认为用低标准的路径取代暂时的低标准认证以得到标准的教师资格是一种进步的话，那就太好了。如哈伯曼(Haberman，1985)所言，库珀曼(Cooperman)所称赞的新泽西计划，相对州托管的美容师、美甲师、理发师、私人侦探或葬礼承办人来说，候任教师需要更少的职前实践。因此，新泽西并不是通过它的非师范教师培养项目来引领教育走向卓越的。

事实上，非师范教师资格认证途径所需的条件低于以下四个领域中的任意一个。第一，申请者可能获得某学科领域的教学资格，而他们在该学科领域的学术培养少于标准项目所需要的。第二，非师范途径也许在学术基础方面比大学培养的要求更低。第三，非师范项目的候任教师可能需要很少或不需要教学法的培养。最后，非师范培

---

* Doyle Watts，Alternate routes to teacher certication：a dangerous trend. *Action in Teacher Education*，2，1986，pp. 25 - 29.

养项目可能不需要参与者通过能力考试并达到能力标准，而这些能力是标准培养项目中师范生(teacher trainees)必须的。关于非师范教师资格认证途径的低质量标准的一
970 个很好例证是《德克萨斯房屋法 72》(Texas House Bill 72)。这项法规明确免除了那些通过非师范教师资格认证项目的人参加教学法知识能力考试的要求，这些知识是标准认证项目培养的所有候任教师所必需的。德克萨斯州法案似乎采取了这种特殊方法，即通过一种非师范项目培养的教师不需要知道如何教学。

为什么非师范项目会存在

确立教师培养项目标准和规则的权力掌握在州议会和州教育部门手中。因此，他们应该为其创建的低标准认证程序负全部的责任，因为低标准导致孩子的教育福利掌握在那些没有接受良好培养的教师手中。为教师认证开放糟糕后门所找的借口是站不住脚的。

经常被提到的理由之一是所谓的教师短缺。但是是否教师短缺就意味着合格教师的数量少于教师岗位？或者这是否表明只是缺少想在某些学校系统得到教学岗位的合格老师？尽管很难得到精确数字，但是教育学院似乎正在继续培养更多超过教学岗位所需数量的教师。例如，在 1980—1981 学年间，3 257 名候任教师从俄克拉荷马州的学院和大学毕业，但是只有 1 883 名选择在俄克拉荷马州的中小学校就职(Oklahoma State Department of Education, 1982)。在国家层面上，1980 年有 159 485 名毕业生完成了教师培养项目，而空缺岗位只有 71 425 个(NEA, 1981)。在 1980—1981 学年间，140 639 名毕业生完成了教师培养项目，但仅有 76 550 个工作岗位(全美教育协会，1983 年)。尽管这些数据不是最新的，但是它们确实表明一个持续的趋势，即国家培养的教师超过了工作岗位空缺的数量。因此，总的看来，教学岗位空缺不是因为缺少合格教师，而是因为一些学区无法吸引那些合格的教师。

那么，为什么一些学区会出现教师短缺呢？是什么原因使我们不能给某些学校配备受过良好培养的教师呢？原因并不明确。然而，古德莱德(Goodlad, 1983)发现，教师面临被过度管理的情况，缺乏专业自主权、缺少家长支持以及与学生之间缺少从业者-顾客(practitioner-client)般的关系，这些问题是导致教师辞职的主要原因。另外，微薄的工资也会被认为是一个引发教师短缺的因素。

似乎大城市中心地区在吸引合格教师方面面临的困难最大。结果，这些系统不得不越来越依赖有限培养的教师担任他们学校的老师。在努力解决教师短缺问题的过程中，这些系统和州教育部门应将它们的工作方向直接指向解决那些拒教师于课堂之外的条件，而不是试图去挖掘规避标准、雇用培养不足的教师的途径。如果把目前用于从国外引进教师，以及为那些没有受过培养的教师提供训练的基金，投入到改善那些导致市中心学校不能吸引教师的条件上，市中心学校系统可能会在吸引和留住合格

教师方面更为成功。

第二个理由是认为教学法的培养是不必要的，任何一个受过教育的人都可以进行有效教学。这是一个奇怪的观点，而其他专业不会受这种观点的攻击。很少会有人承认，在医学院获得的知识和技能对于成功的医学实践是不必要的，或者说牙科学校对 971
牙医实践没有什么有价值的贡献。然而，在教学专业中，由于存在教师不需要教学法知识和技能方面的正式培养这一荒谬的假设，因此薄弱的培养项目被认为是合理的。

有关标准的教师培养项目在某种程度上会阻止优秀的个体进入教学工作的意见也存在。有人听到这样的抱怨，苏格拉底（Socrates）不能通过教师能力测试，也不满足现代教师认证条件，因而不能获得在一个现代的美国学校教学的许可。所以，人们得出结论，当代教师认证标准把潜在的优秀教师拒于课堂之外。也可能确实如此，如希波克拉底（Hippocrates）可能很难通过一个现代医学考试，柏拉图（Plato）很可能无法回答出现代司法考试中的大多数问题。然而，在医学和法律方面，这种情况不能作为消除这些职业准入标准的理由。

同时，那些赞同低标准教师认证路径的人认为，教室里有一个不称职的成人总比没有好。但是一个差老师真的比没有老师强吗？我们必须考虑到，若对缺乏训练的教师采取忽视的态度，可能会对学生造成重大伤害。除此之外，聘用培养不足的教师会延迟找出解决教师短缺问题的有效方法。在所有职业中，教学似乎是唯一一个通过降低专业培养的质量与时间来解决从业者短缺的职业。美国教师教育学院协会认证工作小组（American Association of Colleges for Teacher Education's Task Force on Certification）呼吁"阻止不合格者通过应急认证程序或'非师范途径'进入职业领域的行为"（AACTE Task Force on Teacher Certification，1984：23），这是可以理解。

非师范项目是如何建立的？

不同于其他职业，教师资格认证的不合格证书和捷径不仅仅被教学行业所包容，而且也被州教育部门及雇佣学区认为是合法的。但我知道，没有哪个州会为医学、法律或药学提供低于标准的证书或允许通过不合格路径获得标准证书。然而，大部分州会提供一些路径，使人们可以通过某种捷径获得一个教学证书（Watts，1982）。

人们的薪水、利益、地位或专业权威与责任方面不会因为其完成培养项目的类型而有什么差别。那些通过薄弱的非师范认证程序培养的人，被赋予了与那些完成标准项目的教师相同的专业权利和待遇。因此，许多能力不足的人可能被吸引到非师范教师培养途径，因为它比标准项目更便捷、要求更少。当然，最大的受害者是接受劣质教学服务的学生们。

不像其他那些公开展示他们专业资格证的专业人员，教师的资格证书几乎从来不公开展示，相反，会在中央行政办公室人事档案处存档。不管是家长还是学生，都不会被告知从业教师所持证书的类型以及是如何获得的。

非师范项目的结果

尽管很少有实证研究涉及通过非师范项目培养的教师对教学工作和我们的教育系统造成的影响，但是这种影响不可能是有利的。现在需要这样的调查研究。对学生
972 造成的长期危害是有可能的，不合格的实践行为会对学生的教育和心理健康造成危害。我们采取措施保证帮助我们的孩子补牙的牙医经过适当的训练就可以完成任务，任何一个没有受过这样训练的牙医去行医都会受到刑事指控。但是我们却允许没有经过适当培训的人去做我们孩子的老师。不合格教师对我们的青少年和社会的影响，可能要比一个准备不足的人去为别人补牙要严重得多，破坏性也更大。

由于不充分的专业培养，教师可能会运用不恰当的或无效的教学策略和技巧，进而导致学生学业成绩较差。这种影响可能是毁灭性的。结果，许多学生可能无法实现他们的潜能，因为他们缺少必要的知识和技能。虽不明显但同样重要的是，较差的学习成绩会对学生的态度、自信心和自我认识产生负面影响。因此，我们必须特别留心以确保那些有责任提供教育服务的人具备必要的专业培养，以一种称职的方式进行教学，这种方式不仅仅是传递事实和信息。

聘用通过低标准认证路径的教师也会阻碍教学的专业发展。如果那些具备很少或没有受过专业训练的人被颁发证书，允许他们进行教学，就很难让别人相信教学是一种重要的或有难度的任务。这种错误观念会阻碍在范围和质量方面与其他职业相媲美的培养项目的形成和发展。而这样的观念将会持续下去，即教师的大多数教学训练是可以在工作中获得的，因此教学法知识和技能并不是必须的。结果，专业的发展不断受到阻挠。从长远来看，这样的停滞只会伤害孩子。

当许多教育学院把教师培养项目延长至五到六年时，不良的非师范教师资格认证计划如雨后春笋般发展起来。如果这种趋势继续下去，如果非师范教师培养项目质量持续不佳，那么不久的将来，小城市和郊区的学校系统可能会配备完成延长了的教师培养项目的教师，而市中心学区只能吸引具备很少专业培养的教师。结果，城乡地区的教育质量差距会更大。那些需要最有能力、受过最好培养的教师的学生，将被差的、培养不足的教师所教。

总结

如果非师范教师资格认证途径真正意味着一种高质量的培养体系，那么这些项目就会得到支持。然而，不幸的是，它们只是一种可以把任何成年人(不考虑他/她的专业培养)安排到空教室中的速成计划。结果，他们成为另一个阻碍教学专业发展、在教

育系统中实现卓越的因素。

（刘素玲　译）

参考文献

AACTE Task Force on Teacher Certification.（1984）Emergency teacher certification：Summary and recommendations. *Journal of Teacher Education*，35(2)，21－25.

Cooperman，S.（June 5，1985）In defense of New Jersey's alternate certification plan. *Education Week*，p.24.

Goodlad，J.（1983）Access to knowledge. *Teachers College Record*，84(4)，787－800.

Haberman，M.（October，1985）Skewed standards（Letter to the editor）. *Phi Delta Kappan*，67(2)，167.

NEA Research Memo（1981）*Teacher supply and demand in public schools，1980－81*. Washington，D.C.：National Education Association.

NEA Research Memo（1983）Teacher supply and demand in public schools，1981－1982.

Oklahoma State Department of Education（1982）*Teacher supply and demand in Oklahoma public schools*. Oklahoma City，Oklahoma.

Watts，D.（1982）Can campus-based preservice teacher education survive? *Journal of Teacher Education*，33(4)35－39.

7.9 切断联系*

弗雷德里克·M. 赫斯(Frederick M. Hess)

教育学院不再依赖一群身体受控却有抱负的教师,这个事实使得他们直面净化的竞争之风。

974 皮克图雷·杰拉德(Picture Gerard)是一名 28 岁的商业顾问,曾在威廉姆斯专修经济学,毕业时各科成绩的平均积分点为 3.7。之前杰拉德一直在康涅狄格州斯坦福市一家咨询公司工作,但是现在正在寻找一个新的、更有成就感的工作岗位。他表现出很强的人际交往能力和工作习惯。另外,虽然他不主修数学,但是他在大学期间的几门微积分课程中表现突出。然而,如果杰拉德想通过正式渠道申请在哈特福德(Hartford)公立学校系统中的一所初中教数学,他的申请甚至不会被考虑。为什么?因为他不是一个有教师资格证的教师。

为什么哈特福德学校的校长或教师招聘委员会,甚至都不看一眼杰拉德的申请书,就去判断他的资格和其他候任教师的资格?因为支持目前教师认证路径的假设是:公立学校的招聘人员不能或者不愿意评估申请者的质量。对此的反应是接纳了一个官僚的解决方案,这个方案对有能力的和没能力的候任教师有同样的限制作用,并且据说能把低能力的教师拒于课堂之外。结果,放弃或拒绝了杰拉德以及成百上千像他那样的人,许多大的学校系统只能任用最后的替补——持应急认证的教师进行教学。

这并不是说,有"实际"经验的或高平均积分点的候任教师必然能胜任或必然能成为教师,或者专业的教师培养不重要。这里只是想说,一些有潜力的申请者也许会成为比目前在公立学校任职的,通过非师范途径培养的教师更胜任教学。

教师认证的核心前提是——不论哪种资格——任何一个没有完成专业培养的人都不适合进入课堂,必须阻止其申请教学工作。其危险在于,由于一时的疏忽,学校官方可能会错误地雇用了这位申请者而不是一位训练有素的教师。记住以下这一点很重要,即允许某人申请一份工作不等于保证他能成功就职,然而,我们却经常忽视这一点。申请者有资格获得某个职位,仅仅是因为雇主认为申请者优于现有其他的选择。

---

* Frederick M. Hess, Break the link. *Education Next*, 2002. Downloaded January 2006 from http://www.educationnext.org/20021/22.html.

对认证持反对意见并不是说非常规的教师一定会是好教师，只是说他们有可能成为好教师。如果人们相信这一点，那么这种具体分析判断明显要比僵化的官方规则更合适。

如果学院和大学拒绝雇用任何没有博士学位的人，那么他们会失去“外行实践者”(lay practitioners)的聪明才智和见识，像诗人马雅·安杰卢(Maya Angelou)、记者威廉·拉斯伯里(William Raspberry)或者前任政府官员，比如阿兰·辛普森(Alan Simpson)、朱利安·邦德(Julian Bond)以及阿尔·戈尔(Al Gore)。“入驻”(in residence)几十所公立大学的艺术家或作家将无法满足隐含在公立学校认证模型中的标准。我们真的认为这些大学因为雇用了公立学校认为不合格的教师而给学生提供了劣质服务吗?

竞争性认证 975

对公立学校教师进行资格认证背后的理论是，这个过程通过确保有抱负的教师掌握一系列可靠的、被广泛认可的、对教学重要的知识和技能来提升这项职业。教学认证的支持者经常用法律、医学等职业做类比，在这些职业中，要想成为一个有效的专业者，需要掌握大量的知识和技能。这些职业的资格认证能保证候任者至少有最基本的能力，进而提升公众对该职业成员的信心。

问题在于教学中不存在类似的知识与技能。关于各种教学策略的优点充满争议，甚至是教师教育工作者及认证反对者都无法清晰地定义好教师所需的具体技能。然而，大多数有抱负的教师仍然被迫面对质量千差万别的认证培训项目所创造的课程、要求和程序等带来的挑战。

这不是否认教师教育可以提供有价值的训练。毕竟，有人可能会认为新闻学院可以培养更好的记者，而不需要所有记者在找本专业工作之前完成强制性的课程。相反，候任者的培训被分解到到招聘过程中，与诸如资质、勤奋和精力等因素一起考虑。

很明显，某种筛选有抱负的教师的过程是至关重要的；家长和大众非常期望给予与青少年儿童相关的工作者一些保障。这需要一个有竞争性的认证过程，为进入教学工作确立关键标准，给予公立学校更多招聘和解雇教师的自由，把教师看作专业人士、把学校看作专业机构，允许它们为教师量身制定专业发展以满足教师的需求。在这样的模型下，有抱负的教师应该能够申请一份教学工作，只要他们满足以下条件：

- 拥有被认可的学院或大学的文学或理学学士学位。
- 通过一个测试，该测试证明其具备与所要任教学科相关的必要知识与能力。对“必要的”知识或技能的定义明显是很不严谨的，这可以通过无数种方式来解释，而且对于那些希望教年龄较小或年龄较大的学生的教师恰恰是不同的。关键在于需要教师至少拥有与自己所教学科相匹配的学术知识。

• 通过严格的刑事背景检察。现在由州执行这种检察，但是他们往往采取折中的办法，因为州需要同时负责相关的认证文书工作。

除了这些最基本的资格，竞争性路径假定教师培养和训练不仅是可取的也是很重要的。这也适用于其他职业，微妙的技巧和人际交往能力对形成有效的教学表现都是很重要的。问题是从哪儿获得这种训练以及由谁来买单。目前的教师培养通过强迫候任教师进入一个培训系统，几乎把所有费用都强加于候任教师身上，并取除了教师培养质量及其相关的关键激励措施。相反，这种竞争模型把教师看作自主的专业人士，他们可以做出发展自己技能和专业知识的明智决定。总而言之，这种竞争模型用有意义的专业发展代替实质上的行会制度，它在允许有抱负的教师入职之前会向他们征收一大笔以学费为基础的税金。

976 教师资格认证的假设

这些年来，一系列研究试图确定有资格证书的教师是否要比那些没有资格证书的教师能为学生提供更好的服务。这项工作有两个问题。第一，方法论的争论经常掩盖更大的问题以及认证模型的核心假设。第二，通过认证的教师是否比没有通过认证的同行能更好地提高学生的成绩，这样的例子是很少的。问题不在于教师教育是否能够改善毕业生的表现，而在于我们是否应该尽我们所能排除那些没有完成被认可的培养项目培养出来的人。认证系统认为学校管理人员不具备在招聘时把候任教师的背景和特定申请人的潜力考虑在内的能力。即便通过认证的教师普遍比没有通过认证的教师更有效，这样的政策也只有在我们相信没有通过认证的申请人都不能胜任教学工作，或者是我们不信任学校管理者能评估他们的能力时才有意义。

认证的魅力在于三个隐含的假设，它们是这样几个观点：(1)通过认证时，一个人得到的训练是很有用的，以至于那些没有通过认证的培养将会相对不足。(2)认证清除了不合适的候任教师；(3)认证使教学更“专业”，因此成为更有吸引力的职业。然而，这些假设中的每一个对于教师认证来说都是有问题的。

只有当认证机构能够确保具有专业热情的人已经掌握了必要的知识技能，并拒绝为专业不合格者颁发认证时，这种认证才是最有效的，这应该是一般性的认证原则。当一个专业人员的任务很关键，以及当一个客户很难评估一个任务供应者的资格时，颁发许可证是很重要的。比如，工程师、医生、律师这些人的职业尤其需要认证，因为他们设计桥梁、在我们生病的时候照顾我们、保护我们的权利等，这些工作都对我们的幸福至关重要，我们最脆弱的时候经常需要他们的帮助。而且，公众很难判断一座桥的设计是否合理、一个医生的医治是否得当、一位律师是否精通法律。颁发许可证并不能确保这些专业人员都是聪明的实践者，但它确实可以保证他们拥有一定程度的专业知识。

教育者也被赋予了一项至关重要的任务。然而，他们在教育上的疏忽非常不同，我们不确定教师必须掌握的一系列具体、可量化的技能和知识。教育“专家”们声称，教学是如此复杂，以致很难在具体课堂环境之外判断什么样的侯选者是一个好老师。这使得评判者抽象地去判断哪个有志者能拥有令人满意的“教学技能”，这虽然不是不可能完成的任务，并且也是很艰难的。与此同时，公众普遍认同的是，同事、主管和家庭至少有相似的能力来衡量一个教师是否有效。鉴于这些情况，尚不清楚标准的认证是如何保证教师质量的。

得出这样的结论并不需要反驳教师教育工作者或认证支持者的观点。实际上，如果有人仅仅接受他们的观点，这一结论就会产生。因此专业的教育者们自己也远远不能在具体意义上解释什么使得一个教师是称职的，或者说教师需要知道什么、能够做什么。

考虑到国家专业教学标准委员会(National Board for Professional Teaching Standards, NBPTS)在 27 个不同领域苦心建构的这些广受赞誉的标准，认证反对者支持的标准被看作是对质量控制的突破。国家专业教学标准委员会能为高中数学和科学教学轻松创建简单的标准，这些领域对于教师应该做什么这一问题可以达成广泛一致。然而，甚至在这些领域，国家专业教学标准委员会的“模范”标准都是如此的宽泛和模糊，以至于几乎不可能做出具体的能力判断。例如，要得到高中数学教学的国家委员会认证，教师要表明已掌握了 11 种标准，包括对学生及其学习的信仰、教学的艺 977
术、反思和成长、数学推理和思考等。委员会试图通过解释来明晰这些标准，比如，“信仰”被解释为“成功的数学教师重视和认可每个学生的个性和价值，相信所有学生都能学会”。掌握“教学的艺术”就是指“通过各种各样的方式、方法和程序，刺激并促进学生的学习”。虽然这确实是令人钦佩的观点，但是国家委员会纯粹的标准中，有关我们如何评估这些任务中的“能力”具体包含的内容，却是不清晰的。结果，不出所料，由于对标准的解释以及应用过程的不一致，委员会受到抨击。马里 · 迪茨(Mary Diez)认为，尽管美国州际新教师评估与支持协会(Interstate New Teacher Assessment And Support Consortium, INTASC)标准的起草意图是好的，但粗略阅读之后就会明白，与国家专业教学标准委员会标准一样也明显面临着“模糊”的困扰。

另外一个突出的例子涉及到美国教育学教授杰拉德 · 格兰特(Gerald Grant)和克里斯蒂娜 · E. 默里(Christine E. Murray)的获奖图书——1999 年哈佛大学出版社出版的《在美国教学》(*Teaching in America*)。他们辨识了五种可以分析和传授的“基本‘教学’行为”：细心倾听；激发学生动机；通过倾听他人的痛苦并做出回应、在教室里营造安全感以树立关心他人的榜样；通过澄清、辅导、建议以及为某个男生或女生确定合适的挑战目标来评估学生；不断反思并更新自身知识。一个人要如何教授这五种“基本行为”人们不得而知，更不用说如何确定一个教师是否已经成功掌握它们，这是格兰特和默里从来没有提到过的问题。

如果没有明确的专业能力标准，我们通常会(也同样是适当地)阻止一些人从事某一种职业。这并不是说我们认为这种工作允许不称职的人存在——只是说我们把资格认证看作一种无效的、有潜在危害的控制质量的方式。虽然颁发资格证书可以保护社区成员(包括儿童)避免接触到“坏”的企业家或记者，但我们不能阻止某人试图创业或为一家报社工作。相反，我们相信潜在的投资者和雇主是判断谁应该被支持和任用的最好法官。如果一个有抱负的作家或企业家并不成功，我们相信最终他们会被说服去找另一种更适合自己的工作。这种自由流动的过程可以培养多样性，并保证非传统的工作人员有机会获得成功。

即使在以明确的知识或者绩效为基础的标准认证的专业中，如法律或医学，颁发许可证也主要是作为一种确定基本能力的方式而发挥作用。医学或法律许可证不是想象中的确保模糊的、微妙的(安慰病人或说服一个陪审团的)能力或技巧——这类似教学中至关重要的人际交往能力。我们很难把认证建立在这样的特点之上，因为我们在他们需要什么，或者是在如何脱离背景来评价他们的方面不能达成一致。教师教育工作者所认为的最重要的技能——如倾听、关心、激励——不易受到标准化质量控制的影响。对这些品质的强调是这些职业(如市场营销、记者、咨询或者政策制定者)的规范，这些领域都需要人的技能、专业知识和相关专业知识的巧妙融合。在这些职业中，从业者有很多方式可以脱颖而出，但是很难事前知道任何特定的从业者会怎么做，发现人才的最明智的方式即允许有志者寻找工作，允许雇主用多种标准去筛选雇员——如教育背景、工作生活经历和推荐信。

可疑的筛选

虽然认证可以筛选出那些不符合基本能力标准的有志者，但是当前的认证系统本
978 意并不在此。一般来讲，教育学院不是选拔性的，几乎很少开除能力不足的学生，且确保大多数师范教育毕业生可以获得教师资格证。认证考试很简单，通过标准一般都比较低，以致教育信托基金会(Education Trust)得出这样的结论：他们只是把“最差的”学生排除在课堂外。

目前已有 1 300 多个机构能提供认证所需要的培训。虽然当前认证路径的辩护者把注意力集中在精英机构的认证项目上，但是在每年教师项目培养的大约 20 万名新毕业生中，由排名前 25 的教育学院所培训的不足 5%。地区学院如伊利诺伊州立大学(Illinois State University)、位于海沃德的加利福尼亚州立大学(Cal State-Hayward)和西南德克萨斯州立大学(Southwest Texas State University)——而不是斯坦福大学(Stanfords)和俄亥俄州大学(Ohio States)——培训并颁发证书给大多数的教师。认证的价值取决于地区学院的质量，而不是精英项目的质量。

教师培养项目既不筛选也不清除较差的候任教师。即使在精英学校，如加州大学

洛杉矶分校(UCLA)或北卡罗莱纳大学(University of North Carolina),这些学校医学院的招生率是5%、法学院的招生率是25%,而教育硕士(M. Ed.)项目(包括那些为教师认证寻求研究生培训的)接收了一半以上的申请者。而且,教育学院官员经常表明,他们不认为他们的使命是在学生的学习进程中淘汰学生。一位官员说道:“我们是在这里培养教师,而不是淘汰他们。通常,每一个进入项目的人都会完成培养,除非他们自己确定教学不适合他们。”

认证费用

认证的费用是巨大的,尤其是对那些没有完成一个教师培训项目的本科生来说。研究生教师培训项目,通常需要16—24个月的全日制学习或者三年甚至更久的业余学习。在教学的前五年,培训的费用和因浪费工作时间导致的工资损失很轻易地就减少了教师实际工资的25%或更多。

这些障碍使得其他职业相对更具吸引力,结果是潜在的优秀教师在不能保证自己利益的情况下,不太可能去尝试教学工作。候任教师很乐意去尝试一年的记者、咨询或市场营销工作,然而,在他们尝试从事公立学校的教学工作之前,必须做广泛的努力(make an extensive commitment)。结果是许多可能会成为好教师的人从来没有进入教学职业。有一些令人担忧的证据表明,认证可能会阻止尤其是少数民族候任教师进入教学职业。因为他们有很多具有吸引力的职业选择,而且他们经常不能承担教师培养的费用。

如果我们有足够多的好教师,这不会成为真正的问题。在这种情况下,我们可能会自嘲地认为那些被劝阻从事教学工作是“逃离苦海”。然而,我们急切地需要优秀教师。另外,一个不乐意追求认证的人可能表明他有更好的选择,而不是缺少对教学的信奉。最优秀和最努力的人有最多的选择机会,入职时付出得最多,却进入一个收入和能力无关的环境中,晋升机会也很少。他们可能想要从事教学工作,但是不愿意放弃一年的工作时间去学习不被重视的课程,或去克服程序性障碍。没有太多更好选择的候任教师会发现教学很乏味,但是认证的智力要求并不高,因此反而问题更少。实际上,通过压缩教师数量,认证为教师提供了更好的工作保障。由于薪酬标准奖励的是资历,而非业绩,认证可能使教师这项职业对那些寻找低要求工作的毕业生更具吸
引力。这样看来,认证实际上可能会伤害公众对教学作为一种专业的看法——正好与 979
认证支持者的希望相反。

创造性破坏

在一个我们所知道的没有认证的世界里,学区和学校将会有更多的空间确保以一

种适合目前挑战的方式培养、引入和监督他们的新教师。因为有抱负的教师将不再需要为了从事教学而参加正式的教师培养项目，他们将可以自由地用一种与商学院或新闻学院的学生相同的方式做出关于教师培训方面专业性的决定。较差的教师培养项目可能会中途退出。教育学院不会再依赖一群身体受控却有抱负的教师，这个事实会使得他们直面反竞争的潮流。学院将不得不做出贡献——为教师提供训练、服务或者有关创造需求和吸引支持的研究或者面对大规模的裁员。教师培养项目将从自身利益出发确保他们的毕业生的见识和技巧，因为这会帮助毕业生在日益加剧的竞争中赢得理想的工作，这将使该培养机构更具有吸引力。

在一个竞争性认证体制下，许多绩效优异的城郊学区，几乎不会发生改变，这里的官员正忙于申请者的事务，几乎不可能去干预正在“运行的”法则。在这样的学区，除了极少数情况，我们希望管理者继续在国家顶尖的教师教育项目的毕业生中择优录取。在不理想的、有更多困境的系统中，即国家的市区和农村的校区，目前管理人员在能否找到足够数量的合格教师上面临巨大困难。这种情况在数学和科学教育领域更是如此。正是在这些学区和科目上，批评者烦恼于“长期的代课教师”和“筋疲力尽的老教师”，新教师团体最有可能被征募，也最受欢迎。尽管因而产生的申请者中有很多无疑被看作培养不足或不适合他们所追求的工作，但是，城区或农村校长都喜欢从他们中挑选教师。

批评者可能会担心消除认证条件将意味着教师培养和专业发展的结束。这样的担忧是毫无根据的。第一，允许没有证书的个体成为教师不意味着他们一定会被看作“完成的”专业人士。这样的心态受我们当前系统的影响，这一系统建立在所有教师都通过认证且能胜任的前提假设之上。这方面，一个较好的范例可能是医学或法律，他们的学生在成为专业人士之前有一段试用期（比如，做医院的实习医生或在法律公司做一个初级合伙人），这期间他们的技能得到全面的发展和监控。新教师也可以在试用的基础上服务，得到大量的监督和建议。但是，法律和合同应以更简洁的语言表述，以终止无效的教师合同，并要求教师参加旨在改善其教学表现的活动。

第二，转向竞争性认证不意味着消除专业的教师教育项目。许多申请者参加新闻学院或商学院的课程，尽管这些并不是官方的要求；因为这使得毕业生更优秀，而且可以帮助他们更容易找到更好的工作。同样，有抱负的教师可能会继续参加那些教师培训项目以提高他们的就业能力。这种改变将一些市场就业压力引入这个领域，因此，学校将被迫依赖其课程的实用性来争取生源。

给学区更多的回旋余地去雇用有潜力的候任教师，并不意味着他们总能做出好的
980 决策。一些无效教师将不可避免地继续被任用。然而，如果职业的准入是很容易的，自然说明退出也是很容易的。如果管理者拥有更多的回旋余地做出雇佣决定，他们也必须给予更多解雇的回旋余地——他们必须对这两方面的决策负责。

归根结底，最有能力去评估未来教师资格的人是对他们负责的校长。同样这些校

长应该有最强的动机去判断教师是否有效。如果我们认为负责管理和监督学校的管理者要么没有能力评估未来教师,要么不愿意这样做,那么教师认证将不足以保护我们的孩子免受如此深刻的系统障碍的影响。如果我们相信管理人员,那么认证是不必要的,并且认证需要大量的成本费用。如果我们不相信管理人员,那让我们直接解决那个问题,而不去依赖不可靠的文凭的空洞承诺。无论如何,完全承认教学的微妙性、多面性、专业性以及走出由于过程性障碍限制专业准入的系统已是过去时,这种过程性障碍以模棱两可为主要特征,而模棱两可是由无法清晰定义好的教学所需的技巧、知识或训练所造成的。

(刘素玲　译)

7.10 忽略政策制定者,改善教师培养*

理查德·L. 阿灵顿(Richard L. Allington)
田纳西大学(University of Tennessee)

981 我认为我们这些从事教师教育的人,是时候考虑忽略政策制定者了。他们削弱了我们深思熟虑的、自主的、有效的培养教师的努力。当前联邦政府教和学的政策似乎未能提高教师质量,反而降低了教师质量(Cochran-Smith, 2002; Darling-Hammond and Youngs, 2002)。联邦和各州严格执行学业标准和测试,这使得课程领域逐渐缩小并且集中在最低水平的学习上(Elmore and Rothman, 1999; Hillocks, 2002; Paris and Urdan, 2000)。联邦政府试图建立所谓的"已证实"项目作为授权课程(Allington and Nowak, 2004),阻碍了敬业的专家教师的有效教学。此外,这些政策每一个都冠冕堂皇地声称自己基于有效教学的研究结果。

关于如何更好地培养教师的专业知识以及个人职业责任,我有自己的看法,但是我认为很少有政策制定者会支持我的看法。更少有政策制定者对研究发现(除非这一研究支持个人观点或其发现被反映于民意调查的数据)给予任何关心。联邦和各州政策制定者经常忽略关于提高教与学的研究,反而提供庞大的计划方案,然而仅仅依靠这些计划方案并不能实现两党主张的教学和教师教育联邦化的伟大目标(Allington, 1999,2001,2002)。

我曾目睹联邦和州政府关于提高阅读教学的政策在全国范围内实行——这些政策很少以相关研究为基础,缺乏在学校这个复杂组织中工作的那些人的信任和支持。我曾目睹教育研究被猛烈抨击并被重新定义为窄化的量化方案。我曾目睹我工作的两个州(佛罗里达州和纽约州)制定了越来越严格的教师教育法规,这经常获得全美教师教育认证协会(National Council for Accreditation of Teacher Education, NCATE)的支持,同时却又解除了对没有在教育学院学习过的人进入教师这一专业群体的限制。

在我第一次参与全美教师教育认证协会和佛罗里达教育学部的资格鉴定时,我发现教师要花大量的时间和精力讨论学习发展模型、定向评估、标准化课程大纲等诸如此类的内容。学院把大量的资金投入在顾问、管理者以及辅助人员上。我开始怀疑别人是否也感受到了获取资格认可过程的讽刺性。

依我之见,当前全美教师教育认证协会和州教育机构设计的资格认定的全部意义

---

* Richard L. Allington, Ignoring the policy makers to improve teacher preparation. *Journal of Teacher Education*, 56(3),2005, pp. 199 - 204.

在于，使教师培养同质化，通常迈向共同的最低标准。我们被迫接受州范围内的教学
大纲、教学任务和评价标准，甚至采用全州通用的大学教科书。我们的师范生被迫去
开发标准化的电子档案表（在我看来是矛盾的），去准备有关专业和学科内容知识的标 982
准化成就测验，并且不得不去选五门或六门核心学科（但是，儿童发展、语言学和社会
学并没有包括在这些建议的专业当中）作为他们的本科专业课程。

阿特·怀斯（Art Wise，1979）现在是全美教师教育认证协会的执行理事，多年前曾指出"降低目标"是官僚集权和理性化的结果。设置最低期望的目标，并且将其他的一些目标排除在外（比如，一些没有得到所有人同意的目标或一些不适应团体标准化测验的目标）。重视解决紧迫的社会问题的目标而非个人目标（民族经济与个人成就之间的对抗）。他总结道：

> 在推动对教育机构问责的过程中，目标变得狭隘、有选择性和低标准化。因此那些可测量的目标比那些不可测量的目标更受青睐。（p. 59）

我认为阿特·怀斯当时的描述正是当前教师教育的状况。

我的回应是，对于我而言，唯一可行的是我们应开始忽略州和联邦官僚与政策制定者，因为他们会降低我们工作的难度。我认为教师教育工作者需要认真地考虑，为教师培养项目获得认证的过程对于教师（或者他们的学生）而言有什么好处（若有的话）。换句话说，我认为我们的项目、我们的机构以及我们自身，需要从整个资格认定过程中抽离出来，我们最好也应该把自己从教师资格证审核过程中抽离出来。我确信我们必须记录教师教育项目中的课程和经历，这是非常重要的。不幸的是，在资格审核中教师教育工作者的角色更像是确保正确的课程安排，而不是记录研究生的专长和有效性。所有这些完整的模型看起来比较官方化，但从根本上来说，它们是官僚化的策略而不是令人信服的能证明能力的证据。

忽略州和联邦资格认定与认证带来的益处

有选择地忽略州和联邦关于资格鉴定以及认证授权的政策，我从中看到了潜在的益处。

回归"什么是教师发展的重要方面"这一议题

那些通过全美教师教育认证协会或教育部门审查的人中有谁不能证明教师教育的淡化呢？（Johnson *et al.*，即将出版）一些教育机构花费了多少时间在盲目建立标准模型上，以至于无力开展其他活动，这些机构包括州教育机构，全美教师教育认证协会（NCATE），专门的职业委员会（例如，全国英语教师委员会（National Council of

Teachers of English)，国际儿童教育协会(Association for Childhood Education International)，国际阅读协会(International Reading Association)，国家科学教师协会(National Science Teachers Association))。或者尝试“去记录”，即评估师范生是否获得了资格认定所需要的恰当的“品性”，哪些研究表明有效率的教师身上仅仅存在某些特定的品性，或者说何人能够可靠地评估教师品性。

哪些证据表明，那些认证过的教师教育项目比那些没有认证过的教师教育项目更能够培养出有效的教师(美国大约有一半的教师教育项目没有经过全美教师教育认证协会或教师教育认证委员会(Teacher Education Accreditation Council)的认证)？我们知道毕业于传统教师教育项目(不一定是全美教师教育认证协会认定的)的教师，在
983 对雇主和他们的学生而言很重要的几个品质上是有差别的(Darling-Hammond and Youngs，2002；Ferguson，1991；Hoffman and Roller，2001)。但是没有确凿的证据表明，通过国家认定的项目一定能够培养出更有效的教师。

或许缺乏研究支持是无关紧要的。我主要关心的是，参加州和国家的认证程序正在削减更可靠的培养有效教师项目的机会。鉴于联邦偏爱“科学证据”作为教育决策制定的基础，我的立场是，既然没有更好的证据证明一个国家层面的、统一模式的认证是一个有效的选择，因此，我们有义务不断去探索哪一种类型的课程和经历，能够促进国家所需要的教师的发展。

通过教师教育项目的资格认定的决定，创造了实验“本土”教师教育计划的机会。在我看来，实验是提高教师教育质量的引擎。探索，而不是盲目的遵守规定，是提升教师教育的最佳选择。个人职业责任应该成为教师和教师教育工作者的从业标准。但是，当我们仅仅只做那些要求我们做的事情的时候，很难产生这种职业责任。在一个教师教育项目中，如果给了我教学大纲、教科书要求和一系列必须完成的对师范生的评估，如果他们中只有很小一部分能够成为有效教师，我为什么要认为自己应该承担这个责任?

在这一模型中，或许我们会心甘情愿地让市场决定我们的成功。也就是说，我们培养的候任教师能应聘成功吗？学区对他们的表现满意吗？为数不多的人支持资格认定模型研究，这表明，在市场模型下获得职业雇佣和当前已经存在的模型区别不大。学校将继续聘用那些能可靠地培养有效教师的知名机构中的毕业生，不管他们是否获得资格认可。

我们应该把投入在资格认定过程上的金钱和时间，用在评估我们正在培养的教师上，这种评估更为频繁和严格。当前被花费在准备及通过资格认证程序上的时间、精力和金钱，可用来为正在进行的研究，即关于当前教师教育工作效果的研究，提供资金和配备人员。全美教师教育认证协会(NCATE)在认定上的花费估计已经进入100 000—800 000美元区间，这其中还不包括教师用在所有标准学习大纲和学习成就模型上的时间成本(Johnson *et al*.，即将出版)。也就是说很多的金钱和教师的时间都

花费在研究上,这些研究帮助我们确定在有效的教师教育培养中,哪些内容是真正重要的。因为我们会用到国际基金(这意味着我们不需要反复考虑现在用在间接开销和日常费用的拨款的 50%),所以我们可以采用多种研究方法,而不仅仅是那些被联邦研究机构认为是“可资助”的方法。

想象一下,那些与资格审查的资源分配有关的文献。依我之见,这意味着三年或是更长的时间里,一些全职顾问、秘书、硕士研究助理、项目主管(运用行政标准分配任务,领导整个资格认定过程),会大量“租借”其他教师(包括教育学院之外的成员)的时间,例如,艺术、音乐、农业、历史和健康与人类发展的教师。一个跨学科的研究团队,把资金和教师资源集中用在改进我们当前的努力上。我能想象任何富有创造力和影响力的研究,在这些资金和人力的支持下都可以完成。不是这些资源不能获取,而是这些资源现在被用于资格认定的程序上。在我看来,用这些资源支持一个持续的教师教育研究项目,比简单地继续遵守那些低标准的官方要求,更有可能改进教师培养。

我的建议是,必须得为教师的培养提供专业的地方性证据。我们不能简单地遵守 984
州和联邦官员或政策制定者制定的规范和流程,我们需要考虑我们的专业性。事实上,对规范的顺从表明我们正在试图放弃一种职责——即研究我们的工作及其对学生的影响。我现在正在呼吁教师教育工作者要有更强的职业责任感,申明我们的工作对未来教师的影响。

于是,自然有一些担忧

我们的毕业生没有获得资格证书!

或许如此。然而,我不觉得这有何问题。大多数州提供的各种各样获得证书的路径,相比于传统的教师教育项目程序没有那么严格。想想一些教师教育项目:为美国而教(Teach for America),军人教师速成计划(Troops to Teachers),以及其他获得资格认证的“快速通道”,它们的标准相对来说并不高。例如,纽约州最近的做法,允许任何拥有学士学位的人以教师的身份工作 40 天,在学院的监督下,获得资格证书。或德克萨斯州的相似做法,直接废除在雇佣教师时必须有教师资格证书的要求。我非常期望类似的做法不断扩大,因为未来十年教师需求将不断上升。我的看法是建议学生使用替代路径,并使教师资格认证成为州教育机构和学生之间可协商的事情。

我们可以使联邦政策制定者满意的“市场”模型(Podgursky, 2004)——雇用任意一个人然后开除那些无法胜任的人——为我们所用。目前进行的研究都证明了我们工作的价值。雇用教师时更强调的是他们来自哪里(哪个高等教育机构),而不是他是否毕业于一个资格认定项目。获取能够证明我们毕业生水平和专业能力的充分证据,将会提高我们的毕业生在就业市场上的吸引力。当然,随之而来的风险是可能找不到证明我们的项目具有影响力的积极可靠证据。但是,我愿意去承担这个风险。

这将导致教学的非专业化?

很多人担心我上文的建议会使教学不再是一个专业,并且把我们(教师教育工作者)从职业资格认定程序中分离出来,将会削弱支持教师和教师教育专业化的努力。许多人把医学和医学教育作为追求的目标。但是,以理想化的医学专业化教育为例,似乎有点过分。医学实践的研究表明,在实验性研究中,证据作为主要因素的情况仅仅占所有医学决定的20%(Hitt, 2001)。此外,正如弗罗利克(Frohlich, 2003)在《新英格兰医学杂志》(*New England Journal of Medicine*)上发表的一篇文章中指出的那样,将医学实验介入研究存在的一个基本问题是:医生至多算是为每一个病人提供医学治疗的一个主体(而这一点,在教育的实验研究中,很大程度上不予考虑)。弗罗利克观察到尽管研究者,

> 为了开发治疗指南,会集中关注群体反应,但是医疗服务人员在提供医疗服务时,必须处理好医生和每一位病人之间的关系。这种关系就是医学研究的出路所在,而且没有一个绝对或可以归类的答案。基于所有人的治疗方法的研究为我们指明了出路,但是它与每一个病人的治疗方案都不相同。(p. 640)

985 上述关于医学教育的优点以及在专业认证中将其作为教育专业模型的说法,除了夸张之外,还有适用范围的问题。因为美国只有85所医学院,却有将近1 300个教师教育项目及毕业生,因而医学教育认证过程远没有教师教育认证过程复杂(Johnson *et al.*,即将出版)。还有一个时间长短问题,成为医生所需的时间与成为教师所需的时间不同。

我们参与教师的资格认定程序,在很大程度上是在充当受骗者。一些外部人士制定标准,建立预算,监控结果,并且告诉我们还有哪些必须去做,或是哪些必须做的不一样。我们忍受他们对我们的批评,认为我们的毕业生培养不充分,即使我们的毕业生已经满足州和联邦的要求,也在政策制定者创建和授权的体系中接受过教育。因此我的观点是,上文推荐的额外自治权将会推进更好的教师培养项目。承担这种责任将会增强教师教育工作者和教师的专业性,在我们的研究中,教师不应仅被当作试验对象。

如果不提供证书,教育学院将会歇业

或许如此,但只有在(a)我们不能培养出有效教师;(b)我们不能提出令人信服的证据,证明我们毕业生的专长和有效性时,才可能会出现教育学院歇业的情况。但只要以上两种情况发生一种,教育学院歇业可能并不是一个坏主意。

继续上述的论点，我认为绝对的教师需求或许就能确保教育学院的生命。考虑到教师专业与整体人口的统计数据，我们毕业生的持续就业是不成问题的。此外，大部分学校教育工作者由教育学院培养，而且对“你们全部都要进入教学领域”的怀疑将会导致市场心态的崩溃。但是，必须有证据表明毕业生的有效性。

我愿意将资格审核完全留给其他人。也许教师工会是最合适不过的资格审核机构，因为当一个低效的教师被授予证书后，对他们成员的影响最大。也许当地学区也有权力去认定候任教师的资格（大部分州的学区已拥有这种授予资格的权力）。此外，在保证有效的候任教师能获得资格认定方面，地方教育机构比联邦和州机构（或者是现有计划中的教育学院）更有利害关系。我确信，教师教育工作者应该把更多的精力集中在发展和评估教师教育项目的效果上，而不仅仅是保证项目的参加者能被其他机构或组织认定。

无论如何，繁琐程序越少，获得教师资格证书的非师范途径越会得到迅速扩张，很快，教育学院的学生和教职工便流失到非师范认证途径中。不管我们喜欢与否，教育学院在证明自己存在价值方面，面临越来越大的压力。但是，通过什么来证明我们的价值呢？我们可以参与到教师资格认证的骗局并因此继续受阻，或者我们开始一项更为艰难的工作——提供更为清晰的证据证明我们努力的效果。不幸的是，在我看来这两条路都行不通。

（高欣欣　译）

参考文献

Allington, R.L.(1000) Crafting state educational policy: the slippery role of educational research and researchers. *Journal of Literacy Research*, 31,457 - 482.

Allington, R.L.(2001) Does state and federal reading policymaking matter? In T. Loveless (ed.), *The great curriculum debate* (pp.268 - 298). Washington, DC: Brookings Institution.

Allington, R. L. (2002) *Big brother and the national reading curriculum: how ideology trumped evidence*. Portsmouth, NH: Heinemann.

Allington, R.L. & Nowak, R.(2004) "Proven programs" and other unscientific ideas. In C.C. Block, D. Lapp, E.J. Cooper, J. Flood, N. Roser, & J.V. Tinajero (eds.), *Teaching all the children: strategies for developing literacy in an urban setting* (pp.93 - 102). New York: Guilford.

Cochran-Smith, M.(2002) Reporting on teacher quality: the politics of politics. *Journal of Teacher Education*, 53,379 - 382.

Darling-Hammond, L. & Youngs, P.(2002) Defining "highly qualified teachers": what does the "scientifically-based research" actually tell us? *Educational Researcher*, 31,13 - 25.

Elmore, R. F. & Rothman, R. (eds.). (1999) *Testing, teaching, and learning: a guide for states and school districts*. Washington, DC: National Academy Press.

Ferguson, R. F. (1991) Paying for public education: new evidence on how and why money matters. *Harvard Journal on Legislation*, 28,465 - 497.

Frohlich, E.D.(2003) Treating hypertension — what are we to believe? *New England Journal of Medicine*, 348(7),639 - 642.

Hillocks, G.(2002) *The testing trap: how state writing assessments control learning*. New York: Teachers College Press.

Hitt, J.(2001, December 9) Evidence-based medicine. *The New York Times Magazine*, p.22.

Hoffman, J.V. & Roller, C. M. (2001) The IRA Excellence in Reading Teacher Preparation Commission report: current practices in teacher education at the undergraduate level. In C.M. Roller (ed.), *Learning to teach reading: setting the research agenda* (pp.32 - 79). Newark, DE: International Reading Association.

Johnson, D.D., Johnson, B., Farenga, S.J., & Ness, D. (2005) *Trivializing teacher education: the accreditation squeeze*. Lanham, MD: Rowman & Littlefield.

Paris, S. G. & Urdan, T. (2000) Policies and practices of high-stakes testing that influence teachers and schools. *Issues in*

Education: *Contributions From Psychology*, 6,5 - 26.

Podgursky, M.(2004) Model 4: Improving academic performance in U. S. public schools: why teacher licensing is (almost) irrelevant. In F.M. Hess, A.J. Rotherham, & K. Walsh (eds.) *A qualified teacher in every classroom? Appraising old answers and new ideas* (pp.231 - 252). Cambridge, MA: Harvard Education Publishing Group.

Wise, A.E.(1979) *Legislated learning*: *the bureaucratization of the American classroom*. Berkeley: University of California Press.

评析

49. 教学作为职业：遥不可及？

爱德华·克罗(Edward Crowe)
长椅集团有限责任公司(The Bench Group, LLC)[1]

乔治·伯纳德·萧伯纳(George Bernard Shaw)曾说过“所有专业都排斥外行人”。 989
在美国，教学发展史也是一部教学专业化地位的斗争史。就教师培养来说，追求一种专业教育是其寻求社会尊重的一种方式。本文认为，教学至今仍然还未成为一种专业。无论教学还是由此延伸出的教师培养，都没有采取获取专业化地位的关键步骤。

这里宣称教学还没有成为一种专业，教师职前培养尚未成为一种专业教育形式，需要强调的是，并不是说我们的孩子和学校不需要或不值得专业教师及教师教育工作者所带来的利益。在美国，如果教学成为一个真正的专业，那么它对改进教学和学习的帮助将不可估量。

成为一个专业

专业包含一些特征，它会形成并保持一套塑造核心活动的价值共识，这些核心活动包括：谁可以进入，他们如何进行训练、如何实践、如何监管以及如何保护自己。行业准入标准是由类似于执照授权委员会这样的监管机构来建立和实施的。为此，政府必须接受这个行业本身关于个人从业资格标准的界定——关于哪些人“应该”进入。那些追求进入该行业的人必须从他的投入中看到足够的回报，这些专业化的回报包括地位、权力和收入(Kleiner, 2000)。

专业地位的获得要经历一场斗争。那些致力于将自己的领域向专业化过渡的人必须联合起来，共同努力在培训和实践上达成的共识。他们必须找到将教师教育(education)、许可认证(accreditation)和资格证书(licensure)这三个环节相互联系起来的方法，以保证这三个环节由相似的价值观和预期结果引导。这将是一座不易攀登的山峰。本文将从几个角度来分析职业的专业化问题。经济学家关注的是成本和收益，社会学家研究的是专业地位的获得过程及其意义。两种视角的研究都清晰地显示出教学以及教师培养正在面临愈加残酷的斗争。

---

[1] LLC, “Limited Liability Company”的缩写，即“有限责任公司”。——译者注

合法性作为专业地位的基础

成功的专业会以共同体的形式发挥作用(Begun and Lippincott, 1993: 30)。成员
990 们"由于接受相似的教育和培训,从事相似的工作而相互联系在一起"(p. 31)。这使得专业不同于职业。职业获得专业地位需要经过一个复杂的联合斗争的过程。经历这样的斗争过程后,一个专业化共同体会形成一套可共享的规范、培训、工作实践及相关监管机制。专业团体与潜在的竞争者与商品和服务的购买者以及政府机构(立法机构、董事会、委员会、法院)在更广阔的世界中进行斗争。当这个团体足够强大时,可以从培训项目、认证与审批流程、许可政策和专业实践中发掘出相同的价值观。这造就了专业的一致性和统一性,使之与其他类型的专业相区分,并且提供了一种防止"入侵"一个或多个专业团体领域的方法,使它们在经济和社会的财产上势均力敌(Begun and Lippincott, 1993; Starr, 1982)。

威尔逊(Wilson)和塔米尔(Tamir)(在本卷中)将教学和教师教育合法性的斗争描述为"生动的讨论",它经常以"教师的养成"来对抗批评的声音。他们所描绘的对管辖权的挑战,是对未来专业"地盘"的入侵。他们采用了布迪厄(Bourdieu)"社会场域(Social Field)"的概念来审视教学作为一种专业在当今社会所扮演的角色。虽然布迪厄认为,社会场域是个人和团体为了权力而努力和斗争的一个空间,经济学家却有不同的看法。对他们而言,专业化的过程,其本质关乎经济权力和回报——谁支付成本,谁获得收益(Stigler, 1971)。因此,经济学家会说,专业是由一系列领域内外可衡量的收益与成本形成的经济结构。

州的职业监管,是将专业化过程看作一个经济过程的最典型案例(Kleiner, 2000)。对于社会学家而言,专业是政治团体和科学结构,特别是在医疗专业中,专业的政治和社会力量主要依靠科学知识(Begun and Lippincott, 1993; Starr, 1982)。社会场域的概念与经济学和社会学对职业的定义有重叠,因为社会场域是经济学和社会学视角下专业结构的一部分。经济学家和其他专业的学者称,无论其对"居民"的价值如何,只有当社会场域内部为成员们带来了经济效益,并且被更广阔世界中的管理者、消费者和潜在竞争者认为是一个合法空间时,它的重要性才会凸显出来。

在美国,教学追求其专业地位的漫长过程包含着一系列迂回曲折的努力,这些努力是对领域的定义、创建并维护概念边界及使教师教育、许可认证和资格证书的专业化。塞德拉克(Sedlak)(在本卷中)已经明确了这些努力是如何失败的:"故事中的每个人都有自己追求的利益,有要建立、加强和维护的事业。"那些领域内与领域外的人继续持有"观念上深刻而持久的差异"(Sedlak,本部分)。

专业的合法性意味着要被他人接受,它会带给公众和政府之类的"圈外人"专业影响力。在医疗领域,其专业合法性的形成是以科学知识为基础,以对疾病的准确诊断

和成功治疗为支撑的。知识基础的复杂性是其专业合法性的来源之一(Begun and Lippincott, 1993),但如果"这种复杂性并不伴随着相应的结果",那么对这一专业主张的怀疑将削弱其专业地位的合法性(Begun and Lippincott, p. 65)。下面是造成教学与已获认可专业间差距的重要原因,那就是,与教学相关的知识基础可能是复杂的,但很少有可信的证据能够表明专业要求与教学或学习结果之间的联系(Cochran-Smith and Zeichner, 2005)。前三章对专业管辖权挑战的描述,关注的是专业的合法性。这 991
些斗争极其激烈以至于它成为无法解决的问题,这意味着教学和教师教育没能建立并保持好这一领域的管辖权。对经济学家和社会学家而言,这就是缺乏合法性。

资格认证

教师教育、许可认证和资格证书都是资格认证的组成部分。资格认证是专业合法性一个不可或缺的来源。专业团体成员参加严格、一致的培训,尤其是关于科学知识基础的培训,有助于完成培训课程的人得到专业身份。当行业中的所有成员都经历同样的培养时,会使最后的资格认证变得更具说服力。资格认证作为专业合法性的来源之一,还应包括该专业内成员获得的专业学位或证书、州进行的许可认证及一些外部组织对教育项目的认证。因此,资格认证涉及三部分"利益相关的组织——教育机构、认证机构、政府机构"(Begun and Lippincott, p. 59)。

在医疗专业中,利益的相互交叉、最终目标的一致性表现得最为清晰(Starr, 1982)。医学教育就是一个典型的例子。依照《菲莱克斯纳报告》(Flexner Report)和其他社会力量(Brown, 1979; Cox and Irby, 2006; Flexner, 1910, 1940; Starr, 1982),美国医学类院校将其培训课程标准化。而教师教育项目却没有这么做。通过大量关于不同培养方式进入教学"路径"的研究发现,单一路径与多样路径之间存在较大差异(Boyd *et al.*, 2006)。教师培训项目差异如此之大,以致一位知名学者最近声称,"根本就不存在教师教育这么一回事"(Shulman, 2006)。

塞德拉克(在本卷中)阐明,从教学作为一种职业开始,强化资格认证及将其中的关键元素联结起来(尤其是教师教育和资格证书)的巨大压力通常来自于教学领域以外——除了美国南部,那里保留的种族隔离成为教育系统的重要功能之一。后来,"教师教育机构"(使用威尔逊和塔米尔的释义)这一说法,受到了学术领域内部的攻击,这类攻击大多数来自于基于学科的研究者。这些事件持续到20世纪60年代,并且我们有理由相信,这些挑战在今天仍在持续。塞德拉克的"松散结构的专业教育"是威尔逊和塔米尔的"正统"。然而,从真正的专业角度来看,"松散结构"意味着没有成功实现专业化。

伊米戈夫妇(Imig and Imig)(在本卷中)指出,教师培养处于政策制定者尝试强加相关标准的末端。然而,对于专业,这种关系走向了另一个方向:资格认证是通过对政策制定者施加影响来设置和执行专业标准的一种手段。我认为：多年来大量针对教师教育的外部政策压力源于教师教育工作者拒绝制定相关标准或者拒绝执行当前存在的少数标准(Wilson and Tamir，本部分)。没有一套共同的价值观，没有共享的概念，并反映在现存的教学和教师培养项目的众多资格认证实体中。正如贝根(Begun)和利平科特(Lippincott)所注意到的，成功的资格认证涉及有共同目标(Starr, p. 115)的三类“有组织的利益相关者”(p. 59)。

资格认证的第三根支柱是培训和教育系统，这个系统能够培育出具有相同态度和价值观的成员。在这里，威尔逊和塔米尔指出，几乎不存在系统化的共享的价值观、观
992 点、培训方法和成果。威尔逊和塔米尔认为教师培养的质量与“科学和政治的交织”紧密相关(p. 25)。他们描述了一个“教师教育领域控制权的政治斗争”(p. 26)，其中包括对教学和学习的培养、监管和研究。在《教育周刊》(*Education Week*)、《教育的未来》(*Education Next*)、《教师教育杂志》(*Journal of Teacher Education*)这样的专业期刊中，即使是一个偶然的读者都可以从中感受到这些争论的激烈。然而，从专业学术的角度来看，却不存在教师教育“领域”。内部凝聚力的缺乏、知识基础的薄弱、监管者(涉及越来越多的大学)多种“路径”的批准认证，这些都表明教师教育领域作为一个概念是如此地抽象和缺乏意义。

科学知识的角色

对医疗专业而言，科学知识是其专业地位的重要基础。拥有和使用科学知识能够使一个团体(如传统医学)控制其他团体(如替代医学)的入侵，尤其是当这方面知识的使用可以得到有益的结果时(Begun and Lippincott, 1993; Starr, 1982)。

威尔逊和塔米尔描述了批评者们持有的一个信念，他们认为教学和教师培养完全缺乏科学知识体系。然而在教学和学习方面，现在我们已经拥有越来越复杂的科学知识(例如 National Research Council, 1999, 2005; National Reading Panel, 2000; Halpern, 2003; Halpern and Hakel, 2003)。但是我们还没有将这些科学知识系统地应用到教学或者学习如何教学的过程中去。

这可能是因为教学和教师培养共同体的重要组成部分挑战了科学作为知识基础的合法性(Fallon, 2006)。例如，批判理论家们长期以来一直关心的“科学”的“客观性”。正如威尔逊和塔米尔所指出的，一些教师教育工作者把传递一套关于“社会公正”的态度和意识作为当务之急，并认为未来教师如果想要教好所有的孩子，就必须传承这样的信念，而这些都遭到教师教育机构批评者们的强烈反对和谴责。然而，这种思想意识没有得到相关研究的支持。一项对加利福尼亚学校缩小黑白种族成就差异的研究发现，成功的学习结果与“教师的态度和信仰”之间没有必然的关系(Walsh Symonds, 2004)。那些在教育孩子上失败的教师可能与在教学中切实提高少数民族

学生学业成就的教师一样，相信“无论其种族或族裔，成就差异可以消除，所有孩子都可以学习”(p. 16)。

摒弃基于实证和科学认可的知识，将整套价值观耦合式地植入“社会公正”的信念中，可能是对最近出现的困扰该领域的“教学的浪漫主义”(pedagogical romanticism)(Sedlak，本部分)运动最好的理解。并且，这些价值观和学生学习之间的关系目前尚不清晰。例如，美国教育研究协会(American Educational Research Association)的“社会正义的使命”项目研究并没有参照学生的学业成就。全国教师教育评估委员会的“品性”(dispositions)对教师的态度和自我效能感的概念给予了极大的重视，然而没有相关的实证研究可以论证教师的态度和自我效能感会对学生在课堂上是否能学到知识产生影响，并且也无法对这种影响进行相对客观的衡量。

对“教育的道德基础”无休止的争论在一定程度上削弱了争取合法性和专业性地位的主张。正如法伦(Fallon，2006)最近指出的，高质量教学的定义“要求将学生的学习成长以指标的形式呈现出来”(p. 147)。教师的学科知识和教学技能对学生学业成就产生影响的相关证据，把科学知识放在了教学争取专业地位的重要位置(Bransford 993
et al.，2005；Grossman *et al.*，2005；Ma，1999)，因为与捉摸不定的思想意识相比，科学知识是更稳定的基础。

学术界可以沉醉于有关知识、真理和道德层面的讨论，但学校和政策制定者要解决现实世界的问题。因为家长和决策者不是专家，他们像医学领域的病人，必须依靠植根于科学以及与某种结果相关联的论点(Begun and Lippincott，1993；Starr，1982)。

进入教学：一扇开启的大门

专业合法性的结果之一是能成功地利用政府的监管力量，建立和执行专业准入标准。第二个结果是在专业内拥有制定和执行实践标准的能力。这通常是由受监管行业成员主导的认证委员会负责。斯塔尔(Starr，1982)在医学研究中解释了专业地位的意义：“一个专业不同于其他职业，在某种程度上，是因为它能够设置本专业的规则和标准。”(p. 80)施加控制的能力在萧伯纳(Shaw)看来是“反对外行的阴谋”。行业执照使从业者获得“垄断利润”，同时也能保护消费者(如病人、学生、顾客、客户)(Starr，1982；Stigler，1971；Kugler and Sauer，2002)。这表明获得教师执照的过程既要付出成本，同时也有收益。

通过专业团体来建立和维护专业权威是不可能发生的，“除非其成员在以下两个方面达成共识：第一，专业准入标准是什么；第二，专业的规则和标准应该是什么”(Starr，p. 80)。这些共识的缺乏是美国教学的一个典型特征，使得无论是“正统观念”还是它的挑战者都反对准入标准。正如威尔逊和塔米尔评论的那样，“如果正统观念不能或没有明确清晰地制定可衡量的标准……挑战者会说，“‘我们不应该阻止大家进入这一专业’”(p. 922)。

专业培训

专业的职前教育，起初一般在学术机构中进行。由于学院和大学享有更广泛的社会信誉，这些训练营可以给完成培训过程的人以专业地位。因此，这种学术环境“证实了教育必须依赖于科学”(Begun and Lippincott, p. 61)。专业培训的残酷历史是：教师教育从一般学校到师范学校，再到大学(Sedlak, this volume)。今天，由于其他机构提供的各种“替代路径”，专业培训开始从大学向外转移。没有足够的科学知识基础，基于大学的教师培训项目以自我利益作为武器来捍卫它们在教师培训上的垄断地位。

在大多数领域中，关于课程的争论是专业化过程的一部分。在教师教育领域，塞德拉克对这些斗争的讨论描述了学术机构内部的战斗和问题：“毫无疑问，在以哲学倾向和政治愿景为标准划分的不同群体间存在严重分歧，这些分歧是他们的主张和活动的本质。但是私人野心和集体利益之间的冲突加剧了课程的争论”(Sedlak，本部分)。结果导致教学从来没有获得类似医学、工程、法律等其他专业从监管机构那里得到的支持(Begun *et al*., 1981)，这导致了国家批准替代地点和机构来从事教师培养。

994 教师培养要成为专业化教育的一种形式，那么所有未来教师的教育都必须处于正统教育系统中。一个专业得以建立与维持必须有资格认证，而培训是资格认证的一个重要组成部分(Begun and Lippincott, 1993; Starr, 1982)。正统“社会场域”内的教师培训由美国1323个高等教育机构承担(Spellings, 2006)。除了种类繁多的项目、途径、课程和学位要求，关于培训项目内容的争论也从来没有停止过，由此成功地削弱了培训应以科学知识为基础的主张。

然而，当前教师培训也存在于正统教师教育体系之外。布迪厄(Bourdieu)所说的“非正统”包括越来越多的非营利性组织开展的教师培训项目，如为美国而教(Teach for America)，个人教学区(纽约市教学小组(New York City Teaching Fellows)就是一个例子)；同时还有以营利为目的的机构(芝加哥的美国教育学院，the American College of Education in Chicago)。这些项目的数量和它们的毕业生人数虽然没有可靠的全国性估算，但是很显然，项目的数量和新毕业生人数正在迅速增长。这些不同训练场所的存在是教学和教师教育专业地位缺乏的实证。

即便是基于大学的教师培养的支持者也发现了一个突出特点，即课程“潮流”(fads)的强大作用，并且对资格认证也有影响。教学和教师教育的历史，似乎往往是各种“进步”的想法及其影响的历史(Ravitch, 2000)。在教师培训似乎更关注潮流而非科学的例子中，塞德拉克把20世纪30年代的“生活适应”运动描绘为偏离学科知识而追求“方法”的运动，即在项目中实习者几乎都缺乏实习培训，形成了20世纪60年代和20世纪70年代多种形式的“教学浪漫主义”，并不断修改类似数学这类知识性学科的教学方式。而教师培训中的许多重要需求——严谨性和连贯性——全部来自外部(Sedlak，本部分；Imig and Imig，本部分)。

质量监控：认证和执照

项目认证是一个专业建立及运用自身标准和规则过程中的一部分。为了使项目认证在领域内外都是有效的、受人尊敬的，它必须植根于理性和科学理念中。同样的理念必须嵌入教师教育、许可认证和其他形式的专业监督中(Starr, 1982; Begun and Lippincott, 1993)。任何一个环节的脱节都会成为专业化过程的一个障碍。因此，认证标准也必须使领域外的人认为这是质量监控的有效机制。

教师培养不存在这些前提条件。无序、冲突和规则改变使资格认证和核发执照成为教学追求专业地位的障碍(Sedlak，本部分)。与专业相对，有人称教师培养资格认证和核发执照的权威，不在于领域内规则和标准的一致性，也不是没有与科学知识或有益于公众的结果相联系(Begun and Lippincott)。现有两个资格认证主体，但有数百个教师教育项目，既没有通过认证也不去寻求通过认证获得许可。只有约一半的基于大学的教师教育项目通过了全美教师教育认证协会(NCATE)或高等教育咨询委员会(TEAC)的认可，并没有严谨的证据可以表明这些项目都是高品质的。许多州并不要求新教师完成资格认定项目，这打破了已经建立起来的专业培训和资格认证之间的联系(如果它存在的话)。

教学和教师培养背后薄弱的知识基础，也意味着认证和项目质量之间没有明显的 995
关系，这削弱了认证制度的基础。同时也没有很多证据证明教师教育项目本身和教或学成果之间的实证关系。没有科学知识——并且缺少关于价值和培训实践的共识——所有教师应以特定方式参与培训的看法便不能被教师教育工作者接受。也许教师教育、项目认证和政府监管这种松散的结合方式是最好的结果。

资格证书是决定行业准入标准的工具(Stigler, 1971; Kleiner, 2000)。斯蒂格勒(Stigler)认为，“每一个拥有足够政治权力利用国家意志的行业或职业都将寻求对行业、职业准入的控制权”(p. 5)。教师培养中，规模最大、持续时间最长的许多争议都涉及准入标准，这些准入标准可能是也可能不是准入规则的目标。伊米戈夫妇(在本卷)指出：“在如何为每一个学生提供高素质教师这一问题上，我们很少达成一致。”这至少在教学领域内和更广阔的政策制定者和公众的世界里是真实的。教师教育领域内部没有能力制定并实施一套能够被与之相关的专业人士和公众所理解的标准，使得其他同样关心学校和学生的人可以有话语权。

令人眼花缭乱的认证种类、教师测试和特许规则，明确表示许可认证无法推动教学的专业化。与业已获得认可的专业不同，每个州都有自己的一套法律和规则，以自己的方式规避这些法律和规则使那些本不具备资格的人进入职业。国家研究委员会

(National Research Council)记录了超过600种不同的教师测试，其内容、及格分数和心理特性各不相同(NRC, 2001)。即使监管部门的大门对教师不是完全开放的，在大多数州也是半开放的。

20世纪90年代后期在《高等教育修正案》(Higher Education Amendments, HEA)重新授权期间，有着"浓厚兴趣"的政策制定者和其他从事教师教育的人，努力发展有意义的国家问责标准，然而许多业内人士认为这是胡乱干预(Imig and Imig，本部分)。这个反应甚至使一个教育自由主义的朋友评论道："机构……令人震惊的合格率(关于州教师测试)，对立志成为教师的学生来说是一种欺骗。"(Imig and Imig，本部分，p. 895, quoting Senator Jeff Bingaman, D-NM)正如伊米戈夫妇所指出的，国家高等教育体系孜孜不倦地与监管教师培养质量的联邦问责制进行抗衡。国家教师教育组织主导了对质量低下的教师教育项目的披露与制裁。在建立本专业标准(的行动)失败后，它们开始寻求如何打败外部政策制定者的控制。

虽然它们无法阻止1998年《高等教育修正案》条款Ⅱ中关于教师培养项目中"成绩单"的规定，但这为教师教育工作者提供了有用的退路。国家授权机构——在医学，法律，工程和其他专业中使用其监管权力设置一系列标准，这些标准以公认的且与结果相联系的知识体系为基础——使用它们的权力，以确保《高等教育修正案》条款Ⅱ不影响它们监管下的教师教育项目。2004年，美国有1 323个基于大学的教师培养项目，国家划分出了4个表现不良和15个"即将属于"表现不良的项目(Spellings, 2006)。这19个项目仅占所有项目的1.4%。在教师教育领域内，没有任何废除国家责任的抗议之声。

996 经济学家和社会学家都指出，由法律或条例所保障的准入标准可以使从业人员免于竞争。与业已取得专业地位的职业相反，教学一直无法保护自己，使其免受他人入侵。这表明教学尚未使自己成为一个专业共同体，其知识基础缺乏科学权威或公信力，教师教育过于分裂以至于不能发展出有专业特点的标准化教育内容和教学法，且其建立合法性的策略摇摇欲坠。批评者"没有看到一些专业特点：内部问责，达成一致的知识基础，专业的和严格的培训，具有挑战性的资格认证考试"(Wilson and Tamir，本部分，p. 927)。教学或教师培养中不存在专业主义的这些方面。事实上，认证机构、教师教育工作者和监管者都在努力工作，以确保上述批评所指的方面没有进一步发展或维持。

鸡还是蛋

教师教育喜欢把自己描述成一个外部势力的受害者。然而，故事的全景更为复杂。正如有关专业化的文献研究所示，一个职业的专业地位不是被更广阔的世界赐予的礼物，不是因为公众承认它对社会的宝贵贡献，出于感恩而授予的。相反，专业地位更多地是由领域内的人对从业环境和政治地位的热切追求而获得，并且一旦获得就竭力保护。

社会力量和政治发展会抑制教学达成上述目标。教学是一个以女性为主的职业这一事实肯定是其中的一个因素(Begun and Lippincott)，州频繁变化的政策并没有起到什么作用。“教师短缺”恐慌削弱了制定和执行准入标准的努力(NCTAF，2003)。州和学区通过操纵政策杠杆，使更多的人可以从事教学工作(Carey，2006)。资格认证规则经常转变，以赋予从业者合法地位，不管他们所接受的训练如何(NCTAF，2003)。2006 年，“高素质教师”这一概念在一些州延伸到每一位教师身上，使其含义降至最低的共同标准(Carey，2006)。

尽管教学的专业地位受到诸多因素的影响，教学和教师培养本身也是影响因素之一。正如 19 世纪的一些医生和医学教育工作者所认为的，医学更像一门艺术而非科学(Flexner，1910；Flexner，1940；Starr，1982)，高度个性化和特殊化的教学观念对教师这个专业团体具有削弱作用。专业协会的功能类似于工会，执行刚性的薪酬结构并坚持以合同为基础的工作规则。较高的教师流动率，对建立一个有凝聚力的、共同的、高标准的专业团体提出了挑战。在一段时间里拒绝科学作为教和学的基础，并且缺乏一个被广泛接受的专业知识体系，这些也削弱了自身的凝聚力。

走向专业地位

大量证据表明，教师是影响学生学业成就最重要的因素(Hanushek and Rivkin，2001；Cochran-Smith and Zeichner，2005；Rivkin *et al*.，2005；Fallon，2006)。决策者们正在依靠学生的学习效果来界定教师效能，而不是依靠“过程结果”的效力，如学位和证书，培养的途径，认证的项目，州许可标准。这暗示了把资格认证(培训、执照、认证)作为教学和教师培养专业化的策略的失败。

对外部政治环境的控制以及在教学和教师培养的具体价值体系上达成的共识，超 997
出了我们当前的想象。走向专业地位最有效的策略是建立有关教学和学习的科学知识基础，并将其应用到教师培训中。

那么这对 21 世纪早期的教学和教师培养意味着什么呢？它意味着，以上述努力中得到的新发现为基础，并充分利用这些发现，通过高质量的研究设计和复杂的方法了解教学对学生学习的影响。这种例子比比皆是，如纽约预科项目(New York Pathways Project，www. teacherpolicyresearch. org)、德克萨斯州的学校项目(Texas Schools Project，www. tsp. org)、北卡罗莱纳州的教育研究数据中心(North Carolina Education Research Data Center)和俄亥俄州教师质量伙伴关系(Ohio Teacher Quality Partnership，www. tqpohio. org)。定量分析证明了教师及不同培养“途径”内部和各“途径”之间的差异对学生产生的影响。混合方法研究策略“探究”了大规模定量研究，并且梳理出为什么某些学校缩减了学业成就差距（Walsh Symonds，2004），以及教学表现如何影响学生学习（Pianta *et al.*，2006）。劳登布什（Raudenbush，2004）解释了这些研究对专业知识基础的价值。

怀疑论者认为，仅仅来自学生学业成就测试的数据是不够的，且大规模研究中使用的方法并没有与每个教师、每个学生的需求联系起来。而且他们认为政治家会扭曲这些调查结果，并利用它们反对学校和教师培养项目。这在一定程度上可能是真实的，但它与主题关系不大。我们可以通过认识自身的局限，使用新工具和技术，为有关教师教育设计和实施的可靠决策提供证据基础，以解决专业地位困境。

投身于科学探究和运用相关研究证据可推动教学朝专业合法性的方向发展。这并不意味着教学是一种没有创造力和创新的机械活动。在《科学作为一种职业》（*Science as a Vocation*）一书中，马克斯·韦伯（Max Weber）告诉他的学生，科学对文艺复兴时期像达·芬奇这样的艺术家和音乐家是至关重要的。"科学是通向艺术真谛的路径，并且是其通向真品性的路径。艺术被提高到科学的行列，这意味着同时和最重要的是把艺术家提高到与医生一样的地位"（Weber，1922：17）。

韦伯还写道："一个对学生有帮助的教师，他的首要任务是教学生认识到'难以忽视'的事实。"（Weber，p. 24）由于没有在教师教育中对基于科学知识与证据的资格认证和实践进行广泛的投入，因此每一个教师教育项目都必须解决专业地位的两难问题。

那么如何是好？很多州以提高质量的名义，提高项目要求和教师绩效期望。创建一个使自身向更高标准开放的教师教育项目，不论州是否同意加强其政策。这些步骤累积起来形成了与其他领域多年来追求专业化相同的策略——投入科学知识，资格认证，培训项目，质量控制，在一系列连贯价值体系保护下的政策，强制实施基于这些价值的标准，以及持续聚焦那些公众尊重的结果。针对这些挑战采取行动，是一个真正专业的标志。

（高欣欣　译）

参考文献

Begun，J. W. & Lippincott，R. C.（1993）*Strategic adaptation in the health professions：meeting the challenges of change*. San Francisco：Jossey-Bass.

Begun，J.，Crowe，E.，& Feldman，R.（1981）Occupational regulation in the states：a causal model. *Journal of Health Politics，Policy and Law*，6(2)，229 - 254.

Boyd，D.，Grossman，P.，Lankford，H.，Loeb，S.，& Wyckoff，J.（2006）*How changes in entry requirements alter the teacher workforce and affect student achievement*. American Finance Association.

Bransford，J.，Darling-Hammond，L.，& LePage，P.（2005）*Introduction*. In L. Darling-Hammond & J. Bransford（eds.），*Preparing teachers for a changing world*，pp. 1 - 39. San Francisco：John Wiley & Sons.

Brown，E. R.（1979）*Rockefeller medicine men：medicine and capitalism in America*. Berkeley：University of California Press.

Carey，K.（2006）*Hot air：how states inflate their educational progress under NCLB*. Education Sector，May 2006.

Cochran-Smith，M. & Zeichner，K.（eds.）（2005）. *Studying teacher education：the report of the AERA Panel on Research and*

Teacher Education. Berkeley: Lawrence Erlbaum Associates.
Cox, M. & Irby, D. (2006) American medical education 100 years after the Flexner Report. *New England Journal of Medicine*, 355, 1339 - 1344.
Fallon, D. (2006) The buffalo upon the chimneypiece: the value of evidence. *Journal of Teacher Education*, 57(2), 139 - 54.
Flexner, A. (1910) *Medical education in the United States and Canada* (Bulletin No. 4). New York: Carnegie Foundation for the Advancement of Teaching.
Flexner, A. (1940) *I remember: the autobiography of Abraham Flexner*. New York: Simon and Schuster.
Grossman, P. & Schoenfeld, A. with Lee, C. (2005) Teaching subject matter. In L. Darling-Hammond & J. Bransford (eds.) *Preparing teachers for a changing world* (pp. 205 - 231). San Francisco: John Wiley & Sons.
Halpern, D. (2003) *Teaching for the future: fostering the twin abilities of knowing how to learn and think critically*. Paper prepared for National Summit on High Quality Teacher Preparation, National Commission on Teaching and America's Future.
Halpern, D. & Hakel, M. (2003) Applying the science of learning to the university and beyond. *Change*, 35(4), 36 - 41.
Hanushek, E. & Rivkin, S. (2001) Teacher quality and school reform in New York. *Proceedings from the symposium on the teaching workforce*. Education Finance Research Consortium.
Hess. F. (2005) The predictable, but unpredictably personal, politics of teacher licensure. *Journal of Teacher Education*, 56(3), 192 - 198.
Kleiner, M. (2000) Occupational licensing. *Journal of Economic Perspectives*, 14, 189 - 202.
Kugler, A. & Sauer, R. (2002) *Doctors without borders: the returns to an economic license for Soviet immigrant physicians in Israel*. Bonn, Germany: Institute for the Study of Labor, Discussion Paper No - 634.
Ma, L. (1999) *Knowing and teaching elementary mathematics: teachers' understanding of fundamental mathematics in China and the United States*. Berkeley: Lawrence Erlbaum Associates.
National Commission on Teaching and America's Future (2003) *No dream denied: a pledge to America's children*. Washington, DC: Author.
National Reading Panel (2000) *Teaching children to read: an evidence-based assessment of the scientific research literature on reading and its implications for reading instruction*. Washington, DC: National Institute of Child Health and Human Development.
National Research Council (1999) *How people learn: brain, mind, experience, and school*. Washington, DC: National Academies Press.
National Research Council (2001) *Testing teacher candidates: the role of licensure tests in improving teacher quality*. Washington, DC: Board of Testing and Assessment, National Academies Press.
National Research Council (2005) *How students learn: history, mathematics, and science in the classroom*. Washington, DC: National Academies Press.
National Research Council (2006) *Rising above the gathering storm: energizing and employing America for a brighter economic future*. Washington, DC: National Academies Press.
Pianta, R., Belsky, J., Houts, R., & Morrison, F. (2006) *Observed classroom experiences in elementary school: a day in fifth grade and stability from grades 1 and 3*. Unpublished manuscript. University of Virginia, Charlottesville, VA.
Raudenbush, S. W. (2004) *Learning from attempts to improve schooling: the contribution of methodological diversity*. Paper prepared for presentation to the forum on "Applying Multiple Social Science Research Methods to Educational Problems," convened by the Center for Education of the National Research Council.
Ravitch, D. (2000) *Left back: a century of failed school reforms*. New York: Simon and Schuster.
Rivkin, S., Hanushek, E., & Kain, J. (2005) Teachers, schools, and academic achievement. *Econometrica*, 73(2), 417 - 458.
Shaw, G. B. (1911) *The doctor's dilemma*. London: Constable and Company, Ltd.
Shulman, L. (2005) *The signature pedagogies of the professions of law, medicine, engineering, and the clergy: potential lessons for the education of teachers*. Palo Alto, CA: Carnegie Foundation for the Advancement of Teaching.
Shulman, L. (2006) Teacher education does not exist. *Stanford University School of Education Alumni Newsletter*. Retrieved from http://ed. stanford. edu.
Spellings, M. (2006) *A highly qualified teacher in every classroom: the Secretary's fifth annual report on teacher quality, 2006*. Washington, DC: U. S. Department of Education.
Starr, P. (1982) *The social transformation of American medicine*. New York: Basic Books.
Stigler, G. (1971) The theory of economic regulation. *Bell Journal of Economics*, 2, 137 - 146.
Walsh Symonds, K. (2004) *After the test: closing the achievement gaps with data*. Naperville, IL: Learning Points Associates.
Weber, Max. (1922) *Science as a vocation*. Retrieved from www.molsci.org/files/Max_Weber,_Science_a15767A.pdf

50. 教师教育中的管理权问题

弗兰克·B. 默里(Frank B. Murray)
特拉华大学(University of Delaware)

1000 受布迪厄(Bourdieu)对塑造法国高等教育权力的分析的启发，威尔逊(Wilson)和塔米尔(Tamir)建立了一个探索式方法，以此来了解一些看似简单、直接挑战的国家当权者与反对者：如何保证每一个学生，从幼儿园至高中毕业都有一个能够胜任教学的教师。塞德拉克(Sedlak)对18世纪以来权力是如何相互作用和演变的进行了历史描述。承接上述研究，伊米戈夫妇(Imigs)对过去25年里这些制定教师政策的相同权力进行了一个微观分析。

威尔逊和塔米尔提出的分析框架认为教师教育是一个*社会场域*(social field)，从某种意义上来说是物理学中的力场或体育运动中的赛场。这个场域由权力、机构及参与人员构成，他们遵守本场域的逻辑与规则，他们都重视“比赛”；他们共享一些信念；他们是比赛成功的既得利益者(在这种情况下，取决于谁来教)。运用布迪厄的理论，威尔逊和塔米尔提出现有两个松散组织的团队：*正统*(orthodoxy)和他们的反对者——*异端*(heterodoxy)，两者缺一不可，否则就没有场域，没有比赛，没有进步，就没有可持续的解决问题的办法。

那么现在的问题是什么呢？答案是如何去寻找和留住超过三百万的有能力的教师。为什么这会是一个如此棘手的问题？第一，学校特有的使命是有争议的。学校有没有延续过去的传统和规范？有没有为经济和军事培养出有生产力的公民？在多元化的美国居民中，教育有没有让他们形成爱国的民族认同？如何颠覆过去的规范，并建立起一个公正的、没有缺陷的新民族？如何使个体的智力、社会发展和潜能得到最大发挥？如何从错误的教条中解放思想？第二，因为无论何种现有的对教学才能的测试，都表明没有足够多的高于规范的教师来填补空缺岗位，所以任何解决方案的逻辑都摇摇欲坠。第三，并没有很多拥有教学必备才能的人愿意去从事教师这一工作，同时也没有足够的资源吸引他们成为教师。第四，即便不考虑学校的特定使命和未来教师的才能水平，我们也可能没有充分的知识基础将非教师与教师区分开来。

威尔逊和塔米尔生动描述了主要的国家参与者和它们的立场：不停转变的策略，争议及每一个将策略付诸实践的尝试；双方不停地补充人员；参与者的叛变和政策的调整。这一社会领域的简要介绍具有启发意义，并且能够帮助场域中的人更好地理解国家场域——不管他们是正统体系的教育者还是非正统的挑战者，更重要的是，能够更好地理解和优化他们关于教师质量的观点。

但是，威尔逊和塔米尔的描述针对的是一个国家。但是行动——确切地说是社会场域本身——也许在国家的15 000个学区和1 300个教师教育项目中的一两个局部背景中能够得到更好的理解。全国性争论的法令和理论总是不可避免地在地方这一 1001
级上有不同的特点。在实践中，建构主义成为实践的同义词；合作学习成为教室桌椅的摆设；基于标准化的教学只是在传统教学上加了标准化测试；“少即是多”的口号，最终的结果是少；“所有孩子都可以学习”意味着不根据能力对学生分组，但差异教学重新将分组引入，只是换了一个名称而已；过程写作成为指定数量的草稿。新的思考常常在“它不是什么”方面比在“它是什么”方面更加清晰。结果，以改革名义采取的行动往往强化了过去的实践，因为地方的新想法的执行者确实不知道新思想到底是什么，仅仅知道它不是什么。戴维·科恩（David Cohen，1990）描述了女教师奥布勒（Oublier）的故事，她被提名作为加利福尼亚州数学教学改革的试点教师，在仔细审查下，她发现她所实行的几乎与她支持的每项改革都相反。但是在忙碌的、嘈杂的具体教学环境中，我们也无法期待别的事情。

当权力斗争更可能植根于行为由日常事务驱使的散乱的地区时，把社会场域中出现的权力斗争看作是一般权力的体现是存在危险的。例如，冷战的结束表明确实不存在统一的共产主义的威胁，相反，存在一些组织松散、不尽相同的民族野心——他们经常发生冲突——为各自利益而努力。教师教育和教师选择很少意识到主体身份，这在威尔逊和塔米尔的分析体系及伊米戈夫妇对华盛顿最近发生事件的动力学分类中得到清楚的阐述。决策由填补某一特定职位的压力、对充分入学率的财政顾虑，及其他的本土价值观和义务所驱使。

塞德拉克阐释了教学从作为家庭和家庭教师间的私人安排演变为一个正在接近教学专业的过程。这表明，当前正统和非正统关于谁应该来教的争论，其实是对早期矛盾的一个再现。哪种挑选教师的方式最佳？是从那些通过显示他们掌握学校课程考试的人中选择，还是从那些大约在1863年前后完成教学法课程的人中选择？塞德拉克的阐述也解释了一些决定这个答案的因素。类似上文提到的这些地方性因素，往往很少能够与政策工具本身相关——教师测试以及教师资格认证——但是更多地会与地方性的优势、贪婪、种族主义、特权和腐败相关。同时塞德拉克清楚地指出颁发教师资格证书（完成一个教师教育项目）正在成为主流，通过测试获得教师资格认证的非师范途径仍然面临生存威胁。不仅仅是因为基础问题没有解决。正如塞德拉克指出的那样，早期教师测试机制得以扩展的技术依赖于铅笔的发明（特别是2号铅笔）和大量机器阅卷的可能性。同样地，当代计算机模拟技术使更多真实的、嵌入式和可信的教师测试成为可能。

当然，目前替代资格鉴定的教师测试政策仍然存在局限。塞德拉克引证说，没有充分的培养也可通过测试，测试具有较低甚至没有预测效度，考试管理和政策执行中存在腐败和低效现象。值得注意的是，资格鉴定并非没有自己的考试和预测效度。事实上，教师资格认证中包含考试，在任何一个教师的本科培养项目中都包含基于课程的为期 100 个小时的考试，考试由约 40 位不同的教授在 4 至 5 年的时间跨度上完成，并且包含许多行为和技能的案例测试。当前的标准化教师测试只有 2 到 3 个小时的
1002 测验时间，并且一次仅仅测试一个案例或一个知识点，心理测量的价值几乎无法与认证中的评估等量齐观。新兴的交互式计算机测验项目可能同时加强对非正统考试的挑战（例如，美国卓越教师资格认证委员会，ABCTE）和正统的实践（教师培养项目内含的评估）。因此，正如塞德拉克明确指出的那样，历史不能准确地指导未来将要解决的问题。

伊米戈夫妇对存在于教师教育和政策中的社会场域的作用力与反作用力提供了一个内部的和正统的解读。他们认为，先前来之不易的作为资格鉴定的政策工具（塞德拉克曾在文件中指出），变成了正统和非正统教师认证所选择的政策工具包括许可认证，董事会鉴定，专业测试，学位以及毕业证书等等）。对于正统而言，这些测试工具是获取一个真正专业的关键，是给教学带来地位和尊重，以及报酬和认可的工具，但是遗憾的是，工具本身要多于知识基础。在伊米戈夫妇大量令人信服的信息描述中，非正统的教师认证运用每一个政策工具并且聪明地用看起来相似的伪造工具来替代它，使非正统的资格认证能够选择更有能力的人做教师（非正统者们自己的观点），或者可以去选择那些仅仅是“足够好的”技术专家（正统对非正统计划的看法）。伊米戈夫妇认为，也许比起正统和非正统都接受资格认证作为选择教师的政策工具，更重要的是他们乐于接受联邦政府作为教师教育政策的工具。

但是，采取“教师教育政策的联邦化”（Imig and Imig, this volume）是正统和非正统教师教育达成共识的更深层次原因的一个征兆——承认低质量教师和教学问题的严重性。纵观我们的历史，很少能够找到联邦主动的回应，但是只要联邦主动回应，都是关心灾难性事件：股市崩盘，经济萧条，战争侵略，传染病以及自然灾害。是什么让正统和非正统将教师和教师教育工作者看成是一个需要联邦政策保证的全国性威胁？为什么《高等教育法案》（Higher Education Act）条款Ⅱ的第 211 章节要求，例如，仅仅是教师教育项目（不是会计，法律，医学，工程，物理治疗或护理）需要报告它们毕业生在州证书认定考试的通过率呢？[①]

也许是因为教学和其他专业不同。通过比较，教师的数量是巨大的（超过 300 万的从业者而法律专业只有 40 万），但是报酬较低。也许是因为有超过 1 300 所教育学院，但近一半未被认可，相反有 180 所法学院和 125 所医学院，他们都是经过认可的。和大多数专业不同，教学的“客户”需要做大部分的工作（学生必须学习，而一个律师的客户对如何培养正义几乎不能做任何工作）。同时，教师没有确立和控制行业标准的权力。与其他专业的技能相反，教学技能似乎很容易让非专业人士掌握。事实上，教

① 国会的目标被教师教育项目提供的具有误导性的 100%的通过率所颠覆，因为这些测试是教师入职的要求。

学被看作是一个自然的行为。最后，教学的专业培训显然不困难，因为与其他专业不同，那些能力中等的人被教师教育项目录取，并且几乎都能获得高分。

然而教学，正如正统和非正统教师教育共同指出的那样，像其他专业一样拥有各种现代化的质量保证机制——执照（licenses），证书（certificates），学位，认证（accreditation），标准化考试，标准委员会，授予奖项的专业协会等等，但是这些机制没有保证我们获得跟其他专业相似的结果。关于教，至少在非正统的思想中，有更多的实质性错误。此外，非正统观点相信，虽然许多教师从资格认证教育学院获得学位和教师资格证，但是他们仍然不能胜任教学，而那些没有资格证书的人可以轻松成为成功的教师。与其他专业的国家委员会的实践不同，以前的非正统就是现在的正统，国 1003
家专业教学标准委员会（National Board for Professional Teaching Standards，NBPTS）显然同意，因为它的认证既不需要教师教育学位，也不需要州的教学资格认证。

正如前面提到的，令人不解的是：为什么教学持有高于其他专业的标准。其他专业没有更好的证据证明它们的训练和许可制度的有效性。例如，在医学院和法学院的成绩，或医疗和法律机构测试的分数与治愈患者的数量或赢得诉讼案件的数量的关系，没有比教师的成绩和资格测试分数与通过国家学业成就考试的学生之间的关系更密切。虽然在贫困学校有很难教的儿童和高学业失败率，同时也有一些高发率的疾病（甚至顽固性及疑难杂症）和需要最高法院裁决和再审议的持久性的法律难题。

20世纪90年代后期教师专业性议程（基于为全美教学与国家未来委员会（National Commission on Teaching for America's Future，NCTAF）的报告），因非正统精心策划呼吁问责和自主，竞争和选择而倒塌。这让伊米戈夫妇感叹"共识和一致性达到令人吃惊的程度"，在这种专业性的倒塌中他们忽略了全国优质教学与绩效责任合作组织（National Partnership for Excellence and Accountability in Teaching，NPEAT）的启发性与这种合作伙伴的角色关系。在1997年全国优质教学与绩效责任合作组织受到教育研究与改进办公室（Ofce of Educational Research and Improvement）慷慨资助的2 300万美元，并承诺将会通过研究整顿落实正统对实施相关变化的能力来确保"为全美教学与国家未来委员会"（NCTAF）改革议程的实施。NPEAT在其成立之后不足两年内处于被放弃状态，被忽视并且没有评论。崩溃的原因有很多，但核心是它的两个相互依存并竞争的目标：（1）关于全国优质教学与绩效责任合作组织议程的研究；（2）全国优质教学与绩效责任合作组织计划的实施。全国优质教学与绩效责任合作组织本打算进行对全美教学与国家未来委员会议程的研究，但显然只是确认了议程，以便它可能被实施。而为全美教学与国家未来委员会研究命题的假设是国家专业教学标准委员会（NBPTS）、州际新教师评估与支持协会（INTASC）是对改善美国的学校最重要的，并且要求上述标准应该被作为要求并与相关政策和实践一致。全国优质教学与绩效责任合作组织的角色到底是否在检验上述假设，还是简单地假设这是真实的，并为了其实施采取必要的研究，这仍然是一个悬而未决的问题。替代性的、竞争性的举措——非师范教师资格认证途径，教育券，为美国而教（Teach for America），特许学校，非师范教师资格认证，或不受监管的私人学校成就——从来没有被考虑或进行比较调查。因此，在审问、驳斥为全美教学与国家未来委员会的价值观和信念或证明其虚假方面，没有作出任何努力，失去了科学和智力进步的一个必不可少的成分。

抛开全国优质教学与绩效责任合作组织是确认还是调查的困惑，未解决的主要问题是，全国优质教学与绩效责任合作组织从根本上来说是否能：(1)建立和设计一个持久的国家伙伴关系，(2)实践这种伙伴关系，(3)实施严谨的研究以测试全美教学与国家未来委员会命题中隐含的假设。美国的教育政策一般是基于正统达成的共识和其强大的成员组的意愿。一种观点认为，全国优质教学与绩效责任合作组织是研究成果中基本的教育政策，而不是用心良苦的政治共识。因此，全国优质教学与绩效责任合作组织可能已经改变了社会领域的规范和价值观，提供调查有争议的政治问题的方法，如社会推广或班级规模。这是全国优质教学与绩效责任合作组织议程的附加价值。政策界本可能最终获得权威证据证明其政策，特别是教学政策。

关于全国优质教学与绩效责任合作组织的瓦解，令人震惊的不是正统资助人解散了它，而是由于承诺的结果对集体议程来说至关重要，正统体系并没有继续与其合作。
1004 伊米戈夫妇描述的“反弹”出现在非正统的宣言中，“基于一系列研究和调查发现，全美教学与国家未来委员会提出的一切所谓专业化的建议，都是一无是处的”(p. 12)。伊米戈夫妇没有讨论这些担心的实证价值（尽管他们发现秘书佩奇（Paige）2002 年的年度报告（Annual Report），有无法弥补的缺陷，并且毫无价值）。那么宣言的研究基础是合理的吗？

霍姆斯小组（The Holmes Group），特许学校，进入教学领域的替代途径，国家专业教学标准委员会（National Board for Professional Teaching Standards, NBPTS），实践（Praxis），高等教育咨询委员会（TEAC）全部被许多正统团体拒绝，理由是它们被断言是分裂的、精英主义的、对多样性不敏感的、非专业的，并与许多教师专业的敌人结盟。正统思想也同样被非正统团体驳回。事实上，正统与非正统的建议执着地站在自己的立场上，并经常不顾调查研究的结果而强烈地反对对方，这些对问题的解决没有任何帮助。

由于所有已知的教育措施和证据来源容易被记录曲解和存在缺陷，所以社会场域有证明教师各个方面能力的独立的一系列无可非议的证据，他们是否已研究和掌握核心内容，是否有权获得教师执照，是否应该被终身聘用，是否应该得到绩效报酬、职位晋升和奖励，这至关重要。公众在教学方面和专业执照方面信心的上升取决于该领域质量监控的司法系统是健全的，并能提供值得信赖的证据。当证据而非教条成为参与规则的中心，并且当一系列独立的证据聚合起来时，那么人们会更相信合适的人正在教我们的孩子，并且这个社会领域中的各方张力可能变得更文雅和可敬。

（高欣欣　译）

参考文献

Cohen, D. (1990) A revolution in one classroom: the case of Mrs. Oublier. *Educational Evaluation and Policy Analysis*, 12(3), 311-329.

第八部分

何以知晓我们之所知?

——研究与教师教育

主编

玛丽莲·科克伦-史密斯
(Marilyn Cochran-Smith)
凯莉·E. 德默斯
(Kelly E. Demers)

视点

51. 何以知晓我们之所知？研究与教师教育

玛丽莲·科克伦-史密斯(Marilyn Cochran-Smith)
凯莉·E. 德默斯(Kelly E. Demers)
波士顿学院(Boston College)

自19世纪中叶美国教师教育萌芽以来，有关应该如何教育教师，由谁、在何地，以 1009
及为了怎样的目的教育教师的争议，一直未绝。也是自那时起，关于教学是怎样的活动，以及教师从事好的教学应具备何种知识与能力的讨论就持续存在。而从一开始，教育研究便在类似的讨论与争议中扮演着重要角色，特别是在有关哪些学科适合用于教育研究，何谓教育学术，如何用例证来支持或反对某种教师专业培养方式等问题的辩论中，教育研究的作用更为明显。

无论是对教师教育进行的研究，还是教师教育工作者的行动研究，抑或与教师教育相关的研究，以及为提升教师教育质量而进行的研究，此类研究的历史与发展，从总体上均贯穿于教育研究历史的整体发展中，同时也贯穿于作为大学研究领域的教育发展的历史长河中。当然，教师教育研究也同时与以上两种研究的发展交织在一起。正如拉格曼(Lagemann，2000)所言，20世纪教育研究史是一部动荡的历史，建立一门基于经验而非逻辑或意识形态之上的教育“科学”(science)是一个复杂而扑朔迷离的目标。手册的本部分题为“何以知晓我们之所知——研究与教师教育”，介绍了教师教育研究历史的复杂与困惑，以及教师教育“科学”发展的捉摸不定。

本部分探讨过去50年教师教育研究及教师教育工作者的行动研究所起的作用，这一时期此类研究的重心转移以及主要发展。贯穿“视点”、“经典”及“评析”的一个主题，是有关研究与教师教育的一系列经久不衰的问题，包括：从实证研究中我们对教学与教师教育可以得知什么？当我们谈论教育/教师教育“科学”时它的含义是什么？不同科学观点的改变如何在不同时间中影响教学与教师教育？教师教育的行动研究有怎样的历史？教师教育领域中已涉及了哪些研究，又缺乏哪方面的研究？与传统的经验研究相比，实践者研究、概念/分析工作，以及批判研究各自的地位怎样？研究方法的问题如何与知识的获得相关联？在教师教育研究中，哪些观点与视角占据主导位置，哪些又被忽视或遗漏？经验层面上讨论的最重要的问题是什么？哪些流派与社群的概念与分类是存在问题的，又有哪些应该被作为研究的基本前提？怎样的研究设计最适合回答类似的问题？研究应服务于何种目的与目标？

过去50年的诸多变化总体上影响着教育政策、教育实践与教育研究的性质及进 1010
展。其中三个方面对教师教育研究影响极大，它们是：探讨教育问题的主要的研究范式与方式的转变；对教师学习与教师发展的理解的改变；变化中的教育问责观念。

教育研究范式的转变

毋庸置疑，教育研究（以及人文、艺术及社会科学领域）整体上从实证主义转向后现代主义范式，对教师教育研究影响巨大。拉格曼（Lagemann，2000）认为，其影响主要表现为：认知科学的发展，人类学及其他解释性传统的研究视角在教育中的应用，教育研究与实践的新关系（例如教师研究与设计实验），以及科研影响政策的方式从线性到系统性视角的转变。以上这些变化，加之同一时期中以教育研究为特色的相关教学、学习、学校教育等方面不断拓展出的问题及困境，以及多样化的研究设计，塑造了教师教育的相关研究。

自 20 世纪 70 年代后期起，人们对埃里克森所谓的“参与式观察系列研究法”（Erickson，1986：119）产生了极大的热情，研究者运用它来探究课堂的生态——课堂生活的社会组织，教师与学生如何共同建构本土意义，教学与学习如何嵌于环境与文化的不同层次中。教学不再被理解为单一的信息传递，它也包含着以一种可接受的方式呈现知识，提出好的问题，与学生及家长建立关系，与其他专业人员合作，解释不同的数据来源，满足能力与背景各异的学生的各种需要，以及提出与解决实践中的问题。同样地，学习也不再被理解为仅仅是接受信息。相反，学习科学表明，学习是一个形成可用知识（不只是彼此孤立的事实）的过程；它建基于已有的知识与经验之上，是学习者在一个概念框架中理解与组织信息，为达到学习目标而监控整个进程的过程。有关教学的研究开始注重将教学法理解为一种参与者之间的社会互动，而不仅仅是从教师到学生的简单信息传递。

这种转向在教师教育研究中也很明显。有关教师教育的研究从关注教师行为转向关注教师的知识、学习、思考与观念。研究者探究教师的态度、信念与价值如何随着时间的推移而发生改变（或不变）。尽管在某一时期被认为是原创的甚至是革命性的研究项目与范式在后期也会被看作是狭隘错误的，但是教育研究的发展却并未遵循着一种线性的路径，即以新的、“更好的”（better）研究和概念化问题的方法取代之前的方法。相反，教育研究的主要范式具有动态与流动的关系，某些研究方式不断发生细微的演变而持续存在，并非仅仅是出现与消失这么简单。

1011 对教师学习的理解的改变

与以上研究范式所发生的极大转变相一致，教育学研究群体开始以不同的方式理解教师学习、教师发展及教师在教育改革中能够以及切实发挥的作用。自 20 世纪 70 年代以来，出现了被一些人称为教师学习的“新形象”（new image），教师教育的“新模式”（new model），甚至是专业发展的“新范式”（new paradigm）。对职前教师而言，教师学习不再是一次性的“教师训练”(teacher training)过程。在这样所谓的一次性训练中,大学应届生接受学科领域的教学方法,并被派出以“实践”(practice)教学。对于有经验的教师而言,教师学习也不再被简单地理解为阶段式的“职员发展”(staff development)。在阶段式“职员发展”中,有经验的教师聚集起来学习最有效教学的过程和技术的最新信息。针对教师如何认识他们的工作的研究引出了专业发展的新形象,所强调的重心也从教师做什么转向教师知道什么,他们知识的来源是什么,以及这些来源如何影响他们的课堂工作。

建构而非授受导向,是教师学习与专业教育之“新”方式的大趋向——人们认识到无论是职前教师还是有经验的教师(如同所有学习者)均带着以往的知识和经验进入新的学习环境,这些学习环境均是社会化的,限定于特定的情境中的。此外,人们也逐渐明白教师学习是随着时间推移而进行的,而非局限于某一孤立的时间点,有效的学习需要有机会将以往的知识与新的理解联系起来。同样获得广泛认同的观点是专业发展需要与教育改革联系起来,不仅需要关注教师技能的训练,也需要关注学校文化与教学文化。人们也一致认同,与学生学习及课程改革联系在一起的专业发展需要嵌入学校日常生活之中,这有助于专业发展有效性的提升。同时,人们也认识到,专业发展也需要为教师提供机会,使他们可以系统地探寻教学实践如何能够给学生创设学习机会,并因此对学生的知识获取发挥支持或限制的作用。

广义而言,关于教师学习的这一新视野被许多负责设计、执行与研究项目、课程及其他旨在促进教师学习的人所共享(Hawley and Valli, 1999)。然而,“新的专业教育”(new professional education)的整体性和一致性却并未达到它所宣称的那样。在表象之下,正如手册本部分所反映的,专业教育的新形象彼此不同,而这种不同取决于其内在的有关知识与实践的不同假设,以及关于教育目的与目标的不同理念(Cochran-Smith and Lytle, 1999)。

教育问责观念的转变

影响教师教育研究第三次大发展的是教育者、决策者及公众理解教育问责方式的
改变。库班(Cuban, 2004)指出,当前流行的看法认为问责是教育中一种相对较新的 1012
产物。事实上,公立学校从未处于“不被问责的”(un-accountable)状态。库班认为,对问责与高质量学校教育的界定发生了改变。在二战前及二战刚刚结束时,对于学校董事会管理者及公众而言,最重要的是有效地利用资源以满足所有具有入学资格者的需要。学校领导者在提供器材、物资与设备方面被问责。做到以上几点的学校被认为是好学校。然而,战后,社会、经济与政治的转变促成了被库班称为“更加戏剧性”(more dramatic)的问责观念,此种问责观念会与教学结果联系起来。

转折点是 1965 年的《初等和中等教育法案》(*Elementary and Secondary Education*

Act,ESEA),以及导致该法案出台的与其同时存在的诸多事件、法案及案例,包括布朗诉教育局案,苏联人造地球卫星的发射以及科尔曼报告(Cuban, 2004)。《初等和中等教育法案》中的理念并非仅仅是为教育改进提供资助,还将这些资助与新的问责要求联系起来。20 世纪 80 年代的改革报告,将学生在国家及国际竞赛中的一般表现与国家在全球经济中的一般表现联系起来,由此在几乎所有州中引发了制定新标准与问责措施的热潮,包括修订课程,提高毕业要求,制定新的衡量学生表现的标准。在高等教育领域,类似情况也在一定程度上有所发展。

这些标准与问责运动影响了教师教育政策与研究的转向,使它们从关注投入到关注产出,这种现象发生在 20 世纪 90 年代末并持续至今。正如本书中这一部分的几篇文章所指出的,尽管当前对教师教育研究的关注是强调产出与教师教育的结果,但在 20 世纪 90 年代中期以前却并非如此,当时,所强调的是过程——职前教师如何学会教学,他们的信念与态度如何随着时间的推移而发生改变,何种背景有利于教师的学习,教师需要何种知识。那时,教师教育评估所关注的是按照当前的观点可以被称为"投入"(inputs)的方面而非产出的方面,包括政策体制上的关注,教职人员的资格,课程的内容与结构,实地的经验,以及以上这些方面与专业知识和标准的结合。教师教育研究与政策从关注投入到关注产出,是教育问责整体观念转变的一个部分。

本部分结构

正如本手册前面几部分一样,本部分由三篇核心"视点"及三篇"经典"组成,它们反映了有关教师教育研究的作用、方法及应用等问题与论题的恒久不变的本质。其后是三位作者从不同视角对此话题做的"评析"。

"视点"中的三篇文章,分别关注的是教师教育研究中最常见的研究类型,教师教育问题研究的历史,以及教师教育研究中基于种族及其他批判、质化研究方式的认识论基础。这三篇文章的选择是有明确目的的,它们代表了有关研究与教师教育一般议题上的不同观点。每篇提供了有关此领域议题的回顾及有价值的最新信息。这三篇文章的整合,提供了一系列互相补充的视角,可以用于理解多年来贯穿于教师教育研究与议题中的最为复杂及最令人困惑的问题。前面两篇探讨了教师教育研究的传统领域,涉及一些相互重合且相互补充的观点。第一篇关注研究类型,着眼于研究的方法,指出某种特定研究设计的持续使用旨在达到某种目的,同时也将教师教育研究与教育研究中更广泛领域内的方法论的发展联系在一起。这篇文章试图表明的是方法与目的是密不可分的,同时也努力寻求不同研究类型间建立联系的可能性。第二篇关注教师教育研究的历史。从另一角度出发,集中讨论教师教育作为一种长期的研究与
1013 政策问题,其普遍性建构方式的改变,并且将这些改变与当代的政治与政策背景联系起来。第二篇从后一历史时期视角对每一历史时期所进行的研究的质量或相关性所

进行的评论。第三篇关注教师教育研究中批判研究与质性研究的不同视角，挑战我们关于教师教育研究中的问题及研究类型的各种传统观念。第三篇也从黑人的知识传统视角出发探究教师教育研究，关注那些牵涉到社会与种族正义的批判研究与质性研究类型。

“视点”中的首篇，博尔科(Borko)等人分析了教师教育研究中最常见的研究类型，分析了每种类型的优势与不足，并且将这些研究类型与更大范围内的教育及心理学研究方法论的发展联系在一起。作者详尽细致地分析了他们如何将对类型的讨论与之前的讨论联系起来，认为之前的部分评述的共同之处在于参与并记录新研究领域的意识。博尔科等人考察了教师教育研究中的四种类型，并分别称之为教师教育效果、解释、实践者与设计。其文章的独特之处在于，它提供了关于前两种研究类型的急需的信息更新，在教学与教师教育的研究中，这两种类型已经颇为成熟。同时，作者也考察了两个新兴的重要研究类型——实践者研究与设计研究。他们的讨论有助于使这些研究类型的重要性获得认可，同时也有助于使人们了解研究者用于探讨教师教育相关问题的一系列的研究方法。对于每一类型，作者均指出了它们的核心特征，同时对当前教师教育研究中与之相关的实例进行了详细分析。其后，作者又对每种研究类型的贡献与局限进行了中立的讨论。在文章结尾，作者针对新兴的混合研究方法及多种研究方法的潜力进行了细致的讨论。

第二篇文章，科克伦-史密斯(Cochran-Smith)和弗里斯(Fries)将关注点从研究类型转向了20世纪前几十年到世纪之交教师教育研究的历史。他们二人关注了四个历史时期中每一时期教师教育概念化与研究的主流取向，并且将这些与当时的政策、政治及问责背景联系起来。尽管科克伦-史密斯和弗里斯承认，在这些历史时期中的每一个时期均存在着其他的研究范式及对主导研究方式的有力批评，但它们关注的是人们在每一历史时期对教师教育问题的建构与研究采取的主要途径。文章认为，我们可以通过将教师教育研究作为一个“问题”(problem)，并将其进行概念化以理解教师教育研究的历史。此处的“问题”，即是一个需要调查的问题，也是国家所需解决的教师数量与质量方面的难题或挑战，该问题随着时间的推移而改变，譬如：将教师教育研究作为课程问题、培训问题、学习问题、政策问题。以每一历史时期中的主要研究为历史文献，文章表明：每次教师教育问题的概念化，均在一定程度上回应了研究者所感知到的以往概念化方式的局限性，同时也在一定程度上回应了对学校、教学与教师等问题的全国性关注。文章为每一阶段提供了两个历史事例及一张表格，表格详细罗列了每一历史时期的重要研究综述。

“视点”部分的最后一章由乔伊斯·金(Joyce King)撰写，提供了教师教育研究的
批判研究与质性研究的替代性途径。在之前几篇关于教师教育研究的文章中，金所讨 1014
论的批判路径或是被忽略未提，或是被作为最后的研究类型及研究范式而进行了简单
回顾；与其他研究类型相比，批判研究只有极少的实例或少有充分的讨论。我们将此

篇文章抽出作为一个独立的章节，其目的在于引发人们关注这一视角，并由此反驳那些在该领域中曾经使其被边缘化的研究方式。金认为，传统的教师教育研究形式与范式——包括本单元前两篇文章所讨论的大部分研究——均一直未关注学校中对教师与学生进行的错误教育(mis-education)，在这些学校中，种族主义与社会不公无处不在。利用黑人研究中的交叉学科工具，金分析了与教师教育相关的批判研究与质性研究如何支持民主社会改变及挑战白人优越性种族主义这一意识形态。金描述了四种相互关联的教师教育批判研究与质性研究类型——教师教育中的批判式种族理论建构，白人研究与教师学习，批判人种学，以及实践者探究，包括行动研究，由此说明了种族、身份、文化的概念与教师教育研究密切相关。金这一篇颇具启发性的文章表明，它可以完整地为教师教育建立一种“蓝调认识论”(blues epistemology)，以促进不同人群的文化幸福，并与主导意识形态进行对抗。文章还包含了一张有价值的图表，其中对比了批判社会理论、批判女权主义，及批判种族理论中的教育学及方法论。

在“视点”之后，是三篇“经典”，它们探讨了有关如何认识教师教育这一经久不衰的问题。第一篇“经典”为《应用我们之所知：教师教育领域》(Applying What We Know: The Field of Teacher Education)，出自《教学艺术的科学基础》(*The Scientific Basis of the Art of Teaching*, 1978)一书，作者纳撒尼尔·盖奇(Nathaniel Gage)对过程-产出角度的教师教育研究的逻辑与方法进行了卓有洞见的讨论。在文章中，盖奇认为传统教师教育的地位低下并不是因为它的管理方式或是其对人文艺术及教学法更为重视，而是因为它并未形成教学的科学基础。在讨论将关于教学的研究应用于教师教育时，盖奇明确提出，教学研究的自变量(特定的教学行为，包括师生互动)需要被作为教师教育研究中的因变量。我们选用此篇“经典”的原因在于，它关注了教师教育领域一个最为持久的问题——建立教学与教师教育“科学”的可能性，在这门“科学”中，策略与方法建立于实证的而非逻辑的、意识形态的或是传统的基础之上。尽管已经过去了 30 年，这篇文章仍然预见了当前对教育中“以科学为基础的研究”(scientifically-based research)及“以实证为基础的实践”(evidence-based practice)之争的许多问题的关注，并倡导将教师教育策略的研究及教学策略从实证上与学生成就联系起来。

第二篇“经典”是苏珊·弗洛里奥-鲁安(Susan Florio-Ruane)的文章，《拓展视域：关于教学与教师教育研究复杂性的讨论》(More Light: An Argument for Complexity in Studies of Teaching and Teacher Education)。弗洛里奥-鲁安的文章与苏珊娜·威尔逊(Suzanne Wilson)、罗伯特·弗洛登(Robert Floden)，以及琼·费里尼-曼迪(Joan Ferrini-Mundy, 2002)在《教师教育杂志》(*Journal of Teacher Education*)“事实与探究”(evidence and inquiry)特辑中对教师预备研究中的知识与鸿沟的综述编排在一起。该期刊的这一期从诸多视角探讨了当时教师教育中新涌现的文献，以便于将实证研究
1015 及证据用于识别与解决政策问题。在文章中，弗洛里奥-鲁安反对这一趋势，她提醒研

究者在寻求某些具体的——紧迫的——在各种情景与机构的教师教育中的“可行的方法”(what works)时,不要缩小教师教育的研究范围。相反,弗洛里奥-鲁安倡导要认识到教学、学习及学习教学中涉及的广泛而复杂的方面,还要去探究教学的诸多方面。借用人类学、医学、读写教育中的具有启发性的例子,弗洛里奥-鲁安指出,将一个学科领域内的所有资源全部用于攻克特定的实践问题,未必能产生所期待的洞见或找到解决方法。另一方面,她也认为,对特定情景中的复杂进程开展密切研究,有时可以产生新的概念性理解,这种理解是重要的且与问题高度相关的,是那些即便情景中进行的研究也无法帮助实现的。我们之所以将此文包括在内,是因为它提出了教师教育研究中的持久性问题——研究者应该提出什么问题?何种学科及方法论视角最可能产生具有深远意义的结果?谁来决定何种问题可以获得研究所需的资源?

第三篇“经典”是玛格达莱尼·兰珀特(Magdalene Lampert)的文章,《认识教学:教学研究与质性研究的交叉》(Knowing Teaching: The Intersection of Research on Teaching and Qualitative Research),此文于2000年发表在《哈佛教育评论》(*Harvard Educational Review*)上。在此文中,兰珀特反思了她自身作为教育者与研究者的历史,同时也回顾了教学研究作为一个研究领域的历史,由此,她认为教师可以凭借其拥有的局内人的知识与经验成为教学研究的活跃参与者。她认为将教学实践者纳入研究群体,为质性研究提出了许多极为棘手的问题——那些负责创造专业知识的个人或社群将自我融入社会科学研究之中的可能性及弊端,以何种方式呈现实践者进行的研究,研究如何做出论断,如何给予这些论断支持。兰珀特在结论部分建议,使教学实践者参与到教学研究者的群体中,将会改变所收集到的数据和产生的分析与解释的类别。我们将兰珀特的文章选入本手册的这一单元,因为它像其他被收录的文章一样涉及教师教育研究中的持久而复杂的问题。这些问题包括研究文本中的观点的呈现和表现形式,牵涉到了解教学和教师教育的内容、获取的途径以及用何种类型的证据支持认识上的观点等认识论问题,另外,也涉及谁是合法的知者(legitimate knower),以及为如何解释知者与所知间的复杂关系而持续进行的争辩。

《手册》的这一部分以三位学者的“评析”结尾,他们分别从不同的视角讨论了教师教育及其研究。罗伯特·弗洛登探讨了研究方法与研究问题间相辅相成的关系,表明二者的关系是双向的。弗洛登认为我们需要在所有类型的教师教育研究中建立一种信任,通过更加明确的数据收集与分析方法,对得出结论的逻辑思路做更多的解释,明确地区分研究者专家与支持者的两种角色。约翰·洛克伦(John Loughran)从教学法的视角考察了教师教育及其研究中长期存在的议题。在欧洲的传统中,教学法与教学不是一码事,而是包含了关系、个人参与、对师生间教育性关系存在的条件与情景的关注等方面。洛克伦提出,自我研究是教师教育研究的一种途径,它能利用教师教育领域内部人员发现的问题,及相关洞见与分析,而这是在教师教育领域的局外者进行的研究中所无法实现的。大卫·蒙克(David Monk)就我们需要知道的有关教师效能和

1016 师资培养工作方面的内容展开了切实的讨论，这两个方面会改善并转变学生的生活。为此，蒙克提出，我们需要的并非是让一种类型的研究方法压倒其他研究方法，相反，教育研究者应该考虑何种问题是最为重要的，其后再选择最为合适的研究策略。

（王丽佳　译）

参考文献

Cochran-Smith, M. & Lytle, S.(1999) Relationship of knowledge and practice: teacher learning in communities. In A. Iran-Nejad & C. Pearson (eds.), *Review of Research in Education* (Vol. 24, pp. 249 - 306). Washington, DC: American Educational Research Association.

Cuban, L.(2004) Looking through the rearview mirror at school accountability. In K. Sirotnik (ed.), *Holding Accountability Accountable* (pp.18 - 34). New York: Teachers College Press.

Erickson, F.(1986) Qualitative methods on research on teaching. In M. Wittrock (ed.), *Handbook of Research on Teaching* (3rd ed., pp.119 - 161). New York: Macmillan.

Hawley, W. & Valli, L.(1999) The essentials of effective professional development: a new consensus. In L. Darling-Hammond & G. Sykes (eds.), *Teaching as the learning profession: Handbook of policy and practice* (pp.127 - 150). San Francisco, CA: Jossey-Bass.

Lagemann, E.(2000) *An elusive science: the troubling history of education research*. Chicago, IL: University of Chicago Press.

52. 教师教育研究的类型[①]

希尔达·博尔科(Hilda Borko)
珍妮弗·A. 惠特科姆(Jennifer A. Whitcomb)
凯瑟琳·伯恩斯(Kathryn Byrnes)
科罗拉多大学博尔德分校(University of Colorado at Boulder)

引言

在本文中,我们为教师教育工作者、教育研究者及决策者提供了关于教师教育研 1017
究中一般方法的概述,并强调这些不同方法的启示、贡献与不足之处。这一相对较新领域的发展与教育研究社群中有关认识论及方法论的持久不断争议的发展相一致;从本质上讲,这一讨论包括了对方法上多元主义的呼唤及挑战。从更广阔的背景上来看,教师教育研究作为一个领域业已出现并自立门户,然而它并不是一个成熟的领域,因为教师教育研究基础的质量确实存在争议,日益增多的研究反映出在更大的研究群体中尚存在方法上的广泛争议。考虑到研究者在教师教育研究领域力求去理解极具挑战性的问题与难题,我们认为,多样化的研究途径对该领域保持活力与持续发展是至关重要的,同时在本文我们也赞同对多元方法进行持续的关注。

为了撰写本文,我们首先回顾了其他研究者是如何从更广的视野考察此问题并界定其概貌的。我们向读者推荐了科克伦-史密斯(Cochran-Smith)与弗里斯(Fries)在本书及《教师教育探讨》(*Studying Teacher Education*, 2005)一书中的文章,因为它们提供了关于教师教育研究的有价值的历史回顾。在本文,我们着眼于其他明确把同教师教育研究的目的与方法相关的问题及关注点作为分析重点的文献,并且将我们的评论与这些文章联系起来。

在《教学研究手册》(*Handbook of Research on Teaching*)的第二版和第三版中,均包含有关于教师教育研究的篇章,反映了教师教育研究领域与教学研究之间的密切关系(Peck and Tucker, 1973; Lanier and Little, 1986)。佩克(Peck)与塔克(Tucker)的回顾关注了教师教育的实验研究,实验研究法代表了 20 世纪 60 年代末及 70 年代初开展的教育研究中所采用的最主要方法;现在看来,这种狭隘的视角反映的是该领域的相对不成熟。在 13 年后的大致同一时间里,美国教育研究协会

① 笔者在此对玛丽莲·科克伦-史密斯(Marilyn Cochran-Smith)、鲍勃·弗洛登(Bob Floden)和凯伦·哈默尼斯(Karen Hammerness)表示感谢,感谢他们此前对本文所述观点的评述,以及尖锐的评论和诸多修改意见。文中的不足和错误由我们负全责。

(AERA)成立了 K 部门①,拉尼尔(Lanier)与利特尔(Little)全面地回顾了一个更为动态的、跨学科的及存在争议的领域。他们阐述了教师教育中持续存在的难题,并解释了它们持续存在的原因。直到今天,他们的回顾从框架的完整性及所包括研究数量的广泛性上,均堪称为一个里程碑;依此,它似乎表明了教师研究开始成为一个领域。然而,因为他们的目的是总结对于教学实践者、研究者及决策者而言,之前的教师教育研究对教师教育长期存在的两难局面给出的启示。因此,相对而言,该综述对研究本身的性质及质量进行的评论不够明确。

1018 20 世纪 90 年代出版的三本教师教育研究手册,标志着该领域新的成熟水平(Houston, *et al.*, 1990; Murray, 1996; Sikula, *et al.*, 1996)。在这三本手册中,有四篇文章专门讨论了研究的性质(Doyle, 1990; Kennedy, 1996; Lee and Yarger, 1996; Yarger and Smith, 1990)。这些作者所采取的各不相同的研究策略标志着这十年的“知识的动荡”(intellectual turbulence)(Doyle, 1990: 18)。亚格尔与史密斯(Yarger and Smith, 1990)利用他们的述评,呼吁建构一种基于“前提-过程-结果范式”(antecedent-process-outcome paradigm)的框架;他们认为,为了推进教师教育研究领域向前发展,研究者应该运用多种方法论途径投入到这样的工作日程中,去考察这三个维度的范围及它们之间的关系。与之相对,多伊尔(Doyle)似乎从人们对教师知识产生的越来越多的学术兴趣和以“质量控制”(quality control)与“有效性”(effectiveness)为核心研究主题的主导性地位松动的现象中受到启发。他也注意到了教师教育研究中一种重要的方法论转向,正如研究者认识的“过程-结果研究设计”这一方法存在的局限性,为帮助人们理解“……课堂背景中的意义是如何建构的,而要进行此类的分析,人们必须拥有有力的语言去描述事件(events)与构成事件的解释(interpretations)”(Doyle, 1990: 20)。6 年之后,《教师教育研究手册》的第二版中,李与亚格尔(Lee and Yarger, 1996)对教师教育研究中所运用的当前和快速发展的方法论进行了评析。他们描述了教师教育研究中 7 种占主导地位的模式:实验的与准实验的(experimental and quasi-experimental),相关的(correlational),调查(survey),个案研究(case study),人种志的(ethnographic),历史的(historical)与哲学的(philosophical)研究模式。在结论部分,他们评价了在这些不同模式下进行的研究其结果的相对影响,并且讨论了普遍的质量问题。他们审视了教师教育研究领域中质化研究与叙事研究的极速发展所带来的贡献,并在结论中呼吁进行更多的交叉学科研究。肯尼迪(Kennedy, 1996)颇为巧妙地考察了五个不同的实证方法的可信度以检验教师教育的有效性。她将这五个方法分别命名为有助于学生学习(contributions to student learning),对比有与无(comparing the haves and the have nots),询问教师

① K 部门是 1984 年 6 月,美国教育研究协会成立的一个新部门,其主要研究主题是“教学和教师教育”。K 部门在成立后迅速成为协会内部最大的一个部门,分为 7 个不同的下属部门。

(ask the teacher)，教师教育中的实验(experiments in teacher education)，观察职前教师(watch the teacher candidate)。在所有这些评述中最突出的是该领域中的方法论的多元性，以及对于现实研究中方法论严密性的主动批判意识。

另外4篇于20世纪末和21世纪初出版的评论，指出了该领域研究性质与质量存在的问题。对于质量的关注反映了当前的政策背景对教师教育有效性提出了越来越严峻的挑战，这种挑战涉及该领域的研究者所采用的研究方法与提出的研究问题。蔡克纳(Zeichner, 1999)在出任美国教育研究协会主席期间，对K部门进行过演讲，在演讲中，他评估了过去及当前教师教育研究中的学术状况。在演讲结尾，他对自我研究作为一种研究类型的出现做出了乐观评价，并警示教师教育领域需以一种全球化的意识寻求教师教育研究质量的提升。斯里特(Sleeter, 2001)在其一篇发表在《教育研究评论》(*Review of Educational Research*)的文章中，围绕教师教育研究中发现的四个认识论框架——实证主义，现象学，叙事研究，解放研究展开了讨论。她评估了每一个框架在阐明有关培养主流文化中的职前教师和越来越多样化的K-12学习者共同工作的形式越来越多样化等问题上所具有的潜力。她在结论中建议应该发展这一关键领域的研究，包括形成多元文化研究团队，其中的人员具备多样的研究方法论与认识论，同时应寻求更长期的研究。最后，2002年《教师教育杂志》第53卷第3期(*Journal of Teacher Education*, *Volume* 53[*No.* 3])，确定了"教师教育中的证据与探究"(evidence and inquiry in teacher education)这一主题。为议题定调的是威尔逊等人(Wilson, *et al.*, 2002)与弗洛里奥-鲁安(Florio-Ruane, 2002)的文章。威尔逊与其同事呼吁检视相关工作的严密性："作为一个领域，在未来的几年中，我们必须做出改变， 1019
这些改变可以为我们所相信的实践提供更好的基础，或是让我们有理由去重新思考某些实践。"(Wilson, *et al.*, 2002: 201)他们所提出的可以保证高质量研究的建议包括：出版同行评审杂志，使研究设计与研究方法更为清晰和公开，引用研究前评价它们的质量，开发更具影响力的测量手段，以及设计更大规模的量化研究。弗洛里奥-鲁安(Florio-Ruane)的文章围绕承认教学及学习教学的复杂性展开，她指出，研究的方法策略也必须是复杂与变化的。

> 除非我们保持教学与教师教育的复杂性，否则我们将会陷入以下一些或所有的困境之中：以研究的严密性为名，导致不同的研究方法彼此冲突；仅仅因为语言和政策假设的相容性而推崇自然科学的研究方法；没有认识到所有的研究方法均有自身局限性；无视其他批判研究方法的启示。(Florio-Ruane, 2002: 214)

总体而言，尽管这些对教师教育研究的评论的意图、目标及方法均不相同，然而它们都表达了研究者在领域前沿工作的兴奋感。出现在这些评论文章中的主题包括方法论多元化的重要性，对于研究的严密性与可信性的持续关注，以及对研究能带给教师教育实践与政策发挥的真正建设性影响的期待。我们相信，本文中的这些主题也会很清晰，因为我们将会评论教师教育研究一直以来存在的各种研究类型，考察它们各自的主要特征、贡献及局限所在。

在这篇有关研究方法的评论中，我们描述了四种研究类型的特征——教师教育效果(effects of teacher education)，解释性(interpretive)，实践者(practitioner)及设计(design)。前两者——效果与解释——作为两种成熟的研究类型，在过去多年为教师教育知识基础的建设贡献颇丰，而后两者——实践者与设计——是新近出现的研究类别，因此在之前的手册中并未明确地对其加以关注(Doyle, 1990; Lee and Yarger, 1996)。我们意识到，选择这四种类型，我们就忽视了被斯里特(Sleeter, 2001)置于"解放"认识论之下的研究；此种研究被其他研究者称为"批判的、女权主义的及后结构主义的"(critical, feminist, and post-structural)(Zeichner, 1990)。之所以如此，是因为在手册中，金(King)负责的文章是针对这一研究类型的。另外，虽然我们的一些前辈将调查研究视为一种探究方式(如，Lee and Yarger, 1996; Wilson, *et al.*, 2001; Zeichner, 1999)，但我们并未将它当作一种独立的类型，因为我们将调查视为一种研究工具。我们认为，原则上，在我们描述的任何研究类型中的研究都有可能在其研究设计中被使用调查。

我们讨论了每一种研究类型的目的、本源及其核心特征。在做出一般的描述之后，我们会分析某一特定的课题或研究项目，以作为实例来说明该研究类型的关键特征。我们利用如下的标准评价每个类型的实证研究：(1)质量(quality)，即该研究符合此类型研究中已有的严密性标准；(2)近因(recency)，我们的意思是该研究是在近五年的同行评审类出版物中发表过的；(3)论题的关注点(topical focus)，该研究关注教师教育研究中当前或是主要的一项议题。在每一研究类型中，符合以上标准的可能有诸
1020 多研究；在这种情况下，我们的选择针对研究项目而非独立的研究。鉴于我们不可能关注满足标准的所有研究，我们的目的在于使每个实例成为它所代表的研究类型的一个有用的指南。在每部分的结尾，我们均分析了各类型研究的贡献与局限。在本文的结论部分，我们会比较各种研究类型发展的可能性，并为该领域未来的研究推荐有价值的研究方法。

"教师教育效果"研究

引言："教师教育效果"的目的与知识基础

研究

"教师教育效果"研究指的是一系列与理解教师教育经验和学生学习有关的研究，其研究方法源于自然科学的科学方法(Guba and Lincoln, 1994; Wardekker, 2000)。

这类研究试图通过实验、准实验及相关研究方法,探索候任教师、教师教育实践与项目的特征、候任教师与K-12学生的学习情况三者之间的普遍关系模式。“教师教育效果”研究作为一种主要研究类型,其地位的确立是通过桑代克(Thorndike)在20世纪初期提出的有关实验心理学研究及统计分析应该指导教育研究的观点而实现的。作为《教育心理学杂志》(*Journal of Educational Psychology*)的创刊主编,桑代克在该刊首期(1919)的创刊词中写道:

> 一门完备的心理科学应该讨论有关个体思维、性格与行为的事实,讨论人类本性所发生的每一改变的原因所在,讨论各种教育力量(即每个个体改变自己或他人的每个行为)所能带来的结果。(Thorndike, 1919: 6)

在20世纪60年代末及70年代,这种因果方向的研究传统在过程-结果主导的教学与教师研究中是十分盛行的。

早期关于教学效果的研究基于寻求过程(processes)(例如,描述课堂实践的变量,包括教师与学生的行为)与结果(products)(典型的是测量学生在测验成绩方面的表现)。基于描述-相关-实验的逻辑模式(Rosenshine and Furst, 1973),过程-结果研究项目致力于描述教学实践现象,分离出与学生成绩分数相关的变量,建立培训教师参与既定的教学行为的干预形式,同时开展实验以考察干预培训的效果(Good and Grouws, 1979)。例如,许多经典的过程-结果研究发现,有效的教学行为——如形成明确的目标、等待时间、指导式的实践,均与学生的成绩有联系(例如,Dunkin 和 Biddle, 1974; Emmer 等, 1980; Flanders, 1970; Good 和 Grouws, 1979; Rowe, 1974;对于教学效果主要研究项目的回顾,参见,Brophy 和 Good, 1986; Floden, 2001; Rosenshine 和 Stevens, 1986)。作为该思路的延伸,这些行为成为微格教学研究中教师教育结果的测量手段。

微格教学(microteaching),作为教学效果研究中这一类别较早的一例,反映了此 1021
类研究类型的宗旨,即通过识别与分离那些影响某一定向结果的特定变量,简化复杂的教学与学习过程。利用微格教学进行干预,研究者期待候任教师可以把那些被证明为有效的教学行为纳入个人的知识库。在实验室背景中,通常以专家演示的方式来向候任教师介绍某种目标教学行为;之后,当候任教师实践这些目标行为时,研究者会对他/她进行录像,在录像评价中候任教师会得到明确的反馈意见。这些研究是候任教师学习的手段,关注的是教学法技能与知识。问题是,尽管候任教师通常能够在实验室情景中落实这些行为,但他们却很难将其转化到实际的课堂中(参见格罗斯曼新近对有关微格教学研究的梳理,Grossman, 2005)。随着时间的推移,教师教育效果研究也把考察教师教育内容的影响之类的研究包括在内,例如学科内容准备、基础与方法课程以及田野经验(回顾此种类型研究的综述,参见 Wilson 等,2001; Clift 和 Brady,

2005；Floden 和 Meniketti，2005)。

这一类型的研究在开始就对教师教育领域的发展发挥了作用，而最近，教师教育中有关“什么是有效的”(what works)的呼声重新引起了研究者对这类研究的兴趣。在关于教育研究更大范围的讨论中，斯莱文(Slavin)指出，“对于比较不同项目与政策的结果这一问题而言，除了设计良好的实验外别无它法”(Slavin，2004：27)。这种关于教育研究的立场也被联邦政府 2002 年的《不让一个孩子掉队法》(NCLB)部分采纳。在分析《不让一个孩子掉队法》的执行进度时，各州教育委员会注意到，法案要求的项目与实践要基于“以科学为基础的研究，该短语在 2002 年的立法中出现了 111 次”(Neumann，2002)。准实验与实验设计往往在教师教育效果研究中备受推崇，因为它们与美国联邦政府最近对好研究的界定相一致，即“一项良好的研究事实上(de facto)需包括可以产生行动指导的实验研究”(Hostetler，2005：16)。尽管实验研究很明显受到重视，但当前部分效果研究也运用了相关性或结构方程模型方法，因为它们允许研究者对自然变化的现象进行复杂的分析。

教师教育效果研究的核心特征

教师教育效果研究的根本目的是考查教师教育经历与学生学习间的关系。在教学效果研究中，学生是 K－12 年级的学习者；在教师教育效果研究中，学生可能是候任教师或者是 K－12 的学习者。当前的政策强调教师教育与 K－12 学生学习的关联。运用教师教育效果类型的研究者，会利用在自然科学中建立起来的设计与方法，力求客观性，他们明确变量并考察变量之间的关系。研究者以一种局外人的身份观察事件或现象，客观地记录并分析数据(Florio-Ruane，2002)。信息来源可能包括前测与后测；观察报告；收集候任教师的人口统计学数据，课程数据(例如小学候任教师需要上多少节数学课)，以及候任教师对于他们职前经验的认知。数据分析明显地依靠多种统计方法，以确定变量间的关系。这些收集与分析数据的方法，为研究者提供了进行
1022 大规模研究的机会。数据收集对于就“什么是有效的”这一议题进行跨背景与跨时间的总结具有指导性意义。

在教师教育效果研究的不同方法中，实验研究试图通过对现实世界进行有计划的修正，并开展系统性探索，来识别出条件与事件间的因果关系。研究者先操纵自变量，之后测量这些操控对于一系列因变量产生的影响。理想状态下，随机选取参与者进入实验组可以使研究者将变化归于自变量与因变量间的因果关系。例如，研究者可以随机地将候选人分派进入两种或多种具有明确界定的教学方法的教师培养项目中，在项目结束后评价他们的知识与技能习得情况。相关性研究并不试图操控或控制各组中的变量，相反，它评价自然发生的变量间的关系。无论是实验研究还是相关性研究，其目的均在于试图理解候任教师、教师教育实践与项目的特征、候任教师与 K－12 学生的学习情况三者之间的关系。下面介绍的是一个相关性研究的例子。该研究运用了

调查数据以考察与不同的教师资格认证途径相关的结果。

教师资格证书有用吗？一个例证

戈德哈伯与布鲁尔（Goldhaber and Brewer，2000，2001）开展了一项考察教师资格证书与学生成绩之间有何关系的研究。正如他们所注意到的，“尽管教师普遍持有资格证书，但并没有严格的证据证明它与学生成绩之间存在系统性的联系”（Goldhaber and Brewer，2000：141）。此外，许多州最近也推出了教师资格认证的其他方法，并且允许个人在没有完成正规教师教育项目的情况下进入课堂进行教学。这些机会“使得不同类型的教师资格证及州教师许可政策的相对有效性成为重要的议题”（Goldhaber and Brewer，2000：141）。

在他们的研究中，戈德哈伯与布鲁尔比较了持有所教学科正规资格证书、试用资格证书、应急（临时）资格证书、私立学校资格证书及无资格证书的教师所教学生在成就测验中的表现。他们也考察了州资格证书要求的不同，是否与学生的数学和科学成绩相关。作为一项具有全国代表性的调查，《1988 年全国教育纵向研究》（*The National Educational Longitudinal Study of* 1988，NELS：88）将 1988 年春季调查的约 24 000 名八年级学生的情况作为主要数据来源；其他的来源包括 1988 年进行的全国教育纵向研究的家长调查，1990 年春季进行的学生小范围调查（1990 年时学生是十年级毕业生），1992 年的学生小范围调查（样本学生是十二年级毕业生），以及 1988 年全国教育纵向研究中进行的十二年级教师调查的情况。1988 年全国教育纵向研究的主要优势在于，它从学科角度提供了与个体学生相关的教师与班级信息，由此使得研究者可以将教师准备与教师、学生的情况联系起来，并可以估计学生成就的增值模型。

戈德哈伯与布鲁尔（Goldhaber and Brewer，2000，2001）的一系列分析运用多元回归的方法，将学生在十二年级数学与科学标准考试中的成绩作为函数，建构了它与学生个体及家庭背景特征，学校、教师与班级特征间的模型。与之前的研究相一致，他们发现，个人及家庭的背景变量解释了学生考试成绩中的大部分差异。教师资格认证
的类型也是决定学生成绩的一个重要因子。在他们的分析中，那些由既没有所教学科 1023
资格证书也没有私立学校资格证书的教师所教的学生，与其他由持有数学上正规的、试用的或应急资格证书的教师所教的学生相比，其成绩相对较差。然而，那些由持数学正规资格证书的教师所教的学生所获的成绩，并不比持有应急资格证书的教师教出的学生成绩好。科学科目的情况与数学相似，尽管其结果在程度或统计层面上表现得并不是太显著。

在另外的一系列分析中，他们调查了不同州的教师资格证对学生标准化测验的成绩是否有影响。戈德哈伯与布鲁尔测试了州资格要求（例如，它们是否要求某些类型的教师考试，是否要求职前的实习经验）与学生成绩间的可能关系。这些分析并未发

现州教师资格政策与学生成绩间的任何关系——这种结果可能部分是受制于数据集的限制。

戈德哈伯与布鲁尔的研究受到了 1988 年全国教育纵向研究数据集的诸多限制。1988 年全国教育纵向研究中所用的资格认证的类别，与决策者及学者所界定的"传统的"(traditional)与"替代性的"(alternative)资格认证类别不完全相符。数据集并未包括教师在何年在哪个州取得了原有资格证书这一信息，因而，也就没有办法将州政策与特定的教师联系起来。由于这些限制，加之在各州中选取的教师样本数量很少，因此研究者需要谨慎地解释有关州资格证书的要求与学生成绩之间的关系的研究发现。关于应急教师资格证书的结论也存在问题，因为持有临时与应急教师资格证的教师子样本数量很小，且这些教师的教育背景（例如学科背景、教学方法的培训、之前的教学经验）有差异，而不同州的应急教师资格许可证要求也各不相同(Darling-Hammond, *et al.*, 2001)。因此，正如戈德哈伯与布鲁尔所认为的，"仍然没有足够多的信息能得出有关资格证书对教师申请者群体"(Goldhaber and Brewer, 2001: 79)及对学生成绩会产生影响的强有力的结论。他们的研究使我们理解了在存在或不存在资格证书的情境中，资格认证的要求具有预测有效性(Floden, 2006)。

尽管存在一定的局限性，但该研究仍然是值得深究的，因为它关注了一个重要的政策问题——教师资格证书有意义吗？戈德哈伯与布鲁尔将他们的研究置于持续的有关教师资格证书附加价值的争论中；在研究进行的过程中，全美教学与国家未来委员会(The National Commission on Teaching and America's Future)也在相近的时间里发布了一个重要报告，即《什么最重要：为美国的未来而教》(*What Matters Most: Teaching for America's Future*, 1996)，其中强调了教师在获得授权的教育学院中进行专业培训的重要性。研究的设计展示了运用大规模的、公共的可用数据库来考察教师资格证书与学生学习成绩间关系的研究方法。作者清晰地解释了他们所做的回归模型以及这些模型和数据库本身的局限性。两位研究者为求严谨，未夸大他们所发现的关系的重要性，而是对他们的发现作了推断性的评论。尽管没有对教师资格证是否有意义下定论，但戈德哈伯与布鲁尔的研究展现出了这类研究在指导教育政策发展方面的潜在价值，同时也指出了开展有关教师在教师教育中的经历与 K-12 学生学习间关系的其他研究的重要性。

"教师教育效果"研究的贡献与局限

教师教育效果研究的潜在贡献体现在以下方面：此类研究中的研究设计允许进行
1024 精确的、量化的预测；允许建立因果或相关关系；允许存在相对独立于研究的结果。自然科学研究所具有的较高地位，相应地延伸到了相关社会科学领域的效果研究，特别是教师教育的效果研究之中。也许教师教育效果研究最为持久的贡献会体现在政策领域。教育决策者发现此类型的研究非常有用且具有吸引力，因为此类研究发现的相关性与效度可以作为设计与评价教师教育项目的基础(Florio-Ruane, 2002)。政策的语言和假设与教师教育效果研究所用语言及假设的共通性,也有助于解释二者之间的密切关系。正如科克伦-史密斯认为的,当教师教育被作为政策问题加以建构时,人们期待处理这一问题的证据来自"实验的或相关的研究,其中有复杂的统计分析,以表明教师准备项目的某些方面确实或未能对学生的学习或其他结果产生系统的与积极的影响"(Cochram-Smith, 2004a: 112)。然而,作为一种提醒,弗洛里奥-鲁安认为,寻求教师教育效果的可普遍化的传统,往往会受教学及学习的情境化的、地方性的以及情景化的本质所限制。

除此之外,许多教育学者也质疑效果研究影响教师教育实践的能力。伯克哈特和舍恩菲尔德发现,"这样的研究能够提供洞见,找出难题,建议可能性。然而,它本身并不能产生实际的解决方案,即便是在小范围层面"(Burkhardt and Schoenfeld, 2003: 5)。由此类研究所形成的知识,对于特定地域情景、项目及个体实践中的直接应用而言,有可能过于抽象或笼统(Johnson and Onwuegbuzie, 2004)。

总之,效果类型研究对于形成近法律式的原则以操控教师教育领域中的教学与学习过程是极其有帮助的。达林-哈蒙德等人以极具说服力的语言论述了教师教育效果研究的潜在价值:

> 深思熟虑的、设计完善的以及细致入微的研究会有助于该领域。此类研究关注以下问题:何种知识对于教学最有价值;这些知识在不同种类的教师培养项目中以何种方式呈现;教师习得的知识如何体现在州资格证政策中以便为教师学院中的训练提供有用的支持与充分的信息。(Darling-Hammond, *et al.*, 2001: 72)

与此同时,此种研究类型能够提供的启示也存在着局限性,例如,研究无法在所有情况下提供有关为什么在特定的情景中某些事物会发生作用或无法发生作用的解释。

解释性研究

引言:解释性研究的目的与知识基础

在本文介绍的四种研究类型中,解释性研究也许是内涵最为广泛的一种,例如,它涵盖了人种学、符号互动论、叙事、教育鉴赏、现象学和话语分析等诸多方面的内容。 1025
这些无法详述解释传统中的所有研究途径,我们仅勾勒了一个概貌,描述解释性研究者所做的基本假设以及这一类型方法的基本逻辑。

解释性研究的核心是寻找本土意义(Bogdan and Biklen, 1992; Hatch, 2002; Lincoln and Guba, 1985; Schwandt, 1994)。与教师教育效果研究不同,教师教育效

果研究旨在识别出可应用于多种情境的固定的命题，而解释性研究试图观察、描述、分析与解释特定情境或背景的特征，保留其复杂性，传达实际参与者的观点。解释性研究寻求"理解情景中的有意识行动"(Florio-Ruane，2002：209)。通过细致地描述背景与行动，以及解释行动者如何理解其社会文化情景与行动，它可以抓住局部性的变化。鉴于它对于局部性的强调，解释性研究有可能关注以下任何或所有方面：(1)提升实践，包括项目设计；(2)通过勾勒使政策成形的突出背景特征，或者通过描述政策执行中的成功与缺陷，从而为政策提供信息；(3)指导或补充其他研究类型中的研究设计，特别是教师教育效果研究；(4)形成理论发展。读者可根据不同的研究情景，决定一个研究具有什么样的解释力。

解释性研究源于19世纪欧洲的思想，尤其是德国知识分子对理解被剥夺公民权的生活世界，以及利用这些理解指导社会变革的兴趣(Erickson，1986；Hatch，2002；Schwandt，1994)。德国社会理论家、著名学者马克斯·韦伯(Max Weber)[①]，便在社会科学中采用了诠释学方法。与此同时，在美国，社会科学，包括教育心理学与教育社会学，遵循着不同的研究路径，形成了实证主义的方法及与物理科学更为接近的研究标准(Lagemann，2000)。受欧洲思想影响最大的人类学家(如，Malinowski等[②])及芝加哥大学的城市社会学家(如，Park和Burgess)，继而开创了关注教育的人种志研究者的研究(如，Spindler和Kimball)。19世纪欧洲社会思想遗产尽管在20世纪前期和中期并未产生极大影响，但它在20世纪后期引发了教育研究者，特别是那些挑战教育研究中的实验及相关研究法统治地位的研究者的兴趣(Guba，1990；Guba and Lincoln，1994)。当前的解释性研究在20世纪早期研究的基础上有了极大的拓展，当前已经成为教育研究领域中一个发展完备的类型(Delamont，*et al.*，2000；Denzin and Lincoln，1994)。[③]

随着过程-结果研究的缺陷表现得越来越明显，教学与教师教育的解释性研究崭露头角(Shulman，1986)。许多经典教学研究中的解释性研究将这一类型引入了教师教育的研究之中(如，Cazden，1988；Heath，1983；Jackson，1968；Mehan，1979；Shultz等，1982；Tharp和Gallimore，1988)。至20世纪80年代，解释性研究使得教

① 马克西米利安·卡尔·艾米尔·韦伯(德语：Maximilian Karl Emil Weber，1864－1920)，德国政治经济学家和社会学家，被公认为现代社会学和公共行政学最重要的创始人之一。——译者注

② 布罗尼斯拉夫·马林诺夫斯基(Bronislaw Malinowski，1884－1942)，英国人类学家，功能学派代表人，生于波兰，卒于美国。曾任伦敦经济政治学院教授、波兰科学院院士、荷兰科学研究皇家学院院士，美国耶鲁大学教授。建构以客观民族志记载田野调查研究成果的方式，开设最早的社会人类学课程，被称为"民族志之父"。代表作有《西太平洋的航海者》。——译者注

③ 此发展过程和论据如下：(1)自1992年，发布了四大教育定性研究手册(LeCompet *et al.*，1992；Denzin and Lincoln，1994，2000，2005)。(2)关于研究，有大量的教材和指南可用，(如Hatch，2002；Miles和Huberman，1994)，教育博士培训中定性研究法已经建立且成为预期实施的一部分。(3)已开办了新的期刊来探讨定性研究法，发表定性研究成果(比如《定性研究期刊》(*Journal of Qualitative Studies*))。(4)在期刊中，对动态认识论和方法论进行了争论(例如《教育研究者》(*Educational Researcher*))。

学在教师教育研究领域中的形象呈现为一种在复杂的社会文化背景中展开的复杂的思想活动。不仅如此,随着学生群体多样性的增加,研究者的注意力转向了教师如何理解教室中的社会文化构成,研究者自身生活的世界,以及不同经验的学生的学习与发展等方面。这种教学在实践认识升华的逻辑上的拓展便是去探寻初任教师如何学习教授所有的年轻人,以及不同背景、教师教育工作者实践如何塑造准教师的学习。
这种对于教师教育研究目的的重新界定——被科克伦-史密斯与弗里斯称为"学习问 1026
题(learning problem)"——非常适合于解释性研究方法。

解释性研究的核心特征

20 世纪 80 年代早期以来,在解释性传统中开展的教师教育研究的数量急剧增长。这些研究既反映了人类学、语言学、心理学与社会学领域的研究的学术生命力,同时也反映出社会科学研究与人文科学研究之间的界限正变得日渐模糊,对于复杂学科问题的概念化、语言、学习、身份以及文化等问题成为理论建构的焦点。解释性传统中的研究者利用这些理论成果建构起概念框架,以指导其对学习教学过程以及教师教育不同途径的本质的研究。值得注意的是,尽管大部分的解释性研究反映了学习教学的社会文化或情境视角,但近来没有任何一种理论框架在该研究类型中占主导地位。

解释性研究的一贯和独特特征在于其优先选择"局内人(insiders)"视角(Cochran-Smith and Lytle, 1993; Florio-Ruane, 2002),同时聚焦于理解个体学习教学所置身的自然情境中的社会文化过程。把握参与者的声音与议论是十分重要的,所以研究者在自然情境中记录各种互动,进行访谈并评论诸如反思日志以及目前流行的基于网络的交流等书面材料。他们采访那些直接参与教师培养项目的人——候任教师、与候任教师一道工作的校本专业人员、大学中的教师教育工作者——其意在明确他们的背景,并分享他们对自身实践的理解。在实地考察中通过做笔记、观察实物、录音、录像等方式,记录下互动与活动,使得研究者有机会去发现教育场景中那些可以培养、塑造或限制教师学习的要素。最为典型的是,研究者把自己界定为一个观察者或参与式观察者的角色,即他或她对研究现象的了解,是通过长时间进入参与者的环境并与参与者互动完成的。解释性研究者基于其所关注环境的特征,进而认识到情景的重要性。他们关注的这些特征包括物理细节,资源与物质,课程、学校与教室的组织结构,当地的政策、决定与价值观,以及预期的互动规则以及对这些规则的违背。数据分析是一个循环的过程,它开始于数据收集,其主题和类型既可从数据中归纳形成,也可以从概念框架中演绎而成。

与教师教育效果研究不同,解释性研究旨在寻求案例的独特性,而非普遍性。

> 分析者的任务是揭示研究涉及的特殊案例的普遍性与独特性的不同层面——什么是具有完全普遍性的,什么可以被普遍推及到其他情境,什么是

> 特定情况下所特有的。解释性研究者坚信，这个任务只能通过关注研究中具体案例的细节完成。因而，解释性研究最先要关注的是案例的独特性而非普遍性。(Erickson, 1986: 130)

具体个案的大小或范围取决于研究者对理论与实践的关注点。例如，建构一个案例的常用方法是确定个体候选人(individual candidates)或成对的个体(如导师/职前
1027 教师)；然而，解释性研究者也考察课程项目中的具体实例(如有效的实习经验)，教师教育中的教学方式(如个案方法或撰写传记)，或者是项目及途径(如基于群体的项目或是其他可供选择的证书项目)。解释性研究的阅读者可以利用可信性、可应用性、可转移性及可确定性等指标判断研究的质量(Eisenhart and Howe, 1992; Lincoln and Guba, 1985; Toma, 2006)。

识字教学的合适工具：一个例证

我们将介绍一个由格罗斯曼(Grossman)、斯梅戈林斯基(Smagorinsky)和瓦伦西亚(Valencia)共同完成的一项跨机构的长期研究项目。① 这些研究者探讨的一般问题是"在构成教师教育的不同背景中价值与实践之间的分裂问题"(Grossman, *et al.*, 1999: 3)。通过跟踪研究小学与中学的准教师从教学实习到入职最初几年中的教学情况，研究者考察了"初任教师是如何在专业教育的多种场景中运用概念与实践，并将之完善，再运用于自己最初几年的教学之中的"(Grossman, *et al.*, 2000: 632)。

这个研究设计是解释性研究中的一个出色例子，其原因如下：首先，研究项目基于一种共享的理论框架，即行动理论。

> 行动理论基于的假设是，一个人的思考框架是在为解决特定情景中的问题而开展活动的过程中形成的。这些特定的情景中的社会结构是通过根植于历史与文化的行动而得以发展的。行动理论有利于研究者理解学习教学的过程，特别是教师们如何选择教学法工具以为教学提供信息并开展教学。此框架将关注的重心放在居主导地位的价值体系和社会实践上。这两者就构成了学习教学所发生的情景中的特色。(Grossman, *et al.*, 1999: 4 - 5)

通过行动理论的视角考察教师学习的导向指引着研究者关注行为背景(activity settings)，包括个体如何建构行为背景及它们的社会文化历史；身份(identity)建构；教

---

① 这项研究工作已在多个期刊上发表，并在两个机构中进行。格罗斯曼(Grossman)等人在1999年发表的文章《英语教学工具：学习教学的理论框架》，展示了项目中已发展起来的理论框架。组成研究项目的不同子研究的调查结果包括：库克(Cook, 2002)、格罗斯曼(Grossman, 2000)等人、格罗斯曼和汤普森(Grossman, Thompson, 2004)，以及斯梅戈林斯基(Smagorinsky, 2002, 2004)等人的研究。

师所使用的(appropriate)概念与实践工具(tools)。其次,此类研究的另一个特征是拥有丰富的资料库。这使研究者能够在各种场所中,密集地追踪一定数量的职前教师的教学实习,也可以尽可能地追踪到他们最初几年的教学。资料收集包括对准教师/初任教师的多次访谈,在教室中进行的反复观察,对相关支持方(如大学中的导师、合作教师、学校与学区中的管理者)进行的采访,对源自概念图活动的实物收集,以及对来自课堂实践的实物(如教学计划,书面的教学材料)的收集。第三,利用合作开发的编码方式进行严密的数据分析。最后,该项目发表的文献展示了从候任教师案例中得出的发现,其格式易于理解,适合在不同的场景中追踪其所展现出来的个体发展的细节。不仅如此,多个案研究通过提供跨案例分析,提升了研究项目的影响力。在对比案例中,研究者找出了与个体变化相关的模式与趋势;更重要的是,他们能够探索有助于解释这些模式与变化的背景因素。

由此研究项目得出的结论比其他由个体研究者进行的小规模研究得出的结论所 1028
产生的影响要大得多,部分原因在于研究是合作协同进行的,也因为研究是长期进行的。相关研究对于教师学习的理论认识具有一定的贡献,例如,研究者提出了一个发展的连续体,即"运用的五个水平"(five degrees of appropriation),它解释了新任教师是如何运用诸如建构主义或写作工作坊等概念与教学法工具的(Grossman, *et al.*, 1999),它还详细说明了教师在进行教学实习及其后的身份建构过程中的内在固有的压力(Smagorinsky, *et al.*, 2004; Smagorinsky, *et al.*, 2007)。阅读此研究项目之成果的教师教育工作者可以从中获得教师教育实践的洞见。例如,格罗斯曼与其同事(Grossman, *et al.*, 2000)展示了新任教师理解他们所在学区提供的或要求的课程材料所可能采用的方式;他们建议教师教育工作者引入市面上运用的(commercially prepared)课程,并让候任教师在职前体验阶段分析这些材料。最后,研究为教师教育课程设计及地区层面的政策制定提供了信息,因为它们指出了候任教师在不同的大学课程、实习及就职等场景中接受教师教育存在严重的脱节。例如,格罗斯曼与汤普森(Grossman and Thompson, 2004)通过对两个学区政策环境的对比分析发现,在参与者第一年的教学中,学区中有关课程材料、专业发展及辅导等方面的政策,使他们过于关注教学与课程决策。类似的发现对于教师教育工作者及地方学区人事部门可按何种方式共同工作以促进各种转变具有意义。

这一研究项目的局限性在于,研究发现的可推广性取决于如下方面:阅读者能够判断研究中的候任教师的群体特征和所研究的背景与阅读者本人所处的情况是否具有可比性。例如,教师的识字教学实践可能不同于他们的数学教学实践;另外,可能研究中所描述的学区背景与政策和阅读者试图考察与理解的学区实际情况相去甚远。

解释性研究的贡献与局限

解释性研究为理解候任教师的思考提供了重要窗口。教师教育工作者已经利用解释性研究来解答关于候任教师如何理解学习教学及如何处理教学与学习的复杂性之类的问题。研究也说明候任教师的信念(例如,关于教学与学习、学科内容知识的信念)与知识的重要性,展现了信念与知识塑造并调整教师教育经历的过程。① 对于教师教育而言,现在最重大的挑战已经成为如何应对“人口统计学上的分歧”(Banks, *et al.*, 2005)以及如何为多样化的学生群体来培训师资。解释性研究可以使人洞悉候任教师对文化、种族及语言的信念对于理解与应对多样化学生群体的意义;同时,这些研究也展示了教师教育中极具潜力的做法,使准教师用文化敏感性的方式学会教学。② 解释性研究在考察方法课程与实地实习中发生的情况(Clift and Brady, 2005),以及教师教育工作者的实践(Grossman, 2005)方面贡献了大量的研究成果。最后,解释性研
1029 究也有助于研究者识别高质量教师教育培养项目的特征(如 Darling-Hammond, 2000; Zeichner, 2005b)。总之,在解释性研究这一类型中进行的研究,使得教师教育工作者对准教师作为学习者有了更细致深入的理解,同时,也详细地解释了教师教育项目及教师教育工作者实践对准教师学习教学所产生的影响。

解释性研究类型的一个重要局限在于它缺少共享的概念框架及设计方法,这就使研究者难以汇集研究已有发现并对不同研究进行对比,即使是针对类似现象进行的不同研究,在解释性研究中也很难进行上述工作。当然,尽管这不是解释性研究本身的局限,许多研究使它展现出来的是在比较完善的解释性研究设计中的任何一个或所有方面——背景与参与者,研究者的主观存在,三角验证或同行评审,以及证明结论不成立或相反的实例——的不充分对话。因此,读者在决定是否将研究发现应用于以及如何将其应用于他们自己的研究情景这一问题上,面临着困难。解释性研究成果的最后一个局限在于,它主要关注候任教师、教师教育工作者,以及与教师培养相关的本校人员的视角。扩展实证研究的视角把其他利益相关者纳入进来——例如大学管理者,立法者,学校董事会成员,学区管理者,州教育部门的相关人员,优秀的有经验的教师,家长以及 K-12 年级的学生——以使研究能围绕当前政策的需求产生更多重要的发现,并将教师培养与学生学习联系起来。

---

① 例如,见下列具体研究项目:鲍尔(Ball, 1990),博尔科等(Borko, 1992),艾森哈特等(Eisenhart, 1993),格罗斯曼(Grossman, 1990),霍林斯沃斯(Hollingsworth, 1989),霍尔特-雷纳尔多(Holt-Reynolds, 1999),普莱斯妮等(Peressini, 2004),斯托达特等(Stoddart, 1993),威尔逊和瓦恩伯格(Wilson, Wineburg)(1998)。以及以下文献综述:博尔科和帕特南(Borko, Putnam, 1996);芒比等(Munby, 2001);帕特南和博尔科(Putnam, Borko, 1997);理查森和普莱希尔(Richardson, Placier, 2001);威迪恩等(Wideen, 1998)。

② 例如,见下列具体研究项目:布兰特(Burrant, 1999);埃斯卡米利亚和南森逊-美嘉(Escamilla, Nathenson-Mejia, 2003);福瑞和麦金尼(Fry and McKinney, 1997);戈麦斯等(Gomez, 2000);古德温(Goodwin, 1994);温纳(Weiner, 1993)。以及下列文献综述:霍林斯和古斯曼(Hollins and Guzman, 2005),斯里特(Sleeter, 2001),温纳(Weiner, 2000),蔡克纳和夫特(Zeichner and Hoeft, 1996)。

实践者研究

引言：实践者研究的目的与知识基础

蔡克纳(Zeichner)在其关于教师教育学术研究的评估报告中，称赞了教师教育中的自我研究这一研究类型——“那些真正在教师教育领域工作的人们开展的教师教育研究”——“很有可能是教师教育研究领域中有史以来唯一的最为重要的进展”(Zeichner, 1999: 8)。他将教师教育工作者基于训练且系统性地针对自身实践进行的探究，看作研究的一种新类型，并预测在未来的几年中，该类研究的重要性将不断增加。我们称该类型为“实践者研究”，包括行动研究、参与式研究、自我研究和教师研究[①]。与解释性研究相似，该类研究旨在理解情景中的人类活动，并基于参与者的视角展开；而两者的两大区别在于研究者的角色，以及研究的首要目的。在实践者研究中，研究者是所研究的经验中的核心行动者，它对实践的考察是源自内部的；也就是说，这种研究是由教师教育工作者进行的针对自身实践的研究，而并非由实践之外的其他方对于教师教育进行的研究。这种类型中隐含的是这样一种信念：实践者是合法的知情者，他们在其自身实践情景中获得了的重要的且有价值的观点。

科克伦-史密斯和莱特尔(Cochran-Smith and Lytle, 1990)将这种研究类型中内含的教师作为反思实践者的概念，归结为杜威(Dewey, 1904,1938)有关教学及教师培养中理论与实践间关系的相关理念。早在1904年，杜威就强调了教师作为教学学习者(students of teaching)的重要性，他提倡教师通过对自身实践的反思，形成关于教学与学习的理论性理解。更为典型的一种观点是，学者认为由教师和教师教育工作者进行实践者研究的理论传统，可以追溯至20世纪五六十年代的社会科学行动研究(Cochran Smith and Lytle, 1990)。卢因(Lewin, 1948)首次使用了“行动研究”(action research)这一概念，他将行动研究描述为一个涉及致力于促进包括社会行动及变革的计划、执行、事实发现、反思等在内的螺旋式循环。作为教育行动研究中最具影响力的代言人之一，斯滕豪斯(Stenhouse, 1975)鼓励教师把参与行动研究作为一种 1030
提高自身判断力及改进课堂实践的方式。

实践者研究这一术语，既强调研究自身实践所具有的个人价值，也强调教师教育工作者研究自身作为师范教师(teachers of teachers)所正式开展的实践所具有的专业的与共享的价值。作为教师教育工作者，我们有潜力去“有目的地厘清‘我们’的实践，以应对教学中的复杂性与不确定性”(Loughran, 2005: 8)。这样做，可以加深我们对自我实践的理解，促进我们的实践，同时也可以彼此相互分享经验。在实践者研究中

① 因为关于实践者研究类型的异同不属于本文讨论的范围，我们建议读者去看科克伦-史密斯和唐奈(Cochran-Smith, Donnell, 2006)、蔡克纳和诺夫克(Zeichner and Noffke, 2001)的相关文章。

形成的知识，主要可用于理解和改进特定情景中的实践。对于本地以外的情景而言，这种知识也可能被证明为是有用的，这种有用性可以通过向更多的教育者及研究者传递教师教育复杂性的方式来实现（Lytle and Cochran-Smith，1992；Zeichner，1999）。除此之外，由教师教育工作者开展的实践者研究，能为未来的教师们提供典范，使他们认识到学习怎样教学是与学习如何进行探究存在内在联系的（Dinkelman，2003）。

实践者研究的核心特征

这类研究的特征是，教师教育工作者具有实践者与研究者的双重身份。在所有实践者的研究中，研究者的专业背景是研究展开的起点，专业实践中的难题与议题是调查的核心。通常情况下，这些议题源自实践者的期待与实际发生的事件之间的差距。因为实践者是研究者，专业情景是探究地点，因而研究与实践间的界限有时会变得模糊。科克伦-史密斯和莱特尔（Cochran-Smith and Lytle）曾用"辩证式的工作"来形容在实践者研究中研究与实践之间的多层面关系。辩证式的工作意味着：

> ……研究与实践，分析与行动，探究与经验，理论生成与实践，作为研究者和参与者，形成有关实践的本土适应，使知识在其他情景中可以被理解与运用，由此使其转变为公共知识，以上这些内容间均存在着相互的、循环的且符号式的关系。（Cochran-Smith and Lytle，2004：635）

这种特殊的关系将"本土与直接情景"提升至"教师教育调查中的显著位置"（Dinkelman，2003：14－15），从而为反思与提升教师教育实践创造了新机会。

不同的实践者研究均具有意向性和系统性的特征（Cochran-Smith and Lytle，1993；Cochran-Smith and Donnell，2006）。意向性指的是实践者研究具有计划性与目的性，这可以同其他类型的反思性实践形成对比，反思性实践在本质上更具自发性特点。系统性指的是有条理地收集信息，保持对经验与事件的记录，并对收集与记录的信息进行分析。实践者研究中，数据的收集综合了多种记录方法，如观察、访谈、实物收集，这些方法是很多质性研究的特色。很多实践研究者保存了他们的计划和准备的有条理的记录、教学材料和教学任务的备份、师范生在形成性与终结性评价中的表
1031 现，以及对自身教学及师范生学习情况的书面反思材料。一些研究也利用电子邮件、谈话记录、叙事以及其他一些方式记录了有关参与者在特定时刻所持视角的数据资源（Cochran-Smith and Donnell，2006）。

与解释性研究中的很多研究者一样，实践者研究中的研究者经常同时运用归纳和演绎两种方法分析数据。偶尔他们也会用到不常用的分析和解释的形式；例如，"口头调查"（oral inquiry），即所分析的数据以口头数据为主，其意义是在实践者社群的社会互动中共同建构而成的（Cochran-Smith and Lytle，1993，2004）。对师范生的学习（或

其他教育结果)及教师教育工作者的意图、决策、阐释、反思进行交叉式的系统分析，使得实践研究者得以建构详尽的有关教学与学习的描述，并由此获得实践外的研究者所无法获得的独特的见解与结论。实践者研究的效果与真实性需要用多种方法来检验——多种数据来源与数据分析方法——同时也需要保证研究者说明并检查自身的偏见，以及这些偏见可能以怎样的方式影响数据收集和分析。

本类别研究者要保证研究质量和严密性，可以将研究工作视为公共财富，并使它可以为他人所检验和批评(Shulman, 2000)。要做到这一点，研究报告就必须遵守报告基本的要求——例如，清晰地阐述研究问题，具体地描述研究所处的条件与情景，清楚地报告数据收集和分析的过程。拉博斯基(LaBoskey)认为，“通过对教学实践中案例的建构、检验、分享及复测，我们将推动该领域的发展”(LaBoskey, 2004: 821)。她认为，教师教育实践要能经得起推敲，要能经受住进一步的检验与评判，而要做到这一点，实践者研究是至关重要的方法。舒尔曼(Shulman, 2000)断言，通过参与教学的学术研究——通过努力使我们对教学的文献记录、评价以及分析更为公开与易于理解——我们不仅能提升自身的教学，也有可能使我们的同行从中受益。

在很多实践者研究中，教师教育工作者间的合作也是一个关键特征(Cochran-Smith and Donnell, 2006)。合作涵盖了一系列的活动：比如，写作小组，批判式的诤友，或者共同完成数据收集和/或分析。若独立完成实践者研究，则研究者与同事、或与更大范围内的读者的交流沟通会受到限制。所以，合作会提升实践者研究影响体制与个人改变的可能性，并为公共领域做出理论贡献。我们列举的研究项目中提供了合作式实践者研究的案例。

琳达·瓦利和杰里米·普赖斯：实践者研究的一个例证

教师教育工作者在两个层面上参与实践者研究。第一层面，即本文将会重点强调的教师教育工作者对其自身实践进行的研究；第二层面，提升未来教师作为研究者考察自身实践的体验。本小节选取的案例展示的是，那些关注对其自身职业生涯与学生培训这两个方面有价值的研究的学者，如何能够、或在特定的时候能够将两个层面结合起来。琳达·瓦利(Valli, 2000)和杰里米·普赖斯(Price, 2001)对他们在马里兰大学开展的职前教师行动研究课程进行了平行研究。此外，针对他们各自的行动研究 1032
项目，他们合作进行了一项研究——考察未来教师在课程中学到了有关教学、探究及改变等方面的哪些内容，以及他们以怎样的方式学到的(Price and Valli, 2005)。这两位学者将他们的研究称为行动研究，从而突出了他们想要变革的意图，这种变革包括个人与社会政治两方面。

瓦利(Valli)在一项高级行动研究课程中开展了她的研究项目，该课程面向攻读硕士学位的职前教师，这些职前教师同时也被当地学校聘为全职教辅人员。作为教学者，瓦利提出了如下研究问题：“在保持对教学新手个人发展之关注的同时，该课程如何能更直接地与学校变革联系起来?”(Valli, 2000: 716)。通过参与式观察,访谈关键人物,课程作业的文献回顾,课堂录音,反思日志,学生问卷等方式收集数据,她发现,一些学生在行动研究中将关注点置于学校层面,而其他一些学生则更关注课堂层面。抛开瓦利所强调的个人与学校共同发展,学生们无法将两者融合到一个项目中。瓦利得出的结论是:学校、课程设计、教科书导致了这种非此即彼的二分法,这种将教师与学校发展概念相融合的策略“仍然处于初级阶段”(Valli, 2000: 729)。

普赖斯在一个一年制硕士学位项目中开设了行动研究课程,该项目旨在为职前教师提供从社会公正的视角审视他们的实践的机会,并使他们由此获得自己的教学知识。他的行动研究探索了作为课程核心的教师知识所包含的四个领域中的经验——反思和探究,学生,教学内容知识,社会公正与民主——如何对塑造作为初任教师的职前教师的性格并指导其实践发挥作用。通过使用和瓦利相似的数据来源,普赖斯发现行动研究课程为准教师开发与拓展思维、提升技能、增强责任感及将这些方面应用于教学实践提供了机会。他总结道:候任教师在该课程中学到的东西能够影响“他们将成为怎样的老师以及他们如何看待教学工作”(Price, 2001: 71)。

普赖斯和瓦利(Price and Valli)通过在他们的平行研究项目中寻找模型和主题,合作探索了职前行动研究课程中有关促进改变并以此为目的的教学所具有的教育意义。这项合作研究所用的数据,不仅包括两项独立研究中的多种数据来源,而且还有政策文本以及来自研究会议的笔记。研究者各自分析了自己班级中的未来教师在行动研究中获取的经验,完成了针对分别来自两个班级的四位学生的描述式案例研究。通过跨个案分析,普赖斯和瓦利发现了行动研究过程和教学中存在的五种内在压力或困境:个人与制度变迁,行动与理解,支持与挑战,激情与理性,规则与解放。他们认为,通过克服这些压力,教师教育工作者可以帮助未来教师去审视和重构对自己作为教师与变革主体的假设。

这种多层面的项目展示了实践者研究的核心特征,即教师教育工作实践者与研究者的双重身份。而且,这种多层面的项目对个体与社会变革的关注也把自身置于行动研究的传统之中。普赖斯和瓦利指出,“……教学是一种复杂的、道德的活动,对这一点以及教学本身,我们和新手教师一样,需要不断地对其进行探索与改进”(Price and Valli, 2005: 60)。他们的合作项目揭示了教师教育工作者行动研究的价值,这种价值体现在其揭示了教师学习的复杂性,为未来教师提供了探究模型,并有助于形成职前教师教育中的关于行动研究教学与学习的理论。

1033 **实践者研究的贡献与局限**

实践者研究为研究自身实践的教师教育工作者提供了直接的益处。这些益处包括,加深对内容和教学法的理解,积极致力于使教学方法多样化,增加对自身能力的信心,以及提升倾听并向学生及他人学习的意愿(Bullough and Gitlin, 1995; Henson,

1996)。这些理解与投入，源自教师教育工作者面对与反思“工作中的不足，以及实践中理想与现实的差距”的勇气(Zeichner, 1999: 12)。汉密尔顿和皮尼格认为，“通过自我学习，我们可以对个人实践进行评估，更好地理解教学，改变我们的实践以回应学生的需要，更为重要的是，创造出可以印证我们信念的实践活动”(Hamilton and Pinnegar, 2000: 238)。

实践者研究的受益者不限于教师教育工作者。正如瓦利(Valli)和普赖斯(Price)的研究表明的，“这种对个人教学实践进行的严谨、系统的研究，为未来教师们以及诸多希望自己的学生使用此种探究方式的教师教育工作者们提供了范式”(Zeichner, 1999: 11)。实践者研究能够促进教育的改变与创新，并为 K－12 学校中的教学实践者与教育学院间的合作打开大门。实践者研究的优势会影响到也应该影响到职前教师、教师教育课程、高等教育体制，以及更广大的教育者、学者及决策者群体。

研究自我实践的专业人员面临着很多实质性的挑战。对于教师教育工作者而言，他们可能面临类似以下的挑战：在大学文化中开展实践及商榷研究日程等问题，可能会限制他们对个人实践进行系统的探究(Bullough and Gitlin, 1995; Cochran-Smith and Donnell, 2006)。此外，人们经常呼吁致力于实践者研究的教师教育工作者，重视有关这种研究类型的重要批评。科克伦-史密斯及其同事(Cochran-Smith and Lytle, 2004; Cochran-Smith and Donnell, 2006)把这些批评归为五类：知识类批评，方法类批评，科学类批评，政治性批评和个人/专业发展类批评。虽然对这些批评的探讨超出了本文的讨论范围，但值得注意的是，这些批评在根本上关乎以下内容：什么可以算作知识、证据、有效性，以及什么是研究。尽管存在这些问题和批评，蔡克纳(Zeichner, 1999)的预测依然很准确。该研究类型的范围和影响力仍在持续扩大，这通过大量的出版物便可清晰感知到。如包括《国际教学与教师教育实践自我研究手册》(*International Handbook of Self-Study of Teaching and Teacher Education Practices*)两卷本(Loughran *et al.*, 2004)，以及由洛克伦(Loughran)和拉塞尔(Russell)主编的新期刊《教师教育研究》(*Studying Teacher Education*)等，均表明了这一点。

设计研究

引言：目的与知识基础

设计研究可能是用来研究教师教育和学习教学的最新研究类型。在教育界，设计研究是伴随着传统心理实验应运而生的，它在严格控制的实验室条件下开展研究，是早期研究人类学习的主要方式。它致力于探究实践中什么才是有效的问题，设计研究者们在实际生活场景中开展研究，放弃了心理学实验中所特有的控制变量概念和固定的研究程序(Collins, 1999)。设计实验利用了工程学和如航空学、人工智能学之类的 1034
“设计科学”中的模型，通过对教学策略和工具进行系统的设计与研究，来探究情景中的学习(Desigh-Based Research Collective (DBRC), 2003)。因此,设计研究的特点在于,提高实践能力与发展理论之间有密切的关系(Brown, 1992; Simon, 1996)。研究团队为了同时实现提升实践能力和做出理论贡献的双重目的来开展研究,这是通过创建卓有成效的革新模型和开发那些与学习过程及旨在促进学习的工具相关的解释性框架来实现的(Cobb, *et al.*, 2003)。

在教育领域,最广泛的设计研究项目是在 K-12 数学课堂中开展的。受课堂教学实验(Gravemeijer, 1994)、建构主义教学实验(Cobb and Steffe, 1983),以及其他学科设计研究方法的影响,基于课堂的设计实验,在实施中特别需要实现教育创新和系统性的研究学习。在教师教育中,设计研究的焦点转向了职前教师,以及他们在教师教育创新项目中的经验。正如西蒙(Simon)所解释的,教师发展实验方法论"为研究者在演变中的知识前沿开展研究提供了框架",因为他们为职前教师设计并提供了受教育的机会,而且要研究在这些机会中参与者的学习与发展(Simon, 2000: 336)。

设计研究的核心特征

设计研究的标志是:关注设计、实施、分析和重新设计之间的反复循环。这些循环受理论的驱使;研究者从一系列与促成某种特定学习方式相关的假设出发开展研究。这些假设在研究者系统地收集数据和分析数据的过程中得到了验证和完善。新的假设同样要接受检验并被加以完善,由此出现了干预与修正的反复循环。设计研究注重研究过程,通过对个体或群体的推理和学习的持续性模式进行考察,并对教学干预的某些特征给此种推理与学习带来的影响进行评估,研究者可以追踪个体或群体的变化。

教育情景设计研究的成功与否取决于实践者、研究者的知识和努力。因而,研究者通常与教师、教师教育工作者们密切合作,以制定、实施和修订某一教育干预行动。研究者持续不断地、直接地参与到情景中是很有必要的。他们必须对预期的学习路径有清楚的认识,并牢牢地掌握潜在的支持方法,进而深刻地理解教育环境。这样一来,他们可以推进创新逻辑,定期进行任务汇报,在汇报中分析、阐释之前的事件,并规划未来的事件。通常情况下,教育实践者作为完全的参与者,如同研究团队的一员那样,协作式地参与最初的设计,开展试验,进行分析,对创新项目进行重新设计(如,Bowers 等,1999; McClain, 2003)。

通常,设计研究是多层面的。在教师教育中,创新往往包含着多种要素,比如职前教师被要求完成的任务或难题,支持学习的教育学材料,已有的参与及对话规范,教师教育工作者为协调任务、材料、参与规范之间的关系而使用的指导性实践。除了这些
1035 课堂层面的要素外,创新可能会包含教师教育项目中的活动或结构。总之,设计研究是一种循环往复,以理论为驱动,注重过程,合作式,干预式,且多层次的研究(Shavelson, *et al.*, 2003)。

尽管源自不同的学术传统，设计研究和实践者研究项目的一些关键特征却是一样的。致力于提高本土实践，贡献于更广泛的知识基础，这些一直出现在设计研究中的特点，也是很多实践者研究项目的特征。若教师教育工作者是设计研究团队的成员，同时有外部研究者参与实践者研究，那么其合作关系的本质便是相似的。此外，就行动研究中的计划、实施、事实调查、评估的螺旋式循环，与设计研究中核心的设计、执行、分析、重新设计的循环往复而言，两者之间存在明显的共同之处。设计研究与课堂研究也存在着诸多深层次的相似之处，在课堂研究中，某一专业学习群体会花几个月、甚至几年的时间来教授并修订一系列的课堂教学课程(Cobb，2000)。

在设计实验期间收集的数据往往包括大量的有关设计过程的完整记录，例如，设计会议的视频音频记录，记录不断演变的假设的文件材料。有关学习过程、学习成果及组织、支持学习方式等方面的记录同样是重要的数据。在职前教师教育课程中，对于教育干预的记录往往需要通过收集和整理多样化的数据来实现，例如收集、整理班级课堂的视频与音频记录、教具、评估工具、学生作品，以及学生学习的其他成果。

设计研究的数据分析有两大相互区别的层面：持续性的分析与回顾性的分析。在设计实验的过程中，持续性的分析旨在提升参与者的学习；这些分析会完善假设的内容，并改良干预的方式。在教师发展实验中，这些分析会考虑到职前教师的知识储备和推理能力，以及他们所处的活动体系。相比之下，回顾性的分析发生在干预完成之后，它旨在将设计实验放在更广的理论背景中，通过对数据进行系统的重新审核，使关于学习的解释性模型得以继续发展，并保持支撑这种发展的方法(Simon，2000；Cobb，*et al.*，2003)。

小学数学建构项目：一个例证

我们发现，几乎所有的教育设计研究都在 K－12 课堂中进行，并聚焦于学生的学习。我们也找到了一小部分关注教师专业发展中的教师学习(例如，Clark 等，即将出版；Lehrer 和 Schauble，2000；Stein 等，1998)和职前教师教育(例如，Simon，2000；McClain，2003)这两方面的设计实验研究，这类研究从数量上看正在不断增多。我们描述其中一个在职前教师教育中进行的研究项目，即小学数学建构项目(Construction of Elmentary Mathematics，CEM)。

小学数学建构项目是一项为期三年的教师发展实验，它不仅产生了一整套可以支 1036
持未来小学教师的数学和教学发展的学习理论，也拓展了定量推理和数学证明的理论
模型(Simon，2000)。西蒙(Simon)、布卢姆(Blume)及其在宾夕法尼亚大学的同行，
研究了准教师们在一项实验性教师培养项目中的发展，此项目中包括一门数学课程，
一门关于数学教学与学习的课程，以及两门相关的实习课程。该项目起初的主要目标
是增加职前教师的数学知识，促进他们形成一些改革文件中要求的有关数学、教学及
学习的概念，此类文件如《学校数学课程与评估标准》(*Curriculum and Evaluation*

Standards for School Mathematics)(National Council of Teachers of Mathematics, NCTM, 1989),《数学教学专业标准》(*Professional Standards for Teaching Mathematics*)(NCTM, 1991)。这两门课由西蒙设计并教授。所以,该项目是设计研究的一个例子,其中,实践者也是研究团队中关键的一员(Cobb, 2000)。

西蒙及其同事在数学课程中进行的设计实验,关注未来教师对乘法关系的量化推理与理解。研究组通过设计一个职前教师的数学与教学发展的模型来展开研究。每节课后,研究者均会聚在一起讨论他们关于候任教师在数学发展方面的观点,并确定下一节课的教学任务。在整个学期,他们记录了未来教师在证明与验证自身数学理念时所用的论据性质的实质性改变。例如,很多未来教师最初尝试援引过去的教师或教科书等权威来确证某一数学观点。而后,很多人倾向于使用演绎证明法,扮演起判断合理性的仲裁员的角色(Simon and Blume, 1996)。基于此种持续的分析,研究小组对教师发展的模型做了修改,并对他们开创的旨在促进职前教师对乘法关系与确证概念的理解的学习活动进行了调整。

持续分析中出现的议题已成为回顾分析的重点。一系列的分析关注了与数学证明及验证相关的课堂规范的形成。通过分析,该研究解释了有关数学与社会规范的证明与验证是如何在课堂中实现的,同时也描述了影响学生参与数学证明及课堂规范形成的因素(McNeal and Simon, 2000; Simon and Blume, 1996)。

在实现研究设计目标的同时,这些持续性分析及回顾性分析对实践和理论均做出了贡献。实践方面的贡献包括一系列教学任务与教学法实践,它们可以支持职前教师的量化推理和证明概念的发展,以及课堂中数学证明与社会规范的形成(McNeal and Simon, 2000; Simon, 2000; Simon and Blume, 1994a, 1994b, 1996)。理论方面的贡献表现为:对量化推理的模型进行了详尽的阐述,并拓展了数学中证明的现存分类。该项目以案例的形式说明了设计研究循环往复式的、合作式的以及干预式的本质。此外,研究还阐明了设计研究与实践者研究之间的模糊界限。事实上,在《数学与科学教育研究设计手册》(*Handbook of Researh Design in Mathematics and Science Education*)(Kelly and Lesh, 2000)中,鲍尔(Ball, 2000)将CEM项目作为一个"来自内部"的教学研究案例进行讨论,西蒙则将它作为一个"教师发展实验"的案例进行了讨论。

设计研究的贡献与局限

1037 正如"小学数学建设项目"所展示的,设计研究对理论和实践都做出了贡献。教师发展实验(如基于课堂的设计实验)是在具体的情境中围绕具体的干预进行的。通过持续性分析和回归性分析而产生的解释性理论框架,使研究者能够针对情境、教学与学习实践及结果的重要特征来对比不同的创新的落实点。这些研究详细描述了创新及其在不同教学环境中表现出来的效果。这些效果对教师学习情景化理论——关注对学习起重要作用的情境要素的理论——做出了贡献，同时也对教师教育政策与实践有启示作用(Cobb，2000；DBRC，2003)。

从实践的角度来看，设计研究的一个重要的目的在于，在一个教学情境中形成的教育创新被用于其他情境时，会产生有成效的学习模式。设计研究的目的不是找到一个能在不同情境中重复使用的万能教学项目，相反，设计研究是基于这样一个理念，即教师教育工作者作为专业人士能够在不断评估课堂中个体和集体实践的基础上，及时调整教学计划。分析一项创新而有用的解释性理论框架，不仅让创新在不同情景中的实施变得可能，也使其在实施的过程中能够保留自身基本的要素，同时又使自身适应于不同情景的具体特点——也就是说，不会使用包含“致命性突变”的方法(Brown，1992)。

设计研究的关键性优势是，它使研究者能够像在真实的情景中那样检验理论，调查教育创新。这种类型的研究不太适用于考查改革的广阔社会政治背景，也不太适用于去理解脱离于情景与目的的个体认知。设计研究既费钱又费力。一项对教师发展的研究的合适时间长度可能是很多年，其中包括长时间的介入和回顾性的数据分析(Cobb，2000；Shavelson，*et al.*，2003)。

已有的、新兴的、模糊的研究类别面临的挑战与机遇

在最后一部分中，我们考虑到教师教育和教师教育研究当前的政策与实践背景，同时预想到该领域所面临的复杂问题将会沿用到已有的和新兴的研究类别，也很有可能会促使研究类别界限变得模糊，因此，在文章结尾，我们为教师教育研究类型未来发展的方向提出了建议。

应对“危机时刻”

在 2004 年《教师教育杂志》(*Journal of Teacher Education*)中的一篇社论中，科 1038
克伦-史密斯认为“目前教师教育处于危机时刻”(Cochran-Smith，2004b：3)。该领域面临着困难的挑战，例如聘用和留任多元化教师群体，提高我们的教师教育能力，确保教师们能够让所有学生实现他们全部的潜力，尤其是那些在公共学校中未能得到很好发展的学生(Darling-Hammond and Bransford，2005；Florio-Ruane，2002)。同时，评论家和利益相关者都坚持认为，教师教育对学生学习有着贡献。然而，当前对问责的强调往往局限于某些方面，因此产生了这样一种环境：学习被定义为可测量的内容；教师的素质被界定为其在所教内容领域中所修读的课程，以及教师个体在提高学生测验分数上的有效性；立法所寻求的是解除对教师入职的管制，同时加强对大学的教师教育项目的管理；另外，立法要求各学科通过“基于科学的研究”和“基于证据的教育”，来解决教育中存在的问题。所有这些现象的叠加将我们推向了一个关于教学和教师教

育概念的狭隘理解——“关于教学的技术性观点，教师教育的培训模式，以及将学习和测试同等化”(Cochran-Smith，2004b：3)。

如何通过研究来帮助我们迎接当前的挑战？最需要何种研究来为实践者和决策者提供指导？在这部分中，我们为教师教育的研究方向提供了建议——这一方向旨在对政策和实践提供有用的知识。复杂性这一概念，在我们的建议中是非常突出的内容。五年前的研究让我们认识并领悟到教学及学习教学的复杂性。下一个十年中，研究者必须做更多的工作以厘清这种复杂性，并将它与学生学习的广义概念结合起来。科克伦-史密斯认为，要实现这个研究项目的目标，需要一系列环环相扣的证据：

> 为了使教师教育对学生学习产生影响，需要一系列有重要关联的证据：证明教师培养项目与候任教师学习之间的联系的实证性证据；表明候任教师的学习与他们的实际课堂实践之间的联系的实证性证据；展示毕业生的实践与他们所教学生学习内容与学习方式之间的联系的实证性证据。每一种联系都是复杂且难以评估的。将其结合起来看时，挑战会变得愈加艰巨。(Cochran-Smith，2005a：303)

复杂问题呼唤多种解决方法

为了迎接这些挑战——也为了建立一系列证据——我们的研究必须是多学科、多元化的，必须运用新的工具收集并分析数据。隐含于建构这一连串证据中的问题是复杂的。要解决这些问题需要借助于已有的研究类型，例如教师教育的影响性研究和解释性研究，通过与实践者共同实践，运用实践者研究和设计研究来推动研究的开展与实验；同时，还应模糊运用混合方法研究中的不同类别。正如同蔡克纳在美国教育研究协会上发表的关于教师教育研究的文章的总结部分写到的，“鉴于教师教育的复杂性，以及它与教师素质、学生学习因素之间的联系，单一的方法论的或理论的方法无法提供理解以下所有问题之所需，即教师教育影响教育结果的方式和原因”(Zeichner，2005a：743)。

作为一个领域内的研究者，我们必须利用方法论发展的优势来设计更多的复杂研究，并对其进行多层次的分析。通过用于收集、记录、储存信息的新技术，我们可以获得更大的数据集。新的统计技术和工具可以对复杂的数据集进行多层次分析。媒体中的数字化革命让研究者有能力去收集、储存高质量的，关于教学与学习活动的音频或视频记录，电脑软件提供了可以对文本数据和视频数据进行编码和分析的新工具。

1039 本文重点介绍的研究展示了已有的研究类型和新兴的研究类型是如何将这些方法论上的发展运用到创新研究设计和分析计划上的，这是很鼓舞人心的。同时，我们认为，其对于帮助研究者在研究中打破不同研究类型的界限也极具潜力。在过去几十年中，教育研究共同体中更为广泛的交流为教师教育研究中的多种研究类型的发展提供了信息。我们期望当前关于多种方法的讨论，同样会对教师教育研究领域的发展有所贡献。

在单一的项目中运用多种方法的研究有很多名称——例如，多元方法、混合方法、多元/混合方法、多元/混合模型，或融合法（Smith, 2006）。有时，人们把这种研究描述为社会和行为研究的"第三次方法论运动"（third methodological movement）（Tashakkori and Teddue, 2003），这些研究都是由实际性的问题推动的。基于一种实用取向，研究者会选择多种方法，并以独特的方式将它们结合起来，以找到最佳方案去解决棘手的问题。在这个意义上，本文要讲的核心观点是：这些研究方法模糊了不同研究类型的界限，建立了对复杂问题的更为丰富的分析和解释。

在项目中将多种方法结合起来进行研究是否合适，人们对此有很多争论。这一争论触及了各种问题，比如理论视角和研究方法的搭配问题，来自不同方法的知识见解在概念上的连贯性问题，融合了多种设计和程序的研究的可实践性问题等。关于这些问题的讨论一直没有结论，它们也超出了本文讨论的范围。[①] 这里，我们通过简述当前正在进行的两项研究——教师入职途径项目与教师质量合作项目，来说明这类研究的潜在价值。尽管这两个项目在2006年初才刚开始在领域内发布研究成果并接受同行的评议，但鉴于两项研究所关注的问题的本质，以及它们极具说服力的混合方法的研究设计，它们显然有潜力推动连接教师教育与学生学习的证据链的建立。

教师入职途径项目（Teacher Pathways Projects）是有关纽约市学校教师从事教学的途径的研究，该项目持续调查了多年。研究考察了这些途径的特征及其对不同教育结果的影响，例如教师是否在教学，是否仍在从事教学，以及他们对学生的学业成就有怎样的影响（Boyd, *et al.*, 2006）。该研究的突出之处在于它的研究目的和范围。研究团队由来自多个学科领域的学者组成，包括劳动力市场经济学家，教师教育工作者和政策分析师。该项目综合运用了不同的方法，涉及多种数据，这些数据包括有志于从教的职前教师和一线教师的特点，教师职业历史，学生的小学数学与阅读科目的考试成绩；另外还包括候任教师的特点和经验，教师教学第一年、第二年的经历及对学校学习环境的描述；关于教师培养项目和K－12学校的特点的采访与实物数据。

> 所有这些资料来源均与教师个体层面相关；关于项目参与者和新教师的调查数据与他们的教学生涯的管理数据、培养项目阶段的描述性信息相关；学生测试的分数也与他们的教师相关。（Boyd, *et al.*, 2006）

---

① 读者可以阅读约翰逊和奥乌格普兹（Johnson and Onwuegbuzie, 2004）、史密斯（Smith, 2006）的著述，以及由塔沙克里和特迪尤（Tashakkori and Teddue, 2003）编辑的《社会与行为研究中的混合研究方法手册》（*Handbook of Mixed Methods in Social and Behavioral Research*）。

1040 最初的结果表明，由于入职途径不同，教师的流失速度也会不同。例如，“为美国而教”项目中的教师，在从事教学两年或多年后选择离开。而“教学人员计划”(Teaching Fellows)中的教师和持有临时资格证的教师的大量流失，约始于其从事教学工作的三年后，这一速度要比大学推荐的教师或是毛遂自荐进入教学领域的教师的流失速度快。尽管教师的教龄和所教年级会影响学生的学业成就，但在多数情况下教师的入职途径对学生学业成就的影响不大。例如，在教学的第一年中，与大学推荐的老师相比，通过师范途径入职的教师会在学生成就方面更具优势，但到第二、第三年，两者便不相上下了。除了从对不同的入职途径进行的研究中发现的这些现象之外，持续的数据收集和相关分析，正在对不同入职途径的教师，在促进学生成就的能力上所表现出来的实质性差异进行考察(Boyd, *et al.*, 2005)。

教师质量合作项目(Teacher Quality Partnership, 2006)是一项综合性的纵向研究，考察了俄亥俄州新教师的培养与发展如何对学生的学业成绩产生影响。研究团队成员包括测量学、读写能力教学、教师教育领域的专家，他们开展了一系列研究以探索教师培养、教师(新手或有经验的)的特点、教学实践和学生学习等方面的差异，以及它们相互之间的关系。四项互相关联的研究活动正在进行中，正式的数据收集工作从2005年持续到2008年。第一项研究活动或者说研究模块，包括了对实习教师、一年教龄教师，以及拥有非师范教师资格认证的教师进行的调查，调查要求他们对教师培养阶段的经历的连贯性和质量进行评估，特别是当它们与关键的教学责任相关联的时候。第二个模块延用了邓金和比德尔(Dunkin and Biddle, 1974)预测-过程-成果模型中的理论框架，并且使用了调查、观测周期、采访和实物等数据资源，力图“打开有经验教师课堂教学的‘黑匣子’”(Teacher Quality Partnership, 2006)。第三个模块，在三年时间内对五十位新任教师进行了追踪。通过运用与研究有经验教师时同样的标准，考察了对新任教师的指导和相应的入门活动，以及这些活动如何支持他们继续学习，尤其是在学习如何让K－12学生参与提高学业成就的任务方面。第四部分使用结构方程模型来分析所有质性数据和量化数据之间的相互关系。

纽约市的入职途径项目与俄亥俄州的质量合作项目旨在说明：在不同的州中，教师教育途径具有广泛多样性及一定的影响力。两个项目的研究设计均强调关注问题的复杂性，并从代表性样本中获得了广泛的纵向数据。尽管不能忽视大规模研究中可能出现的对于研究发现的过度简化及错误运用，但这类研究所具有的巨大的潜力有助于我们理解科克伦-史密斯(Cochran-Smith, 2005a)所呼吁的“证据链”中的几个环节。此外，我们相信研究结果会帮助教师教育工作者评论与反思他们的实践和项目。这些研究使用了教师教育效果研究和解释性研究的方法。我们希望通过研究中的发现，鼓励教师教育工作者投入到实践者研究和设计研究中去。

教师教育研究类型的未来贡献

在本文的结尾，我们提出以下建议来指导教师教育研究研究者选择恰当的研究类型：

- *为研究问题选择合适的研究类型和调查方法。*本文中所做的分析，说明教师教育研究者可以获取很多完善合理的研究类型，且每一种类型相对于其他类型而言都可能在回答某些问题时更为合适。而研究者要做的是提出兼具实践与理论意义的问题。然后，选择一种研究类型，或者几种混合的研究类型使其适用于提出的问题以及可用的资源，以便开展精心设计的研究。
- *继续支持教师教育研究中的多种研究类型。*本文对不同研究类型所做的分析 1041
表明，没有哪种研究类型能够独自解决我们所提出的所有关于学习教学的复杂性问题；很多教师教育工作者擅长进行解释性研究和实践者研究。因而，作为一个研究领域，教师教育没有足够的能力去开展相关的研究，使研究既解决策者之忧，又折射出教师教育工作者在学习教学方面知识的深邃。为了确保该领域的生命力，教师教育共同体必须储备更多的在先进量化方法论上有专长的研究人员。此外，无论研究者认为他们在何种研究类型上有专长，我们都应鼓励他们认识到每一种研究类型的可行性和局限性；而且他们也要捍卫每种研究类型所具有的独特贡献，从而解决教师教育领域不断出现的难题。
- *培养合作研究的能力。*要开展很多决策者倡议的多层面、大规模的教师教育研究，就需要不同领域的专家进行合作。除了合作中存在的挑战外，用多种方法开展研究的团队还要面对方法论上存在的困难，这种困难之前我们也讨论过。我们鼓励研究者更多地关注混合方法研究设计，我们认为，这种复杂的研究方法对于教师教育研究而言是相对新兴的领域。该领域的发展，需要研究者跨越学科的界限去倾听和协商(Eisenhart and Borko, 1993)。
- *在研究的开展及汇报中要抱有严谨的态度。*研究的价值取决于每个研究设计和开展的质量。作为学者，我们必须围绕主要的假设和质量标准收集并分析数据。同时，在报告研究方法和结果时，必须具体且保证质量。最近出版的《美国教育研究协会出版物中社会科学实证研究报告标准》(*Standards for Reporting on Empirical Social Science Research in AERA Publications*)(AERA, 2006)为我们提供了有用的指导。对研究质量的关注，特别关系到新兴的研究类型——实践者研究和设计研究，因为该领域仍在严谨地完善研究的标准，这是推崇研究创新性的表现。

正如我们在本文中所探讨的，教师教育面临的挑战是巨大的，也是复杂的。教师教育工作者和决策者致力于迎接这些挑战的努力也是显而易见的——设计并实施相关项目和政策——而非从研究中寻求指导(Zeichner, 2005a)。为了使研究有助于明智政策的制定，实践的完善并促进理论的发展，我们必须确保教师教育研究领域运用多种学科知识和多元的方法，严格地开展研究并进行报告。最近很多其他学者也提出了类似的建议(例如，Borko, 2004; Cochran-Smith 和 Fries, 2005; Shavelson 和 Towne,

2002；Sleeter，2001；Wilson 等，2002；Zeichner，2005a)，而且，这些建议经得起反复论证，因为它们的重要性在于，在应对当前教师教育领域所面临的政策与实践方面的挑战时，研究能够发挥举足轻重的作用。

（王丽佳　译）

参考文献

AERA (2006) Standards for reporting on empirical social science research in AERA publications. *Educational Researcher*, 35(6), 33 - 40.

Ball, D. L. (1990) The mathematical understandings that prospective teachers bring to teacher education. *Elementary School Journal*, 90, 449 - 466.

Ball, D. L. (2000) Working in the inside: using one's own practice as a site for studying teaching and learning. In A. Kelly & R. Lesh (eds.), *Handbook of research design in mathematics and science education* (pp. 365 - 402). Dordrecht, The Netherlands: Kluwer.

Banks, J., Cochran-Smith, M., Moll, L., Richert, A., Zeichner, K., LePage, P., Darling-Hammond, L., & Dully, H. (2005) Teaching diverse learners. In L. Darling-Hammond & J. Bransford (eds.), *Preparing teachers for a changing world: what teachers should learn and be able to do* (pp. 232 - 274). San Francisco: Jossey-Bass.

Bogdan, R. C. & Biklen, S. K. (1992) *Qualitative research for education: an introduction to theory and methods*. Boston: Allyn & Bacon.

Borko, H. (2004) Professional development and teacher learning: mapping the terrain. *Educational Researcher*, 33(8), 3 - 15.

Borko, H. & Putnam, R. (1996) Research in learning to teach. In D. Berliner & R. Calfee (eds.), *Handbook of research on educational psychology* (pp. 673 - 699). New York: Macmillan.

Borko, H., Eisenhart, M., Brown, C. A., Underhill, R. G., Jones, D., & Agard, P. C. (1992) Learning to teach hard mathematics: do novice teachers and their instructors give up too easily? *Journal for Research in Mathematics Education*, 21, 132 - 144.

Bowers, J., Cobb, P., & McClain, K. (1999) The evolution of mathematical practices: a case study. *Cognition and Instruction*, 17(1), 25 - 64.

Boyd, D., Grossman, P., Lankford, H., Loeb, S., & Wyckoff, J. (November 2005) *How changes in entry requirements alter the teacher workforce and affect student achievement*. Research Paper, Teacher Policy Research. http://www.teacherpolicyresearch.org

Boyd, D., Grossman, P., Lankford, H., Loeb, S., Wyckoff, J., & McDonald, M. (2006). *Examining teacher preparation: does the pathway make a difference*? Retrieved February 4, 2006 from http://www.teacherpolicyresearch.org/portals/1/pdfs/Examining_Teacher_Preparation_Full-Description.pdf

Boyd, D., Grossman, P., Lankford, H., Loeb, S., Michelli, N., & Wyckoff, J. (2006) Complex by design: investigating pathways into teaching in New York City schools. *Journal of Teacher Education*, 57, 155 - 166.

Brophy, J. E. & Good, T. L. (1986) Teacher behavior and student achievement. In M. C. Wittrock (ed.), *Handbook of research on teaching* (3rd ed., pp. 328 - 375). New York: Macmillan.

Brown, A. (1992) Design experiments: theoretical and methodological challenges in creating complex interventions in classroom settings. *Journal of the Learning Sciences*, 2(2), 141 - 178.

Bullough, R. V., Jr., & Gitlin, A. (1995) *Becoming a student of teaching: methodologies for exploring self and school context*. New York: Garland.

Burkhardt, H. & Schoenfeld, A. H. (2003) Improving educational research: toward a more useful, more influential, and better-funded enterprise. *Educational Researcher*, 32(9), 3 - 14.

Burrant, T. J. (1999) Finding, using, and losing voice: a preservice teacher's experiences in an urban educative practicum. *Journal of Teacher Education*, 50, 209 - 220.

Cazden, C. (1988) *Classroom discourse*. Portsmouth, NH: Heinemann.

Clark, K. K., Borko, H., Frykholm, J., Jacobs, J., Schneider, C., & Eiteljorg, E. (in press). The problem-solving cycle: a model to support the development of teachers' professional knowledge. *Mathematical Thinking and Learning*.

Clift, R. & Brady, P. (2005) Research on methods courses and field experiences. In M. Cochran-Smith & K. Zeichner (eds.), *Studying teacher education: the report of the AERA Panel on Research and Teacher Education* (pp. 309 - 424). Mahwah, NJ: Erlbaum.

Cobb, P. (2000) Conducting teaching experiments in collaboration with teachers. In A. E. Kelly & R. A. Lesh (eds.), *Handbook of research design in mathematics and science education* (pp. 307 - 333). Mahwah, NJ: Erlbaum.

Cobb, P. & Steffe, L. P. (1983) The constructivist researcher as teacher and model builder. *Journal for Research in Mathematics Education*, 14, 83 - 94.

Cobb, P., Confrey, J., diSessa, A., Lehrer, R., & Schauble, L. (2003) Design experiments in educational research. *Educational Researcher*, 32(1), 9 - 13.

Cochran-Smith, M. (2004a) Ask a different question, get a different answer: the research base for teacher education. *Journal of Teacher Education*, 55(2), 111 - 115.

Cochran-Smith, M. (2004b) Taking stock in 2004: teacher education in dangerous times. *Journal of Teacher Education*, 55(1),

3 - 7.
Cochran-Smith, M. (2005a) Studying teacher education: what we know and need to know. *Journal of Teacher Education*, 56(4), 301 - 306.
Cochran-Smith, M. & Lytle, S. L. (1990) Research on teaching and teacher research: the issues that divide. *Educational Researcher*, 19(2), 2 - 11.
Cochran-Smith, M. & Lytle, S. L. (1993) *Inside/outside: teacher research and knowledge*. New York: Teachers College Press.
Cochran-Smith, M. & Lytle, S. L. (2004) Practitioner inquiry, knowledge, and university culture. In J. Loughran, M. L. Hamilton, V. K. LaBoskey, & T. Russell (eds.) *International handbook of self-study of teaching and teacher education practices* (pp 601 - 649). Dordrecht, The Netherlands: Kluwer.
Cochran-Smith, M. & Fries, K. (2005) Researching teacher education in changing times: politics and paradigms. In M. Cochran-Smith & K. Zeichner (eds.). *Studying teacher education: the report of the AERA Panel on Research and Teacher Education* (pp. 69 - 109). Washington, DC: American Educational Research Association.
Cochran-Smith, M. & Donnell, K. (2006) Practitioner inquiry: blurring the boundaries of research and practice. In J. Green, Camilli, G., & P. B. Elmore (eds.) *Handbook of complementary methods in education research* (pp. 503 - 518) Mahwah, NJ: Erlbaum.
Collins, A. (1999) The changing infrastructure of education research. In E. C. Lagemann & L. S. Shulman (eds.) *Issues in education research: problems and possibilities* (pp. 289 - 298). San Francisco: Jossey-Bass.
Cook, L. S., Smagorinsky, P., Konopak, B., & Moore, C. (2002) Problems in developing a constructivist approach to teaching: one teacher's transition from teacher preparation to teaching. *Elementary School Journal*, 102(5), 389 - 413.
Darling-Hammond, L. (2000) *Studies of excellence in teacher education*. New York: National Commission on Teaching and America's Future.
Darling-Hammond, L. & Bransford, J. (eds.) (2005) *Preparing teachers for a changing world*. San Francisco: Jossey-Bass.
Darling-Hammond, L., Berry, B., & Thorensen, A. (2001) Does teacher certification matter? Evaluating the evidence. *Educational Evaluation and Policy Analysis*, 23(1), 5 - 77.
Delamont, S., Coffey, A., & Atkinson, P. (2000) The twilight years? Educational ethnography and the five moments model. *Qualitative Studies in Education*, 13(3), 223 - 238.
Denzin, N. & Lincoln, Y. (1994) *Handbook of qualitative research*. Thousand Oaks, CA: Sage.
Denzin, N. & Lincoln, Y. (2000) *Handbook of qualitative research* (2nd ed.). Thousand Oaks, CA: Sage.
Denzin, N. & Lincoln, Y. (2005) *The Sage handbook of qualitative research* (3rd ed.). Thousand Oaks, CA: Sage.
Design-Based Research Collective (2003) Design-based research: an emerging paradigm for educational inquiry. *Educational Researcher*, 32(1), 5 - 8.
Dewey, J. (1904) The relation of theory to practice in education. In J. Dewey, S. C. Brooks, F. M. McMurry, & C. A. McMurry (eds.), *The relation of theory to practice in the education of teachers: Third yearbook of the National Society for the Study of Education, Part 1*. Bloomington, IL: Public School Publishing.
Dewey, J. (1938) *Experience and education*. New York: Collier Books.
Dinkelman, T. (2003) Self-study in teacher education: a means and ends tool for promoting reflective teaching. *Journal of Teacher Education*, 54(1), 6 - 18.
Doyle, W. (1990) Themes in teacher education research. In W. R. Houston (ed.), *Handbook of research on teacher education* (pp. 3 - 24). New York: Macmillan.
Dunkin, M. & Biddle, B. (1974) *The study of teaching*. New York: Holt, Rinehart & Winston.
Eisenhart, M. & Borko, H. (1991) In search of an interdisciplinary collaborative design for studying teacher education. *Teaching and Teacher Education*, 7, 137 - 157.
Eisenhart, M. & Howe, K. (1992) Validity in educational research. In M. D. LeCompte, W. L. Millroy, & J. Priessle (1992) *The handbook of qualitative research in education* (pp. 643 - 680). San Diego, CA: Academic Press.
Eisenhart, M., Borko, H., Underhill, R., Brown, C., Jones, D., & Agard, P. (1993) Conceptual knowledge falls through the cracks: complexities of learning to teach mathematics for understanding. *Journal for Research in Mathematics Education*, 24 (1), 8 - 40.
Emmer, E., Evertson, C., & Anderson, L. (1980) Effective classroom management at the beginning of the school year. *Elementary School Journal*, 80, 219 - 231.
Erikson, F. (1986) Qualitative methods in research on teaching. In M. C. Wittrock (ed.), *Handbook of research on teaching* (3rd ed., pp. 119 - 161). New York: Macmillan.
Escamilla, K. & Nathenson-Mejia, S. (2003) Preparing culturally responsive teachers: using Latino children's literature in teacher education. *Equity and Excellence in Education*, 36(3), 238 - 248.
Flanders, N. (1970) *Analyzing teacher behavior*. Reading, MA: Addison-Wesley.
Floden, R. E. (2001) Research on effects of teaching: a continuing model for research on teaching. In V. Richardson (ed.), *Handbook of research on teaching* (4th ed., pp. 3 - 16). Washington, DC: American Educational Research Association.
Floden, R. E. (2006) Personal communication.
Floden, R. E. & Meniketti, M. (2005) Research on the effects of coursework in the arts and sciences and in the foundations of education. In M. Cochran-Smith & K. M. Zeichner (eds.), *Studying teacher education: the report of the AERA Panel on Research and Teacher Education* (pp. 261 - 308). Washington, DC: American Educational Research Association.
Florio-Ruane, S. (2002) More light: an argument for complexity in studies of teaching and teacher education. *Journal of Teacher Education*, 53(3), 205 - 215.
Fry, P. G. & McKinney, L. J. (1997) A qualitative study of preservice teachers' early field experiences in an urban, culturally different school. *Urban Education*, 32(2), 184 - 201.
Goldhaber, D. & Brewer, D. (2000) Does teacher certification matter? High school teacher certification status and student achievement. *Educational Evaluation and Policy Analysis*, 22(2), 129 - 145.
Goldhaber, D. & Brewer, D. (2001) Evaluating the evidence on teacher certification: a rejoinder. *Educational Evaluation and Policy Analysis*, 23(1), 79 - 86.
Gomez, M. L., Walker, A. B., & Page, M. L. (2000) Personal experience as a guide to teaching. *Teaching and Teacher*

Education, 16(7), 731 - 747.
Good, T. L. & Grouws, D. A. (1979) The Missouri Mathematics Effectiveness Project: an experimental study in elementary classrooms. *Journal of Educational Psychology*, 71, 355 - 362.
Goodwin, L. (1994) Making the transition from self to other: what do preservice teachers really think about multicultural education? *Journal of Teacher Education*, 45, 119 - 130.
Gravemeijer, K. (1994) Educational development and developmental research in mathematics education. *Journal for Research in Mathematics Education*, 25, 443 - 471.
Grossman, P. (1990) *The making of a teacher: teacher knowledge and teacher education*. New York: Teachers College Press.
Grossman, P. (2005) Research on pedagogical approaches in teacher education. In M. Cochran-Smith & K. M. Zeichner (eds.), *Studying teacher education: the report of the AERA Panel on Research and Teacher Education* (pp. 425 - 476). Mahwah, NJ: Erlbaum.
Grossman, P. & Thompson, C. (2004) District policy and beginning teachers: a lens on teacher learning. *Educational Evaluation and Policy Analysis*, 26, 281 - 301.
Grossman, P., Smagorinsky, P., & Valencia, S. (1999) Appropriating tools for teaching English: a theoretical example for research on learning to teach. *American Journal of Education*, 108, 1 - 29.
Grossman, P., Valencia, S., Evans, K., Thompson, C., Martin, S., & Place, N. (2000) Transitions into teaching: learning to teach writing in teacher education and beyond. *Journal of Literacy Research*, 32, 631 - 662.
Guba, E. G. (ed.). (1990) *The paradigm dialog*. Thousand Oaks, CA: Sage.
Guba, E. G. & Lincoln, Y. S. (1994) Competing paradigms in qualitative research. In N. K. Denzin & Y. S. Lincoln (eds.), *Handbook of qualitative research* (pp. 105 - 117). Thousand Oaks, CA: Sage.
Hamilton, M. L. & Pinnegar, S. (2000) On the threshold of a new century: trustworthiness, integrity, and self-study in teacher education. *Journal of Teacher Education*, 51(3), 234 - 240.
Hatch, J. A. (2002) *Doing qualitative research in education settings*. Albany: State University of New York Press.
Heath, S. B. (1983) *Ways with words: language, life, and work in communities and classrooms*. Cambridge, UK: Cambridge University Press.
Henson, K. T. (1996) Teachers as researchers. In Sikula, J. (ed.), *Handbook of research on teacher education* (pp. 53 - 64). New York: Simon & Schuster Macmillan.
Hollingsworth, S. (1989) Prior beliefs and cognitive change in learning to teach. *American Educational Research Journal*, 26(2), 160 - 189.
Hollins, E. R. & Guzman, M. T. (2005) Research on preparing teachers for diverse populations. In M. Cochran-Smith & K. M. Zeichner (eds.), *Studying teacher education: the report of the AERA Panel on Research and Teacher Education* (pp. 477 - 548). Mahwah, NJ: Erlbaum.
Holt-Reynolds, D. (1999) Good readers, good teachers? Subject matter expertise as a challenge in learning to teach. *Harvard Educational Review*, 69, 29 - 50.
Hostetler, K. (2005) What is "good" education research? *Educational Researcher*, 34(6), 16 - 21.
Houston, W. R., Haberman, M., & Sikula, J. (eds.) (1990) *Handbook of research on teacher education*. New York: Macmillan.
Jackson, P. W. (1990, originally published 1968) *Life in classrooms*. New York: Teachers College Press.
Johnson, R. B. & Onwuegbuzie, A. J. (2004) Mixed methods research: a research paradigm whose time has come. *Educational Researcher*, 33(7), 14 - 26.
Kelly, A. & Lesh, R. (eds.) (2000) *Handbook of research design in mathematics and science education*. Dordrecht, The Netherlands: Kluwer.
Kennedy, M. (1996) Research genres in teacher education. In F. Murray (ed.), *The teacher educator's handbook: building a knowledge base for the preparation of teachers* (pp. 120 - 152). San Francisco: Jossey-Bass.
LaBoskey, V. (2004) The methodology of self-study and its theoretical underpinnings. In J. Loughran, M. L. Hamilton, V. K. LaBoskey, & T. Russell (eds.), *International handbook of self-study of teaching and teacher education practices* (pp. 817 - 870). Dordrecht, The Netherlands: Kluwer.
Lagemann, E. (2000) *An elusive science: the troubling history of education research*. Chicago: University of Chicago Press.
Lanier, J. E. & Little, J. W. (1986) Research on teacher education. In M. C. Wittrock (ed.), *Handbook of research on teaching* (3rd ed., pp. 527 - 569). New York: Macmillan.
LeCompte, M. D., Millroy, W. L., & Preissle, J. (eds.) (1992) *The handbook of qualitative research in education*. New York: Academic Press.
Lee, O. & Yarger, S. J. (1996) Modes of inquiry in research on teacher education. In J. P. Sikula, T. J. Buttery, & E. Guyton (eds.), *Handbook of research on teacher education: a project of the Association of Teacher Educators* (2nd ed., pp. 14 - 37). New York: Macmillan.
Lehrer, R. & Schauble, L. (2000) Modeling in mathematics and science. In R. Glaser (ed.), *Advances in instructional psychology: educational design and cognitive science* (pp. 101 - 159), Mahwah, NJ: Erlbaum.
Lewin, K. (1948) *Researching social conflicts*. New York: Harper & Row.
Lincoln, Y. S. & Guba, E. G. (1985) *Naturalistic inquiry*. Beverly Hills, CA: Sage.
Loughran, J. (2005) Researching teaching about teaching: self-study of teacher education practices. *Studying Teacher Education*, 1(1), 5 - 16.
Loughran, J. J., Hamilton, M. L., LaBoskey, V. K., & Russell, T. L. (eds.) (2004) *The international handbook of self-study of teaching and teacher education practices* (Vols. 1 & 2). Dordrecht, The Netherlands: Kluwer.
Lytle, S. & Cochran-Smith, M. (1992) Teacher research as a way of knowing. *Harvard Educational Review*, 62(4), 447 - 474.
McClain, K. (2003) Supporting pre-service teacher change: understanding place value and multidigit addition and subtraction. *Journal of Mathematical Thinking and Learning*, 5, 281 - 306.
McNeal, B. & Simon, M. (2000) Mathematics culture class: negotiating new classroom norms with preservice teachers. *Journal of Mathematical Behavior*, 18(4), 475 - 509.
Mehan, H. (1979) *Learning lessons*. Cambridge, MA: Harvard University Press.

Miles, M. B. & Huberman, A. M. (1994) *Qualitative data analysis: a sourcebook of new methods*. Newbury Park, CA: Sage.
Munby, H., Russell, T., & Martin, A. K. (2001) Teachers' knowledge and how it develops. In V. Richardson (ed.), *Handbook of research on teaching* (pp. 877 - 904). Washington, DC: American Educational Research Association.
Murray, F. (ed.) (1996) *The teacher educator's handbook*. San Francisco: Jossey-Bass.
National Commission on Teaching and America's Future (1996) *What matters most: teaching for America's future*. New York: Author.
National Council of Teachers of Mathematics (1989) *Curriculum and evaluation standards for school mathematics*. Reston, VA: Author.
National Council of Teachers of Mathematics (1991) *Professional standards for teaching mathematics*. Reston, VA: Author.
NCLB (No Child Left Behind) (2002) U. S. Department of Education. Retrieved from http://www.ed.gov/nclb/landing.jhtml
Neumann, S. (2002) Elementary and secondary education scientifically based research seminar. February 6, 2002. Washington, DC: Retrieved November 6, 2005 from http://www.ed.gov/nclb/methods/whatworks/research/index.html
Peck, R. F. & Tucker, J. A. (1973) Research on teacher education. In R. M. W. Travers (ed.), *Second handbook of research on teaching* (pp. 940 - 978). Chicago: Rand McNally.
Peressini, D., Borko, H., Romagnano, L., Knuth, E., & Willis, C. (2004) A conceptual framework for learning to teach secondary mathematics: a situative perspective. *Educational Studies in Mathematics*, 56(1), 67 - 96.
Price, J. N. (2001) Action research, pedagogy and change: the transformative potential of action research in pre-service teacher education. *Journal of Curriculum Studies*, 33(1), 43 - 74.
Price, J. N. & Valli, L. (2005) Preservice teachers becoming agents of change: pedagogical implications for action research. *Journal of Teacher Education*, 56(1), 57 - 72.
Putnam, R. & Borko, H. (1997) Teacher learning: implications of new views of cognition. In B. J. Biddle (ed.), *International handbook of teachers and teaching* (pp. 1223 - 1296). Dordrecht, The Netherlands: Kluwer.
Richardson, V. & Placier, P. (2001) Teacher change. In V. Richardson (ed.), *Handbook of research on teaching* (4th ed., pp. 905 - 947). Washington, DC: American Educational Research Association.
Rosenshine, B. V. & Furst, N. (1973) The use of direct observation to study teaching. In R. Travers (ed.), *Second handbook of research on teaching* (pp. 122 - 183). Chicago: Rand McNally.
Rosenshine, B. & Stevens, R. (1986) Teaching functions. In M. C. Witrock (ed.), *Handbook of research on teaching* (3rd ed., pp. 376 - 391). New York: Macmillan.
Rowe, M. B. (1974) Wait-time and rewards as instructional variables: their influence on language, logic and fate control. Part 1: Wait-time. *Journal of Research in Science Teaching*, 11, 81 - 94.
Schwandt, T. A. (1994) Constructivist, interpretivist approaches to human inquiry. In N. K. Denzin & Y. S. Lincoln (eds.), *Handbook of qualitative research* (pp. 118 - 137). Thousand Oaks, CA: Sage.
Shavelson, R. J. & Towne, L. (eds.) (2002) *Scientific research in education*. Committee on Scientific Principles for Education Research. Washington, DC: National Academy Press.
Shavelson, R. J., Phillips, D. C., Towne, L., & Fuerer, M. J. (2003) On the science of education design studies. *Educational Researcher*, 32(1), 25 - 28.
Shulman, L. (1986) Paradigms and research programs in the study of teaching: a contemporary perspective. In M. C. Wittrock (ed.), *Handbook of research on teacher education* (3rd ed., pp. 3 - 36). New York: Macmillan.
Shulman, L. (2000) From Minsk to Pinsk: why a scholarship of teaching and learning? *Journal of the Scholarship of Teaching and Learning*, 1(1), 43 - 53.
Shultz, J. J., Erickson, F., & Florio, S. (1982) "Where's the floor?": aspects of social relationships in communication at home and at school. In O. K. Garnica & M. L. King (eds.), *Language, children, and society*. New York: Pergamon.
Sikula, J. P., Buttery, T. J., & Guyton, E. (eds.) (1996) *Handbook of research on teacher education: a project of the Association of Teacher Educators* (2nd ed.). New York: Macmillan.
Simon, H. A. (1996) *The sciences of the artificial*. Cambridge, MA: MIT Press.
Simon, M. A. (2000) Research on the development of mathematics teachers: the teacher development experiment. In A. Kelly & R. Lesh (eds.), *Handbook of research design in mathematics and science education* (pp. 335 - 359). Dordrecht, The Netherlands: Kluwer.
Simon, M. A. & Blume, G. W. (1994a) Building and understanding multiplicative relationships: a study of prospective elementary teachers. *Journal of Research in Mathematics Education*, 25, 472 - 494.
Simon, M. A. & Blume, G. W. (1994b) Mathematical modeling as a component of understanding ratio-as-measure: a study of prospective elementary teachers. *Journal of Mathematical Behavior*, 13, 183 - 187.
Simon, M. & Blume, G. (1996) Justification in the mathematics classroom: a study of prospective elementary teachers. *Journal of Mathematical Behavior*, 15, 3 - 31.
Slavin, R. E. (2004) Education research can and must address "what works" questions. *Educational Researcher*, 33(1), 27 - 28.
Sleeter, C. (2001) Epistemological diversity in research on preservice teacher preparation for historically underserved children. In W. G. Secada (ed.), *Review of research in education* (Vol. 25, pp. 209 - 250). Washington, DC: American Educational Research Association.
Smagorinsky, P., Lakly, A., & Johnson, T. S. (2002) Acquiescence, accommodation, and resistance to learning to teach within a prescribed curriculum. *English Education*, 34, 187 - 213.
Smagorinsky, P., Cook, L. S., Jackson, A. Y., & Fry, P. G. (2004) Tensions in learning to teach: accommodation and development of a teaching identity. *Journal of Teacher Education*, 55(1), 8 - 24.
Smagorinsky, P., Wright, L., Augustine, S. M., O'Donnell-Allen, C., & Konopak, B. (2007) Student engagement in the teaching and learning of grammar: a case study of an early-career secondary school English teacher. *Journal of Teacher Education*, 58(1), pp. 76 - 90.
Smith, M. L. (2006) Multiple methodology in education research. In J. Green, G. Camilli, & P. B. Elmore (eds.), *Handbook of complementary methods in education research* (pp. 457 - 475). Mahwah, NJ: Erlbaum.
Stein, M. K., Silver, E. A., & Smith, M. S. (1998) Mathematics reform and teacher development: a community of practice perspective. In J. G. Greeno & S. V. Goldman (eds.), *Thinking practices in mathematics and science learning* (pp. 17 - 52).

Mahwah, NJ: Erlbaum.

Stenhouse, L. (1975) *Introduction to curriculum research and development*. London: Heinemann Education.

Stoddart, T., Connell, M., Stofflett, R., & Peck, D. (1993) Reconstructing elementary teacher candidates' understanding of mathematics and science content. *Teaching and Teacher Education*, 9, 229 - 241.

Tashakkori, A. & Teddue, C. (2003) *Handbook of mixed methods in social and behavioral research*. Thousand Oaks, CA: Sage.

Teacher Quality Partnership (2006) http://www.teacherqualitypartnership.org/

Tharp, R. G. & Gallimore, R. (1988) *Rousing minds to life: teaching, learning, and schooling in social context*. Cambridge: Cambridge University Press.

Thorndike, E. L. (1910) The contribution of psychology to education. *Journal of Educational Psychology*, 1, 5 - 12.

Toma, J. D. (2006) Approaching rigor in applied qualitative research. In C. Conrad & R. C. Serlin (eds.), *The Sage handbook for research in education: engaging ideas and enriching inquiry* (pp. 405 - 423). Thousand Oaks, CA: Sage.

Valli, L. (2000) Connecting teacher development and school improvement: ironic consequences of a pre-service action research course. *Teaching and Teacher Education*, 16, 715 - 730.

Wardekker, W. L. (2000) Criteria for the quality of inquiry. *Mind, Culture, and Activity*, 7(4), 259 - 272.

Weiner, L. (1993) *Preparing teachers for urban schools*. New York: Teachers College Press.

Weiner, L. (2000) Research in the 90s: implications for urban teacher preparation. *Review of Educational Research*, 70(3), 369 - 406.

Wideen, M., Mayer-Smith, J., & Moon, B. (1998) A critical analysis of the literature on learning to teach: making the case for an ecological perspective on inquiry. *Review of Educational Research*, 68(2), 130 - 178.

Wilson, S. & Wineburg, S. (1998) Peering at American history through different lenses: the role of disciplinary knowledge in teaching. *Teachers College Record*, 89, 529 - 539.

Wilson, S., Floden, R., & Ferrini-Mundy, J. (2001) *Teacher preparation research: current knowledge and recommendations*. Seattle, WA: Center for the Study of Teaching and Policy.

Wilson, S., Floden, R., & Ferrini-Mundy, J. (2002) Teacher preparation research: an insider's view from the outside. *Journal of Teacher Education*, 53, 190 - 204.

Yarger, S. J. & Smith, P. L. (1990) Issues in research on teacher education. In W. R. Houston (ed.), *Handbook of research on teacher education* (pp. 25 - 41). New York: Macmillan.

Zeichner, K. (1999) The new scholarship in teacher education. *Educational Researcher*, 28(9), 4 - 15.

Zeichner, K. (2005a) A research agenda for teacher education. In M. Cochran-Smith & K. M. Zeichner (eds.), *Studying teacher education: the report of the AERA Panel on Research and Teacher Education* (pp. 737 - 759). Mahwah, NJ: Erlbaum.

Zeichner, K. (2005b) Studying teacher education programs. In C. Conrad & R. C. Serlin (eds.), *The Sage handbook for research in education: engaging ideas and enriching inquiry* (pp. 79 - 94). Thousand Oaks, CA: Sage.

Zeichner, K. (2006) Reflections of a university-based teacher educator on the future of college- and university-based teacher education. *Journal of Teacher Education*, 57(3), 326 - 340.

Zeichner, K. & Hoeft, K. (1996) Teacher socialization for cultural diversity. In J. Sikula, T. J. Buttery, & E. Guyton (eds.), *Handbook of research on teacher education* (2nd ed., pp. 525 - 547). New York: Macmillan.

Zeichner, K. & Noffke, S. (2001) Practitioner research. In V. Richardson (ed.), *Handbook of research on teaching* (4th ed., pp. 298 - 330). New York: Macmillan.

53. 教师教育研究：时代变革与范式变革

玛丽莲·科克伦-史密斯(Marilyn Cochran-Smith)
波士顿学院(Boston College)

金·弗里斯(Kim Fries)
新罕布什尔大学(University of New Hampshire)

近一个半世纪以来，美国的教师教育一直是一种可辨识的教学活动，有着各种各 1050
样的项目、学习课程、培养未来教师的导向。这种活动由师范学校、学院、大学、社区学院提供，而且还可以通过其他的途径和以盈利为目的的供应商来实现。在近半个世纪以来，诸多实证研究被用来描述、分析与完善教师教育。随着时间的推移，实证研究的对象呈现出多样化趋势，包括：教师教育课程，教师培训的有效方法，教学理论知识，教师如何学习教学，针对不同人群的教师培养，地方和州级教师教育政策与实践的影响，教师招聘、选择与留任等。这么多年以来有关本国的教师如何培养，以及教师教育研究如何展开的研究意见一直存在着分歧，这只是一种保守的说法。事实上，从一开始起，教师教育领域便存在诸多争议，而研究在这些争论中往往发挥着至关重要的作用，它通过记录当前教师职业的状况为研究者指明变化的方向并且为重大的争论提供论据。

在本文中，我们概述了 20 世纪，大致从 1920 年到 2005 年间，美国教师教育实证研究的循环递进并存在微妙变化的历程。① 我们的主要观点是，在这个急剧变化的时代里，教师教育概念化与研究的主导范式也发生着极大的改变。我们认为，在这一时间段内，在教师教育如何构造、如何研究的“问题”上，存在着四种明显的方式或转向。如何建构问题或难题，在很大程度上决定着问题的解答，这影响了人力、财政以及其他资源的消耗，影响了制度的建立方式，以及我们关于专业的所想所知。表 53.1 展示了四个时期中教师教育问题被建构的大概过程，以及与之相应的实证研究。

研究教师教育

虽然在 20 世纪 50 年代，教师教育研究(以及教学研究)的规模和质量有了提升，但是我们依然把 20 世纪 20 年代作为研究分析的起点。在 20 世纪 20 年代，国家加大力
度去提升教师专业水平，如建立大量的咨询委员会和组织、举办国家级会议、发布年鉴， 1053
同时开展了多样的机构内部自我研究。也是在这之后的十年间，与教师教育项目和课程设计的地位相关的主要实证研究报告陆续问世。我们的分析截至 21 世纪初，以 21

① 本文借鉴了我们对 20 世纪 50 年代至 21 世纪教师教育研究的分析(Cochran-Smith and Fries，2005a)。

表 53.1　20 世纪 20 年代至 21 世纪的教师教育研究 1051

时间阶段（大约）		政策/问责背景	教师教育“问题”如何被建构	教师教育“问题”如何被研究	精选的案例及重要的综合研究	
教师教育作为课程问题	20 世纪 20 年代早期至 20 世纪 50 年代晚期	• 关注 K-12 课程中缺乏连贯性与严谨性的问题 • 一战后教师教育项目的极大扩充 • 关于开展教师教育的合适地点的争议——师范学校或是学院/大学? • 提升教学专业地位与统一教师教育的努力	提升教师教育被概念化为在不同项目及不同州中设置与关于高效教师的特质的研究相一致的系统化与标准化教师教育课程的问题	• 大规模调查是主要的研究设计方式 • 调研与其他数据旨在识别重要的教师特征及确定这些特征是否正在教师教育课程中教授 • 需要对可用于课程设置的调查数据与相关研究进行统计式汇总 • 出版了关于教师教育的第一项综合实证研究成果	精选的章节案例：Charters and Waples，1929；Evenden，1933；主要的综合研究：Butsch，1931，1934；Peik and Hurd，1937b；Peik，1940，1943，1946.	
教师教育作为培训问题	20 世纪 50 年代晚期至 20 世纪 80 年代	• 1957 年苏联人造地球卫星的发射使公众对于学校更加关注 • 负责教师教育的“教育理论者”(Educationists)受到了严厉的批评 • 在教师教育中呼吁更多的人文学科，减少教育学相关内容 • 联邦政府采取的新的举措支持教师培训、招聘与研究及发展中心的建立	• 提升教师教育被概念化为一种可识别可推广的训练策略的问题，这些策略可以使候任教师产生符合期待的教学行为，并使这种行为与相关教学的研究相一致	• 关于教师教育的过程-结果研究是主要的研究设计 • 一组以上的接受不同形式的培训的候任教师组成的对照组与控制组作对比 • 目的在于在实验与相关性研究基础上建立教学和教师教育“科学” • 研究与基于能力的教师教育运动联系在一起	精选的章节案例：Allen，1967；Baker，1969；关键的综合研究：Cyphert and Spaights，1964；Denemark and Macdonald，1967；Peck and Tucker，1973.	
教师教育作为学习问题	20 世纪 80 年代早期至 21 世纪早期	• 1983 年《国家处于危机之中》(Nation at Risk)等报告将学校教育的失败与经济的危机相联系 • 需要专业化的教学人员及新的国家专业教学标准委员会 • 成立霍姆斯集团(Holmes Group)与全美教育革新联盟(National Network for Educational Renewal)以改革教师教育	• 提升教师教育被概念化为：为教学整理专业知识基础及理解教师如何在其专业生涯中学会教学的问题	• 对教师教育研究的关注从培训程序转向培训过程 • 教师教育的多种研究范式与视角出现，包括以质化和批判的途径研究教师的态度、信念、经验及知识的获得与运用 • 关于教师知识、思考、学习的研究项目在一些主要的研究中心展开 • 关注多元文化的教师教育以及教师们如何学习应对多样性问题	精选的案例：Grossman，1990；Laframboise and Griffith，1997；主要的综合研究：Lanier and Little，1986；Houston，1990；Sikula，*et al.*，1996；Borko and Putnam，1996；Wideen，*et al.*，1998.	1052

续 表

	时间阶段 （大约）	政策/问责背景	教师教育“问题” 如何被建构	教师教育“问题” 如何被研究	精选的案例 及重要的综合研究
教师教育作为政策问题	20 世纪 90 年代中期至今	• 变化的全球经济与持续的成就差距促使人们关注学校、教师与教师教育 • 教师教育研究与政策中保守的基础和思想智囊所发挥的作用不断增强 • 相互竞争的教师教育改革议程出现——专业化与放松管制之间形成竞争 • 标准化运动转向问责运动和测试运动	• 提升教师教育被概念化为识别与推行机构、州与联邦层面上的高效的基于结果的政策问题	• 对教师教育研究的关注从教师学习过程转向学生的学习结果 • 主要的研究设计包括对教师教育政策与实践进行计量经济学的、成本-效益及其他形式的分析，目的在于识别可能与更高的学生考试分数相关的政策杠杆 • 出现了创新性的混合方法研究设计，将增值性的及类似的设计与案例研究、调查及访谈数据结合起来	精选的案例：Decker, *et al.*, 2004；Boyd, *et al.*, 2006；主要的综合研究：Darling-Hammond, 2000a；Darling-Hammond and Youngs, 2002；Abell Foundation, 2001a；Ballou and Podgursky, 2000；Allen, 2003；Wilson *et al.*, 2001；Cochran-Smith and Zeichner, 2005.

世纪最初几年发表的教师教育研究成果收尾,将2005年作为我们最新报告的出版日期。

我们区分了四大主要的方法,以概念化并研究四个重合时间段中教师教育的"问题":在20世纪20年代早期到50年代晚期期间,把教师教育作为课程问题进行研究;在20世纪50年代晚期到80年代期间,把教师教育作为培训问题进行研究;从20世纪80年代初期到21世纪初期,将教师教育研究作为学习问题进行研究;从20世纪90年代中期至今,将教师教育研究作为政策问题进行研究。我们在这里使用"教师教育问题"这一表述,并没有贬义的意味,而是要引起大家的关注。把教师教育当成是每个国家在教师培训中都面临的议题与挑战,这涉及教师教育作为研究问题的形成过程。虽然教师教育问题的四种建构都暗示了每个时期所使用的主要方法,但是我们也注意到了教师教育研究的发展历程正如教育研究的发展历程,它并不是一个以一种视角取代另一种视角的稳步发展的进程(Lagemann, 2000),而更像是一场各种观点与方法之间动态的、相互沟通的"对话"(Shulman, 1986a, 1986b)。

在本文中,我们区分了有关教学的研究与有关教师教育的研究,教学研究主要指的是对K-12学校教学的调查,其中被讨论的对象是K-12学校的教师,学习者是K-12学校的学生。而教师教育研究,指的是对K-12学校教师培养项目进行的研究,其中被讨论的对象是大学或课程项目中的教师教育工作者,学习者是候任教师(有时是他们的K-12学校的学生)。基于这种区别,我们把教师教育研究当作教学研究的子集。

20世纪20年代以来,研究者开展了数以百计的教师教育实证研究。为了更好地呈现本文内容,我们以两种方式使用这些大量的文献。第一,我们运用了整合教师教育实证研究的文章作为历史文献,认为它们反映了在特定的历史时期,人们定义和研究教师教育的方式。我们找到了38项1920—2005年间发表的此类整合式研究成果。表53.2对这类整合式研究作了回顾,主要根据教师教育问题的不同建构方式将它们划归不同的时间段,并呈现了所回顾的实证研究的种类、数量以及最后的结论。第二,我们从每个时期中选取了两个实证研究作为例证。这样就可以更深入地了解研究问题是如何被提出的,以及研究是如何被设计、解释的。

1054 表53.2 20世纪20年代—2005年的教师教育研究汇总

教师教育作为课程问题			
整合/年份	**回顾的文献**	**目的**	**结论**
Butsch (1931)	1920年至1930年间发表的44项研究成果。 研究中未提供对所包含的研究或被排除的研究进行的描述。	旨在总结那些针对机构中开展的一般及特殊的教师培养项目的研究,州及地方教师培养的要求,以及职业培训的工具。	• 尽管有一些证据表明教师所受培训的总体水平在提升,但在不同州、不同规模的学校机构,以及教师所教的不同班级间存在着极大差异。 • 关于何种课程最适合于教师培养项目这一问题存在诸多分歧。 • 州教师资格认证法所设立的标准较以往不断提高,但仍然有待提升。

续 表

教师教育作为课程问题			
整合/年份	**回顾的文献**	**目的**	**结论**
Butsch (1934)	78 项发表于 1931 年至 1933 年间有关教师培养的研究成果，包括《全国教师教育调查》(*National Survey of the Education of Teachers*)(Evendon，1933)。 并未讨论选择这些研究进行整合的标准。	整合关于教师教育的实证研究。	没有做出全面的总结；提供了相当多的关于研究的注释。
Peik and Hurd (1937a)	500 项教师培训机构、学院及大学水平的高等教育课程设置报告。 所包括的是那些有“历史背景、分析性观点、共识、实验及测量”的研究(p. 178)。 未包括考试研究，除非此项研究直接与课程设置相关。	回顾针对人文学院、初级学院、一般学术学科领域、教师教育，以及专业学校中的课程设置所发表的报告。	获得了 66 个在报告中相一致的概念。 归纳如下： • 生活与知识的改变推动课程设置的不断变化。 • 课程设置主要基于它们的目的、目标与功能。 • 个体的成长与发展决定了课程设置的目标。 • 需要更多及更好的课程研究、实验与评价。 • 广泛的、分布式、综合的课程是专业化课程设置的基础。 • 理论与实践的关系是一个需要考虑的重要问题。 • 组织与部门分工是课程运作与功能发挥的重要特征。 • 基本原则应该指导特定课程问题的解决。
Peik and Hurd (1937b)	200 项发表于 1934 至 1936 年间的有关教师培养的研究成果。 包括那些有“事实数据”或者是在其他地方发表过的研究成果。 200 项研究中，50 项是关于一般教师教育课程的设置或是对课程的思考。其他的研究涵盖教师培训、实践与政策、创新、课外课程、研究生学习、教学实习、教师人员、暑期课程、学院教师、指导与人事以及特殊领域。	考察与教师培养相关的研究。	• 大部分关于这一时期教师培养的讨论聚焦于《教师教育全国调查》的研究发现(Evendon，1933)。 • 需要对课程-形式分析、创新评价及已有的实践进行更多的研究。 • 需要根据对学生需要、社会需要、预期的高水平结果等方面切实的研究来进行课程建设。

1055

	教师教育作为课程问题			
	整合/年份	**回顾的文献**	**目的**	**结论**
1056	Peik (1940)	155 项发表于 1937 至 1939 年间的关于教师培养的研究成果。 包括运用“研究程序”的研究;忽略了所有未发表的毕业论文。	回顾有关教师培养的相关研究。	• 需要更多地关注有关研究生学习的研究,以及有关教师在个人的、社会-公民的及专业方面的需要的研究。 • 也需要开发与评估指导或调查课程,将它们作为教师弥补项目、教育指导及个性发展的组成部分。 • 所有的证据均表明在本行业内需要进行更好的学术研究,而且任何一个职位都要有更长的预备期,这一趋势已经从专业主修和辅修科目转向更多学科领域内的主修科目。 • 学生对实习的兴趣越来越大。
	Peik (1943)	138 项发表于 1940 至 1942 年间的关于职前教师培养的研究成果。 此综述涵盖了大量对实验项目的介绍,不包括未发表的毕业论文。	回顾关于职前教师培养的研究。	• 进行教师选拔时,需要更多地考虑应试者的“学识和人格”。 • 需要不断加强的、广泛的、功能多样的、在一定程度上专业化的通识教育,其专业化的程度由广泛的领域而非特定的学科来限定。 • 需要增加有效指导下的教学实习或者是一年期的指导实习。
1057	Peik (1946)	73 项发表于 1943 至 1946 年间的关于职前教师培养的研究成果。 综述中包括的研究是基于历史资料、专家观点及法律文件分析、学生记录、课程或学习课程展开的。也包括运用了从问卷、访谈、打分量表、考试或测验中获得数据的研究。	回顾有关职前教师培养的研究。	• 在专业与学科知识领域,均需更高水平的及更广泛的教师培训课程。 • 需要更长的教学实习期,实习中需要有足够的指导及与学生进行更为直接接触的、实践式的工作机会。 • 更多地考虑教师及教师培训机构在教学提升方面面临的问题。 • 改善教师培养项目结果的最重要因素是:更仔细地选择那些具有天赋与良好个人资质的人员,增加与我们的时代及条件相关的功能性的通识教育,强调在实验学校中获得的教育学生的经验,在教学专业方面进行更多的训练使其成为艺术与技能。
	Cyphert and Spaights (1964)	182 项于 1953 至 1963 年间发表的研究成果。 包括来源于以下渠道的研究:期刊,学位论文摘要,美国教育办公室(U. S. office of Education)的研究,专业机构的年鉴,教师教育领域中的著名学者的学术成果,资料检索结果,与教师教育相关的专业机构研究成果。 不包括与教师行为、教师有效性(而非教师教育本身)相关的研究。	旨在以一种不偏不倚的且非批判性的态度调查、总结、诠释教师教育研究的实例。	• 现存的教师教育研究既不广泛也不深入。 • 传统上教师教育研究被按以下方式分类:历史发展、范围、教师教育的功能;教师教育、学院院系/职员的组织/管理;课程设置;教学/领域;教师教育中的学生人员情况;教师与教学专业。

续 表

教师教育作为课程问题				
整合/年份	回顾的文献	目的	结论	
Denemark and Macdonald (1967)	回顾了1962至1966年间发表的有关职前及在职教师教育的研究成果。 未讨论选择这些研究的标准。	旨在回顾关于职前与在职教师教育的相关研究文献。	• 教师教育获得了大量的资助以促进项目发展，但理论发展及研究活动并未获得资助。 • 教师教育仍然不成体系，且脱离教学与人文或通识教育课程。 • 有发展前景的研究领域包括：职前-在职的关系，教师角色的区别，为那些教授处于文化劣势的少年的教师设置相关课程，以及使用较新媒体的课程。	1058
Peck and Tucker (1973)	回顾了1955至1971年间发表的有关教师教育的研究成果。 仅包括了那些运用了实验研究设计考察教师教育过程的研究（即研究设计中包括了准确发现、测量并考虑到所有因素，以及这些因素间复杂且相互作用的效果的研究）。 研究资料来自于杂志、书籍、学位论文摘要以及合同式研究的最终报告。	旨在整合关于教师教育的研究。	• 大致在1963至1965年间，此领域中无论是研究设计还是研究报告的质量均出现了极大的飞跃。 • 将教师教育与教师所教学生的认知、情感以及行为学习联系在一起的趋势不断增强。 • 研究者“看到”了转向基于表现的教学评估方法的理论原理、操作方法甚至是发展技术。	
Koehler (1985)	来自于ERIC数据库中发表于1980至1984年间的220项有关职前教师教育的研究成果。 这些研究中包括关于现存教师教育实践的调查，对现存的或实验性的实践所做的评价，针对实践者或学生从职前教师教育中获得的能力/态度的调查，量化研究，人种志及研究回顾。	总结与分析现有的关于职前教师教育的研究。	• 需要更多的研究对教师培养与教学实践间的关系进行概念化，以达成可能实现的目标和目的并挖掘提升教学的潜力。	
Lanier and Little (1986)	发表于20世纪60年代中期至20世纪80年代中期的研究成果。 包括的研究涉及关于教师教育工作者的研究，关于未来教师及有经验教师的研究，对于教师教育课程的研究，以及对教师教育所发生环境的研究。 被系统性排除了的研究包括：关于教学模式、模仿、矫正式反馈、概念获得及将微格教学作为教师教育中的培训策略等的研究。	探索教师教育如何及通过何种途径可以不仅仅发挥为研究者提供信息的作用，而可以为政策制定者、教授、管理者及教师提供信息。	• 此一时期所进行的旨在更好理解教师教育工作者的研究数量较少。 • 职前教师的整体数量与之前相比更少，而且其中在学术上有天赋的学生较以前数量更少。 • 关于教学与教师教育课程间关系的研究受到了学者的极大关注。 • 预期可能提升教学与教师教育质量的机构政策、结构与资源，似乎只能适得其反。	1059

续　表

	教师教育作为课程问题			
	整合/年份	回顾的文献	目的	结论
	Houston (1990)	在48篇文章中围绕以下主题进行了有关教师教育知识基础的汇总：教师教育作为一个研究领域；教师教育的治理；教师教育的背景和模型；教师教育的参与者；教师教育课程；教师教育过程；评价与宣传；课程领域中的教师教育；教师教育的拓展视角。	作为“首本”关于教师教育的手册，其目的在于为那些负责职前与在职教师教育的人提供对有关研究的批判式整合以及详细的解释。	• 为教师教育决策提供的概念与研究的基础不如现在坚实。 • 虽然目前已经有所起色，但是研究基础仍然极为薄弱。 • 需要将研究与实践建立在我们当前对教师教育的认识之上，由此来执行议程以保证该领域持续连贯的发展。
1060	Borko and Putnam (1996)	选择的代表性研究与下列概念框架相关： • 知识在理解、行动与学习中的作用。 • 学习是一项主动的、建构的过程。 • 将知识与学习置于情境与文化中。 未考察有关教师社会化或职业发展的研究。 尽管并未言明所回顾的实证研究的数量，但是作者在文献目录中引用的文献超过190条，这些参考文献有不同的资料来源(即概念的、实证的与综合的)。	考察在新手教师学习教学以及有经验的教师试图在教学实践中做出改变的过程中，知识与信息如何变化。	• 学习教学受到一系列复杂因素的影响。 • 未来教师关于教学、学习与学习者的知识和信念是由他们自身多年的学校教育经验所塑造的并且很难改变。 • 有经验的教师学习如何以一种新的方式进行教学，同样也受到他们关于教学、学习和学习者的知识及信念的极大影响。 • 研究表明，通过集中持续的指导，职前与在职教师均可以高效地深入理解学科知识，并且转变他们对所教学科本质的信念。 • 新手教师仅拥有有限的关于本学科的特定教学策略知识，同时在理解学生所具有的特定学科知识方面其所知也相对有限。 • 有经验的教师通常拥有更多的关于教学策略及学生的知识，但是他们通常在支持为理解而成功教学的领域，不具备恰当的知识和信念。 • 教师可以学习以一种新的方式教学，但是要达成此种目标他们需要极大的与持续的支持。
1061	Sikula, *et al*. (1996)	基于第一本手册(Houston, 1990)，第二本手册通过48项综合研究，关注了相关领域内新的发展，变化的背景以及出现的新权威，研究主要围绕以下主题展开：作为一个研究领域的教师教育；聘任、选拔、以及最初的培养；教师教育的背景性影响；教师教育课程；持续的	旨在整合关于教学与教师教育的最新分析。	• 学校教育与教师培养在美国并非是被优先考虑的问题。 • 美国的教育改革缺少连贯性与协调性，而且往往是相互矛盾的。 • 近期，美国的教育改革前景不明朗。 • 在最近的历史中，美国不愿意为高质量的公共教育投资足够的资金。 同时呈现的还包括以下两项结论：

续 表

教师教育作为课程问题			
整合/年份	**回顾的文献**	**目的**	**结论**
	专业成长、发展与评估；多样化与公平问题；教师教育的新兴方向。		• 为了让美国的学校教育与教师教育的提升得以成功，教育工作者要通过研究建立起教育投资与有成效的公民身份之间的关系，并且使公众及权力当局知晓二者间的关系。 • 只有当教育工作者更加主动、提出更多要求，参与政治并且有意愿成为美国的文化重构者（American Reconstructioneers of Culture, ARCs）时，教育机构才不至于继续流于平庸，而使资源流向其他更为明显和更有发言权的领域。
Wideen, Mayer-Smith and Moon (1998)	93 项主要发表于 1990 年以后的关于学习教学的实证研究成果。 这些研究的来源包括杂志文章、电子数据库（如 RITE, ERIC），主流教师教育杂志，以及会议论文，包括在美国教育研究协会（American Educational Research Association, AERA）的年会（Annual Meeting）上发表过的文章。 不包括意见书、概念研究以及在数据收集、呈现及解释等方面判断非常模糊的文章。	旨在确立当前所知的有关人们如何学习教学的内容，同时批判了对于这些研究所做的报告的质量。	• 初任教师带着关于教学的根深蒂固的观点进入职前教师教育领域。 • 职前教师教育中的干预，对初任教师的影响很小。 • 同质的初任教师群体在适应越来越多元化的学生群体方面准备不足。 1062
Ballou and Podgursky (2000)	考察了全美教学与国家未来委员会（National Commission on Teaching and America's Future, NCTAF, 1996）文件中引用的 4 项主要研究。	旨在重新考察 NCTAF 所发表的研究成果，它们被视为有关使教学专业化的政策议程的支持证据。将教师培训与资格认证的管理权从公共机构转向私立组织。	• 文章反驳了 NCTAF 所发表的研究成果，认为在该研究中引用的诸多案例不具有代表性。 • 关于专业知识与资格的证据，很难为 NCTAF 所提出的特定的提议提供支持。 • 用于证明在教育学院中取得的高级学位可以提升教师有效性的证据是薄弱的。
Darling-Hammond (2000a)	重新考查巴卢和波德古尔斯基（Ballou and Podgursky, 2000）所引用的四项研究。也关注了其他两项 NCTAF 研究（1996, 1997）中所引用的其他 88 项研究。	旨在重新考察与回应巴卢和波德古尔斯基（2000）所提出的 NCTAF，并证明其曲解了研究数据与发现的观点。	• 这一文章声称巴卢和波德古尔斯基（2000）曲解了大部分事实基础，其目的在于指出教师教育并未对教师表现或学生学习产生影响。同时，文章还指出，如果州不对教学专业准入进行管理，或者是州不再试图为教师学习提供支持，那么学生的情况应该会更好。

续 表

	教师教育作为课程问题			
	整合/年份	回顾的文献	目的	结论
1063	Abell Foundation (2001a)	考察了过去50年全国知名的支持教师资格认证的倡议者引用的150项发表过的研究成果、文章及未发表的学位论文，这些研究均与学生的成就有关。	探究教师培养与学生成就之间的关系。 考察当前的研究是否能证明与无资格认证的教师相比，有资格认证的教师可以促成学生取得更好的成绩。	• 试图将教师资格认证与学生成绩联系起来的学术研究严重匮乏。 • 资格认证不能提供任何有关个人能力、求知欲、对儿童的亲和力等方面的深刻洞见。 • 需要取消教师资格认证所需的课程要求。 • 建议(学区)报告教师的平均语言能力成绩，(教育学院)报告候任教师的平均语言能力成绩。 • 要求将选择与认证教师的责任由州转移到学区(将雇佣决定权放在校长手中)。 • 建议学区与校长依靠更有效的方法帮助教师获得有效教学的技巧与知识。
	Wilson, Floden and Ferrini-Mundy (2001)	在初步考察313项研究之后，回顾了57项发表于1985至2000年间的实证研究成果。 基于4个原因从原始的313项研究中排除一些研究：它们不直接与问题相关；它们缺少足够的严谨性；它们基于一系列意见或原则形成的观点缺少事实证据；或者它们不是基于特定的教师教育项目课程展开的。	旨在总结严谨的、经过同行评议的研究在教师培养中的关键问题上给我们的启发。 提出了与学科知识培养、教学法培养、实习培训、教师质量和非师范教师资格认证项目相关的5个主要问题。	• 展现了学科知识方面的教师培养及教师在课堂上的表现与学生学业成就之间的正面的联系。 • 教师培养问题的教学法方面。 • 课堂经验是教师培养中的有力组成部分。 • 从已有研究中，很难就有关职前教师教育质量的政策所产生的影响得出重要结论。 • 最近的数据表明大多数州目前均有非师范的教师入职途径。
1064	Darling-Hammond and Youngs (2002)	考察了由美国教育部在《教师教育质量年报》(*Annual Report on Teacher Quality*, *U. S. Department of Education*, 2002)中所提出的四项主张所依据的研究成果。	评价美国教育部(U. S. Department of Education)在《教师教育质量年报》(2002)中所提出的四项主张及政策建议是否有足够的科学研究为基础。	• 任何一项主张均无强有力的实证支持。 • 报告并未引用有关这四项主张的科学文献。

续 表

教师教育作为课程问题				
整合/年份	回顾的文献	目的	结论	
Allen (2003)	从500项初步选定的研究中选择了92项研究进行回顾。 选择的92项研究作为实例均满足以下标准：直接与探究的问题相关；在具有科学性的杂志上发表过；发表于过去20年以内；研究的是美国的教师教育；是实证的及严谨的研究。 未包括未发表的报告，以及“由教师或教师教育工作者所进行的大量的相对不太明确的地方性研究”(p. viii)。	旨在确定教育与培训国家教师的最有效的策略。提出了与以下话题相关的8个问题：学科知识，教学法培训，基于实践的经验，非师范入职途径，师资匮乏教育水平低的学校中教师的有效性，教师教育项目的准入要求，资质鉴定，以及制度上的保证。	• 使得教育研究更能回应政策制定者与实践者的需要，同时也更便于利益相关者获得相关的研究信息。 • 通过增加总体投资、界定策略及统一研究议程以提升研究能力。 • 确保关于教师准备的研究以更明确的方式界定需要解决的问题以及需要收集的数据。 • 使教师教育与学生成就之间的相关性尽可能地得到凸显。 • 使所有参与教育的决策者都能公正地使用可靠的研究来做出政策上的决策。	
Cochran-Smith and Zeichner (2005)	3篇贯穿性的文章以及9项研究汇总。这9项研究汇总提供了对相关实证研究的回顾，主要考查教师教育对于教师学习、表现及学生学习的影响，所涉及的话题如下： • 人口统计学与教师质量(90项发表于1985至2002年的研究成果)。 • 教育中的艺术、科学与基础方面的培训所产生的影响(40项发表于1990至2002年间的研究成果)。 • 方法类课程与实习经验(107项发表于1995至2001年的研究成果)。 • 教师教育中的教学方法(38项发表于1985至2001年间的研究成果)。 • 为多样化群体培养教师(99项发表于1980年至2000年的研究成果)。 • 为残疾学生培养教师(发表于1990至2002年间的17项研究成果)。 • 问责过程(24项发表于1990年至2002年的研究成果)。	旨在考察关于美国的职前教师教育研究说了些什么(或者没有说什么)。 对教师教育所具有的影响进行的实证研究及公正的分析，牵涉到政策制定者与实践者极为关注的问题。 为教师教育群体提出研究议程上的建议。	与9个研究议题相关的研究发现如下： • *人口学*：教师主要是女性、白人、单语种；大部分是在公共机构的学位项目中接受教师培养；教师流动是使学校需要大量新教师的最重要因素。 • *教师质量*：到毕业时，与普通大学生相比，教师教育项目完成者在SAT/ACT上有更高的平均成绩。那些SAT/ACT成绩优异的学生很少选择教师作为职业，即使选择教学行业，也很少会一直做下去。 • *人文与科学*：除了数学以外，很少有关于教师学习其他特定学科的研究。对于教师学习数学的研究表明它与高中学生的数学学习成绩呈现正相关。 • *方法与实习经验*：大部分的研究是关于新教师如何社会化地进入教师行业，或者在方法课程与实习课程结束后，其信念与行动是如何变化或保持不变的。 • *教学法*：研究了4项教学法，它们是实验经验，个案研究，录像/超媒体，档案袋。研究表明在认知、知识和理念上的转变、反映或识别问题上的变化、对教学法或自我效能的态度上的变化。	1065

续 表

教师教育作为课程问题			
整合/年份	**回顾的文献**	**目的**	**结论**
1066 1067	• 教师教育项目(38项发表于1986至2002年间的研究成果)。 9项汇总中包括了超过450项的实证研究,遵循由谢弗尔森(Shavelson)和汤(Towne)(2002)及威尔逊(Wilson),弗洛登(Floden)和费里尼-曼迪(Ferrini-Mundy)(2001)所提出的标准。		• 为多样化群体培养教师:大部分的研究是质化的,在某一特定的课程或实习经验中展开,利用了叙事性资料。量化研究运用调查或问卷,集中关注了候任教师的理念与态度。研究表明,候任教师对多样性的理念与态度会发生短期改变。 • 为残疾学生培养教师:研究表明职前教师在获得对残疾儿童成功地开展教学所需的知识与技能方面持有积极的态度。 • 问责:有关资格认证的研究是有限的,但是大部分的证据支持在学生成就方面,有资格证书的教师优于无资格证书或是不符合资格认证标准的教师。42个州要求教师考试,但是没有证据表明考试具有有效性。关于资格认证的影响的研究几乎不存在。 • 教师教育项目:不管教师教育项目的类型为何,学科知识的专业化程度影响着教师的留任与否。研究比较了传统的与其他的,即4年制与5年制教师教育项目的有效性,两者有不一致或是相互矛盾的地方。 此报告提出的研究议题包括: • (a)基于相关理论框架进行的研究;(b)清楚一致的术语界定;(c)对于数据收集与分析方法及研究背景的更为完整的描述;(d)开展更多的研究项目;(e)关注教师教育对于教师学习与专业实践的影响;(f)研究教师教育与学生学习间的关系;(g)多学科与混合方法研究;(h)对于教师知识与技能的有效衡量;(i)以实验研究的方式比较不同项目的结果。 有关这些课题的研究包括: • (a)培养教师缩小成绩差距;(b)教师教育的背景与参与者;(c)教师教育课程,教学与组织;(d)关于教师培养的有组织的与有结构的备选方案;(e)教师教育项目准入标准预测的有效性;(f)候任教师、教师与预备师资的全国资料库;(g)多学科领域的教师培养研究;(h)有关其他培养项目与途径的系统的研究;(i)对项目案例的深入研究;(j)将教师培养与实践、学生学习结合起来的研究。

当我们提到每个时期的历史背景时，它所指的是影响教师教育研究发展的政治、专业、政策背景，其中包括公众对一系列问题的关注，还有社会转型时期国家的经济、福利，以及学校满足未来公民和领导者的能力。我们对于更大的背景的讨论也涉及与小学教师和中学教师教育有关的主要的研究的报告，以及对当前教师教育项目与教育研究的评论。我们还考虑了政府和非政府组织制定的法规及提供的资源，这些法规和资源会限制或支持教师教育的实践和研究。

我们要指出的是，关于教师教育研究历史的讨论，仅代表已有了某些概念化教师 1068
教育研究的主要途径，但并不表明仅有这些途径。事实上，在每个时期，都有其他对主要观点进行深入评论的途径，以及对教师教育问题的不同建构方式。比如，研究者本人已经对教师教育研究的政策取向做了评论（Cochran-Smith and Fries, 2001, 2005a, 2005b）。从历史角度而言，这些评论和非师范的路径在出版的文献中很少被提到，由于它们很少受到或未受到资助，因此往往在相关的讨论中被边缘化。因而，尽管我们所描述的四种建构抓住了每个时期的主要方式，但仍然要强调，与教育研究的历史进程相似，教师教育研究的历史进程并不是某一视角取代另一视角的稳步发展的进程。如前所述，教师教育研究的发展包括不同观点和途径间的动态关系，其中一些观点和途径占据前沿，而其他的则被推到幕后或被边缘化。

教师教育作为课程问题：20 世纪 20 年代早期至 20 世纪 50 年代晚期

为了提供足够的师资，到 1921 年时，除了一个州外，美国其他各州均将从师范学校毕业看作是可以从事教学的资格证明；到第一次世界大战时，这已成为全国范围内的普遍做法（Labaree, 2004）。随着师资培养的发展，对师资培养课程的研究也随之出现。理解 20 世纪 20 年代早期至 50 年代晚期开展的相关研究的路径，可以使我们认识到这一时期教师教育主要是被作为一个课程问题加以建构的。

政治、专业和政策背景

19 世纪后期到 20 世纪早期的工业化、城镇化及外来移民，促生了中小学课程的转变——从强调经典，只针对少数会进入大学的精英开展的课程，转变为包括更多学科，主要用于满足大众之需求的课程（Commission on the Reorganization of Secondary Education, 1918）。然而，转变的结果是，批评家们认为课程设置太宽泛，不系统，学科时间安排及学科内容安排在各个学校中缺少一致性（Thayer and Levit, 1966）。1893 至 1895 年间，全美教育协会（National Education Association, NEA）组织了三个委员会对课程问题进行考查，包括：(1) 基础教育十五人委员会（Committee of Fifteen on Elementary Education）；(2) 中等学校研究十人委员会（Committee of Ten on Secondary School Studies）；以及 (3) 大学入学资格委员会（Commission on College Entrance

Requirements)。这些委员会由学科专家领导组成。十五人委员会强调 3Rs[1] 以及小学阶段的教学内容分科(Dewey, 1916),摒弃了幼儿园和以儿童为中心的课程(Schwartz, 1996)。十人委员会提出了高级中学课程的 9 个核心科目,同时提议对学生进行“追踪”,在课程中不设艺术、音乐、体育和职业教育。大学入学资格委员会对高中课程的影响体现为:它建议为每个科目设立一定的学分,并将经典科目作为大学入学要求。

1069 **将教师教育作为课程问题进行建构**

毋庸置疑,关于中小学课程的争论对教师培养具有极大的影响,特别是在为高级中学教师设置合适的课程方面(Monroe, 1952)。大部分人赞同高级中学教师需要接受相关学科的全面教育;但在是否需要师范学校或高等院校提供这项培训的问题上却存在着不同意见(Bullough, 2001)。支持师范学校模式的人认为,高等院校毕业生接受了学术教育,但未接受教学法培训,不知道如何有效管理课堂或与孩子们相处(Brooks, 1907)。支持在学院及大学中进行教师教育的人认为,师范学校强调方法,课程设置适合最低水平的学生,且不像在大学那样提供深入的学术研究与博雅教育,而忽视了教育的重要性(Bolton, 1907)。

从 20 世纪初至 20 世纪 20 年代间,师范学院[2]成立了“进步主义与专业主义联盟”(union of progressivism and professionalism)作为师资培养课程设置的蓝图(Labaree, 2004: 159),其中包括:“通识文化”(general culture)(通识知识)、“特殊学问”(special scholarship)(跨多个学科的学习)、“专业知识”(professional knowledge)(对教育理论和实践的系统探究)以及“技术能力”(technical skills)(实践教学技能)(Cremin, 1978; Lucas, 1999)。有趣却毫不奇怪的一点是,这些提议都没有建立在实证证据的基础上,而如果将时间用在教师培养项目或课程理论研究上(寻找实证证据),实际上可以带来所期望的结果(Herbst, 1989; Lucas, 1999)。在 20 世纪 20 年代至 20 世纪 40 年代间,出现了通过学习有效教师的主要特质并依此调整教师教育课程以提升教师教学能力的方式,如此一来,各院校的教育途径更统一、更系统。

将教师教育作为课程问题进行研究

为提升教学专业所做的努力,推进了对教师教育课程的几次大规模研究。对师资培养学校的调查、访谈和观察,其目的在于确定有效教师的主要特征和技能,并找出这些特征和技能是否可以在各院校的课程设置中进行教授。受到菲莱克斯纳(Flexner)医学教育报告的鼓舞,勒尼德和巴格利(Learned and Bagley, 1920)报告建议应基于学生的成长对教师的工作进行评估,所有师资培养课程都要专业化,且由专门的高等院校

---

① 3Rs 是以基本技能为导向的学校课程的基础,具体为阅读、写作与数学。——译者注
② 指哥伦比亚大学师范学院。——译者注

提供(Imig and Imig, 2006)。这一时期最重要的两项研究是联邦教师培训研究(Commonwealth Teacher-Training Study)(Charters and Waples, 1929)和全国教师教育调查(National Survey of the Education of Teachers)(Evendon, 1933)。下文会对这两项研究进行详细说明。

在1930年和1945年间，人们致力于对教师培养进行整顿、统一，这是受改变课程设置和资格认证要求的促动而开展的运动(Haskew, 1960)。在倡导收集有关项目和课程的详实的信息之后，紧跟着的是号召对数据进行总结、专家调查、以及应用于课程建设的相关性研究(Travers, 1983)。对教师教育研究的首次综合论述于20世纪30年代末发表在《教育研究评论》(*Review of Educational Research*)上。

例如，布奇总结了“院校的普通和特殊师资培养，州和地方对培养的要求，以及在职培训手段等的研究”(Butsch, 1931: 76)。他发现，这些方面在最适合教师培养的科目和/或课程方面存在很大的分歧。几年后，布奇再次进行了综合性的回顾，主要利用 1070
了全国教师教育调查的数据，派克(Peik)对该调查的总结，以及许多其他区域性研究(Butsch, 1934)。他对教师的人口统计研究，教师的培训水平，接受培训的机构，以及获得州级许可证需要的专业课程(如：教育心理学，一般调查课程，教学实习，教育史，特殊方法论，以及测试与测量)进行了考查。

在30年代后期，派克和赫德(Peik and Hurd, 1937b)对高等教育课程的500多个报告进行了总结。教师教育研究主要集中在课程建设、课程内容划分、专业课程及理论与实践相结合等方面。两位作者号召进行更多、更好的课程研究、实验和评估，同时建立合作课程研究中心。在后来的综述中，派克和赫德等人(Peik and Hurd, 1937a; Peik, 1940,1943,1946)号召同时在专业和学科知识领域两个方面设置更宽泛的课程，并进行更长时间的实践，更好地进行监管，更多地获取与学生相处的经验，更多地关注教学问题，以及更好地提升教师培训指导等。这些综述还建议对学生和社会需求进行研究，得出更清晰、更严谨的结果，认真地规划实验，并进行有效的、可靠的评估。

教师教育课程研究：两个案例

我们提供两个将教师教育当作课程问题进行概念化和研究的案例。联邦教师培训研究(Charters and Waples, 1929)的宗旨是借助科学手段来确定主要的教师特质，其目的是提升全国范围内的教师培养水平。全国教师教育调查(Evendon, 1933)是在美国教育委员会(U. S. Commissioner of Education)的赞助下，基于国会在全国范围内开展的教师教育调查进行的。

联邦教师培训研究的要点是，以科学的方式找出教师最重要的特质是什么，并将其彼此区分开来，通过图表、列表和公式加以呈现，包括记录其行为要素，然后再利用这些指导教师培养。来自芝加哥大学的研究者查特斯和韦普尔斯(Charters and Waples, 1929)，作为研究的主要负责人领导了一个规模庞大的研究团队，他们的研究以课程开发应该由科学原则引导为前提(Zeichner，2005b)。正如蔡克纳指出的，这次调查基于如下假设：教师教育课程应该“大刀阔斧地做出整顿”，因为以往它并未按照“清楚界定的目标及合逻辑的程序计划”运作(Zeichner，2005b：7)。

查特斯和韦普尔斯以及由诸多研究人员组成的大规模团队采用了“共识”(consensus)的研究方法，他们访谈了教师、管理者、家长、教育学教授和学生，目的是找出这些利益相关者们所认为的教师在不同背景下的特点(Zeichner，2005b)。他们的提议随后由一个大规模的评审团体进行审核，并最终界定了有效教师的83项特征，它们按重要性排序并与多重指标相匹配。有趣的是，正如大卫·伊米戈和斯科特·伊米戈(Imig and Imig，2006)所指出的：利用研究和经验达成关于有效教师所需知识和技能的专业共识的想法，是在教师教育研究史上已被多次采用的策略，包括由古德莱德(Goodlad，2002)和其他专业人员，以及政策制定者所提出的指导教师教育课程的诸多“基本要求”，均采用了此种策略。最近一项这样的研究是由达林-哈蒙德和布兰斯福德(Darling-Hammond and Bransford，2005)及由很多专家组织的委员会总结的供所有新教师学习的课程应该涵盖的主要知识领域。

1071 查特斯和韦普尔斯罗列的教学特点包括适应能力、机敏、灵感、领导力、机智、智慧、冷静和吸引力等，每一项能力都有多重指标——有的多达12项指标(Zeichner，2005b)。制定此清单的过程所涉及的范围非常广泛，包括关于特征、特点与指标的多个表格、分类及次分类，许多人会称其为“过度”量化。蔡克纳(Zeichner，2005b)是这样描述这次研究过程的：

> 在确定了好教师的特点之后，查特斯和韦普尔斯采用了工作分析技术，通过电子邮件对42个州的教师进行调查，收集罗列了有关教师活动的一个广泛清单。最后的清单包括1 001项教师活动，它们被分成7个主要的维度，诸如教学和课堂管理等。研究者对二十余万份报告进行了分析，以便列出最后的清单。其中一些活动直指教学核心，在当前的一些教师标准中仍可找到，如州际新教师评估与支持协会(INTASC)标准。(Zeichner，2005b：8)

虽然查特斯和韦普尔斯总结认为，教师培训机构应该使用他们得出的教师特点列表来指导课程设置，同时以此为基础决定课程修订和应当提供的项目(Kliebard，1973；Lagemann，2000；Travers，1983)，但是他们的报告对教师教育项目的课程设置并未产生很大的影响。不过，有趣的是，无论优劣，查特斯和韦普尔斯(Charters and Waples，1929)的报告开启了基于绩效标准的教师教育发展的先河，直到今天这种方法依然盛行。

将教师教育当作课程问题进行研究的另一个案例是全国教师教育调查(Evendon，1933)，这项研究将调查作为主要研究方法。1929年，在联邦教师培训研究后，国会授权美国教育委员会开展一项全国范围的教师教育调查研究。这一举措得到许多致力于促进教学与教师教育专业化的组织的支持，包括美国师范学院协会（American Association of Teachers Colleges，成立于1923年），州督导和教育委员会全国委员会（National Council of State Superintendents and Commissions of Education），教育学院院长协会（the Association of Deans of School of Education）和中北部高校及中等教育协会（North Central Association of Colleges and Secondary Schools）。

这份由埃文登（Evendon）领导的科研小组做的六卷报告是第一份针对美国教师教育情况所做的全国性调查。此研究采用了当时盛行的教育研究设计——调查方法——通过科学的方法收集、组织数据来研究教师教育的课程设置（Lagemann，2000）。此报告提供了有关培训机构的标准和地位，教师人口学数据，招聘、筛选和资格认证的政策和模式等方面的大量信息。然而，它的重点主要放在教师教育课程的设置方面，尤其关注在美国各种类型的项目中真正提供给候任教师的是什么，以及对候任教师的要求是什么。

全国教师教育调查（Evendon，1933）倡议：（a）增加教师培养、学术研究、专业研究和课堂实践的数量；（b）对教师教育进行更多的研究；（c）提供能够反映已被证明为有效的教学特征的教师培养项目。由此，教师培养项目提高了普通教育方面的课程要求，将中等教育的方法与初级教育的方法区别开来，不再强调针对某一特定学科的通用方法。另外，有关教育历史的课程也让位于哲学、心理学和测量方法之类的课程 1072
（Cottrell，*et al.*，1956；Cremin，1953）。

将教师教育作为课程问题进行研究的价值

将教师教育定义为课程问题的这一时期，意味着研究者们开始尝试从实证主义角度研究教师教育，并使用“科学”方法提升教师培养水平。在20世纪20、30和40年代进行课程研究的研究者——根据实证数据和专业经验——初步尝试在有关教师应该了解什么、能够做什么方面达成了一致认识。这些问题一直在整个教师教育研究史上被探索。课程研究表明，本领域内的特定的利益相关者群体及专业人员，确实能够在好教师应该了解什么、应该做什么等方面达成一定的共识，同时他们的观点能够以建议的形式被表述，这些建议带有可识别的指标。需要指出的是，当时也是存在反对者的。不同的群体有时难以达成一致意见，因而“共识”这一概念总会遭到质疑。

不过，正如我们的案例所揭示的，早期课程研究成果过于笼统，因而无法直接被教育工作者借鉴使用，而且它们也因过于复杂（有人会说是过于繁琐）而无法被执行与跟踪。如同本文的下一部分将会提到的，在课程研究接下来的几年中（以及21世纪的初期），教学和教师教育受到了刻薄的攻击，人们批判公立学校教师们的反智主义与目光短浅。教育工作者因集体拥护进步主义的所有理念而受到批评（如Bestor，1953；Lynd，1953；Smith，1954），人们号召教师教育设立新的课程，认为它应立足于人文学科和科学学科，而非建立在“单纯的关于教学的职业技能”(1953：142)之上。在批判教师教育太激进的同时，也存在着认为教师教育太过职业化的观点，两种批评间存在着张力——甚至是彼此矛盾——这也反映了该领域中存在的持久分歧，以及业内人士与业外的批评者间的歧见；同时这还反映了在教师教育研究的历史长河中，如何构建、研究教师教育“问题”一直存在着持续不断的争议。

教师教育作为培训问题：20世纪50年代晚期到20世纪80年代早期

第二次世界大战后开展的教师教育研究，其发展历史一直以一种循环模式为特征：一系列的事件和/或头条报导，指责学校陷入危机，教师不能胜任。教师培养受到了行业内外评论家的谴责——批判它缺乏理智、严谨性、标准、规划、研究基础，以及/或未能对学校产生正面的影响。对改革的呼声很多(这些呼吁可能是，但通常不是以研究为基础的)，包括呼吁开展更坚实的、拥有更多资金支持的研究。新的改革方案得到推行，然而这些方案的持久价值却无法确定；同时，一些可能有也可能没有资金支持的新研究项目也开展起来。这种模式贯穿了整个20世纪50年代末至20世纪80年代初。在这一时期，教师教育主要被当作培训问题。

1073 **政治、专业和政策背景**

1957年苏联发射人造卫星一事使原本在二战后就关注着学校教育质量的公众，对这一问题更为关注了。公共教育因其“不得力”(soft)与“平庸”(mediocre)(Lagemann，2000：159)，以及强调学生的兴趣爱好和生活适应性甚于追求教育严谨性与卓越性，而受到人们激烈的批判。

毋庸置疑，人们将学校的失败，与培养未来国家教师的“教育理论者”(educationists)的失败联系起来。例如，亚瑟·贝斯特(Bestor，1953)曾公开宣布，教育理论家正将学校变成一片“教育荒地”(educational wasteland)。詹姆斯·科南特(Conant，1963)对教师培养进行的长达两年的研究得出的结论是，“教育科学”尚未成熟，对教师的教育要求普遍较低。他提议增加人文学科(liberal arts and humanities)，减少教育学与方法论课程。抨击更甚的是柯纳(Koerner，1963)，其关于美国教师的“错误教育”(mis-education)的研究得出如下结论：教育学院的教职员智力低下，有关教师培养的价值非常低下，即使不是完全没有，也是相当微弱的。

虽然有以上批评，在20世纪60年代和70年代还是出台了新的关于教师培训和招聘的联邦支持计划。1965年，作为《高等教育法案》(Higher Education Act)第五项法案的一部分，教师联合会(Teacher Corps)[1]宣告成立，旨在解决教师短缺，特别是极

① 核心是资助和帮助师范生，将其派遣到低收入家庭密集地区任教。——译者注

端贫困地区的教师短缺问题。1967 年颁布的《教育专业发展法》(Education Professions Development Act)，旨在支持提升教育工作者招聘和培训的水平。对国家教师不合格的关注，连同新的联邦支持项目(Earley and Schneider，1996)，共同促成了这一时期对关于教师培训的主要研究日程的制定。

将教师教育建构为培训问题

在此一时期，关于教学的过程-结果研究(process-product research)成为主流；此类研究项目的目标是，通过确定与学生成绩相关的教师行为，以及将这些行为应用于课堂情景之中，形成“教学艺术的科学基础”(Gage，1978)。同时，教师教育研究也作为明确的实证研究项目出现。联邦研究和发展中心，区域教育实验室以及大型的研究项目，在开发教师教育研究的新路线方面起着主要作用。例如，德克萨斯大学奥斯汀分校教师教育研究与发展中心(University of Texas at Austin R and D Center for Teacher Education)的研究日程主要集中于开发教师培训技术，并分析在什么条件下这些技术有效等方面(Freiberg and Waxman，1990)，这是一条与 20 世纪 70 年代能力本位的教师教育(Competency-Based Teacher Education，CBTE)运动相关的研究路线(Urban，1990)。

一般说来，这一时期的研究目的是“回答在教学培养阶段，如何使个人行为符合可接受的模式”(Smith，1971：2)，即“优化教师培养中促使教师工作有成效的部分”(Turner，1975：87)。“教师教育是培训”问题，其背后通常反映了教学过程-结果研究的假设：教师培训被看作是一种技术性传递的活动，教师培训和教师行为被认为是以一种线性的方式联系起来的，培训是起点，而教师行为则是教师教育的终点。在这种培训模式下，研究人员更关注的是教师，通常情况下此种关注集中于教师的课堂行为，学生的学习结果未受研究人员关注。基于过程-结果及其他关于有效教学的研究，未 1074
来教师的目标行为被认为与学生的成绩相关联，因而教师行为被看作与学生学习成果相关或者可以成为衡量学生学习成果的替代物。

将教师教育当作培训问题进行研究

将教师教育作为培训问题进行研究，其目的是确认对教师行为产生影响的可迁移的培训过程。教学的过程-结果研究的自变量(即已被证明为有效的教师行为，如清晰明确的学习目的或特定的提问技巧)成为教师培养研究中的因变量。教师培训过程本身(即培训教师表现出这些行为的各种过程，如微格教学，讲座，有/无反馈的演示等)是自变量。最受欢迎的方法是实验设计：在未来教师中选取一个控制组，一个或多个试验组，让他们接受不同的训练，在训练结束后，观察哪一组掌握了技能，还是都/都没有掌握。

研究者们在这一时期发表了许多研究综述(Cyphert and Spaights，1964；Denemark

and Macdonald, 1967; Haberman and Stinnett, 1973; Hodenfield and Stinnett, 1961; Turner, 1975; Wilk, *et al.*, 1967),但对本时期研究进行了比较明确的整合性综述的是第二版《教学研究手册》(*Handbook of Research on Teaching*)中由德克萨斯大学奥斯汀分校的研究人员,佩克与塔克(Peck and Tucker, 1973)撰写的有关教师教育研究的章节(Travers, 1973)。佩克和塔克总结道:1963 年到 1965 年间教师教育研究的质量和研究报告数量都有了"巨大突破"(Peck and Tucker, 1973: 941)。这种突破,部分原因在于资助研究的联邦经费日益增多。在整合"教师教育过程的实验性研究"的基础上(Peck and Tucker, 1973: 942),他们得出结论:未来教师可以在岗前培训时借助"系统方法"或"教学设计"进行培训,以学会具体的教学行为(Peck and Tucker, 1973: 943)。

虽然在这一时期培训研究处于主导地位,但并非没有批评的声音。主要的批评认为:具体教学行为的实证基础本身非常薄弱(Haberman and Stinnett, 1973);实证-分析范式存在不足、缺少批判性,且对改善教师教育毫无帮助(Popkewitz, *et al.*, 1979);考虑到存在诸多干扰因素而且教师培训和后期的教学成果之间存在很长的时间间隔,要在教师培养与教师表现之间建立起因果关系存在着重大障碍(Turner, 1971)。

虽然存在着诸多批评,培训依然是教师教育研究的主要方法,直到 20 世纪 80 年代中期,由于研究人员开始热衷于将教师教育作为"学习问题"进行研究,它的影响力才有所消退。下文会对将教师教育作为"学习问题"的研究进行描述和分析。

研究教师培训:两个案例

下面我们会详细分析将教师教育作为培训问题进行概念化研究的两个案例。第一个案例是一项大型的借助"微格教学"策略进行教师培训研究项目的一部分,本研究于 20 世纪 60 年代和 70 年代在斯坦福大学进行,它在教师教育研究和实践领域极为有名。第二个案例是一项独立研究,它关注的是通过培训未来教师,让其运用在有效
1075 教学研究中获得的特定教学能力,分析这些能力对于学生学习的影响。这些案例都说明了这一时期教师教育研究的一些主要特点,并提供了将此种研究方式进一步完善和充实的方法。

虽然存在着诸多版本和变体,微格教学的教师教育策略可能会有一个明显的特点,即它一直是"被研究"得最多的教师培训策略。微格教学旨在培训未来教师完成各种分离的教学技巧,它于 20 世纪 60 年代早期在斯坦福教师实习计划中被首次开发出来,并被当作一项结合了培训和诊断的工具加以运用(Allen, 1967; Gage, 1978; Perlberg, 1987)。按照微格教学技术的主要创建者与研究者艾伦的说法,"微格教学是缩小了的教学模式,主要有三种用途:(1)作为教学的初步经验和实践,(2)作为在控制条件下探索培训效果的一种研究工具,(3)作为有经验教师的在职培训工具"(Allen, 1967: 2)。艾伦将微格教学作为一种培训技巧加以阐明如下:

> 这项技巧允许教师将清晰界定的教学技巧应用于精心准备的课堂之中，这些课堂是由一系列 5 到 10 分钟的计划好的系列构成的，其中教师面对的是一个小组的学生，教师通常会有机会观看教学效果视频。它的优势在于，为教师提供了倾听同事、管理者及参与的学生对其表现进行即时的个人诊断性评价的机会，同时也可以衡量其自身具体教学技巧的进步。（Allen，1967：未标页码的前言）

在斯坦福第四次微格教学实践（microteaching clinic）后，艾伦（Allen，1967）发表了关于该教学技巧的报告，列举了该实践旨在教授未来教师的以下分散式教学技能：强化、改变刺激、图解与运用案例，利用学生提出的问题，以及在设置导入、讲座、使用视听材料及结语等方面所需要的表达技巧。

该报告还详细说明了授课-再授课的循环，研究人员在微格教学实践中曾向 145 位教师实习生做了展示：(1)授课 5 分钟；(2)评论 10 分钟；(3)休息 15 分钟，以便实习生能够计划在再次教学中做一些变动；(4)再向另外一组学生授课 5 分钟；(5)评论 10 分钟。借助斯坦福教师能力评估指南（Stanford Teacher Competence Appraisal Guide）（包括 13 个项目，7 个区间的必选题量表），实习生所教授的两组学生以及负责对实习生进行监督的督导会在每一阶段结束时对实习生的表现进行评分。其后对方差进行单向多变量分析，以揭示实习生行为在第一次“诊断”（p. 20）和最后一次“诊断”间是否具有统计学意义上的显著改进。

虽然艾伦的报告对微格教学予以称赞，但同时也指出，数据显示，与督导的评分相比，学生的评分对实习生行为改变的衡量更准确。报告同时号召对评估指南的使用进行更深入的开发和更深入的培训，且应更关注微格教学实习中所教授的特定的技术技能。其后，这些方面均获得了发展。

在对教师教育教学法研究的综述中，格罗斯曼（Grossman，2005）指出微格教学在很多方面均与教学培训的其他实验室经验的有效性研究存在极大相似（如 Copeland，1982；McIntyre 等，1996；Metcalf 等，1996；Vare，1994；Wilkinson，1996；Winitzky 和 Arends，1991）。然而，尽管研究人员已经从多个不同角度对微格教学进行了调查，以梳理出学科知识、年级水平、反馈形式以及不同模式的效果，但格罗斯曼的结论是，鉴于这些工具缺乏信度和效度、学生与督导的评价并不一致并且还有其他的一些技术性问题，因此无法就微格教学的效果和有效性得出明确结论，事实上麦克劳德 1076
（MacLeod，1987）大约在 20 年前也得出过类似的结论。从历史角度来看，值得注意的是，虽然微格教学技术在 20 世纪 60 年代晚期到 70 年代成为全国教师培训讨论中被广泛关注的问题（Copeland，1975；Kallenbach and Gall，1969），但到 20 世纪 80 年代早期，当教师教育开始被界定为学习问题，且人们对培训策略的兴趣消退时，微格教学技术已经几乎消失不见了（Lucas，1999）。

我们所举的第二个将教师教育作为一个培训问题进行概念化与研究的案例，是伊娃·贝克(Baker, 1969)针对教师所使用的特定的教学原则对学生表现造成的影响的研究。这项研究兴起于20世纪60年代晚期，是在能力本位的教师教育(Competency-Based Teacher Education, CBTE)的背景下进行的，是从特定技能或"能力"角度概念化教师角色与作用的一项研究。能力本位的教师教育背后的原理是这样一个假设：确保候任教师"掌握"预先确定的特定教学能力，要比明确规定他们应该完成哪些课程更重要。

尽管大力推进能力本位的教师教育，但贝克也发现，几乎没有真正的实证研究来考察教师与能力本位的教师教育能力相一致的课堂行为和学生行为改变之间的关系。她假设教师使用从教育心理课程中得出的并且在教师教育项目中被要求使用的原理与学生的成绩呈正相关。40位参加教师培训的和平队(Peace Corps)志愿者参加了本研究。自变量是未来教师使用被认为是有效教学策略的五种教学原理或实践(即：适当的实践、个体差异、领悟的目的、渐进的顺序以及知晓结果)。每位未来教师均有一次机会来练习并将体现这些教学原理的教案展示给学生和观察人员。4位受过培训的观察人员记录了这些原则在教学中运用的实例。因变量是学生的学习成绩，通过15分钟的多项选择测验来衡量学生测验前后的知识掌握情况。分析表明，未来教师所使用的5条原理中的3条，在学生成绩的取得方面具有数据统计上的显著相关性：(1)适当的实践，(2)个体差异，(3)知晓结果。

正如这两个案例所揭示的，将教师教育当作培训问题的研究认为，教学中的复杂问题大部分可以被分解成更简单、更容易培训的技巧和技能。其理念是，研究教学的人员可以通过实证的方式，将那些产生理想的学生行为或提高学生成绩的教学行为和技能加以识别并标注。之后，教师教育的研究人员能够以实验的方法来开发并测试在教师培训项目中最有效的特定的培训方案和技术。这些方案和技术可以在不同的项目中被使用，同时在职前与在职培训中帮助教师实施有效的教学行为。

将教师教育作为培训问题进行研究的价值

值得称道的是，那些在20世纪60年代和70年代进行培训研究的人员试图开发、宣传按照当代政策的说法可被称为基于证据的实践。也就是说，他们当时开发的是关
1077 于如何造就有效教师的实证研究体系，这样一来决策就可以依据于实证而非规范来制定。这恰恰是21世纪早期大学教师培养项目的批评者所呼吁的，他们声称，几乎没有关于教师培养的最有效方法的有力证据。培训研究表明，可以通过培训使未来教师表现出既定的行为，而且某些培训技巧要比其他的更有效。假设教学在一定程度上是技术性的活动，培训研究很有可能被用于为教学中的惯例和技术性任务建立基于证据的教师培养实践，例如课堂管理和组织的某些方面。

不过，正如本文后面两部分所揭示的，培训研究并未将教学的技术方面与教学的

诸多理性与决策方面相联系，也无法说明教师的知识、信念及之前的经验是如何调节他们在课堂中的行为的。而且培训研究并不承认课堂和学校的复杂文化，也不承认教师工作会受涵盖于其中的政策与问责背景的影响。最后，同样重要的一点是，在当今的政策背景中，培训研究在大部分情况下并未将候任教师的培训直接与学生的学习成绩联系起来。

教师教育作为学习问题：20 世纪 80 年代早期至 21 世纪早期

在将教师教育作为培训问题进行研究之后的 20 年间，过去几十年里形成的有关教师教育研究的批判和改革的模式仍在继续。公众在 20 世纪 80 年代再次向公立学校投去了关注的目光，他们关注的是对教师培养的批评、项目的改革和开发新的研究路线。

政治、专业和政策背景

20 世纪 80 年代伊始，《国家处于危机之中》(*A Nation at Risk*, *National Commission on Excellence in Education*, 1983)所做的骇人预言引发了多项改革。卡内基教育和经济论坛(Carnegie Forum on Education and the Economy)教学专业工作组(Task Force on Teaching as a Profession, 1986)呼吁，建立一支专业的教学团队，以帮助学校重新规划，这就要求教师之间形成角色的分化——一些教师需要获得国家专业教学标准委员会(National Board for Professional Teaching Standards, NBPTS, 1988)新规定的资格认证。

霍姆斯小组的报告(Holmes Group, 1986)号召建立促进本科生发展的人文学科以及研究生水平的专业培养，实施教学职业阶梯化，提高高入行标准，并且利用专业发展学校将教育学院与 K－12 学校联系起来。成立于 1986 年的全美教育革新联盟(National Network for Educational Renewal, NNER)，对教育革新中心(Center for Educational Renewal)的工作进行了拓展(Goodlad, 1990; Goodlad, *et al.*, 1990)，它运作的前提是学校的改进应该同教师教育革新同步进行(Patterson, *et al.*, 1999)。

一心投入建立专业教学队伍的许多研究者与组织努力地编纂专业知识基础(如 Gardner, 1989; Murray, 1996; Richardson-Koehler, 1987; Shulman, 1986a)。全美教师教育认证协会(NCATE)的新标准关注如何将专业知识基础融入到课程设置之中(Christensen, 1996)，兰德公司(RAND)的一系列研究表明，经过充分培养的教师比那些缺少专业培养的教师更有效(Darling-Hammond, 1984, 1988; Darling-Hammond and Berry, 1987; Wise, 1988)。同时，古德莱德(Goodlad, 1990)对教师教育机构进行的研究，呼吁建立更为连贯的课程，并建议教师们要训练有素地去迎接不断变化的社会的挑战。

1078 古德莱德、霍姆斯小组、卡内基特别小组以及其他行业内外的改革人员，提倡将教师教育改革与国家的需要、学校的改革和革新相联系。他们都认为受过良好教育、持续参与学习的专业教师是解决问题的关键所在。

将教师教育作为学习问题进行建构

在20世纪80年代以及进入21世纪的一段时期里，教师教育研究受到了专业化议程的影响，这一专业化议程是一系列拓展的研究视角(Erickson，1986；Lagemann，2000)及一些新兴的有关教学与教师知识的研究项目，如朱迪斯·拉尼尔(Judith Lanier)和李·舒尔曼(Lee Shulman)于20世纪70年代晚期在密歇根州立大学(Michigan State University)领头开展的项目。在此一时期，“学会教学”(learning to teach)(Feiman-Nemser，1983)的概念与话语或多或少取代了“教师培训”的话语。研究者研究了未来教师开始正规培养项目时的知识、态度与信念；这些知识、态度与信念是如何随时间推进而变化的；教师从事好的教学所需要的知识种类和来源；教师如何学习这些知识；以及教师如何在课程中、实地调查中和其他情境中阐释他们的经验。

从很大程度上讲，将教师教育作为学习问题进行建构，意味着明确地抛弃了之前流行的教学的技术观点和教师教育的培训观点(Lanier，1982；Tom，1980)。当然，并不是所有人都同意这种做法。在这一时期，对于如何概念化并实施教学和教师教育研究，人们进行了激烈的争论，有人将之称为“范式之争”(the paradigm wars)(Gage，1989)。虽然有争论，但从培训到学习总体上的转移趋势是非常明显的。教师学习的一些研究源于认知心理学，强调教师的学科知识与教学法的知识。其他研究采用人类学和社会学视角，关注文化在学习和学校教育中的作用。所有这些研究方法均认为教学是一种认知与理智的实践，它处于情景之中，是复杂的与不确定的。这意味着，教师学习如何做决策，在不同场景中应用不同的策略，以及对自己的工作进行反思是非常重要的。不过，需要指出的是，不同的理论视角，和与之差别极大的有关教师培养的影响以及所急需的研究类型的看法是紧密联系的。

将教师教育作为学习问题进行研究

毋庸置疑，与以上不同学科根基相一致的是，将教师教育当作学习问题进行研究时，所运用的方法涉及多种研究问题，而非依据单一的研究范式。此一期间虽然仍有培训研究，但诸多研究者所考察的是教师的态度、信念、知识结构、素质、感知与理解力，以及教师的智力、社会和组织背景。教师如何学会面对学生的多样性进行教学也发展成为一种主要的研究项目(如，Bennett，1995；Ladson-Billings，1995；Zeichner，1993)。除了从社会科学和人文科学获取的新的研究视角，此一阶段还出现了新的教师教育调查者，如研究自己实践的教师教育工作者(如，Hamilton，1998；Loughran，1998)，以及从批判和女权主义视角开展的研究(如，Britzman，1991；Gore，1993；

Ladson-Billings，1999；Luke，1992）。

在20世纪80年代和90年代，涌现出了诸多关于教师教育研究的主要综述和简短回顾(Koehler，1985；Richardson and Placier，2001）。反观从培训到学习的转变，拉尼尔和利特尔(Lanier and Little，1986)在第三版《教学研究手册》(*Handbook of* 1079
Research on Teaching)的一章中，排除了实验研究，反而使用了综合性的跨学科研究。他们的结论是，教师培养中充斥着保守主义，学生群体期待一种技术化的模式。除了教师教育管理、模式、评估和课程设置外，休斯敦(Houston，1990)的《教师教育研究手册》(*Handbook of Research on Teacher Education*)还整合了拉尼尔和利特尔的评论中涉及的各领域的研究。休斯敦的手册及其第二版(Sikula，*et al.*，1996)均指出，教师教育的研究基础薄弱，是未将学校教育和教师教育置于国家优先发展位置考虑的结果。博尔科和帕特南(Borko and Putnam，1996)的综述关注学习教学的心理学方面，得出的结论是，学习教学是一个需要多种知识基础、技能和理解力的复杂过程。威迪恩等人(Wideen，*et al.*，1998)的综述得出的结论是：不仅最初的信念很难发生改变(这一发现仍受到当代研究的支持)，而且在教师教育工作者想要改变的关于学生的信念与未来教师希望学会的如何“进行”教学这两个方面，也存在着根本性的矛盾。

研究教师学习：两个案例

下面我们将要讨论两个教师教育研究的案例，它们将教师教育作为学习问题进行概念化和研究。第一个案例，是帕姆·格罗斯曼(Grossman，1990)的研究，这个研究是一项大型研究项目中的一部分，该大型研究探究了教学所需知识及教师如何学习教学，尤其是教师如何开发与使用包括学科教学知识(pedagogical content knowledge)在内的各种知识。这项研究出自李·舒尔曼(Lee Shulman)及其同事于20世纪70年代后期在密歇根州立大学开始进行的研究工作，其后于20世纪80年代由舒尔曼和他的学生及同事在斯坦福大学作了进一步的深入研究(如Grossman，1990；Grossman等，1989；Wilson等，1987)。格罗斯曼的研究采用了个案研究的方法，调查初任英语教师所具有的学科教学知识及特定学科的教师教育课程对毕业生英语教学的知识和信念的作用。她对来自旧金山港湾区的6位刚进入教学岗位一年的英语教师进行了研究，其中包括3位毕业于同一教师教育项目的教师及3位没有接受过正规培训而入职的教师。数据收集包括半结构式访谈和多个课堂观察。分析包括对每个个案的所有数据进行编码，以及跨个案分析。

格罗斯曼的研究表明，具有教师教育背景的教师非常灵活，善于接受创新方法，能更好地理解学生的观点。那些没有这种经验的教师，则倾向于依赖从本科和研究生课堂中借鉴来的教学技巧，或是依赖他们自身有关K-12学校教育的记忆。这一分析表明，对教学与学习具有一种连贯的和一致的认识是非常重要的。格罗斯曼认为，教师教育项目的4个一般特征似乎有助于新教师的学习，包括：

> 对教学和学习有连贯的认识，围绕着要教授的具体科目加以组织；在教授、管理者和学生之间形成合作的关系，在此种合作关系中，未来教师可以帮助构建不断演变的英语教学知识，为此他们可以感受到一种拥有感；在未来教师获得教学技能、教学法视角，以及在形成对实践进行反思的态度的过程中，为其提供必要的支持或“脚手架”；学习教学的发展性视角中的课程设置，为未来教师的当前及将来的需要与关注的问题提供合适的知识和技能。
>
> (Grossman，1990：139)

1080 我们列举的将教师教育作为学习问题进行研究的第二个案例(Laframboise and Griffith，1997)，是由南佛罗里达大学教师教育工作者团队中的两位研究者开展的，他们在一家专业发展学校中与候任教师一道工作。他们的研究关注候任教师如何通过阅读文献案例来学习文化和文化冲突，以及在此过程中学到了什么。更具体而言，他们使用教学案例或教学实践中以问题为导向的故事，这些案例和故事是由教师或与教师进行合作的观察者就课堂教学中的事件撰写的。使用这些案例的目的是帮助职前教师反思与解决问题，以实现将来自课程阅读、观察其他课堂以及强调多元视角的课堂讨论中出现的信息结合起来，从而在教师教育课程中使学生能“将自己看作是多元文化社会的一部分，由此直面其自身的主观性，并审视与儿童及学校教育相关的重要议题”(Laframboise and Griffith，1997：369)。另外，研究人员也很关注本科生如何解读青少年小说中所刻画的文化冲突，以及他们如何利用这一信息在教师教育课程中进行合适的基于案例的教学实践。

研究者对22位在五学期制本科生教师教育项目中的第一个学期的职前教师(其中4位是白人男性，18位是白人女性，年龄从20到40岁不等)进行了研究，当时他们参加了专业发展学校(PDS)的早期实习与实地课程。专业发展学校是一所K－5学校，位于大型学区的乡下区域，面向的人群中24%是白人，10%是非洲裔美国人，66%是墨西哥人或墨裔美国人。

数据来源包括对以教学问题为中心的故事(教学案例)的音频录音的讨论，青少年小说，以及实习生写的书面作业，如文献日志、读后感和课堂观察报告等。数据用奥内克(Olneck，2001)的文化断层分类进行编码——性别、学生-学生、学生-老师、学生-家庭和文化社群，以及学生-文化社群外的社区——同时出现了实习生意义生成的6个类别——复述、联系个人的知识、比较、推理、批评以及联系课程内容。研究者得出的结论是：学生能够准确辨识书中人物文化断层的诸多来源，将这些与他们自身的经历相联系，批判性思考文化冲突的问题。在大多数情况下，叙述和复述课文中的信息是讨论与写作的第一步，但研究人员也发现这通常不足以使学生理解断层。讨论小组似乎需要有人来挑战他们，强迫组员进行超出字面水平的思考，并帮助学生审视他们自己的主观性。研究者同时还得出结论，职前教师面对多样性问题时需要多反思，要允许学生间接地去体验超出其当前生活背景的情境。文献案例讨论创造了一个环境，学生可以在其中审视自身的价值观和态度，表达不同的观点并学习反思性实践。

将教师教育当作学习问题进行研究的价值

在舒尔曼(Shulman, 1986a)1986 年有关教学范式和研究项目的综述中，他认为， 1081
教学研究所缺失的是对教师如何理解并运用学科知识的研究。不过，从那以后，对教师认知、知识运用、信念和经验的研究非常丰富，以至于一些学者(如 Wilson 等，2001)提出，现时所缺的是将教师的知识和信念与学生的学习及其他成果联系起来的研究。即便是舒尔曼，他也承认这种局限，他在最近得出的研究结论中指出，对教师知识的研究和运用"反映了内容(content)、认知(cognition)和背景(context)3C 理论的重要性，但却忽视了第四个 C，即学生的结果(consequences)"(Shulman, 2002: 251)。对教学研究的这一评估同样适用教师教育研究。在将教师教育主要当作学习问题进行建构与研究时，理解教师知识与信念其本身就被认为具有重要意义，但是学生的成绩，或教师知识和信念与学生学习及其他期望的教育结果之间的关系，却很少受到重视甚至无人问津。

正如我们在下一部分会提到的，在 20 世纪 90 年代末期到 21 世纪，对教师教育的研究主题从教师知识与学习问题转向了教育政策问题，重点关注教师教育政策与实践的结果与成就。需要注意的是，在许多与政策相关的批评中，大部分关于知识和信念的研究被认为没有特别的用处，因为它不考察因果问题，也不将它与学生的成绩相联系，因而人们认为，此类研究对于政策的意义有限。

教师教育作为政策问题：20 世纪 90 年代中期至今

20 世纪 90 年代中期至 21 世纪，研究者越来越关注高标准与问责问题。教师教育研究的重点从学习转到了政策上，教师教育问题被当作一项通过与学生成绩相关联的实证数据及用成本效益分析加以证明的政策与实践的指定议题来进行建构与研究。

政治、专业和政策背景

到 20 世纪 90 年代中期，全球经济的转变与不同国家之间持续拉大的学生成绩差距，迫使教育进行改进。与前几个时期一样，这些关注与公众对于教学与教师教育进行改革的要求联系在一起。1994 年，洛克菲勒基金会(Rockefeller Foundation)和卡内基公司(Carnegie Corporation)支持成立新的全美教学与国家未来委员会(National Commission on Teaching and America's Future, NCTAF)，该委员会宣称，在提升学校成就方面，教学与教师教育比任何事物都重要(NCTAF, 1996)。同其他专业组织一样，全美教学与国家未来委员会旨在通过系统的专业化与贯穿专业生涯的高标准，来提高教师培养水平。另外，美国教育委员会(U. S. Commissioner of Education)的教师教育校长特别工作组(President's Task Force on Teacher Education, 1999)提出要加大高等教育在教师培养中的责任追究力度。

同时，保守组织倡导对教师教育解除管制，并通过大幅度减少大学及学院中的教师教育以及州级资格认证管理部门，来重新界定教师素质的公众权威。福特汉姆基金会(Fordham Foundation)(Kanstoroom and Finn, 1999)和其他基金会号召实施基于市场的改革，包括仅关注结果的非师范途径。

几乎每个州都执行了新的课程框架，同时还实施了 K－12 学生成绩的新标准及新
1082 的标准化测验。其目的是使学校对国际竞争标准及评估负责(National Education Goal Panel, 1997)。在 1987—1998 年间，要求教师在进入教学专业前需参加考试的州的数量不断增多，同时考试更趋于标准化(SRI International, 2000)，在 1998 年立法的基础上，各院校和州也被要求每年均需向政府报告他们所认证的所有教师的证明材料。

将教师教育作为政策问题进行建构

在这一时期，教师教育改革的多种议程的支持者们声称他们有实证研究基础。高度公开化的与政治化的辩论，所产生的结果之一便是吸引了人们对教师教育研究的热切关注。随着更多的、更高层次的政策制定者致力于制定与教学及教师教育相关的政策，教育开始主要被当作政策问题来建构，而不再是像前几十年那样被当作课程、培训或学习问题进行研究。

将教师教育作为政策问题进行建构，其背后的理念是，政策制定者可以通过控制教师培养(如教师测验，学科知识要求，准入途径等)中那些最有可能影响学生学习成绩的方面，去迎接提供高质量教学人员队伍的挑战。虽然这里的目的是利用实证研究来识别出那些最可能提高成绩的因素，正如下文所述，但支持特定政策的研究未必是直截了当的。这一时期出现的诸多最有争议的研究综述，将教师教育的影响作为州级政策分析的一部分来考察，这些政策涉及如资格证书(certification)、执照(licensure)、教师测试及其他问责机制(Ballou and Podgursky, 2000; Darling-Hammond, 2000b)。一些研究利用计量经济模型与技术，包括成本-效益及其他分析，得出有关学校资源(包括教师资格)影响的结论(如 Hanushek, 1997)。其他研究则考察了州或机构有关对教师的要求(如学科知识培养、职业培训和实习经验)的政策的研究基础(Allen, 2003; Rice, 2003)。将教师教育作为政策问题进行建构和研究所基于的理念是，与教师培养及期望的学生成绩相关的实验证据，能够且应该为与教师培养相关的政策和实践提供帮助。

将教师教育当作政策问题进行研究

正如上面所提到的，2000 年以来的诸多研究综述已将教师教育作为一个政策议题

加以建构，但对于相关证据可以表明什么，所得出的结论却不尽相同。例如，达林-哈蒙德(Darling-Hammond，2000a，2000b，2002)关于教师质量与成就的实证分析得出的结论为，被视为构成教师资格各种变量中最重要方面的教师培养与教师资格认证，同其他变量相比，即便不是更有助于，至少也是同样地有助于提升包括教师效能和学 1083
生成绩在内的教育结果。相比之下，第二组研究综述与反馈(如 Abell Foundation，2001a，2001b；Ballou 和 Podgursky，2000；Whitehurst，2002)得出的结论是，尽管有证据表明教师的语言能力和学科知识对学生成绩有影响，但是几乎没有证据支持高校教师培养、教学法研究、教师资格认证或项目审批与鉴定对学生成绩有影响。

第三组研究综述(例如，Allen，2003；Cochran-Smith 和 Zeichner，2005；Lauer，2001；Rice，2003；Wilson 等，2001)得出的结论是，虽然有一些证据表明，教师培养和资格认证对某些内容领域和某些层次的学校的教育结果有积极影响，但从整体而言，将教师培养作为政策进行研究的基础既不深刻也不坚实。研究结果混杂在许多领域之中，而且相互包含，同时在其他领域几乎没有可靠的研究。这些研究综述呼吁加大对教师培养的研究和合格教师培养方面的投入。虽然他们的用语和侧重点有所不同，但第三组的研究综述得出的结论大体是具有一致性的。他们的结论是：尽管有关教师教育结果的研究基础薄弱，但也没有证据支持全面取消认证要求，也没有确凿的证据指出培养教师的最佳结构或途径。

研究教师教育政策：两个案例

下面我们详细描述将教师教育作为政策问题进行概念化与研究的两个案例。第一个案例是由美国卡内基公司部分赞助、由马西马蒂卡政策研究公司(Mathematica Policy Research，Inc.)具体实施的一项研究，它将“为美国而教”(Teach for America，TFA)教师招聘项目中培养的教师效能同非 TFA 项目中培养的教师效能作了比较(Decker，*et al.*，2004)。第二个案例和第一个案例有几分相似，它同样使用了混合研究方法，包括了一个增值模型，这项研究调查了进入纽约公立学校(New York Public Schools)教学的 6 种途径，包括通过“为美国而教”项目以及“教学人员计划”(Teaching Fellows Program)成为教师等途径(Boyd，*et al.*，2006)。

自 1989 年成立以来，“为美国而教”一直是教师教育工作者和政策制定者关注的一个热点项目。事实上，在许多有争议的辩论中，“为美国而教”已被建构为进入教学行业的非师范途径中的一个典型(虽然严格地说它不应该被称为非师范途径，而是一个教师招聘和初期培训项目)，同时它也引发了更大范围的讨论：应该由谁来教，教育者应该知道什么，应该以什么方式在哪些方面得到培养，以及由谁来做决定。“为美国而教”是一个由公众及私人共同资助的项目，它已经建立了一个由各学科专业刚毕业的大学生组成的全国性的“团体”，这些大学毕业生都是从常春藤联盟及其他全国性名牌高等院校招募过来的。“为美国而教”的志愿者承诺，在师资不足的城市和农村公立学校至少任教两年。该组织的使命是，通过把一些全国最有前途的未来领导者招募到低收入学校从教，力图消除教育的不平等。其理念是，“为美国而教”的毕业生通过努力对教育内部及其他部门加以改变，从而确保所有的孩子都有机会学习（Smith，2005）。

马西马蒂卡政策研究公司的一组研究人员（Decker，*et al.*，2004）将 TFA 教师所教的学生和非“为美国而教”教师所教的学生的阅读和数学考试成绩进行了比较，其目的在于解决这一问题——“与非‘为美国而教’项目的教师相比，‘为美国而教’的教师的教学是否能提高（或者至少不危害）学生成绩？”（Decker，*et al.*，2004：ix）。研究者比较了随机分配给“为美国而教”的教师和非“为美国而教”的教师（非“为美国而教”的教师被界定为，所有从未成为“为美国而教”项目一员的教师，包括传统认证的、非师范认证的，以及未获得资格认证的教师）的学生的考试成绩，同时也比较了“为美国而教”的新手教师和非“为美国而教”的新手教师的学生的考试成绩（新手教师是指那些教龄不足 3 年的教师）。

1084 在巴尔的摩（Baltimore）进行的一项试验研究关注了 17 所学校中一到五年级的 1 800 名学生——这些学校均面向经济困难的学生，且都面临着大量的教师短缺问题——这些学校位于芝加哥（Chicago）、洛杉矶（Los Angeles）、休斯顿（Houston）、新奥尔良（New Orleans）和密西西比三角洲（Mississippi Delta）。这一研究包括以下前提：“为美国而教”的教师是于研究期间被安置在该学校的，学生们被随机分配到“为美国而教”的教师和对照组教师的教室里。对学生阅读和数学成绩的测试是基于爱荷华基本技能测试（Iowa Tests of Basic Skills）进行的。在秋季，进行了一项基准成绩测试，一项跟踪测试在春季进行，参与研究的每个班级有超过 90%的学生完成了这两项测试。研究者发现，在数学方面，学生的成绩结果存在着显著差异，非“为美国而教”的教师所教学生的平均成绩在秋季的测试中处于百分位数第 15 的位置，而在春季测试中保持在百分位数第 15 上；相比而言，“为美国而教”的教师所教学生的平均成绩在秋季的测试中处于百分位数第 14 的位置上，而在春季测试中则上升到百分位数第 17 的位置。不同年级学生，不同种族背景学生，以及两组新手老师间的差异也是同样显著的。在阅读方面，由“为美国而教”的教师和非“为美国而教”的教师教授的学生，其测试成绩有相同的平均增长率——在一学年中上升了一个百分点。

我们所举的第二个将教师教育作为政策问题进行研究的案例，是由博伊德等人（Boyd，*et al.*，2006）进行的一项研究。该项研究调查了从教的不同路径对纽约市学校（New York City Schools）教师队伍的影响，该市存在着许多不同的从教路径，包括“教学人员计划”与“为美国而教”。“教学人员计划”（Boyd，*et al.*，2006）被描述为“全国最大的非师范教师资格认证项目”，旨在吸引职业生涯中期的专业人士、新近大学毕业生及退休人员到表现不佳的学校任教。如上面在德克尔案例中所描述的那样（Boyd，et al.，2006），“为美国而教”项目中一个国家顶尖的刚毕业的大学生“团体”。

博伊德及其同事(Boyd, *et al*, 2006)确认了进入纽约市学校从教的 6 个途径：(1)大学推荐；(2)个体评价；(3)“教学人员计划”；(4)“为美国而教”项目；(5)临时许可证；(6)以及其他方式。这个研究关注了两个问题：(1)教师入职途径的不同，如何对学生取得的成绩产生不同影响；(2)未参加全部的培训课程与现场实习，而是通过非师范途径进入教学行业的教师，他们所教的学生与由具备传统认证或临时资格的教师所教的学生相比，能获得更高还是更低的成绩？学生数据库(1998 年到 2004 年之间的三至八年级的学生)包括人口学的信息与考试信息。教师数据库包括人口学的信息、测试表现与入职途径。通过使用一个增值模型进行分析，研究者考察了教师入职途径、班级特征、学生成绩、入职途径对成绩的影响，以及教师离职等方面的信息。

研究结果从教师补充、教师一般知识、小学和初中水平的教学及离职率等方面进行了报告。报告结果如下：纽约市学校教师的构成和整体补充发生改变的原因，是由于资格认证要求的结果，这些要求包括非师范的入职途径、大规模地淘汰未经过资格认证的教师。许多通过非师范途径进入教学行业的教师，有很强的学术功底，并在通识知识的测试上表现良好。也有一些证据表明，在从教第一年，通过非师范途径入职的小学老师，在数学和英语语言艺术(English Language Arts)教学方面，不如通过大学推荐进入教学的教师表现好。然而，他们的数学教学水平，在第一年和第二年之间有不同程度的提高，且在第二年的时候他们的数学教学水平大约相当于大学推荐的教师所达到的水平。通过非师范途径入职的中学教师比通过非师范途径入职的小学教师表现好。在从教第一年，TFA 项目成员在教中学生数学时，比持临时许可证或大学推荐的教师做得都好，而通过“教学人员计划”进入教学的教师的表现和这些教师表现
相当。当有三年教学经验时，通过“教学人员计划”进入教学的教师比大学推荐的、持 1085
临时许可证的数学老师的表现都要突出，但在中学英语语言艺术方面的教学效果，并没有表现得如此显著；在第一年，相对于大学推荐教师或持临时许可证的教师所教授的学生而言，“教学人员计划”教师和“为美国而教”的教师所教学生的成绩提高幅度均较低。在第二年和第三年间，“教学人员计划”教师在教学方面表现出了与其他教师极其不同的大幅度提升。

在教师离职方面，这项研究的结果表明，不同入职途径教师间的离职率差异是非常显著且有深远意义的。在两年之后，“教学人员计划”教师的离职率(当控制学校影响这一变量时)大致与大学推荐教师的离职率相当，但过三年或四年之后前者的离职率便超过了后者。那些通过“为美国而教”项目进入学校任教的教师，相对来说更容易在第二年离职。在第二年之后，“为美国而教”的教师的留任率与传统途径进入教学的教师及通过“教学人员计划”进入教学的教师相比，有大幅度下滑的趋势。这项研究预测，四年之后，只有不到 20%的“为美国而教”的教师会留在这些学校任教。

总之，博伊德和他的同事们认为，在成为真正的教师之前，这些教师所具有的不同经验，以及所接受的彼此不同的课程，都可能对结果产生影响。他们还强调了未被解

决的政策问题，如对于提高学生成绩具有重要作用的教师培养项目的特质，以及如果硕士学位的财政激励或学费降低成为可能，大学推荐的教师群体的数量与构成会有何种变化。

将教师教育作为政策问题进行研究的价值

将教师教育作为政策问题进行研究的本质是，在政策制定者可以控制的教师教育政策中，确定哪些要素最有可能促成理想的学生成绩。在当前的问责背景下，似乎很"明显的"是，至少在某种程度上，国家和机构的政策决定应该由实证证据来驱动。但在对有关政策的研究进行比较后可以发现，这一观点仍然存在着许多问题（例如，Wilson 和 Youngs，2005；Zeichner，2005a）。虽然我们需要加大投资力度，以提升将教师教育作为政策问题来开展严谨研究的能力，但我们也需要承认它的局限性。从这个角度出发所研究的教师教育的各个方面，通常是"粗糙的可量化的指标"（Kennedy，1999：85），不能用来对机构、入职途径和项目做出有意义的区分。另外，政策研究并不能提供有关 K－12 学校的背景和文化的解释，也不能说明这些因素是如何支持或制约教师运用知识与技能的能力的。

最后，值得注意的是，当教师教育被作为一个政策问题加以建构时，焦点几乎总是被放在学生成就上面，这种成就被定义为考试成绩，即考试成绩被当作是最重要的教育结果。虽然这点很重要，但并不是教师培养项目的唯一目标。诸如学生的社交和情感发展、为在民主社会生存做好准备以及参与公民对话等教育结果，还有师资不足学校中的教师安置及留任，和对教育公平的倡导等，也都是同样重要的目标。

1086 变革时代的教师教育研究：前进的方向

我们已经指出，过去一个世纪的教师教育研究史，至少在一定程度上可以通过确定如何建构教师教育的"问题"，以及如何研究、分析并诠释该"问题"来加以梳理。不同的建构和研究教师教育的方式——作为课程问题、培训问题、学习问题或是政策问题——是受这个时代不断变化的政治、专业与政策背景所影响的。特别重要的是，有关教师和学校教育的公共关注和政策，是与更大的经济和社会问题相联系的，同时也是与对教师教育的内外部批评、对改革的要求，以及教育研究的新方向联系在一起的。同样重要的是，我们也要承认一些已经发表的有关教师教育的研究，它们的质量不佳。无论是在研究范式还是研究方法方面，均存在此种质量不佳的问题。就像在其他任何领域一样，质量差的研究会给人一种研究基础薄弱的印象。

然而，同样需要注意的是，那些认为教师教育研究基础很薄弱的人之所以会得出这样的结论，是因为他们感兴趣的是建构教师教育"问题"的某种特定方式，而针对此种方式进行的研究几乎没有，虽然关于此问题的其他建构方式已经进行了大量的有价值的研究。一些评论者对研究基础的强弱得出了不同的结论，因为他们是基于对该问题的不同建构方式开展研究的。也就是说，简单地就教师教育研究基础的质量和深度提出一个不同的问题，很可能会得到不同的答案(Cochran-Smith, 2004)。但是，在其他时候，评论者会就什么才算是研究、何种程度的数据聚合是合适的，或是何种教育结果重要等问题提出不同的假设，由此来展开研究。

例如，尽管佩克和塔克(Peck and Tucker, 1973)的评论(在“培训”部分讨论过了)专门关注对教师教育中所用教学方法进行的实验研究，但怀特赫斯特(Whitehurst)在2002年的简要评述(在教师教育作为政策问题一部分曾提到的)中曾抱怨称，在教师教育的研究方面，尚未发现实验研究方法。佩克和塔克是从教师教育作为培训问题的角度进行研究的，因此回顾了一些经实验验证的教师培训技术，这些技术旨在培训教师表现某些被认为是有效的行为。另一方面，怀特赫斯特是从教师教育作为政策问题的角度进行研究的，他寻找了教师培养政策对学生成绩的影响方面的因果或相关性的证据，这可能会影响政策制定者的决策。这些与其他有关教师教育研究基础的强度和深度的综合研究所得出的结论，既反映了历史问题，也反映了当代问题。

一些研究者认为，教师的学习(例如，学科知识的提高，对不同群体的看法和态度的改变，技能的提高)是教师培养的有价值的结果，这是由于教师教育对教学决策、教师与学生和家人的关系，以及课堂学习机会的质量，均会有一定的影响。这种方式基于以下这一前提，即教师的知识框架和信念，好比是过滤器，透过它们，教师的实践和决策得以实现，同时，透过它们，教师可以决定如何运用所学的各种技能。这里的假设是，知识和信念总能调节对实践与技能的运用，因而知识和信念总能影响学生的学习机会、成就和其他教育结果。从这一角度来看，教师学习本身便是教师培养的一个重要结果。当教师学习成为教师教育研究的中心，并不意味着像有些人所说的那样，学 1087
生的学习被认为是次要的。教师学习和学生学习之间的关系，并不是某一特定研究的重点。相反，研究关注的中心，一方面是教师培养的构成要素与组织结构之间的联系，另一方面是教师知识、技能的发展和/或其对信念与态度的反思。目前，我们需要的研究路线是，考察并厘清教师的知识与信念，他们的专业技能和课堂表现，以及学生学习三者之间的关系。

在本文中，我们试图证明历史上对教师教育问题存在着不同建构方式，同时在如何研究这个问题上也存在着不同假设。这些均反映了更大的政治、专业和政策背景，同时也有助于解释一些当代研究综述所得出的结论之间存在的差异。这些不同的结论可能表明，教师教育研究需要新的研究，要将教师教育问题的不同建构方式——课程问题、培训问题、学习问题和政策问题——结合起来并考察它们之间的关系。

同样需要指出的是，我们的分析表明，一些被认为是教师教育研究中存在严重缺陷的研究，可以以一种更正确的方式被理解为对该领域相对浅显的反思。教师教育的实证研究，事实上仅在过去的半个世纪里才发展成为一种明确的研究系列。正如我们在本文所描述的，即使我们把20世纪20年代和30年代师范学校、学院和大学等机构中进行的早期自我研究和调查包括在内，这个领域也不过只有七八十年的历史。研究所具有的一些长处与局限正反映了其不成熟的事实。其他的长处和弱点，反映了时代对某些问题的关注与当时的观点。例如，在20世纪早期和中期，对"教育理论者"以及他们所追求的"科学主义"有着严厉的批评，尤其受到批判的是，科学而非哲学或道德教育应该为教师教育问题提供解决方法的观念。然而，在21世纪早期，科学的重要性得以体现。当前，在联邦法律中已经明确规定，科学证据应该是教育实践、政策和资源分配的基础。时代的改变影响着教师教育研究范式的转变。

最后，我们探讨了教师教育研究从课程问题到培训问题到学习问题再到政策问题的转变，并分析了每种方法的价值与局限，分析表明，将教师教育的这些方面联系起来的研究可能会是有价值的。已经有一些初步的研究尝试去探究为教师学习提供不同程度和种类支持的教师教育政策的影响，如此，便将教师教育作为学习问题与将教师教育作为政策问题这两种建构方式，以一种绝妙的新方式结合起来了。随着教师教育研究的继续演变，我们需要更深入的学术研究，以建立理论并总结出关于有效性的可普遍化的知识。这意味着，我们仍将需要丰富详尽的案例研究以及大规模的调查。需要重视对重要问题的探究——同时以深思熟虑的、适当的方式建构教师教育问题——然后选择适当的收集和分析数据的方法。

（王丽佳　译）

参考文献

Abell Foundation (2001a) Teacher certification reconsidered: stumbling for quality. Retrieved May 8, 2002 from http://www.abell.org

Abell Foundation (2001b) Teacher certification reconsidered: Stumbling for quality. A rejoinder. Retrieved May 8, 2002 from http://www.abell.org

Allen, D. (1967) *Micro-teaching: a description* (No. ED019224—ERIC Document). Palo Alto, CA: Stanford University.

Allen, M. (2003) *Eight questions on teacher preparation: what does the research say?* (An ECS Teaching Quality Report). Denver, CO: Education Commission of the States.

American Council on Education. (1999) *To touch the future: transforming the way teachers are taught: an action agenda for college and university presidents*. Washington, DC: American Council on Education.

Baker, E. (1969) Relationship between learner achievement and instructional principles stressed during teacher preparation. *Journal of Educational Research*, 63(3), 99 - 102.

Ballou, D. & Podgursky, M. (2000) Reforming teacher preparation and licensing: What is the evidence? *Teachers College Record*, 102(1), 5 - 27.

Bennett, C. (1995) *Comprehensive multicultural education: theory and practice* (3rd ed.). Boston, MA: Allyn and Bacon.

Bestor, A. (1953) *Educational wastelands: the retreat from learning in our public schools*. Urbana, IL: University of Illinois Press.

Bolton, F. (1907) The preparation of high-school teachers. *National Education Association Journal of Proceedings and Addresses*, 600 - 615.

Borko, H. & Putnam, R. (1996) Learning to teach. In D. Berliner & R. Calfee (eds.), *Handbook of Educational Psychology* (pp. 673 - 708). New York, NY: Macmillan.

Boyd, D., Lankford, H., Grossman, P., Loeb, S., & Wyckoff, J. (2006) How changes in entry requirements alter the teacher workforce and affect student achievement. *Education Finance and Policy*, Vol. 1, No. 2, Spring 2006.

Britzman, D. (1991) *Practice makes practice: a critical study of learning to teach*. Albany, NY: State University of New York Press.

Brooks, S. (1907) Preparation of high school teachers. *National Education Association Journal of Proceedings and Addresses*, (pp.

547 - 551).
Bullough, R. (2001) Pedagogical content knowledge circa 1907 and 1987: a study in the history of an idea. *Teaching and Teacher Education*, 17(6), 655 - 666.
Butsch, R. (1931) The preparation of teachers. *Review of Educational Research*, 1(2), 76 - 82.
Butsch, R. (1934) The preparation of teachers. *Review of Educational Research*, 4(3), 273 - 280.
Carnegie Forum on Education and the Economy (1986) *A nation prepared: teachers for the 21st century*. New York, NY: Carnegie Corporation.
Charters, W. & Waples, D. (1929) *The Commonwealth Teacher-Training Study*. *Chicago*, IL: University of Chicago Press.
Christensen, D. (1996) The professional knowledge-research base for teacher education. In J. Sikula, T. Buttery & E. Guyton (eds.), *Handbook of research on teacher education* (2nd ed., pp. 38 - 52). New York, NY: Macmillan.
Cochran-Smith, M. (2004) Editorial: ask a different question, get a different answer: The research base for teacher education. *Journal of Teacher Education*, 55(2), 111 - 115.
Cochran-Smith, M. & Fries, K. (2001) *The politics of teacher education: sticks, stones, and ideology*. Paper presented at the Annual Meeting of the American Educational Research Association, Seattle, WA.
Cochran-Smith, M. & Fries, K. (2005a) Researching teacher education in changing times: politics and paradigms. In M. Cochran-Smith & K. Zeichner (eds.), *Studying teacher education: the report of the AERA panel on research and teaching* (pp. 69 - 110). Mahwah, NJ: Lawrence Erlbaum Associates Inc.
Cochran-Smith, M. & Fries, K. (2005b) The AERA panel on research and teacher education: context and goals. In M. Cochran-Smith & K. Zeichner (eds.), *Studying teacher education: the report of the AERA panel on research and teacher education* (pp. 37 - 68). Mahwah, NJ: Lawrence Erlbaum Associates Inc.
Cochran-Smith, M. & Zeichner, K. (eds.) (2005) *Studying teacher education: the report of the AERA panel on research and teacher education*. Mahwah, NJ: Lawrence Erlbaum Associates Inc.
Commission on the Reorganization of Secondary Education: (1918) *Cardinal principles of secondary education*. Washington, DC: U.S. Government Printing Office.
Conant, J. (1963) *The education of American teachers*. New York, NY: McGraw-Hill.
Copeland, W. (1975) The relationship between microteaching and student teacher classroom performance. *Journal of Educational Research*, 68, 289 - 293.
Copeland, W. (1982) Laboratory experiences in teacher education. In *Encyclopedia of Educational Research* (5th ed., Vol. 2, pp. 1008 - 1019). New York, NY: Free Press.
Cottrell, D., Cooper, R., Hunt, C., Maaske, R., Sharpe, D., Shaw, J., *et al*. (eds.) (1956) *Teacher education for a free people*. Oneonta, NY: AACTE.
Cremin, L. (1953) The heritage of American teacher education. *Journal of Teacher Education*, 4, 163 - 164.
Cremin, L. (1978) *The education of the educating profession*. Washington, DC: AACTE.
Cubberly, E. (1920) *The history of education*. Boston, MA: Houghton Mifflin.
Cyphert, F. & Spaights, E. (1964) *An analysis and projection of research in teacher education*. Columbus, OH: Ohio State University.
Darling-Hammond, L. (1984) *Beyond the commission reports: the coming crisis in teaching*. Santa Monica, CA: Rand Corporation.
Darling-Hammond, L. (1988) Teacher quality and educational equality. *College Board Review*, 148, 16 - 23, 39 - 41.
Darling-Hammond, L. (2000a) Reforming teacher preparation and licensing: debating the evidence. *Teachers College Record*, 102(1), 28 - 56.
Darling-Hammond, L. (2000b) Teacher quality and student achievement: a review of state policy evidence. *Educational Policy Analysis Archives*, 8(1).
Darling-Hammond, L. (2002) Research and rhetoric on teacher certification, a response to "Teacher certification reconsidered." *Educational Policy Analysis Archives*, 10(36).
Darling-Hammond, L., & Berry, B. (1987) *The evolution of teacher policy* (No. RJRE-01). Santa Monica, CA. RAND Corporation.
Darling-Hammond, L. & Youngs, P. (2002) Defining "highly qualified teachers": what does "scientifically-based research" actually tell us? *Educational Researcher*, 31(9), 13 - 25.
Darling-Hammond, L. & Bransford, J. (eds.) (2005) *Preparing teachers for a changing world: what teachers should learn and be able to do*. San Francisco, CA: Jossey-Bass.
Decker, P., Mayer, D., & Glazerman, S. (2004) *The effects of Teach For America on students: findings from a national evaluation*. Princeton, NJ: Mathematica Policy Research, Inc.
Denemark, G. & Macdonald, J. (1967) Preservice and inservice education of teachers. *Review of Educational Research*, 37(3), 233 - 247.
Dewey, J. (1916) *Democracy and education: an introduction to the philosophy of education*. New York, NY: The Free Press.
Earley, P. & Schneider, J. (1996) Federal policy and teacher education. In J. Sikula (ed.), *Handbook of research on teacher education* (2nd ed., pp. 306 - 322). New York, NY: Macmillan.
Erickson, F. (1986) Qualitative methods in research on teaching. In M. Wittrock (ed.), *Handbook of research on teaching* (3rd ed., pp. 119 - 161). New York, NY: Macmillan.
Evendon, E. (ed.) (1933) *National survey of the education of teachers* (*6 volumes*) (Vol.). Washington, DC: U.S. Department of the Interior.
Feiman-Nemser, S. (1983) Learning to teach. In L.S. Shulman & G. Sykes (eds.), *Handbook of teaching and policy* (pp. 150 - 170). New York, NY: Longman.
Freiberg, H. & Waxman, H. (1990) Changing teacher education. In R. Houston (ed.), *Handbook of research on teacher education* (pp. 617 - 635). New York, NY: Macmillan.
Gage, N. (1978) *The scientific basis of the art of teaching*. New York, NY: Teachers College Press.
Gage, N. (1989) The paradigm wars and their aftermath: a "historical" sketch of research on teaching since 1989. *Teachers College Record*, 91(2), 135 - 150.

Gardner, W.(1989) Preface. In M. Reynolds (ed.), *Knowledge base for the beginning teacher*. New York, NY: Pergamon Press.

Goodlad, J.(1990) Studying the education of educators: from conception to findings. *Phi Delta Kappan*, 71(9),698 - 701.

Goodlad, J.(2002) Teacher education research: the outside and the inside. *Journal of Teacher Education*, 53(3),216 - 221.

Goodlad, J., Soder, R., & Sirotnik, K. (eds.) (1990) *Places where teachers are taught*. San Francisco, CA: Jossey-Bass.

Gore, J.(1993) *The struggle for pedagogies: critical and feminist discourses as regimes of truth*. New York, NY: Routledge.

Grossman, P. (ed.) (1990) *The making of a teacher: teacher knowledge and teacher education*. New York, NY: Teachers College Press.

Grossman, P.(2005) Research on pedagogical approaches in teacher education. In M. Cochran-Smith & K. Zeichner (eds.), *Studying teacher education: the report of the AERA panel on research and teacher education* (pp. 425 - 476). Mahwah, NJ: Lawrence Erlbaum Associates Inc.

Grossman, P., Wilson, S., & Shulman, L. (1989) Teachers of substance: subject matter knowledge for teaching. In M. Reynolds (ed.), *Knowledge base for the beginning teacher* (pp. 23 - 36). Elmsford, NY: Pergamon Press.

Haberman, M. & Stinnett, T.(1973) *Teacher education and the new profession of teaching*. Berkeley, CA: McCutchen Publishing Company.

Hamilton, M. (ed.) (1998) *Reconceptualizing teaching practice: self-study in teacher education*. Bristol, PA: Falmer Press.

Hanushek, E.(1997) Assessing the effects of school resources on student performance: an update. *Educational Evaluation and Policy Analysis*, 19(2),141 - 164.

Haskew, L.(1960) Teacher education — organization and administration In C. Harris (ed.), *Encyclopedia of education research* (3rd ed., pp. 1454 - 1461). New York, NY: Macmillan.

Herbst, J.(1989) *And sadly teach: teacher education and professionalization in American culture*. Madison, WI: University of Wisconsin Press.

Hodenfield, G. & Stinnett, T. (1961) *The education of teachers: conflict and consensus*. Englewood Cliffs, NJ: Prentice-Hall, Inc.

Holmes Group (1986) *Tomorrow's teachers*. East Lansing, MI: Author.

Houston, R. (ed.) (1990) *Handbook of research on teacher education* (1st ed.). New York, NY: Macmillan.

Imig, D. & Imig, S. (2006) The teacher effectiveness movement: how 80 years of essentialist control has shaped teacher education. *Journal of Teacher Education*, 57(2),167 - 180.

Kallenbach, W. & Gall, M.(1969) Microteaching versus conventional methods in training elementary intern teachers. *Journal of Educational Research*, 63,136 - 141.

Kanstoroom, M. & Finn, C.(1999) *Better teachers, better schools*. Washington, DC: Thomas B. Fordham Foundation.

Kennedy, M.(1999) The role of preservice teacher education. In L. Darling-Hammond & G. Sykes (eds.), *Teaching as the learning profession: handbook of policy and practice* (pp. 54 - 85). San Francisco, CA: Jossey-Bass.

Kliebard, H.(1973) The question in teacher education. In D. McCarty (ed.), *New perspectives on teacher education* (pp. 8 - 24). San Francisco, CA: Jossey-Bass.

Koehler, V.(1985) Research on preservice teacher education. *Journal of Teacher Education*, 36(1),23 - 30.

Koerner, J.(1963) *The miseducation of American teachers*. Boston, MA: Houghton Mifflin.

Labaree, D.(2004) *The trouble with ed schools*. New Haven, CT: Yale University Press.

Ladson-Billings, G.(1995) Toward a theory of culturally relevant pedagogy. *American Educational Research Journal*, 32(3), 465 - 491.

Ladson-Billings, G.(1999) Preparing teachers for diverse student populations: a critical race theory perspective. In A. Iran-Nejad & D. Pearson (eds.), *Review of research in education* (Vol. 24, pp. 211 - 248). Washington, DC: American Educational Research Association.

Laframboise, K. & Griffith, P.(1997) Using literature cases to examine diversity issues with preservice teachers. *Teaching and Teacher Education*, 13(4),369 - 382.

Lagemann, E.(2000) *An elusive science: the troubling history of education research*. Chicago, IL: University of Chicago Press.

Lanier, J.(1982, May) *Teacher education: needed research and practice for the preparation of teaching professionals*. Paper presented at the Future of Teacher education: Needed Research and Practice Conference, College Station, TX.

Lanier, J. & Little, J.(1986) Research on teacher education. In M. Wittrock (ed.), *Handbook of research on teaching* (3rd ed., pp. 527 - 569). Washington, DC: American Educational Research Association.

Lauer, P.(2001) *A secondary analysis of a review of teacher preparation research*. Denver, CO: Education Commission of the States.

Learned, W. & Bagley, W. (1920) *The professional preparation of teachers for American public schools* (Vol. 14). New York, NY: Carnegie Foundation for the Advancement of Teaching.

Loughran, J.(1998) Processes and practices of self-study: introduction. In M. Hamilton (ed.), *Reconceptualizing teaching practice: self-study in teacher education* (pp. 195 - 197). Bristol, PA: Falmer Press.

Lucas, C.(1999) *Teacher education in America: reform agendas for the twenty-first century*. New York, NY: St. Martin's Press.

Luke, C.(1992) Feminist politics in radical pedagogy. In C. Luke & J. Gore (eds.), *Feminisms and critical pedagogy* (pp. 25 - 53). New York, NY: Routledge.

Lynd, A.(1953) *Quackery in the public schools*. New York, NY: Greenwood.

MacLeod, G.(1987) Microteaching: end of a research era? *International Journal of Educational Research* 11(5),531 - 541.

McIntyre, J., Byrd, D., & Fox, S.(1996) Field and laboratory experiences. In J. Sikula, T. Buttery, & E. Guyton (eds.), *Handbook of research on teacher education* (2nd ed., pp. 171 - 193). New York, NY: Macmillan.

Metcalf, K., Hammer, M., & Kahlich, P.(1996) Alternatives to field-based experiences: the comparative effects of on-campus laboratories. *Teaching and Teacher Education* 12(3),271 - 283.

Monroe, W.(1952) *Teacher-learning theory and teacher education 1890 - 1950*. Urbana, IL: University of Illinois Press.

Murray, F. (ed.) (1996) *The teacher educator's handbook: building a knowledge base for the preparation of teachers*. Washington, DC: AACTE.

National Board for Professional Teaching Standards (1988) *Hearing before the US Congress, Senate Committee on labor and human*

resources, Subcommittee on Education, Art, and the Humanities. Washington, DC: US Congress.
National Commission on Excellence in Education (1983) *A nation at risk: the imperative for educational reform*. Washington, DC: U.S. Government Printing Office.
National Commission on Teaching and America's Future (1996) *What matters most: teaching for America's future*. New York, NY: Author.
National Commission on Teaching and America's Future (1997) Doing what matters most: investing in quality teaching (Electronic Version). Retrieved December 1,2000 from http:// www.nctaf.org
National Education Goals Panel (1997) *National education goals report*. Washington, DC: Author.
New York City Teaching Fellows Program (2006) New York City Teaching Fellows Program. Retrieved July 10,2006 from http://www.nycteachingfellows.org/
Olneck, M.(2001). Immigration and education. In J. Banks & C. Banks (eds.), *Handbook of research on multicultural education*. San Francisco, CA: Jossey-Bass.
Patterson, R., Michelli, N., & Pacheco, A.(1999) *Centers of pedagogy: New structures for educational renewal*. San Francisco, CA: Jossey-Bass.
Peck, R. & Tucker, J.(1973) Research on teacher education. In R. Travers (ed.), *Handbook of Research on Teaching* (2nd ed., pp.940 - 978). Chicago, IL: Rand McNally.
Peik, W.(1940) The preparation of teachers. *Review of Educational Research*, 10(3),191 - 198.
Peik, W.(1943) The preservice preparation of teachers. *Review of Educational Research*, 13(3),228 - 240.
Peik, W.(1946) The preservice preparation of teachers. *Review of Educational Research*, 16(3),217 - 227.
Peik, W. & Hurd, A.(1937a) Curriculum investigations at the teacher-training, college, and university levels. *Review of Educational Research*, 7(2),178 - 184.
Peik, W. & Hurd, A.(1937b) The preparation of teachers. *Review of Educational Research*, 7(3),253 - 262.
Perlberg, A.(1987) Microteaching: conceptual and theoretical bases. In M. Dunkin (ed.), *The international encyclopedia of teaching and teacher education* (pp.715 - 720). Oxford: Pergamon Press.
Popkewitz, T., Tabachnick, B., & Zeichner, K.(1979) Dulling the senses: research in teacher education. *Journal of Teacher Education*, 30(5),52 - 60.
Rice, J.(2003) *Teacher quality: understanding the effectiveness of teacher attributes*. Washington, DC: Economic Policy Institute.
Richardson, V. & Placier, P.(2001) Teacher change. In V. Richardson (ed.), *Handbook of research on teaching* (4th ed., pp. 905 - 950). Washington, DC: American Educational Research Association.
Richardson-Koehler, V.(1987) *Educator's handbook: a research perspective*. New York, NY: Longman.
Schwartz, H.(1996) The changing nature of teacher education. In J. Sikula, T. Buttery, & E. Guyton (eds.), *Handbook of research on teacher education* (2nd ed., pp.3 - 13). New York, NY: Macmillan.
Shavelson, R. & Towne, L. (eds.) (2002) *Scientific research in education*. Washington, DC: National Academy Press.
Shulman, L.(1986a) Paradigms and research programs in the study of teaching: a contemporary perspective. In M.C. Wittrock (ed.), *Handbook of research on teaching*. (3rd ed., pp.3 - 36). New York: Macmillan.
Shulman, L.(1986b) Those who understand: knowledge growth in teaching. *Educational Researcher*, 15(2),4 - 14.
Shulman, L.(2002) Truth and consequences? Inquiry and policy in research on teacher education. *Journal of Teacher Education*, 53(3),248 - 253.
Sikula, J., Buttery, T., & Guyton, E. (eds.) (1996) *Handbook of research on teacher education* (2nd ed.). New York, NY: Macmillan.
Smith, A.(2005, November) Equity within reach: insights from the front lines of America's achievement gap. Retrieved January 1,2006 from http://www.teachforamerica.org
Smith, B. (ed.) (1971) *Research in teacher education, a symposium*. Englewood Cliffs, NJ: Prentice-Hall, Inc.
Smith, M.(1954) The stranglehold of the educationists. In M. Smith (ed.), *The diminished mind: a study of planned mediocrity in our public schools* (pp.76 - 99). Chicago, IL: Henry Regnery Company.
SRI International (2000) *Preparing and supporting new teachers: a literature review*. Menlo Park, CA: SRI International.
Teach For America (2006). Teach For America Retrieved July 10,2006 from http:// www.teachforamerica.org
Thayer, V. & Levit, M.(1966) *The role of school in American society* (2nd ed.). New York, NY Dodd, Mead.
Tom, A.(1980) The reform of teacher education through research: a futile quest. *Teachers College Record*, 82(1),15 - 29.
Travers, R.(1973) *Handbook of research on teaching* (2nd ed.). Chicago, IL: Rand McNally.
Travers, R.(1983) *How research has changed American schools: history from 1840 to the present*. Kalamazoo, MI: Mythos Press.
Turner, R.(1971) Conceptual foundations of research in teacher education. In B. Smith (ed.), *Research in teacher education: a symposium* (pp.10 - 36). Englewood Cliffs, NJ: Prentice-Hall, Inc.
Turner, R.(1975) An overview of research in teacher education. In K. Ryan (ed.), *Teacher education, 74th Yearbook of the National Society for the Study of Education* (pp.87 - 110). Chicago, IL: University of Chicago Press.
U.S. Department of Education (2002) *Meeting the highly qualified teachers challenge: the Secretary's annual report on teacher quality*. Washington, DC: Author.
Urban, W.(1990) Historical studies of teacher education. In W. Houston (ed.), *Handbook of research on teacher education* (pp. 59 - 71). New York, NY: Macmillan.
Vare, J.(1994) Partnership contrasts: microteaching activity as two apprenticeships in thinking. *Journal of Teacher Education*, 45(3),209 - 217.
Whitehurst, G.(2002, April 4) *Research on teacher preparation and professional development*. Paper presented at the White House Conference on Preparing Tomorrow's Teachers, Washington, DC.
Wideen, M., Mayer-Smith, J., & Moon, B.(1998) A critical analysis of the research on learning to teach: making the case for an ecological perspective on inquiry. *Review of Educational Research*, 68(2),130 - 178.
Wilk, R., Edson, W., & Wu, J.(1967). Student personnel research in teacher education. *Review of Educational Research*, 37, 219 - 232.
Wilkinson, G. (1996) Enhancing microteaching through additional feedback from preservice administrators. *Teaching and*

Teacher Education, 12(2),211 - 221.

Wilson, S. & Youngs, P. (2005) Research on accountability processes in teacher education. In M. Cochran-Smith & K. Zeichner (eds.), *The AERA Panel on Research and Teacher Education* (pp. 591 - 644). Mahwah, NJ: Lawrence Erlbaum Associates Inc.

Wilson, S., Shulman, L., & Richert, A. (1987) "150 different ways" of knowing: Representations of knowledge in teaching. In J. Calderhead (ed.), *Exploring teachers' thinking* (pp. 104 - 124). London: Cassell.

Wilson, S., Floden, R., & Ferrini-Mundy, J. (2001) *Teacher preparation research: current knowledge, gaps, and recommendations*. Washington, DC: Center for the Study of Teaching and Policy.

Winitzky, N. & Arends, R. (1991). Translating research into practice: the effects of various forms of training and clinical experience on preservice students' knowledge, skill, and reflectiveness. *Journal of Teacher Education*, 42(1),52 - 65.

Wise, A. (1988) *Impacts of teacher testing: state educational governance through standard-setting* (No. NIE-G-83-0023). Santa Monica, CA: Rand Corporation.

Zeichner, K. (1993) *Educating teachers for cultural diversity* (National Center for Research on Teacher Learning Special Report No. ED 359 167). East Lansing, MI: Michigan State University.

Zeichner, K. (2005a) A research agenda for teacher education. In M. Cochran-Smith & K. Zeichner (eds.), *Studying teacher education: the report of the AERA panel on research and teacher education* (pp. 737 - 760). Mahwah, NJ: Lawrence Erlbaum Associates Inc.

Zeichner, K. (2005b) Learning from experience with performance-based teacher education. In F. Peterman (ed.), *Designing performance assessment systems for urban teacher preparation* (pp. 3 - 19). Mahwah, NJ: Lawrence Erlbaum Associates, Publishers.

54. 教师教育的批判研究与质性研究：文化幸福感的蓝调认识论及其认知理由

乔伊斯·E. 金(Joyce E. King)
佐治亚州立大学(Georgia State University)

白人蓝调的捍卫者通常是“无种族成见”(color-blindness)观点的拥护 1094
者，并以此观点作为反种族主义的终极武器，虽然许多持“无种族成见”观点的白人把种族主义挂在嘴边，但是实际上他们否认种族意识和种族问题的重要性。他们认为，通过拒绝使用种族作为评判一切的标准，他们就能成为纯粹的非种族主义者，但实际上他们本身并未意识到种族问题的复杂性。

保罗·加龙(Paul Garon, 1995)

我认为我们发展到了一个重要时刻，一个黑人国家应该向黑人们学习。

康奈尔·韦斯特(Cornell West)
2005 年访问托尼·莫里森(Toni Morrison)

那些不得不生活在黑皮肤之下的人们目睹了并深知种族主义。种族主义对受害者来说永远不会不被觉知，只有白人才会说种族不重要。

卡丽·莫里斯(Carrie Morris), pathways 学校教员，1996[①] 年

没人来帮助我们……没人来帮助我们。

艾伦·布鲁萨尔(Aaron Broussard)
路易斯安那州杰斐逊教区主席，2005[②] 年

你能指望教师们为了社群的利益而变革社会秩序吗？确实，我们应该对此抱有希望。如果不能完成这一任务，那么一个国家的教育系统就毫无价值了。

卡特·G. 伍德森(Carter G. Woodson), 1933/1977[③] 年

---

① 杰维斯(Kathe Jervis),“为什么在那个名单中没有我的同胞?”(1996, p. 2)

② 艾伦·布鲁萨尔，路易斯安那州杰斐逊教区主席，接受蒂姆·鲁瑟(Tim Russert)的采访，“记者招待会”，微软全国有线广播电视公司，2005 年 9 月 4 日。

③ 转引自，Susan E. Noffke (1999, p. 29).

引言

越来越多的教师教育研究记载了如下事实：许多有经验的或未来的教师，拒绝以一种批判式变革的方式来理解种族和种族不平等。这种抗拒，可以被视为是错误教育(mis-education)的结果。对于教育专业与教师教育研究而言，这种抗拒是一个持续的挑战。在教师与社群成员学习(以及抛却种族主义)的过程中，利用被边缘化和被压迫群体的知识传统与生活经验而萌发的启发式的教学方法，可以为此类认识危机提供可能的解决途径，然而教师教育研究尚未解决意识形态扭曲的学校及学术知识和研究领域中存在的种族信仰结构问题，它导致了公众对教师的误导，而黑人学术领域的学者早就认识到了这一认识论上的问题(McDaniels, 2006)。

1095 例如，黑人社会学家、律师、历史学家乔治·华盛顿·埃利斯(George Washington Ellis)在近一个世纪以前的1917年就撰文明确指出，意识形态知识在维持种族神话及种族歧视方面发挥着支配作用。埃利斯认为，“学术活动必须从种族主义的意识形态立场转移到民主的意识形态立场上来”，这有益于整个社会的发展(Childs, 1989: 87)。几年之后，曾在1927年成立“黑人历史周/月”的另一位黑人历史学家、教育家和社会活动家卡特·G.伍德森(Carter G. Woodson)论述了学校所教的受意识形态影响的知识，是如何阻碍美国民主进程发展的。他分析了这种错误教育，即意识形态扭曲的学校知识如何系统地教会白人自我感觉优越于黑人，而黑人则自我感觉低人一等。借此伍德森(Woodson, 1993)号召教师们“改革社会秩序”(revolutionize the social order)。

黑人文化的完整性，包括其非洲根源，是埃利斯、伍德森及其他学者抨击意识形态扭曲的知识占据霸权地位的基础(Gleason, 2006; King, 1992,1995)。以一种学术的方式保护黑人文化及遗产是必要的，不仅是为了为非洲裔美国人的历史正名，也是为了让全人类摆脱丧失人性的种族优越论。“批判思想与行为的趋同”(King, 2004: 351)，以及人类普遍福利同黑人文化幸福感之间存在着不可分割的联系，这些是黑人知识传统的根本特征，这一特征贯穿于现代黑人文化研究之中(B. Gordon, 1990, 1995)。本文运用了美国黑人研究的理论分析，旨在考察教师教育领域的批判研究与质性研究(与实践)如何(以及如何更好地)促进公众对种族-社会公平的认识、理解及社会行动。在这里使用种族-社会公平概念，是为了提醒人们在追求平等和民主的变革中不要无视黑人群体生存的需要，即“黑人存在的需求”(Cone, 1972: 27)。

本文重点

本文着眼于教师教育研究领域中存在内在关联的四种批判研究与质性研究类型，它们均以种族-社会公平为目标：(1)批判种族理论建构；(2)白人研究；(3)批判民族志；(4)实践者探究，包括在教师教育中进行的，关于教师教育的，以及以教师教育为目的的行动研究(Cochran-Smith and Lytle，2004)。黑人研究理论分析对以上四种研究类型的探讨进行了介绍,其分析的重点在于学校与学术界主观偏见中的种族信仰结构,以及源于民主观念立场的认识论和本土知识传统。例如,包含在非裔美国黑人蓝调传统中的黑人经验的认识论,将会被作为启发式框架,用以将文化幸福感作为一项量度,来评量这些研究类型为促进教育和社会中的公平与民主式包容方面提供了什么,以及它们如何能够发挥这些作用。本文将论证以下观点：边缘化和受压迫人群的认识论是教师学习与教学知识的基础,该基础的缺失导致了教师教育研究(和实践)中的知识危机。所以,对这些研究类型的讨论,不仅仅局限于关注教师的错误教育,同时也应该致力于为边缘化群体及全社会的福利创造知识。几个有所重合的问题将有助于理解这个缺失的文化幸福感框架：(1)研究所重视与反映的是何种/谁的社会观点?(2)边缘化群体的文化幸福感是否被考虑在内?(3)例如,以黑人群体生存的需要(即“黑人的存在需求”)为依据,此研究类型中的理论与方式缺失了什么?(4)根据黑人经 1096
验之蓝调认识论进行的研究,能否促进人们对黑人文化幸福感、积极的群体间关系及人类普遍福利三者间的相互联系的更好理解?

本文结构

本文分四个部分。第一部分是“文化幸福感的认识论与知识传统”,介绍了黑人研究中对种族意识形态的分析以及对黑人经验之蓝调认识论的分析,也展现了当地人提出及使用的“去殖民化”方法论与理论,这是对黑人认识论的补充。第二部分,“从批判社会理论到批判研究方法”,简单回顾了社会科学和教师教育领域批判理论和方法的谱系。文中所讨论的研究案例,很好地说明了不同的批判方法,包括批判种族理论,批判民族志,对“白人”文本的调查,以及精选的女权主义研究方式。第三部分“实践者研究的连续体：为社会变革而教”,考察了教师教育研究中对各种质性研究方法的运用——从个人叙事到人种志,再到社区情境中的行动研究。最后一部分是“超越教师教育研究与实践的知识危机”,介绍了融入社群知识的教师教育方法和社群成员支持教师学习和发展的新技能。

文化幸福感的认识论与知识传统

虽然有关多元文化教育的文献有很多(Banks and Banks，2004；Goodwin and Swartz，2004；McAllister and Irvine，2000),但教师教育研究尚未在以下方面取得共识,即教师应该“知道什么、有能力做什么或成为什么样子”来推进和保障非洲裔美国学生(King，1994；Lee，2001)及其他边缘群体学生获得文化幸福感、归属感与能动性。默雷尔(Murrel)就何为“有能力的”城市教师,提供了有说服力的描述：

> ……必须意识到在美国流行文化和制度文化中，存在着复杂深刻的暴力，且知晓它们会成为孩子们学校生活中重大、有害的方面。在尚无反种族主义意识和缺少针对非洲裔美国孩子及其家庭的教学法的地方依然潜藏着暴力威胁，即使是持有相反观点和价值观的最好心的教师，也有可能成为施暴者中的一员。(Murrel, 2001: 75)

就此金和卡斯蒂内尔(King and Castenell)也明确指出：如果教育机构想"培养有意愿、有策略的可教所有孩子的教师"，"反对种族主义是底线"(King and Castenell, 2001: 10)。下文将要提到的攻击"作为一种文化现实的黑人民族性"的例子，即是种族主义的一种表现形式(Murrel, 1997: 33)。在我的一门课上，一位师范生曾讲到在一所知名小学中，一位白人教师是如何描述她课堂上的黑人学生的。这位教师如此说
1097 道：在她负责的班级中有两种黑人孩子，一种是"黑色的黑人"(black-Blacks)，另一种是"白色的黑人"(white-Blacks)。这位教师告诫我的学生说，教育"黑色的黑人"孩子完全是浪费时间，因为他们有"黑人的价值观"(black values)；而教育有"白人价值观"(white values)的"白色的黑人"孩子才是有意义的[①]。我的学生十分震惊与失望，因为在跨文化交流必修课上，同许多候任教师一样，她反对将种族不平等作为课程的核心内容。

有关文化幸福感的知识：研究任务

为与这些观念做斗争，默雷尔(Murrel)号召进行一种"以非洲裔美国人的历史、传统和文化遗产为基础"的教学(Murrel, 2001: 33)。然而，这需要重新撰写学术与学校知识(Loewen, 1995; Stevens, *et al.*, 2005; Wynter, 2006)。接下来，我们举了三个关于意识形态扭曲的学术/学校知识的例子，包括教科书中对奴隶制的曲解，导致教师的错误教育及攻击黑人文化的课堂讨论。首先，一项在由白人占支配地位的郊区中学进行的人种志调查显示，白人教师在教有关非洲人民受奴役的历史及本土美国人的遗产方面的知识时，其所拥有的知识与教学方法均是有限的。课堂上的言论使非洲裔美国人"在课程大纲中"(present in the curriculum)，仅以奴隶的身份出现，因此处于"历史缺位"(absent in history)状态(Wills, *et al.*, 2004: 107)。

其次，在我与教师一起工作的过程中，我曾问是否有人能够说出在哥伦布到达美洲以前，西非三所大学的名字(Gao, D ´ jenné, and Sankoré at Timbuktu in present-day Mali)。他们的回答几乎都是"不知道"。金奇洛(Kincheloe, 2004)提到过相似的经历，他曾问教师们是否学习过"欧洲对非洲的殖民历史，以及奴隶贸易的影响"

---

① 这个师范生在一节课中带着一份歉意分享了这一信息，此一分享发生在她与其他的同学猛烈地批评"跨文化交流"课程是在"浪费时间"之后。参见，King and Ladson-Billings, 1990。

(p. 1)。实际上，学科知识结构使得非洲历史与美国历史相分离，也使教师(及他们的学生)无法了解非洲、奴隶制及美国社会的发展。教师们不仅不知道非洲劳动力发挥的至关重要的作用，甚至对非洲人民所具有的高深知识与技能也一无所知，而这些正是美国发展和财富之源(Carney, 2001; King, 2006)。历史知识的支离破碎使教师不能理解，在全球资本主义的发展及作用下，非洲血统的人民为何从过去到现在一直处于持续贫困的状态(Maiga, 2005)。城市社区的没落使传统的非洲裔美国人的文化、社群生活能力及有益的社会化实践均遭到了破坏，这一情况被称为“文化贫瘠”以及“黑人价值观”的文化缺陷(Heath, 1989; King and Wilson, 1990)。

第三个例子是关于“不良意识”(dysconsciousness)如何被用于多元文化教师教育及批判种族不平等的学术研究的，我引入了“不良意识”这一概念以描述对于种族不平等的“局限的与扭曲的理解”(King, 1991a)。尽管在种族主义的讨论中经常引用这个例子，但没有一篇文章引用了有关不良意识的研究中最初的主要发现：职前教师们通常会将种族不平等解释为“奴隶制历史的必然结果或是偏见与歧视的结果”(King, 1991a: 138)，这些文章也将以上问题与奴隶制联系起来。它们的解释中没有认识到种族主义的系统性的本质(Duncan, 2004)，或是“不平等的结构基础”(Cochran-Smith, *et al.*, 2004: 956)。

教师教育研究的一个任务，就是创造多种知识和有效的教学方法，它们是教师在处理诸如怎样建构种族问题的意识形态等议题时所需要的。然而，正如希利亚德(Hilliard, 2001)所提醒到的，研究者们不幸地“走了种族问题的弯路，而没有关注到其中最重要的意识形态问题”(p. 2)。在针对种族意识观念结构进行的黑人研究分析中，温特(Wynter, 2003, 2006)认为，种族主义是一个逻辑结果，是“定律性”(law-like)的社会文化规则和观念的影响，这些规则和观念主导着我们的行为，同时它也塑造着我们对现实的感知(King, 2005b)。这一知识与代表系统，将“概念化的黑人” 1098
(conceptual blackness)定义为“概念化的白人”(conceptual whiteness)的“对立面”(alter ego)(Wynter, 2003)。虽然“白人”研究的数量不断增加，但依然没有对正确理解“种族”起到作用，也没能抓住攻击黑人文化的认识论根源，同时欠缺教育上的理论化(Bush, 2004; Ignatiev, 1995; Jensen, 2005; Kent, 1972; Prager, 1982; Roediger, 1998)。

黑人经验的蓝调认识论

与种族主义斗争的任务，也包括创造出知识以同此种表达系统做斗争。期待此类研究能够通过将被边缘化人群的认识论包含进来而有所收获，这似乎是合理的。非白人研究者们发现，在以公平为目标的前提下，认识论与方法论之间有密切联系(Bernal, 1998; Pizzaro, 1998)。接下来讨论的是美国黑人蓝调传统，它提供了一种认识论的优势，透过它可以记录、探询与传播现存的黑人经验。讨论的目标是阐释黑人认识论的四个主要特点：(a)黑人在为生存而进行的斗争中遇到的矛盾；(b)发挥对构建社群的统一推动作用;(c)提出更加清晰的社会解释、政治知识及精神上的理解;(d)目的不仅是提升种族意识,也是为了将黑人遭受的苦难与人类自由精神的普世概念联系起来。接下来的历史回顾,从非洲裔美国人文化的视角,展示了这一认识论在教师学习和研究方面所具有的巨大的,且尚未被开发的潜力。

批判性社会解释/理论

麦克拉伦和法拉曼德普(McLaren and Farahmandpur, 2001)把理论定义为"从一现存的小孔窥见并触摸特定的历史"(p. 301,参见 Grande, 2004: 28)。蓝调传统构成了批判式黑人工人阶级理论化或社会解释的一种形式。伍兹(Woods, 1998)认为,蓝调是非洲裔美国人思想的一种认识论形式,它体现了"黑人的日常生活、社会解释与社会行为",也就是"如何行事",解决问题与做事的方式(p. 101)。蓝调歌谣最典型的主题是爱情和受虐,然而它却经常被误读为"屈从的音乐"(music of resignation)。与此种误读不同,蒂顿(Titon, 1990)指出,蓝调的核心是"如何从被虐待中解脱出来以获得自由,而不是屈膝顺从"(p. 2)。然而对于黑人一直受着难以言说的不公正的非人待遇,蓝调给出的回答是爱。

在历史记载中,蓝调体现的非裔美国黑人文化的适应力及批判性社会思想,不同于美国社会学中所认为的那样,即黑人生活与文化"理论"贫瘠,在这一时期蓝调与黑人一道从密西西比河三角洲的农村地区迁移到北部城市。伍兹对蓝调传统的出现进行了很有启发性的论述,他认为,蓝调是一种"文化传递和社会解释":

> 脱胎于丰富的以歌谣为主要表现形式的非洲口语文学,受到了严格的审查,世俗和宗教歌曲成为文化传递和社会解释的源泉。不仅如此,由于南方种植园存在着严格的等级制度,非裔美国工人阶级的思想在蓝调中得到全面表达。它是一种对"生活在美国社会最底层的黑人之意识形态与性格的集体表述"。(Woods, 1998: 56,参见,Barlow, 1989: xii)

1099 研究黑人的学者们认识到,"蓝调中存在的对社会与个人的调查、描述及批判的历史性关注",是批判知识与理论的来源(Woods, 1998: 30)。在一个项目中,教师教育工作者与未来教师一起将蓝调文化、历史、歌词及蓝调歌唱者的生活现状作为美学教育内容进行了研究(Asher, *et al.*, 2006; Love, 2006)。然而,要将黑人(或其他边缘化文化群体)的从属性的知识传统作为教学、理论或研究方法论的认识论来源,需要革命性地打破在传统上占主导的社会知识体系。

民族(people)边缘化的历史

蓝调兴起于 19 世纪 90 年代。当时,在内战与重建即将结束之间的短暂"自由"时期之后出现了黑人的激烈反抗。政治上的"妥协"(compromise)与背叛,导致了黑人军队与黑人民兵组织("黑人与蓝调"(the Black and Blues))的解散,同时南方农场主势力的反扑，使整个南方都处于种族迫害的恐慌之中(Cone, 1972; Ortiz, 2005; Woods, 1998)。正是在这个时期，“劳动号子”(hollers)作为蓝调的中心元素出现了，因为原来摆脱奴役的人们又被奴役，在“田地里、监狱中、码头上、大街上”劳动(Woods, 1998: 82)。莱文(Levine, 1977)在《黑人文化和黑人意识》(*Black Culture and Black Consciousness*)中，将这一蓝调传统置于黑人社群建设中加以论述。

> 黑人世俗歌曲及其他口头传统形式，使[黑人]表达出他们群体及个人的思想，并从中获得巨大的美学享受；它们能够历久不衰，保持价值不被湮没，进而使黑人创造出新的表达样式。黑人世俗歌曲在很大程度上保持了自身标准的文化，其中包含着丰富的内心生活，与对其产生深远影响的更广泛的社会环境相呼应。(p. 297，参见 Woods, 1998: 56 - 57)

就像下文解释的，蓝调代表了一种以“有意识地对美国黑人民间智慧的编纂整理”的方式对这种压制的集体回应，以此为基础，其他音乐形式也不断发展演变：

> 爵士乐、福音、摇滚、节奏与蓝调、放克(funk)和说唱这些音乐形式的衍生都可以追溯到美国黑人的文化根基和洞察力。这些新的音乐形式，在本质上均是叙述性的。即它们必须仍然以一种或明确或含蓄的方式，表达非洲裔美国人对其时代的意识，以及在这期间所出现的思想/表演传统。(p. 83)

作为本土的“美国”艺术形式(是美国本土的)，蓝调在非洲民族文化(价值观，功能
性，世界观)中已根深蒂固，并在非洲裔美国人中被保存了下来。蓝调构成了一种独特 1100
的社会视野，即对本民族在历史上所遭受的种族边缘化(如果没有完全被从历史上抹掉)的批判。作为一种完全真实的，但经常被抨击与误读的音乐形式，蓝调被黑人用来表达对虐待的反抗；蓝调也可以从哲学意义上被理解为“黑人歌曲中的视角”(Davis, 1995: 69)。蓝调的这一教育意义可以从一位艺术家对它的体会中表现出来。

> 于我而言，蓝调是一种文学和音乐形式，同时也是一种基本的哲学。当我开始对黑人的神秘性进行研究时，我去接触了蓝调，我就可以感到触到了黑人的文化根基(Palmer, 1982: 276 - 277)。

按照伍兹(Woods)的说法，这种蓝调认识论代表了“调查法的开端”(Woods, 1998: 21)，它们可以重现黑人文化中体现抵抗的“英雄运动”(heroic movements)，而此一运动已在“历史文本与公众记忆”中被过滤掉(Woods, 1998: 4，重点部分为作者所加)。此种批判性的知识传统，是黑人音乐中的一种文化常态，不单在蓝调中，在诸

如某些形式的饶舌音乐，以及“意识流的”街舞中均是如此(Fisher，2003，2006)。例如，在卡特里娜飓风之后，街舞艺术家坎耶·韦斯特(Kanye West)对总统布什“不关心黑人”的批评，在网络上以饶舌视频/歌曲的方式发布，其“作为典范”被广泛传播与铭记。在《蓝调人群》(*Blues People*)中，琼斯(Jones，1963)解释道，“任何一个时期中，最有表现力的[黑人]音乐”都将是对黑人存在的真实反映(p. 137)。根据这一思路，本文探究了在教师教育中，此种群体证实式(group-affirming)研究所具有的理论与方法论意义。

不只是一种音乐流派

如果语言是指一个国家，一个民族，或其他特定社群所共同拥有的交际系统，那么，蓝调“讲”(speaks)的便是有关黑人存在的活生生的文化、物质事实与存在主义哲学的公共语言。蓝调表达了黑人的文化理念，它以一种口头的方式记述了黑人的痛苦经历与自我超越，这些至今仍有现实和教育意义。在新西兰拜访毛利人时，非裔美国历史学家、文化积极分子、“甜心与摇滚”阿卡贝拉女子合唱团的创建者柏妮思·约翰逊·里根(Bernice Johnson Reagon)提出了一个有关黑人音乐的深刻见解，这一见解也适用于蓝调。在关于“毛利人身份认同的意义”的讨论中，里根把非洲裔美国人社群描述成“一个通过音乐而非领土，而得以紧密联系的群体”(L. Smith，1999：126)。里根的研究与表演，揭示了在非裔美国圣歌传统中，语言所体现出的深刻含义。例如，当基督教被明确地用于辩护黑人被奴役的正确性时，圣歌——“黑人灵歌”——用基督教的宗教语言与观念，伴以高度的批判性洞见与理智，驳斥了这种主导性的意识形态。有一句意义深远的歌词——“人人都说天堂不在那里”；在这些“悲歌”中，《上帝的儿女都有翅膀》(*All God's Chillun Got Wings*)①表现了歌词和歌曲中描述的对世界的颠覆性“解读”②。黑人一直所忍受的不公，也为蓝调歌手和词曲作者提供了从“非洲裔美国
1101 人的特定经历”中探索普适性人类主题的机会(Titon，1990：11)。

蓝调的视野

蓝调中的社会、文化、个人、人际、经济与种族的正义观点，暗示着从虐待中得以解脱的特定条件。比如，在蓝调歌曲中所表达的，“前路漫漫……有人会像你伤害我一样伤害你”，蕴含着应该如何待人的普适哲学。蓝调中所表达的爱的精神，尊奉人类超越、战胜非人道的能力，而不会忽略和放弃黑人存在于其中的“生存空间”(Grande，

---

① 尤金·奥尼尔(Eugene O'Neill，1888－1953)，美国著名剧作家，表现主义文学的代表作家。一生写了45部戏剧，主要作品有《琼斯皇》、《毛猿》、《天边外》、《悲悼》等，于1936年获诺贝尔文学奖。在《上帝的儿女都有翅膀》(All God's Chillun Got Wings，1924)里，他利用一个对比的街景表现黑人与白人的关系：“人来人往，有黑人也有白人，黑人率直地享受春天的情趣，白人局促地笑着，在表露内心情感时极不自然。在白人的街道上，声音高亢的带有鼻音的男高音唱‘只是镀金笼中的一只鸟’的合唱部分。在黑人的街道上，一个黑人唱出‘我要打电报给我的小乖乖’的合唱曲。一曲既竟，从两条街道上传来性质不同的大笑。”——译者注

② 这首歌也名为“面对上帝的天堂的大声呼喊”(Going to Shout All Over God's Heaven)，参见，http://www.negrospirituals.com，于2006年11月1日检索。

2004)。不管其中表达的是克服心碎或绝望的决心("变得绝望是件不好的事情,伤心绝望请离我远些…"),还是拒绝接受(被情人,警官,雇主)虐待的意愿,均反映了歌唱者对"人之存在"(some bodiness),即黑人人权的坚持(Cone, 1972)。此种包容(在人类大家庭中)的观点,既不是"非种族的",也未被种族的神话扭曲。就像在众所周知的"深沉蓝调"(deep blues)中的"十字路口"(crossroads)中,任何艺术家所期待的最高造诣的表现都可能实现。蓝调中表达的人性的视角也暗示了一种强有力的变革性的理念:同时歌颂个性,群体传统与人类自由——尽管他们身为黑人与穷人而屡遭蹂躏。这便是蓝调所做出的独特民主贡献的本质所在。

白人蓝调

在音乐界,一直存在对"白人蓝调"的争议。鉴于传统主题与歌词的内容,该争议关注的是白人表演者所表演的蓝调是否是"真实的"。一些白人表演者认为,种族在领略精彩表演的过程中无关紧要。对此音乐评论家和音乐家间仍然存在着意见分歧(Garon, 1995)。此争论引发了人们对教师教育文献中的"无种族成见"问题的持续沉思。在是有罪还是无罪的心态中,白人职前教师可能会承认自己处于"无种族成见"状态或者更愿意保持这种状态。这些教师宣称种族清白,恪守无种族化平等观念之承诺,却无视结束种族压迫的前景,也拒绝进行种族-社会公正的教学。另一个例子,在研究与教学的背景下,批判式理论建构更强调社会与资本主义生产的关系,并假设了一种阶层对抗种族的理论解释,使存在及身份的"杂糅式"概念与黑人身份和文化完整性相互对应。拥护"无种族成见"的研究者与实践者,呼吁人们注意"白人蓝调"爱好者的立场,这些乐迷"拒绝把种族作为评判任何事物的标准"。正如下文所讨论的,关于土著民族的"非殖民化"研究方法,肯定了变革性研究的可能性,此种研究旨在确保黑人的文化幸福,使他们免于种族虐待,进而"湮没并融入于民主主流中"(Grande, 2004: 72)。

去殖民化方法论和本土认识论

在黑人的理智传统中,身份、文化权利、社群建立以及归属感的重要性,体现在本土教育所提供的不同于贬低文化的其他方法论与认识论中(Loveland, 2003)。例如,在对毛利人、夏威夷土著人及印第安人的教育进行研究时,所用的"非殖民化"研究方法和形成的学术著作及相应的研究实践,在一种公共未来、民族感、本土人民对"生存空间"的文化主宰背景下,将社群与学生的幸福置于优先考虑的位置(Grande, 2004; Kana'iaupuni, 2005; Kaomea, 2005; L. Smith, 1999; G. Smith, 2004)。在这些研究方法中,教育的目的不再是构建美国公立学校所宣扬的传统价值体系,此种价值体系强调竞争性个人主义与个人的学术成就,高风险考试分数,物质主义等等。这些研究结果暗示了被认为"异于"(alien)本土民族及非洲裔美国人所持的与成就相关的文化价值观的存在(Murrell, 1997)。

在教育领域,支持为被剥削的本土民族争取文化权利的人,运用了一些方法以便 1102

澄清有关土著社群之文化历史环境的“课程设置的空白”，并以此来恢复他们共有的文化传统。考米(Kaomea，2005)认为，这些知识已经被“埋藏、改写或抹掉了”，有时还被歪曲得无法被识别或记忆。最终导致的结果是，土著民族脱离了他们的文化身份和传统(Rollo，2006)。美国原住民和其他的土著教育工作者，包括新西兰的毛利人，都在使用本民族的传统、语言及其他形式的“本土知识”作为教学和方法论的资源：由此抵制异化、提供研究方向、保护文化、培养学生的成就，并由此保证他们作为独特民族能够共同存在。

史密斯(L. Smith)认为毛利教育研究，或新西兰毛利人从事的研究，不仅仅是一种“范式”。也就是说，它们同时也是“与毛利人有关”的社会工程，它们“与毛利人的哲学和原则有关”，并“理所当然地承认毛利人思想的有效性和合法性”。毛利人的研究，也与毛利人为独立自主与“文化幸福”所做的斗争有关(L. Smith，1999：185)。毛利人非但不排斥非毛利研究者，而且通过平等与真诚的关系同非毛利人合作，为他们提供参与的机会。同样地，如亚匹克长老及费尔班克斯阿拉斯加大学教育学教授安佳卡·奥斯卡·卡瓦格利(Angayuqaq Oscar Kawagley)所言：“该趋势已经发生转变，未来本土教育很明显已经朝以下方向发展，即强调通过文化并在文化中提供教育，而不是提供关于文化的教育。帮助完成此种本土教育与研究的重要工具是语言，它是‘文化的活化石’”(Loveland，2003)。

另外一位土著学者格兰德(Grande)，澄清了土著人民文化幸福同渐进的/革命的批判理论与教育学中对社会变革/公平/民主的愿望之间的差别。按照格兰德的说法，从“红色教育学”认识论之优势出发，不管特定个体的选择：

> ……土著人为(群体)自主性而进行的斗争，其与众不同之处在于，他们共同努力，以保护本群体中的民族拥有按照传统延续下来的方式进行生活的权利。(Grande，2004：172)

此外，“此种对于传统知识的忠诚”，包括对展现民族“思想世界”的本土语言之保存和使用，保护了美国印第安人，使其免于从整体上被“灭绝和同化”，并成为“同质的”、“民主的”欧洲中心的“主流”中的一部分①。

鉴于白人教师是师资中的主力军，同时许多白人教师(与家长)通过各种方式抵制教育中的平等，因此有许多的以社会公平为导向的教师教育研究直接针对理解白人教师的“特权意识形态”也就不足为奇了(Oakes, *et al.*，2006：95)。这些研究，重点关注在职与职前白人教师的需求(如他们的抵制或文化上的封闭)。就此可以创建真诚的研究合作关系以及探究方法，形成“实践共同体”，其中社群成员的认识论在评估这些

① 我使用了美国黑人及本土美国人称呼美国(包括各州)土著人的方式。

研究时可以发挥作用(Murrell, 2001)。存在问题的白人教师信仰结构，其问题也可以通过对“他者之意识形态的”理论、研究方法及教育学的解释得到解决，这些是学校与社会中种族不平等的认知论根源。在使用黑人研究的概念工具研究此认识论问题之前，我们将先讨论从社会科学到教育方法的批判社会理论的建构发展轨迹。

从批判社会理论到批判研究方法 1103

与实证主义相比，批判研究方法与批判社会理论(如新马克思主义，女权主义，后殖民主义)的解放目标有着联系。质性教育研究可从社会学与人类学的解释传统中找到根源，这种解释传统受到各种后实证理论和方法的影响，包括现象学、结构主义、符号学、解释学、符号互动论和民族方法学(DeMarrais and LeCompte, 1999)。

共同的批判基础

卡尔和凯米斯(Carr and Kemmis)区分了批判社会理论和批判社会科学的差异。批判理论是某一批判分析过程所产生的结果。批判社会科学是一种实践形式，其中，意识(被启蒙的个体社会行动者之人类能动性)“在促成变革的社会行动中直接产生”(Carr and Kemmis, 1986: 144)。批判教育理论一直备受争议，因为它“趋向于社会批评”，而未对实践者用来“开发”反霸权的实践以及挑战控制的行为加以理论化(Anderson, 1989: 257)。其他的学者将批判教育研究视作一种探究方式，可用来收集关于“学校教育实践及它们与社会权力秩序间关系”的数据，以“最终瓦解并变革此种关系”(Morrell, 2004: 42)。

批判社会科学拒绝认识论、本体论和逻辑实证主义的决定论。实证性社会科学的目标是解释社会生活，而解释性社会科学提供的方法则是促进对控制与异化的理解。根据马克思的观点，批判社会科学从道德责任中获得信息，以理解并变革社会现实。这样一来，批判社会科学的双重目标即是，解释占统治地位的权力关系并与它做斗争，由此实现民主和人类自由。用于探究的理论与方法的“批判性”概念，在教育(及教师教育)中，也可以追溯到马克思主义对于社会变革中的“意识形态批判”之必要性的理解。批评教育学(Giroux1988; Sleeter and Bernal, 2004)，作为应用于教学中的批判理论分析工具被广泛认识，得益于巴西教育学家保罗·弗莱雷(Paulo Freire, 1970/1993)。批评意识，是弗莱雷追求的革命性地解放教育学的一个目标。除了这些欧洲、欧美、拉美的批判研究与质性研究方法及理论的基础之外，本文利用了一系列非白人学者的著作，他们的学术研究均受到批判社会科学的影响。表 54.1 将批判社会理论的基本的核心特征及独特的假设和关注，同社会和教育研究中的女权主义、批判多元文化、及以种族为中心的方法、理论与教学进行了比较。

1104 **表 54.1　批判性社会理论与教育中的批判取向比较**

	批判社会理论	批判女权主义理论、教育学与方法论	批判种族理论、教育学与方法论
1. 一般目标	批判社会理论反对实证主义……(一种道德的义务)。	女权主义(自由主义/社会主义)理论识别/描述女性所受的压迫、其根源及影响，以期形成解放女性的策略(Brady, 2000：369)。 “这意味着识别与表达实践及关系中的客观压迫及男性对于女性经验的无视”(Weiler, 1988：59)。	批判种族理论反对“无种族成见”式的批判社会理论，并证实种族与种族主义的中心地位，以及二者与其他附属关系的交叉性。 批判种族主义考察了种族与种族主义在美国社会、经济结构及教育中表现的核心特征所产生的影响。
2. 知识研究与理论形成的社会作用	批判社会理论将以统治、剥削、压迫为主要特征的过去和现在与将会有可能消除此类现象的未来加以区别。这种未来的社会可以通过协调一致的政治活动得以实现。批判社会理论的作用是提升人们对于压迫的意识，并表明实现一种本质上与现存社会不同的未来社会之可能性。	女性教育学应该呈现给学生一种批判与可能性的语言……它挑战种族主义的假设，并质疑那些被作为理所当然的，有关性别及其他支配形式的界定(Brady, 2000：372)。	讲故事是法律的重要构成部分，而被剥夺公民权的人与具有公民权的人讲述故事的方式存在着根本区别。相反的故事能够提升人们挑战主导性意识形态的自觉意识，形成关于“震动无意识”种族主义所需的必要的认知冲突，并促发行动(Ladson-Billing, 2000：366)。
1105 3. 解释框架	批判社会理论认为控制是结构性的。即，人们的日常生活受到更广大范围的社会制度，如政治、经济、文化、言论、性别与种族的影响。批判社会理论在帮助人们理解他们之所以受压迫的国家与全球根源时阐明这些结构。	批判的女权主义教育学将经济、政治与文化建构背景下的批判性实践贯穿于后现代女权主义(Brady)。批判女权主义方法论能够说明社会与文化再生产及抵抗的双重过程——如同在批判教育学理论中一样(Weiler, 1988：59)。	种族是一种社会建构，而非生物建构。
4. 意识的概念	批判社会理论认为控制的结构是通过人们错误的意识再生产出来的，由意识形态(马克思)、固化(卢卡斯(Lukacs))、霸权(格拉姆斯(Gramsci))、单向度的思考(马库斯(Marcuse))以及存在的本体论(德里达(Derrida))……所推动。批判社会理论经由强调个体与群体的能动性而戳穿这些虚假的意识，以变革社会。	女性应该拒绝男性至上主义的思维：做女性即是受害者——接受她们的共性、自主性以及群体的能动性……应该提供给学生们相应的知识与技能，使他们能够表达自己的声音与历史……使他们能够确定新的身份……获取自主性的角色，并成为个人生活中的积极能动者(Brady, 2000)。	只有当反对对自身有利时，精英们才会反对社会中的种族主义行为，因此对于自由主义的稳中有变的社会变革理念的批评是批判种族主义理论的重要组成部分。

续表

	批判社会理论	批判女权主义理论、教育学与方法论	批判种族理论、教育学与方法论	
5. 主要假设	批判社会理论认为社会改变始于……人们的日常生活——两性生活、家庭角色、工作场所……	持女权主义与反种族主义观点的教师与管理者对正义与平等持有某种信念，他们试图使此种信念在他们的日常工作中发挥影响，以重新界定课程与社会关系（如女性反霸权主义）（Weiler，1988：101）。	种族主义行为并不是一种越轨行为，而是一种正常的行为。	
6. 正义的概念	继承马克思的观念……批判社会理论将结构（结构决定论者）与能动性（个体意识）之间的联系概念化为辩证的关系。也就是说，尽管结构制约着日常经验，但有关结构的知识有助于人们改变社会现状。批判社会理论通过否定经济决定主义来实现此种联系。	女权主义研究者强调现实的经验与日常生活的重要性（Brady）。日常生活与意识的矛盾可以成为激进教育学的核心（Weiler，1988：23）。	归属于特定种族的特征将发生改变，例如，白人在历史上将“美国黑人”称为“天真烂漫”的以使奴隶制合理化；但是现在则通常称其为“危险犯罪”来为警察等对他们加强控制辩护。	1106
7. 对社会斗争的意义	……通过关注日常生活与结构间的辩证关系，批判社会理论认为人们应对他们自己的解放负责，并且劝诫他们不要以遥远未来的自由名义去压迫其他人…… 转引自 Agger（1998）。	后现代女权主义代表了一种政治，人们通过承认多样化与统一，并关注工作与生活在多元种族及多元文化社会中的人们，而积极地参与到解放理论与实践的建构中……转引自 J. F. Brady（2000：369－374）及 Weiler（1988）。	人们具有交叉的身份，即剥夺他们的公民权或不平等会以不同的方式影响他们。我们可以从多种角度去体验这个世界（也被其他人所体验）。 转引自：http://en wikipedia. Org/wiki/Criticl_race_theory。	

女权主义者、种族研究者及以种族为中心的理论家对批判理论与批判教育学提出了批评，他们认为批判理论与批判教育学缺少对性别与女性压迫、人种、种族及对土著 1107
居民的文化霸权的明确关注（Ellsworth，1998；Hooks，1997；Ladson-Billings，1997；Leonardo，2004；Lynn，1999）。然而，批判理论家强烈地反对以下判断：在对社会阶级予以首要关注的过程中，批判理论无法解决除了社会阶级压迫以外的其他压迫形式（McLaren，2000；Scatamburlo-D'Annibale and McLaren，2004）。这些批判理论家断言，此类“误导性”批评错误地认为工人阶级即是白人。而且，在以阶级为基础（如阶级为先）的激进政治经济框架中，关于差异与主体（如性别、种族和民族）的社会建构类别的意义，是由界定资本主义制度的、以阶级为基础的生产关系决定的。因而，这些生活经验和身份的类别，可以从与生产关系有关的社会阶级、权力和特权之间的物质（客

观)关系这些角度去进行质疑与解释(pp. 188－189)。

阶级对种族(或性别)持续不断的争论,表明了多种针锋相对的社会变革理论的复杂性。一种激进的黑人马克思主义传统依然存在,并提出了阶级至上的分析路径。多元文化与女性视角,为超越此种论断提供了不同的解释框架。鉴于种族是一种社会建构,学者们也同样提出,较种族而言,"混合法"(hybridity)是一种更有用的概念建构与身份界定的方法(McCarthy, 1998)。另一方面,非洲中心理论学家与本土学者将民族意识置于首位(Bernal, 1998; Grande, 2004; L. Smith, 1999)。认同个体的民族传统,被认为既非社会阶级(或性别)的附带现象,也非群体团结的保守形式,或虚假意识形成的社会排他意识(Hilliard, 2001; King, 2005b),及自欺欺人"虚构的"亲属关系,更非对在异国"死去的文明"(dead civilization)的误导性的浪漫化的认同(King, 2005b)。事实上,最近的研究证实了"种族-族群自我-图式"在缓解学生在被孤立化的学校教育中所受种族歧视方面发挥的作用(Oyserman, et al., 2003)。

批判种族理论与方法

根据林恩(Lynn, 1999)的说法,泰特(Tate, 1996)与拉德森-比林斯(Ladson-Billings, 1995)在论证批判教育学未能"完全地解决种族问题"时(p. 153),将批判种族理论(critical race theory, CRT)中的原则运用于教育领域,并把"种族重新置于批判教育学"(p. 153)中。批判种族理论首先由法律学者提出,之后被运用于教育领域。此种理论是由那些将种族作为社会分析核心的非白人学者们所发展起来的一种分析视角(Ladson-Billings and Tate, 1995; Parker and Stovall, 2004; Solórzano, 1997)。拉德森-比林斯(2005)描述的四条定律,定义了教育中的批判种族理论。批判种族理论(CRT):(1)假定种族主义是日常的,而非越轨;(2)将讲故事作为一种分析模型;(3)必须包括对自由主义的批判;(4)指出白人是解放/改革成果的第一受益人(Ladson-Billings, 2006: 300－302)。例如,在林恩等人(Lynn, *et al.*, 2002)对《质性研究》的中心论题所做的介绍中,批判种族理论被描述为"分析种族问题的本体论和认识论框架"(p. 5)。斯里特和伯纳尔(Sleeter and Bernal, 2004)强调,批判种族理论,通过运用"将讲反面故事作为一种研究法与教育工具",除了能解决"种族主义,阶级歧视,性别歧视,及其他压迫形式的交叉性",还能够挑战以欧洲为中心的认识论和主导意识形态(比如精英主义,客观性与中立性)(p. 245)。皮扎洛(Pizzaro, 1998)也运用批判种族理论框架来设定研究方法,这与奇卡诺的认识论同出一辙。

《种族与族域》(*Race and Ethnicity*)中的一个中心论题,是考察自拉德森-比林斯与泰特在教育与教师教育界研讨会发表批判种族理论10年来,批判种族主义所产生的影响(Dixson and Rousseau, 2005)。尽管批判种族理论家批判了在主流言论中对"无种族成见"的理想化的立场(Dixson and Rousseau, 2005; Ladson-Billings, 1997),

但其他社会科学领域研究种族与民族问题的学者仍认为，在使用种族概念时应保持谨慎。他们关注的问题不是提倡一种阶级为先的分析，而是强调将种族问题作为一种分 1108
析类别加以关注，以取代对至上主义意识必要的批判，进而使虚假的、意识形态化的构建具像化(Hilliard, 2001; Stanfield and Dennis, 1993)。然而，对此批判种族理论家提出异议，他们认为批判种族理论阐明种族主义与价值观的“日常生活化”，代表着有色人种的声音、力量与复杂经历(Chapman, 2005: 28; Lynn, 1999)。批判种族理论的支持者将叙事研究法，反面故事法，历史民族志，自传，自传民族志，批判民族志和肖像研究法等方法运用到教师教育研究中。邓肯(Duncan)描述了批判种族理论家对这些方法的使用与弗莱雷(Freire)解放教育学之间的联系：

> 在教育研究中采用的批判种族研究方法，将叙事研究与讲故事作为核心，这同保罗·弗莱雷(Freive, 1970/1993)的观点是一致的。弗莱雷认为，改变语言“是改变世界进程的一部分”(pp. 67 - 68)。按照这种思路，批判种族理论的支持者一般会强调讲述故事时的美学和情感维度，以此刺激想象，获得同情，由此使他人想象被压迫者的想法，并观察甚至可能通过被压迫者的眼睛来间接地体验这个世界。(Duncan, 2005: 102)

这样一来，这些学者声称，批判种族理论有能力向他人传递“局内人”(insider)对于种族的理解是不同的这一观点。

质性研究的批判种族理论框架

批判种族理论同样为教师教育的质性研究提供了框架(Duncan, 2002; Ortiz and Rhoads, 2000; Parker, et al., 1999; Sleeter and Bernal, 2004; Smith-Maddox and Solórzano, 2002; Solórzano, 1997)。批判种族理论分支包括“批判种族教育学”(critical race pedagogy)(Lynn, 1999)与“批判种族人种志”(critical race ethnography)(Duncan, 2005)。批判种族理论也衍生出了其他一系列的具有补充意义的“关联部分”：拉美批判种族理论，部落批判种族理论，女权主义批判种族理论，亚裔美国人后结构式批判法律角度，以及批判种族女权主义(Brayboy, 2005; Parker and Stovall, 2004; Sleeter and Bernal, 2004)。以下是黑人、拉美人以及白人教师教育研究者运用批判种族理论框架对专业实践进行研究的例子。这些研究者，运用“反面故事”(counterstories)与叙事来分析自身教授以白人为主体的未来教师时的经验。例如，邓肯(Duncan, 2002)分析了他自己运用于“使种族问题显现”的城市民族志课程中的教育学策略。也就是说，批判种族理论有能力使“潜在的种族压迫形式……变成一种清晰的可见现实”(Duncan, 2002: 102)。其他结合了批判种族理论的框架，包括弗莱雷的问题提出法(Smith-Maddox and Solórzano, 2002)，肖像研究(Chapman, 2005)，以及下节会提及的黑人女权主义。

教师教育中的黑人女权主义与批判种族理论

在《培养老师的责任》(The Burden of Teaching Teachers)一文中，威廉斯和埃文斯-温特斯(Williams and Evans-Winters)两位非裔美国女性教师教育工作者，在教白人学生进行反思性叙事时，使用了黑人女权主义与批判种族理论的"视角"。在反思这段经历时，她们提出了下面的问题：

> 1109 (1)拥护社会公正的我们，如何把种族叙事带到教师教育课堂讨论中？(2)我们如何让那些从系统化的不平等中受益的师范生，消化、解释、批判性地审视这些信息？(Williams and Evans-Winters, 2005: 202)

作者把黑人女权主义/妇女主义描绘成一种意识形态和政治运动，"考察影响美国非裔女性的议题，将其作为世界女性解放斗争的一部分"(p. 204)。黑人女权主义与批判种族理论，被视为"教师教育的希望"。黑人女权主义(BF)，作为批判种族理论的延伸，关注"为黑人女性和其他受压迫群体争取经济、政治和社会公平"(pp. 203 - 204; Collins, 2000: 9)。作者还辅以这些框架来审视他们的专业实践。

威廉斯和埃文斯-温特斯以一种道德参与式的、激进分子的立场对待"存在的权力"(部门院长、系主任、教务长)，他们特别关注的是他们所教的大部分白人师范生及他们的指导教师质疑、审问并中止自己的教学实践。他们提倡改善以社会公正为导向的教师教育环境，为此提出以下建议：(1)采取其他评估方法，以便将学生的报复性反抗考虑在内；(2)提供辅导以促进有色人种教师的留任；(3)就"向有色人种教师学习及与他们共同学习"展开开诚布公的讨论，以弄清"学生攻击谁(哪些教授)及其原因"(pp. 216 - 217)。挑战并改变机制性的做法，是批判种族理论中的重要原则，同时也是批判社会科学的核心信条。正如迪克森与鲁索(Dixson and Rousseau)所言：

> 只是简单地讲述有色人种的故事是不够的，而是要透过这些故事所揭示的教育经验，运用批判种族理论视角对问题进行深入分析。除此之外，批判种族理论要求社会激进主义成为任何批判种族理论项目的一部分。要达到这样的结果，所讲述的故事必须能促使我们行动起来，同时要能促进有色人种的教育经历发生根本性的质的变化。(Dixson and Rousseau, 2005: 13)

下面讨论的研究案例，说明了在 K - 12 学校中批判民族志研究方法的运用。

批判民族志研究：深入奇卡诺(Xicana)[①][*]教师及城市青年

按照安德森(Anderson，1989)的说法，同其他社会学与人类学中的解释性研究不同，“批判民族志研究的最高目标”，“是将个人从控制与压迫源中释放出来”(Anderson，1989：249)。批判民族志研究中的两个例子，提供了激发高中学生学习的机会，阐明了在教育与社会变革的批判研究中对于种族的极其不同的建构方式。奇卡诺高中教师、黑人及拉丁裔“城市”学生作为“学徒”接受培训，运用批判民族志研究及参与式研究相结合的方法，来研究他们自身的经验(Carspecken，1996)。

作为变革者的奇卡诺教师 1110

伯塔-阿维拉(Berta-Avila)结合批判民族志与参与式研究方法，为那些“自我认同”为“奇卡诺”的教师提供了一种可以参与到解放性“对话过程”的环境。此研究经验阐明了这些教师的身份认同与他们所用的批判(种族意识/种族)教育模式之间的关系。伯塔-阿维拉运用了对话、日志记录、课堂观察等方式，以理解这些教师在教授具有墨西哥种族意识的学生时，如何理解与感知自己在课堂中的角色。在研究“批判的奇卡诺”(critical Xicana)教师的自我概念化的过程中，语言和(集体)自我身份认同作为重要的考虑因素被显现出来。参与的教师把如何教和为何教视为“促进社会变迁及使有美国墨西哥种族意识的学生得到解放的政治行动”。例如，其中一位教师参与者将自己教师的身份与其“奇卡诺人”的身份联系起来，此种联系使得她的种族身份以及她的“本土根源”均包含于其身份之中。

> 奇卡诺人是我在文化、历史、政治及社会层面获得的身份认同。我希望一个将自己界定为卡奇诺人的人，能够知道自己的历史，并且因其本土根源而自豪。我会希望他们对自己的社群有一种责任感，支持那些没有话语权与沉默的社群成员。我同样希望他们理解政治化的人意味着什么……(Berta-Avila，2004：70)。

伯塔-阿维拉总结道，“将自身置于社会变革的教育学”并参与到种族、阶级、性别等问题之中，使得这些教师拓展了自己在课堂中的角色。这些教师不仅将自己看成是一个模仿欧洲主导意识及取得个人成功、向上流动的“角色典范”，更将自己看成是“变革主体”，他们“批判式地挑战且变革权力关系”，这些权力关系影响着他们的学生及他们的社群(Berta-Avila，2004：68)。如另外一个教师解释说：

① 在奇卡诺运动中，“X”代表了住在美国的墨西哥女人(Chicana)中的“Ch”，代表着“包含所有人”的政治与精神抗争，其中联合了不同的本地人，包括北美、中美、南美人，他们中的一些人认为自己的祖先与古阿芝台克人有关。一种“无边界的”奇卡诺运动从美国西南部的墨西哥美国人运动中发展起来。“Raza”是西班牙的种族。参见，Berta-Avila (2004)，注 1。

* 奇卡诺人(英语：Chicano/Chicana，或 Xicano/Xicana)是指墨西哥裔美国人，有时也指说西班牙语的拉美裔美国人。——译者注

> 如果奇卡诺人进入课堂，但并未对他们置身于其中的制度有一种社会的与/或政治的理解，那么他们便无法理解教育体制与主流社会之间的联系。他或她便会长期陷入以下的危险境地，即认为墨西哥种族的生活经验是无效的，而要在美国社会中取得成功，他们便需要放弃自己的身份。

因此，奇卡诺人的身份会影响到这些教师与同事、学生及家长之间的关系。教师正是从以上人群身上学到很多，同时也是为了这些人他们才选择成为支持者与文化榜样。对于这些教师而言，“仅仅作为一个有非白颜色皮肤的教师是不够的”。

该研究对于“批判的奇卡诺”实践者的描述与其他研究报告中对有色人种教师的带有政治明确性的描述是一致的（Beauboeuf-Lafontant，1999；Irvine，2003；King，1991b；Ladson-Billings，2000b；Lynn，1999；Murrell，1997，2001）。另一方面，研究文献同时也描述了那些支持同化且对自身文化与语言持高度批判态度的黑人或拉丁人教育者（与研究者）（Wills，*et al.*，2004）。而且那些支持同化主义目标的家长，可能对他们的母语与文化持主导性的负面的态度。

伯塔-阿维拉并未将这项对奇卡诺教师进行的研究当作教师学习和发展或是出于教师学习与发展的目的而开展的明确调查。然而，参与式的研究方法，为参与者提供了共同反思自身行为、考察数据及分享观察结果的机会。这些反思的机会，使教师和研究人员参与到有意识的且未曾预料到的相互学习中。该研究也暗示了教师要具备
1111 的另外一种重要的能力，即发展学生们的种族-族域身份认同，认同他们的群体文化与传统是学术参与的重要资源。此点是学者们在帮助非洲裔美国学生及其他边缘化学生取得社会公正结果时，所强调的非常重要的因素（Oyserman，*et al.*，2003）。然而，在以下的例子中，在没有如此强调种族意识的情况下，高中学生“变得越来越具批判性”。

城市年轻人向批判性研究员转变

默雷尔（Murrell，2004）、莫雷尔与科拉托斯（Morrell and Collatos，2002），以及奥克斯等人（Oakes，*et al*，2006）将参与式社会研究与活动组织，理解为学习的机会，运用批判研究方法有助于在职前教师与在职教师的教育、城市学校改革及社群变革等活动中形成实践共同体。这些合作式的研究活动，使得实践者与社区成员及学生，能够成为合作研究者/变革主体。例如，莫雷尔和科拉托斯培训了一个多种族的城市“高中生社会学家”研究团队，该小组参加了下面的批判教师教育研究的项目：

> ……该项目是促成职前教师与城市青少年开展真诚对话的最重要的方法……这些城市青少年接受过教育社会学的培训，他们为参加教师资格项目的职前教师提供辅导。（Morrell and Collatos，2002：61）

在这一长达4年的研究项目中，黑人、拉丁裔城市高中学生学习了社会理论，并完成了“与平等及教育机会相关的批判研究项目”(p. 63)。此项对学生文化学习开展的批判民族志研究，处于对流行文化进行后现代文化研究分析的背景之中(如新马克思主义与受弗莱雷(Freire)影响的理论)。由于种族“本质主义”(essentialism)是一个关键问题，黑人、拉丁裔年轻人被描述为“属于多种文化与社群的成员”(Morrell, 2004: 5)。虽然莫雷尔(Morrell)承认种族不平等的存在，也承认文化相关性与多元文化教学的功能，但他反对将“文化视作单一种族身份的概念”(p. 39)。事实上，在某些于一定程度上无视肤色的分类中，“流行文化”(popular culture)①是分析的一个目标。莫雷尔提出的“那些致力于促进学生的学习机会与能力的教育者”所面临的问题/困境，与以下内容相关：“我们如何以一种缓解种族影响，且超越社会种族既定观念……并实现团结而非分裂的方式，来教育边缘化的学生?”(p. 15)

总而言之，运用批判种族理论与批判民族志框架的研究，有助于以批判社会公正为目标的教师教育相关知识的积累。然而，遗憾的是，我们对教师培养经验的设计与效度的了解尚有欠缺。这些经验可以促进教学、身份与政治理解(特别是对有色人种教师而言)之间的一致性。这其中包括类似的学习经验如何能够抑制内化的种族主义，以“使有色人种学生，能够发现白人的身份具体是以怎样的方式使他们较少思考个人与集体的自我身份的”(Allen, 2004: 128)。一个相关的问题是，指导与辅导这些未来教师的大学教师及“有成就的实践者”需要哪些支持(Quiocho and Rios, 2000)。也需要开展一些针对教师和教师教育工作者如何能够在愈加压抑和不友好的学校及教师培训项目中谋求发展的研究，在这样的教育情境中技术人员的理性与同化主义的重 1112
点占主导地位(Kincheloe, 2004; King, 2005b; Okpokodu, 2003; Scott, 2003 ;West-Olatunji, 2005; Wilson, 2005)。

在伯塔-阿维拉的研究中，奇卡诺教师作为变革主体，对教师培养有着特别的意义。了解奇卡诺教师在他们的专业准备过程中的经历，是一件有启发性的事情。如批判教育学的研究是否对这些教师的教学实践提供了一些信息，是否塑造了他们作为奇卡诺教师的身份？奇卡诺人的研究在他们的专业发展与身份认同的过程中是否发挥了一定的作用？莫雷尔的学生合作研究者，研究了教育社会学文本。他们从蓝调认识论黑人研究分析的角度来学习种族主义并研究表达奇卡诺人价值观及历史的墨西哥民谣，是否可以提高学生作为职前教师导师的能力(Garcia, 2000; Pizzaro, 1998)。研究这些文化表达形式，是否能够阐明有色人种之社会历史中的重要交叉点。② 在本部

---

① 另一方面，伊拉姆与杰克逊(Elam and Jackson)(2005)在《黑人文化交际》(*Black cultural traffic*)中运用“黑人流行文化”的分类考察了“大众流行文化”，其中并未否定大众流行文化中的流动“多样性”。

② 参见霍恩(Horne, 2005)关于美国及墨西哥的美国黑人、墨西哥人、美国墨西哥人的历史之交叉的有启示意义的研究。同样，激进主义者科奇亚马(Yuri Kochiyama)的回忆录中，展现了黑人与亚州人在为人类权利而斗争的过程中的关系(Fujino, 2005; Kochiyama, 2004)。另可参见 http://www. aasc. ucla. edu/archives/passingitonpress. htm. 2006年11月1日检索。

分的研究结论中,所关注的便是教师是如何了解种族主义的。白人女性教育者使用批判种族理论,该理论出现在白人女性教授所做的研究中,他们将职前与在职教师学习置于“白人研究”的学术讨论环境中。

白人话语质疑

针对教师学习的批判质性研究中出现的一种新的研究类型指出,“白人身份”及批判教育学与教育实践者的研究会克制未获得的白人特权。这种“白人研究”类型,包括批判与质性研究方法——日志撰写,反思对话——将关注点集中于“启蒙”参与者,以使他们理解“白人种族身份”与“白人特权”的教育含义。这些研究的焦点在于,许多白人教师在理解种族和系统种族主义(包括他们自己的种族身份及“特权地位”)问题时存在种种局限(Marx, 2004; McIntosh, 1993; McIntyre, 1997, 2002; Ortiz and Rhoads, 2000)。此一研究类型是从教育、劳动力及文化与批判种族理论中的批判式“白人”研究中发展而来的,它质疑实践者及叙事研究中的“白人化”话语运用。我们可以持续地关注这些研究:教师的“文化能力”(Irvine, 2003)、批判多元文化教育(Sleeter, 2001),批判女权主义教育学(Brady and Kanpol, 2000; Weiler, 1988),以及反种族主义教育学(Berlak and Moyenda, 2001; Kailin, 1994; Urrieta and Reidel, 2006; Zeichner, 1996)。这些研究通常使用质性研究方法(如采访,讨论组,学生反思/叙事),在某一课程中收集数据来证实其对未来教师自我身份认同及其对社会的或系统的(不同于个人间的行为)种族主义理解的教育学方面的影响。除此之外,这些研究也从多个学生群体,学生实习课经历,学生的展板等方面收集数据。本部分将讨论两个例子,它们描述了三种不同的研究背景。

批判白人身份

麦金太尔(McIntyre, 2002)对95幅由19个教育课程班(4个本科生班级,15个研究生班级)的450名学生以合作的方式完成的展板进行了分析。麦金太尔的学生们创作了这些展板,并在课堂上展示与解释了他们对白人的理解。此外,在两个研究生班级里,学生也有机会参与到批判阅读及社群行动研究中。麦金太尔报告的一个研究发现是,许多学生开始“将白人身份看成是话语构成的组成部分”,他们开始意识到白人身份对教育的影响。在另外一项研究中,马克思和彭宁顿(Marx and Pennington)运用
1113 了批判种族理论框架,以探究限制白人教师“满足有色人种学生要求”的能力,涉及种族化的、文化缺失的思维方式和身份认同等问题。二位作者分析了这些白人教师教育工作者进行的个人的、但却可以相互补充的自我探索,这些白人教师教育工作者“将批判种族理论者和批判白人研究者的呼吁铭记于心,以展开对白人种族主义的白人讨论”(Marx and Pennington, 2003: 92)。

基于现有的文献以及他们以往教授白人师范学生的经验,马克思和彭宁顿开创了“批判种族主义教学法,以使职前白人教师关注自己所处的关系结构,从而帮助他们对

此形成批判性思维”(Marx and Pennington，2003：92)。这些对教师教育工作者进行研究的学者表明，他们了解白人(未来教师)对“肤色文化”的抵制和忿恨。研究者将这种抵制和忿恨，解释为白人种族身份的(非)创造性阶段的标志，即“陷入白人罪恶感，恐惧感，及气愤状态”(这种抵制，正如本文前面所讨论过的，仍然是有色人种教师教育工作者研究中的一个焦点)。这些经验丰富的教师教育工作者将12位白人未来教师，分配到两种不同的情景中，对“白人”和“白人种族主义”这两种“禁忌话题”进行“支持的、信任的对话式交流”。

马克思和彭宁顿描述了师范生/这些研究的参与者发生的“真诚的态度转变”，他们运用了“新的语言”，有能力发现、识别并抵制他们在教师教育课堂、媒体及个体家庭生活中存在的自我内在的种族主义及(对孩子们的)片面思维(Marx and Pennington，2003：105)。其中，有三位师范生参与了彭宁顿的研究。这几位未来教师很明显地陷入了发展的困境，他们意识到自己“缺少相关的文化知识以进行有效课堂教学且不能与家长有效沟通”(Marx and Pennington，2003：104－105)。与之相反，在马克思的小组内，有9名师范生报告，通过正面教学实习中的种族主义他们获得了有效的经验。

值得一提的是，在这三项研究中，研究者均支持教学法对道德方面的干预，而非基于个人或制度层面呈现的长期或短期的变化。研究者们并未报告研究对未来教师的实际教学实践的影响，也未描述这些教师所教(指导)学生的学习成果。尽管存在着学生的抵抗、学校同事的不支持，麦金太尔甚至还收到过来自“存在不满情绪的”管理人员的警告，她坚信自己作为“白人教育者”的职责，是“继续给未来的教师”提供机会，使他们“将白人身份作为‘关键核心问题’来看待”。马克思和彭宁顿也站在有色人种儿童的立场，明确地表达了他们对此项“备受争议的工作”的道德承诺：

> 许多关于白人身份的著作表明，在本科生中运用此种建构不仅备受争议，风险极大，而且十分复杂……我们同时也看到了其对儿童的影响。只有当我们继续勇敢地与学生一道，将此项充满争议的工作进行下去，并运用所需的知识和技能武装自己时，我们才能促成必要的改变。若是没有这样的勇气，有色人种儿童将会继续被放任去承受白人种族主义带来的毁灭性的影响。(Marx and Pennington，2003：107)

教师教育实践者-研究者所处的立场，反映了其他学者所参与的政治性的实践，这将是本文继续讨论的问题。

未经审视的/无意识的意义：种族/性别/身份的交叉性 1114

研究者试图通过教育学的干预和实践研究来解决白人教师的“无种族成见”心态，这意味着关注“白人身份”可能会使其他的重要身份，如性别，变得模糊(Gore，1993)。

教师教育研究中很多关于“白人”的研究，出自白人女性教师教育工作者/研究者，她们所教的学生大部分是白人女性。科克伦-史密斯(Cochran-Smith, 2000)叙述了她逐渐开始以一种批判的方式意识到，无视种族和种族主义在她的教学与研究中起到的持续性的重要作用——“无种族成见”的经历。然而，基于反思，她洞察到白人女教师作为教育工作者需要处理种族性别身份相互交叉的问题，这些是社会公正教师教育中的内在问题。科克伦—史密斯对她自己的实践的回忆值得关注。

> 我意识到，“我们”并非是指“致力于改变基础教育的教学、改善所有儿童的‘生存机会’的人，而是指一直在努力学习如何教那些与我们不同的人的白人(**特别是我们这样的白人女性**)”。(Cochran-Smith, 2000: 98，强调为后加)

在对自己的教学所做的分析中，科克伦-史密斯承认，当受压迫人群的视角与经历“未能充分地呈现出来”为教学工作“提供信息”时，“无种族成见的观点”便会破坏白人教师教育工作者为处理种族、差异性与社会公正等问题所做的努力。例如，她回忆了她在同未来教师们的共同工作中明确地将注意力集中于种族问题的讨论。然而，“后见之明”使她理解了自身观点及所用方法中所缺失的内容：

> 但是，于我而言，现在很明显的事情是，(在教师教育课程中的)这些讨论主要是为了白人学生的利益而构建起来的，通过学习其他人受压迫的故事，他们能获得更多关于种族主义的知识。(Cochran-Smith, 2000: 92)

其他两个研究涉及种族/性别交叉的视角缺失问题，可以提供一些启发。首先，马厄和蒂特劳特(Maher and Tetrault, 1997)重新回顾了他们在《女权主义者课堂》(*The Feminist Classroom*)一书中的数据，他们承认缺少必要的解释性框架，因此无法“找出”(see)一些用于考察某种(女权主义的)“有关关系结构的教育学”中白人特权之存在的方式(p. 322)。以白人/种族作为一种视角，他们的重新分析解释了以往未进入他们视野的一些内容。其次，伯拉克和莫因达(Berlak and Moyenda, 2001)共同分析了两位女性——一名白人犹太人激进教师与一名“斗志昂扬的”黑人教师——之间展开的有关“白人身份”的反思性对话。她们的对话，展现了她们在特定的教师教育环境中，对种族、身份、性别相互交叉的独特的审视视角。黑人和拉美教师及教师教育工作者在看到白人所无视的关于种族的“禁忌”(taboo)行为时，通常要承受着某种“压力”，而且通常情况下，他们的白人同事和管理者也未能给他们足够的支持(Jervis, 1996; Williams and Evans-Winters, 2005)。

有关种族、性别和身份交叉的讨论，为研究提供了必要的方向。例如，白人女教师

和教师教育工作者是否会因为她们的性别，而体验到与白人男性不同的、种族化的焦
虑、“厌恶”(resentments)或“盲视肤色”(blind vision)？这些情况会影响到她们与有色
人群及其家人共事的能力吗？会影响到他们在班级中针对男生与女生的教学吗？在 1115
教学与研究的环境中，那些同白人女性共事的黑人女性与黑人男性，是否会因为不同
的种族和性别经验，而加剧了有关“白人”(或“黑人”)的某种敌对或易受伤害的体验？
最后，批判社会理论把意识形态界定为“一种组织化了的信念系统，即使它提出了在现
有的社会系统框架中使个体得到改善的模式，但它所表达的是社会变革是不可能的”
(Agger，1998：8)。斯里特和伯纳尔(Sleeter and Bernal)认为意识形态是个人的“意
识结构”(consciousness formation)，“尤其是他们产生的对社会如何运作的意识”
(Sleeter and Bernal，2004：242)。那么，那些运用批判理论框架的教育者们——不管
他们有怎样的背景——是否是在为有色人种儿童构想一种共同的未来呢？本文的下
一节将展示实践者研究的例子，这些研究关注的是，那些为了促成城市与文化多样社
群中的社会变革而学习如何教学的教师。

实践者研究的连续体：为社会变革而教

实践者研究通常指由开展实践的教师基于实践进行的研究。同样包括教师教育工作者以教师教育为目的而开展的实践研究。接下来讨论的实践者研究的形式包括，协同行动研究合作关系，以及以支持职前教师和在职教师的学习为目标的、以社群为中介的探究式经验。这些研究方法可以被置于关于教学与教师学习的(在学校和教师培养中)以实践知识为中心的连续体上，这一连续体包括从自我研究到集体行动研究，再到基于社群的研究，在基于社群的研究中研究者重点关注教师同社群成员一起学习并向社群成员学习的情况。

目前存在诸多针对不同类型实践者研究进行的主要分析(Anderson，*et al.*，1994；Cochran-Smith and Lytle，2004；Zeichner and Noffke，2001)。实践者研究，即是“由教师进行的系统的有目的性的研究”(Cochran-Smith and Lytle，1990：84)，这个名称被科克伦-史密斯和莱特尔(Cochran-Smith and Lytle，2004)形容为“概念上和语言学上的大伞”，包含一系列教师参与的基于实践的研究类型和模式。他们对于大量文献进行的评述展示了实践者多样化的研究形式。其中包括与教学和职前教师在学习教学过程中所获取的经验相关的教师教学知识的研究(Britzman，1991)，与实践者及教师教育工作者共同进行的调查，以及将教师教育工作者的实践作为焦点的研究。罗齐克和阿特金森(Rosiek and Atkinson，2005)区分了3种与理解教师知识与学习教学的过程相关的研究路径：(1)叙事研究/分析；(2)行动研究；(3)教师研究。下文将对这些实践者研究类别进行讨论。

叙事研究

叙事研究，也被称作自我叙事研究(Garcia, 1997)，它具有多面性，包括诸多实践者研究方法，如教师的反思写作(比如在期刊与日记中)，自传撰写。自传式民族志也可以包括在这个研究类型中。叙事研究的形式，如教师的故事与生活叙事，可以揭示在不同的情景中，教师知识以及学习教学的经验的许多方面(Clandinin and
1116 Connelley, 1990,2000)。例如，这些方法被用来探索那些新教师的教师支持团队的经历(Stanislaus, *et al.*,2002)，以及在"市中心"(inner-city)教学环境中职前教师的学习轨迹(Kea and Bacon, 1999; Rushton, 2004)。叙事研究揭示了实际的教师知识研究与学习理念的丰富细节。与其他形式的实践者研究相似，用叙事方式对教师学习进行的研究，致力于以"将研究转化为实践"的多种方式来确证其自身的合理性(Rosiek and Atkinson, 2005: 425;同见 Feldman, 2003)。

然而，正如下面的日志反思所显示的，实践者探究式研究可能无法证实教师可从"其他"(others)不同人的生活经验与认识论的观点中进行学习，以改变自身实践。例如，在这篇日志中，便缺少洞见、同情与批判式理解：

> 对那些没有完成作业的孩子你会做什么？对于那些每次只要有人碰他们一下他们就会"生气发怒"(explode in anger)、父亲是毒贩子、一个晚上可能只有2个小时睡眠的孩子，你会做些什么？(Rushton, 2004: 74)

该研究报告了一名师范生在一所市内学校中"不愉快"的课堂经历，这些经历最终导致其放弃从事教师职业。科克伦-史密斯(Cochran-Smith, 1995,1991)的许多研究被收录到《前进之路：教师教育中的种族多样性与社会公正》(*Walking the Road: Race Diversity and Social Justice in Teacher Education*)这个集子中，它们提供了大量为社会变革而学习教学的有力实例，以解决此前的研究中缺少这类思考的问题(Cochran-Smith, 2004)。在这本著作中，科克伦-史密斯运用了教师叙事方式来记录教师学习"为社会变革而教"(teach against the grain)的经历。这些关于未来教师的叙事，展现了他们如何变得能够把自己看成是"教育者和激进分子"。科克伦-史密斯为此种教育学策略提供了清晰的理论原理。

实践者(叙事)研究记载了在市中心学校工作的职前教师的"心声"，这些研究中经常包含着个案研究，因而在跨越情景或背景进行广泛的理论性或推论时会存在一定的限制(Rushton, 2004)。虽然实践者研究的形式在不断增多，但是这一研究方法在理论方面通常是"范围很窄"的(Noffke, 1999)。事实上，在职前实践者研究中，最主要的是缺少多种形式的教师知识及以实践为核心的理论，这些知识与理论形式源于学生对不同肤色、家庭和社区的社会现实的认知。科克伦-史密斯(Cochran-Smith, 2004)的研究记录了此种方向的教师学习。她认为，教师教育工作者-研究者可能同样需要反思他们自身在这方面教什么、如何教的问题，并注意“由有色人种进行的、关于有色人种的实践理论，以及卓有成效地教授了有色人种儿童的教师，尤其是教授贫穷的有色人种儿童的教师所做的丰富又细致的分析……”而这些在她的研究中是欠缺的(p. 97，原文发表于 2000 年)。鲍尔(Ball)的研究针对有效教授讲英语方言的非洲裔美国人写作时所需的知识。他发现，教师不仅需要认识到主流社会的高期待，同时也“需要认识到学生的亚文化(subcultures)标准”(Ball，1999：243)。找到可以运用的方法，在社群的背景下，将社群成员的观点与生活经验吸收并纳入到教师学习与实践者研究中，这是接下来所讨论的行动研究例子中的一个重要的维度。

作为社群介入研究的行动研究 1117

行动研究有多种形式，可以为在职教师和职前教师提供进入社群并在社群中学习知识与观点的机会(Gore and Zeichner，1991)。诺夫克(Noffke)，作为教师教育研究领域中行动研究的一位实践者领袖，把行动研究描述成“政治的，理论化的实践”(Noffke，1995：3)。此种实践者研究方法包括计划、行动、观察和反思的循环过程。诺夫克和萨默克(Noffke and Somehk，2005)发现了 3 种行动研究类型：(1)专业行动研究(关注“专业背景下服务能力的提升”)，(2)个人行动研究(关注获得“更多的自我知识”，以及“对个人实践的深入理解”)，(3)政治行动研究(关注“反抗压迫的社会行动”)。

这里要讨论的行动研究案例是海兰和诺夫克(Hyland and Noffke)进行的一项长期的教师教育行动研究合作项目。这些教师教育工作者及研究者通过将教学与两个层次的实践者研究结合起来，对他们针对白人职前教师的教学实践进行了研究，主要关注：(a)他们自己的实践；(b)职前教师学习为变革而教的经历。海兰和诺夫克声称，他们的目的在于深入地理解“以社群为基础的职前工作如何能够发展一种批判性的多元文化方法来进行社会研究教学”(Hyland and Noffke，2005：370)。在他们的社会研究方法课程的合作研究中，这些课程分属于两家不同的研究所开设的教师教育项目，海兰和诺夫克运用了包括学生学习的案例、焦点小组讨论、学生针对布置的批判性阅读材料所做的读书报告，以及社群研究经验在内的数据。这些教师教育工作者及研究者使用多样化的数据资源，询问有关“历史，政治，经济和地理中的不公正的批判研究”所带来的影响(Hyland and Noffke，2005：371)。如，他们会问：“社群研究任务是以何种方式影响职前教师理解边缘化这一议题的？”“学生们如何看待自己与他们所调查的社群之间的关系？”

根据海兰和诺夫克的研究，教师们“需要对压迫进行理解和询问，以便在他们的课堂中抵制此种压迫”。他们的行动研究项目表明了以下的信念，“教师需要越来越多地同边缘化社群联合起来以对抗社会不公”(Hyland and Noffke，2005：379)。例如，他们请其中一个机构的学生与社区中的一名成员建立联系，并在课程中基于该社区成员的视角、阅历、知识、才智，或兴趣爱好就某节课程内容进行合作。通过使用包含了社群介入实践者研究的学习教学经验，海兰和诺夫克有意识地为他们的学生设计了用课程和教学来实现社会公正目标的方式。这些研究者报告了他们有关将探究方法纳入教学之中的方式的新理解[1]。

发展职前教师与教授那些“历史上被边缘化的”群体中的学生相关的自我理解(和自我效能)的能力，是海兰和诺夫克通过合作行动研究所探究的社群介入研究活动的目标之一。他们认为，获得有关研究群体的“历史视角”具有重要的意义，这有助于对研究经历进行更好的“理解”。所分配的批判性阅读任务提供了“所研究群体的真实视角”，“是研究经历中必不可少的”(Hyland and Noffke, 2005: 378)[2]。师范生抱持的偏见在一定程度上有所减少，这是这些研究经历的一个结果，这些研究经历在学生的口头或书面的故事、合作反思，以及研讨中被记载下来。然而，这些研究者依然呼吁人们注意研究方式中的重要缺陷。作为从女权主义视角关注性别问题的批判教育者，海兰和诺夫克在研究中试图通过学生自由地选择要“跨越”(cross)的“文化界限”
1118 (cultural boundaries)，来解决课堂中权力和权威的矛盾。他们承认，有时学生们会选择“挑战性”最小的跨文化社群研究。

此外，海兰和诺夫克认为，社区学习经历可以重新描述与师范生的种族、性别、阶级身份相关的各种形式的特权。事实上，职前教师害怕进入城市社区，这是文献中反复出现的主题(Buck and Sylvester, 2005; Duncan, 2002; Swartz, 2003)。此外，关注将有色人种学生置于其自身的文化身份、传统以及社区需求中心的实践者调查，在此种研究类型中仍是极为匮乏的(Goodwin and Swartz, 2004)。实践者研究也倾向于忽视教师的文化与历史知识，这导致“白人身份”问题与错误观念对教师进行了错误教育(King, 1991a)。很多有丰富经验的教师教育工作者-研究者在课程中使用反种族主义方法，他们认为在大学层次的师资培养太迟了，以至于无法改变未来教师思考不足及观念错误的现状(Berlak and Moyenda, 2001; McIntyre, 2002; Swartz, 2003)。接下来我们将会讨论，区别于基于课程的学习，教师在民族志研究小组、学习社群及实践社群中所进行的研究，似乎可以为更多的批判学习提供支持。

民族志方法，实践者研究与有色人种社群

民族志研究中有经验丰富的实践者作为合作研究员参与其中(Allen and Labbo, 2001; Bernal, 2002; Moll and Gonzáles,,2004)，为教学提供了多种形式的实践知识，

---

① 巴克与西尔维斯特(Buck and Sylvester, 2005)报告了同样的运用“社区联络人”(community liaisons)以使职前学生“进入”市内学校的方式。社群民族志研究中，这些社群成员能帮助职前学生识别“知识基础”(funds of knowledge)或社群中有价值的内容。

② “学校中的蓝调”(Blues in the schools)，是在很多学校中都可观看的节目，也可以帮助此种学习。参见 http://www. blues. org/bits/index. php4. 2006 年 11 月 1 日检索.

这些实践知识建立于边缘化学生家庭的“知识基础”之上(Gonzáles, *et al.*, 2005)。该研究认为,那些在教低收入学生及有色人种学生方面获得成功的教师,均具备关于学生社群的知识,并与学生家庭所在社区建立了联系(Irvine, 2003; Ladson-Billings, 1994; Zeichner and Melnick, 1996)。如莫尔注意到的:

> 教师教育……不仅要培养教师的技术能力与坚实的学科内容知识,而且要培养其与多样化的学生共同工作的社会文化能力,这是当代学校教育的重要特点(Moll, 2005: 244)。

托雷斯-古兹曼、梅卡多、昆特拉、维尔拉及莫尔(Torres-Guzmán, Mercado, Quintero, Viera and Moll, 1994)是从事有色人种研究的新生代,他们为参与合作民族志研究的学生、家长及教师设计了新的角色。他们的研究项目在纽约市和波多黎各进行,他们用新的方式支持教师与学生在波多黎各学习,并且使他们了解波多黎各社群。莫尔和冈萨雷斯(Gonzáles)在亚利桑那州及其他地区,进行了长达20多年的合作式民族志实践者研究。实践者研究的经验与民族志式的家庭拜访相结合,能帮助研究者识别可以为课堂教学提供信息的社会与文化实践。研究者和他们的合作研究员-实践者报道,通过使他们“把城市社群当作力量,可能性及人才的储备”,这些形式的合作研究深化了教师对结构性不平等的理解(Buck 和 Sylvester, 2005,引自,Moll 和 Arnot- 1119
Hopffer, 2005: 246)。这是“文化知识基础”研究项目使家庭中智慧的、社会的与文化的积淀“为教育学所用”的很重要的一个方面。

总之,与教育实践者合作进行的教师教育研究得到越来越多的认可,这代表了教育研究领域中“来之不易的范式转换”(hard-won paradigm shift)(Cochran-Smith and Lytle, 2004)。其中最为重要的进步是,使教师因成为他们自己实践的研究者而获得“发言权”,其中包括熟练的有色人种教师和教师教育工作者。除此之外,通过运用多种多样的方法,基于不同的社区知识,教育实践者得出了许多不同的研究结果。例如,艾伦和拉博(Allan and Labbo, 2001),海兰和诺夫克(Hyland and Noffke, 2005)在报告中提到,当他们运用自我反思与社群研究的收获来开发课程时,在城市社区中进行的行动研究对职前教师产生了积极的影响。短期的考察以及广泛的浸入式体验,包括为“弥补”学生认识不足而设置的观察与调查活动,培养了学生更强的批判意识和理解力(Bernal, 2002; Duncan, 2002; Garcia, 1997; Wiest, 1998)。海兰和诺夫克强调了在教师教育研究中,使用此类方法时要关注的一个重要维度:“除非我们白人、异性恋学生学会用新的方式去理解多样性,否则来自这些群体(受歧视)的学生,将继续生活于学校教育的日常主流文化之中”(Hyland and Noffke, 2005: 378)。存在优点或优势的研究方式,正在越来越多的研究与学术成果中获得一致的认同,这些研究表明了社群介入式的研究在教师学习中的价值(Boyle-Baise and Sleeter, 2000; Oakes, Rogers and Lipton, 2006)。然而,目前某些研究模式尚未得到系统的发展。在此类研究模式中,完善的互惠式合作研究将社群知识和视角运用到了合作式研究的目的和实践中。本文的最后一部分将探讨以边缘化学生和社群的文化生存以及教师学习为目的而进行的教师教育的批判研究与质性研究的前景。

超越教师教育研究与实践的知识危机

教师教育研究只是在最近才开始探讨在研究者、教师和城市/本土社群中以真诚的、民主的合作关系,开创理论与实践所引起的种种复杂性的。诺夫克十年前的观察值得重提:"那些产生自有色人种的有关工作和生活的理论,被关注的程度是极为有限的"(Noffke, 1999: 27)。默雷尔也有类似看法:教育者未能"利用多样化城市社群中的有色人种的知识、观点以及文化框架",绝对是城市教育的知识危机(Murrell, 2001: 20)。正如蔡克纳和诺夫克(Zeichner and Noffke)指出的,教师教育研究与教师工作的概念化存在着内在的联系,同时它也与"有关社会中的教育之整体目标的争议"存在着内在联系(Zeichner and Noffke, 2001: 298)。在教师培养上,培养有知识、有能力、有意愿的教师以满足 K-12 课堂中有色人种学生的需求,且能够从学生家庭与社群的认知视角来关注学生学习,超出了单一的标准化考试体制所致力于的"培养'高质量教师'的保守议程"范围(Banks, 2004: p. ix; Malveaux, 2005)。

1120 **评估/运用社群知识:解放性研究的任务之一**

继福斯特(Foster, 1993)之后,拉德森-比林斯(Ladson-Billings)使用了"社区提名"方法来界定在教非裔美国学生方面获得成功的教师,展现了研究者能够以怎样的方式重视社区中有关教育的知识、目标及观点。拉德森-比林斯根据社区成员的知识,来确定她在自己的与文化相关的教育学(culturally relevant pedagogy)研究中选择教师参与者的标准。这些标准包含超越传统观念的教育目标和教学方法。这些传统观念包括"学生取得好成绩,在标准化考试中取得好分数,从高中毕业,上大学,找到稳定的工作等等……"。拉德森-比林斯采访的父母"表达了对可以帮助孩子保持对本文化积极的身份认同的教育的兴趣"。如一位家长所言:"我只是想让(我的孩子)在课堂中保持自我,而不是在社群中忘记自我。"(Ladson-Billings, 1994: 147)

这位家长的目标,表达了非洲裔美国人对于其社群成就认识的共同理念和社会愿景,可以被理解为"对黑人存在的需求"。不管是在课堂中,还是在蓝调表演中,传统的非裔美国文化理念重视个体在社群利益中取得的个人成就。这种理念,不同于普遍的有关教育目的与质量的理念(Heath, 1982; Murrell, 1997)。博格斯(Boggs, 1974)对于为变革的、民主的社会谋福利的黑人"教育治理"的经典描述,是同特德拉(Tedla, 1997)关于将"群体意念"作为黑人教育与社会化目标的论述相一致的。以下是关于教师教育实践中以多种方式重视并运用社群知识的例子，这些例子表明有关文化幸福的研究问题与研究方式，在“主流的”教师教育研究与实践中是缺少的。

首先，在默雷尔(Murrell, 2002)提出的促进城市学校教学有效性的“社区教师”模型中，教师、家长、学校领导、社区成员会作为完全的合作者，参与到持续的、合作的基于实践的社区介入研究中，该研究给教师和非裔美国学生的学习提供支持。第二，海兰和米查姆(Hyland and Meacham)提出的以社群知识为核心的变革式的教师教育模型，它以社群成员掌握的“重要知识”为核心，教师可以同社群成员共同学习并从他们身上学到东西(Hyland and Meacham, 2004: 123)。“社区学者”(community scholars)，是学习新方式(New Way to Learn)中的一个项目，它是教师与社区成员共同学习并向他们学习的第三个模型。在该项目中(如图 54.1 总结)，“低收入”公租房居民：(1)教导教师及候任教师如何尊重学校中来自低收入家庭的孩子，(2)决定自己也成为一名学校教师。伊什巴世(Ishibashi)这样描述该项目：

2002 年以来，旧金山州立大学与旧金山城市学院中的诸多在职教师、准

社区学者的产生，源于北美海龟岛北加利福尼亚旧金山海湾地区低收入公租房居民所经受的跨文 1121
化伤痛。在由 Featherston and Associates 开展的培训会议上，一个名叫简·伊什巴世(Jean Ishibashi)的与会者问道：“你是否愿意向自己家庭成员的老师传授如何以一种跨文化的方式尊重你及你的家人?”绝大多数的回答都是“愿意”。旧金山大学校长佩拉(Perea)询问行政与跨学科研究部的代理主席瓦妮莎·萨谢尔德(Vanessa Sheared)(现为萨克拉门托加州大学教育研究院院长)，是否可以将这样的项目包括在一门课程之中。由此，便设立了多元文化/跨文化与双语教学课程。

社区学者项目的方法论是口头讲述她/他/我们的故事。低收入居民——家长，角色重要的成年人，监护人，大家庭的成员，分享并记录在正规的学校教育经历中什么对于他们是有用的，什么是没用的，以及当前他们与自己的孩子或孙子的学校关系中所体验到的内容。很显著的是多数的社区学者都是母亲或做过母亲，她们曾经面对来自学校的挑战，以及主流意识对她们及其孩子的生活造成的伤害。种族主义，以及它与阶级、性别、性取向、宗教、家庭结构、语言、身体健全程度等因素的文织造成的代价，均被记录在故事里，其中包含着关于母亲们如何在尊严与人格屡受打击的环境中得以生存下来的记录，还包括贫穷，吸毒，枪支，以及针对他们家庭及社区但很少有利于他们所在社区的制度性政策的记录。

此外，该项目中的口述他/她/我们的故事的方式，是参与式的行动研究，在这样的研究中对话、谈话、讲述故事，发现并转变教师及候任教师的观念，从而使得跨文化尊重在课堂中能够得以实现。口述他/她/我们的故事的方式涵盖了书面出版物中无法呈现的情感知识和跨文化知识。所以，在向他人讲述进而转变他人观念方面，此方法论具有巨大的潜力。手势/体态，语调，节奏/韵律，沉默，以及面部表情，都是有关跨文化尊重是否以及如何存在的重要指标。而这些指标往往都是被忽视的，这对学生、学习环境及更大的社区均有不利影响。很多教育学院没有开设跨文化或批判多元文化课程，而正是在这样的课程中，低收入社区成员才会教授、强调与呈现以上的关键性指标。权利不平等，往往是缺少尊重的根源，此点并未得到强调。类似于“不让一个孩子掉队”这样的文化式命名政策是如此隐晦，其结果是某一主导的(普遍化的)叙事，成为现实中一种且是唯一一种游戏。自由选择同思想的严谨，被遗忘在课堂之外。

图 54.1　学者共同体项目：一个学习新方式计划

> 教师和有志于成为教师的人，体验到了与社区学者共同学习及向他们学习的经历。在与公租房房客联盟、教育机构、公立学校、学习与辅导服务项目进行合作的过程中，形成了合作空间，在这样的空间中“低收入”社区成员教授教师如何尊重他们、尊重他们的孩子以及更大范围的家庭/社区成员，而且他们决定自己也要成为一名正式的（有资格的）教师。（Jean Ishibashi，2006，私人谈话）①

刚才所探讨的这三种教师教育项目所采用的方法与本文前几节所提到的研究方法有何区别呢？除了基于“知识基础”的合作式民族志研究，每个研究中的参与者均通过与社区参与者的知识与生活方式保持持续的互惠式的联系来获取“学生所在社区中真实的文化知识”（Hyland and Meacham，2004：114）。从这个意义上讲，社区知识在内容与过程上均处于突出位置，这些代表性的方法展现了为文化幸福而进行的教师教育实践中的重要原则。同样地，这些教师教育方法，代表了从由包含了黑人经验的蓝调认识论指导的文化幸福研究中萌生的新方法。在来自此种认识论视角的文化幸福框架下所进行的研究：对教师和社区均是有益的；它将教学和教师教育与“黑人为生存而抗争”联系在一起；为（教师和社区参与的）针对黑人意识形态认识论的根源（如对黑人文化身份的攻击）而展开的调查创造了社会研究的空间；因此也将其他群体共同开展社群建设与社会活动建立在群体认同的知识传统之上。最后，这些社会探究空间，
1122 会为针对社群需求展开的批判性社会和政治调查提供机会，以帮助研究者找到了解并治愈黑人意识的内在的方法，并使人们体会到人类为自由而斗争的努力。

问题的关键是谁的社会视野在种族-社会公正导向的研究中占据着主导位置，以及此研究如何为促进社会变革提供资源？也就是说，在研究中，文化、传统和身份认同在抗击那些助长种族主义和其他形式的压迫的知识体系中扮演着何种角色？对于各种合作式的、为改变而进行的将学生、教师及家庭作为“批判的”合作研究者的研究，必须提出以上的问题（Cahill，2004；Hammond，2001；Morrell，2004）。我自己的研究，并未在早期的出版物中使用“文化幸福感”这一术语，已经开创了“作为教育学的研究”的背景，其中教育者、家长与研究者参与到互惠式的探究活动中，这有助于阐明将“黑人存在的需求”理解为获取共同福利的条件（King，1991b，1992，2005a，2006；King and Mitchell，1995）。如下所示，在此类研究中，一个很重要的思考便是设计各种研

---

① 指导者委员会成员是：杰奎琳·伊莲·费瑟斯顿（Jacqueline Elaine Featherston）（过去名为埃琳娜·费瑟斯顿（Elena Featherston）），亚历山德拉·费瑟斯顿·戈麦斯（Alexandra Featherston Gomez），弗吉尼亚·R·哈里斯（Virginia R. Harris），简·伊什巴世（Jean Ishibashi），玛歌·冈泽-雷伊（Margo Okazawa-Rey），格温·欧罗（Gwen Orro），西尔维亚拉·米雷斯（Sylvia Ramirez），诺埃米·索恩（Noemi Sohn）及戴安娜·威尔曼（Diana Vielmann）。这一有色人种女性团体，包括低收入女性，她们将组织命名为：学习新方式。名为“社区学者”的项目，由加州大学洛杉矶分校的贝弗莉·鲁滨逊（Beverly Robinson）博士提议建立，鲁滨逊博士是一位来自洛杉矶海滨地区的历史学家（J. Ishibashi，个人谈话）。

究方法，以便为有关社区需求、文化实践及教师知识与教育学的批判性调查提供可能性。

> 此方法论认识到，在人们日常文化实践与社会经验中包含的特定的有关世界的知识，不只会被主流意识形态扭曲。相反，来自于并根植于人们文化与经历中的知识也能够成为解放的力量。(King and Mitchell, 1995: 67)

黑人研究与族域研究项目，对于教师学习和研究而言尚是一个未被充分利用的资源，可以为未来教师获取社群知识传统，质疑主流知识的局限性提供机会。例如，基昂(Kiang, 2004)描述了一系列运用于K－12/大学合作项目中的亚裔美国人研究的纲领性策略，在这个合作项目中亚裔美国职前教师参与了确立并恢复其文化传统的活动。该项目同样为非洲裔美国人和其他有色族裔教师提供了有关文化多样性的有价值的课程。基昂总结道，族域研究项目可以带来并维持相关领域中的强有力干预，正是因为它们从根本上致力于教育公平与社会正义，以及它们与不同群体的学生、家庭和社区有着全面的联系。

奥克斯等人(Oakes, *et al*, 2006)开创并描述了多种由大学支持的社会学“设计实验”(design experiments)，包括为促进学校与社区变革而进行的合作式公共调查与组织活动。这种“学习力量”(learning power)项目涉及诸多实例，在这些实例中，教师、教师教育工作者、研究者、家长及学生参与到持续的、“赋权式”(empowering)的以研究为基础的学习，及运用批判与质性研究方法“为变革而进行的教学”之中。(莫雷尔(2004)的批判民族志是之前讨论过的一个例子)这些学者将组织民权运动的民主基层的领袖/教师艾拉·贝克(Ella Baker)视作此种“学习力量”的典范。然而，贝克的民主社会变革方法论包括以“高度自治化的”非洲裔美国人社群为基础建立联盟(Ransby, 2003: 100)。在贝克的实践中，这意味着，培养人们获取有关他们自己历史、文化与身份认同的知识，并且学会领略这些知识——如在工人教育课程中以及贝克所致力于建立的自由学校中获取并领略这些知识。如伍德森(Woodson)所理解的，从民主意识形态的角度看，这样的知识可以促进多种族的联合，同时也为边缘化群体在民主社会中获得所需的“存在空间”提供支持。

教师教育研究记载了白人教师对调查自身“在特定信仰、假设与世界观方面的情 1123
感投入”的抵制(Urrieta and Reidel, 2006: 282)，这种抵制给那些致力于平等教育的有色人种或其他族裔教师教育工作者带来了不利的影响(Scott, 2003)。然而，将教师教育研究局限在数量居多的白人教师范围内，无法满足认识论上的“探究逻辑”(logic of inquiry)(Stanfield and Dennis, 1993)。这样的原理使教师教育研究处于在白人教师的错误教育与扭曲意识的限制下持续地被束缚的危机之中(King, 2005b)。教师需要知识与技能，这些使他们能够在教学中用各种方法促进有色人种学生的智力与社会发展,同时又不会贬损有色人种学生的文化身份、语言与传统。教育和研究的目的需要加以拓展以包括社群的视角。然而,教师学习中的社群参与者也需要一种对他们的生活现实、文化实践和社会历史的批判性的理解。研究者需要使用各种研究方法,这些方法可以捕捉到此类知识带来的积极影响,并为在社群变革和生存需要的背景下,社区成员投身于并评估教师知识与教学技能的社会效用发挥作用提供支持(Pattillo-McCoy, 1999)。人人均需要社会认知方面的知识。将这些解放性的知识应用于以培养专业教师为目的的基于探究的合作关系中类似于观众与蓝调表演者之间的相互关系。在置于文化幸福感中的合作性教师教育研究和实践中,此种新知识与问责形式对于“知识本身的概念,和我们对于知识产生权力等级的界定及其对人们生活产生的实际的以及符号化的影响”两方面均具有启发意义(Hyland and Meacham, 2004: 177)。

结论

从种族意识形态的黑人研究分析的角度出发,本文对以种族社会公正为目的的批判与质性教师教育研究的精选案例进行了考察。对社区知识和被边缘化的认识论之价值的关注,为本讨论提供了有关“介于、关于、为了”教师教育而进行的四种相互关联的批判与质性研究的信息。本文考察了批判性和质性教师教育研究方法如何及在多大程度上重视与运用了有色人种的社会观点与认识论视角。也考察了合作研究与实践的模式,在这些模式中,教师、家长和社区成员参与到相互学习之中。

蓝调认识论对于教师教育的重要性体现为,此世界观视角提供了有关文化幸福感的真实知识。蓝调被描述为“被剥夺权力的人们除了容忍与沉默之外的选择”(Davis, 1995: 84)。那么,在批判与质化的教师教育研究和实践中所缺少的是什么?所缺少的是,有效地使用被压迫人群的“被压制的知识”(subjugated knowledge),并将其作为文化幸福与人类自由的解放工具(Hyland and Meacham, 2004: 123)的意识。同时需要的是社会探寻的空间,在其中,教师、研究者和社区成员可以寻求某种理解,以便挑战在知识、研究与教育学中的种族主义的认识论基础。历史理解对于化解教师教育中的此种知识危机至关重要。在一个美国“很多人对自由改革之可能性丧失希望”的时代(Bush, 2004: 11),西方人观察发现,“蓝调国度向蓝调民族学习”(非洲裔美国人)的时
1124 代到了。然而,黑人的文化生存从未陷入过如此大的危机之中。邓肯(Duncan, 2002)认为,“今天很流行的一种方式便是低估、甚至忽视种族问题能塑造美国人生活质量的事实……而倾向于选择用基于阶级与性别的方式来理解社会压迫现象”(Duncan, 2002: 93)。更流行的一种做法是,回避谈及任何与人类亏欠于非洲地区、以及非洲裔美国人的非洲文化相关的事实传统(Robinson, 2000)。

批判教育者、自由主义者及保守主义者,都关注着种族/民族文化认同是否在“统

一”，而非“分化”。艾伦(Allen)认为，被压迫人群的受压制的知识对于促成统一的作用只有在转型的社会中才能发挥出来，

> ……在全人类协同摆脱白人种族主义的过程中，有色人种必须提供主要的知识、灵感与牺牲。……与全世界的有色人种参与到反抗全球范围内的白人至上主义一样，**从战略上来说**，他们也应当致力于他们自身及白人的人性化。他们应当避免被迫跟随白人的人性模式，而非用激进的爱代替压迫……(Allen, 2004：134，强调为后加)

蓝调认识论传达了关于“存在于世界上”的另一种可能生存方式的普遍信息(Reagon, 2001)——这种生存方式是除人类的“西方资本主义模式”之外的另外一种急需的选择(Wynter, 2006)。这种“西方资本主义模式”用一种过时的种族结构，错误地界定了人的存在。

一名白人社区的主要领导者，因为卡特里娜飓风(hurricane Katrina)之后，救援者没有及时赶到新奥尔良，因而既没能救出黑人也没能救出白人，而在国家电台上公开地流泪，这表明了蓝调的启示已经在很长时间里对人们产生了重要的影响：

> 如果我们要成为一个文明的(国家)，那么我们就必须开始为那些最弱势与最被边缘化的群体而努力，正如我们为最强势的最富有同情心的群体而努力那样。如果不如此，我们中的任何一员，都要面临残酷的后果。(Sothern, 2005：22)

融合黑人经验的旨在促进变革的方法，包括研究具有超越性的人类精神与条件，为摆脱“我们千禧年的窘境”(utter terribleness of our new millennium)提供了可能的出路。而这些精神与条件仍在引发着蓝调中的充满希望的坚持，并在大部分被边缘化的美国语言(非洲裔美国人的家乡语言)中被表达出来(Baker, 2001：10)。批判性与质性的教师教育研究中的“蓝调认识论”，承认了黑人的人性，将文化幸福表达为知识的诱因，并减少了白人有罪或无罪的相关言论。我们所有人均牵涉其中。

结束语

这全是我的错/我一定/对某人做了什么错事……
发生的所有事情/你知道我都受到责罚。
我想去看医生/也许我的运气会改变。
我妈妈告诉我这样的日子/终会到来。
我不该听她的/说我要去寻乐子。 1125

我一定/对某人做了什么错事……

埃尔默·詹姆斯(Elmore James),杰出的蓝调艺术家

(王丽佳　译)

参考文献

Agger, B. (1998) *Critical social theories: an introduction*. Boulder, CO: Westview Press.

Allen, R. L. (2004) Whiteness and critical pedagogy. *Educational Philosophy and Theory*, 36(2), 122 - 136.

Allen, J. & Labbo, L. (2001) Giving it a second thought: making culturally engaged teaching culturally engaging. *Language Arts*, 79(1), 40 - 52.

Anderson, G. L. (1989) Critical ethnography in education: origins, current status and new directions. *Review of Educational Research*, 59(3), 249 - 270.

Anderson, G., Herr, K., & Hihlen, A. (1994) *Studying your own school: an educator's guide to qualitative practitioner research*. Thousand Oaks, CA: Corwin Press.

Asher, R., Fairbank, H., & Love, A. (2006) *Creating community: aesthetic education at Queens College*. Queens, New York: Queens College Publication Series.

Ball, A. (1999) Evaluating the writing of culturally and linguistically diverse students: the case of the African American vernacular English speaker. In C. R. Cooper & L. Odell (eds.) *Evaluating writing: the role of teachers' knowledge about text, learning and culture* (pp. 225 - 248). Urbana, IL: National Council of Teachers of English.

Baker, H. A. (2001) *Turning South again: re-thinking modernism/re-reading Booker T*. Durham, NC: Duke University Press.

Banks, J. (1991) Teaching multicultural literacy to teachers. *Teacher Education*, 4(1), 135 - 144.

Banks, J. (2004) Series Foreword. In M. Cochran-Smith, *Walking the road: race, diversity and social justice in teacher education* (pp. vii - x). New York: Teachers College.

Banks, J. & Banks, C. M. (2004) (eds.) *Handbook of research on multicultural education* (2nd edition). San Francisco: Jossey-Bass.

Barlow, W. (1989) *Looking up, looking down: the emergence of blues culture*. Philadelphia: Temple University Press.

Beauboeuf-Lafontant, T. (1999) Movement against and beyond boundaries: "politically relevant teaching" among African American teachers. *Teachers College Record*, 100(4), 702 - 723.

Berlak, A. & Moyenda, S. (2001) *Taking it personally: racism in the classroom from kindergarten to college*. Philadelphia: Temple University Press.

Bernal, D. D. (1998) Using a Chicana epistemology in educational research. *Harvard Educational Review*, 68(4), 555 - 582.

Bernal, D. D. (2002) Critical race theory, Latino critical theory and critical raced-gendered epistemologies: recognizing students of color as holders and creators of knowledge. *Qualitative Inquiry*, 8(1), 105 - 126.

Berta-Avila, M. I. (2004) Critical Xicana/Xicano educators: is it enough to be a person of color? *High School Journal*, 87(4), 66 - 79.

Boggs, G. L. (ed.) (1974) Education: the great obsession: institute for the Black world. Education and Black struggle: notes from the colonized world, *Harvard Educational Review* (pp. 61 - 68), Monograph No - 2.

Boyle-Baise, M. & Sleeter, C. (2000) Community based service learning for multicultural education: an exploratory study. *Educational Foundations*, 14(2), 33 - 50.

Brayboy, B. (2005) Towards a tribal critical race theory in education. *The Urban Review*, 37(5), 425 - 446.

Brady, J. F. (2000) Critical feminist pedagogy. In D. Gabbard (ed.) *Knowledge and power in the global economy: politics and rhetoric of school reform* (pp. 369 - 374). Mahwah, NJ: Erlbaum.

Brady, J. F. & Hammett, R. F. (1999) Reconceptualizing leadership from a feminist postmodern perspective. *The Review of Education, Pedagogy, Cultural Studies*, 21(1), 41 - 61.

Brady, J. F. & Kanpol, B. (2000) The role of critical multicultural education and feminist thought in teacher preparation: putting theory into practice. *Educational Foundations*, 14(3), 39 - 50.

Britzman, D. (1991) *Practice makes practice: a critical study of learning to teach*. Albany: SUNY Press.

Buck, P. & Sylvester, P. S. (2005) Pre-service teachers enter urban communities: coupling funds of knowledge research and critical pedagogy in teacher education. In N. Gonzales, L. C. Moll, & C. Amanti (eds.), *Funds of knowledge: theorizing practices in households, communities, and classrooms* (pp. 213 - 232). Mahwah, NJ: Lawrence Erlbaum Associates, Inc.

Bush, M. (2004) *Breaking the code of good intentions: everyday forms of whiteness*. Lanham, MD: Rowman & Littlefield.

Cahill, C. (2004) Defying gravity? Raising consciousness through collective research. *Children's Geographies*, 2(2), 273 - 286.

Carspecken, P. F. (1996) *Critical ethnography in educational research: a theoretical and practical guide*. New York: Routledge.

Carney, J. A. (2001) *Black rice: the African origins of rice cultivation in the Americas*. Cambridge, MA: Harvard University Press.

Carr, W. & Kemmis, S. (1986) *Becoming critical: education, knowledge and action research*. London: The Falmer Press.

Chapman, T. K. (2005) Expressions of "voice" in portraiture. *Qualitative Inquiry*, 11(1), 27 - 51.

Childs, J. B. (1989) *Leadership, conflict and cooperation in African-American social thought*. Philadelphia: Temple University Press.

Clandinin, D. J. & Connelley, M. F. (1990) Stories of experiences and narrative inquiry. *Educational Researcher*, 19(5), 2 - 14.

Clandinin, D. J. & Connelley, M. F. (2000) *Narrative inquiry: experiences and story in qualitative research*. San Francisco:

Jossey-Bass.
Cochran-Smith, M.(1991) Learning to teach against the grain, *Harvard Educational Review* 51(3)279 - 310.
Cochran-Smith (1995) Color blindness and basket making are not the answer: confront the dilemmas of race, culture, and language diversity in teacher education. *American Educational Research Journal*, 32(3),493 - 522.
Cochran-Smith, M.(2000) Blind vision: unlearning racism in teacher education. *Harvard Educational Review*, 70(2),157 - 190.
Cochran-Smith, M.(2004) *Walking the road: race, diversity and social justice in teacher education*. New York: Teacher's College Press.
Cochran-Smith, M.(2005) Studying teacher education: what we know and what we need to know. *Journal of Teacher Education*, 56(4),301 - 306.
Cochran-Smith, M. & Lytle, S. (1990) Research on teaching and teacher research: the issues that divide. *Educational Researcher*, 19(2),2 - 11.
Cochran-Smith, M. & Lytle, S.(2004) Practitioner inquiry, knowledge, and university culture. In J. Loughran, M.L. Hamilton, V. LaBoskey, & T. Russell (eds.), *International handbook of research of self-study of teaching and teacher education practices* (pp.2 - 74). Norwell, MA: Kluwer Publishers.
Cochran-Smith, M., Davis, D., & Fries, K.(2004) Multicultural teacher education: research, practice and policy. In J.A. Banks, & C.M. Banks (eds.) *Handbook of research on multicultural education* (2nd edition, pp.931 - 975). San Francisco: Jossey-Bass.
Collins, P.H. (2000) *Black feminist thought: knowledge, consciousnesss, and the politics of empowerment*. New York: Routledge.
Cone, J.(1972) *The spirituals and the blues: an interpretation*. Maryknoll, NY: The Seabury Press.
Connelley, M.F. & Clandinin, D.J.(1999) *Shaping a professional identity: stories of educational practice*. San Francisco: Jossey-Bass.
Davis, F.(1995) *The history of the blues: the roots, the music, the people*. Cambridge, MA: Da Capo Press.
DeMarrais, K.B. & LeCompte, M.(1999) *The way schools work: a sociological analysis of education*. New York: Longman.
Dixson, A. & Rousseau, C.K.(2005) And we are still not saved: critical race theory in education ten years later. *Race & Ethnicity*, 8(1),7 - 27.
Duncan, G.A.(2002) Critical race theory and method: rendering race in urban ethnographic research. *Qualitative Inquiry*, 8(1),85 - 104.
Duncan, G.A.(2004) Systemic analysis. In S. Goodwin & S. Swartz (eds.), *Teaching children of color: seven constructs of effective teaching in urban schools* (pp.66 - 75). Rochester, NY: Rochester Teacher Association Press.
Duncan, G.A.(2005) Critical race ethnography in education: narrative, inequality and the problem of epistemology. *Race, Ethnicity and Education*, 8(1),93 - 114.
Elam, H.J. & Jackson, K.(2005) *Black cultural traffic: crossroads in global performance and popular culture*. Ann Arbor: The University of Michigan Press.
Ellsworth, E.(1998) Why doesn't this feeling empowering? Working through the repressive myths of critical pedagogy. *Harvard Educational Review*, 59,297 - 327.
Feldman, A.(2003) Validity and quality in self-study. *Educational Researcher*, 32(3),26 - 28.
Fisher, M.T.(2003) Open mics and open minds: spoken word poetry in African Diaspora participatory literacy communities. *Harvard Educational Review*, 73(3),362 - 389.
Fisher, M.T.(2006) Building a literocracy: diaspora literacy and heritage knowledge in participatory literacy communities. In A. Ball (ed.), *With more deliberate speed: achieving equity and excellence in education—realizing the full potential of Brown v. Board of Education*. 105th Yearbook of the National Society for the Study of Education (pp.361 - 381). Chicago: NSSE.
Foster, M.(1993) Educating for competence in community and culture. *Urban Education*, 27(4),300 - 412.
Freire, P.(1970/1993) *Pedagogy of the oppressed*. New York: Continuum Press.
Fujino, D.(2005) *Heartbeat of the struggle: the revolutionary life of Yuri Kochiyama*. Minneapolis: University of Minnesota Press.
Garcia, S.(1997) Self-narrative inquiry in teacher development: living and working in just institutions. In J.E. King, E.R. Hollins, & W.C. Hayman (eds.), *Preparing teachers for cultural diversity* (pp.146 - 155). New York: Teachers College Press.
Garcia, S.(2000) Education and ambigous borders in Mexican corridos thriving in the United States. In H. von Sigrid Rieuwerts & H. Stein (eds.), *Bridging the cultural divide: our common ballad heritage* (pp. 124 - 134). New York: Georg Olms Hildesheim.
Garon, P.(1995) White Blue. Race Traitor, 4 (Winter). Retrieved November 1,2007 from http://racetraitor.org/blues.html
Giroux, H.(1988) *Schooling and the struggle for public life: critical pedagogy in the modern age*. Minneapolis: University of Minneapolis Press.
Gleason, T.(2006) Beyond bondage: situating "Africa" in the mind of Carter G. Woodson. In R. Burkett, P. McDaniels III, & T. Gleason. *The mind of Carter G. Woodson as reflected in the books he owned, read and published*. *Exhibition Catalogue* (pp. 43 - 52). Atlanta, GA: Emory University.
Goodwin, S. & Swartz, E.(2004) *Teaching children of color: seven constructs of effective teaching in urban schools*. Rochester: Rochester Teachers Association Press.
Gonzáles, N., Moll, L.C., & Amanti, C. (eds.) (2005) *Funds of knowledge: theorizing practices in households, communities, and classrooms*. Mahwah, NJ: Lawrence Erlbaum Associates, Inc.
Gonzáles, N., Moll, L., Tenery, M.F., Rivera, A., Rendon, P., Gonzales, R., & Amanti, C.(2005) Funds of knowledge for teaching in Latino households. In Gonzales, N., Moll, L.C., & Amanti, C. (eds.), *Funds of knowledge: theorizing practices in households, communities, and classrooms* (pp.89 - 111). Mahwah, NJ: Lawrence Erlbaum Associates, Inc.
Gordon, B.M. (1990) The necessity of African American epistemology for educational theory and practice. *Journal of Education*, 172(3),88 - 106.
Gordon, B.M. (1995) Knowledge construction, competing critical theories, and education. In J.A. Banks & C.M. Banks (eds.), *The handbook on research in multicultural education* (pp.184 - 199). New York: Macmillan.
Gore, J.(1993) *The struggle for pedagogies: critical and feminist discourses as regimes of truth*. New York: Routledge.

Gore, J. & Zeichner, K. M. (1991) Action research and reflective teaching in preservice teacher education: a case study from the United States. *Teaching and Teacher Education*, 7, 119 - 136.

Grande, S. (2004) *Red pedagogy: Native American social and political thought*. Lanham, MA: Rowman and Littlefield Publishers.

Hammond, L. (2001) Notes from California: an anthropological approach to urban science education for language minority student families. *Journal of Research in Science Teaching*, 38(9), 983 - 999.

Heath, S. B. (1982) What no bedtime story means: narrative skills at home and school. *Language in Society*, 11(1), 49 - 76.

Heath, S. B. (1989) Oral and literate traditions among Black Americans living in poverty. *American Psychologist*, 44 (2), 367 - 373.

Hensley, M. (2005) Empowering parents of multicultural backgrounds. In Gonzáles, N., Moll, L. C., & Amanti, C. (eds.). *Funds of knowledge: theorizing practices in households, communities, and classrooms* (pp. 143 - 151). Mahwah, NJ: Lawrence Erlbaum Associates, Inc.

Hilliard, A. G. (2001) "Race," identity, hegemony and education: what do we need to know now? In H. Watkins, J. H. Lewis, & V. Chou (eds.), *Race and education: the roles of history and society in educating African American students* (pp. 7 - 33). Needham, MA: Allyn & Bacon.

Hooks, B. (1997) *Teaching to transgress: education as the practice of freedom*. New York: Routledge.

Horne, G. (2005) *Black and Brown: African Americans and the Mexican Revolution, 1910 - 1920*. New York: NYU Press.

Hyland, N. E. & Meacham, S. (2004) Community-centered teacher education: a paradigm for socially just education transformation. In J. L. Kincheloe, A. Bursztyn, & S. Steinberg (eds.), *Teaching teachers: building a quality school of urban education* (pp. 113 - 134). New York: Peter Lang.

Hyland, N. E. & Noffke, S. E. (2005) Understanding diversity through social and community inquiry: an action research study. *Journal of Teacher Education*, 56(4), 367 - 381.

Ignatiev, N. (1995) *How the Irish became white*. New York: Routledge.

Irvine, J. J. (2003) *Educating teachers for diversity: seeing with a cultural eye*. New York: Teachers College Press.

Jenks, C., Lee, J.-O., & Kanpol, B. (2001) Approaches to multicultural education in preservice teacher education: philosophical frameworks and models for teaching. *The Urban Review*, 33(2), 87 - 105.

Jensen, R. (2005) *The heart of whiteness*. San Francisco: New Light Books.

Jervis, K. (1996) How come there are no brothers on that list? Hearing the hard questions all children ask. *Harvard Educational Review*, 66(3), 546 - 575.

Jones, L. (1963) *Blues people*. New York: William & Morris.

Kailin, J. (1994) Anti-racist staff development for teachers: considerations of race, class and gender. *Teaching and Teacher Education*, 10(2), 169 - 184.

Kailin, J. (1999) How white teachers perceive the problem of racism in their schools: a case study in "liberal" Lakeview. *Teachers College Record*, 100, 724 - 750.

Kaomea, J. (2003) "Reading erasure and making the familiar strange: defamiliarizing methods for research in formerly colonized and historically oppressed communities." *Educational Researcher*, 32(2), 14 - 25.

Kana'iaupuni, S. M. (2005) Ka'akālai kū kanaka: a call for strengths-based approaches from a Native Hawaiian perspective. *Educational Researcher*, 34(5), 32 - 38.

Kea, C. D. & Bacon, E. H. (1999) Journal reflections of preservice education students on multicultural experiences. *Action in Teacher Education*, 21(2), 34 - 50.

Kent, G. (1972) *Blackness and the adventure of western culture*. Chicago: Third World Press, 1972.

Kiang, P. N. (2004) Linking strategies and interventions in Asian American Studies to K-12 classrooms and teacher preparation. *International Journal of Qualitative Studies in Education*, 17(2), 199 - 225.

Kincheloe, J. L. (2004) The bizarre, complex, and misunderstood world of teacher education. In J. L. Kincheloe, A. Bursztyn, & S. Steinberg (eds.), *Teaching teachers: building a quality school of urban education* (pp. 1 - 50). New York: Peter Lang.

King, J. E. (1991a) Dysconscious racism: ideology, identity, and the miseducation of teachers. *Journal of Negro Education*, 60 (2), 133 - 146.

King, J. E. (1991b) Unfinished business: Black student alienation and Black teachers' emancipatory pedagogy. In M. Foster (ed.), *Readings on equal education. Volume II: qualitative investigations into schools and schooling* (pp. 245 - 271). New York: AMS Press.

King, J. E. (1992) Diaspora literacy and consciousness in the struggle against mis-education in the Black community. *Journal of Negro Education*, 61(3), 317 - 340.

King, J. E. (1994) The purpose of schooling for African American children: including cultural knowledge. In E. R. Hollins, J. E. King, & W. C. Hayman (eds.), *Teaching diverse populations: formulating a knowledge base* (pp. 25 - 56). Albany: SUNY Press.

King, J. E. (1995) Culture-centered knowledge: Black studies, curriculum transformation and social action. In J. A. Banks & C. M. Banks (eds.), *The handbook of research on multicultural education* (pp. 265 - 290). New York: Macmillan.

King, J. E. (1997) "Thank you for opening our minds": on praxis, transmutation and Black studies in teacher development. In J. E. King, R. Hollins, & W. C. Hayman (eds.), *Preparing teachers for cultural diversity* (pp. 156 - 169). New York: Teachers College Press.

King, J. E. (1999a) In search of a method for liberating education and research: the half (that) has not been told. In C. A. Grant (ed.), *Multicultural research: a reflective engagement with race, class, gender and sexual orientation* (pp. 101 - 119). Philadelphia: Falmer Press.

King, J. E. (1999b) Race. In D. A. Gabbard (ed.), *Knowledge and power in the global economy? Politics and the rhetoric of school reform* (pp. 141 - 148). New York: Lawrence Erlbaum.

King, J. E. (2004) Culture-centered knowledge: Black studies, curriculum transformation and social action. In J. A. Banks & C. M. Banks (eds.), *The handbook of research on multicultural education* (2nd ed., pp. 349 - 378), 2nd edition. San Francisco: Jossey-Bass.

King, J. E. (ed.) (2005a) *Black education: a transformative research and action agenda for the new century*. Mahwah, NJ:

Erlbaum.
King, J. E. (2005b) Rethinking the Black/White duality of our times. In A. Bogues (ed.), *Caribbean reasonings: after man, toward the human—critical essays on Sylvia Wynter* (pp. 25 - 56). Kingston, Jamaica: Ian Randle Publishers.
King, J. E. (2006) "If our objective is justice": diaspora literacy, heritage knowledge, and the praxis of critical studyin' for human freedom. In A. Ball (ed.), *With more deliberate speed: achieving equity and excellence in education—realizing the full potential of Brown v. Board of Education*. 105th Yearbook of the National Society for the Study of Education (pp. 337 - 357). Chicago: NSSE.
King, J. E. & Ladson-Billings, G. (1990) The teacher education challenge in elite university settings: developing critical perspectives for teaching in a democratic and multicultural society. *European Journal of Intercultural Studies*, 1(2), 15 - 30.
King, J. E. & Mitchell, C. A. (1995) *Black mothers to sons: juxtaposing African American literature with social practice*. New York: Peter Lang.
King, J. E. & Wilson, T. L. (1990) Being the soul-freeing substance: a legacy of hope in Afro humanity, *Journal of Education*, 172(2), 9 - 27.
King, S. & Castenell, L. (2001) Tenets to guide antiracist teacher education practice. In S. King & L. Castenell (eds.), *Racism and racial identity: implications for teacher education*. Washington, DC: American Association of Colleges for Teacher Education.
Kochiyama, Y. (2004) *Passing it on: a memoir*. Los Angeles: UCLA Center for Asian American Studies.
Ladson-Billings, G. (1994) *The dreamkeepers: successful teachers of African American children*. San Francisco: Jossey-Bass.
Ladson-Billings, G. (1995) Toward a theory of culturally relevant pedagogy. *American Educational Research Journal*, 32(3), 464 - 491.
Ladson-Billings, G. (1996) Silence as weapons: challenges of a Black professor teaching white students. *Theory Into Practice*, 35 (2), 79 - 85.
Ladson-Billings, G. (1997) I know why this doesn't feel empowering: a critical race analysis of critical pedagogy. In Freire, P., Fraser, J. W., Macedo, D., & McKinnon, T. (eds.), *Mentoring the mentor: a critical dialogue with Paulo Friere* (pp. 127 - 141). New York: Peter Lang.
Ladson-Billings, G. (1999) Preparing teachers for diverse student populations: a critical race theory perspective. *Review of Research in Education*, 24, 211 - 247.
Ladson-Billings, G. (2000a) Critical race theory. In D. Gabbard (ed.), *Knowledge and power in the global economy: politics and rhetoric of school reform* (pp. 363 - 367). Mahwah, NJ: Lawrence Erlbaum Associates.
Ladson-Billings, G. (2000b) Fighting for our lives: preparing teachers to teach African American students. *Journal of Teacher Education*, 51(3), 206 - 214.
Ladson-Billings, G. (2000c) Racialized discourses and ethnic epistemologies. In N. Denzin & Y. Lincoln (eds.), *Handbook of qualitative research* (2nd edition, pp. 257 - 278). Thousand Oaks: Sage.
Ladson-Billings (2003) It's your world. I'm just trying to explain it: understanding our epistemological and methodological challenges. *Qualitative Inquiry*, 9(1), 5 - 12.
Ladson-Billings, G. (2005) *Beyond the big house: African American educators on teacher education*. New York: Teachers College Press.
Ladson-Billings, G. (2006) The meaning of Brown . . . for now. In A. Ball (ed.), *With more deliberate speed: achieving equity and excellence in education—realizing the full potential of Brown v. Board of Education*. 105th Yearbook of the National Society for the Study of Education (298 - 315). Chicago: NSSE.
Ladson-Billings, G. & Tate, W. F. (1995) Toward a critical race theory of education. *Teachers College Record*, 97, 47 - 63.
Ladson-Billings, G. & Grant, C. A. (eds.) (1997) *Dictionary of multicultural education*. Phoenix, AZ: Oryx Books.
Lee, C. D. (2001) Comment. Unpacking culture, teaching, and learning: a response to the "power of pedagogy." In. W. H. Watkins, J. H. Lewis, & V. Chou (eds.), *Race and education: the roles of history and society in educating African American students* (pp. 87 - 99). Needham, MA: Allyn & Bacon.
Leonardo, Z. (2004) The color of supremacy, beyond the discourse of "White privilege." *Educational Philosophy and Theory*, 36 (2), 137 - 152.
Levine, L. (1977) *Black culture and black consciousness: Afro-American folk thought from slavery to freedom*. Oxford: Oxford University Press.
Loewen, J. W. (1995) *Lies my teacher told me: everything your American history textbook got wrong*. New York: New Press.
Love, A. (2006) Teaching is learning: teacher candidates reflect on aesthetic education. *Teaching Artist Journal*, 4 (2), 112 - 121.
Loveland, E. (2003, February) Achieving academic goals through place-based learning: students in five states show how to do it. Roots, 4(1). Retrieved February 15, 2005 from www.ruraledu.org/roots/roots03.htm#rr4 - 1
Lynn, M. (1999) Toward a critical race pedagogy. *Urban Education*, 33(5), 606 - 626.
Lynn, M., Yosso, T. J., Solorzano, D. G., & Parker, L. (2002) Guest editors' introduction: critical race theory and education: qualitative research in the new millennium. *Qualitative Inquiry* 8(1), 3 - 4.
Lytle, S. & Cochran-Smith, M. (1990) Learning from teacher research: a working typology. *Teachers College Record*, 92, 82 - 102.
Maher, F. A. & Thompson Tetrault, M. K. (1997) Learning in the dark: how assumptions of whiteness shape classroom knowledge. *Harvard Educational Review*, 67(2), 321 - 349.
McIntosh, P. (1993) Examining unearned privilege, *Liberal Education*, 79(1), 62ff.
McAllister, G. & Irvine, J. J. (2000) Cultural competency and multicultural teacher education. *Review of Educational Research*, 70(1), 3 - 24.
McCarthy, C. (1998) *The uses of culture: education and the limits of ethnic affiliation*. New York: Routledge.
McDaniels III, P. (2006) To move the masses and liberate the folk: the prophetic vision of Carter Godwin Woodson. In R. Burkett, P. McDaniels III, & T. Gleason, *The mind of Carter G. Woodson as reflected in the books he owned, read & published*. Exhibition Catalogue (pp. 25 - 43). Atlanta, GA: Emory University.
McLaren, P. (1995) White terror and oppositional agency: towards a critical multiculturalism. In C. Sleeter & P. McLaren

(eds.), *Multicultural education, critical pedagogy and the politics of difference* (pp. 33 - 70). New York: SUNY Press.

McLaren, P. (2000) Critical pedagogy. In D. Gabbard (ed.), *Knowledge and power in the global economy: politics and the rhetoric of school reform* (pp. 345 - 353). Mahwah, NJ: Lawrence Erlbaum.

McLaren, P. & Farahmandpur, R. (2001) The globalization of capitalism and the new imperialism: notes toward a revolutionary pedagogy. *Review of Education, Pedagogy, Cultural Studies*, 23, 271 - 315.

McIntyre, A. (1997) *Making meaning of whiteness: exploring the racial identity of white teachers*. Albany: SUNY Press.

McIntyre, A. (2002) Exploring whiteness and multicultural education with prospective teachers. *Curriculum Inquiry*, 32(1), 32 - 48.

Maiga, H. (2005) What happens when the language of education is not the language of culture? In J. E. King (ed.), *Black education: a transformative research and action agenda for the new century*. Mahwah, NJ: Erlbaum.

Malveaux, J. (2005) Is the Department of Justice at war with diversity? *Diverse Issues in Higher Education*, 22(22), December 15, p - 39.

Marx, S. (2004) Regarding whiteness: exploring and intervening in the effects of white racism in teacher education. *Equity & Excellence in Education*, 37(1), 31 - 43.

Marx, S. & Pennington, J. (2003) Pedagogies of critical race theory: experimentations with white preservice teachers. *Qualitative Studies in Education*, 16(1), 91 - 110.

Mehan, H., Lintz, A., Okamoto, D. & Wills, J. (1995) Ethnographic studies of multicultural education in classrooms and schools. In J. A. Banks & C. M. Banks (eds.), *Handbook of research on multicultural education* (pp. 129 - 144). New York: Macmillan.

Moll, L. C. & Gonzáles, N. (2004) Engaging life: a funds of knowledge approach to multicultural education. In J. A. Banks & C. M. Banks (eds.), *Handbook of research on multicultural education* (pp. 699 - 715). San Francisco: Jossey-Bass.

Moll, L. C. & Arnot-Hopffer, E. (2005) Sociocultural competence in teacher education. *Journal of Teacher Education*, 56(3), 242 - 247.

Montecitos, C. (1994) Teachers of color and multiculturalism. *Equity & Excellence in Education*, 27(3), 34 - 42.

Morrell, E. (2004) *Becoming critical researchers: literacy and empowerment for urban youth*. New York: Peter Lang.

Morrell, E. & Collatos, A. M. (2002) Toward a critical teacher education: high school student sociologists as teacher educators. *Social Justice*, 29(4), 60 - 70.

Murrell, P. C., Jr. (1997) Digging again the family wells: a Freirian literacy framework as emancipatory pedagogy for African American children. In P. Freire, J. Fraser, D. Macedo, & T. McKinnon, (eds.), *Mentoring the mentor: a critical dialogue with Paulo Freire* (pp. 19 - 58). New York: Peter Lang.

Murrell, P. C., Jr. (2001) *The community teacher: a new framework for effective urban teaching*. New York: Teachers College Press.

Murrell, P. C., Jr. (2002) *African-centered pedagogy*. Albany: State University of New York Press.

Narode, R. & Rennie-Hill, L. (1994) Urban community study by preservice teachers. *Urban Education*, 29(1), 5 - 22.

Noffke, S. E. (1995) Action research and democratic schooling. In S. E. Noffke & R. B. Stevenson (eds.), *Educational action research: becoming practically critical* (pp. 1 - 10). New York: Teachers College.

Noffke, S. E. (1999) What's a nice theory like yours doing in a practice like this? And other impertinent questions about practitioner research. *Change: Transformations in Education*, 2(1), 25 - 35.

Noffke, S. E. & Brennan, M. (1997) Reconstructing the politics of action in action research. In S. Hollingsworth (ed.), *International action research: a casebook for educational reform* (pp. 63 - 68). New York: Falmer Press.

Noffke, S. E. & Somehk, B. (2005) Action research. In B. Somehk & C. Lewin (eds.), *Research methods in the social sciences* (pp. 89 - 96). London: Sage.

Noffke, S. E., Clark, B. G., Palmeri-Sautiago, J., Sadler, J., & Suujaa, M. (1996) Conflict, learning and change in a school/university partnership. *Theory Into Practice*, 35(3), 165 - 173.

Oakes, J., Rogers, J., & Lipton, M. (2006) *Learning power: organizing for education and justice*. New York: Teachers College Press.

Okpokodu, O. N. (2003) Teaching multicultural education from a critical perspective: challenges and dilemmas. *Multicultural Perspectives*, 5(4), 17 - 23.

Ortiz, P. (2005) *Emancipation betrayed: the hidden history of Black organizing and white violence in Florida from Reconstruction to the bloody election of 1920*. Berkeley: University of California Press.

Ortiz, A. M. & Rhoads, R. A. (2000) Deconstructing whiteness as part of a multicultural educational framework: from theory to practice. *Journal of College Student Development*, 41(1), 81 - 93.

Oyserman, D., Kemmelmeier, M., Fryberg, S., Brosh, H., & Hart-Johnson, T. (2003) Racial-ethnic self-schemas. *Social Psychology Quarterly*, 66(4), 333 - 347.

Palmer, R. (1982) *Deep blues: a musical and cultural history, from the Mississippi Delta to Chicago's South Side to the world*. New York: Penguin Books.

Parker, L. (2001) Comment: the social "deconstruction" of race to build African American education. In H. Watkins, J. H. Lewis, & V. Chou (eds.), *Race and education: the roles of history and society in educating African American students* (pp. 34 - 39). Needham, MA: Allyn & Bacon.

Parker, L. & Stovall, D. O. (2004) Actions following words: critical race theory connects to critical pedagogy. *Educational Philosophy and Theory*, 36(2), 167 - 183.

Parker, L., Deyhle, S., & Villenas, S. (eds.) (1999) *Race is . . . race isn't: critical race theory and qualitative studies in education*. Boulder, CO: Westview Press.

Pattillo-McCoy, M. (1999) *Black picket fences: privilege and peril among the Black middle class*. Chicago: University of Chicago Press.

Pizzaro, M. (1998) "Chicano/a Power!" epistemology and methodology for social justice and empowerment in Chicana/o communities. *Qualitative Studies in Education*, 11(1), 57 - 80.

Prager, J. (1982) American racial ideology as collective representation. *Ethnic and Racial Studies*, 5(1), 99 - 119.

Quiocho, A. & Rios, F. (2000) The power of their presence: minority group teachers and schooling. *Review of Educational

Research, 70(4), 485 - 528.
Ransby, B. (2003) *Ella Baker and the Black freedom movement: a radical democratic vision*. Chapel Hill: University of North Carolina Press.
Reagon, B. (2001) *If you don't go, don't hinder me: the African American sacred song tradition*. Lincoln: The University of Nebraska Press.
Robinson, R. (2000) *The debt: what America owes Black people*. New York: Dutton Books.
Roediger, D. (1998) *Black on white: Black writers on what it means to be white*. New York: Schocken Books.
Rogan, A. & de Kock, D. M. (2005) Chronicles from the classroom: making sense of the methodology and methods of narrative analysis. *Qualitative Inquiry*, 11(4), 628 - 649.
Rollo, A. (2006, November 2) The learning path of Patty Loew. *Diverse*, 23(19), 22 - 24.
Rosiek, J. & Atkinson, B. (2005) Bridging the divide: the need for a pragmatic semiotics of teacher knowledge research. *Educational Theory*, 55(4), 421 - 442.
Rushton, S. (2004) Using narrative inquiry to understand a student teacher's practical knowledge while teaching in an inner-city school. *The Urban Review*, 36(1), 61 - 79.
Scatamburlo-D'Annibale, V. & McLaren, P. (2004) Class dismissed? Historical materialism and the politics of "difference." *Educational Philosophy and Theory*, 36(2), 183 - 199.
Scott, K. A. (2003) My students think I'm Indian: the presentation of an African-American self to pre-service teachers. *Race, Ethnicity and Education*, 6(3), 211 - 226.
Sleeter, C. (1992, Spring) Resisting racial awareness: how teachers understand the social order from their racial, gender, and social class locations. *Educational Foundations*, 2, 7 - 32.
Sleeter, C. (2001) Epistemological diversity in research on preservice teacher preparation for historically underserved children. In W. Secada (ed.), *Review of Research in Education*, 25, 209 - 250.
Sleeter, C. & Grant, C. (1987) An analysis of multicultural education in the United States. *Harvard Educational Review*, 57(4), 421 - 444.
Sleeter, C. & Bernal, D. G. (2004) Critical pedagogy, critical race theory and anti-racist education. In J. A. Banks & C. A. McGee Banks (eds.). *Handbook of research on multicultural education* (pp. 240 - 258). San Francisco: Jossey-Bass.
Smith, G. H. (2004) Mai i te maramatanga ki to putanga mai o te tahuritana: from conscientization to transformation, 37(1), 46 - 52. Special Edition edited by M. Maaka. *Educational Perspectives: Journal of the College of Education/University of Hawaii at Manoa*.
Smith, L. T. (1999) *Decolonizing methodologies: Research and indigenous peoples*. London: Zed Books.
Smith-Maddox, R. & Solórzano, D. (2002) Using critical race theory, Paulo Freire's problem-posing method, and case study research to confront race and racism in education. *Qualitative Inquiry*, 8(1), 66 - 84.
Solórzano, D. (1997) Images and words that wound: critical race theory, racial stereotyping and teacher education. *Teacher Education Quarterly*, 24, 5 - 19.
Solórzano, D. & Yosso, T. (2002) Critical race methodology: counter-storytelling as an analytical framework for education research. *Qualitative Inquiry*, 8(1), 23 - 44.
Sothern, B. (2005, January) Left to die: how New Orleans abandoned its citizens in a flooded jail and a flawed system. *The Nation*, 282(1), 18 - 22.
Stanfield, J. & Dennis, R. M. (1993) *Race and ethnicity in research methods*. Newbury Park, CA: Sage Publications.
Stanislaus, R. N., Fallona, C., & Pearson, C. A. (2002) "Am I doing what I am supposed to be doing?" Mentoring novice teachers through the uncertainties and challenges of the first year of teaching. *Mentoring & Tutoring*, 10(1), 71 - 81.
Stevens, R., Wineburg, S., Herrenkohl, L. R., & Bell, P. (2005) "Comparative understanding of school subjects: past, present and future." *Review of Educational Research*, 75(2), 125 - 158.
Swartz, E. (2003) Teaching white preservice teachers: pedagogy for change. *Urban Education*, 38(3), 255 - 278.
Tate, W. F. (1996) Critical race theory. *Review of Research in Education*, 22, 201 - 247.
Tedla, E. (1977) Sankofan education for development of personhood. *Raising Standards, Journal of the Rochester Teachers Association*, 5(1), 19 - 25.
Titon, J. T. (1990) *Down home Blues lyrics: an anthology from the post-World War II era*. Urbana: University of Illinois Press.
Torres-Guzmán, M., Mercado, C. I., Quintero, A. H., Viera, D. R., & Moll, L. (1994) Teaching and learning in Puerto Rican Latino collaboratives: implications for teacher education. In E. R. Hollins, J. E. King, & W. C. Hayman (eds.), *Teaching diverse populations: formulating a knowledge base*. Albany: SUNY Press.
Urrieta, Jr. & Reidel, M. (2006) Avoidance, anger, and convenient amnesia: White supremacy and self-reflection in social studies teacher education. In E. W. Ross (ed.), *Race, ethnicity, and education: racism and anti-racism in education* (pp. 279 - 299). Westport, CT: Greenwood Publishers.
Weiler, K. (1988) *Women teaching for change: gender, class and power*. South Hadley, MA: Bergin & Garvey.
Weiler, K. (1991) Freire and a feminist pedagogy of difference. *Harvard Educational Review*, 61, 449 - 474.
West-Olatunji, C. (2005) Incidents in the lives of Harriet Jacobs's children—a reader's theatre: disseminating the outcomes of research on the Black experience in the academy. In J. E. King (ed.), *Black Education: a transformative research and action agenda for the new century* (pp. 329 - 340). Mahwah, NJ: Lawrence Erlbaum.
Wiest, L. R. (1998) Using immersion experiences to shake up pre-service teachers' views about cultural differences. *Journal of Teacher Education*, 49(5), 358 - 365.
Wills, J., Lintz, A., & Mehan, H. (2004) Ethnographic studies of multicultural education in U. S. classrooms and schools. In J. A. Banks & C. M. Banks (eds.), *Handbook of research on multicultural education* (pp. 163 - 183). San Francisco: Jossey-Bass.
Williams, D. G. & Evans-Winters, V. (2005) The burden of teaching teachers: Memoirs of race discourse in teacher education. *The Urban Review*, 37(3), 201 - 219.
Wilson, R. (2005, December 16). We don't need that kind of attitude: education schools want to make sure prospective teachers have the right "disposition." *Chronicle of Higher Education*, LII (17), pp. A8 - A11.
Woods, C. (1998) *Development arrested: the blues and plantation power in the Mississippi Delta*. London: Verso.
Woodson, C. G. (1933) *The Mis-education of the Negro*, Washington, DC: Associated Publishers.

Wynter, S. (2003) Unsettling the coloniality of Being/Power/Truth/Freedom: towards the Human, after Man, its overrepresentation—an argument. CR: *The New Centennial Review*, 3(3).

Wynter, S. (2006) On how we mistook the map for the territory and re-imprisoned ourselves in our unbearable wrongness of being, of desetre. In L. Gordon & J. A. Gordon (eds.), *Not only the master's tools: African-American studies in theory and practice* (pp. 107 - 169). Boulder, CO: Paradigm Publishers.

Zeichner, K. M. (1996) Educating teachers for cultural diversity. In K. M. Zeichner, S. Melnick, & M. L. Gomez (eds.), *Currents of reform in pre-service teacher education* (pp. 133 - 175). New York: Teachers College Press.

Zeichner, K. M. (2003) Teacher research as professional development for P-12 educators in the U. S. A. *Educational Action Research*, 11(2), 301 - 326.

Zeichner, K. M. & Melnick, S. (1996) The role of community field experiences in preparing teachers for cultural diversity. In K. M. Zeichner, S. Melnick, & M. Gomez (eds.), *Currents of reform in preservice teacher education* (pp. 176 - 198). New York: Teachers College Press.

Zeichner, K. M. & Noffke, S. E. (2001) Practitioner research. In V. Richardson (ed.), *Handbook of research on teaching* (4th ed., pp. 298 - 330). New York: American Educational Research Association/Macmillan.

经典

8.1　应用我们之所知：教师教育领域[*][①]

纳撒尼尔·L. 盖奇(Nathaniel L. Gage)

在思考如何将科学依据应用于教学艺术时，我们会自然地关注教师教育，因为教 1139
师教育正是其得以应用的领域：在这里，未来教师通过职前教师教育做好入职准备，在职教师则可进一步提高工作能力。

教师教育的重要性和教学本身的重要性是对应的。我们不愿看到自己的孩子受到那些未享受到充分的入职培训的教师的影响，也不希望对于教学的巨额投资无法为社会带来最大的回报。

教师教育的现状

众所周知，教师教育长久以来处于较低的地位。关于其在十九世纪乃至整个二十世纪的悲惨状况的论述并不罕见。而在当代，这种不利的情况也在詹姆斯·布莱恩特·科南特(James Bryant Conant, 1963)和詹姆斯·柯纳(James Koerner, 1963)的著作，以及凯文·瑞安(Kevin Ryan, 1975)主编的全国教育研究协会的年鉴《教师教育》(*Teacher Education*)中有所论述。

对教师教育的批判，多数针对其管理方式，顺便提及其内容。关于内容的争论，有些人强调通识教育和专业学科能力，而另外一些人则更注重严格意义上的"教育"类课程，如课程设置和教学法。内容的问题相应地与管理方式(教师教育的权力分配)相关。人文院系、教育院系、教师和管理人员组织以及国家教育部门都会参与权力的争夺。早在上个世纪50年代，阿瑟·贝斯特(Arthur Bestor)和哈罗德·汉蒂(Harold Hand)就在书中对这种权力争夺进行了阐释。

但是，最近的一些文章(Messerli, 1977; Wallace, 1977; LoPresti, 1977; Spencer, Boyd, 1977; King, Hayes, Newman, 1977)反复强调，这种权力斗争与获取教学知识的科研竞争同等重要。谁决定教师应该学习什么是次要的，更重要的是教学中何种知识和能力被认为值得学习。简而言之，虽然敌对阵营之间并不会停止争斗，

* Nathaniel L. Gage, *The Scientific Basis of the Art of Teaching*. NewYork, NY: Teachers College Press, 1978, pp. 42 - 62..

① 本文所有引文出自盖奇《教学艺术的科学基础》一书的参考文献。——原注

但相比于建立教学艺术的科学基础，对于教师教育控制权的争夺就应该位居其次了。

因此，教师教育的悲惨境遇是有因可循的，至少一部分可归于我尝试概述的某种科学根据的不足。这一解释可在医学教育的历史中得到印证。亚伯拉罕·菲莱克斯纳（Abraham Flexner, 1910）在其具有划时代意义的著作《美国的医学教育》（*Medical Education in the United States*）一书中指出，医学教育已经病入膏肓。他能够提供一种救治方法，因为即使在他的时代，医学也是“现代科学不可或缺的一部分”。1910 年，医学教育的科学根据并不完善——和今天相比更是如此。用菲莱克斯纳的话说，医学“并不只是应对必然性，还要应对可能性、推测和理论”。但是，由于医学已具有科学依据，1910 年的医学教育的缺陷可以和医学研究产出的科学知识的优势形成对比。我们都知道，由于医学行业科学基础的优势，“菲莱克斯纳报告”（*Flexner Report*）可以将医学教育提升至一个全新的水平。

克利福德（Clifford, 1973）详细记录了那段悲惨的“科研对于教学有很大影响的历史”。他记录了教学中不成熟的、希望在科学基础不足的现实下破碎殆尽的过程。教育改革确实能够传播并被广泛采用——通常能达到一个改革的科学根据无法说明的速度和程度。教育机构的光辉历史（Markle, 1976）便是其中一个例子。但是，在科学与教学相关的知识应用中，教师教育变革的更坚实的基础将谱写一段更加辉煌的历史。随着教学艺术的科学基础逐渐强大，教师教育将会提升至一个全新的水平。

1140 **陈述性知识与程序性知识**

首先，如果教师教育要应用通过教学艺术的科学根据所得来的成果，那么能够用来明确一种新关系的知识需求是必要的。这种新关系一方面指的是教师教育政策、程序和技巧之间的关系，另一方面指的是教学方法和风格之间的关系。到目前为止，我们一直关注的教师行为——和所有分支及其所有的结果，包括教师与学生的互动、课堂氛围的创造——在此被视为自变量。但是当谈到教师教育时，我们必须将教师行为看作因变量。

其次，与“陈述性知识”相比，我们并不是特别关注教师的“程序性知识”。分析哲学家吉尔伯特·赖尔（Gilbert Ryle, 1949）将这个差别称为教师能够陈述事实命题与能够展示技能或进行操作之间的差异。一种知识并不一定产生于另一种知识。例如，我们或许知道强化刺激者能够加强反应，但是并不知道如何去强化学生，加强其参与课堂讨论的倾向。相同地，我们可能知道，极少量的批评对于更加热衷于学习的学生的发展是有利的，但是却不知道如何将对这类学生的批评控制在极少量的范围之内。

许多教师教育课程被用来向教师提供大量的真实性知识：比如在要教授的学科中的知识，教育学的历史、哲学、社会和心理基础中的知识，各种学科领域的课程和指导中的知识等等。教师教育学院借助于大学教学一般所需的所有设备和方法将这种知识传授给未来教师。在很大程度上，教师教育的这一发展方向与大学所有人文课程和科学课程(如英语、历史、哲学、化学或数学等)的发展方向大致相同。

然而，近年来，人们用另一种方法帮助教师了解和理解这些概念。这就是“情景材料”(protocol materials)方法。这种方法包括将拍摄剪辑而成的录像展示给教师，以展现在现实或接近现实的场景中，教师特定行为类别(比如赞成或调查)的实例。观看录像之后，教师应该能够辨认某种行为类别的实例，并能够在现实课堂上对发生的情况进行合理分类。

在某个开发“情景材料”的课程中，葛里斯曼和普欧(Gliessman and Pugh, 1976)拍摄了一系列的影片以展现赞成(approving)、反对(disapproving)、调查(probing)、告知(informing)、重复性(低层次)提问(reproductive questioning)和创造性(高层次)提问(productive questioning)等概念的实例。在教育心理课上播放后可以明显看到，影 1141
片提高了学生在对这些行为进行分类的能力方面的成绩，并得到了教师及其学生的好评。很明显，虽然以语言为媒介有助于教师理解工作中需要的概念和现象，但情景材料将大大有利于减弱目前教师完全依赖话语的状况。

对于为未来或已就职的教师提供“程序性知识”，我们都知道实践是必需的。就像另一个分析哲学家简·罗兰(Jane Roland)指出的，“一个人不会知道怎么游泳和讲法语，除非他有时间训练游泳或尝试讲法语”(Roland, 1961：61)。正是认识到实践的必要性，才会从开始阶段，就有在教师教育课程中加入教学实践的机会。

但是，常识和调查结果都证明，只有实践是不够的。如果只需实践，那么教师会在工作过程中随着工作年限的增加自动提高其能力。但事实是，至少九项研究显示教学工作年限和学生的平均成绩两者之间只呈现弱相关关系(Rosenshine, 1971：201－205)。

这些研究都是针对已经上岗的教师的。那么，那些成长中的未来教师的实践是如何的呢？在这里，未来教师的实践伴随着某位教师的观察、指导和建议。这位教师为未来教师提供了一个可以效仿的模范。

数十年来，实习教师的教学实践一直是思考、论述甚至是研究的主题。整体上，它被认为是教师教育课程中最好的方式，虽然并非毫无缺陷。有些人指出它缺乏系统性和计划性，过于复杂而难以管理，并且极易受到合作和指导教师个体差异的影响。一些评估显示，在实习中自始至终，实习教师几乎并不会改变其教学方式，甚至其观点和行为也只会恶化，至少在那些主张在教学中注重非独裁主义和非惩罚主义的教师看来是这样的。

事实已经证明，通过数百甚至数千次的尝试，简单或复杂动作所需的技能将不断得到提高(Hudgins, 1974)。显然，即使通过滞后的训练，积累的经验将继续促进动作技能的提升。但是，在实习教师的实习期内，这些反馈或积累的经验很少能够清晰地或快速地帮助他们改善表现。反馈可能被拖延数天或数周，或者永不出现。

赫金森(Hudgins，1974)通过研究复杂技能的学习发现了可用于教学技能的掌握和使用的原则，比如概念的传授(Clark，1971)。在讲授概念时，教师应该首先评估学生在教学之前已了解哪些知识；第二，教师应该解释概念并提供清晰、肯定的例子来说明其关键特征；第三，教师应该逐渐引入否定案例，引导学生思考每个例子是否符合概念的标准，然后针对学生的回应给予反馈；最后，教师应该评估学生对于概念的掌握情况。

为了实现这些步骤，教师教育应该确保教师(a)掌握教学技能的基本模式；(b)在完备的环境下训练技能，即安排一个简易、无需学生和监督者，便可为教师提供反馈的环境；(c)在真实课堂上训练技能。这种教师培训的概念的使用，促使赫金森重申，教师教育完备资料是一个已经颇为完善的概念，我们应该从不同形式来考虑这个概念。这里，我们注意到，这个概念代表了为克服长期以来作为未来教师唯一训练途径的教学实践安排的局限性而做出的巨大努力。

1142 改变教师行为的方法

因此，我们看到，当其他方法出现时，实习教师教学实践的局限使得教师教育易于被接受。这样，更加多样和易管理的方法应运而生。

微格教学

在上世纪60年代，教师教育人员狂热地采用一种叫做"微格教学"的创新模式。微格教学法迅速流行起来。几年之内，美国176个中学教师培训项目都通过不同形式运用了这种方法(B. E. Ward，1970)。我还发现它也在其他国家得到应用，包括澳大利亚、加拿大、英国、西德、以色列、尼日利亚和瑞典。

众所周知，微格教学是一种缩小型教学模式——每次只有5或10分钟，5或10名学生，仅关注教师角色的某个或某些方面。教师只是试图完成提高学生参与程度或者布置作业的行为，而不是在一个30个人的课堂、整节课的时间内，完成一个教师所有的多方面、复杂性的教学工作。

一旦接触到这个有趣的概念，微格教学的优势就显而易见了。这种模式至少是易管理、可控制的，不会因教学新手的入门教育而占用全部的时间和课堂，同时也不会引发一整节课面对整个班级带来的焦虑。它使得教师每次集中于教学的一部分——就像一个小提琴手可以不断地演奏相同的几个音。

人们不仅广泛地应用微格教学，还对其进行了严密的研究。这一方法开始改革，变得简单、易于操作，并迅速被用来尝试很多不同的可能性。比如，为微格教学教师提供一个模式的价值得到关注。经过对各种模式——现场、录像转录或印刷方式进行一一对比，可以了解它们各自在提高教师掌握某项技能方面的效果。当然，某些人还研究了在课堂上安排同行教师而不是真正的学生的可行性。学生也开始变得多样化。为教师提供的不同的监督和反馈也得到关注，特别是对于录像反馈价值的关注。第一次和第二次微格教学之间的时间间隔可从几分钟到一周不等。

特尼、克利夫特、邓金、崔尔（Turney, Clift, Dunkin, Trail, 1973）在澳大利亚对这些研究的结果进行了考察。我之所以提到这项工作，是为了指出人们对首次脱离将单一地依赖于教学实习当作未来教师获取实践经验的传统方法所表现出的热情与专注。对于我们而言，可以这样说，教师确实会展现出微格教学致力于让其展现的某些行为，因此它是有效的——无论是微格教学后的几个小时、几天之内，还是在教师上岗后的几个月或一年之内（Trinchero, 1975），教师都会续续地展现这种行为。和传统的观察和教学经验相比，通过微格教学培训的教师被认为能力更强，对其教师教育课程的态度也更加积极肯定。

但是，关于微格教学的研究并没有明确指出这种方法的诸多变体对于教师实践的价值，这可能是因为这些研究错误地将这种方式更多地看作是提高技能的工具，而不是积累知识的途径。麦克劳德和麦金太尔（Macleod, McIntyre, 1977）的研究似乎印证了这一结论。通过研究，他们发现微格教学已被视作教师教育技巧的新的理论依据。因此，微格教学通常主要被看作一种可以影响认知结构的方法，这些认知结构对于教学是至关重要的。他们认为，这些结构可以为教师提供概念上的简单指导，以此来支配他们在一天的课堂教学中的数百次人际互动中的行为。

微格课程

微格教学最初主要用于职前教师教育。对于在职教师教育，它相对来说不够灵
活，在在职教师教育中通常很难找到监督人员和录像机操作人员。因此，需要一种相 1143
对可自我管理的新型微格教学理念。微格课程很快应运而生（Borg, Kelley, Langer and Gall, 1970）。它是一种多素材的集合，包括指导手册、自测试卷和视频，这些材料可以供学生在学校提供的配有录像机或录音机的教室中使用。

通过一节典型的微格课程，教师可以在“组织自主学习：初级”中获得训练。首先，教师阅读教师手册上一系列的技能；第二步，观看解释和阐述这些技能的视频；第三步，设计并上一次课来练习这些技能；第四步，对课堂效果进行评估。这种训练既可以在课外只有 3、4 个学生的微格教学中进行，也可以在普通的课堂上进行。这种微格课程通常持续约 4 周，共 16 天，每天约一个小时。一般来说，这种课程旨在帮助教师和学生建立起独立工作的概念，为学生提供在自主学习过程中解决问题的工具，同时适当估计教师对学生学习的反馈速度，最后将独立工作、问题解决和延迟反馈结合起来，从而形成一个能够提高自主活动和小组指导的学习环境。

总而言之，数十种的微格课程已得到发展、测试和推广。对微格课程的测试包括一个实验：首先对教师进行观察，以确定在教授微格课程要传授的教学技能之前教师

的程度。然后，教师各自管理自己的微格课程。课程结束后的某个时间，训练有素的监督者将继续观察教师，确定教师在实际课堂中教学行为的质量。

到目前为止，伯格(Borg)的研究可能最能证明微格课程的有效性。据他观察，微格课程影响到的教师行为有："将相同的问题重新向几个学生提问"、"设计需要学生花更长时间才能反应的问题"、"寻找更多的解释和学生的洞察力"和"不重复学生的回答"。他分四个时期对 24 个教师进行了录像：培训开始前、培训刚刚结束之后、培训 4 个月后、培训 39 个月后。经过对录像分析他发现，微格课程大大地改变了微格课程旨在影响到的 10 个提问行为中的多数。伯格的结论是"39 个月之后，对 10 项教学行为进行打分，有 8 项教师行为表现得远优于课程培训之前"(Borg，1972：572)。可能有人会反驳，这些教师知道他们的教学会被录像，因此故意表现得良好来取悦调查人员。但是，这种可能性是很小的，因为这些行为并不易于随意开始或结束。除非教学行为在常规教学中已经相当完善，否则教师不可能完全展现这 10 种行为。

改变教师行为的其他途径

通过微格教学和微格课程，教师教育者获得了似乎可以有效提高教学"技能"的工
1144 具。这些方法受到了最广泛的关注和研究。但是，它们并不是上世纪六七十年代教师教育领域中出现的唯一途径。例如，费兰德斯(Flanders，1970)收集了足够的证据，以证明一些教师已掌握并会使用互动分析分类法来观察和分析自身的行为，且他们会获取这些类别中自己行为的信息。这些教师通常成功地改变了自己的行为，使其与之前未阐明的理想教学概念更加相符。

同样，瓦格纳(Wagner，1973)比较了本科生(未来教师)在以学生为中心的教学中使用微格教学和认知辨别训练的有效性。其中，认知辨别训练包括每次为 4 个本科生提供 33 个教师对学生提问的回答录音。未来老师会获得一份关于教师回答 6 个子分类问题的简要说明(即"征询解释"、"重申"、"使用学生的观点"——这些都属于以学生为中心的教学方法；"提出指令性问题"、"争论"、"忽视"——这些都属于以教师为中心的教学方法)。本科生对这些录音进行逐一编码，然后会获知正确答案和一个简单的解释。这种训练大约持续 30 分钟。另一组本科生则参与 30 分钟的微格教学。最后，两个组均准备讲授一堂课。结果显示，认知辨别训练比微格教学对以学生为中心的教学更加有效。因此，了解如何辨别足以促成行为改变。在这种情况下，也可能在其他很多情况下，这种低成本的训练可以代替计划详尽的微格教学。

古德和布罗菲(Good and Brophy)提出了另一个可以证明用简单技巧能够改变教师行为的例子。他们利用简单的采访，将针对教师的观察反馈给教师——反馈旨在帮助改变教师对指定学生的行为。每位教师立刻被告知自己对待不同学生的行为。因此，在提出改进建议时，他们会中肯地说"你对待玛丽很好，现在尝试以同样的方式对待简"。这种方式比"你的方式是错的，请按照我的方法做"(Good and Brophy，1974：

291)威胁性更小，更易于被接受。

利用这种方法，古德和布罗菲辨认出了参与程度低于平均水平的学生以及那些因很少得到教师鼓励而不会再次回答问题或将问题加以拓展的学生。教师手里都会有一份这样的学生的名单和那些被教师正确对待的学生的名单。访谈后，教师赞同应该继续一如既往地提问这些积极的学生，而对于那些参与不够的学生，虽然不太容易，但也应尽量多提问，并与他们进行私下互动。对每个教师在课堂上的后续观察显示，教师已经很大程度上在这些方面有所改善了。

与瓦格纳的认知辨别训练及古德和布罗菲的访谈法相比，另一个改变教师行为的方法成本更低。这种方法已经得到应用，特别是在大学里，并且被证明有一定的成效。学生根据量表对教师进行描述，然后将结果反馈给教师。这种反馈得以被使用，如6年级的教师给学生评分的反馈(Gage, Runkel, Chatterjee, 1963)，小学校长给教师评分的反馈(Daw, Gage, 1967; Bums, 1977)，以及社会科学系系主任给系里成员评分的反馈(Hovenier, 1966)。

但是，差异影响方法的有效性。因此，森特拉(Centra, 1973)指出，基于给教师的大学生评分反馈只有在教师自评和学生评价存在显著差异的情况下，才能改变教师的行为。同样地，与没有获得反馈的一组相比，教师理想中的系主任和现实中的系主任 1145
之间的评分差距越大，系主任的行为越有可能因反馈而改变(Hovenier, 1966)。

这些评价都是低成本的。这种方法不需要聘请专业人员进行访谈或观察。因此，学生评价反馈可以被看作是一种改变教师行为的可行方法，但也需要满足一定的条件。首先，学生必须足够成熟并能够做出可使用的、可靠的评价。五六年级可能是推行该方法的年级下限。第二，出于对学生反馈的尊重，教师必须有做出改变的动力。第三，正如麦基奇(McKeachie, 1976)指出的，如果教师获得中等程度的最初评价，而不是过高或过低的评价，他们更可能会改变。他认为这个发现和成就动机理论是相符合的，即当期望不是过高而不切实际，或过低而没有动力时，才会带来更大的成功或改变。最后，只有当教师的行为系统中的某一行为产生特定的改变时，反馈才可能产生影响，也就是说，如果愿意，他们就可以向着理想的方向发生改变。这里，微格教学和微格课程对于赋予教师一些他们本不具备的理想行为方式是有用的。

最后一个方法也值得一提，即使只是因为它建立在不断把有吸引力的教学观念看作一种行为艺术的基础上。斯坦尼斯拉夫斯基(Stanislavski)帮助演员领会其角色的做法或许能够帮助教师理解和扮演他们的角色。特拉弗斯和狄龙(Travers, Dillon, 1975)对这一有趣的观点进行了研究。他们总结了斯坦尼斯拉夫斯基的方法，然后为未来教师呈现可认真学习的情景。这里的学习不仅仅只有阅读，应该还包括分析角色特点，重读情节，并将自己置身于教师的角色中，表演、说出台词，尽力去体验恰如其分的感受和想法。这种方式不是关注教师的外在表现，而是强调“内在行为”。他们认为正确的“内在行为”会表现为恰当的“外在行为”。

而在另一处，特拉弗斯和狄龙似乎又自相矛盾。他们指出，如果教师放松下来(外在行为)，将会降低紧张感和忧虑感(内在行为)。这里，外在行为被认为是在控制内在行为。并且，他们也没有用研究来证明这种方法的有效性。尽管如此，如果这种方法能够通过某种形式来加以验证，那么用和训练演员表演相似的方法来培训教师的想法似乎值得一试。

教师教育产出的领域

现在，让我们转向一个更加广阔的视野，致力于将教学艺术的科学根据应用于教师教育。这个视野就是教师教育产出的领域。这些产出是一种通过某种形式被包装好的材料，便于运输、较易于自我管理，可用于在一定程度上改变并改善教学。过去十年内，这种产出已被数以百计地开发，多数是联邦政府教育署和全国教育学院重视开发性研究的结果。对于此类研究的重视影响了大学的研发中心、地区教育实验室和许多其他机构，研究者生产课程包和资料以帮助教师和管理人员。这些努力旨在尝试使教育研发人员创造的观点和方法更易被获取和使用。在过去，这些观点往往被实践者忽略，不被使用，尽管它们对这些人确实是有价值的。

1146 **斯坦福目录**

教师教育产出数量众多，因此出现了有关产出的几大目录。最终，斯坦福大学的教学有效性项目(Program on Teaching Effectiveness, Stanford, 1974)为了满足自身研发的需要，编辑了一个储存于计算机的主目录。该目录能够识别和描述800多种产品。教师教育产出被界定为帮助教师获取技能、或做某事的知识的工具，而不仅仅是纯粹的事实性知识材料。就像我们在介绍这一领域的专题中提到的：

> “要从表现、练习或尝试中获取技能等，教师教育产品必须能使受训人员主动参与。这一要求淘汰了那些只让他们通过读、听、看获取信息的培训材料。”(Program on Teaching Effectiveness, Stanford, 1974：3－4)

斯坦福目录从以下九个维度描述了数百种产品：

1. 产出的专业领域。(它是适用于英语、数学、自然科学、社会科学还是所有科目的教学?)
2. 目标对象。(产出适用于职前教师还是在职教师，抑或是两者均可?)
3. 针对的年级。(某种教学技能只适用于幼儿教育，还是只适用于高中水平教育，或两者之间，或所有水平均可?)

4. 所谓的目标结果。（教学的哪个方面——比如设计、演示、师生互动、教学态度或教师自身的观念——是和产出相关的？）

5. 学生的目标结果。（哪一种认知和社会情感结果？）

6. 培训情况。（哪些材料是产出提供的？哪些材料和设备必须由使用者提供？）

7. 使用产出、进行培训所需的时间和人数。（每次有多少受训人使用该产出？）

8. 提供训练的类型。（纸笔练习？对视频中的事件进行分类？进行模拟教学游戏？教授真正的学生？）

9. 运用获取的技能进行教学的阶段。（培训是否适用于教师互动之前、中、后的教学？）

全美教育协会、远西实验室项目

斯坦福目录的主要目的是详细确定可用的材料，从而规划斯坦福中心的教学有效性项目。出于这个原因，目录并不完全适用于那些对产出感兴趣的教师和教师教育者。

对将产品信息转换成更有用的形式的需求最终催生了一个新的项目。该项目由全美教育协会的罗伯特·麦克卢尔（Robert McClure）和罗伯特·卢克（Robert Luke）负责实施，全美教育协会（National Education Association）提供支持，远西教育研发实验室（Far West Laboratory for Educational Research and Development）的比阿特丽斯·沃德（Beatrice Ward）提供合作。在这个“实践者挑选、使用和批评在职教育项目的试点项目”（Pilot Project on Practitioner Selection, Use und Critique of Inservice Education Projects）（McClure, 1976）中，教师、教师教育者和其他潜在使用者对产出进行考察。麦克卢尔按照以下不同方式对产出进行了分类：简单到复杂、个体指导到
小组指导、低成本到高成本、使用单一媒介还是多媒介、简单自制类还是高度专业类、 1147
以主题为中心还是以过程为中心或是两者兼有，是否适用于从幼儿到大学再到成人教育的所有水平，是单纯对有效性进行衍生而未经证实的说法还是经过严格的现场试验得出的结论，是基于实证的还是理论的。

通过与实践者合作，麦克卢尔和同事了解到多数教师并没有意识到产出的存在。此外，似乎很多有效的产出和教师在一些活动中陈述的需求是明显匹配的，比如在个别指导、管理课堂和阅读教学方面。这些产出在使用时无需外人介入、可以在几周内使用并完成，除了提供阅读材料之外，还运用其他的各种方法，包装精美却不昂贵。一些了解产品的教师拒绝使用，因为产出会将别人的教学观点强加给自己，或者是这些产出不适合本地的情况。但是其他人将产出看作是“一种有助于解决在职教育中一些

棘手问题的资源”(McClure, 1976: 15)。这正是全美教育协会、远西实验室项目依据的观点。

这些产出是由什么组成的?“全美教育协会、远西实验室项目”按照教师能够理解的方式对其进行了阐明。让我们考察一下旨在帮助教师激励学生的产品。这个问题在1975年全美教育协会教师在职教育需求评估中平均关注程度最高。在全美教育协会、远西实验室项目对详细说明的五十多个产出所归结的四个分类中,学生激励是其中的一个类别(其他三个分别是个别指导、语言艺术和课堂管理)。

玛德琳·亨特(Madeline Hunter)于1967年开发了一种叫做“教师激励理论”(Motivation Theory for Teachers)的产品。它包括一个视频和一本供选择的用于解释激励理论,从而有助于教师做出日常决策的程序化的书。视频涉及影响激励的六个因素:关注工作的焦虑程度、工作兴趣、工作情调、工作的难易程度、对结果的了解、内在奖励。亨特对视频的评价是“它与视频开始阐明的目标是对应的。技术质量也不错……视频的内容也精确,体现了社会公平性”。

这个分类中的另一个产品是“个别指导激励”(Individually Guided Motivation)。它由威斯康星大学认知学习研发中心(Wisconsin Research and Development Center for Cognitive Learning)负责开发,由赫伯特·克劳斯梅尔(Herbert Klausmeier)指导完成,涉及四个可用于小学生的激励程序:鼓励自主阅读的成人-儿童会议;设定目标的教师-儿童会议;大龄儿童指导低龄儿童;鼓励自我导向的、渴望得到的社会行为的小组会议。该产品包括一本教科书供教师学习和五部视频教程供教师观看和讨论。此外,还需进行五次两个小时的会议或两天的研讨会。大型小组会议上主要进行信息交流、观看视频和进行自我评估。大型或小型小组会议用于鉴别和应用信息,讨论实践练习和参与角色扮演。

这两个产品的说明已经足够展示什么是教师教育产出。一般而言,它们也具有教科书及其他任何标准化指导材料的优势和劣势。优势是和教师或教师教育自我掌握情况相比,它们能够吸纳更多的细致的想法、规划和研究。劣势是它们不能根据每个使用这些产品的教师的能力和需求量身定做。因此,它们也无法保证每位教师都能实现目标。

但是,教师教育产品应该得到更多的关注和更广泛的尝试。为此,全美教育协会在卢克的指导下组织了一个“在职教育研发结果使用计划”(Project on Utilization of
1148 Inservice Education R and D Outcomes)。该计划服务于全国十六个州的约八十个当地教育协会和学区的教师及其他当地的用户,旨在协助教师发现基本技能教学中的问题,建立致力于提高基本技能教学的培训产品的信息系统,帮助设定选择产品的标准,使产品适用于当地情况。产品说明保存于全美教育协会的中央档案中,使用者可以通过免费电话接通一位信息专家来帮助自己发现有价值的产品。总而言之,通过有力地克服信息缺乏等缺陷,系统地实现精细的管理和协调,教师教育产品便会得到应有的尝试。

教师中心

到目前为止,被更多地牵涉进来的显然是关于职前或在职教师教育,而不是关于教学艺术的科学根据。这些知识和工具通过教师教育过程影响教师行为,继而教师行为又有助于提高学生成绩、使其形成令人满意的态度。但是我们需要的远不止这些。上面介绍的教师教育产品本身只是所需的一部分。除了这些,还需要组织和管理上的安排,这样可以将领导力、人员、时间和资金结合起来,使其发挥作用。

实现这一结合的途径是建立教师中心。众所周知,这种理念来源于英国(见,Thornbury, 1974),后来由在英国见过并对此颇感兴趣的美国人传至美国(Rogers, 1976)。简单来讲,教师中心是教师与其他同行,可能也有其他对其有帮助的人员(比如教授)聚集的地方。

试图对已经规划好的多种教师中心,和在本国伴随其发展的政治争论进行全面分析,是偏离本文主题的。尤金尼亚·肯布尔(Eugenia Kemble, 1973)从美国教师联盟(American Federation for Teachers)的视角出发,对这些问题进行了讨论。她引用了美国教师联盟的大卫·赛尔登(David Selden)和全美教育协会的大卫·达兰德(David Darland)的观点来反对这种具有强迫性和强制性的教师教育,称它可能会被教师中心代替。据我看来,教师中心应该得到教师的提倡和控制。其他参与者,如管理人员、家长和教授,应该在教师的邀请下参加。就像医学、法学和工程学的从业者负责自身的继续教育一样,教师也应该有权力自主进行这项工作。我认为,出于对教师专业性的尊敬,应该采用这一提议。

教师自我管理的教师中心应该了解教师教育的产品和程序,因为它们可能有其自身的优势。因此,这些方法应该得到一个证明自己的公平机会;这也是它们的开发者所希望的。简而言之,在我看来,这些运用教学过程知识的方法的成败在于能否给教师留下好印象,至于其能否改善教学,还需借助于研究人员并邀请教师认为合适的其他学者对此进行协商。

关注教师教育产品的教师中心被费曼(Feiman, 1977)称为"以行为为导向的"。他还提出了其他两种教师中心:人文的和发展的。这两种中心都为教师提供了不太条
理性的活动。人文中心试图帮助教师在安全、支持性的和轻松的氛围下分享自己的专 1149
业知识;教师在现场对材料进行改编,并解释方法。发展中心则利用顾问和课程研讨会促使教师思考整理经验和组织课程的方式,并使其重新审查自身的信念和教学行为。

费曼的三种中心似乎都有优点。如果"意识形态"的差异阻碍了中心之间彼此借鉴优点,那将是令人遗憾的:比如教师教育产品的行为中心的结构性和重点突出;利用

非程序化互动的人文中心的教师导向和非正式特点;可以提供咨询服务的发展中心的认知定位。我强调教师教育产品,不只是因为它们明显体现了一种应用教学艺术的科学根据的方法,还因为教师中心也可以通过其他途径开展应用,例如讨论和交友小组、研讨会、咨询服务以及帮助教师相互讨论的简单流程等。

教师教育和教育结果之间的关系

教师教育的逻辑中存在两种因果关系。一种是第一篇提到的两种:一方面是教学行为和方法之间的关系,另一方面是学生的成绩和态度之间的关系。第二种是教师教育过程和教师行为之间的关系。

然而,这两种关系之间也应该存在很大的联系。也就是(a)教师教育的目标应该是塑造(b)已被证明相互联系的——更确切地说是有因果联系的多种教师行为。而行为又和(c)多种备受重视的学生的知识、理解、情感和观点相关。所以 a 到 b 的关系将有助于实现 b 到 c 的关系。

两种关系的脱节

不可思议的是,目前对于上述两种关系中的任一研究都几乎完全脱离于另一种关系。教师教育过程的开发者开展了从 a 到 b 的工作,而没有对 b 到 c 的关系进行实验验证,即他们致力于实现的不同类别的教师行为确实有助于实现教育目标,然而,为把关于教师影响或教师行为的影响的研发工作与引发这些行为的研发工作紧密联系起来所付出的共同努力还远远不够。简单而言,一边的教学效果研究很少将进展情况告知另一边的教师教育研究,也就是说,关于 a→b→c 的研究不足。

关于教师疑问的研究体现了这种脱节现象。研究严重质疑所谓的高层次问题(需要进行思考并加以解决的问题,而非单纯的回忆性的问题)的合适性。许多相关性研究和实验(参见,Rosenshine, 1976: 355 - 356; Gall, Ward, Berliner, Cahen, Crown, Elashoff, Stanton, Winne, 1976; Program on Teaching Effectiveness, SCRDT, 1976)无法证明众多教师思想家的期望,即教师提出的思考类问题越多,学生对该主题的理解力越高,结果往往是相反的。此外,如果低层次问题的比例较高,比如回忆性的
1150 问题,那么学生在该主题的知识和理解力测验中的分数也应该较高。但是,研究并没有完全证明这一点。多种敏感的提问形式和成绩变量可能最终带来很多学者期望的结果。但是,我们尚没有足够的实证根据来鼓励教师提出更多高层次的问题(目前比例较低)。

原因之一很可能是你问我答的课堂背诵不适合进行高层次问题的提问。这些问题,从定义来看,需要花费一定的时间来进行思考。同时,学生在这种环境下会受到过大的社会压力的困扰,从而无法从这种机会中受益。这种解释意味着,在可以安静思

考的环境下，比如在阅读散文的过程中，高层次的问题可以提高学生的理解力。这一观点在对“高层次问题比事实性问题作用更大”(Faw and Waller，1976：712)的论证得到了证实。

然而，关于课堂高层次问题的现状，教师教育研发工作者已经开展了方法研究，比如通过微格课程，教师可以提出更多“需要学生调动高级认知过程的问题”(Borg，1972)。在证明某种特定的行为可以促进成绩和最佳的态度之前，教师教育的其他很多目标也已被采纳并执行。

共同努力的实例

我们需要共同努力来证明某种特定的教师行为是有效的，并试图证明教师教育可以塑造这种行为。让我来举例说明我们需要什么，斯坦福大学的“教学有效性项目”在三十三个三年级课堂上进行了一个实验。简单地说，从目的上看，实验是为了明确：和那些没有接受指导的教师相比，接受指导的教师的某些行为是否会培养出成绩更高、态度更好的学生。从共同努力的角度来说，与该实验相关的值得注意的特点是教师教育的目标具体来源于先前的相关研究结果。可以从以下几个方面的单个变量对这些结果进行研究：(a)所观察的教师行为确切的操作定义。(b)这些行为和学生阅读成绩调整量度之间的相关性。(c)教师表现某种特定行为的频率均值和可变程度。(d)研究发现，即从学生阅读成绩的标准来看，哪种行为是有效的，可以提供哪些启示(见第一章表2)[1]。

在最近四项规模较大的相关性研究中，对数百个教师的行为变量数据进行的细致的筛选，为第一章“教师规范”的撰写奠定了基础。提出的这些规范依次分布在五套读物中，并以每周一套的频次分发给接受指导的小组中的教师。这些教师随机分成两个小组。其中一组获得仅有读物和读物自测试卷的少量指导。另一组则通过更加传统的、更高成本的研讨会形式获得指导。后者不仅获得阅读材料，参加测试，并且还能与指导人员一起参加每周一次的小组讨论会。在会议上，教师可以进行角色表演，观看录像，还能讨论教师教育材料中的内容和问题。

这个实验表明了教师教育和教学效果研究之间存在一种关联，后者明显具有逻辑性和合理性。但是，目前这样的例子还太少，在教学效果的相关性研究中密切关注这种关联的更少。

同时，还应该注意到，无论是指导组还是无指导组的教师都接受了一个学年内十八天的细致观察，也就是说，教师教育课程之前、中、后的每隔一至三个星期观察一天。 1151
当然，在学年开始和结束时，学生和教师都会接受认知和非认知变量的成套测验。

到目前为止，实验的主要目的已经很明显了。首先，它旨在确定和学生成绩相关

① 指盖奇《教学艺术的科学基础》一书第一章的表2。——译者注

的教师行为是否对学生成绩的提高产生因果作用，此外，还将对比简易的、低成本的教师指导方式与需要有专业的教师教育工作人员参与的高成本的指导方式在效果方面的差异。

总的来说，这一章的主旨是，可以通过多种途径为教师提供有关如何教学的知识。这些各种各样的途径已经被证明能够让教师的行为与教师教育的目标保持一致。因此，将我们对教学艺术的科学依据的所知加以应用的工具已经被相对熟练地掌握，并且会通过不同的实地项目，比如全美教育协会的项目，得到进一步的开发和检验。同时，美国教师联盟所提倡的教师中心，还会对这些工具进行全面研究。该领域最需要的是将教师教育研究和教师效果研究紧密联系起来。这种密切联系可以体现在将相关性研究的发现用在确定对教师行为和学生的成绩和态度同时产生效果的实验中。

（卜令朵　译）

8.2 拓展视域：关于教学与教师教育研究复杂性的讨论*

苏珊·弗洛里奥-鲁安(Susan Florio-Ruane)
密歇根州立大学(Michigan State University)

引言

本文借用了迈克尔·科尔(Michael Cole)《文化心理学：一门永恒的学科》(*Cultural Psychology: A Once and Future Discipline*)一书中的比喻：一个人丢失了车钥匙，但只在路灯照亮的地方寻找，结果一无所获。科尔意在鼓励心理学家通过在文化和历史背景下阐释人类活动来进行思想研究。同样地，拉尼尔(Lanier)和舒尔曼(Shulman)也呼吁把教学研究作为一门多学科的学问。我们的研究，作为一种应用领域内的研究，针对的是实践中的问题。但当这些问题被表述为危机时，我们会倾向于在研究中寻求一种简单、权威和有秩序性的途径来应对问题的紧迫性。然而，与之相悖的一点是，这种做法减弱了多种研究传统和范畴提供的“光明”。我们应该抵制：(a)把不同的研究方法对立起来；(b)仅仅因其符合政策话语而倾向于某种方法；(c)全盘接受任何研究方法；(d)忽视关注当地知识的研究。 1152

> 可以通过很多变量描述一个人，或者一个病毒；并且你不能每次只关注两个变量。基因学、证券市场、历史学的学生都应该充分认识到，生物界往往呈现出极其复杂的不稳定性。(Weaver，引自，Mead，1976：904)

本文的标题借用了科尔(Cole，1996)在《文化心理学：一门永恒的学科》(*Cultural Psychology: A Once and Future Discipline*)中的比喻。在描述历史性的“主流心理学跨文化研究的边缘化”(Cole，1996：62)时，科尔写道：

> 这种情况让人不情愿地联想到那个丢钥匙的人，他只在被路灯照亮的地方寻找钥匙。只不过，在设计严密的实验里忽视了文化的心理学家宣称，钥

---

* Susan Florio-Ruane, More light: an argument for complexity in studies of teaching and teacher education. *Journal of Teacher Education*, 53(3), 2002, pp. 205 – 215.

我感谢P.大卫·皮尔逊(P. David Pearson)，我很荣幸地和他一起教一个语言、识字和学习的研讨班，这有助于我思考这篇文章的主题。

> 匙其实已经消失了，因为它们并不在路灯下。(Cole, 1996: 68)

科尔呼吁寻找“能够扩大发现文化和认知关系之钥匙的‘光圈’的方法”(Cole, 1996: 68)，并用实例说明了在探究人类思想和活动时，应考虑到文化角色的心理学研
1153 究。20 世纪的美国教育研究是心理学的分支，就其本身而言，它面临科尔指出的诸多挑战。从广义上看，教学和教师教育研究是关于思想、文化和行动的研究，关注点是在埃里克森(Erickson, 1982)所说的“讲授式的认知学习”中它们之间的关系。

对人类而言，清晰的教学法是一种熟练的技能，也是一种文化工具。通过教学，知识不断地被编码、传承和改变。这种教学过程发生在每个人的生命历程中、每个社会的历史中。另一方面，在实现个人能动性和社会改革可能性的同时，它还可以保存一个社会的规范和准则(Eisenhart, 1995)。20 世纪，教学和教师教育发展成为研究主题，在这个过程中，学者纷纷产生了这样一种乐观的想法，认为社会科学可以用来满足人类的需求，解决人类遇到的问题。他们的努力往往被看作是科尔(1996)比喻的写照。

社会科学为理解教学和教师教育的复杂性做出了很多尝试，其目的是为了改善学生和教师的学习，这为复杂的主题带来了更多光明。但是，应用研究并不会凭空产生。作为一种随意的社会实践，这种研究易受到社会历史及政治进程中资源和问题的动向的影响。因此，何种研究才是阐释教学或教师教育政策和实践的研究，这往往受到很多因素的影响，如对研究所要阐明的问题的认识、所依赖资源的可用性、有影响力的实践者和将研究用于决策的政策制定者的特殊的利益和价值观等。下面将讨论的主题是，当代关于教学和教师教育复杂性的研究能够为我们提供哪些启示。此外，还会论及研究者在哪些情况下会改变研究教学和教师教育的视角。本文结尾会针对研究范围缩小的趋势，即研究范围仅仅侧重于有影响力的消费者和研究的赞助者所提出的紧迫性的问题这一现象，提出一些有警示意义的思考。

对复杂性的考虑

在上世纪 80 年代中期的一个假期，我在哈佛大学旁听了埃莉诺·达克沃思(Eleanor Duckworth)的一门探究课。课上，羽翼未丰的研究者将进行许多有趣又具有挑战性的活动，如我们跟踪一个月内月亮在天空的变化，点评诗歌和绘画，把玩镜子并探索其中的奥妙，还通过排列扑克牌筹码和豆粒糖探究排列、组合和概率。我喜欢这种对学习的全新、不同的思考方式。但是，我承认和那些聪明、认真的博士生一起上课有一点焦虑。你会问，所有这些和教育研究有什么关系？

能够不断地提出学术假设的达克沃思(Duckworth)在《二十四、四十二，我爱你：让它那么复杂》(*Twenty-Four, Forty-Two, and I Love You: Keeping It Complex*)

一文中关注了这个问题。她在文中重述了下面的场景：

> 我最喜欢的广播节目是“通往银河的旅行者指南”。在一次节目中，节目组建造了一台电脑用来回答“生命、宇宙和一切事物的意义是什么”等问题。当一切准备就绪，提问者问电脑是否能够回答，电脑回答，可以，但是，我记得它说，七百万年之后才能回答。他们说：“那好吧，你去回答这个问题。”七百万年之后，有人要电脑揭晓答案，电脑说它确实有答案，但可能会让人失望。提问者说：“不会，不会，你继续说，是什么。”电脑说：“四十二。”(Duckworth，1991：7)

达克沃斯推测说，“谁知道？可能四十二是答案，但是这样的答案对于我们没有用 1154
处，和没有答案一样。它并不能解释人类和其存在之谜之间的互动程度”(Duckworth，1991：7)。

在同一篇文章中，达克沃思(Duckworth)还列举了一位市区高中教师丽莎·施奈尔(Lisa Schneier)的研究中的另一件趣事。在九年级英语课上，施奈尔描述了她的学生朗读《罗密欧与朱丽叶》(*Romeo and Juliet*)中的阳台场景的情况。他们朗读莎士比亚艰涩的语言时表现得游刃有余，他们享受着扮演角色的过程。但是，施奈尔从他们的语调和姿势中注意到，他们只理解朗诵内容的其中一部分。整个过程进行得很顺畅，因此她没有打断课堂进行讨论。但是，她在报告中指出：

> “那天最后一位罗密欧最终还是打断了表演。我们重复了这个场景，让每个学生都有机会参与表演。这样，他就开始磕磕绊绊地读起来。中间的时候，他停下来，不耐烦地摇着头，转向我说：“他爱她。他就是这么说的。说其他的还有什么用？为什么不直说(对当时演朱丽叶的人)‘我爱你’呢?”然后，他用一种令人难忘的语调，夹杂着幽默、挫败和直言不讳的困惑，说：“为什么他不能直说他想要表达的意思呢?”(Duckworth，1991：7－8)

达克沃思解释道：

> “当然，那是莎士比亚说的。‘他想说的话’是非常复杂的，他选择的语言是他能够用来最好地表达自己的语言……这里，诗人和教师存在一个类比：宇宙是复杂的，科学是复杂的；诗人的想法和感受也是复杂的。‘四十二’并不是答案。当然，在这种情况下，‘我爱你’也不是。”(Duckworth，1991：8)

有时，一个研究能提供的最有用的东西是对复杂性的深刻探究。这可能就需要一些电脑和诗人。玛格丽特·米德(Margaret Mead)在她的美国科学进步协会会长就职演说中也提到了这一点。在讨论"人文科学"的本质时，她阐述了对人类理解力的科学研究的双重力量：即"探究人类对我们通过反思和移情参与其中的事件的反应，以及对物理界和生物界做出客观观察的能力"(Margaret Mead, 1976: 905)。

当回顾半个多世纪以来的教学研究和这一代的教师教育研究时，我们注意到学者们正是使用了这两种能力。也正因他们做到了这一点，很多问题得到了解决，方法得到了积累，理论得到了建立。同时，关于教学技能的学习和实践的研究也开展起来，比如将其作为引发学习的行为以及现场决策过程、协商式的社会语言的互动、文化实践的力量等进行研究。那么，这些累积的研究在教学和教育中，能为我们提供哪些启示？它们能对我们关于知识、社会整体的历史和价值观、偏见和盲点及我们作为研究者的工作的看法有哪些启发？然而，众多的用户和赞助者不会向我们提出这些问题，这些都是我们自己要思考的问题。这种对认知论的思考不同于其他重要的社会责任，比如用于理解教学或教师教育的任何特定研究传统内的研究标准的制定。拉韦(Lave)认为，对我们研究的起源、主题和目的的自我审视是做学问的一个重要部分，而这恰恰说明我们的研究并不是不偏不倚的。关于这一点。她这样写道：

> "在教育中，在社会科学中，近 25 年来，我们的理论从模糊变得更加明
> 1155 确，我们对自身实践进行批判性反思的能力不断提高……将教育领域明确地
> 建立在不同的理论视角上是至关重要的。"(Lave, 1996: 149 - 150)

作为研究者，我们要对自身实践进行批判性反思，这可以帮助我们对提出的问题、使用的研究方法和想出的答案承担起相应的责任。这种自我监督的行为对于我们这样的应用领域的研究非常重要。它能帮助我们在提出事实时保持谦虚和谨慎，提醒我们平衡严谨的知识探索和回应与实践问题之间的关系。

探求教学

在 19 世纪末和 20 世纪初的公立学校，管理者收集了大量的教育信息。但是，无论是在教学实践还是学习教学实践的过程中，这些信息都很少明确地和有意识地关注教学问题。在美国公立院校的教学历史中教学方法几乎被看作是理所应当要掌握的。很多教师在授课时只能依靠自己的教学方法。在某些情况下，这种教学方法只限于文法学校。在其他学校，通常还包括高中水平的"正规"教学培训。在城市教育的发展史中，泰亚克(Tyack)注意到，"鉴于很多校监普遍认为教师应该是次要的——应该跟学生一样安守本分——这种限制性培养就是一种优势"(Tyack, 1974: 59)。这种想法暗含的一点是，它体现了管理者对新兴的现代管理方法在管理教师和学生行为方面的信

任,也体现了一种理念,即教与学都无需超越先前的经验和在有限的情景和内容下的直接指导。这导致了实践一成不变和教学受制于社会传统思想(Cuban, 1984: 8)。

如果不是通过创新从这种传统中脱离出来,20 世纪前期,有记载的教育史似乎很少有使教育明晰化的要求。因此,当库班研究这段教育史时,发现系统性介绍教学实践的史料很少。但是,他的确在实践轶事的记录中发现了教学的踪迹,特别是教学片段,比如课堂照片、学生回忆录、校报和年鉴、管理者的听课记录等等。显然,教学和教师教育是一种实践,对此人们从常识性的理论中很少会预料到复杂性。库班承认,就像考古学家研究陶器碎片一样,教育研究者积累和考察的教育踪迹说明存在一种比历史记载更复杂的实践。即使有更丰富的数据可以推断教学给人带来的感觉上或表面的印象,库班依然质问,"在这些点滴的事件消失后我怎么才能捕捉到其中的片断呢"(Cuban, 1984: 8)。

如何研究课堂生活"点滴"(whirl)和教师角色是 20 世纪中叶教学研究成熟时期的焦点问题。应用社会科学的兴起、记录和评估课堂活动的电子技术的出现,有助于推动教学研究成为研究焦点。它们还提供了多种教学实验方法。邓金和比德尔(Dunkin and Biddle, 1974)在《教学研究》(*The Study of Teaching*)一书中考察了关于教师指导行为及其对学生学习影响的早期研究。该考察强调研究标准、主要方法、指导概念及数据收集和分析。在反思教学的科学研究的历史性缺失时,他们寻求基于研究的知识,用以建立有效的教学实践。

将教学置于首要和中心地位,研究者希望教学研究变得更为系统性,而且不仅能 1156
对社会科学群体负责,教学研究作为一种应用领域内的研究,它还应对负责设计教师教育项目、评估教师能力的决策者负责。这样,教育研究者要与科恩和加雷特(Cohen and Garet, 1975)所称的"应用社会科学"领域的研究者联合起来。在自然科学规范下,教学和教师教育研究为管理者提供了有用的知识。因为这类研究提供的信息经过了客观的收集过程、同行评审和严格的过程研究,同时有足够的调查人群来保证其结论的有效性。"这束光"说明了,用邓金和比德尔的话,"这是一种经过研究者概念化的教学……如教师的课堂行为、学生的反应,这些事件的决定因素及其带来的影响"(Dunkin and Biddle, 1974: 1)。依据这种研究的定位,只有按照"法理学传统"的研究才是科学的、严密的(Wardekker, 2000)。同样地,他们考察的研究都是基于这样的理念:

> "行动意味着创造一种条件,使自然法则通过某种方式产生预期的结果。因此,一个教师要为学习过程的产生创造条件。如果学生不学习,那将意味着这些过程所需的恰当条件在这种情景下并没有得到创造。"(Wardekker, 2000: 262)

这种教学研究方法是一种由外而内的过程。在这个过程中，研究者作为课堂的旁观者，通过客观地记录和分析行为来收集数据。克拉克和英杰（Clark and Yinger, 1979）将教师的想法称为“教学的隐形世界”，认为其并不是研究的重点。由于研究并不是明确关注接受行为观察的教师的即时判断，教师并不能为观察类别的发展提供信息。同时，这种类型的教学研究反应了对内嵌式、协商式背景的紧密观察，这些背景——从人际的转向社会的、历史的——都约束着教师的行为。因此，这种对教学的看法缺少对教师学习的考察，忽视了教师学习是在一定的工作生活、文化规范和社会制度内部进行的，而这些因素的发展变化又往往影响着教师学习（Erickson, 1986）。提出这些局限性是很重要的，不仅因为我们应开展可以解释所有教学复杂性的研究，还需说明的是，有必要对受任何单一研究方法限制的领域之外部进行观察。另外，就像科尔（Cole, 1996）的比喻，视野未及的领域，或者探究范围之外的领域，都不应该被视为和研究无关。

将法理学范式应用于社会问题研究的观点在 20 世纪中叶占支配地位，并且在当下教学研究中地位依然突出。当教育决策者制定和评估课程时——现代教学生活的一种现象，教学研究对于他们来说非常有用，且具有很大的吸引力。例如，从其所提供信息的相关性、有效性和“社会行为依赖的一种可信的、一致的基础”（Cole, 1996: 25）几个角度出发，科恩和加雷特（Cohen and Garet, 1975）描述了决策者眼中的这种权威性特点。借助于这种范式，我们可以研究人类的思想和活动，寻找关于教师如何思考以及他们需要何种知识做出好的教学决策的普遍的法则。然而，在理解某种背景下的思考行为时，它的用处是有限的，这种研究在局部上对教师和管理者更加有用。

为了理解教学和教师教育的局部知识，我们需要深度地研究个别教学中的教师以及持有多种思考方式和工作方式的教师（如，Lampert, 1985, 2001）。例如，我们可以利用人种学研究来研究教师的想法和行为的内涵，特别是“他们建构了何种意义，是如
1157 何建构的，这种建构又是如何指导其行为的”。这种叫作“解释性范式”的研究促使实践者通常感兴趣的且有用的“一组排序相对松散的解释性方法”得以生成（Wardekker, 2000: 266）。下面我们将看到，和法理学范式一样，解释性范式既有优势也有劣势。它通过多种方式揭示了教学和教师教育的不同方面，并适用于不同受众和目的。

上世纪 70 年代，研究人员解决了有关为实践研究提供启发的局部知识的问题。早期，计算机被看作一种对研究局部知识的比喻和概念的模式，因为它能让思维变得不确定和可视化。心理学家开始热衷于研究“信息处理”下的人类思维（Bruner, 1996）。但是，当研究者使用这种比喻来理解教学法时，信息处理需要更加复杂化才能捕获教学实践的不确定性和自反性（Spiro, Feltovich, Jacobson and Coulson, 1993/1995）。对于这一点，舒尔曼回忆道：

> 我惊讶于这种不可思议的异常方式。虽然内科医生被看作一种复杂的、

> 自主的、体贴的、沉思的、有战略思想的解决问题的人，但教学被看作为了应对学生，教师发出的一系列不假思索的作为对学生的刺激的行为。所以，我提出了这样一个问题，“如果我们以对待内科医生和其他专业人员的方式来看待教师，那么教学研究会是什么样子？”(Shulman，2001：11)

因为教师是在一种紧急、规范和协商的环境下接触学生的，所以他（或她）的知识不仅仅具体体现于可观察的行为，也并非完全是内在的。相反，知识规范是可以被传授和学习的，我们也可以充分共享、了解甚至评估教学。但是这些规范不具有决定性。教师在全新的、创新的行为方式上依然享有充足的能动性。就其本身而言，教学既是有序的、符合规范和标准的，也是即兴的，对其他参与者做出回应的(Gee，1991；Shulman，1986)。

这种理解教学和由此得来的研究教学的方法可以通过社会语言学理论及其关于交流是一种文化过程的描述得到解释。在这个文化过程中，语言是符合语法规范的，然而语言的使用（话语），虽受制于语法，但仍因语境的不同而具有创造性。因此两者在特定的环境下才是合理的、可理解的(Cazden，1986)。以这个视角来看教学，教与学都是一种复杂的技能，需要技巧、经验、指导、学习和知识。教师作为专业人员不会仅因为他（或她）以一种学生的身份进入学校就意味着其能胜任教学。因此，教学研究和教师教育需要从思想和学习的社会文化组织领域中获取更多的启发。此外，还需要重视对教师进行明确的培养。在关于教师教育研究的介绍性回顾中，拉尼尔(Lanier)注意到这种将教学作为一种习得性职业的研究有必要采用跨学科的视角，还需要对通常被忽略的“教师的教师”的语言、思想和活动进行研究(Lanier，1986：528)。

在提出对教师的临场思维进行跨学科研究的同时，拉尼尔和舒尔曼(Lanier and Shulman，1975)致力于用几种方式来理解教学的复杂性，这些方式能够给实践和政策层面上的学生和教师教育以启发。对他们来说，在缺少一种连贯的、语境化的教师临场思考的理论的情况下，将很难规划一种旨在培养专业教师的思维习惯的教师教育课程。因此，为了进一步充实这一普遍的教学法则视角，拉尼尔和舒尔曼写道：

1158

> “它不仅定义教学，还知道做什么和什么时候做。这构成了教学的现场情景，并决定教学的特点，这些特点可以作为临场教学研究的主题。”(p. B-I-6)

用于探究教师现场思想活动的一些研究类型遵循了一定的法则（如实验、准实验、相关性研究）。其他是解释性范式（如人种学、现场访谈、话语分析）。关于教师思想和行为的研究形式多样，包括大学研究人员和教师教育者的研究（如，Brophy，1989）、实践者的研究（如，Ballenger，1999；Lytle 和 Cochran-Smith，1992）、教师和基于大学的研究人员的合作研究等(如,Raphael 等,2001)。这种多元探究体现了同一种理念,即教学,用布鲁纳(Bruner, 1996)的话说,“必然地建立在关于学习者的思想本质的观念之上”。布鲁纳详细阐释了这种观点:

> “在对课堂(或任何类似的情境下的)教育实践的理论化过程中,最好考虑到一些已有的关于教学和学习的通俗理论。作为一名‘合格的教育理论家’,我希望引进的任何创新都会与这些指导教师和学生的通俗理论相互竞争而取代它们,否则就对之加以完善。”(Bruner, 1996: 46)

尽管关注教师的通俗理论,有研究过程也有教师参与者,但是,关于情境中的教师思想和行为的研究只是局限于它能提供的教学观点之内。例如,在描述局部知识时,对典型性的偏好往往会使参与者局限于“人种学的一面”,这样,他们就很难想象差异、变化和改变。这些研究的报告倾向于阐释群体内部的统一,形成的文本将对个体和群体的印象刻板化;其描述性语言可以将教师的印象固化(例如白人的、使用单一语言的、郊区的),将教师的工作印象固化(在课堂上是孤立的或是受约束的)、将教师的时间和地点的印象固化(现代的或是孤陋寡闻的)。因此,虽然研究旨在描述使用中的局部知识,但偏见、方法选择和研究报告类型的局限,使得考察差异或最终对实践的考虑的空间远远不足(Florio-Ruane, 2001; Ladson-Billings, 2000; Oakes and Lipton, 1999)。

为了纠正一些理论上、意识形态上、方法上和表现方式上的此类问题,研究者再一次扩大教学和教师教育的研究范围,融入了对处于接触、冲突和变化中的局部知识的阐释。这是一种跨文本的工作,它利用文献、文学批评、政治学理论、历史学和社会分析来考察差异、冲突、能力和变化。从这个角度看,研究涉及在教学与学习过程中不同的参与者、利益相关者之间的批评性对话,从家长到政客,从新任教师到决策者,从学生到管理者都要参与其中。为在城市的职前教师教育环境下尝试这种广泛的研究,莫雷尔和科拉托斯(Morrell and Collatos, 2001)将批判理论应用于教育研究,并主张“只有当教师和学生之间相互进行一种批判的、自由的对话,真正的教师学习和课堂改变才会发生;而在对话中,师生之间会互通有无并积极主动地成长”(Morrell and Collatos, 2001: 6)。将教学作为一种对话来进行教学与研究的视角还能为以教师为中心的研究领域提供更多的启示。它可能会削弱教学的中心地位,通过其他方式探究教育过程的复杂性,同时还会寻找其他着眼点来理解教师的工作。例如,要想发现和理解新的、可能更加有效的方式去服务未来的学生和学生的未来,我们需要从学生(Shultz and Cook-Sather, 2001)、学生的家庭及其社区的视角(Moll and Greenberg,
1159 1990)来了解大量的教学经验。这种做法需要研究者改变视角,容许更多的观点和研究方法,这样才能使我们获得对教学和教师教育全新的理解。

从这批评性的角度看，教学可以再次被概念化。当教师与学生共同参与到对话中时，学生获取的知识不再是经由教师的思想和行为产生的，而是一种共同建构的，作为学习社群生活的一部分不断地得到协商和发展的知识，很多关于教师角色、知识本质、教育目的的固有观点都会因此遭到质疑（如，Lave 和 Wenger，1991）。

什么在起作用？复杂性的使用

任何情况下理解复杂性都很困难，尤其在紧急的情境下。虽然教育中我们面临的问题是紧急的，但我们必须谨慎，因为紧迫性可以限制探究和理解的程度。什么在起作用？这是应用研究教学和教师教育的实践者和决策者常常提出的问题。有时，我们可以明智而建设性地回答这个问题。有时，我们避而不答，而是选择重新构思这个问题。有时，对实践者和决策者有用的信息来自对那些他们未曾想到的问题的研究，或来自适度的、易被忽视的辅助性和探究性的研究。有时，我们利用所有的资源来全力以赴地解决一个实践问题，却无法在我们的理论和研究设计的局限中找到解答。其他时候，运气让有准备的头脑收获意料之外的、既有理论意义又有实践价值的发现。

进入新世纪后，教师教育开始面临难题——招聘更加多元化的教师，培养教师更好地教授学生群体，丰富多种情境下的教学标准，提高所有教师对学生的教育效果，特别是那些公立教育中的贫困学生。但是，如果面临此类的问题时我们感到危机四伏，那么公众可能会从研究中获取权威的、高效的、简易的途径。虽然屈服于这种处境的诱惑可能很大，但是研究者需要记住，这与我们能够给予的信息背道而驰，是对我们致力于提供有用的、翔实的信息的一种扭曲。为了说明这一点，我将简单列举两个看似与教师和教师教育无关的例子：关于癌症的研究和关于西非利比里亚地区瓦伊语读写能力的研究。

首先，癌症的例子。最近，我读到《纽约客》（*The New Yorker*）杂志上的一篇文章。虽然文章批判了美国 20 世纪末的“癌症之战”，也谴责了一种全国性趋势，即选择使用“战争”来比喻（由于它体现的严重性和紧迫性）社会难题（如毒品之战、贫困之战）（Groopman，2000）。利用 20 世纪的癌症之战作为实例，格罗普曼（Groopman，2000）在报告中指出，种种难题、慈善和政治力量的汇集促进了一项政府资助下的研究项目的发展。研究目的是通过某种特殊的、最相关的研究途径，尽快找到治愈癌症的方法。因此，被资助的癌症之战研究计划的目标是精确地发现可以从中找到多种癌症治疗方法的探究领域。

20 多年之后，虽然该研究取得了一定的成功，我们却不能说自己取得了癌症之战的胜利。可能这场战争本身受制于思想的狭隘。因为狭隘地以癌症作为目标，而且在选择研究目标时缺乏足够的信息，因此很难获得更多的资助以扩大研究范围，来探究癌症这一疾病的复杂性。更糟糕的是，一些受资助的研究过早地关注实验性的疗法， 1160

有时给患者带来了可怕的结果。自相矛盾的是,研究者在癌症之战中的所获对于治疗癌症并没有作用,而是有利于我们理解研究范围之外的其他疑难杂症(比如,艾滋病)。最后,很多情况下,反而是那些远离或者是完全独立于美国癌症研究中心的项目的研究获得了对于癌症研究者来说有用的意外发现(Groopman, 2000)。

下面是关于利比里亚瓦伊语读写能力的研究。已故的西尔维娅·斯克里布纳(Sylvia Scribner, 1984)是一个先驱,这样说不仅是因为她专注于针对政策制定者的学术研究,还因为她意识到,作为一名应用研究人员,需要进行批判和反思行动。其论文“三个比喻中的素养”关注了国际化发展领域的决策者。基于对利比里亚瓦伊语在当地的含义及相关的读写能力的研究,她将人类学和心理学方法结合起来,以发现文化中的素养。斯克里布纳对瓦伊语识字的研究展现了人类使用书面语的多种方式。她的研究仅为决策者提供了一种局限的、重复性的解释。读者不会了解自己的想法,或者陷入他们的参照系中。含蓄地说,他们认为教授识字不是为了帮助别人变得有文化,而是使他们“变得像自己”。

但是,斯克里布纳(1984)对基于研究的瓦伊语素养介绍作了三个比喻(即将素养看作是一种文雅、运作的工具和权力)。并不是每个瓦伊语叙事的读者都特别关心利比里亚的识字教育项目。但在一定程度上,当读者关心擅自去设计、管理和评估任何一种类型的教育项目意味着什么时,他们可以从斯克里布纳的比喻中了解到:识字不是一种单一的训练,而是和使用的背景、历史、政治及文化紧密相关的。她利用比喻的语言,不仅将读者和“其他人”对“另外一面”的预期的陈述性描述(米德更有可能将其看作是实现观察所必要的客观性)联系起来,还诗意地将其和通过多种方式、出于多种目的而使用文字的人的形象(米德会将其看作优秀的人类科学所需的移情)联系起来。这种理智和情感的结合使得读者开始反思自己的民间智慧和当地知识,比如他们会问:识字对于我的生活、时代和社会意味着什么?我固有的识字行为规范和价值观是如何限制我的其他文化层次的?作为一个有权做出会影响到其他人的文化生活的决定的人,在思考其他人及自身的知识局限性上,我应该承担什么样的责任?还有一个实用主义的问题是,什么在起作用?我们可以认为斯克里布纳是通过研究来回答这些问题的,但这些问题取决于你眼中的“素养”的含义是什么。因此,顺便说明,对其加以界定并不是单一的、一劳永逸的行为。

如果我们过早地、过于密切地关注一个问题,或扭曲了问题的本质,那么我们则会在应用研究中把这一点忽略过去。珀赛尔-盖茨(Purcell-Gates)将研究描述为一面镜子,透过它我们看到实践的复杂问题。研究为我们提供了四面严密的“镜子”,每一面对于教育研究(实验的、相关的、描述的和人种志的)都有不同的用处。在说明这些研究的优缺点的同时,她还提供了有力的根据,说明在我们提高自身对于文学教学的理解时,这些用于考察复杂性的多种视角应该被共同使用而不是互相排斥。她指出:

> “很多教育议题和问题明显需要利用多种视角、方法和程序的研究……将教育研究限定在一到两个范式内会严重限制我们在这样一个复杂而多元的社会中教育所有的学生使其发挥最大的潜力的能力。”(Purcell-Gates, 2000: 4)

从很多方面看,这是 20 世纪的教学和教师教育研究遗留下来的问题。

社会交往有一个自相矛盾的特点,即在紧张或紧急时刻,我们总是缩小看问题的范围,而不是开拓可能的探索途径。当下,无论是形象地去比喻我们正在和复杂的社
会及教育问题所做的斗争,还是在运作中(虽然这篇文章没有正式提出)……,我们都 1161
不是在和一个单一的国家做斗争,而是在和复杂的、不确定的恐怖集团做斗争。为了应对这种紧急的情况,我们已经采取了行动,来维护中心和等级顺序。但奇怪的是,在这片沙漠之外,敌人并不会从侧面攻击,而是藏在洞里,因此我们不得不依靠小型、秘密的非等级结构群体来指导军队的情报工作。可能这就是为什么反恐战争在我们看来是非常新奇的。

在一篇谈论角色概念的经典论文中,戈夫曼(Goffman, 1961)阐释了关于不同形式的“角色距离”的观点,即一种正式的角色可在不同情境下表现不同方式。鉴于可以通过很多方式展现一个正式的角色,当感受到危机和紧急时,这些表现可能更接近于角色的假定含义。因此,外科医生可能在开刀前和擦洗护士、实习生开玩笑,但开刀时,只是说一些清楚的、极其简洁的命令句(如“夹钳”、“解剖刀”)。伯恩斯坦(Bernstein, 1975)同样认为,在压力较小的情况下,人们的工作更容易被灵活地横向组织。但是,当资源有限或有外在压力时,机构往往倾向于用一种更专业化的层次化的运作方式。在一定程度上,弗雷克(Frake, n.d.)称之为“学问的黑色领结”,对之高度重视。这些行动催生了效率、质量甚至是道德观念,就是在这个时候,似乎急需一种广泛而多样化的探究。这些为了实现纪律、正式性和等级性的行为,从定义上讲,是一种分层化的行为。它们减弱或消除了一些声音,同时夸大了其他人的力量。这样,矛盾的是,危机排除了那些和研究问题最密切相关的人群,或至少那些和研究提出的解决办法直接相关的人群的视角和声音。

结论:让它保持复杂

每一项新的研究都无法预示某种亚里士多德式的真理的进步,但也不意味着在形成一个期望已久的宏大的整合性研究路途上的终止。关于实践的错综复杂的大量研究实际上并不是乱七八糟的。作为人文科学的应用研究者,我们的目标是借助持久的、广泛的、应变的、批判的和多元化的研究,不断地阐释教学和教师教育。但是这个过程在目前来看似乎是一种悖论。我们的领域受到来自公众的巨大压力,同时危机的

政治话语渗透到关于教学、教师教育和教师质量的探讨中。研究者的研究有时也过于散漫。我们有时无法整合我们的研究，也不会把研究成果应用于实践问题。但是，在揭示真相方面，我们的慎重和谨慎并不是为了躲避应用领域的责任，而是我们规范中不可或缺的一部分，迫使我们放慢脚步，来确定我们是否能平衡好同情心和客观性的关系。米德(1976)称它们为人文科学实践者的双重承诺。

除了有强大的机构和赞助人支持的或被承包的研究之外，我们还要探究需要我们应对的危机本质，也需要思考这类工作范围之外的利益和问题。简言之，关于研究者需要通过研究去确定、理解、质疑和有效解决的教学和教师教育问题的不同解决方式，我们还需要进行深刻的对话。通过对话的方式，我们可以继续发展我们的领域和它的潜力，使它可以不只被用于解决实践问题，还可以被用来创造新知识及发现尚未发掘
1162 的问题。除非我们付出时间并承担责任以保持我们的工作和领域的复杂性，否则我们不能抵抗危机重重的退化式行为，这类行为将强化权力和权威，限制教育研究。除非保持教学和教师教育的复杂性，否则我们将成为某些或者以下全部行为的牺牲品：以严格为借口偏爱某些研究方法；仅因它们的政策话语和假设相一致就优先考虑自然科学的方法；无法认识到所有的研究方法都有局限性；忽视可以给教学和教师教育研究以更多启发的、批判的、可选择的其他研究方法的洞察力。

（卜令朵　译）

参考文献

Ballenger, C.(1999) *Teaching other people's children: literacy and learning in a bilingual classroom*. New York: Teachers College Press.

Bernstein, B.(1975) *Class, codes, and control* (Vol.3). London: Routledge.

Brophy, J.(ed.) (1989) *Advances in research on teaching* (Vol.1). Greenwich, CT: JAI.

Bruner, J.(1996) *The culture of education*. Cambridge, MA: Harvard University Press.

Cazden, C.B.(1986) *Classroom discourse*. New York: Teachers College Press.

Clark, C.M. & Yinger, R.(1979) *Three studies of teacher planning* (IRT Research Series No.55). East Lansing: Michigan State University.

Cohen, D.K. & Garet, M.S.(1975) Reforming educational policy with applied research. *Harvard Educational Review*, 43(1), 17.43.

Cole, M.(1996) *Cultural psychology: a once and future discipline*. Cambridge, MA: Harvard University Press.

Cuban, L.(1984) *How teachers taught*. New York: Longman.

Duckworth, E.(1991) *Twenty-four, forty-two, and I love you: keeping it complex*. Harvard Educational Review, 61(1),1-26.

Dunkin, M.J. & Biddle, B.J.(1974) *The study of teaching*. New York: Holt.

Eisenhart, M.(1995) The fax, the jazz player, and the self-story teller. How do people organize culture? *Anthropology and Education Quarterly*, 26(1),3-26.

Erickson, E.(1982) Taught cognitive learning in its immediate environments: a neglected topic in the anthropology of education. *Anthropology and Education Quarterly*, 13(2),149-180.

Erickson, F.D.(1986) Qualitative methods in research on teaching. In M.C. Wittrock (ed.), *Handbook of research on teaching* (3rd ed., pp.119-161). New York: Macmillan.

Florio-Ruane, S. (with deTar, J.) (2001) *Teacher education and the cultural imagination: autobiography, conversation and narrative*. Mahwah, NJ: Erlbaum.

Frake, C. (n.d.) A cultural analysis of "formal." Unpublished manuscript, Stanford University, CA.

Gee, J.(1991) *The social mind: language, ideology, and social practice*. New York: Bergen and Garvey.

Goffman, E.(1961) *Encounters: two studies in the sociology of interaction*. New York: Bobbs-Merrill.

Groopman, J.(2000, June 4) The 30 years war. *The New Yorker*, 77(14),52-63.

Ladson-Billings, G.(2000) Fighting for our lives: preparing teachers to teach African American students. *Journal of Teacher*

Education, 51(3), 206 - 214.

Lampert, M. (1985) How do teachers manage to teach? *Harvard Educational Review*, 55(2), 178 - 194.

Lampert, M. (2001) *Teaching problems and the problems of teaching*. New Haven, CT: Yale University Press.

Lanier, J.E. (with Little, J. W.) (1986) Research on teacher education. In M. Wittrock (ed.), *Handbook of research on teaching* (3rd ed., pp.527 - 569). New York: Macmillan.

Lanier, J.E. & Shulman, L. S. (1975) *Technical proposal*. East Lansing: Michigan State University, Institute for Research on Teaching.

Lave, J. (1996) Teaching, as learning, in practice. *Mind, Culture, and Activity*, 3(3), 149 - 164.

Lave, J. & Wenger, E. (1991) *Situated learning: legitimate peripheral participation*. Cambridge, UK: Cambridge University Press.

Lytle, S. L. & Cochran-Smith, M. (1992) Teacher research as a way of knowing. *Harvard Educational Review*, 62(4), 447 - 474.

Mead, M. (1976) Towards a human science. *Science*, 191(4230), 903 - 909.

Moll, L. & Greenberg, J. B. (1990) Creating zones of possibilities: combining social contexts for instruction. In L. C. Moll (ed.), *Vygotsky and education: instructional and applications of sociohistorical psychology* (pp.319 - 348). Cambridge, UK: Cambridge University Press.

Morrell, E. & Collatos, A. (2001, April) *Toward a critical pedagogy: utilizing student sociologists as teacher educators*. Paper presented at the annual meeting of the American Educational Research Association, Seattle, WA.

Oakes, J. & Lipton, M. (1999) *Teaching to change the world*. Boston: McGraw-Hill.

Purcell-Gates, V. (2000) The role of qualitative and ethnographic research in educational policy. *Reading Online*, 4(1). Retrieved from http//readingonline.org/articles/purcell-gates/

Raphael, T.E., Florio-Ruane, S., Kehus, M., George, M., Hasty, N. L., & Highfield, K. (2001) Thinking for ourselves: literacy learning in a diverse teacher inquiry network. *Reading Teacher*, 54(6), 596 - 607.

Scribner, S. (1984) Literacy in three metaphors. *American Journal of Education*, 93(1), 7 - 22.

Shulman, L. S. (1986) Paradigms and research programs in the study of teaching: a contemporary perspective. In M. C. Wittrock (ed.), *Handbook of research on teaching* (3rd ed., pp.3 - 36). New York: Macmillan.

Shulman, L. S. (2001) Those who understand, teach: Lee Shulman champions the cause of understanding teachers and their learning. *New Educator*, 7(1), 10 - 13.

Shultz, J. and Cook-Sather, A. (eds.). (2001) *In our own words: student perspectives on school*. Lanham, MD: Rowan & Littlefield.

Spiro, R., Feltovich, P. J., Jacobson, M. D., & Coulson, R. L. (1993/1995) *Cognitive flexibility, constructivism, and hypertext: random access instruction for advanced knowledge in ill-structured domains*. Available from Webmaster@ilt.columbia.edu

Tyack, D. (1974) *The one best system: a history of American urban education*. Cambridge, MA: Harvard University Press.

Wardekker, W. L. (2000) Criteria for the quality of inquiry. *Mind, Culture, and Activity*, 7(4), 259 - 272.

8.3 认识教学：教学研究与质性研究的交叉[*]

玛格达莱尼·兰珀特(Magdalene Lampert)
密歇根大学安娜堡分校(University of Michigan, Ann Arbor)

1164 在本文中，玛格达莱尼·兰珀特(Magdalene Lampert)指出，教师既可以是研究主题的发起者，也可以是积极的参与者，为研究增加有价值的业内知识。她提出了三点："教师研究的潜力改变了有关谁负责创造专业知识的观念，投入到社会科学领域的好处和危险，从实践内部提出实践问题的挑战。"

教育研究人员一直在探究知识和行动的关系。应用领域的研究指的是什么？发现该领域问题的合适方法是什么？这些是实践者的问题吗？这些问题值得学者研究吗？学者的研究发现和改善实践存在什么关联？在解决这些问题的过程中，教育研究和定性研究相互联系，彼此影响，提出了一些包括内容和方法问题的议题。在学术界，关于不同见解的问题，关于研究者和被研究的问题之间的关系，关于学术和解决社会问题之间的相关性，一直是教育研究和定性研究关注的首要问题。在教育研究对教学的探讨中，这些问题尤为突出。

什么是教学研究?

受到当时围绕学校问题相关评论的启发，我于上世纪 60 年代开始教学。对我影响最大的是一名从事教学的改革者的评论，他以第一人称讲述了学校的现状及如何改变现状的故事。[①] 我在一所市级中学的教学经历证实了我在书中读到过的情况。但 1978 年，当我从课堂教学转向教学研究时发现，在我所在的研究院的指定阅读书目上找不到此类书籍。只在一次历史学讨论会上，我才看到了一些关于上世纪 20 年代和 30 年代的有关教师实践以及创建学校、设计课程和研究学生的文献。[②] 在指定给我的

---

* Magdalene Lampert, Knowing teaching: the intersection of research on teaching and qualitative research. *Harvard Educational Review*, 70(1),2000, pp. 86 - 99.

① 例如,George Dennison, The Lives of Children (New York: Random House, 1969); James Herndon, *The Way It Spozed to Be* (New York: Simon and Schuster, 1968); John Holt, *How Children Fail* (New York: Pitman, 1964)和 *How Children Learn* (New York: Pitman, 1967); Herb Kolh, 36 *Children* (New York: New American Library, 1967); Jonathan Kozol, *Death at An Early Age* (New York: Houghton Mifflin, 1967).

② 由芝加哥实验学校(Chicago Lab School)教师凯瑟琳·坎普·马休(Katherine Camp Mahew)和安娜·坎普·爱德华兹(Anna Camp Edwards)编写的《杜威学校》(*The Dewey School*)(New York: Appleton-Century, 1936)一书，是这类图书中颇为引人入胜的样本。

当代有关教学的文献中，教师的声音是缺失的。

我并不是唯一一个对教师在教学研究中承担何种角色一直心存疑虑的人。在美国教育研究协会(American Educational Research Association, AERE)的月刊杂志《教育研究者》(*Educational Researcher*)中，关于在研究群体中谁能恰如其分地探讨教学，以及他们如何研究实践的问题也是近十年来一直被关注的问题。[①] 最近，加里·安德 1165
森(Gary Anderson)和凯瑟琳·赫尔(Kathryn Herr)考察了为大学和学校中"严密的从业者知识"留下空间的问题。[②] 他们指出，专业知识和"高等学校创造的系统知识"之间的典型关系是确定教学研究的适合方法和谁有资格进行研究的关键之一。学者们在有关教学研究的目的和有效性问题上存在争议，谁来从事教学研究的问题也成为了研究方法的问题，并和关于合适的研究报告类型的论断混杂在一起。教学研究是一项旨在理解复杂实践的学术活动吗？是否只有当其被加以应用以产生学生学习效果时才有价值？它是否是一个查找问题，提出解决方法，并将其放在实践中进行检验的工具性的项目？它是否意味着为教师创造知识？还是为了培训教师的人员？抑或为了管理教师工作环境的人员？

在这些问题中，不仅是范式，还有传播研究发现的产品和场所都大量增加。美国教育研究协会在 1984 年 6 月成立了一个新的分部(K 部门)，用以专门研究"教学和教师教育"情况。它迅速成长为该协会规模最大的部门，包含七个不同的部分。从一个从业者的视角来看，这些部分之间的界限多少有点令人困惑：一个负责研究教学的"主题"；一个负责研究教学的"合作或联合的环境"；一个负责研究多元文化背景下的教学；一个负责研究"教师工作中的教与学"，该部分进一步划分成教学法和组织两部分；还有一个独立的部分负责"自主学习、从业者调查和教师与教学研究"。[③] 在 K 部门中的所有这些部分中，研究是"广泛的，但不局限于哲学、历史学、生态学、人种学、描述性、相关性和实验性研究"。教学研究和定性研究共同成长和发展，两者的互相融合已经演变成一种机制。

教师研究

在这种以实践为中心的研究中，一个因素特别值得说明，即教学研究群体中，教学

---

① 例如，参见，Marilyn Cochran-Smith 和 Susan Lytle, "Research on Teaching and Teacher Research: The Issues that Divide," *Educational Researcher*, 19, No. 2(1990), 2 - 11; Kathy Carter, "The Place of Story in the Study of Teaching and Teacher Education," *Educational Researcher*, 22, No. 1(1993), 5 - 12, 18; Virginia Richardson, "Conducting Research on Practice," *Educational Researcher*, 23, No. 5(1994), 5 - 10; D. Jean Clandinin 和 F. Michael Connelly, "Teachers' Professional Knowledge Landscapes: Teacher Stories—Stories of Teachers—School Stories—Stories of Schools," *Educational Researcher*, 25, No. 3(1996), 24 - 30.

② Gary R. Anderson and Kathryn Herr, "The New Paradigm Wars: Is There Room for Rigorous Practitioner Knowledge in Schools and Universities?" *Educational Researcher*, 28, No. 5(1999), 12 - 21, 40.

③ 参见，"2000 Annual Meeting Call for Proposals," *Educational Researcher*, 28, No. 4(1999), 39.

实践者的正式加入。美国教育研究协会和其他学术机构都体现了这点，这也似乎引发了定性研究最有趣的问题。在这一时期，如果定性研究对教育知识领域的贡献没有得到越来越多的肯定，那么，教师就不可能从研究对象转变为研究者。20 世纪 70 年代，在定性研究的帮助下，教育研究的范围扩展至意义、视角、所有权和目的等问题，教师教育也加入其中。

教师已经通过不同方式成为学术研究群体的一员。有些中小学全职教师在自己或他人的课堂上开展一些调查工作。[①] 有些教师则在保留教学职位的同时，和大学科研人员合作，从日常实践的角度为研究问题的解决提供启发。[②] 在少数情况下，教师将研究看成日常课堂工作的一部分。而其他情况下，它能为“专业发展”提供机遇，比如研究通常伴有针对研究主题的暑期学习班，关于课堂管理技巧的研讨会，关于设立新课程的会议等。也有一些大学教师为了获得实践调查的场所而选择在中小学教书。[③] 有的教师每天非全日制授课，其他则全日制授课一年或更长时间。实践者的共同工作
1166 创造了大量书籍和文章，其中一些通过学术出版社和期刊出版，一些则通过大众媒体进行传播。当一些兼具出版社和期刊特点的机构出现后，很多教师为这些机构撰稿。而且研讨会也致力于教师研究，赞助机构也会为教师教育会议筹集资金。[④] 呈现教师研究结果的形式像这项研究工作的组织方式一样，也是多种多样的。

教师研究提出的定性研究问题

教师研究为从事定性研究的学者提出了很多问题。这里我只介绍三个：教师研究是否有潜力改变“谁负责产出专业知识”的观点，投入到社会科学领域的益处和危害，从实践内部提出实践问题的挑战。

---

① 例如，参见，Joan Krater，Jane Zeni 和 Nancy Devlin Cason，*Mirror Images：Teaching Writing in Black and White* (Portsmouth，NH：Heinemann，1994)；Karen Hale Hankins，“Cacophony to Symphony：Memoirs in Teacher Research”，*Harvard Educational Review*，68(1998)，80 - 95；以及 Karen Gallas，*Talking Their Way into Science：Hearing Children's Questions and Theories and Responding with Curricula* (New York：Teachers College Press，1995).

② 例如，参见，Sarah Warshauer Freedman，E. R. Simons，J. S. Kalnin，A. Casareno 和 the M-CLASS Teams，*Inside City Schools：Investigating Literacy in Multicultural Classrooms* (New York：Teachers College Press，1999).

③ 例如，参见，Timothy J. Lensmire，*When Children Write：Critical Re-visions of the Writing Workshop* (New York：Teachers College Press，1994)；Deborah Lowenberg Ball 和 Suzanne M. Wilson，“Integrity in Teaching：Recognizing the Fusion of the Moral and Intellectual，” *American Educational Research Journal*，33，No. 1(1996)，155 - 192；Magdalene Lampert，“When the Problem Is Not the Question and the Solution Is Not the Answer，” *American Educational Research Journal*，27，No. 1(1990)，29 - 64.

④ 例如，“Voices from the Classroom，” sponsored by The Center for Research on Evaluation，Standards and Student Testing (CRESS)，Davis，CA；the teacher research section of the Ethnography Forum，University of Pennsylvania；The International Conference on Teacher Research，held annually by the National Writing Project；The Spencer Foundation；National Council for Teacher Education (NCTE).

专业责任

如果教师从事自身教学实践的研究，他们会在专业知识产出方面发挥核心作用吗？如果教学问题是专业人员的责任，而不是需要个体忍受的个人考验，也不是局外人可以补救的机械缺陷，那么大量的专业知识将集中在改善实践的服务中。而这将重新界定实践者和研究者的关系，并引发关于非实践者对“知识基础”有哪些补充的问题。从事实践研究的实践者能改变各种被提及的问题，并获得新的认识。如果教师在书中介绍自己业内的工作，包括从个人和专业的角度阐释实践问题，那么他们的工作会极大地改变我们目前所认为的在应用研究话语中合理的惯例。[1] 在交流研究时，教师将制定一种全新的语法和语义，并将其添加到教育现象研究所涉及的学科的句法和语义中。就像社会学家、人类学家和心理学家都会利用和修改各种定性研究方法一样，实践者也会检验和改进这些方法，从而产生新的知识。

在外行人看来这很有趣，但这种情形也并不是完美无缺的。其中一个问题是研究和深度实践之间的界限。就像肯尼思·蔡克纳(Kenneth Zeichner)提出的“当教师系统地、有目的地审视自身的教学实践时，继续将其称为研究合适吗”？[2] 我不在这里讨论这个问题，因为蔡克纳已经探讨了，并且他比我更有资格给出合适的回答。另一个问题与教学的社会安排相关，这些往往压制了研究。在美国，教学专业话语的建立依旧是一个持续存在的挑战，如丹·洛尔蒂(Dan Lortie)于1975年写道：

> 教师培养似乎并未引起大脑的分析性能力的转变，这种能力可以从那些在学院和大学接受培养的其他行业中的成员身上发现……人们很少接触到观察方式、比较、推理规则、抽样和检验假设等方面的学科。推理的科学模式和教学法实践被区分开来：我甚至在理科教师身上观察到了这点。这种知识的分离让我很困惑；那些从事其他的“以人类为对象的工作”(如临床心理学、精神病学、社会服务工作)的研究者似乎更倾向于将临床问题和思维的科学
> 模式联系起来。这种分离具有相关性，因为它不利于有效的技术文化的发 1167
> 展，并且因其缺乏意味着保守的教条而将面临更少的实际挑战；每个教师也会被鼓励获得个人的教学真理。[3]

过去25年里，人们围绕“科学方法”的价值和特点提出了很多问题。但是，洛尔蒂称之为“知识分离”的问题一直在教师群体中出现，同时在教师群体中还存在缺少观

---

① 参见，Susan Florio-Ruane, “Conversation and Narrative in Collaborative Research: An Ethnography of the Written Literacy Forum,” in *Stories Lives Tell: Narrative and Dialogue in Education*, ed. Carol Witherell and Nel Noddings (New York: Teachers College Press, 1991), p. 247.

② Kenneth Zeichner and Susan Noffke, “Practitioner Research,” in *Fourth Handbook of Research on Teaching*, ed. Virginia Richardson (Washington, DC: American Educational Research Association, in press).

③ Dan Lortie, *Schoolteacher* (Chicago: University of Chicago Press, 1975), p. 230.

察、比较、推理规则、抽样和根据实验的检验假设的问题。[①] 洛尔蒂所说的"个人的教学真理"继续存在于大部分教师中,并和大学研究人员发现的"教学真理"共存,且通常不会受其影响。[②] 美国还没有形成描述和分析实践的专业语言,甚至教师会拒绝学者的描述和分析。[③] 考虑到最近的心理学和语言学关于通用语言、理解力提高和解决问题的活动之间关系的研究,这种语言的缺乏更加令人担忧。[④] 值得注意的是,教师教育者并非来自有建树的教师的行列,"实践教学"也很少像医生和律师所经历的那种学徒期训练那样使他们在这个过程中可以和该行业内经验丰富的前辈共同解决实践问题。这意味着实践语言依然单一或不存在。

教师并不只是通过参与合作式的专业研究有所收获。这既和隐私、直觉的倾向有关,也和他们工作的结构有很大的关联。目前,美国很少有教师有时间和空间来思考教学的动力,更不用说有资源来记录工作和研究教学实践存在的问题。与医学和法律等行业不同,教育实践者围绕实践问题开展合作研究被看作是一种"奢侈",而不是工作的重要组成部分。[⑤] 在日本,相比之下,教学专业发展的结构建立在这样一种假设之上,即教学是一种合作过程,而不是个人的事情。它能使教师在合作研究(包括同行对课程的规划和指导)中得到提高。[⑥] 日本中小学教师通常为学生开设"研究课"。这门课程由多组教学实践者一起设计、记录和讨论,共同解决课程和指导存在的具体问题。这种形式,既发生在某个学校或区域,也发生在全国的专业机构中,不仅可以改善课堂

---

① Michael Huberman, "The Model of the Independent Artisan in Teachers' Professional Relations," in *Teacher's Work*, ed. Judith Warren-Little and Milbrey McLaughlin (New York: Teachers College Press, 1993), pp. 11 - 50; Judith Warren Little, "The Persistence of Privacy: Autonomy and Initiative in Teachers' Professional Relations," *Teachers College Record*, 91(1990), 509 - 536.

② Zeichner and Noffke, "Practitioner Research"; Michael Huberman, "Moving Mainstream: Taking a Closer Look at Teacher Research," *Language Arts*, 73(1996), 124 - 140.

③ The potential of National Board for Professional Teaching Standards (NBPTS), Interstate New Teachers Assessment and Support Consortium (INTASC), and National Council for the Accreditation of Teacher Education (NCATE) to support this development are described in *What Matters Most: Teaching for America's Future* (New York: National Commission on Teaching and America's Future, 1996). 有关方言和专业语言之间的差异和关联的讨论,参见,Donald Freeman, "Renaming Experience/Reconstructing Practice: Developing New Understandings of Teaching," *Teaching and Teacher Education*, 9(1993), 485 - 497.

④ 有关这一思想在教师教育中的应用,参见 Mary K. Stein, Edward A. Silver 和 Margaret Schwan Smith, "Mathematics Reform and Teacher Development: A Community of Practice, Perspective," in *Thinking Practices in Mathematics and Science Learning*, ed. James Greeno 和 Shelly Goldman (Mahwah, NJ: Lawrence Erlbaum, 1998), pp. 17 - 52.

⑤ 参见,Deborah Lowenberg Ball 和 Sylvia Rundquist, "Collaboration as a Context for Joining Teacher Learning with Learning about Teaching," in *Teaching for Understanding: Challenges for Policy and Practice*, ed. David K. Cohen, Milbrey W. McLaughlin 和 Joan E. Talbert (San Francisco: Jossey-Bass, 1993), pp. 13 - 42; Suzanne Wilson, Carol Miller 和 Carol Yerkes, "Deeply Rooted Change: A Tale of Learning to Teach Adventurously" in *Teaching for Understanding: Challenges for Policy and Practice*, ed. David K. Cohen, Milbrey W. McLaughlin 和 Joan E. Talbert (San Francisco: Jossey-Bass, 1993), pp. 84 - 129.

⑥ Catherine Lewis and Ineko Tsuchida, "A Lesson Is Like a Swiftly Flowing River," *American Educator*, 22, No. 4 (1998), 12 - 17, 50 - 51; N. Ken Shimahara, "The Japanese Model of Professional Development: Teaching as Craft," *Teaching and Teacher Education*, 14(1998), 451 - 462.

教学,还可以将课堂教学与更广泛的教育目标联系起来,探究多元的观点。同样,在中国,存在一个几十年的传统和明确的体制,让新老教师在研究和解决实践问题中保持协作。① 在英国,教师从事的“行动研究”的悠久传统始于 20 世纪 60 年代,并延续至今。② 在这些文化中,产出和传播教学知识的教师不是一些特定的“教师研究者”,他们所做的工作已成为其日常工作的一部分,他们自己则将教学研究和解决其中的问题作为一种专业责任。

虽然对其的结构性支持尚且不足,但教师的实践研究似乎正在取得进展。通过在会上发言和为同行写作,教师开始建立了一种专业研究类型。从事教学的学者将教学实验应用于一般的研究中,他们开发了一种便于他人分析的文本和一种基于实践的语言概念框架。这项工作是当下适度且正在使制度得到完善的一部分,包括教师对学生的共同评估,区级教师研究小组、职业发展学校和教师档案中同行教师的实践评估报告。所有这些都可能成为“定性研究”的形式。既然这些新的专业领域为教师开展研究和交流成果提供了平台,那么如何看待他们的工作和更大范围的“知识产出”之间的
关系?实践者的研究是否应该和学者的研究在方法标准上保持一致?如果他们创设 1168
自己的方法,这些方法会帮助其获得学术话语吗?他们应该这么做吗?

自身参与学术活动

以第一人称撰写学术文章是当下许多社会科学专业领域的趋势。教师研究只是其中一个小例子,却为定性研究者提供了审视这种写作方式的潜力和问题的教育环境。至少有三个问题令置身于教学研究中心的定性研究者感兴趣:作为一种学术类型的自传式叙述的潜力和缺陷;揭示局外人在研究中尚没有意识到的未呈现的相关方面;这种研究需要兼顾到的责任和分析。1985 年,为了证明第一人称的叙述方式可以成为一种学术形式,我指出:

> 教师的身份极大地关系到其界定问题的方式以及面对这些问题时他/她能做什么,又会做些什么。学者解决那些通常被认为是重要的问题,而对于教师,如果课堂情况和预期不一样,问题就出现了。因此,和理论问题相比,实践问题需要有人有做出改变的愿望和决心。虽然教师可能会受到外界有力因素的影响,但行动的责任是内在的。和研究者及理论家一样,教师会确定问题,想象解决问题的方法,但他/她还需在课堂上对此类问题采取某

① Lynne Paine and Liping Ma, “Teachers Working Together: A Dialogue on Organizational and Cultural Perspectives of Chinese Teachers,” *International Journal of Educational Research*, 19(1993), 675 - 698.

② 参见, John Elliot, “School-Based Curriculum Development and Action Research in the United Kingdom,” in *International Action Research: A Casebook for Educational Reform*, ed. Sandra Hollingsworth (London: Falmer Press, 1997), pp. 17 - 28.

> 种行动，并要随时为这些行为后果负责。因此，在承认教学实践深刻的个体维度的同时，我选择不仅详细呈现（其他）教师的问题，也选取了我自身经历中的一个问题。①

20 世纪 80 年代，在学者们试图理解实践者某一个行为方式的原因时，除了研究者的观点，教师的声音也开始被纳入教师思维研究。在命名教师思维时，人们将其称为“实践知识”，很多研究者，如弗里曼·艾尔巴茨（Freema Elbaz），简·克兰迪宁（Jean Clandinin）和迈克尔·康奈利（Michael Connelly）提出了新的认识论问题及哪些研究方法适合教学研究的新问题。

另一个将教师的话语带入文献综述的方法是通过自传式叙述的出版，但是有一些学者建议要慎重对待这种方法。1995 年，在教师思维国际研究协会（International Study Association on Teacher Thinking）的主题演讲中，艾弗·古德森（Ivor Goodson）认为，相信“仅仅允许别人‘叙述’我们，以一种严肃的方式允许他们表达观点和发挥能动性”的观点是非常危险。② 古德森引用了辛西娅·钱伯斯（Cynthia Chambers）对康奈利和克兰迪宁的著作《作为课程设计者的教师：经验的叙述》（*Teachers as Curriculum Planners: Narratives of Experience*）所做的评论：

> “这些作者给我们一种幼稚的希望，让我们相信，如果教师懂得‘讲述和理解自己的故事’，那么他们将重新获得课程设计和改革的中心地位。但是，他们的方法却让每个教师成为‘在夜深人静时唱歌的画眉’，孤独而凄凉，并不知道自己的歌声之外是一个更加广阔的世界。”③

他还指出，虽然凯西·卡特（Kathy Carter）于 1993 年鼓励在教育研究中听取教师的声音，但她也同时指出：

1169 “对于在工作中讲故事的我们，如果认可这种讲故事的工作，并为其建立一种认识论，这样我们只是用一个范例代替了另一种范例的控制地位，而没有战胜这种控制地位本身，那么我们并不会很好地服务群体。在对待叙述和故事中所存在的问题时，比如解释、真实性、规范价值，以及我们讲故事的初

---

① 我参考了“教师如何管理自己的教学”（How Do Teachers Manage to Teach?）（*Harvard Educational Review*, 55(1985), 180）。也参见该文脚注及其支撑文献的简评。

② 发表于：Ivor Goodson, “Representing Teachers: Bringing Teachers Back In,” in *Changing Research and Practice: Teachers' Professionalism, Identity, and Knowledge*, ed. Michael Kompf, W. Richard Bond, Don Dworet 和 R. Terrance Boak (London: Falmer Press, 1966), pp. 211 - 221. 引自，第 215—216 页。

③ Cynthia Chambers, “Review of Teachers as Curriculum Planners: Narratives of Experience,” *Journal of Educational Policy*, 6(1991)353 - 354 (p. 354，引自，Goodson, “Representing Teachers,” p. 216).

衷，我们必须比以前更加自觉。”①

在心理学和社会学领域工作的路易斯·基德(Louise Kidder)和米歇尔·法恩(Michelle Fine)对实践者的故事叙述的肯定也提出了类似的批评意见。他们认为，处于实践环境之外的研究者有责任“维护自己的解释权威”，并将一个人的故事同其他人的故事和各种观点关联起来。他们引用乔伊斯·拉德纳(Joyce Ladner)关于种族研究的评论指出，“对拉德纳来说，从事社会研究的关键之处在于打破由社会安排或她所说的‘体制’在思想上造成的‘常识’框架，并提供观察社会行为的其他观察视角”。② 基德和法恩指出，在研究者叙述实践者的故事时，这种多元的视角是可行的、也是可取的：他们形容这种工作为“万花筒似的”。

我们怎么看待教师研究中的个人角色是一个现实问题，也是一个深刻的认识论问题。这迫使我们重新回到教育研究者持续面对的困惑上，即如何将一个复杂的“案例”和存在相同问题的其他情形联系起来。某个个体、某种环境下出现的问题也和其他情形下相似，这意味着什么？如果要将一个案例中的知识运用于另一个案例，实践者或学者需要哪些额外的技能或知识？

表述的问题

一旦你从行业内部了解教学，那么你如何将所知所见传播出去，从而使该领域的知识可以得到积累？在撰文讨论以第一人称进行数学教育的教师研究时，黛博拉·鲍尔(Deborah Ball)除了说明了将教师的声音融入到教学话语中的重要性之外，还提出了关于自传式论证本质的问题：以第一人称叙事的作者提出的论断基于什么？读者接受他们的证据是什么？鲍尔认为，介绍教学的教师迫使我们质疑“真相”的含义，并在我们界定“真相”时去思考作者的目的所在。她利用鲁丝·贝阿(Ruth Behar)关于人类学话语变化的描述，强调了自传式的学术写作要比常见的学术论证更难。贝阿提醒所有参与此类研究的人都要保持警惕：

> 任何知识发展的趋势都是这样，某些实验的结果要比其他的结果有效。在文本中自己描述自己远没有那么简单。不设防的写作也和严密而理性的写作一样，需要许多技巧，如细致入微地描述以及贯穿某个复杂观点方方面

① Kathy Carter, “The Place of Story in the Study of Teaching and Teacher Education,” *Educational Researcher*, 22, No. 1(1993), 11(引自, Goodson, “Representing Teachers,” p. 220).

② Louise Kidder and Michelle Fine, “Qualitative Inquiry in Psychology: A Radical Tradition,” in *Critical Psychology: An Introduction*, ed. Dennis R. Fox and Isaac Prilltensky (Thousand Oaks, CA: Sage, 1997), pp. 34 - 50.

面的意愿。我认为不设防的写作需要更多的技巧。①

为什么教师研究者要“不设防地写作”？既然是讲述自己的故事，这种需要如此多的技巧的写作到底是为了什么呢？作为教师，我在描述自己的教学时，我当然可使用专业知识，但同时，在表达我所知的各个方面时，我也受到任何一种媒介的限制。虽然在写作中我的目标是保持我所描述的教学生活的丰富性和复杂性，但是在这个过程中，我痛苦地意识到，不可能做到面面俱到。即使还有其他媒介补充，语言也不足以描述我整个教学实践的经验和知识，甚至无法完全描述一件事情的各个方面，更
1170 不用说呈现事件中的各种感受和意图。与其他观察者相比，我对事件的来龙去脉会有更多地了解，但在我尝试将其写出来的时候，这种能力既是一种优势，也是一个阻碍。

实践就是要身体力行，就像我已经提到的。因此，关于实践的研究应在实践者实践的环境中展开。研究实践意味着如果限制研究主题，它就不能成功，因为一个受限的主题会阻碍实践中的问题解决。但是，在尝试阐释实践的过程中，即使这种阐释是第一人称的，也有必要将所学的内容形式化，去掉经验的某些方面，突出其他方面。不是只有局外人才会做出基德和法恩所说的“万花筒似的解释”。对于任何关注自身实践的研究，肯定有很多故事可以讲述。而每一个被讲述的故事，也可能具有很多含义。关于实践的故事是故事的一面镜子，就像所有的文本，都是被带有某种意图的作者建构的。② 当一个人进行自述时，任何一种描述都不足以阐释其自身的经历，而没有描述，他们的所感所获依然是私人的、不为人所知的。

对于语言不足以呈现实践经历的方方面面的这种判断，更多地体现的是一种谨慎的自我批评。我的读者认为，和其他撰写教学研究案例的作者相比，我写的更加真实，因为我所描述的那位教师正是我本人。其他撰写教学的作者忽视了性别、政治背景、父母关系或主题是情有可原的，原因是这些都在他们的专业领域之外。作为教师，我不能忽视任何一个因素；作为一个自我参照的作家，我也被读者推动着不去忽视这些因素。1987 年，我转向了录像，认为它可能是呈现复杂教学本质的方法。究其原因，有了录像，即使观众会受到一定的限制，但他们将能更容易地观察到课堂上复杂的互动，这几分钟的课程是我以录像制作人的角度从更长的活动中挑选出来的，虽然它可能受录像者拍摄的角度的限制。这种呈现教学实践的方式似乎是真实的，因为参与者的活

① Deborah Lowenberg Ball, “Working in the Inside: Using One's Own Practice as a Site for Studying Teaching and Learning,” in *In Research Design in Mathematics and Science Education*, ed. Anthony Kelly and Richard Lesh (Amsterdam: Kluwer, 1999), p. 400.

② 关于用不同的故事讲述同一教学事件的案例，参见 Harriet Bjerrum Nielsen, “Seductive Texts with Serious Intentions,” *Educational Researcher*, 24, No. 1(1995), 4 - 12.

动对于观众来说是可视的，而不是根据描述者的个人喜好经过筛选的。① 与写作相比，录像让教师-学生-主题之间的互动成为一种活动的画面，而不是将它们分离成单个的元素，只有按着某种方式将它们重新组合在一起，才能传递所有的信息。

当我在课堂上播放录像时，我常常担心的问题是在我播放录像之前我需要提供哪些“背景”或需要告知人们什么。而我对于自己的做法从不满意。因为我想在有限的时间内呈现更多、说更多，并希望能说“只有亲身经历，你才能理解事情的来龙去脉”这句话，但每次总是有一种挫败感。一旦观众开始评论我在录像中的行为，录像似乎就很少呈现我所了解的事情。我对“自己亲身经历”的了解和对我们在录像中所看到的行为的推理有很大的关系。推断我做出某种行为的原因并证明这些行为的合理性，需要拥有比已有的信息更多的信息。利用录像来呈现即时教学的这种可能性似乎加剧了我实践中的交流问题，而非解决这个问题。

我使用录像的经验让我想发明一种更好地呈现教学实践的方法，以此作为一种协作式分析和解决问题的基础。作为小学教师、教师教育者和教学研究者，黛博拉·鲍尔和我于 1989 年开始尝试多媒体。我们将多份实践记录储存在一个可随时访问的电子数据库内，教师及观众都可以将其作为教学的分析讨论文本使用。虽然对这种技术的期望，在目前看来还不太现实，但这种教学呈现方式在实践和概念上都具有吸引力。② 多媒体技术具有某种潜力，使我们能表现一种对知识的认识。鲍尔和我发现，这种认识对教学是极为重要的，但在教学研究中是缺失的——李·舒尔曼（Lee
Shulman）将其称为实践中认知的“策略性”模式。③ 舒尔曼关于策略性认知的特征描 1171
述和多媒体技术开发人员的说法有着惊人的相似之处。④ 他指出，命题性知识是最常规地被输送到学术情境中的知识，以便“应用于”实践。他认为，案例知识利用生动的细节，让其所要阐明的命题更加显著，但是依然可以与策略性知识清晰地区分开来——策略性知识是用于指导真实情况下的实践的知识：

> 命题和案例共同承担单方面的责任，也就是让读者或使用者转向一个单一的特定的规则或实用的观察方式的不足之处。当教师遇到特殊情形或问

① Katherine Merseth and Catherine Lacey, “Weaving Stronger Fabric: The Pedagogical Promise of Hypermedia and Case Methods in Teacher Education,” *Teaching and Teacher Education*, 9(1993), 283 - 299; Gary Sykes and Tom Bird, “Teacher Education and the Case Idea,” in *Review of Research in Education*, ed. Gerald Grant (Washington, DC: American Educational Research Association, 1992), pp. 457 - 521; Deidre LeFevre, “'Why Video?” Unpublished manuscript, University of Michigan, 1999.

② 对该项目以及同类项目的详尽评述，参见，Magdalene Lampert 和 Deborah Ball, *Teaching, Multimedia and Mathematics: Investigations of Real Practice* (New York: Teachers College Press, 1998).

③ Lee Shulman, “Those Who Understand: Knowledge Growth in Teaching,” *Educational Researcher*, 15, No. 2 (1986), 4 - 14.

④ 例如，参见，Sueann Ambron 和 Kristina Hooper, *Interactive Multimedia: Visions of Multimedia for Developers, Educators, and Information Providers* (Redmond, WA: Microsoft Press, 1988).

> 题时，不管这些情形或问题是理论的、实践的或道德的，当它们中出现原则冲突并且没有简单解决方法时，策略性知识都可以开始发挥作用。当单一原则的课程相互矛盾，或某些特定情况的先例不相容时，策略性知识就得到了发展。①

正是因为这种教学实践的呈现方式，多媒体才应该让其成为可能。它之所以对我们有吸引力，是因为它能捕捉我们从内部才能观察到的实践的复杂性，这一策略性片段需要思考和行动，且具有多样性的特点。可能正是因为想要了解教师在教学实践中使用的策略方法，才促使教师研究的发展变得更加广阔。

前景在哪里？

1990 年，我合作的研究团队提出了一种理念，即一种由电脑支持的"调查者的工作环境"(Investigator's Working Environment, IWE)数据库。这个数据库通过实现多种活动，如浏览、组织、注解、利用多种媒介展现课堂教学记录，以及个人和小组对这些记录的评论，促进了教学研究。对该数据库加以设计，课堂实践者、教育研究者、学生、父母、学校管理者和决策者便能够利用这些记录，并在此基础上添加他们的理解，以便于他人能同步或不同步地在谈论教学问题时获取相关信息。1999 年，和十年前相比，这个数据库已经更接近于现实。或许它代表了对教学定性研究何去何从的愿景。记录和储存视听数据的新技术，日益复杂的通讯和数据库技术具有很大的前景，它们能帮助我们进行广泛的扫描与深度分析。降低获取这些技术的资金成本和认知成本意味着，学者和实践者的交流可以更加便捷地建立在一个共同的信息基础上。电子通讯可以让对话的参与者对同一个文本展开讨论，且不受时空的限制。新的数据库技术可以将主要资源和对这些资源的解释进行关联，为回答如何展示研究"结果"，以及如何评判这些结果的有效性之类的旧问题提供了新途径。

教学研究，特别是教师研究者主宰的教学研究已为定性研究开创了新前景并提出了新问题。实践者和研究者掌控的新工具将改变收集的数据类型，以及数据的分析和传播的方式。随着教学定性研究的发展，实践者和研究人员需要考虑教师的贡献。教师承担起使用这些工具的责任，将这些工具作为产生基于情景的专业知识的基础。实践者和研究人员还应该需要考虑什么才是对事件"好的"阐释，因为实践者对那些事件
1172 的讲述伴随着多种形式的解释性研究。当从内部了解实践之后，实践者和研究人员还需要面对传播实践的典型挑战。随着更多的教师参与对话，他们的分析得以被对比，而我们也将努力地去理解实践的本质、知识的本质和知识的益处。

（卜令朵　译）

① Shulman, "Those Who Understand," p. 12.

评析

55. 更好地理解教学，学会教学

约翰·洛克伦(John Loughran)
莫纳什大学(Monash University)

> 因为教师要在自然、规范和协商的环境下面对很多学生，教师的知识不 1177
> 是单纯体现在被实例化的可观察到的行为方式中，也不只是隐含于头脑之
> 中……教师有充分的能动性去用一种崭新的创造的方式去行动。这样，教学
> 既遵循规范和标准，又能对其他参与者做出即兴的反应。
>
> (Florio-Ruane, 2002: 209 - 210)

正如弗洛里奥-鲁安(Florio-Ruane)(见上)明确阐明的那样，教学具有多面性。但矛盾的是，虽然认识到实践中的技巧、能力和知识可能有助于观察教学的构成，但将教学单纯地分解为单个的元素则会忽略它潜在的复杂性。教师的即兴发挥，在不同教学情境下会以不同的方式临场表现、适应和反应，可以为理解高质量的实践所固有的创造性、必要的专业自主性和专业知识提供一些启发，同时也会突出其略显缥缈的本质。显然，教学如此复杂，因此要把握、分析和描述它都是很难的。

在试图调和教学的教与学时，教师教育必须明确解决实践的复杂性问题，同时认识到一个事实，即教学的本质很大程度上是隐性而不可言的(Polanyi, 1962)。鉴于此，教学往往很难被理解甚至容易被曲解(专业内外均是如此)。因此，教师教育者应对批评做出回应(而不是忽视或单纯地去适应它)，从而保证教师教育工作得到更好的理解。

多年来，对于教师教育的批评是一个反复出现的主题。遗憾的是，这些针对教师教育的部分的、盲目的批评与被认为理所当然的教学(引申为教师教育)的本质联系了起来，这种本质将教学的概念强化为一种被贬低的事业。但是，就像本文引言所说的，由于缺乏对教学和教师教育的多方面了解，这种情况越来越严重。比如，盖奇认为“教师教育和教学同等重要”(Gage, 1978: 42)，并借用赖尔(Ryle, 1949)关于“陈述性知识”和“程序性知识”的区分来质疑教师教育实践；因此，阐明“知道如何教”(knowing about)和“真正地去教”(doing teaching)未必是一回事。

长期以来，盖奇的观点在很多方面反映了人们对教学和教师教育的关注。这可以
追溯至杜威(Dewey)在芝加哥实验学校(Chicago Laboratory School)时的工作，“……
杜威(1938)关注经验的需要，将其看做一种可以培养学生思考力和警觉力的作用力， 1178
而不是教学的基本技巧”(Loughran, 2006: 22)。然而，技能娴熟和专业实践的区别主

要被用于阐释基于二分法而非探索教学不确定性本质的教师教育：当在考虑教学的教育时，教师教育是一种混合体。

如果教学被看作是不确定的，那么通过上述二分法，它将被看作是绝对的，比如找到特定教学和学习环境下的最佳的（best）应对方式；设置合适的（right）教师教育课程；选择理想的（ideal）教学人选；建构某一教师教育模式，这些可能会有助于加强我们对教学实践的理解（相对于实践的措施），因此产生更多有意义、积极的教学方法与教学学习。教师教育概念化如此困难，或许原因之一是它连续不断的（持续的）变化，这就需要教学与真正应对学习的现实的复杂性结合起来。

迈尔斯（Myers，2002）指出，教师教育长期以来被“讲述式的、展示的和引导的实践方式”所主导。这种表述说明了，当教师教育复杂性衍生出的困境和矛盾被不恰当地用来将高质量教学美化为“更好的讲述方式”时，教师教育实践是如何进行的。的确，讲述、展示和指导的实践方式基于一种假设，即学习是简单而不复杂的，教师教育工作者的知识和经验能够被移植到师范生身上。关于教师教育工作的大量批判（有根据的和没有根据的）正是基于这种对教与学的关系的肤浅认识发出的。因此，迫切需要对教师教育更充分地、更好地理解教与学的相互影响做出应对。深思熟虑的应对是至关重要的，这意味着对教学法有认真的关注点是必不可少的。

理解教学法

在一些国家，比如英国、美国、澳大利亚和新西兰，“教学法”一词通常被看作是“教学”的同义词。但是，从欧洲教学法的悠久传统来看，它更多地“描述了关系价值、个人参与和教学环境……（它包括）将适应于教育实践的环境问题化，旨在为从事教学的专业人员提供知识基础”（van Manen，1999：14）。教师教育显然是教学法研究的核心。因此，根据定义，当它尝试为师范学生解释以理解为目标的教学方法是什么、为何要这样教学等问题的价值时，它必须要处于诠释教学法的最前沿。因此必然地，教师教育须有意识地将对教学复杂性的了解贯穿到对其模糊本质的体验中，这样，教学法本身就成为教师和师范学生关注的重点。这一点也应体现在对教学结构的了解的方式中。

在解释作为一名教师研究者对她而言意味着什么时，兰珀特（Lampert，2000）阐释了这一观点。通过关注各种机会以提高职业责任感、让自己参与学术活动并解决与
1179 实践的复杂性相关的问题，她着重探究了从内部研究实践的重要性。以此，她着重指出了教师的实践视角是如何“发现局外人从实践中无法获知的隐含的相关方面，以及这种工作所需要的责任和分析”的（Lampert，2000：91）。作为一名教师研究者，同时也正在从事教师教育工作的相关人士，兰珀特同时面对教与学的挑战，因此她能够以教学观察者所不具有的视角来认识和理解教学法。在从事教学以及研究教与学的相互影响的过程中，她发现了探究教学法的新途径。她能够通过构建和重构（Schön，

1983)情境，来创造全新的不同视角，从而能够更加深刻地理解教与学的复杂关系。

兰珀特的工作动力似乎源于她对与自学式教学和教师教育实践相似的实践的关注(Hamilton, 1998)。通过教师教育工作参与者特有的方式，自学打开了教学中教与学的复杂世界。因此，自学提供了一个全新的途径，来回应长久以来存在的关于教师教育实践的二分法观点，即“一种促使我们更全面地了解教师教育者实践的研究实践的方法”(Berry, 2004a: 149)。

在有关了解通过自学成为一名教师教育者的相关需求的大量研究中，贝里描述并揭示了教师教育者实践中的突出矛盾：

> “……试图使学生的学习目标与实习教师(student teacher)自学的需求和关注点相匹配。这些偶有冲突的目的是教师(和教师教育者)的工作中经常存在的部分不确定性因素，而且正如兰珀特(1985, p. 194)所说的，它‘较易于管理却不太易于解决’。”(Berry, 2004b: 1313)

贝里继续详细列举了六种矛盾，认为它们对于塑造教师教育实践至关重要。这些实践还共同表现了创设的教学情境中所蕴含的某些智慧和专业知识。在这些教学环境下，教师可以和学生一起探究“知识”和“技能”的教学。这六种矛盾分别是：讲授与发展；自信与怀疑；合作与反对；不适与挑战；承认和积累经验；规划和即兴反应。通过这些矛盾，当面对教学及学习教学的简单化和复杂化概念并存的情况时，贝里发现了教师教育者的经验的本质。

在意识到并应对实践中的这些矛盾、冲突和不确定性时，教学法的专业知识就立刻被凸显了。但是，如何应对这种情况并不是很容易教授的，这是一项困难的工作，如果想要得到充分的理解和重视，需要从师生的视角创造去体验的情境。教师教育面临的挑战就在这里。以不断地对教学法提出需求来作为研究和发展的立足点。很明显，教与学相互影响，正如教师需要成为学习者，学习者需要成为教师一样。为了更好地理解这种复杂关系中这种必要的相互作用而进行的调查和探究，使得一种观点很难被接受，即教师教育实践可以(或应该)被简单地加以整理。但是，这并不意味着教师教 1180
育的实践不应该被明确地加以阐明。事实上，阐释教师教育实践是很重要的，这被描述为教师教育教学法的核心(Korthagen, *et al.*, 2001)。

教师教育教学法

> 教学中的教与学，其内容或者主题至少应该包括教学“知识”的“理论”部分(一些人可能将其称为教学训练)。通常情况下，很多主题都是经过浓缩之后以某种课程的形式呈现出来的……这也就是拉塞尔(Russell, 1997)所说

> 的教师教育的“内容转化”。然而，在教学的教与学中的一个问题常常被忽视，就是也需要去关注在呈现主题中使用的实践方法——“教学法转变”(Russell, 1997)。因此，对于教师和师范学生来说，进行中的相互冲突的角色不断地使教学的教与学局面复杂化。教师和学生不仅必须关注主题，也必须留意知识传授的方式，这两者在教师教育教学法中都必须被明确地加以采用。(Loughran, 2006: 3-4，强调为原文所加)

教师教育教学法的重要性植根于一种期望，即教师教育者在传授教学方法时需要以让人对其实践行为、途径和原因获得启示的种种方法，来阐明他们的实践知识。提出一种教师教育教学法并不是暗示需要一整套说明如何教学的“完整指导手册”，而是要重点关注对教师教育者的实践知识的需要，从而使其能够和其他学术传统一样，得到更多正式的共享和批判。

教师教育教学法包括教学的教与学，以及两者在教师教育者有目的地营造出的教学法情境中相互影响的方式。其目的在于给学生提供一些教学经历，这些经历会让他们发展实践观点，并获得一些启示。因此，要想阐明教师教育教学法的组成，需要教师教育者用某些方式来考察自己的教学方法，这些方式可以捕捉和洞察实践的细微差别，这样别人就可以从这些研究结果中获得启发并建立起研究的基础。就像金(King，本书)所说的，针对教师教育中关于学习问题的研究是否是“至关重要的”还有待讨论。如果教师教育者分享实践的方法和概念，他们可以创造机会让他人在自己的实践中采用、改进，并创造性地应对这些真知灼见。

在设计教师教育教学法时，教师教育者群体需要展示师范学生是如何受到了教育(而不是培训)的。通过教育，学生将把在专业判断中建立起来的自信看作是解释其教学推理问题的答案。

教师教育教学法提出了一种前景，即教师教育者在自己与学生的教学实践中能够证明自我的专业实践的核心，即在特殊环境下做出精妙判断(Hagger and McIntyre's,
1181 2000)。这样，教师教育为师范学生创造了一个有价值的目标。他们将通过生涯中持久的专业学习来努力实现这个目标。为了达到目标，教师教育研究具有了新的意义，从而教师培训的概念可能得到更好的理解，其本身是一种开始而不是结果。

关注教师教育

科克伦-史密斯和弗里斯(Cochran-Smith and Fries，本书)“发现了在四个交叉时期被概念化的、用于研究教师教育‘问题’的四种占主导地位的方法”。他们强调，教师教育研究是一种：课程问题；培训问题；学习问题；政策问题。通过这些不同的教师教育观察角度，不同的见解出现了，它们明显地代表了人们在不同时期对该领域的不同期望。重要之处在于，他们的结论是，越来越需要“以深刻而合适的方法构建教师教育问题”，显然这是目前急需的。但是，正如他们在书中和本书所指出的，“谁”来建构问题，对探究的内容和原因影响巨大。

当教师教育的问题在教师教育实践中得到说明、处理、协调和管理时，蕴藏于教学实践细微差别中的丰富的教学知识，来自对教学法的深刻理解。教师教育者在特定时期设定的特定问题可能依然围绕科克伦-史密斯和弗里斯指出的某个或所有问题，但是应对每个单一问题并不意味着一定能够解决这个问题。

教师教育者应该清晰地指出教师教育具有不确定性，并以此来说明他们所了解的知识、了解的方式、这些知识的重要性及在其实践中的表现，对于教师教育质量而言都是极为重要的。教师教育者每天面临的问题(至少)和以下几点相关：教学的隐含的本质(Polanyi，1962)；理论和实践之间的距离(Korthagen，*et al.*，2001)；实践的复杂性(Florio-Ruane，2002)；培养学生的经验权威和位置诱惑权威之间的冲突(Munby and Russell，1994)；还有很多影响教师教育和体验如何学习教学的问题。这些困境、冲突、问题和关注无疑容易被忽视，这样，教师教育的这个问题就会由其他人来设定。但是，对于一个明确其内容、方法和原理的专业，自我陈述、塑造自己的命运、认真应对各种外界附加的期望、需要和诉求的能力是最为重要的。当然，教师教育者应该勇敢地发现教师教育的问题，并且用积极的、理智的和有意义的方式来应对。我认为，努力推动教师教育教学法的发展就是这样一种途径。

(卜令朵　译)

参考文献

Berry，A.(2004a) Confidence and uncertainty in teaching about teaching. *Australian Journal of Education*，48(2)，149 - 165.

Berry，A.(2004b) Self-study in teaching about teaching. In J. Loughran，M.L. Hamilton，V. LaBoskey，& T. Russell (eds.)，*International handbook of self-study of teaching and teacher education practices* (Vol.2，pp.1295 - 1332). Dordrecht：Kluwer.

Florio-Ruane，S.(2002) More light：an argument for complexity in studies of teaching and teacher education. *Journal of Teacher Education*，53(3)，205 - 215.

Gage，N.(1978) Applying what we know：the field of teacher education. In *The scientific basis of the art of teaching*，(pp.42 - 62). New York：Teachers College Press.

Hagger，H. & McIntyre，D.(2000) What can research tell us about teacher education? *Oxford Review of Education*，26(3 & 4)，483 - 494.

Hamilton，M.L. (ed.) (1998) *Reconceptualizing teaching practice*：*Self-study in teacher education*. London：Falmer Press.

Korthagen，F.A.J.，with Kessels，J.，Koster，B.，Langerwarf，B.，& Wubbels，T.(2001) *Linking practice and theory*：*the pedagogy of realistic teacher education*. Mahwah，New Jersey：Lawrence Erlbaum Associates，Publishers.

Lampert，M.(2000) Knowing teaching：the intersection of research on teaching and qualitative research. *Harvard Educational Review*，70(1)，86 - 99.

Loughran，J.J.(2006) *Developing a pedagogy of teacher education*：*understanding teaching and learning about teaching*. London：Routledge.

Munby，H. & Russell，T.(1994) The authority of experience in learning to teach：messages from a physics method class. *Journal of Teacher Education*，4(2)，86 - 95.

Myers，C.B.(2002) Can self-study challenge the belief that telling，showing and guided practice constitute adequate teacher education? In J. Loughran & T. Russell (eds.)，*Improving teacher education practices through self-study* (pp.130 - 142). London：RoutledgeFalmer.

Polanyi，M.(1962) *Personal knowledge*：*towards a post-critical philosophy*. London：Routledge and Kegan Paul.

Russell，T.(1997) Teaching teachers：how I teach IS the message. In J. Loughran & T. Russell (eds.)，*Teaching about teaching*：

purpose, passion and pedagogy in teacher education (pp. 32 - 47). London: Falmer Press.
Ryle, G. (1949) *The Concept of Mind*. Chicago: The University of Chicago Press.
Schön, D. A. (1983) *The reflective practitioner: how professionals think in action*. New York: Basic Books.
van Manen, M. (1999) The language of pedagogy and the primacy of student experience. In John Loughran (ed.), *Researching teaching: methodologies and practices for understanding pedagogy* (pp. 13 - 27). London: Falmer Press.

56. 改进教师教育研究方法

罗伯特·E. 弗洛登(Robert E. Floden)
密歇根州立大学(Michigan State University)

引言

本文区分了多种教师教育的研究方法。区分研究的不同类别有助于学者理解该 1183
领域随时间推移产生的变化。更重要的是,分类有助于研究人员思考如何参与教师教育研究。尽管这些分类只是粗略地将研究方法、研究目的和研究问题进行归类,但却是有用的。

多数论述提到了各种研究方法的优点和缺点,有时是为了倡导或维护某种研究方法;有时是为了区分基本假定的不同之处。各种讨论体现了一种潜在意识,即教育研究的质量需要提高。国家研究委员会(National Research Council, 2002,2005)的报告已提出,"科学的"教育研究——该词承认了非科学教育研究的合法性,比如教育哲学的改善路径将遵循适用于所有科学研究的一般重要原则:

> 提出可以进行实证调查的重要问题……
> 将研究和相关理论结合起来……
> 利用能够直接探究问题的方法……
> 重复和概括这些研究……
> 公开研究情况,以鼓励专业的审查和批判。
>
> (National Research Council, 2002: 3-4)

前面几章节略述的研究分类有助于对不同类型的问题、理论和方法的区别的了解。也就是说,它们体现了某些类型的研究问题是如何与相关理论(隐含的或明显的)和方法联系起来的。理解这些关联可以帮助研究人员更加简便地找到研究问题所对应的合适的方法与理论,从而使他们更好地规划其研究,并帮助读者判定一项研究是否采用了合适的方法。

教师教育研究的分类比较,突出了与这些原则相关的一些问题。下面并不对所有原则进行一一讨论,而是选择三个问题,每个问题都会涉及几个原则:第一,决定研究问题重要程度的标准;第二,方法论的约束如何影响问题的选择;第三,建立对教师教育研究的信任的需要。

1184 如何选择研究问题?

如何选择研究问题是教师教育研究中一个永恒的话题。在理想的情况下,问题应该兼具教育意义和理论意义。也就是说,研究应该解决教育事业中具有实质价值的问题,并通过超越研究的特定主题和目标,增加人们对教育的整体了解。选择的研究方法应该基于可利用的资源,并能够产生回答问题的最可靠的答案。

众多论文的框架和展示提出的关于如何选择问题和方法的建议也不尽相同。盖奇(Gage,本部分)认为,教师教育研究应该解决因果关系问题,比如何种教学有助于学生学习的提高,即哪种教师教育方法能使教师的教学更有效。这种问题的实质价值源于对学生学习的关注,而这也是公认的教育目的。问题的理论价值来自一种假设,即发现的因果关系将适用于不同的情境。盖奇在文中假设,教师教育研究的问题应该由研究人员确定,并由他们衡量什么问题对教育而言是重要的,哪些理论可以用于组织调查研究。

而金(King,本部分)并不认同应由研究负责人挑选研究问题,她认为教师教育研究应该解决那些遭受目前教育实践之害的人所提出的问题——特别是有色人种提出的问题。在问题实质价值的判断标准上,她和盖奇的意见不同。对她来说,除非与能够产生民主和人之自由的批评性理解有关,否则问题就是没有意义的。因此,她认为问题应该和批判社会理论有关,强调权利和特权的差别。金还认为,不应该让传统社会结构中有特权的研究人员决定研究问题,而应该让主导社会结构之外的人发挥主要作用。

与金一样,兰珀特(Lampert,本部分)认为,对重要性的判断应该由主流之外的研究者来确定。她认为,拥有"内部"教学知识的是教育实践者,而非大学的学术研究人员,这些"内部"教学知识可以用来指导研究问题的形成。这些问题经常是基于一定的情景的,对教师来说具有直接的教育重要性。理论贡献来自对实践本质的理解的积累,而不是来自对广为适用的因果关系的了解。弗洛里奥-鲁安(Florio-Ruane,本部分)同样主张教育实践者的问题应该是研究问题的重要来源。

与盖奇、金、兰珀特和弗洛里奥-鲁安提倡关注某个领域研究问题的观点不同,科克伦-史密斯和弗里斯(Cochran-Smith and Fries,本部分)、博尔科(Borko)、惠特科姆(Whitcomb)和伯恩斯(Byrnes,本部分)则在文中采取更加中立的方法,对几种方法进行了区分,列举了它们的优缺点。他们乐观地建议将这些方法结合起来,并彼此建立联系,利用每个方法的优点。科克伦-史密斯和弗里斯将差异看作其所研究的教师教育问题的不同变体。博尔科、惠特科姆和伯恩斯则将差异看作研究的不同"类型"。其影响和实践者类型分别大体符合盖奇和兰珀特各自的观点。他们的设计类型融合了所有分类的混合体，以连续性的实践者为导向，研究朝向更广的方向发展。

因此，决定如何选择研究问题以及选择何种相关的研究方法显然是复杂的。它们依赖于对什么是已知的，如何回答附加的问题才能够有助于理论和实践，一项预期研究产生丰富信息和可靠答案的几率有多大等问题进行的理性分析。价值判断本身就 1185
是复杂的。如果目标是社会公正，是否意味着要选择身处权力中心之外的学生、教师或学者提出的问题？或者，如桑德拉·哈丁(Sandra Harding，1992)提出的，在使他们受益最大的是什么这一问题上，边缘化群体是否也有可能被欺骗？确定研究问题时采纳不同声音是否会带来更多的公平，或更加精确地体现教师教育的运作效果？这些声音的采纳是否建立在民主之上？又或者，对于科学乃至社会，让研究学界公认的专家来指导问题的选择是否更有利？这些问题极为重要，但也充满争议。研究的质量取决于提出的问题是否有意义，但是这个工作，甚至包括决定谁来做这个工作都需要深思。

谁优先，方法还是问题？

这本书该部分的主题是研究方法，所含章节和论述展示了研究方法和研究问题的密切联系。关于如何改进教育研究(如国家研究委员会，NRC，2002)的讨论一直强调的是，研究方法应该和要解决的问题相匹配。旨在探寻原因的问题最好采用实验方法来研究，关于建构意义的问题可以采用人种志方法。

教育研究的标准通常是根据研究问题来选择相应的研究方法。当博士生根据自己选用的方法——无论是分层线性模型，本民族志方法，还是混合方法——开始讨论可能的论文题目时，教师就会感到不安。这时，教授会问："你想解决的问题是什么？"这一提问的假定是，先确定研究问题，然后设计研究来回答这个问题，这样学生的论文会更加完善。

这种忠告是建立在事实核心的基础上的，但是也产生了一种印象，即研究计划的形成过程是，首先选择最重要或最具吸引力的问题，然后设计解决问题的方法。但是，从字面上接受这个建议的博士生常常发现，他们提出的问题并不能作为论文的重心，因为它不能在已有的时间和工具条件下得到解决。例如，如果教师通过全美教师教育认证协会(NCATE)的全部课程，学生的学习是否就能得到提高？这种问题符合目前的政策利益，但是博士生在一两年内对这个问题进行的研究无法得出有信度的成果。

在提出重要问题之时或之前，研究者应该根据自己的研究技巧、能力和时间，思考什么方法是可用的。其导师可能依然会一再强调要明确某个核心问题，或建议努力获得额外的研究技能，但无论如何，研究计划需要兼顾问题和方法。

这种针对问题和方法的重新思考应该由有经验的学者和博士生共同完成。对于任何阶段的教师教育研究，研究者都应该思考哪个问题重要，哪种方法可行，并以此为

依据来规划他们的研究。科克伦-史密斯和弗里斯指出，研究领域的历史以核心研究
1186 问题的变化为特点，但是该领域的历史发展同时受到学者所青睐的研究方法变化的影响。方法的选择受到那些似乎很重要的问题的影响，也受制于学者运用方法的能力和当前他们对一种方法是否能够得出可靠答案的看法。

问题和方法的双向影响与问题和方法应该匹配的忠告是一致的。认识到方法有时优先于问题，将有助于解释进行中的研究和最为关注的问题之间的分割。例如，不同教师培养方法的相对有效性的政策问题是当下的主要问题。但是大部分发表的研究都在关注其他问题。主要问题和目前研究之间的差别至少部分地通过大多数学者青睐的，或者受到可用资源和工具的限制而采用的方法得到了解释。适合回答关于教师教育政策效果问题的研究方法包括，全国代表性数据集的经济计量分析，或对不同教师认证途径的控制实验比较。这些方法需要结合专业技能和数据，而目前只有少数教师教育研究者掌握这些专业技能和数据。因此，无论是否认可这些政策问题的重要性，目前大多数教师教育研究者都选择解决其他问题。

参与教师教育的多数教师都有教学压力，这使得他们可用于研究的时间有限。此外，他们也缺乏足够的机构资源，比如研究生助理、调查研究单位或调研经费，以支持大规模的研究。因此，参与研究时，这些教师会受到研究方法的限制。基于低成本互联网的调查工具的出现降低了大规模研究的成本，但是有限的研究时间很难实现有效而可靠的调查研究测量，而且他们也没有更多的时间进行后续的研究，以获得更高的反应率。这样，很多教师为什么选择运用小规模、低成本的研究方法能解决的研究问题就显得很合理了。实践者研究的吸引力是显而易见的。

如果有限的研究资源意味着大多数教师教育研究将是规模适中的实践者研究，那么，多数发表的教师教育研究解决的问题和这些研究相一致就不足为奇了。这些问题包括，教师教育实践对于参与者意味着什么，未来教师如何理解学习的机会，以及他们从课程中的特定经历中收获了什么。兰珀特和弗洛里奥-鲁安也鼓励这种研究，博尔科等人将其归为解释性的。科克伦-史密斯和弗里斯用以说明关于教师学习问题的研究同样也关注此类问题。

该部分的作者指出，解释性的实践者研究对将所学知识让读者超越单一的案例进行传播带来了特殊的挑战。如从人类学到政治学，各个学科的研究，说明了某个案例的严密分析能够提供案例之外的启示(Firestone，1993；King，*et al.*，1994)。为了提供普遍化的可靠基础，尤其重要的一点是，研究者应该考虑到与论证、概括、重复和公开研究成果以备批判性审查这样一条明确的流程相关的原则。

建立对教师教育研究的信任

教育研究备受指责的一方面就是其质量不高(如 Kaestle，1993)。最近的综合研

究发现教师教育研究也不例外；关于核心问题，比如主题课程的影响或教师教育政策 1187
的影响的高质量研究甚少。

所有领域都需要建立对教育研究的信任。为了获取信任，研究者提供明确的论证方法是至关重要的，为此，他们需要提供足够的信息以保证能够对其进行再现和概括，并公开研究方法来接受专业的审查。通常情况下，解释性的实践者研究并没有充分解释所用的研究方法，或未充分说明其对使读者得出明晰的结论的论证方法所做的分析。这是个人研究论文的一个缺点，而不是研究方法本身的缺陷。如埃里克森(Erickson, 1986)指出的，严格的程序能为读者在阅读质性研究报告时提供一个良好的基础，让他们相信报告所做的解释和结论。兰珀特和弗洛里奥-鲁安都认识到了这个问题，并指出实践者研究往往最终变成讲故事的形式，没有充分关注理解故事基础或与理论之间的关系所需的细节，缺乏对其他研究的充分讨论，也未将故事置于特定情境中以让目标更加清晰。

并不只有实践者和解释性研究需要更加明确地阐释数据收集和分析的方法。利用大样本、问卷调查、结构访谈和观察的教师教育研究也需要清晰说明得出结论的基础。一个普遍的问题是，问卷调查和其他数据收集工具缺乏对其进行可靠性和有效性检验的信息。

对于影响和政策的研究，报告通常也很少解释从数据推理到结论的流程。对研究的特点和结果的命名与使用的测量工具之间的联系不明确，会导致流程的脱节。这里，缺少和理论的联系往往也是一个问题。研究是在隐含的理论指导下完成的，而理论似乎有常识上的基础，缺乏对如何联系不同部分的概念化。例如，关于教师资格的研究假定，认证和教师效能存在某种关联，但是这种关联的基础是模棱两可的。一个关联可能是，教师达到资格要求后，会使学生的学习实现至少最低程度的提高。可以推测，对教师的要求和教师测验最低分数的设定的意图(intent)是为了保证所有教师都能掌握最低水平的知识和技能。但是设定最低测验分数的意图很少为人所知。

削弱对研究结果的信任的最后一个原因是，研究人员也成为了倡导者。因为教育是应用领域，研究人员往往被问到应该做什么的问题。一些研究人员就最好的政策和实践展开辩论。他们具备专业知识，就应该在政策讨论中发挥作用。但是，当他们成为倡导者而非专家时，其可信度就会被削弱。因此，研究人员必须尽可能地明确什么时候是作为专家发言，什么时候又是作为倡导者发言的。

结论

教师教育研究可以有效地分为几种类型。这些类型有其独特的问题、目的和方
法。理解这些类型的差别可以让研究者更好地理解所做出的选择。这些选择应该考 1188
虑已知的方面和该领域内当前的问题，还应该基于研究人员希望推广的教育价值观。

研究人员解决的问题还取决于自身的技能和可供利用的资源。一些问题要想得到有效地解决，只能通过高成本、大规模的研究。这种研究需要主要机构的支持，无论它们是大学还是赞助机构。虽然有很多其他人以某种方式参与其中，但只有少数对教师教育研究感兴趣的人有机会负责这样的研究。对很多希望进行教师教育研究的人而言，可利用资源会使他们围绕某些课程的实践或经历进行小规模的研究。

该部分的作者认为，这种研究对于我们理解实践具有重要的意义，但是他们也提醒我们进行解释性研究的困难。这种研究需要考虑超越某特定案例的多元理解。这种解释性研究能够增加共同理解，但前提是，研究报告包括读者所需要的细节，以供其评价案例的论证过程和思考该案例对其他案例的启示。

进行其他类型研究的研究者也面临着挑战——让各种各样的读者相信他们的研究。对于所有研究领域，为读者提供足够的信息来理解论证的思路是非常重要的。比如，调查研究中论证思路要考虑到调查对象如何理解问题，做出回应的动机是什么（比如，试图取悦研究人员，试图给出社会认可的答案），如何结合个案调查进行更加大规模的研究等等。读者需要了解论证的思路，才能以此作为相信报告结论的基础。

许多教师教育研究方法做出了很大的贡献。在适当条件的支持下，当今讨论的核心问题有可能找到可信的答案。批判的解释性研究有助于我们理解教师教育的复杂性，还可能改变讨论的话题。

（卜令朵　译）

参考文献

Erickson, F. (1986) Qualitative methods in research on teaching. In M.C. Wittrock (ed.), *Handbook of Research on Teaching* (3rd ed., pp.119 - 161). New York: Macmillan.

Firestone, W.A. (1993) Alternative arguments for generalizing from data as applied to qualitative research. *Educational Researcher*, 22(4), 16 - 23.

Harding, S. (1992) After the neutrality ideal: science, politics, and "strong objectivity." *Social Research*, 59(3), 567 - 589.

Kaestle, C.F. (1993) The awful reputation of education research. *Educational Researcher*, 22(1), 26 - 31.

King, G., Keohane, R.O., & Verba, S. (1994) *Designing social inquiry: scientific inference in qualitative research*. Princeton, NJ: Princeton University Press.

National Research Council (2002) *Scientific research in education*, R.J. Shavelson & L. Towne (eds.). Washington, DC: National Academy Press.

National Research Council (2005) *Advancing scientific research in education*, L. Towne, L.L. Wise, & T.M. Winters (eds.). Washington, DC: National Academies Press.

57. 一位实用主义者的笔记：了解我们需要知道的教师效能与教师培养

大卫·H. 蒙克(David H. Monk)
宾夕法尼亚州立大学(Pennsylvania State University)

首先，我在此要作一个免责声明，有点忏悔的意味。作为一名研究人员，我开始接 1189
触教师培养，但是自身专业又与之相差甚远。由于我成长在一个高中英语教师的家庭，一直以来，我对教育和教学领域都非常感兴趣。但从幼年开始，我就被经济学核心而实用的思考方式深深吸引。因此，我大学便修读了经济学专业，但仍对教与学兴趣不减。按照今天的标准说，我追求的是另一种教学途径。作为一名三年级教师，我对于自己制定了如此多的资源分配决策感到惊讶。所有这些促使我在一门研究生课程中尝试着将自己对教育学和经济学的兴趣结合起来。

我开始像一名初学的研究生一样，阅读关于过程-产出教师效能的研究资料，并曾暗下决心要掌握这些资料，以期能对我们所知的课堂过程和学生学习结果之间的关系了如指掌。但是，我失败了，我无法了解这些关于过程-产出方法的文献资料。我还记得曾制作了大量关于不同环境下产生不同结果的图表，也记得自己其实无法理解这些图表。因此，最终我认为，肯定是自己犯了什么错误，因为其他人都相信自己取得了进步。然而，虽然备受挫折，但我还在继续坚持。

认识教育的生产功能

鉴于我的经济专业背景，我尝试将教育学的过程-产出研究传统和经济学的生产功能研究传统对应起来。请允许我用“生产功能”这一术语来简略地代表那些系统的、可预见的教学和学习。但要注意，我要说明的是，虽然我以此方式提出这个概念，但有可能不存在教育生产功能这回事。

非常明确的是，并不存在如此简单或直接的教育生产功能(Monk, 1989,1992)。如果存在的话，那么简单而直接的干预，如为特定类型的教师提供培训，或聘用拥有某些预先确定特点的教师，将很有可能产生理想的结果，如学生成绩的提高。证据和简单的生产功能观点如此不一致的事实使讨论变得复杂化，弗洛里奥-鲁安(Florio-Ruane, 2002)对此已进行了清晰的阐述。

复杂性使分析者的日子变得更加艰难。我们必须找到控制复杂性来源的方法，以 1190
便为更强大的研究技巧——如实验研究和多变量的统计设计，以及为缩小问题焦点打好基础；不过其中也伴随着无法回答实践者和决策者感兴趣的更一般性的问题的风险。本部分的一些作者对这种困境都有所论述。例如，博尔科(Borko)及其同事注意到过程—产出研究方法也存在局限性，比如它无法解释人们如何建构课程情景的意义(Borko, *et al.*，本篇)。弗洛里奥-鲁安(Florio-Ruane, 2002)则注意到，教与学的文本性、现场性和情景性的本质经常会阻碍尝试概括教师效能研究结果的努力。我还记得一句嘲讽之语，意思是学者对少之又少的东西了解得越来越多，直到他们一无所知。

当我们不停地将事情分割得无比精细来识别其规律时，也为复杂性无止境的回归做了铺垫。令人失望的结果将促进更多的努力，以及更加深刻的研究。在理解晦涩难懂的生产功能的特性方面是否取得了真正的进展，目前还没有完善的评判原则能给出答案。经济学家(和其他人)对深入研究这个“黑箱”(black box)的忍耐是有限度的。一些人则巧妙地解决了这个问题，比如通过关注结果，强调提出明确目标的重要性，给予每个角色(包括影响这种尝试的教师)适当的鼓励(参见，Hanushek 和 Jorgenson, 1996)。从这个角度讲，与如何实现了目标相比，更重要的是有能力证明目标已经实现，并得到相应的回报。

相比较而言，教育研究者却是精神饱满，即使是面对令人失望的结果，他们看起来也无所畏惧。科克伦-史密斯和弗里斯(Cochran-Smith and Fries，本书)在报告中提到帕姆·格罗斯曼(Pam Grossman)的结论：“还未得到很多关于微格教学的有效性的明确结论。这一结论在我看来是极具毁灭性的，因为它唤起了人们对大量严重问题的关注，包括缺乏对工具及评估差距所进行的信度和效度的分析。”但值得注意的是，格罗斯曼的结论并不能阻碍对理解微格教学的新尝试，这些尝试可能会使用可靠性和有效性更高的工具。

政策背景

并不是所有的教学效能和教师培养问题都同等重要，需要对其做出回答。对我来说，最重要的问题是那些能够对学习者的生活产生影响的问题。我并不像弗洛里奥-鲁安(2002)那样担心该优先使用哪种研究传统。如果一种研究传统足以用来回答当下的迫切问题，那么就让我们接受这种方法，并利用我们已知的知识。但是，防范伪装者和图方便的心态也很重要。不能仅仅因为一些东西相对容易测量，就让其在讨论中占据优势。

此外，我对单纯地混合使用不同的研究方法并不感兴趣。研究人员可能来自不同的专业，了解和采用不同的研究方法。他们对该领域的不同方面展开研究，适当地着眼于完善他们作为研究者的能力。通过阅读彼此的研究、相互批判和参与重要的学术讨论，他们相互学习、彼此借鉴。即使我们承认一种前提，即所有这些多元角度都具有
1191 价值，但并不能由此推断将它们混合起来就是最好的策略。要实现有效合作和跨学科

研究远比说出这两个词汇本身的含义困难得多。当需要给出答案的问题被用于跨学科研究时，追求有效合作和跨学科研究是合理的，但是我们应该避免陷入一种思维误区，即认为仅仅将具有不同视角的人集合起来就会得到有效的结果。对我来说，关键是确定什么问题是最重要的，然后选择相关的研究策略。

我在一个拥有大量职前教师培养项目的研究型大学担任行政角色，因此我的实践兴趣也来自目前承担的责任。我发现自己在参与设计决策时，可供我参考的实证研究极少。例如，我们最近在决定改变学习教学期间对学生的监管方式。在这之前，我们只能依靠在不同课程领域和实习教师共事的一般导师。一个指定导师可能第一天指导一个实习教师的中学数学，第二天指导另一个实习教师的中学英语。因为我们致力于在工作中加强对这些未来教师的课程培养，所以我们转而使用具有某学科专业知识的导师。这样，一个具有中学数学背景的导师，就只需指导想要成为中学数学教师的实习教师。虽然表面看起来这是一个理想的改变，但是支持这种改变的相关文献竟然非常匮乏，这让我感到非常惊讶。

我要指出，改变并不意味着不存在批评。我们有很多学生对于这种改变都不满意，因为它基本上意味着，我们不得不按照学科分布为实习教师安排区域性的分组。目前在宾夕法尼亚州立大学，如果你想成为一名中学数学教师，你需要在匹兹堡学习教学，在这里，我们已经找到了专门的中学数学教学导师。而在这之前，实习教师有更大的自由来选择学习地点。这对于学生也有好处，因为让所有数学教育专业的学生都来到匹兹堡是不太方便的。当学生问及为什么做出这样的改变时，我发现，我会谈论研究是如何证明特定学科的教学法知识具有重要性的。虽然能够明确地列举得出这种结论的研究，但我必须承认，我没有发现有评估使用这种指导实习教师的方式所带来的影响的研究。

做出这种改变还要付出其他代价。可能最明显的是，我们要支付导师更高的工资，找到各学科都有经验的导师更容易，而我们不得不通过提高待遇来吸引更多的教师。那么，能够用其他的益处来证明项目成本的增加是合理的吗？不见得。当我们能够更好地跟踪学生的成功时，这也许是可能的，但目前却很难做到。虽然我们在有限的文献支持下，在教师培养项目中进行了相当重要但高成本的改变，但是，我认为这是一次正确的行动，主要因为其内在逻辑的表面效度。

需要记住的一些重要改变

当思考了解教师效能和培养需要什么的问题时，我记起了一位同事经常对教师说
的笑话。他乐于宣称："教学是一种微弱的治疗方式。"如果我们去除该领域大肆表现 1192
出来的这种夸张、自私的修辞方式，以及对那些有时以教学的名义进行的麻痹头脑的
无稽之谈，很多人将会禁不住认为他是正确的，即使很勉强。这里有一个重要的转变：

即使在最单调、最令人抓狂的情况下，教学有时也可能证明它可以发生真正的转变。即使在目前的各种压力下，现实中的教师和教育机构也能够并应该在日常生活中做出改变。

需要注意的第二个改变是，目前相关的实践虽然单调乏味，但并不表示要一直这样下去；虽然我们依赖的教育生产功能是复杂的，表现不得力，也有可能有点单调，但不能由此说明要一直这样下去。也就是说，生产功能本身是我们创造的，它不是一成不变的。我们可以改变它，并努力改变教与学进行的方式。这样，除了尝试研究和推断教育生产功能的特性之外，目前的任务可以延伸至尝试和改变它的本质。与使学习者对于设计不当的教师课程逆来顺受会产生极其可怕的后果不同，激发教师、学生和管理者进行真正的研究则会赋予其自主性和活力。

一些有待思考的建议

当我们试图更多地了解教师和教学的影响，改进实践并更加按部就班地实现转化结果时，我提出以下几点建议：

明确所要回答的问题，将其范围缩小，并明白问题为何重要；

1193 明确研究方法，以及选择它的原因；

愿意将你的数据共享；

预期批判，并尽你所能首先解决它们；

下结论时要慎重；

将你的研究置于已有的文献上，这样你的研究就能建立在已有的研究成果之上；

留意得出研究结论的政治环境，并认识到，你有责任帮助读者理解研究的结论。

博尔科(Borko)等人(本部分)描述的设计研究和这些想法是一致的，并且他们对该领域的发展持非常乐观的态度。一些诸如此类的强大的研究在提高教学实践方面具有极大的潜力。

(卜令朵　译)

第九部分

价值何在?

——教师教育在教师养成中的地位

主编

玛丽 · M. 肯尼迪

(Mary M. Kennedy)

视点

58. 教师教育在教师养成中的地位

玛丽·M. 肯尼迪(Mary M. Kennedy)
密歇根州立大学(Michigan State University)

什么样的教师教育才能真正改善教学实践的质量？在教师教育领域，这是一个经 1199
久不衰而又充满争议的问题。难题在于，作为社会人，我们对“优质教学”(good teaching)的理解是不同的。一种观念认为，教师扮演的是一种文化角色，代表受过教育的人；另一种观念认为，教师是帮助年轻人成长、学习和发展的培养者；还有一种观点认为，教师扮演一种政治角色，努力纠正社会不公正现象；还有人把教师视为有特殊专长的专业人员。人们对好教师有如此多的不同定义，那么，对培养好教师的教师教育有着不同的理解，也就不足为奇了。

为了应对这一困境，大学尽可能为有抱负的教师提供了面面俱到的教育。教师是在一个完整的机制中进行培训的，这和那些有抱负的律师、医生或建筑师所参与的单独培训不同。整个教育体制是要把教师培养成受过教育的人。在所有致力于培育教师的体制化项目中，有一部分被明确命名为“教师教育项目”，其目标是把教师培养成拥有一技之长的专业人员。为“教师教育”的专业部分贴上标签，这在某种程度上具有误导性。因为教师可能从整个大学教育中获益，而不是仅仅从所谓的教师教育中受益。但是，因为我们对优质教学有不同的理解，所以这些在教师的教育中被命名为“教师教育”的部分是最具有争议的，也是本部分关注的焦点。我们把这些项目称为“官方教师教育项目”(Official Teacher Education Program, OTEP)，本文关注的问题是：OTEP是不是真的有效？它能不能提高教学质量？它取得了或应该取得什么效果？

本部分的选文试图回答上述问题。这些文章认识到OTEP是教师教育中的一部分，并且认识到其中长期存在各种问题。鉴于教师教育还涉及其他内容，或许本部分内容并非必需。如何确保OTEP提供的服务真的能为教师的全面教育(overall education)增加价值？

有关官方教师教育项目的讨论至少涉及两个层面。其中一个层面涉及教学所需知识的性质，即这些知识在本质上是专业的(vocational)还是博雅的(liberal)。专业知识一般被认为直接应用于特定情境，而博雅知识则提供一种洞察和理解情境的方式。有关这些问题的分歧，不仅反映了对教学的不同理解，也反映了对知识如何影响人们基本行为的不同假设。第二个层面的争论则与教学所需知识的内容有关。在此，支持者们争论了具体课程的相对重要性。例如，一个常见的争论是熟悉教学内容和掌握教学活动哪一个更重要？通常，教学内容由整个教育机构(the institution as a whole)提

1200 供，而 OTEP 只关注教学本身。具体内容的价值论断不同于教师教育特点的论断，因为双方的倡导者往往关注的是教学内容的职业价值(vocational value)，以至于一个有教养的人的博雅价值(liberal value)就被忽略了。

教师教育这两个层面的论断很难清晰地分离开来，但是，每个层面都对教师教育中的 OTEP 部分提出不同的批评。博雅教育的支持者之所以不喜欢 OTEP，是因为 OTEP 通常被认为是专业性的而非博雅性的教育。同时，他们也担心这些专业性的课程会使一些具有聪明才智的博雅性倾向的年轻人不选择教学事业，因为有这些倾向的人对专业课程不感兴趣。而那些支持学科教学知识专业化的人也不喜欢 OTEP，因为他们觉得，从职业的角度考虑，OTEP 并非必需。另外，他们担心 OTEP 会占用他们学习学科知识的时间。在两种观点中，OTEP 的价值都遭到了挑战，虽然提出挑战的原因存在较大差异。

如图 58.1 所示，OTEP 现象就像著名的"鸭-兔"错觉图，尽管事物现象本身没有发生变化，但是人们的解释却经常大相径庭。对于 OTEP 的不同理解，通常源于对教学性质、知识性质及知识怎么影响人类行为的不同假设。那么，不同的人对 OTEP 的价值与角色得出不同的结论也就不足为奇了。

图 58.1 "鸭-兔"两难般的官方教师教育项目

资料来源：Jastrow (1899)，引自 http://mathworld.wolfram.com/Rabbit-DuckIllusion.html

本文旨在从不同的角度审视和阐明人们对 OTEP 项目在教师全面教育中的角色
1201 问题所持的不同观点。关于某一特定教师教育活动对教师的全面教育经历有怎样的补充？如果有所补充，具体补充了哪些内容？无论是历史研究，还是最新成果，都给出了不同的观点和假设。

视点

本部分有三篇“视点”文章，内容涉及“如何教育教师?”这一问题，每个章节都表达了不同的观点。

第一篇是史蒂文·韦兰(Steven Weiland)的文章，他认为OTEP是一个让年轻人挣脱原来的狭隘经验从而具有博雅性(liberal)的机会，而不是一个职业训练的机会。作为一个博雅教育支持者，韦兰也承认，那些坚持博雅教育(liberal education)的人，即人文学科的教师(liberal arts faculty)，在重新审视教育的标准、知识及角色等基本问题时陷入了困境。韦兰考证了“博雅教育”的不同定义，认为博雅教育对教师十分重要，因为他们作为教师的权威性就源于他们所受的教育。不过有趣的是，韦兰也反过来指出，当代的高等教育并没有很好地给它的学生提供良好的博雅教育。他也认为，OTEP可以通过弥补和填平这个缺口来加强教师的全面教育。也就是说，韦兰认为，OTEP不是提供一种技术性的、基于研究的教育，而是提供一种博雅教育。这种博雅教育能帮助未来教师学会多角度看待问题、批判论证和推理，并能帮助他们看到多种观念之间的联系。他认为OTEP如果变得更具有博雅性而不是专业性，将会更加强大。

第二篇是弗兰克·B.默里(Frank B. Murray)的文章，他通过追问教学自身的本质来集中阐述OTEP的必要性。他指出，那些批评OTEP的人认为，教学对于人类而言是一个自然而然的过程，无需什么专业训练。但是，他强调，以“展示和告知”(show and tell)的方式自然呈现的教学，并不适用于当代教学活动所发生的制度化背景，也不适用于构成我们课程的抽象内容。默里认为，如果教师想要培养出真正有教养且对于学校教学内容有深刻理解的学生，他们确实很需要OTEP。更具体一点说，默里认为，OTEP的价值在于给教师提供一种专门性教育，其内容很大程度上源于研究并与职业相关。

上述两篇文章表明，即使在OTEP内部，也存在博雅教育与专业教育之争。两篇文章的作者都认为教师的全面教育中应该包括OTEP，但是对于OTEP价值的理解却不同，并且都认为OTEP需要改进。所以，尽管两位作者都认为拥有OTEP很有必要，却以不同的方式对这一观点进行了阐述。同时，他们都认为如果OTEP不加以改进，会很难继续获得他们对OTEP必要性的认同。

第三篇是肯尼迪(Kennedy)、阿恩(Ahn)和崔金扬(Choi)的文章，文章寻找证据证明教育的课程内容会使学生受益，并且追问师范生成为从业教师后，他们当初在学校所学课程的内容，与学生的学习内容存在多大差异？关于教师教育有三种假设：第一种是他们需要OTEP所提供的教育学知识；第二种是他们需要OTEP之外的学科知识；第三种是与任何具体课程相比，他们更需要成为博雅的、有教养的人。作者们通过实证研究来证明，当我们考察学生从教师教学中受益的程度时，会发现多元的教育背 1202

景和大学课程中的特定内容比其他类型的教育背景更让学生受益。

经典

在我们所提供的论文中最早的发表于1920年，后被收录在1965年莫里·博罗曼(Merle Borrowman)所编写的一本读物中。论文的原作者是威廉·勒尼德(William Learned)和威廉·巴格利(William Bagley)等人，当时，他们被邀请评估密苏里的师范学校的地位，但他们却利用这个机会深入探讨了教师教育的作用和目的问题。他们认为，师范学校最初设立的目的是要给教师提供一种纯粹的职业教育(vocational education)，而不是通识教育(general education)，而且这种职业准备几乎都是关于技术而非课程内容的；只有在教师确实需要基础教育(basic education)的情况下才会为他们提供课程内容的培训。然而，随着时间的变化，师范学校开始把自己看作地方高校，或者当作进入其他高校的敲门砖。学生们进入师范学校不是为了未来的教学，而是为了大学教育做准备。勒尼德和巴格利对教师教育这种目标的转变感到不满。他们认为师范学校应该寻回它们最初的使命，应该从真正的专业目标的视角来进行所有的课程决策。自从他们写了这篇文章之后，教师教育的纲领性内容确实发生了彻底的改变。事实上，这种转变已经完成，几乎所有的师范学校都转变为地方州立学院或者大学，为所有学生提供普通教育。但是他们的论文给我们提供了一个很好的教师教育专业化的案例，能让我们很好地体会到博雅教育与专业教育之间的紧张关系，也能让我们了解20世纪早期教师教育的风貌。

第二篇历史性经典文章来自科南特1963年出版的著作(Conant, 1963)的一个章节，主要考察了OTEP在教师大学教育中的角色问题。与勒尼德及巴格利一样，科南特(Conant)受卡内基基金会委托进行一个教师教育的研究。他的书概括了他的研究结论及大量的建议，大部分建议指向州教育机构。这里收录了他这本书的开篇章节“教育者的争论”(A quarrel among educators)，其中描述了他所发现的教育学院教师和学科教师之间的矛盾。他发现学科教师想尽可能减少教育课程，但是同时他们又不愿涉足公共教育领域。科南特关于教师教育的考察，帮助我们明白了教师教育自从勒尼德和巴格利以来发生了怎样的变化。在科南特进行调查的时候，师范学校已经转变成了学院和大学，并且在课程设置上受各州诸多规定的约束。但是科南特的考察让我们了解到，针对OTEP存在形式的争论，在20世纪60年代初比在45年前更加激烈。科南特认为这些由专业人员参与的，以及后来非专业人员也最终参与进来的争论，使得大多数州设立了教师资格认证制度，但是这只是又增加了一个争论点而已，并没有解决问题。

第三篇是加里·赛克斯(Gary Sykes)的作品，最早发表于1984年。几十年后重新回顾，这部作品现在仍为教师教育提供了一种视角。赛克斯考察了在高等教育及更宽泛的教育圈子内，教师教育在确立自身合理地位方面所面临的困难，也考察了自科南特研究以来大量兴起或衰落的改革尝试，并对这些改革失败的原因进行了分析。

评析 1203

三位讨论者对这些论文进行了评析，各自代表了不同的观点。戴安娜·拉维奇(Diane Ravitch)是一位历史学家，她的论文及所涉议题都纳入了一种历史学视角。琳达·达林-哈蒙德(Linda Darling-Hammond)是一个教师教育研究者，她从专业的角度来探讨这些议题，并且以教师教育学的毕业生具有的专业性视角来考虑教师教育问题。弗雷德里克·M. 赫斯(Frederic M. Hess)是一位政策分析师，他从政策视角考察了这些论文，并提出了多种选择，把问题重新抛给了政策制定者，而他们必须对这种分歧做出回应。

阅读这一系列文章，能够帮助我们理解为什么这一议题永远无法解决。最好的教师教育，部分取决于社会价值取向，部分取决于学校财务和管理，部分取决于大学不同院系之间的互动合作。不过，它最终取决于我们理解教学奥秘的能力，这些能力能让教师走进他人的思想，并且在这些思想中引发学习活动。如果这种能力源于某种专业基础知识，那么这种专业基础知识的内容是什么，我们对此依然倍感迷茫。

（张晓阳　许海莹　译）

参考文献

Borrowman, M.L. (ed.) (1965) *Teacher education in America: a documentary history*. New York: Teachers College Press.

Conant, J.B. (1963) *The education of American teachers*. New York: McGraw Hill.

Jastrow, J. (1899) The Mind's Eye. *Popular Science Monthly* 54, 299 - 312.

Learned, W.S., W.C. Bagley, *et al*. (1920/1965) Purposes of a Normal School. In M. L. Borrowman (ed.), *Teacher education in America: a documentary history*. New York: Teachers College Press.

59. 走向博雅教育的教师教育

史蒂文·韦兰(Steven Weiland)
密歇根州立大学(Michigan State University)

1204 对于未来教师,我们是不是尽到了教育义务?巴德学院(Bard College)校长里昂·博特斯坦(Leon Botstein, 1997)是一位欧洲历史学学者,也是古典音乐领域的领军人物,我们看看他是怎么描述美国大学生现状的,当然,其中也包含有志于成为教师的学生:

> 我们是否从社会层面支持美国青少年的求知欲、好奇心,为他们探求知识提供应有的训导,并满足其达到精神生活愉悦的需求?……事实上,在我们国家历史上,无论在精神层面还是实践层面,对于青少年的求知欲、好奇心,在任何学校教育阶段,我们成人世界所给予的支持都没有比现在更少。

正如博特斯坦所认为的那样,数十年来,大学的教职工、行政人员、学生及高校政策制定者,都对博雅教育和专业学习之间的关系感到困惑。教师教育工作者们当然赞同博特斯坦关于学习的观点。其实他们和自己的学生一样,即使没到漠视博雅教育的程度,也在逐渐远离博雅教育及其提供的获取知识的机会。写作这一章节的目的是探索在教师教育中,如何使教师教育工作者和未来教师更加重视博雅教育。

对大多数美国大学生而言,本科课程仅仅就是获得学位的一系列课程,至于它的原理,则和它在古代人文学科中的起源一样晦涩难懂。100 多年前在美国被称为“博雅教育”的课程,代表了一种希望,即大学学位应该给年轻人提供一些经久不衰的知识,通过对人文、社会及自然科学的教学,使年轻人不再局限于自己的经验,从而为职前所学增加历史的、哲学的及其他方面的视角。博雅教育非常注重过去的知识、伟大的古典文献(最近几十年“文化战争”中颇受争议的“经典之作”)[①]、科学原理及那些被认为对个人和民主社会都有价值的领域。但这里存在一个悖论,即博雅教育表达了传统的观念,却采用了一种批判传统的方式。最好的博雅教育能够促进人的理智独立(intellectual independent)、个人发展(personal development)及公民性反思(reflective citizenship)。

---

① 20 世纪 80 年代,随着美国保守势力的迅速崛起,它们向自由主义、多元主义发起了全面反攻,围绕主导美国大学的文化传统、价值体系的相关问题展开了一场针锋相对的激烈论战和实践较量,拉开了 20 世纪美国校园文化之战的序幕。——译者注

当那些有抱负的教师思考教师教育课程的时候，他们和学生一样，首先关注的是怎么达成从事一种职业的要求。他们需要获得教学法和某种管理课堂教学的证书，但一般很少被要求为学术性科目做准备，为博雅教育所做的准备就更少了。事实上，从 1205
目前众所周知的进入大学前的“学徒观察期”（未来教师以学生身份了解中小学教学）（Lortie，1975）到入职进入“专业教师期”（通过实践进行学习）（Hoy and Spero，2005）之间的本科阶段，似乎仅仅是一段插曲，在此之前的课堂经验的实践价值都被悬置了，教师认证的学术和官僚机制开始发挥它的官方支持功能，首要关切的就是教学方法。即使参与教师教育的学生不问，我们也可以想象，他们中大多数人都会想：“学习哪些知识我才能成为一名有能力的教师？”

根据卡内基公司（Carnegie Corporation）的观点，教师教育对博雅教育关注不够，所以最近有关未来教师含义的表述过于直接，而对任何合法职业而言，博雅教育都是基础。

> “教师”的职业权威，将在很大程度上取决于他们是否有能力证明自己是受过教育的人。因此，候任教师被期望知道更多的学科知识，而不是仅仅懂得他们已掌握的教学方式，并且他们必须要掌握普通教育、博雅教育及人文学科（liberal arts）。（Carnegie Corporation，2001：3）

但是卡内基公司强烈渴望未来教师受到“新时代教师计划”（Teachers for a New Era）（卡内基公司资助的重大改革项目的名称）的更好教育，它反映出一些期望，即本科的部分课程决不能如以往一样保守，为了自身的目标，教师教育必须要更具体、更明确地运用博雅教育。本文的背景正是这场教师教育课程的变革。

然而，变革提出的时机并不太合时宜。最近关于“作为未来教师的本科生应该学什么”的问题似乎忽略了博雅教育（Hiebert，*et al.*，2002；Brouwer and Korthhagen，2004；Darling-Hammond and Bransford，2005）。并且，目前博雅教育并不成熟稳定，大家对其目标和实践，及如何使过去的既定课程适应不断涌现的新领域和新专业尚缺乏共识，况且这些新领域和新专业对知识传统漠不关心（Edmundson，1997；Brint，2002）。美国的大学及中小学，目前大多信奉“职业主义”（vocationalism）（Grubb and Lazerson，2004）。所以，尽管某些观察家（Lehman，2004）很乐观，但是大多数学生除了关心那些有助于他们专业或者职业前景的课程之外，似乎觉得其他课程没有什么价值。如果卡内基公司的观点是正确的，那么未来教师及教师教育项目中的教师，都应该尽力扭转目前这种趋势。所以，本文讨论了“博雅教育在教师教育中该发挥怎样的作用”，并认为博雅教育在教师教育中的最好机会，在于让其与学生学位挂钩。所以，教师教育应该采纳博雅教育中那些有助于增强其项目影响力，提高其制度和社会地位的目标。

本文对“博雅教育”在教师教育不同体系内的含义进行了评论，评论确定了一些博
雅教育的特征，这些特征使人们长期忠于博雅教育，但又对其实践有所争论。自从哈
佛大学一百多年前采用选课制，并发起一场“美国大学本科生应该学什么”的争论以
1206 来，博雅教育似乎就陷入了“危机”。随后，本文的焦点转向了教师教育及其对博雅教
育的重视程度。首先关注的是专业主义及教师“知识基础”的问题。这对考量博雅学
习(liberal learning)的角色而言，是很有必要的一部分内容。通过将人文学科中一些
权威学者(他们对多层次教学表现出兴趣)最近的实践提议与教师教育课程相融合，将
这种理念与实践应用于教师教育工作者的培养中，从而促进教师教育向博雅教育转
变，是本文将要探讨的最重要的一部分内容。我们基于章节的标题和缩小教师教育与
博雅教育差距所要求的内容，得出了这一简要的结论。

博雅教育：黄金时代和后黄金时代

著名心理学家杰罗姆·布鲁纳(Jerome Bruner, 1996)把课程的众多难题归结为以下问题：

> 教育应该再生产文化，还是应该丰富并发展人的潜能？教育应该用不同方式培养天赋异禀的人的内在才能，还是应该侧重用文化武装他们？我们应该从整体重视文化的价值和方式，还是应该将构成整体文化的亚文化放在首位？(p. 80)

大学课程和中小学课程相似，都反映出这样的选择，这是布鲁纳主要关注的问题。因此，学习科目(school subjects)和学术课程(academic disciplines)(无论新旧)都存在相互补充或利益竞争的可变结构。并且，课程也是历史和社会变革的产物，将课程设置意图同教学实际情况相结合，常常可以发现其中充满问题而不是完美的。在“文化再生产”中，博雅教育的作用毁誉参半，尽管大多数支持者不会使用“文化再生产”的表述方式。布鲁纳认为在上述那些两难问题之间做出选择不是一件容易的事情。他也知道任何课程都不可能准确无误地回答以上任何一个他所提出的问题。

尽管许多教师可能受过教导去教授人文学科的一些主要科目(文学，历史等)，但博雅教育在教师教育中从未占有过重要地位，因为许多教师教育工作者要么把博雅教育看作是杰出人才的教育，要么对“实践”和“教学”对博雅教育的需要漠不关心。在20世纪60年代后期，国家人文学科和教师教育大会(a national conference on the liberal arts and teacher education)的主办方提出了一个问题：“为什么人文学科和教师教育不能合二为一?”但是大会出版的书籍使用了一个不是很乐观，却很诚实的标题——《人文学科和教师教育：一场对抗》(*The Liberal Arts and Teacher Education*: *A*

Confrontation)(Bigelow, 1971)。由于学界对大学课程的设置目的、学术职业、大学本质与功用近乎相反的假设,使得它们彼此之间相互“对抗”。传统的博雅教育关注的焦点在于人文、社会及自然科学,支持思想和理论的历史、学科的权威、大学远离社会的形象,或者说使大学离社会远到其能够用批判的视角看待社会机构。教师教育重视实践,在大学中,它的地位在文科和理科学科之下,因为它与学校教育的关系代表了大学对社会的义务。在 20 世纪 90 年代,著名的教育哲学家内尔·诺丁斯(Nel Noddings)认为应该放弃博雅教育(或者其所剩余的部分)而把“关怀”(care)作为课程的主题,这个建议深受教师教育工作者的欢迎。她认为就课程主题而言,“关系”(relation)比任何主题都重要(p. 36)。 1207

自从 20 世纪中叶以来,教师教育工作者们经常表示,要更多地将他们的努力和博雅教育融合起来(最近的代表包括: Reagan, 1990; Coleman 和 DeBay, 2000; Trubowitz, 2004)。文理科的学者们,也偶尔会表达对 K-12 教学的关心(例如,Graff, 2003)。但是两个学术领域之间的鸿沟似乎难以逾越。当然,差异不是绝对的。如本文后面所述实例证明,跨学科的学者和改革项目有时会跨越博雅教育和教师教育的界限,实现相互合作(例如 Murray 和 Porter, 1996)。但是,更多的是令人遗憾的局面,即使在知识结构和知识更新有所发展的时候(如新的信息和通信技术),专业化仍支配着学术工作,享受着专业特权并对其他专业心存怀疑,这些都为跨领域教学带来了亟待解决的难题。

什么是博雅教育?

如果博雅教育有一个被大家普遍认同的定义,那或许就更易使教师教育工作者认同并支持其在课程中的地位。但是,人们越来越认为大学是为工作和事业做准备的,在这样一个时代,定义博雅教育和捍卫它一样有挑战性。例如,在卡内基公司的声明中,通识教育和人文学科通常是和博雅教育结合在一起的。如果美国的大学没有这样实践的话,我们是有理由实施这种方式并反思其含义的。

然而,更容易让人理解的是,把通识教育看作是与博雅教育存在差异的。如哈佛大学目前采用了一种在其他大学也很受欢迎的选课机制,它反映了一种课程分配需求的模式。学生从提供的课表中做出选择,而不是选择预先设定的一整套代表特定学习目标理念的文理科课程。

哈佛大学最近公布了改革“报告”,其中对通识教育和博雅教育进行了很好的区分。即“通识教育”代表了“总体知识,强调多学科、多专业学习的价值”,“而博雅教育虽然也有这种整合功能,但它的目的在于证明那些纯粹为了自我发展、而无利害关系的知识的学习价值,它撇开了那些通过学习可能得到的具体信息和使用价值”(Committee on General Education, 2005: 4)。最后,如果人们没有根据科学和数学研究的要求对“人文学科”的含义进行调整的话,那么,它指的就是那些人文领域、美术及表演艺术领域的工作。“自由学习”(liberal learning)这个术语也值得思考,它指的是在为了获取学位进行的几年正规教育之外的学习活动,或是教师根据自身情况进行的“专业发展”。

“博雅教育”仍是描述学生在学习大学专业之前或之外所接受教育的最佳表述方式。定义有很多的形式,一些学者喜欢谱系式方法(genealogical approach),他强调尽管存在争论,但美国今天的博雅教育仍然可以从 19 世纪的英格兰找到起源。因此,历史学家威廉・卡诺坎(William Carnochan, 1993)发现,在当时的英格兰,人们希望修复“商业主义和专业主义间的累累伤痕,两者间的争论在现代大学商业化和专业化的背景中依然存在并愈发激烈。在现代大学中,博雅教育被看作是在缺乏人性的世界里保持人性的一种方式。”(p. 29)。另外一些学者则把美国博雅教育的根基放在更贴近
1208 当代的知识背景下,认为美国的博雅教育只是实用主义这一美国独特哲学的表现形式(Kimball, 1995)。在第二种思维方式下,如果博雅教育以古典学习的形式出现,从日益增长的制度和公共不确定性的角度去看博雅教育的意义和作用,多元文化主义、社会服务和评估都发挥着至关重要的作用。

无论博雅教育起源于何处,“实用艺术”(practical arts)逐渐扩大的影响力正威胁着其持久性,这仅仅是因为一直接受博雅教育的美国学生所占比例越来越少(Brint, 2002)。事实上,除了一些著名的研究型大学之外,“实用艺术”(包括教育)同 20 世纪中叶的博雅教育一样,占据了当今教学的核心地位。大多数美国教师正是在这样的大学中接受了教育(至少正规教育是如此)。在这些学校,同其他教育价值相比,“教育信条”中越来越重视“职业主义”(vocationalism)(Grubb and Lazerson, 2004)。他们的学生也发生了转变,除了对博雅教育的作用及其与教学的关系有所了解之外,只是零星学习了一些博雅知识(或被要求如此)(Schneider, 2005)。

本科学习的方式具体反映了大学生应该掌握的知识或应具备的能力,而当代博雅教育定义的不确定性反映了人们在这个问题上存在分歧。因此,对于一部分提倡博雅教育的人来说,受过博雅教育的学生应该掌握历史知识、文学名著知识及重要的科学思想和理论知识,并对这些知识所属学科的思维特征有所涉猎。对于历史学家唐纳德・卡根(Donald Kagan)来说,这样一个规定性课程会引发“基于共同知识的对严肃主题的严肃讨论”。不可避免地,他把对过去知识的掌握视为博雅学习的核心,他认为学生应学习人类的历史经验及过往尝试过程中的成败得失,应了解崇尚某种价值而非其他价值所付出的代价,也应了解各种价值之间的相互关系(Donald Kagan, 1999: 222 - 223)。这里有一种强烈的规范性语气,这种语气在很多高等教育批评家中很常见,他们认为现在被错误判定为“博雅教育”的课程缺乏实质内容(或主旨题材)。

当然,在为博雅教育辩护时,学者和教师往往会提及他们自己教育成就的权威性。查尔斯・安德森(Charles Anderson, 1993)是一位政治理论家,他相信博雅教育的意义在专业行为中表现得最为明显。

> 真正的专业人员不会简单地遵循信条，而是要批判地考查信条。要意识到，信条是一个需要经常改进的、并不完美的、有缺陷的构造。这样的专业人员必须接受博雅教育。这种人必须把规则视为一种人为构造，或者是一种理想形式的粗略近似。受过博雅教育的人应经受怀疑论者、批判论者、后现代批判理论家及实用理想主义者的教导，获得一些相对性经验。但是这种教育的目的不是抛弃信条，而是要具有在既有信条内发挥自我创造力的动力。(p. 128；强调为原文所加)

“经历”(Passing through)可能不足以清晰地定义博雅教育课程的教学方式，但是它表明了卡内基公司所设想的获取知识的机会。

也可以将博雅教育放在机构、大学自身、出于集体目的提倡博雅教育的组织中对其进行定义。美国学院与大学协会(American Association of Colleges and Universities, 1209
AAC and U)投入了大量资源让其成员学校列举博雅教育的实例(这些学校中很多前身为教师学院，它们正在培养大部分的美国教师)，并已经提出一些必要的“要素”：

> - 较强的分析能力、沟通能力，获取数据与信息的技能。
> - 能深刻理解探索自然、社会及文化领域学科实践中的经验。
> - 具有跨文化知识，具有合作解决问题的能力。
> - 能主动认识自身对个体、公民及社会的责任。
> - 形成整体思考的思维习惯，具有用已有技能适应不同情境的能力。
>
> 来源：American Association of Colleges and Universities, *Our Students' Best Work* (2004)

这其中没有提及任何一门科目或课程的其他部分，也没有提及某种知识或协会，也未提及安德森所说的那些具体的知识活动，因为这些知识活动可能会由于推崇“相对性”而使成员学校之间产生分歧。正如博雅教育对近代历史的重要贡献所展现的那样(Orrill, 1995)，主流文理学科内外都充斥着相互矛盾的假设、目标和实践。而这些理论则日渐受到博雅教育的青睐与支持，这样的课程也就自然走俏。

由于对多元主义及社会责任的关注，美国学院与大学协会定义的词汇反映出与教师教育相同的目标(也和其他形式的大学的专业教育目标相同)，或者认为教师是“变革代理人”(change agents)，教学是以实现社会正义为首要目标的活动。但是教师教育批评者们(包括那些发现教师被“教坏”的批评者)经常哀叹，博雅教育的内容关注的是“重要问题”和“理智世界”，而那些视野仅局限于自身专业兴趣及进步教育学和课程开发惯例的教师教育工作者对这样的博雅教育兴趣寡然(Hirsch, 1996; Ravitch, 2000; Mason, 2000)。

因为不同的教师教育机构有自己不同的运作方式。所以,要具体描述受过博雅教育的教师具备的知识和能力也较为困难。这些机构包括从小型文科学院,到大型研究型大学在内的所有四年制教育机构。大多数教师都来自地区综合大学(按照卡内基公司的划分)。在这些大学里,职业主义通常比博雅教育更占上风。从它们公布的教学任务和课程设置来看,对于这样目标众多,学生类型多样的大型院校来说,问题就在于如何使博雅教育的理念融入职业教育及其实践中。鉴于教师教育的多种形式及其所反映出的制度差异(Howey and Zimpher, 1989),博雅教育很难如它的传统拥护者所希望的那样成为规定性的活动。事实上,正如保罗·德雷斯尔(Paul Dressel)在另外一场改革中所言,“很大的困难在于,未受职业主义影响的博雅教育,其理念更多存在于保守派的想象中,而非过去的现实中”(Paul Dressel, 1954: 291)。

习俗与废墟

布鲁纳对课程目标提出的问题是 20 世纪后期的重要问题。那么,博雅教育的历
1210 史为我们提供了怎样的答案呢?在卡诺坎(Carnochan)看来,最好的一个答案是,“传统所认可的各种实践活动,及博雅教育所含有的目标多样性,使得回到原点思考问题变得不太可能。”(Carnochan, 1993: 119)即便如此,他依然努力用 20 世纪 90 年代文化战争中关于课程争论的插曲来展示一系列大家熟悉的事件,如即使现在也被称为“争议问题的长期争论”(long term struggle of contested ideas),或者更具戏剧性地被称为“战场”(battleground)。美国在 19 世纪对此的决定性参与(源自英国的较早的说法)始于哈佛校长查尔斯·艾略特(Charles Eliot),他用选课制度取代指定课程,从而增强机构与学生的责任感,他这样做是因为他相信,在一个经济不断变化发展的民主社会中,他的这种首创会培养民主社会所必须的自立精神,但是,艾略特的做法也遭遇了其他著名学界领袖(如普林斯顿校长麦戈什(McGosh))的批判,这些分歧拉开了改革的序幕,之后数十年的争议也不可避免地随之而来。

如果没有学位要求(或最低要求),那么发展中的美国大学就能够对新旧学科知识的迅猛增长做出回应,并且不断扩大其对科学和学术的资助。新的课程体系(如果可以这么叫的话)也会增进学生的个体责任感,他们的选择至少从理念上反映了其对于“何种知识最重要”的判断。在艾略特看来:“对于成熟的学生来说,健全知识(sound knowledge)的所有分支都是同等重要并具有同等教育价值的,这是我们今天这个时代唯一有希望和可靠的观念。”(引自 Carnochan, 1993: 17)艾略特完全可能被误认为是 20 世纪后期专业扩增的代言人。当时新增专业的价值完全取决于其和市场的关系。但是在他看来,在“健全知识”中设定新体系的界限表现出了较高标准,这样的高标准在革命性的选课制课程中得到了保留。

同 20 世纪 20 年代哥伦比亚大学的“世界文明系列”(world civilization sequence)及 20 世纪 30 年代芝加哥大学所钟情的“伟大著作”(Great Books)相关的著名的改革,

都表现出对艾略特所提出的观念的抵抗，反映了这两所大学对必修课程（required courses）长期价值的相信，也展现了其在对学生的教育中通常补充的内容（借用来服务于“通识教育”战略）。只有选修课的课程体制，在一定程度上被一些更具博雅教育目的的项目所取代。尽管美国各类大学的博雅项目并不是很典型、且与正宗博雅教育不完全一致，并且也没有足够的实证证据表明，博雅教育能够产生管理人员和教师所预期的效果，但美国教育的等级制度仍使这一课程体系得以保留（Pascarella and Terenzini，1991）。近来，自由选课又成为一种普遍选择，尤其是在精英学校。

20 世纪末的文学评论家、文化历史学家路易斯·梅纳德（Louis Menand，1997）是博雅教育重大设想的批评者之一，提到这些项目中的经典著作教学时，他说道：

> 当不强制要求文本一定要指向当代道德观念时，通常的观点是，阅读文本是为了教授阅读技巧。但是，阅读经典文献文本是一种特殊的、并不普通的技巧，并不是每个人都可以做得很好。培养良好的阅读能力需要大量的实践和经验。这种技巧是不可传授的，知道如何读诗会使人具备一种能力，那就是读更多的诗。（p. 9）

美国学院与大学协会关于博雅教育的最后一项“成果”，是其自信地宣称的“传递”
（transfer）的巨大力量。然而，梅纳德对于这种效果持否定态度，他甚至指出了博雅教 1211
育的影响力是多么小，包括主要通过课程对教师教育产生的影响力（Floden and Meniketti，2005）。

梅纳德（2001）宣称在博雅教育被职业化（或“教育信条”）重塑之前，已成为美国高等教育“黄金时代”的残留，尤其是在培训教师的大型公立机构中。另外一些有影响力的学者们发现，因为博雅教育迎合学生被当作“消费者”的愿望（Edmundson，1997），加上电子媒介的不断扩张（Gitlin，1998）及高校管理的公司化运作，使得其作为人理智活动源泉的地位正受到威胁（Lears，2003）。由于被有影响力的研究型大学忽视，目前博雅教育已经宣告“被毁灭”，这反映出高校教职工的工作重点是课程专业化，而对大学生则漠不关心（Katz，2005）。无论是什么原因，博雅教育在现在的大学机构中所占的比例比历史上任何时期都要低（Brint，*et al.*，2005）。同“实用艺术”的学生一样，教师教育的学生也在经历变革——学位要求减少专业课以外的内容，同时专业课本身（在新领域采用旧领域的专业化）所占用的教学时间也更多了。在涉及未来教师的特定状况方面存在一个悖论：公众对教师资质与表现的质疑，促使教师花更多的精力加强专业课程的学习（而不是对教学法的关注），尤其是文科和理科的课程，按照卡内基公司进步的期望（enlightened expectations），这样培养出来的教师算不上“受过良好教育”。事实上，长远来看，一些观察家找到了一丝慰藉。卡诺坎认为，“不管美国高等教育经历了多少试验，也不管这些试验在 19 世纪大决裂后的余震中显得多么不稳定，这些试验及其不稳定性……表现出了其……张力和强度”(p. 5)。但是,在“实用艺术”获得胜利以后,美国高等教育的实力正在被重新定义。博雅教育在整个本科课程中的地位问题仍然是最迫切需要解决的问题。“张力”(tensility)确实可以防止四分五裂,但我们不能说博雅教育和教师教育曾经的联合是非常密切的。为了使它们彼此协调所做的一切都应反映历史的责任,同时,也应该关注为应对再一次必要的改革(目前需应对联邦政策、人口变化、即将发生的教师短缺及公办学校的财政危机等),教师教育课程可以承受多大的压力。

习得的专业素养与教师的知识

所有的美国教师都接受过一些博雅教育,但无论是他们自身还是社会,都不太看重这一点。因为教学质量的提高和教师地位的改善都反映出了专业化的问题。教师和他们的支持者们奋斗了一个多世纪,就是要获得一种对其自身职业专业化的认可,使他们的职业在医生、律师等职业占主导的社会能有一席之地。

教学作为一门专业,专业教学实践连同学校教学知识和青少年发展,被视作教学的核心要素。因此,在过去一个世纪的大部分时间里,对于“教师应该掌握什么样的知识”的问题,通常会有一个直截了当的答案:教学方法(how to teach)。教师们认为自
1212 己的大多数教学知识都来源于课堂经验。但是在二战后的数十年中,这样的答案并不能让那些关注教师教育缺陷的批评家和怀疑论者们满意。因此,对他们而言,按照进步主义教育原则对教师进行的“错误教育”(miseducation)一直以来都是改革的障碍(例如 Kramer, 1991)。阿瑟·贝斯特(Arthur Bestor, 1953)因其在学校管理中对进步主义理念感到失望,提出了有关博雅教育的著名案例,也发现了教师对才智的渴望——从反智主义(anti-intellectual)的教师教育工作者对他们的要求上也可以看出这一点。

事实上,正如舒尔曼(Shulman, 1998)指出的,杜威的进步主义思想依然是教育学院的主导意识形态,其中包括在学术科目中以博雅教育形式出现的教师培养课程。这反映了人们对新兴美国研究型大学的精神气质的推崇,也反映了研究与理论对新角色的探寻。到了 20 世纪后期,随着高等教育多元化及愈演愈烈的职业化(例如“次要职业”的形式(Glazer, 1974)),人们对于这种理念的抵触也变得很普遍。对实践的诉求忽视了本来可以从“理论”中或者从那些被学生认为不具实践性的科目中学到的东西。这种情况下,未来教师期望的是专注于教学方法的课程。

因此,舒尔曼记录了教师教育同其他真正的职业所共有的特点,包括那些基于所谓“实用艺术”的专业。

> 当一个人在开始学术型专业学习时,他/她会陷入一大堆的学术性知识,

> 我们这些致力于培养未来专业人士的人就会明白其中的挑战。我们之所以在大学培养专业人士,是因为我们坚信这些就是学术型专业,学术性知识对于提升专业人士的表现是绝对必要的。(p. 517;强调为原文所加)

杜威强调要把博雅教育作为教学研究的前提条件,舒尔曼也赞同这一点。但是在进一步论及实践问题之前,他提出:"掌握了什么样的文理知识,才能被认为是'受过教育'或者'有学识'的人,并因此能够去追求学术型职业?"(p. 518)

在其关于专业主义和教师教育的最后论述中,舒尔曼似乎发现,作为教师所应具有的特点,"情境性实践"(situated practice)至少与博雅教育或者教师教育项目关注点以外的学习具有相同的价值。舒尔曼认为,"正是因为杜威自身所具有的学术影响力,使他强调那些迫切想要控制专业教育(professional educaiton)的研究型大学也能提供博雅教育。杜威崇尚使专业教育的基础更加严谨、更加经得起质疑、更加基于实证调查,但是**对在专业共同体中形成这些行为和观念**,他却没有给予足够的重视"(Shulman, 1998: 524;加强调)。

因此,在20世纪80年代后期,极具煽动性的国家级报告《国家处于危机之中》(*A Nation at Risk*, 1983)使教育面临改革的压力,当时文化战争(the Culture Wars)的到来也使得维持官方对学术性学科的信任成为难题,在此情况下,舒尔曼自己创立了一种"学科教学知识"(Pedagogical Content Knowledge)的理论,并把其作为巩固科目学习的方式,使其与博雅教育相结合,也与教学实践和教学知识相结合。他宣称"学科教学知识最有可能让我们把'学科专家'(content specialist)和教师(pedagogue)区分开来"(Shulman, 1987: 8)。但是,它也反映了教师对于教学"内容"的"来源"的了解。因此,"教师不仅要对所教的科目有深刻的理解,而且需要**广泛的博雅教育,使已学知识更加系统化,同时促进新知识的学习**"(p. 9;加强调)。 1213

"广泛的博雅教育"(broad liberal education)大概来源于参与教师教育项目的学生的一些体验,他们在学校接受规定性的博雅或通识教育课程(liberal or general education curriculum)。事实上,舒尔曼正得到教师教育中所有教师的支持,这是一种抵制所有"错误教育"(miseducation)的姿态。确实,正如他后来在论文中所说的那样,"对于教学和博雅教育整体关系的强调,清楚地表明教师教育不仅仅是教育学院或教育学系的任务,而是整个大学的责任"(p. 20)。一本重要的著作(Clifford and Guthrie, 1988)建议把这种观点看成一种口号,但舒尔曼对这种观点的自信也反映了霍姆斯小组(Holmes Group, 1988)及当时旨在巩固教育和文科在大学中的关系的其他改革活动对这种观点的支持(例如,20世纪90年代卡内基公司项目中的"项目30")。

当然,无论过去还是现在,都有一些教育学院的领导渴望守护他们所认为的"特殊"使命——认识到更好的课程整合及新的学术同盟所引发的观点诉求。我们会哀叹这样一个事实,即"教师教育的历史脆弱性又一次导致了其对博雅教育的阿谀姿态"

(Gore, 1987: 2)。但是,在欧内斯特·博耶(Ernest Boyer)对大学教育全面的、被广为引用的研究中,一个核心内容就是其对“在日趋流行的职业课程中加强博雅教育”这一问题的兴趣。他通过一位大一新生的话语,表达了这种主流情绪:“这一整年,我都要去修完所有这些‘通识教育课程’,我希望可以把精力放在将来找工作真正需要的内容上”(Boyer, 1987: 84)。即使如此,同舒尔曼一样,博耶(Boyer)也找到了乐观的理由,他们都很欣赏“大学生的对知识连贯性的渴望”(p. 85)。

结果证明,舒尔曼并不能代表他的博雅教育同事们宣称他们会给教学确切地带来什么“知识基础”(knowledge base)。“我们可能会对教学知识基础的宽泛纲要和范畴提出一些有说服力的观点,然而,我们可以清晰地看到,目前提出的很多(即使不是大部分)知识基础仍然有待发现、发明及完善”(Shulman, 1987: 12)。舒尔曼的“新改革”在后期偏向学科知识,因此获得支持。这一改革为诠释博雅教育对教师教育的作用提供了一个合适的环境。教师知识来源于其所遇到的教育“理论”问题。理想的教师教育就是要融入教师的这一知识中。

虽然舒尔曼的“学科教学知识”构想继续促使人们思考教学专业知识的难题和实现它的可能性,但是从20世纪80年代以来,在教师教育中并没有确立“教学特有的专业知识”(distinctive professional knowledge of teaching)这样的表述(Segall, 2004)。正如玛丽·肯尼迪(Mary Kennedy, 1999)所论述的那样,对于教学必要知识的质疑不会陷入到简单的二分法,即“专家”(expert)和“工匠”(craft)知识(或者他人所称的“理论”与“经验”)。她认为,存在能够协调这两种“专业知识”(expertise)的第三种知识形式,这种知识形式才是教师教育的主流。通过这种方式,她指出了博雅教育的新贡献,即其能作为“专家型”知识命题,也能作为源于“工匠型”实践的知识命题。在肯尼迪看来,博雅教育能为“专业知识”,或者查尔斯·安德森(Charles Anderson)理论所规定的文理科之外的“学科内创新”(creativity within a discipline)做出贡献。对认识论的成熟认知和对社会条件的思考,可能会使我们对教师应具备的知识及这些知识的习得方
1214 式有不同的理解。教师教育研究的学者们试图将学校教育不断出现的状况(如,越来越多的标准化测试和教师资格认证压力)理论化,他们有可能会试图解释教师知识和观念是怎样随之变化的。

“足够好”的博雅教育

现在我们能做什么?何种形式的博雅教育对教师教育是最有价值的?按照舒尔曼及其他学者的说法,何种形式的博雅教育才能具有更多的理智权威性和持久性?如果我们有充分的知识可以对此做出判断的话,那么就能找到最有效的博雅教育。心理学家大卫·温特(David Winter)(及他的同事们)在二十五年前就承认,“对于博雅教育这一西方最持久、最昂贵的教育理念的实际效果,我们缺乏某种形式的确凿证据,来证

明其是有效的”(Winter, *et al.*, 1981: 9)。而且,欧内斯特·帕斯卡雷拉(Ernest Pascarella)曾帮助我们很好地了解了本科学习的一般效果(Pascarella and Terenzini, 1991),最近他也断言“博雅教育的长期效果缺乏证据”(引自 Blaich 等人,2004: 7)。

温特主要关注那些精挑细选而规模较小的文理学院来证明博雅教育的价值。他也考查了一所地方本科院校(以前的教师学院),在这些学校他发现,尽管学习目标受到博雅教育的影响,但是博雅教育的实际课程及其对学生的影响,最终也都被纳入了“实用及功利传统”。没有理由让人觉得如今美国大多数教师教育院校的状况有任何改变。自从 20 世纪 80 年代早期起,尽管为了博雅教育的目标做出了巨大努力,但只有少量的论据表明博雅教育对专业教育确实产生了影响(例如 Stark 和 Lowther, 1989)。然而,博雅教育在一些专业(除了教师教育的一些“小”专业)中的地位仍然很高,这从其表示认同博雅学习目标的意愿中可见一斑(例如,Flanagan, 2000; Durden, 2003; Hermann, 2004)。

历史学家大卫·拉巴雷(David Labaree, 2004)为教师教育提供了一些其他选择,如可以依靠学术性课程提供博雅教育。他指出过多强调博雅教育在教学培训中的作用,实际上会使学生在专门职前学习中的“博雅学习缺失或大打折扣”(p. 105)。拉巴雷认为,“教师教育工作者们没有时间,也没有学术专长让学生对个别科目拥有深刻理解,对于文化、语言、历史及理论的宽泛理解就更少了”(p. 105)。换言之,在拉巴里看来,教师教育本身不能使我们达到卡内基对“有教养的”(educated)教师的高标准。但可以肯定的是,依据目前课程并对其进行调整来适合小部分博雅教育的主题,或找到一条既不顺从也不取消博雅教育的其他选择(拉巴雷的术语),有这样的选择性努力就足够了。

顺着从舒尔曼重述杜威的理论中找到的线索,我在下文中提出了一些教师教育内部存在的能够促进博雅教育的潜在因素。固然,这种类型的博雅教育和“黄金时代”的博雅教育并不相同。它不是基于某种“标准”、预设课程,或者一连串必要的规定(dispositions)的,但是,它代表了一种理智的机会(intelletual opportunities),把教师教育的学生从那些仅强调或主要强调“实用艺术”的专业主义限制中“解放”出来。正如保罗·德雷斯尔(Paul Dressel)在 20 世纪 50 年代初指出的那样(同上),在任何情况下,对于博雅教育的怀旧都会掩盖一个事实,即博雅教育对学生的影响只接近于其最热情的支持者所相信的水平。

当提及“足够好”的博雅教育这样一个努力结果时,有可能使人们产生误解,并且 1215
当讨论背景是具有地位意识的教师教育时,会加深这种误解。温迪·勒特雷尔(Wendy Luttrell, 2000)从心理学家唐纳德·温尼科特(Donald Winnicott)那里借用了一个术语并将其运用于人种学研究中。他认为“完美母亲”只是儿童时期的幻想,努力追求完美使人们无法关心“足够好”的养育的必要性和价值,这一点在大多数孩子身上都有体现。因此,考虑到教师的能力、兴趣及意愿,“足够好”的博雅教育指的是专业课程内的可能性，它有选择地表述了如何由内而外地深化教师教育课程，这也是教师教育工作者们已做的工作内容之一。以下四点建议是博雅教育领域杰出学者的贡献，这些学者也认同教师教育的宗旨。

论证中的无知、教养和应用

博雅教育的历史充满了利益与观念的冲突。但是，学生们很少理解某个特定课程背后的分歧，或者一个学科内的观念或理论的冲突，也不理解因对一个文本、观念、事件或艺术品的不同理解而产生的争论。杰拉尔德·格拉夫（Gerald Graff，1922）是一位文学评论家和英语史家，他据此认为，我们“教授冲突”（teach the conflicts）是为了“超越文化战争”，走向适时的博雅教育教学法。虽然这种方法的历史道路并不平坦（见 Symposium，2003），但是它仍可能被有效地应用到教师教育课程中。而我在后面部分会提到，这种方法对那些希望在进步主义教育学反对者的观点中看到价值的教师来说，尤其有作用。

和许多将关注点转向教育难题的学者不同，格拉夫重视教与学的实际问题，从典型大学生的角度分析，他认为应该进行改革。他在《学术界的无知》[①]（*Clueless in Academe*，2004）一书中阐述了自己的观点，认为学生的“无知”（如果不是一个学术荣誉象征的话）仍然是那些在博雅教育中不能也不愿重视教授实用知识的教师的无知性标志。也就是说，学生们必须学习“论证”的初步知识、严肃对待“对话”中的观念表达方式，或者学术性课程的话语方式。格拉夫相信所有学生都有能力驾驭那些乏味的论证，“如果有一场真正需要他们展现说服力的对话，他们会能言善辩”（p. 155）。

《学术界的无知》这本书一方面论证了格拉夫自己的观点（即学术型对话和大众型对话的边界），另一方面也是“学生作家之任务”的基本读物。贯穿全书的一个观点是“如参与对话般进行写作”，换句话说，本书强调（在写作过程中）作者之外的其他观点和声音。格拉夫呼吁学生作家认识到反对性观点在论证过程中的贡献。

> 如果你已经被社会化了，认为学校是一个远离麻烦的地方，那么，在自己的文本中树立一个唱反调的人，并且老是找自己的麻烦可能有点反直觉。通过影响，能使学生把写作（或者通常的学术研究）看成是将真正的不容否认的观点连成篇章的实践，这五段内容的主题及其他典型的任务都强化了这种观点。教师需要帮助学生认识到，为什么这种明显的常识不仅是令人费解的，而且一定能让写作变得单调，学生变得无聊。我们对于写作没有任何借口，
> 1216 除非我们制造出一些难题、麻烦或者动荡。（pp. 160 - 1）

① 杰拉尔德·格拉夫在这本书中写到他认为一个大学老师的基本职责不应该是在学问上的出类拔萃，而应该认清楚自己的责任是帮助学生展现自己，他同时认为老师最需要教给学生的就是论证的能力。

格拉夫的一般方法(当然,他没说这是原创的)也是最古老的博雅教育传统,被用来将学生从他们的思维习惯中"解放"出来。这种方法形成了一种教学法,适用于所有给学生布置论文的人,当然也包括那些教师教育工作者。

哲学家玛莎·努斯鲍姆(Martha Nussbaum)也鼓励在论证中产生更好的大学教育。但是,这也是受过教育的教师或者其他受过博雅教育的教师身上体现出来的对于"能力"的包容性观点。在她为博雅教育变革所做的博学精深而又易于理解的"古典辩护"中,努斯鲍姆(1997)又一次赞同古希腊罗马斯多葛派(Greek and Roman Stoics)的观点,即教育能恰当地"把思维从传统和习惯的束缚中解放出来"。对她而言,博雅教育能"普遍地培养全人类的公民身份和生活方式"。在她最初的关于动机及根据最新设定目标,利用各种不同机构重塑博雅教育的综合阐述中,努斯鲍姆确定了高等教育所有领域都需要的三种主要"能力",并将其作为博雅教育的核心内容。其中包括批判性审视自身及自身传统的能力,拥有质疑所有信念的能力,及只接受那些满足论点和解释需要的观点的能力。

对于每一种能力,努斯鲍姆都看到其背后的斯多葛派思想与行为模式,并预期了我们的兴趣点与问题。目前状况及她所提议的课程,几乎可以直接被视为过去传统的延续。甚至是格言,她也喜欢引用马克斯·奥勒留斯(Marcus Aurelius),尤其是那段可以被用作博雅教育座右铭的话,"通常而言,在一个人能够理解性地判断另一个人的行为之前,他需要学习很多东西"(*Meditations*, 11.18,引自 Nussbaum, 1997: 63)。虽然博雅教育的支持者仍然把博雅教育的角色建立于"解放"学生的层面上,然而,努斯鲍姆超越了这些口号,提出人的受教能力对教育效果的限制。因此,她说:

> "理性……深刻地构造了人的个性,塑造了它的动机和逻辑。论证不仅仅让学生按指示推理,也有助于使学生们更有可能在一定动机基础上选择特定的行为方式……它所培育出的人能对自己负责任,能掌控自己的理性与情感。"(pp. 29 - 30)

努斯鲍姆承认她的方式存在局限性。和格拉夫的方法一样,即便科学被论证为是十分必要的,它仍然在很大程度上忽略了科学。最能吸引格拉夫的论证是,那些理智上缺乏经验的新生可以学习为工作进行准备的学科或专业项目,如教师教育。努斯鲍姆的方式具有很好的补充作用,它关注的是:如何像她所列举的不同机构的案例所展示的那样,将"自由化"的"能力"在实质上融入任何教学项目。

和其他领域的同事一样,教师教育工作者们希望学生能够善于写作、喜欢写作。但是,一些课堂风气加重了"论证"的难度,这些课堂风气反映出进步主义的一些相对性习惯及其对"经验"的重视。同时,正如"写作贯穿课程"(writing across the

curriculum)项目所展示的那样，只要密切关注论证构成的特性和重要性，任何科目的
1217 教学都能富有成效。格拉夫的“教育的底线目标”(bottom line goal for education)是把更多学生带入理智和成熟话语的“俱乐部”。无论作用好坏，博雅教育都和它的学术地位有关，格拉夫及努斯鲍姆使民主化成为一种可实现的目标，这种目标至少可以从教师对学生写作能力的投入中得到体现。

我们的对话、文本和术语

在教师教育中，如果写作的目标和组织被认为是博雅教育必需的、可实现的目标。那么，对语言本身的关注必然会成为课程的一部分。正如奥威尔(Orwell, 1950)在他的论文“政治与英语语言”(Politics and the English Language)中所说的那样，这种目标将会使学生们看到一种危险，即“他们一知半解地认为语言不是我们为自身目的而建构的工具，而是自然形成的”。奥威尔的主要关注点在于当代语言的“衰落”(decadence)，即语言的不准确性及对过度使用比喻、晦涩的术语和口号的依赖。他相信语言掩饰的东西和表达的东西一样多，而那些对语言准确含义和适当语法的忽视(如果不是纯粹谎言的话)可以通过“有意识的行为”来纠正。奥威尔的论文已经成为博雅教育的主题之一，是博雅教育表述性目标的标志，也是如今他所坚持的“清晰思考是趋向政治再生产的必要的第一步”。

在教师教育中，这样的计划将从何做起呢？历史学家皮特·斯特恩斯(Peter Stearns, 2004)是组织学校历史课程的领军人物。他一段时期以来都要求把“文化分析”(cultural analysis)放在博雅教育的核心位置，因为它提供了“一种思考人类和社会行为的方法，能让我们看到很多通常被认为是永恒不变的性质所具有的文化上的偶然性”(p. 10)。他也意识到“文化”是教育和其他领域用的最多、最复杂、要求最高的术语。因此，“文化转向”(cultural turn)作为知识生活的一种有影响的趋势，在增添了许多难题的同时，也使“文化”有可能成为指导科研与教学的关键术语。无论他们在“文化分析”这条路上走了多远，“文化”本身对于教育是必要的。例如，布鲁纳认为，“教育是文化生活方式的主要体现，而不仅仅是其准备阶段”，在《教育的文化》(*The Culture of Education*, 1996)一书中，他提供了“文化”的几种不同含义，正如文化以各种不同方式引导我们发现了多样化的教育和生活的含义一样。

正是“文化”的历史促使英国学者(涉及多个领域)雷蒙德·威廉斯(Raymond Williams)把他的实践编纂成了一种崭新形式的历史语义学，最终的成果就是《关键词：文化与社会词汇》(*Keywords: A Vocabulary of Culture and Society*)(1976; Rev. ed. 1985;也见，Bennet 等人，2005)，它展现了博雅教育的基本活动，使人能够了解构成知识和社会关系的特定术语。威廉斯认识到，在我们的写作和交谈过程中，很难直接运用一些关键术语的原因在于，“术语的含义问题与我们用这些术语所讨论的问题不可避免地联系在一起”(p. 15)。威廉斯提出，在我们应用最广泛的术语“内部”存在

什么样的“问题和难题”？在定义很多术语时遇到的困难将使我们如何理解自己的经历？

更加关注论证构成和应用的学生作者（Student authors）及其教师们会使语言本身成为教师教育的一个主题。20世纪最后几十年间，在人文和部分社会科学领域发生了著名的“语言学转向”（linguistic turn），促使人们对一些知识进行话语研究，比如世界是如何产生的，或语言如何将人类经验历史表述为利益的竞争和对统一的渴望？专 1218
业词汇变成了详细审查的对象，尤其是在那些所谓的“修辞探究”（Rhetoric of Inquiry）的学术活动中（Nelson, 1987）。例如，在威廉斯的“标准”当中，他指出了“正确性的权威案例”（an authoritative example of correctness）如何与“等级制度内分级进步的概念”（a concept of graded progress within a hierarchy）相联系。从那之后，“标准”开始普遍地被用作普通的复数词和单复数词。因此，“没有表现出对优秀思想的不赞同，通常不可能……去否定某些‘标准’的主张。”我们在赞美地使用“标准”的同时，却在贬低标准化应用，这使得情况更加复杂。对这一相悖的教学法进行探索是博雅教育典型的活动，这可能源于对关键词的研究。威廉斯认为，在任何语言中，“尤其是在变革阶段，如果不去面对所涉及的问题，我们对语言清晰性的必要信心和关注会迅速降低”（p. 16）。

借用后现代术语来说，对我们语词的“拷问”（interrogation）被视为一项稳定而缓慢的任务。任何特定语词的单独使用或其社会历史，都不会改变未来教师的知识习惯。在这种教学设计中，把博雅教育融入教师教育的关键是对语言的一种立场或态度，即使学生成为他们自己话语的历史学家和批评家。如果像格拉夫宣称（努斯鲍姆也认为如此）的，在任何学术领域教育都意味着进入一种特定的“论证文化”（argument culture），那么也就存在着一种补充性的“词汇文化”（vocabulary culture），或者文化中的“本地人”（natives）在用某种特定的方式使用词语时达成一致。但是，习惯及那些充斥在教育领域的口号会成为清晰甚至诚实的敌人。教师教育工作者对人种志（Ethnography）都非常熟悉，它在大学课堂中的形象是值得同情的，也是批判性的。教育的“关键词”出自博雅教育的宣言（platform），确切的说是因为这些关键词很少因揭示当代进步主义教育学思想的命运而受到审视。

作为技术使用者与批评者的教师

格拉夫和努斯鲍姆所希望的学生论争，是对印刷世界（学生在其中接受教育）的反映。但是，当他们在著书的时候（当然是在电脑上），读写能力的基础已经被新的信息通信技术所改变。无论是博雅性的，还是实用性的，我们在今天有比以往任何时候都多的学习资源。但是，正如人们常常说的，信息和知识不是一回事，这是互联网时代博雅教育亟待学习的一门课程。那些口头和书面语言的“形象化符号”已经改变了我们对两种语言形式的使用和看法，这是古典主义者及前技术主管詹姆斯·奥唐奈（James

O'Donnell, 1998)在对这些语言符号进行历史性描述时表达的观点。

信息通信技术(Information and Communication Technology, ICT)仍然是一个崭新的领域,它的新奇性会掩盖其对我们识字和学习习惯的根本改变。但是用不了多久,它应该也会被视为理所应当的事物。然后,教师教育的学生们就可以关注利用这些技术的最好方式及其带来的一系列后果。因为技术对于教学而言,并非一个中性工具,正如奥唐奈及那些在理解和利用新机会方面作为先驱的教育哲学家所指出的,"转化的能力并不是技术本身内在固有的"(Burbules and Callister, 2000: 7)。因此,关键在于如何从关系的角度来看待信息通信技术。

> 1219 工具可能有一些特定的用途和目的,但是它们会经常获得一些新的、无法预料的用途,也会带来新的无法预料的效果……我们绝不是在简单地利用工具,工具同时也在"利用"我们。我们在利用技术改变周围环境的同时,我们自身也在被技术改变,这种彼此改变的方式有时候是我们认识得到的,有时则是我们完全没认识到的、出乎预料的。人与技术的"关系"不仅是单向性的和工具性的,也是双向的。(p. 6)

建立未来教师的课堂"身份"是一种颇受青睐的教师教育策略。但是,如果现有心理学不关注信息通信技术对我们思考职业角色过程的影响,那么它就是不完整的。作为现在的学生和将来的教师,教师教育的学生们在指导学生利用信息通信技术方面拥有更大的优势,且能够帮助学生理解信息通信技术的应用对他们的生活和学习到底意味着什么。教师教育所青睐的策略已经变成学习新的课堂技术,因为可以把这些技术运用在学习项目当中。但是采用信息通信技术对社会和教育性实践意味着什么呢?这些是博雅教育、也是教师教育要面对的新难题。例如,它们指导我们直达文本和文本性(textuality)的本质。"超文本"(Hypertext)和"超媒体"(Hypermedia)这样的术语得到广泛应用,但这样的术语没有被很好地理解。作为互联网用户,我们也有联合批判的义务,因此,互联网上的"识字",意味着有适当的辨识力将丰富的资源持久地运用到教育中。

过去,博雅教育经常反对学科知识的扩张,也常与获得综合视野的困难做斗争。互联网传播信息的覆盖面也使问题变得更大,对那些希望学生成为终身学习者的教师而言尤其如此。我们经常见到有人呼吁学生掌握"数位"(digital)和"硅"(silicon)方面的知识(Gilster, 1997; Snyder, 2002; Kelly, 2003),这在那些"新"的博雅教育中,或许已经被当作另一种具有代表性的"能力"。当然,使课程的新内容与旧内容保持一致是技术狂热者所关注的。这种新旧内容的一致性也使创新变得更加安全。因此:

> 事实上,信息素养应更广泛地被视为新的人文学科。这种信息素养的范

> 围从知晓如何利用电脑、如何获取信息，扩展到学会反思信息自身的本质、技术基础，及社会的、文化的甚至哲学的背景及影响。这种素养对信息时代受过教育的公民的思维结构是至关重要的，其重要程度如同中世纪社会中，文法、逻辑、修辞三科对受过良好教育的人的重要性。(Shapiro and Hughes, 1996)

“信息素养”(information literacy)的实用价值是显而易见的。例如，学生可以理解以新的和旧的方式利用图书馆分别意味着什么？但是，让学生熟练使用新的信息通信技术仍将是教师教育工作者们的任务，正如他们自身也要适应数字化给学术工作带来的影响一样(例如，Bell, 2005)。

正如博雅教育一直关注公民生活和群体生活工作的意义，对信息通信技术聪明和审慎的应用也需要了解“虚拟社区”(virtual community)如何表述新的电子通信方式，以及人们是如何一起生活工作的。“虚拟社区”同其他学习空间的优缺点类似。因此，新技术的批判性使用者对大量与信息通信技术相关的新术语(例如“信息社会”、“网上冲浪”等)保持警惕。他们认为，这些术语意味着一种努力描述和控制新数字环境的复 1220
杂隐喻，有时与博雅教育的目的及教师教育的使命并不一致(Meyer, 2005)。和其他专业群体相比，教师同样多或更多地使用这种语言。他们应该同批评者们一样具备这种能力，在与学生的互动中，通过使用新技术，让他们了解其意义。所有运用技术的教师教育课程(大部分课程很快也将会运用)都应该为既是评论者又是使用者的学生的成长，为在博雅教育精神鼓舞下对“教育技术”的掌控做出贡献。

教育原理的中间道路

仅在数年之前，在描述教育所需关注的焦点时，“文化素养”和“信息素养”一样会经常被提及。正当上世纪末最重要的潮流趋势——“文化战争”(Culture Wars)似乎正逐渐丧失其统治力的时候，新的信息通信技术席卷美国高等教育。但是整整一代教师都是在文化战争期间接受的教育，其教学活动仍然会体现公众对课程内容争论的影响(Hunter, 1991)，也反映了政治党派对教科书审查的普遍结果(Ravitch, 2003)。

未来教师经常会遇到关注教育历史和社会关系的“教育原理”(foundations of education)，有时也会了解到(通常是通过教科书)历史上最具影响力的教学方面的哲学家。就其本身而言，“教育原理”可以被理解为博雅教育的一种延伸，或者在某种情况下是其在教师教育课程中的替代品。在20世纪80年代后期，教育原理中的一个学者团体确实提出过教师教育是博雅教育的一种形式。他们认为，“教学实践应该被认为是博雅学习(liberal study)的中心对象，博雅学习也应是教学的对象”(Beyer, *et al.*, 1989: 14)。然而这个项目已经落入后现代主义的窠臼，意图颠覆文理课程的根基(如果你愿意把这些看作根基的话)。因此，他们催促着教师教育加入一场“使理性脱离它的启蒙轨迹”的运动(p. 103)。这是对博雅教育的一种背叛而不是它的一个案例。

“原理”(foundations)领域最近的导向为学者们的演讲提供了几乎一致的政治声音。我们了解到,“目前教师教育项目在课程内容上普遍关注社会公正。人们普遍认为学校会再生产种族、阶级和性别的分歧,除非教师明确被教导去挑战这些压迫性的假设和行为”(Martusewicz and Edmundson, 2005: 76)。“原理”领域的另外一个贡献是提出了这样一种假设,“作为‘本质主义者’(foundationist),我们致力于使更多人享受公正……我们的学校是从事这项事业的理想机构……而社会基础课堂为未来教师踏上这一征程指明了道路”(Edmundson and Greiner, 2005: 153)。

当然,教育和所有其他机构总是需要更多的公正。但是,如果“社会再生产”被当作是教学唯一的,甚至是首要的活动,是通过教师教育项目减少无知的未来教师的任务,那么“公正”如何实现,就成为一个无法被全面回答的问题。如果对思维习惯的反思,既关注传统又关注变革,那么“原理”对教师教育朝博雅教育方向发展所做的任何努力都是必要的。

1221 教育哲学家所面临的现状是十分典型的,他们的专业身份和专业实践彼此矛盾,同时教师教育中的博雅教育也处于不确定的地位。根据克里斯多夫·希金斯(Christopher Higgins, 2000)的观点:“我们可能是至今为止在哲学领域独一无二的,我们对教育领域的听众讲哲学化的语言,用哲学工具来解决教育问题。然而问题在于,我们所使用的表达方式越是哲学化,我们的听众就越少。因此,人们也难以接受用哲学工具来解决教育问题。”(p. 275)他承认,哲学(在教育领域)的地位逐渐下降。但是他仍然赞同格拉夫的观点,“教师需要的是,让其成为知识分子的倡议”。

通过利用教育哲学作为“博雅教师教育的范式”,希金斯可以实现这个目标。这一目标可以通过认识到那些对教学至关重要的人类发展目标与手段的哲学基本问题而实现。这些问题包括,“人的本质是什么?什么构成了人类的繁荣?是什么促进我们这样的生物向有益的方向生长?”(p. 278)教育哲学家们在教师教育领域展现出了他们对这些问题的“喜爱”,并且邀请未来教师参与博雅学习的“对话”,而博雅学习基于“在处理人类形成的问题中,历史上已经消失却有所保存的人文文本维持了与目前已经排除和缩小的问题之间的关系”。事实上,一个受过博雅教育的教师将会把政治激进主义的部分内容导向理智上的好奇。“它鼓励他们要细心周到地对待自己身处其中并力求变革的社会系统,同时,要从强烈的利他主义实践,转向对值得我们热衷的问题进行学徒式的持续投入”(p. 280)。

我发现这是一个最及时、最有益的建议,旨在坚持教育学院(schools of education)在学校教育(schooling)中的地位,在转型期的社会变革中,这样的建议对有抱负的教师也是大有益处的。亨利·吉鲁(Henry Giroux)和其他致力于“批判理论”的学者希望教师们都成为“公共知识分子”(public intellectuals),但是他支持博雅教育只是因为

“这些博雅教育的课程致力于把高等教育院校重塑为维持社会公正和批判性民主的机构，也致力于发展能够让弱势群体发出受压制声音的各种教育学形式”（Henry Giroux，1992：124）。“原理”在修正教师教育激进主义意识形态方面有新工作要做，这些工作足够引发传统与变革之间的冲突，并且在不止一个地方展现出教师教育工作者的进步主义特质。因此，教师教育的社会和政治关系可能会通过政治理论家简·贝思克·埃尔希泰恩（Jean Bethke Elshtain）所提出的“中间道路”（via media）呈现出来。与她的偶像简·亚当斯（Jane Addams）和加缪（Camus）一样，她对那些不公正的生活安逸的理论家非常不耐烦，她不是为“温和地妥协”而推荐中间道路，而是认为这种“中间道路”是一种理智多元主义和现实主义。“我们用自己的方式实现了民主，用自己的方式理解教育，由于受我们所处历史时期和位置的限制，我们的视野也是受限的，而不是有无限可能的”（Jean Bethke Elshtain，1997：363）。她呼吁批评“传统”并认识到教育永远具有“政治性”，因为教育“永远不能脱离于世界之外，而在这个世界中，政治——人类如何统治和指挥共同的生活方式——是一种必要特征”（p. 365）。但是“中间道路”（middle way），“是罕见的，同时也是现在或将来可实现的民主想象力的成果”（p. 371）。

结论：教师教育与教师的理性生活

“足够好”的博雅教育，指的是要通过补充职业培训（或“实用艺术”），同时用旧的 1222
或全新的方式关注人文学科的主题，给教师教育巩固其课程的机会。在改革中，舒尔曼提议可以假设教师教育中的大学教师们拥有必要的课程领导权和课堂管理能力（classroom talent）。但是，教师教育工作者们经常和“进步主义”教育的反智传统有所联系，他们可以说是在大学中工作的“异类”（aliens），他们被认为是大学中主要的“边缘人物”（Labaree，2004）。这些都是一些不利条件，在这样的条件下很难推进博雅教育及博雅教育所要求的对学术传统的投入。事实上，就连那些对教师最具同情心的描述，也包含了令人失望的消息。当要求教授们说出一些能让学生阅读以使他们“成为更好的教师和更好的人”的书籍时，几乎所有受访者都不能给出准确答案。有人坦言，“地方狭隘观念可能是教师教育的核心难题”（Ducharme，1980）。可能这就是为什么艾略特·艾斯纳（Eliot Eisner，1995）强调，教师教育不过是使教学活动有了一个开始，能够接受更好教育的教师的唯一希望就是他们在课堂专业学习时能够学到东西。

教育领域中的大量研究（其中大部分是教育学院教师的产物）并没有让人们普遍相信，这些研究在改善学校或学习方面起到了关键作用。这些研究所提供的教学形象不能反映它的理性责任，而只是反映了教育的和社会的责任。事实上，学者型教师教育工作者可以像对大学共同目标和博雅教育目标漠不关心的教师团体成员一样行事，这会使他们同样对课程不承担明显责任。这就是卡内基公司有意干预的原因，而干预的基础就是为教学职业所设定的崇高知识标准。

我们依然不明白，教师教育工作者是否能使课程趋向博雅教育。当前的投入和习惯意味着不能，或者即使能，也需要广泛的再教育及对教师教育在高等教育中地位的再思考。正如所有学者一样，那些相信终身学习及其带来的变化的人们，应该能够掌握让他们有所作为的东西。尽管一些教师教育工作者可能没有意识到，但他们在教学中已经把一种或多种博雅教育方法运用在他们自身或他们的学生身上了。例如，在任何情况下，传授文学史的知识都不是数学和科学专家的事情。在那些我所提出的博雅教育方法中，重要的不是新的学习领域，而是教师如何利用资源来定位他们已经知道的东西，这些资源（如格拉夫、努斯鲍姆等人所提供的资源）的提供者，既包括那些想要在当时主要课程中留下自己印记的学者，也包括那些具有重大社会影响的学者。如果教师教育工作者不被要求这么做，那么玛丽莲·科克伦-史密斯（Marilyn Cochran-Smith, 2005）把他们称作“公共知识分子”又有什么意义呢？

那些参与过这些努力的教师教育工作者能从教育学院的机构活动中受益，这些活动让未来教师和他们的学生认识到博雅教育的重要性。在杰拉尔德·格拉夫（Gerald Graff, 1992）的第一份改革宣言中，他明智地指出，并不是每一个新的理念或者方法都
1223 需要被设置为一门课程的，这样做对本来已经繁多的课程来说会成为一个问题。相反，可以对现有课程进行改革，可以通过特邀演讲者、研讨会、小规模学术会议（一些出于共同目的的综合性课程）及其他向学生和教师介绍新理念的一些课程来呈现改革实践。

拉巴雷（Labaree）等人认同，教育学院在一定程度上存在反智主义声音，它们憎恨教师教育在学术文化中占有一定位置，我认为这种态度短期内不会改变。有许多的学校批评者，如里昂·博特斯坦（Leon Botstein）呼吁要对教师有更多的关心，教育学应被排除在大学课程之外。那些宣称把博雅教育引进教师教育的观点，毫无疑问将受到院系的怀疑，因为这些院系认为自身具有更加世界性的学术能力，因而博雅教育应是他们独有的使命。虽然教师教育中的博雅教育处在学术生活中一个不起眼的角落，但如果做得好的话，那应该意味着它愿意应对所有机构都面临的严重问题。走捷径并不能保证大学的成果和个体的成就，但是，这与教师教育一直以先锋项目自居的形象相符合，在这种情形下，教师教育会为了深化教师理性生活的目标而调整自己的课程。

人们已经认识到，教学是一项异常复杂的活动，同时人们对教师教育也提出了很高的要求，使其成为“不可能的角色”，所以教师教育需要以一种新的方式来理解自身的可能性和局限性（Ben-Peretz, 2001）。因此，教师教育课程的问题是长期性的，应该使课程适应社会和人口的变化，符合本科生教育与专业实践的目的。即使成功的项目也能产生阿瑟·鲍威尔（Arthur Powell）所说的“消极性成就”（passive achievement），这意味着项目把学校改革窄化为“学生学业成就评价”（反映出学生的主要兴趣在于经济和职业目标），且忽视了那些持久的思维习惯。“在中小学教育阶段，很少有教育者真

正关心这些消极性成就及其导致的人们普遍对长期求知没有多少兴趣的问题”(Powell，2003：15)。

这种观点可能也适用于高等教育及教师教育与博雅教育之间的鸿沟问题。博特斯坦所指的社会性和文化性问题，在鲍威尔看来却是制度性问题，他认为教学(我认为应该加上教师教育)，应要能引发“持久的求知兴趣”。无论博雅教育的全新定义如何调整“标准”的作用和对过去的研究，研究者总会希望学生在他们的学业过程中有这样的兴趣优势，并且能够修正那些被博特斯坦和鲍威尔所认定的教育代际之间的关系。从事教师教育工作并使其走向博雅教育是一种实用主义策略，目的在于为学习教学的学生的思想注入一些必然实用的东西。

(张晓阳　卢正天　译)

参考文献

American Association of Colleges and Universities (2004) *Our students' best work*. Washington, DC: Association.

Anderson, C. (1993) *Prescribing the life of the mind: an essay on the purpose of the university, the aims of liberal education, the competence of citizens, and the cultivation of practical reason*. Madison, WI: University of Wisconsin Press.

Astin, A. W., S. A. Parrott, W. S. Korn, & L. Sax (1997) *The American freshman: thirty-year trends*. Los Angeles, CA: UCLA Higher Education Research Institute.

Bell, D. (2005) The bookless future: what the internet is doing to scholarship. *The New Republic*, May 2 and 9: 27 - 33.

Ben-Peretz, M. (2001) The impossible role of teacher educators in a changing world. *Journal of Teacher Education*, 52(1): 48 - 56.

Bennet, T., L. Grossberg, & M. Morris (eds.) (2005) *New keywords: a revised vocabulary of culture and society*. Malden, MA: Blackwell.

Bestor, A. (1953) *Educational wastelands: the retreat from learning in our public schools*. Champaign, IL: University of Illinois Press.

Beyer, L., W. Feinberg, J. Whitson, & J. Pagano (1989) *Preparing teachers as professionals: the role of educational studies and other liberal disciplines*. New York: Teachers College Press.

Bigelow, D. N. (1971) *The liberal arts and teacher education: a confrontation*. Lincoln, NE: University of Nebraska Press.

Blaich, C., Bost, A., Chan, E., & Lynch, R. (2004) Defining liberal arts education. Retrieved May, 2005 from http://liberal arts. wabash. edu/home. cfm? news_id=1400

Boyer, E. (1987) College: *the undergraduate experience in America*. New York: Harper and Row.

Botstein, L. (1997) *Jefferson's children: education and the promise of American culture*. New York: Doubleday.

Brint, S. (2002) The rise of the "practical arts." In Brint (ed.), *The future of the city of intellect: the changing American university*, pp. 231 - 259. Stanford, CA: Stanford University Press.

Brint, S., M. Riddle, L. Turk-Bicakci, & C. S. Levy (2005) From the liberal to the practical arts in American colleges and universities: organizational analysis and curricular change. *Journal of Higher Education*, 76(2): 151 - 180.

Brouwer, N. & F. Korthagen (2004) Can teacher education make a difference? *American Educational Research Journal*, 42(1): 153 - 224.

Bruner, J. (1996) *The culture of education*. Cambridge, MA: Harvard University Press.

Burbules, N. & T. Callister. (2000) *Watch IT: the risks and promises of information technologies for education*. Boulder, CO: Westview.

Carnegie Corporation of New York (2001) "Prospectus: 'Teachers for a New Era.'" Retrieved from www. teachersforanewera. org/index. cfm? fuseaction=home. prospectus

Carnochan, W. B. (1993) *The battleground of the curriculum: liberal education and American experience*. Stanford, CA: Stanford University Press.

Clifford, G. J. & J. W. Guthrie (1988) *Ed school: a brief for professional education*. Chicago, IL: University of Chicago Press.

Cochran-Smith, M. (2005) The new teacher education: for better or for worse? *Educational Researcher*, 34(7): 3 - 17.

Coleman, D. & M. DeBay (2000) Weaving teacher education into the fabric of a liberal arts education. *Kappa Delta Pi Record*, 36(3): 116 - 120.

Committee on General Education (2005) Harvard College curricular review: report of the Committee on General Education. Retrieved from www. fas. harvard. edu/curriculum-review Darling-Hammond, L. & J. Bransford (2005) *Preparing teachers for a changing world: what teachers should learn and be able to do*. San Francisco, CA: Jossey-Bass.

Dressel, P. (1954) General and liberal education. *Review of Educational Research*, 24(4)285 - 294.

Ducharme, Edward R. (1980) Liberal arts in teacher education. *Journal of Teacher Education*, 31(3): 7 - 12.

Ducharme, Edward R. (1993) *The lives of teacher educators*. New York: Teachers College Press.

Durden, W. (2003) The liberal arts as a bulwark of business education. *Chronicle of Higher Education*, July 18: B20.

Edmundson, J. & M. B. Greiner (2005) Social foundations within teacher education. In D. Butin (ed.), *Teaching social foundations of education: context, theories, and issues*. Mahwah, NJ: Erlbaum.

Edmundson, M. (1997) On the uses of liberal education. *Harper's Magazine*, September: 39-49.

Eisner, E. (1995) Preparing teachers for schools of the 21st century. *Peabody Journal of Education*, 70(3): 99-111.

Elshtain, J. B. (1997) *Real politics: at the center of everyday life*. Baltimore: Johns Hopkins University Press.

Flanagan, T. (2000) Liberal education and the criminal justice major. *Journal of Criminal Justice Education*, 11(1): 1-13.

Floden, R. E. & M. Meniketti (2005) Research on the effects of coursework in the arts and sciences and in the foundations of education. In Marilyn Cochran-Smith & Kenneth Zeichner (eds.), *Studying teacher education: the AERA panel on research and teacher education*. Washington, DC: American Educational Research Association.

Gilster, P. (1997) *Digital literacy*. New York: Wiley.

Giroux, H. (1992) *Border crossings: cultural workers and the politics of education*. New York: Routledge.

Gitlin, T. (1998) The liberal arts in the age of info-glut. *Chronicle of Higher Education*, May 1, B4-5.

Glazer, N. (1974) The schools of the minor professions. *Minerva*, 12(3): 346-364.

Gore, J. (1987) Liberal and professional education: keep them separate. *Journal of Teacher Education*, 38(1): 2-5.

Graff, G. (1992) *Beyond the culture wars: how teaching the conflicts can revitalize American education*. New York: Norton.

Graff, G. (2003) *Clueless in academe: how schooling obscures the life of the mind*. New Haven, CT: Yale University Press.

Grubb, W. N. and M. Lazerson (2004) *The education gospel: the economic power of schooling*. Cambridge, MA: Harvard University Press.

Hermann, M. L. (2004) Linking liberal and professional learning in nursing education. *Liberal Education*, 90(4): 42-47.

Hiebert, J., R. Gallimore, & J. W. Stigler (2002) A knowledge base for the teaching profession: what would it look like and how can we get one? *Educational Researcher*, 31(5): 3-15.

Higgins, C. (2000) Educational philosophy as liberal teacher education: charting a course beyond the dilemma of relevance. *Philosophy of Education 2000*, (pp. 271-282).

Hirsch, E. D., Jr. (1996) *The schools we need and why we don't have them*. New York: Doubleday.

Holmes Group (1988) The role of liberal arts in teacher education. East Lansing, MI: Holmes Group.

Howey, K. & N. Zimpher (1989) *Profiles of preservice teacher education: inquiry into the nature of programs*. Albany, NY: State University of New York Press.

Hoy, A. W. & R. B. Spero (2005) Changes in teacher efficacy during the early years of teaching: a comparison of four measures. *Teaching and Teacher Education*, 21(4): 343-356.

Hunter, J. D. (1991) *Culture wars: the struggle to define America*. New York: Basic Books.

Kagan, D. (1999) What is a liberal education? In E. Fox-Genovese and E. Lasch-Quinn (eds.), *Reconstructing history: the emergence of a new historical society*. New York: Routledge, 1999.

Katz, S. (2005) Liberal education on the ropes. *Chronicle of Higher Education*, April 1: B6-9.

Kelly, T. M. (2003) Remaking liberal education: the challenges of new media. *Academe*, 89(1): 28-31.

Kennedy, M. M. (1999) Ed schools and the problem of knowledge. In J. D. Raths & A. C. McAnich (eds.), *Advances in teacher education*, (Vol. 5, pp. 29-45). Stamford, CT: Ablex.

Kimball, B. (1995) *The condition of American liberal education: pragmatism and a changing tradition*. New York: College Entrance Examination Board.

Kliebard, H. M. (1992) The liberal arts curriculum and its enemies: the effort to redefine general education. In Kliebard, *Forging the American curriculum: essays in curriculum history and theory*, pp. 27-50. New York: Routledge.

Kramer, R. (1991) *Ed school follies: the miseducation of American teachers*. New York: Free Press.

Labaree, D. F. (2004) *The trouble with ed schools*. New Haven, CT: Yale University Press.

Lears, J. (2003) The radicalism of the liberal arts tradition. *Academe*, 89(1): 23-27.

Lehman, N. (2004) Liberal education and professionals. *Liberal Education*, 90(2): 12-17.

Lortie, D. (1975) Schoolteacher: a sociological study. Chicago, IL: University of Chicago.

Luttrell, W. (2000) "Good enough" methods for ethnographic research. *Harvard Educational Review*, 70(4): 499-523.

McGrath, C. (2006) What every school student should know: even Harvard, as it replaces its well-known core, isn't quite sure. *New York Times Education Life*. January 8: 33-35.

Martusewicz, R. & J. Edmundson (2005) Social foundations as pedagogies of responsibility and eco-ethical commitment. In D. Butin (ed.), *Teaching social foundations of education: context, theories, and issues*. Mahwah, NJ: Erlbaum.

Mason, S. F. (2000) Do colleges of liberal arts and science need schools of education? *Educational Policy*, 14(1): 121-128.

Menand, L. (1997) Re-imagining liberal education. In R. Orrill (ed.), *Education and democracy: re-imagining liberal leaning in America*. NY: The College Board.

Menand, L. (2001) College: the end of the golden age. *New York Review of Books*, October 18: 18-23.

Meyer, K. (2005) Common metaphors and their impact on distance education: what they tell and what they hide. *Teachers College Record*, 107(8): 1601-1625.

Murray, F. B. (1998) Reforming teacher education: issues and the joint effort of education and liberal arts faculty. *The History Teacher*, 31(4): 503-519.

Murray, F. B. & D. Fallon (1989) *The reform of teacher education for the 21st century: project 30 year one report*. Newark, DE: College of Education.

Murray, F. B. & A. Porter (1996) Pathway from the liberal arts curriculum to lessons in the schools. In F. B. Murray (ed.), *The teacher educator's handbook: building a knowledge base for the preparation of teachers*. San Francisco, CA: Jossey-Bass.

Nelson, J., A. Megill, & D. McCloskey (1987) The rhetoric of the human sciences: language and argument in scholarship and public affairs. Madison, WI: University of Wisconsin Press.

Noddings, N. (1992) *The challenge to care in schools: an alternative approach to education*. New York: Teachers College Press.

Nussbaum, M. (1997) *Cultivating humanity: a classical defense of liberal education*. Cambridge, MA: Harvard University Press.

O'Donnell, J. J. (1998) *Avatars of the word: from papyrus to cyberspace*. Cambridge, MA: Harvard University Press.

Orrill, R. (ed.) (1995) *The condition of liberal education: pragmatism and a changing tradition*. New York: College Entrance Examination Board.

Orwell, G. (1950) *Shooting an elephant and other essays*. New York: Harcourt Brace and World. The essay was first published in 1946.

Pascarella, E. & P. Terenzini (1991) *How college effects students: findings and insights from twenty years of research*. San Francisco, CA: Jossey-Bass.

Powell, A. (2003) *American high schools and the liberal arts tradition*. Washington, DC: Brookings Institution.

Ravitch, D. (2000) *Left back: a century of failed school reform*. New York: Simon and Schuster.

Ravitch, D. (2003) *The language police: how pressure groups restrict what children learn*. New York: Knopf.

Reagan, G. (1990) Liberal studies and the education of teachers. *Theory into Practice*, 29(1): 30 - 35.

Schneider, C. (2005) Liberal education: slip-sliding away? In R. Hersh & J. Merrow (eds.), *Declining by degrees: education at risk*. New York: Palgrave Macmillan.

Segall, A. (2004) Revisiting pedagogical content knowledge: the pedagogy of content/the content of pedagogy. *Teaching and Teacher Education*, 20: 489 - 504.

Shapiro, J.J. & S. Hughes (1996) Information literacy as a liberal art: enlightenment proposals for a new curriculum. *Educom Review*, 31(2).

Shulman, L. (1987) Knowledge and teaching: foundations of the new reform. *Harvard Educational Review*, 57(1): 1 - 22.

Shulman, L. (1998) Theory, practice, and the education of professionals. *Elementary School Journal*, 98(5): 511 - 526.

Snyder, I. (2002) *Silicon literacies: communication, innovation and education in the electronic age*. New York: Routledge.

Stark, J.S. & M.A. Lowther (1989) Exploring common ground in liberal and professional education. In R.A. Armour & B. Fuhrmann (eds.), Integrating liberal learning and professional education. *New Directions in Teaching and Learning*, 40(1989): 7 - 20.

Stearns, P.N. (1993) *Meaning over memory: recasting the teaching of culture and history*. Chapel Hill, NC: University of North Carolina Press.

Stearns, P.N. (2004) Teaching culture. *Liberal Education*. Summer: 6 - 14.

Symposium: teaching the conflicts at twenty years (2003). *Pedagogy*, 3(2): 245 - 275.

Trubowitz, S. (2004) The marriage of liberal arts departments and schools of education. *Educational Horizons*, 82(2): 114 - 117.

Williams, R. (1983) *Keywords: a vocabulary of culture and society*. Rev. ed. New York: Oxford University Press.

Winter, D.G., D.C. McClelland, & A. Stewart (1981) *A new case for the liberal arts: assessing institutional goals and student development*. San Francisco, CA: Jossey-Bass.

60. 教师教育课程在基于第二天性的教学中的作用

弗兰克·B. 默里(Frank B. Murray)
特拉华大学(University of Delaware)

1228 教学是一种自然发生的行为，是一种完全自然的行为，体现全部人类行为持久而广泛的特点[①]，这一不可否认的事实是反对专业教师教育的根源。换言之，我们是会教学的群体，我们这个群体的年轻人，因为被那些在教学方面没有接受正式学校教育或教师教育的人教授过，他们才能生存下来。有人认为(例如，Gilbert 和 Borish，1997)，教学对生活而言是如此基本，以至于我们在生命发展的每个阶段都会有教学活动。但是，大多数研究指出，教学是人类特有的行为集合，其中包含教学活动的目的、认识到教师与学生之间知识的差异并知其原因，及教师掌握的关于学生思维的内隐理论(Strauss and Ziv，2004；Premack and Premack，1996)。尽管有人认为，只有当“我们向另外一个人传播知识，而这些知识又不能仅仅通过正常活动而获得时”，才会发生教学活动，但是在人类社会之外却鲜有关于此类案例的记录(Visalberghi and Fragaszy，1996，p. 286)。

阿什利和托马塞洛(Ashley and Tomasello，1998)在 3 岁的儿童身上找到了关于人类教学的例证。斯特劳斯等人(Strauss，*et al.*，2002)也发现，在指导孩子新的棋盘游戏或搭积木游戏时，可以有以下指导方式：对 3—4 岁的孩子采用演示和模仿的教学法；对 5—6 岁的孩子可以语言解释为主；针对 7 岁的孩子，可以根据他们的熟练度和对知识的了解改变教学方式。他们还会用询问学习者是否听懂了这种新的教学方法，之后根据学习者的错误改变他们的教学方式。儿童的教学也会受到学校教育的影响。梅纳德(Maynard，2004)发现，上过学的年长的玛雅儿童(6—11 岁)，在教他们的弟弟妹妹们学做饭和纺织时，会使用“学校式”的教学方式(保持一定距离的说教式教学)，而不是家庭中固有的教学方式(近距离互动展示)。

自然教学的特征

J. M. 斯蒂芬斯(J. M. Stephens，1967)在其提出的自发教育(spontaneous schooling)理论中总结了自然发生的教学特征。他提出，学校教育(schooling)作为所

① 德雷珀和康纳(Draper and Konner，1976)的研究表明，人类群体教学的“普遍性”存在比较复杂的限度。某些文化中，人们教小孩儿吃饭而不教他行走和坐下这些习惯，但在其他文化中却又有不同。

有已知的人类学群体[1]的特点，依赖于一系列人类发展的自然倾向，即一些人比另一些人程度更高。那些具有这些发展倾向的人会被该群体中的成员看作教师，不管其是否打算去作教师。教与学的发生是自然的、自发的、是非刻意的，不一定带有某些让学生受益的特定动机或目的。它们能够发生，只是因为从根本上满足了教师的需求，附带 1229
地、不可避免地带动了教师同伴中那些人的学习。换言之，教学是自然的、自发的；当具有这些发展倾向的人与其他人长时间相处，教学就会发生，并且教学只是满足教师的一些需求，而不是学生的一些需求。

斯蒂芬斯认为这一维系自然教学(natural teaching)与学校教育(schooling)的特殊倾向可以分为两类——控制性的和交流性的：

> 自发的控制倾向
>
> (1) 所有人都会具有的一种倾向，人们会搜集并控制事物，将其分类、详述，对其进行简单和基础的思考，进而创造一些系统来将它们分组——所有这些事情都没有即时的、切实的回报。
>
> 自发的交流倾向
>
> (2) 具有该倾向的人会谈论自己知道的事情，因为他们觉得不分享自己的经验是痛苦的，必须通过告诉他人来减轻这一负担。
>
> (3) 具有该倾向的人会称赞、表扬、纠正和不赞同他人的表现，但动机却不是让别人做得更好。例如，这些人会自发纠正书中或电视节目中出现的错误，即便这一纠正的行为并不能影响或有益于作者、出版商或演员。
>
> (4) 该倾向会为其他人提供他们正在探索的答案，不完全是为了帮助这个寻找答案的人，而是满足其个人想要提供答案和打破沉默的需要。(人们这一根深蒂固的倾向解释了为什么教师教育项目必须把等待时间(wait time)作为一项习得和实践技能，以期培养出通过第二天性(second nature)得到答案的能力。)
>
> (5) “指向道德”(point the moral)的倾向向其他人表明，事物是如何关联的，以“我曾告诉你这会发生的”的方式表明 x 是如何导出 y 的。

自发教育理论旨在解释教育研究文献中两个普遍存在却未经解释的问题——(1)教育的普遍性和稳定性；(2)大量教育研究发现各种教育实验(educational treatments)不存在重要的和较大的差异。该理论认为，只要有人的地方就存在这五种自发型倾向，具有这些倾向的人通常是教师，他们任职于公立学校或公立学校之外的学校，通过这

---

① 普雷马克和普雷马克(Premack and Premack，1996：315)认为，教学不是一个正式的人类学范畴，人类学研究没有涉及不同族群的教学问题……教学人类学基本上是不存在的，关于它的正式研究还没有出现。

种方式，该理论解释了这些倾向的普遍性。换言之，学校教育的特征部分源于这种自发型倾向。

人们认为，教育研究中的研究结果没有区别，是因为这些倾向同时在对照组和控制组存在（如大的和小的班级，有计算机辅助教学和传统教学的班级，在能力混合的班级和能力单一的班级，使用 A 教科书与 B 教科书的班级等）。这些倾向自身产生的巨大学习效果，掩盖了研究者的实验可能带来的不同效果。流行的大规模学习理论对这些效果进行了充分解释，因为自发的倾向造成了典型的刺激—反应学习链。这一学习链使刺激因素得以呈现，并创造对刺激做出反应的条件，奖励和影响听讲者对刺激的反应。

1230 该理论和别的社会生物理论一样，为论证源于控制倾向的学科知识提供了便利基础，与交流倾向一起把一个人塑造成教师，特别是在教师与学生十分相像且具有共同目标的情况下——如他们同属一个家庭或人类学群体中。斯蒂芬斯对自然或自发倾向的特定特征的推测是否在所有细节上都完全正确，这并不重要，重要的是他提出人们具有自然的教学能力，并且这些教学能力对于当前大部分教学与教育是足够的。

当前的问题是，出现于 19 世纪末的以大学或学院为导向的教师教育课程，是否能够让新任教师所掌握的技能远超所有人（包括儿童）都具备的自然教学技能。

仅举最近发生的例子，《教育生活》(*Education Life*, *New York Times*, July 31, 2005)指出，只要是心地善良、受过良好博雅教育的毕业生，且愿意在如今的学校工作，就能成为教师。同时，许多有能力的私立学校教师，以及一些教授，在他们所从事的学科中只受过科研方面的教育，却没有受过教学方面的教育。这一事实也强化了这一自然教学的观点(Judge, *et al.*, 1994)。然而，仔细审视当前的高等教育，可以看到，“国家处于危机之中”(Nation-at-risk)时期的公立学校改革的弱点在《不让一个孩子掉队法》(No Child Left Behind)中得到了最大化的体现，这些教育弱点也出现在当前的高等教育中(Murray, 1985)。然而，问题的关键是大学教授们没有学习教育课程，也能令人满意地履行他们的教学责任。

政策制定者提出了相关的问题：即使正规的教师教育能够在一定程度上完善和改进自然教学，它们是否能够借助我们每个人都具有的自然教学技能和风格、以较低的成本充分地满足国家对教师的需求？

自然教学的诸多不足

自发教育理论，及以该理论为基础的教学观点给当前的学校教育带来了许多问题，因为较之家庭和其他人类群体的教育，当前教育的规模更大；同时，在学校教育发生的环境中，教师和学生的共同之处越来越少。结果，对于自然教学理论的依赖，可能会给薄弱学生和优秀学生都带来严重的教育错误。除了教师与学生之间相似性的大小和程度问题之外，该理论提出的直接教学模式，对现代认知和认知发展的观点进行了过度限制。最后，该理论没有为解决教育中的难题和新的问题提供足够的指导，这些新问题超出了自然教师对“展示与讲解”(showing and telling)的特有的依赖，而“展示与讲解”是儿童与成人自然教学模式的核心。

低期望值

当教师和学生不相同，且教师因此对有差异的学生的期望值有所降低时，自然倾向会导致非常不幸的结果(Brophy and Good，1986；Evertson，*et al.*，1985)。当教师与学生的背景不同时，我们可以看到支持家庭教学的自然教学机制无法使学生受益。

相对来说，美国教师主要是由中低收入阶层的郊区白人女性组成的同质化群体， 1231
而就不同的人口特征而言，美国的学生越来越多元化(Howe，1990；Choy，1993)。因此，即使教师们全部依靠自发倾向，她/他们仍然需要了解那些关于性别歧视、种族主义、双语教育、文化多样性、种族多样性和阶级多样性的内容。

即使教师已经了解课堂中的多样化群体，但仅仅掌握这些信息也不足以克服自然教学倾向。甚至一些有经验的教师也无法以恰当的方式在实践中运用这些相关信息。例如，科恩(Cohen，1990)报道了一位热心的教师——O女士，她认为自己理解并采用了创新性的教学方法，但她发现自己的创新性教学一直因为受传统的自然教学方法影响而难以顺利进行。

自然教学会导致一些新手，甚至是一些有执照的教师，犯下许多教学上的错误，除非他们同时有机会广泛地学习和实践一些反直觉的和非自然的教学技术。例如，那些天然的教师，心地善良、知识渊博、成绩优异的大学毕业生，仍旧会对那些他们具有较低期望(不管造成他们期望较低的原因是出于怎样的善意)的学生犯以下教学上的错误：他们并不把这些学生作为单独的个体而是作为群体对待，教师会将这些学生的座位安排在较偏的角落，离师生经常互动的区域较远，也很少注意这些学生，提问他们低水平的问题，提问他们的次数也更少，给他们回答问题的时间更短，让他们回答问题时给的提示更少，同其他学生相比给他们的表扬较少而批评较多。并且，天然的教师做这些事情是出于错误的好意，这种好意似乎忽视了他们这种缺乏自律的行为对学生造成的教学伤害(Hawley and Rosenholtz，1984；Murray，1996)。

他们在没有经过训练的情况下，自然地和好心地认为学生的知识薄弱，不想因为经常提问学生而使他们尴尬，所以提问学生时会适当地问一些简单问题，当学生不能回答问题时会提供更少的提示和时间，因为他们认为这样会延长学生尴尬的时间等。受过专业训练的教师，同所有专业人士一样，与自发的或天然的教师相反，他们必须约束自己更善意的直觉，采用公平的、严格的专业方法，使那些其他教师认为具有低期望值的学生取得优异成绩(Oakes，1985)。这些专业行为经常是反直觉的，因此他们需要不断地练习，以使自己能够使用第二天性来表现这种专业行为。

高阶学习模式

坎特和洛(Kantor and Lowe，2004)非常令人信服地指出，历史上虽有少数学校例外，但大部分疏忽了优质教育及对高阶学科内容的理解。教学在多数时候只是*展示和讲述*，老师连续抛出许多问题，学生进行复述和记忆，所有这些实践活动都与自然教学体制相一致。

除了对弱势学生造成伤害外，自然教学体制的另一局限是，它没有使更优秀的学生以超越展示和讲述的方式获得知识，没有使他们超越遵从刺激-反应和模仿的学习模式。尽管这些陈述性知识是重要的，但由学生建构而不仅仅是传授给学生的知识，越来越被认为是学生在高水平学科中获得好成绩的关键(Murray，1992；Ogle，*et*
1232 *al.*，1991)。例如，可以向学生讲述并展示 A 比 B 大，B 比 C 大，这样，人们根本不需要考虑 A 和 C 到底多大就能判断 A *一定*比 C 大，这些知识是不可能简单地传递给学生的。不单是 A 确实比 C 大，更重要的是，A *必须是*更大的。必要性概念的根源可以在别的地方找到。除了在一些特殊情况下，人们并没有认为展示和讲述是“教学”必要性的有效方式(Beilin，1971；Murray，1978，1990；Smith，1993)。知道一个陈述是正确的是一回事，而知道这个陈述*一定是*正确的则是另外一回事。必要性的起源及其他关键的概念，如讽刺或正义，似乎取决于教师和学生进行的*辩证教学*(dialectical instruction)。辩证的或启发性的教学对学生的要求比较高，较之自然的“*展示与讲解*”的教学形式而言，这一教学形式更间接且更难以把握。

朴素思维理论

与自然教学技术同时出现的通常是朴素的、有用的，却也是有局限的人类思维理论(Heider，1958；Baldwin，1980)。在朴素或常识理论(the naive or common sense theory)中，学生在学校的成绩与四个常见因素相关——能力、努力、任务难度和运气。通过把学生的学习水平归因于学生的能力或努力程度，或是学校任务的难度，亦或完全靠运气，自然教学的教师可以解释学生在学校的成功或失败的原因。朴素理论的问题还在于，一些更加复杂的理论得到了发展，它们证明除了四因素的不断循环之外，人们的能力并不是固定的或稳定的，在不同的时间会与许多其他的智力因素(而非朴素理论中提到的几个因素)相互作用(Baldwin，1980；Murray，1991)。

朴素理论还引出“*熟能生巧*”等格言，然而更确切地说应该是“*浅尝辄止*”，因为让人“生巧”的只是强化的实践。此外，朴素理论提出了相互矛盾的格言，如“*当断不断，必受其患*”与“*智者裹足不前，愚者铤而走险*”。再举个例子，朴素理论将遗忘看作存储知识的过程中不可避免的衰退，而一些教育家则认为遗忘是知识干扰和重组的积极思考过程(Rose，1993)。

朴素教学(naive pedagogy)。自然教学的本质是*展示与讲解*(参见 Olson 和 Bruner 1996 年对大众教学的描述)。朴素教学建立在完整信息数据包传输的教学模

式基础之上。斯特劳斯和希洛尼(Strauss and Shilony, 1994)采访了在科学与人文学科中经验丰富的教师,询问他们如何将一个他们选择的主题教授给不同年龄(7—17岁)的儿童。每个学科的新任教师和经验丰富的教师,都将教学概念化为信息从他们的大脑流向学生的大脑,认为他们自身的作用只是设计易操控的和有趣的方法使信息可以进入学生的大脑,如此信息能够被储存和恰当地安置。学生是被动的,是等待填充的容器,如果信息没有被传输到目的地,人们会认为这一容器太小,或者学生没有被关注。由于新任教师和经验丰富的教师的反应是相似的,斯特劳斯和希洛尼将这些教师们的反应归结为是他们的职前培训和朴素教学早已存在的常识性观点。

然而,在其他情况下,有明确的证据表明,经验丰富的教师与新任教师的表现存在差异(Berliner, 1988),但更多地是对有助于课堂平稳运行的高度情境化的提示,这似乎是在工作中习得的。教师培训在这方面的作用似乎可以忽略不计。 1233

阿斯廷顿和佩尔蒂埃(Astington and Pelletier, 1996)总结出下列朴素教学的原理:(1)儿童生来具备的能力会随着时间增长而不断发展;(2)教学过程应该与儿童的发展过程相匹配;(3)学习的发生依照技能层次递进;(4)学生出现错误的原因可归结于不完整的学习或粗心。当学生需要做些什么的时候,教师只需要做出展示或示范,而当学生需要学习的时候,教师只需要告诉学生需要了解哪些知识。

总体而言,这些大众或朴素的教学技术和观点阻挠了基于辩证、发现、创新与合作的现代教学法的发展。它们与当前的一些研究结果也不一致,例如,学生的发展并不是线性的,通常是断断续续的,会出现震荡甚至是逆转,特别是当学生的表现达到最高水平或学习新技能的时候(Fischer and Bidell, 1998)。

这些有关思维是如何起作用的朴素观点,与学科主旨的本质是接受性的和客观事实的朴素观点相联系,进一步限制了非专业的或自然的教学所带来的益处(参见Amsler和Stotko, 1996,例如正确的学科知识内容中存在可能的和合法的变化)。关于学科知识的朴素观点也主要存在于学生对一门学科课程理解程度的评价过程中。

课堂评估

自然的或朴素的教师对学生正确或错误反应的评价,为区别普通教师和受过教育的教师提供了有效的、有针对性的平台。学生的推理对一个普通教师而言可能是没有逻辑的,而受过教育的教师会认为学生的推理是完善的,只是其前提条件与设定问题不符而已。当一个之前能正确写出"mouse"复数的学生突然将"mouse"的复数形式拼写成"mouses"时,普通教师会很担心,而受过教育的教师不会认为这是学生认知的退化,而是学生认知进步的积极信号,表明学生掌握了类似的语言规则,只是在这个例子中表现得太广泛了。

其他表现上的退步也可能是在表明教育的进步。例如,与没有阅读能力的人相比,有阅读能力的人被要求在蓝色的打印字体中识别红色钢笔字的时候表现更差,而没有阅读能力的人可以轻松地完成这一任务(斯特鲁普效应①)。同样的情况,一些6岁的学生不仅错误地认为同样有5颗豆子的两排豆子中,排列得更长的那一排有更多的豆子,同时还认为较长的那一排一定有更多的豆子并且会一直有更多的豆子。即便当学生通过数数发现每排有一样的豆子之后,仍然会出现这样的认知错误。"一定会有更多的豆子"这一看法似乎是更严重的错误,但这个错误却恰巧更能表明更加高级的推理,而不仅仅是"有更多的豆子"这一认知上的错误(Murray and Zhang, 2005)。显然,很难让朴素或自然教学的教师将任何错误或不好的表现看作是进步的表现,然而,无法将一些错误看作进步的表现,是由教学朴素理论造成的又一个严重的教学法错误(pedagogical mistake)(关于创造性错误(creative errors)的论述参见,Bruner, 1961)。

同样,学生较高水平的表现可能会被朴素的教师错误理解(参见Strauss和Stavy, 1982,例如,正确的表现可能是基于不成熟的和不正确的推理)。默里(Murray, 1990)
1234 发现,低龄儿童在高阶任务上的成功表现并不能像表面上表明的那样被理解为其认知发展水平等同于能完成相同任务的年龄较大儿童。

教师的评分标准记录了学生的学业成绩和进步,也更多地展现了教师关于学科知识的朴素理论。如果一名儿童通过串行加法获得一道乘法问题的正确答案,朴素教师会如何对这一表现计分,其表现是优于还是低于那些通过乘法运算得到错误答案的儿童?那些能正确地计算平均数、中位数和模型的大学生,如果他们运用计算算法、机械平衡模型、代数推理或微积分进行计算,他们运算的复杂标准是否与他人不同?朴素教师可以用哪些理论、通过什么方法来判断一些方法是否比其他方法更精确、更简练、更重要?教师可以运用什么标准来判断他/她的教学是成功的和/或高质量的?(关于这些区别的论述参见,Fenstermacher和Richardson, 2005)

对于以上问题,教学、教学法和学科知识的朴素或自然的方法只会提供错误或有限的指导。想要获得更加全面的答案,需要进行比朴素理论及当前教师教育课程中的研究更深入的研究才行。

教师教育课程中的问题

学科专业课程中存在的问题

许多人文学科的毕业生对他们的学科知识进行了更深入的学习,并且成功地达到了该研究领域教师的期望程度,但我们不应据此认为,他们学习了一个学科的传统专业就能够胜任教师工作,因为尽管这些毕业生的成绩很高,但他们中的许多人仍然没有掌握学科的基本知识(McDiarmid, 1992; Tyson, 1994)。例如,令人奇怪的是,大量

---

① 斯特鲁普效应(Stroop effect)是指在心理学中干扰因素对反应时间的影响。例如,当被试被要求说出某个颜色和其字面意义不符的词语时,被试往往会反应速度下降,出错率上升。——译者注

理科和工科的本科生无法通过公式来表达田地里牛的数量是农民数量的 6 倍。他们的错误是系统性的。他们写的公式是“6 头牛＝1 个农民”，而不是正确的公式“1 头牛＝6 个农民”。包括数学专业的学生在内的大多数本科生无法想出在真实世界中运用一个分数除以另一个分数的例子（例如，$1\frac{3}{4} \div 1/2$）。事实上，许多人错误地理解了这一数学问题，并且给出的例子是“$1\frac{3}{4} \div 2$”，而不是“$1\frac{3}{4} \div 1/2$”（Ball，1991）。

从教师聘用的角度来看，朴素或受过教育的教师在学科知识方面和学科知识的评估方面所犯的错误都是一个问题。加强学科知识研究似乎是明显的补救措施，教师教育领域的每项改革计划几乎都建议增加和深化学科知识的培训。然而，研究的特点已经被证明是复杂的（Wilson，*et al.*，2001；Rice，2003；Floden and Meniketti，2005）。一般而言，学科知识，尤其是数学学科培训的增加，会对学生学习产生积极的影响。然而，也会出现不一致的情况，有些情况下，学科培训的增加反而削弱了学生的学习效果。

简略研究的问题

与对学科课程效能的研究相比，对教育类课程效能的研究要薄弱得多，但这些研究也显示出教育类课程与教学实习（student teaching）的正相关（Rice，2003）。然而，学科知识培训的加强通常需要以牺牲教学培训和实务训练为代价。并且，在短期内是 1235
否能实现充分的教学培训是不确定的。例如，在斯金纳（Skinner）的一个简单的阅读材料中，正如和在教育学的调查课程中发现的一样，未来教师会认为正强化（或奖励）可以有效地和更好地增加学生良好行为出现的可能性。如果认识不到一些重要的例外情况及一些限定条件，奖励实际上会减弱学习效果（过度强化作用[①]），教师实施与其目的相违背的措施就会犯一些错误（Cameron and Pierce，1994）。[②]

同样，在快速阅读中，未来教师会逐渐相信，学生的成绩应该是正态分布的，可靠性是考试的特性而不是那些参加考试者的特性。由于许多教育创新是反直观的，且与隐性因素相关联，所以这些专业课程不可能被轻易地削减或增加。

举例而言，加法问题是水平还是垂直呈现，是会造成差异的，如 8＋5＝__。再举个例子，7 岁的儿童可能能够理解，一个球状的泥土块的数量不会因为其被压成饼状物而改变，尽管这个儿童声称球和饼状物有同样数量的泥土，但她可能会错误地认为，饼状物会更重，占空间更少。此外，现在人们普遍承认，很多研究的结果从内在来说是假设性的，必须通过环境及参加研究的一批或一代的研究对象来证明，因为对于类似“人的智力水平是否会在一定年龄后有所下降”这样的基本问题，对象和环境不同得到的结果也会存在差异。因此，关于一些麻烦的和经常发生的诸如自动升级、跳级、能力分组、最优班级规模、延迟教学等问题，曾经的研究资料并不能保证其研究结果可以被应

① “过度强化作用”是指一些预期的外部刺激因素如金钱或表扬等，会削弱一个人做某事的内在行为动机。——译者注

② 关于“过度强化作用”的更多评论参见 Spring：*Review of Educational Research*，66，No. 1，1 - 51.

用于以后的研究。教师在整个教学生涯都需要进行当下的和深入的研究。

时间不足的问题

在发展心理学家看来，行为的突然或不费力的变化是一种信号，表明变化不是根本性的，而是由外围机制引发的临时性的变化（如疲劳、粗心、错觉等），这些变化不是真正的变化。而克服前期发展的习得，或是朴素、天然的教学体制的习得需要长期的实践与经验，因为这些习得似乎在人们的行为中已经根深蒂固。

史密斯(Smith, 1989)的研究已经指出，积极性高、知识渊博、经验丰富的教师在努力实践可能促使概念变化的科学教学技术10个月后，对这一技术的应用的熟练程度仍旧是不确定的，尽管他们在理想的教师教育环境下（一对一的强化培训）不断地练习这一新技术。传统教师教育课程中很少提供这种拓展性经验。尽管教师在各种环境下实践了这一技术，并且他们对教学表现都进行了录像从而可以对此进行回顾分析，还会得到个性化的评价，但是，一旦课程出现了异常的或意外的变化，他们又会回到原来的教学模式中(Smith and Neal, 1990)。有时他们的教学方式会逆转为展示与讲解，这会破坏整个科学课程和科学本身，因为教师会否认或忽略科学展示中发生的意外结果，而赞同原本期望的结果。在一节光与影的课上，当教师希望并预测会有一个影子出现，结果却出现了两个时，教师会否认它或者忽视它并且继续进行演示，好像
1236 预测和期望的出现一个影子真的就只出现了一个，这些都是违背新的教学技术和科学原则的。

避免出现这种在压力下回归到更原始、更古老的教学策略的最佳方法是过度学习，或者说是进行远远超出学习新技能或方法所需要努力的实践。遗憾的是，很少有教师教育项目提出过度学习的必要规定。

逆向设计的问题

整个国家的教师教育项目都有相同的四个部分——(1)一般博雅教育课程，(2)学科课程，(3)教学法或方法类课程，(4)教学实习课程。存在广泛差异的不是课程的设计，而是课程的实质内容。课程实质内容差异如此之大，以至于舒尔曼(Shulman, 2005)认为美国根本没有什么教师教育课程。问题在于，现有的课程内容尽管做到了多样化，却普遍没有明确地与儿童和青少年的教育需求联系起来。我们应该对课程进行逆向设计，即从儿童的需要出发设计项目的内容。当然，这些需要应该成为设计教师教育课程的首要原则，但其他因素的影响往往更加显而易见(Gardner, 1991)。

重要的问题是，按照某种推理思路，教师教育课程的内容是否能够与教师对儿童或青少年真正的教育需求的反应联系起来？对这个问题的回答是判断任何课程内容恰当与否的关键。它们的联系越远，课程内容对候任教师和公众的说服力越小。大学开展的教师教育与儿童需求联系越远，就越不能得到认可，因为朴素或自然的教学已经足够，且其主要满足的是教师的需求而不是学生的需求。

当前，教育学术(educational scholarship)同样没有围绕儿童和青少年的需求来组

织，而是围绕学术科目、实践教学法、教学实践及高等教育规范中所体现的教授们的需求来设计的。如果教育评价体系的组织能够围绕儿童的需求及教师对儿童需求的反应来展开，未来教师就会受到课程的设计必须真正解决学生的问题这一原则的指导。教师的艺术在于组织课堂活动以使学生的学习活动能解决他们带进课堂的真正的问题。而现在，学生解决的都是别人带到课堂的问题及学校施加的问题，并且这些问题大部分都是人为设计的。也就是说，学生不得不通过满足教师的期望来避免完不成学业，无论所做的事情和他们真正关心的问题多么不相关。将课程与学生真正的问题相联系，对于教师而言是要求极高的任务。这也解释了为什么教师不只需要自然的教学技能。至少如斯蒂芬斯提出的，自然教学的组织仅仅围绕教师的需求，并且源于教师天生的性情。

奥尔森和布鲁纳(Olson and Bruner, 1996)总结指出，在教学法从最简单的自然教学的教学法向学术活动中更加复杂的教学法转变的过程中，关注点应该是学生能做什么，而不是教师能做什么；应关注学生在想什么，学生对教学本身有何观点，以及师生辩证关系中作为突发事件的知识。

对质量保障失去信心的问题 1237

讽刺的是，教学具有其他专业的所有属性——资格认证、专业协会、标准化考试、许可证书、高级学位等，而这一状况阻碍了教学教育项目(teaching education program)的发展。自第二次世界大战以来，教师一直被要求获得大学学位(在某些情况下还要求有硕士学位)、通过标准化考试、满足国家认证标准、满足学区对任期的要求、完成每年更新的课程，以及表现出其他体现专业发展的行为。尽管有很少证据证明资格认证在教学领域和高学历方面的有效性(Rice, 2003)，且这些看上去高的要求在专业领域内或领域外都没有可信度，因为当公立学校缺少合格的教师时，这些要求通常会被免除。至于私立学校，许多州基本上没有设置任何要求，这样的做法只会使现有标准缺乏立足之地。

以一个不受重视的官僚标准为例，从其他全国性的专业委员会分离出来的(美国)国家专业教学标准委员会(National Board for Professional Teaching Standards, NBPTS)在资格审核中并不要求教师满足拥有教师教育的学位、正式教师证书或在经过认证的机构学习等条件。而国家资格认证委员会(National Board Certification)也没有被要求在其自身领域内有所提升或提高他们专业责任的水平。

没有教学标准——无论是集体的还是单独的——很难向公众保证教师是能胜任的。不幸的是，由于很多政策制定者和公众都持有朴素的教学观点，很少有人会因为这些宽松的标准而认为国家处于危机中。然而，许多人认为国家仍处于危机之中，这很大程度上是因为当前的毕业生或其教师似乎都不太理解他们学到的东西。

超越自然教学法

尽管自然教学方法存在许多弊端，但我们也很难为开设专业教育课程提供有力的证据支持，因为教育学术和教师教育没能把权威的生成的学校教育和教学理论合并起来（Shulman，2005）。尽管不幸的是这是一个负面案例，但是其对教育学术的试验性和萌芽性特征的考验在于，教育学者和实践者仍然没有就教育中的失职行为的内在机理达成共识（Collis，1990）。

除了教师的一些明显不合法的行为，学界对于哪些教育行为不能应用于课堂上这一问题并没有一致意见，除非是针对一些极端的情况（如不能强迫左撇子改用右手写字等），而一些甚至是相互矛盾的做法，如在初级读音教学中的整词（whole word）和字母拼读法（phonics），也都得到了学者们一定程度的支持和拥护。由于缺乏对哪些行为是教育不当行为的认识，教学与教师教育一直落后于其他具有详细的优秀实践法则的专业，这些专业将不当行为界定为违反良好实践准则的行为（参见 Cochran-Smith，2005，需要指出的是，教师教育在呈现其有效性方面比其他专业领域领先）。

1238 **教育学术面临的挑战**

总之，教育学术的积累并没有使教师教育成为连贯的学术科目（Cochran-Smith and Zeichner，2005）。直到最近的 30 年，教育学术很大程度上依赖于其他学科的研究发现，特别是行为科学领域。这些在非学校背景下收集的研究结果，总体而言在转向教育实践问题时是令人不满意的。然而，在过去的 30 年间，其他学科的有效研究方法被应用到课堂中，人们用这些方法研究课堂中的学生，得出了一些关于学校教育的相当有说服力的反直觉的结论，这些结论达到了大学课程标准的水平。

在过去的 30 年间，出现了大量学术文献，尽管这些文献存在很大差异，但也支持教师对教育实践进行反思，允许教师评价一些教育创新、技术和政策。这些文献对一些问题确实提供了有用的建议，如教师是否应采用初级教学字母法（initial teaching alphabet，ita），即规定拼写使用 44 个字母，每个字母代表了英语中的一个音素。这种观点认为，初级教学字母法会减少英语拼写与发音之间的差异，并由此帮助学生提高早期阅读能力。与美国和英国成千上万的采用 20 世纪 70 年代或 19 世纪 60 年代的创新成果（当时的创新成果被称为音韵学）的教师不同，那些研究过奥斯古德（Osgood）的“迁移面”（transfer surface）①的人会知道，这一创新成果可能会有益于阅读却不利于拼写。

同样地，有大量文献内容涉及一些有争议的问题，如学业较弱的学生是应当留级还是正常升级，资优学生是否需要跳级、提早入学，或与其他天赋较低的儿童区分开来。自然教学的教师如何决定学生是否应在数学课上和做作业的时候使用计算器？如果朴素的教师没有学习这些方面的相关学术文献，他们如何能够避免在回答这些问

① 1949 年，美国心理学家奥斯古德（Osgood）提出了具有重要影响力的学习迁移模型，即能预测学习迁移效果的“迁移与倒摄曲面”，或称“迁移面三维模式图”。——译者注

题时犯错误。如果他们没有掌握思考和查询个人教学的方法，那么当这些文献没有帮助或不在他们身边的时候，他们又该如何避免错误呢？

尽管有用的教育学术有些零散的案例，但是在教学方面缺乏包含性、系统性和权威性的学术知识甚至教师教育，都为教学研究在大学课程中有一席之地及使教学成为人们所期望的真正专业，设置了重重障碍(Cochran-Smith and Zeichner, 2005)。科克伦-史密斯(Cochran-Smith, 2006)提出了教学中很多尚未解决的问题，这些问题决不是仅靠未来教师运用自然教学法、学校中的学徒式学习或当前教学学术的研究所能解决的。我们仍然需要做大量根本性的工作，包括进一步拓展对学术证据构成因素的认识。

教育作为大学学科的挑战

由于具备自然教学技能(natural teaching skills)，在缺乏经验和理论修养的情况下，教师完成许多常规的教学任务也是可能的。但当课堂的事件不是常规性的，且过去的实践无法发挥指导作用时，教师的判断性失误就会增加。问题在于如何为有抱负的教师提供一种新的思考方式和一系列新的、超越传统自然教学的技能，因为自然教学技能已经被证明不能应对当前学校教学中的挑战。

然而，如果教师的责任只是忠实于清楚地呈现教学材料、为学生提供实践的机会及测试学生对材料的掌握程度(*教学，测试和期望*)，教师教育课程在大学层面可能就 1239
不会得到认可。同样，如果必要的思维方式和技能可以通过在一所学校当一段时间的实习学徒获得，那么教师教育也不会得到认可。只有建立在学术基础上的学科会让人们理解实践活动，并使教育实践者能够理解教师教育作为学院或大学研究课程的实践。

现代教师要承担很大的责任。仅让如今的学生学习学科知识是不够的，他们必须理解这些知识(Gardner, 1991)。从这一点来看，教师自身的教育必须与其未来的学生具有同样的特点。尽管学生会学习和记住教师说话的内容并且模仿教师的行为，但理解似乎是不能通过讲述，或者通过展示和训练来获得的。理解似乎要依靠*辩证法*(教师针对学生的不理解进行巧妙的质疑与对话，并引导学生解决矛盾)指导下的学生的积极调查、实验及对要处理事情的连贯理解来实现。与习得的*解决措施*不同，思辨的结果是个性化的和极其不容易遗忘的。

如果教师或教授的职责仅仅是传递信息和模仿行为，那么不管是学生还是教师教育参与者都不会理解他们的课程。而辩证法需要学生公开地做一些事情，如发表观点、做出反应和提出问题。为了理解的教学还具有其他特点，它要求教师放弃把朴素的和自发的教学技术作为主要的教学方式，在这些教学方式中，教师比学生更积极。

例如，现代智力和认知科学明确提出，认知是具有协调性、分散性、情境性、建构性、发展性和情感性的。认知的所有特征所包含的学生参与度要比自然教学更高。正如奥尔森和布鲁纳(1996)提出的：

> 真理是证据、辩论和建构的产物，而不能依靠文本的或教育的权威获得。教育的模式是辩证的，较之实事求是的知识或娴熟的表现，其更注重解释与理解。(p.19)

教学法课程内容的挑战

当然，大学教师教育课程的第一个挑战是解决自然教学的弊端和不足。然而，这并不是一个易于解决的问题，因为自然教学的许多弊端不仅存在于新任教师中，经验丰富的教师也会表现出这些弊端，尽管他们上了许多传统的教育课程，但在教学压力下他们又明显地退回到自然教学技术中。

所有教师都知道，自己教授的学科知识不可避免地与他们从教授身上学到的不同。教师必须将学科知识转化为承载自己的逻辑和结构并且会对学生有意义的、可教授的东西。问题在于：什么样的学术(scholarship)指导着教师选择合适的逻辑与结构？帮助教师将知识库中的知识转化为学校课程和对学生有意义的东西——有时被
1240 称为*学科教学知识*——应该成为现代教育课程独特的和专有的内容(参见 Murray, 1991，适合于初等教育教师教育项目内容的多种结构概述)。

学科教学知识的功能包含用恰当的方式组织信息和知识。正是在追求结构、呈现学科内容的方式、类比与隐喻的过程中，每位学生都能获得比通过死记硬背得到的暂时有限的知识多得多的知识。从根本上说，教学法内容的知识结构有助于让学生达到恰当的理解水平，并最终促进他们的理解。

关于学科教学知识的讨论，是高校教育课程的核心。《哈姆雷特》(*Hamlet*)在某个阶段应该是教学内容(Grossman, 1990)，但是应该如何表现这些内容？教师应该告诉学生这是关于什么的内容，是用语言讲语言？优柔寡断的病理？青少年的潜意识？历史事件的重现？亦或其他。候任教师该如何思考这些问题，谁能最好地引导他们得出最佳答案？

一些结构只是脚手架，并且只是临时性的，其作用在于将学生推进到另外一个层面。因此，我们也许可以把《1812序曲》(*1812 Overture*)[①]或所有古典音乐解释为对一个事件的再创作，一组标题音乐；这组音乐中，两种国歌在前奏曲中就像军队一样在战场上搏斗。但是，这可能并不是合适的脚手架。这种表现方式或结构不足以让人深入理解音乐的作曲意图，也不会推动学生进一步的学习，或者它可能为后面的学习打下

① 《1812序曲》是根据史实写成的一部管弦乐作品。作者柴可夫斯基在这首序曲中层次分明地叙述了1812年俄法战争这一事件，包括俄罗斯人民原来的和平生活和随后发生的不安和骚乱，俄法两军的会战，以及最后俄国击溃法军，俄罗斯人民庆祝胜利的狂欢情景等。乐曲中，法、俄两国国歌的不同出现方式，代表了战争的推进过程。——译者注

不正确的基础。朴素的教师如何了解这一点呢?

在教授《哈克贝利·费恩历险记》(*Huckleberry Finn*)时,教师不可避免地将这本书解释为一个关于性别和种族关系的故事,或者将其解释为一个有关代沟、一段历史时期、隐存的同性恋、不公平的故事等(Graff and Phelan, 1995)。理科教师经常试图通过比较不同规格水管的水流情况来解释电流的本质,或者是将血液的循环与家庭暖气系统的冷热循环作比较等。这是思考电流循环或动脉循环的好方法吗? 朴素的教师或学徒怎么知道这一点? 我们并不能在物理学、生物学或教育学中发现问题的答案,而是要在不同性质的知识中找到答案,这种知识来自建立在学科维护者和教师探究基础上的新的教育学科。这种知识——什么是有说服力的案例、好的类比、有挑战性的问题、引人关注的主题——是一个恰当的研究对象,并且可以引发我们对学科深入的和生成性的理解。为了用多种方法呈现学科知识,从而获得更多的案例或隐喻,更多的解释模式,我们需要对学科知识进行高阶的和高标准的理解。

例如,在描述统计学的教学中,运用平衡的物理模型、数据点集的计算机图表来介绍集中趋势和变化的概念是合理的,或将其看作计算公式,或视其为行为科学中的特定问题的解决办法,也可以认为其是代数公式的来源,微积分或数学其他分支的表达方式系统中的一部分。这些教学选项值得人们采纳,它们使人们能用与解决任何学科中任何问题一样的严肃的方法进行学术研究。

很少有人认为这类知识会促进学科本身的发展。一门学科的前沿,学科教学知识 1241
与理论创新可能是相同的。学科的尖端领域发生了什么? 研究者在研究中发明了一些方法来交流彼此所研究的现象,从而使得这一现象变得可以理解。例如,正如一位诺贝尔奖获得者所述,"双螺旋结构"(double helix)同样是学科教学知识,因为它为研究者提供了教授彼此的方法,也提供了就基因密码问题进行交流的方法。

当教师为某个研究领域提供了一个组织架构并赋予其意义时,他(她)做的事情恰好与学者或研究员所做的事情一样,即针对自己研究领域的难题为同行提供一种创新性的或生成性的解释架构。因此,只要确立了学科知识呈现的新模式和使之有趣、有意义的新方法,对学科教学知识的研究就可以成为前沿领域的研究。

当代教育课程设计面临的另一项挑战是需要把其他传统上没有包含在课程中的信息融合进来(参见 Murray, 1991)。通过一些有关此类信息的冗长案例,考虑教师需要了解哪些关于物理和学生的知识来教重量(weight)这一概念。

教师可以用以下"系统"向幼儿演示重量(Murray and Johnson, 1970, 1975):对于低年级的学生而言,重量可以与物体以下方面的属性有关:

1. 物体的质量:质量越大重量越大,质量不变重量也不变。
2. 大小:物体越大重量越大。
3. 形状:形状相同的物体,有的重量大有的重量小(如,压扁会增加重量）。

4. 质地：质地越粗糙重量越大，质地越平滑重量越小。
5. 温度：温度越低重量越大，温度越高重量越小。
6. 硬度：硬度越大重量越大，硬度越小重量越小。
7. 持续性：整个物体的重量比几个部件总和的重量大。
8. 标签：标有较大标签的物体比标有较小标签的物体要重。

系统中的一些潜在因素，可能对儿童在物理学习中对于物体重量的理解没有任何影响，例如：

1. 在桌子的任何一边水平摆放物体，该物体的重量都相同。
2. 在深洞里或是在最高的山顶上垂直摆放物体，该物体的重量相同。

低龄儿童对重量的看法基于一贯的儿童的逻辑，在他们的逻辑中，上述因素对物体重量的影响是合理的、可信的（Murray, 1982; Murray and Markessini, 1982）。青少年和许多成人则会用以下更简单和在一定程度上更复杂的“系统”来思考：重量只是物体质量的体现，这也是从儿童系统中唯一被保留下来的影响因素。换言之，成人能想到的改变物体重量的唯一方法是改变它的质量，也就是说，给物体增加一些东西或去掉一些东西。儿童可以想象许多其他方式来改变物体的重量，可惜所有方式都是错
1242 的，不管他们对于儿童来说是多么合理（实际上，有时候对于一些成人来说也是合理的）。受过教育的人会运用另外一个系统来表示重量，他们用数学的方式表示以下因素，而重量就是前两个因素除以第三个因素的平方。

1. 物体的质量（同上）。
2. 行星的质量（距离最近的最大的物体），行星越大重量越大。
3. 上述两个物体中心的距离，距离越远，其重量就越小。此外，受过教育的人会借助一个“值”(g)将重量转化为真正的方程式，万有引力常数使得人们可以运用代数计算重量。

在这一点上，人们可以引入其他因素来表达某种浮力或地球重力的变化等。在接受长期的深造之后，人们会把重力视为相对论物理学中“空间-时间”维度的一个方面，只有当物体的时间和空间框架确定了，重量才能够被确定（因为在太空中物体的重量会下降）。

儿童对杠杆称的理解也有相似的发展进程，幼儿对“称重量”的理解仅仅受到在天平盘中增加或减少砝码的效果的影响，而不会考虑其他因素的影响（Siegler, 1981）。

之后天平盘与支轴的距离因素逐渐被包含在儿童对平衡原理的理解中，在经过几个发展阶段之后，我们可以看到积矩法(the product moment law)在青少年的思维中形成。

学校课程中的其他概念与关系中也存在类似的知识。信息——具有表面效度，因为它恰恰包含了那些被未来教师看作与他们未来工作明显相关的信息，即教师教育中用学徒制的方法不能被发现的信息。大学标准中的此类信息，为那些持有教学适切发展的观点的教师提供了支持。

结论

对当前大学教师教育课程的冷嘲热讽，根源就在于一些教学形式是自然的人类行为，且它们似乎是我们人类物种根深蒂固的行为。然而，似乎我们自然具有的教学形式在很大程度上只限于展示和讲述，只有在教师和学生具有共同的文化构想与目标的情况下，这些教学形式才是最有效的。然而，当教育目标超出仅靠模仿和复制就可以达到的理解时，这些自然教学的形式效果就变得有限，有时甚至是有害的。

如果学校教育的目标仅限于那些模仿和复制的知识，教师教育作为一门大学学科就不会被认可，因为我们可以依靠自然和自发的教学体制来完成学校的任务。如果教
师教育的目标仅仅是培养那些借助第二天性来运用新技术进行教学的人，教师教育作 1243
为一门大学学科也是不会被认可的。然而，如果目标是培养能够理解自己的实践并探究其目的和效用、进而在获取学识和学术探究的基础上研究教学实践的教师的话，教师教育就能够在高等教育课程中占有一席之地。

遗憾的是，当前的许多教育课程都很薄弱，因为这些课程的设置并没有围绕学生的教育需求，也没有关注那些与学生对课程中概念的理解能力相关的最新研究成果。这些课程也没有投入足够的时间让学生摒弃自然教学法中一些不足的方面，然后再用更新的教学技术取代这些不足之处。

然而，克服自然教学及当前教育课程中弊端的补救措施，并不是要抛弃教学法这一任何真正教学专业的标志性课程，而是根据教育学院内外一系列的改革团体的观点来强化这些课程。这些改革可以归结为对教师工作提出的更高标准，即让所有学生理解课程，以及要建立能够使所有毕业生达到这一要求的教师教育项目。

(张晓阳　翁聪尔　译)

参考文献

Amsler, M & Stotko, E. M. (1996) Changing the subject: teacher education and language arts. In F. Murray (ed.), *The teacher educator's handbook*. San Francisco: Jossey-Bass (pp. 194 - 216).

Astington, J. W. & Pelletier, J. (1996) The language of mind. In D. R. Olson & N. Torrance (eds.), *The handbook of education and human development*. Oxford: Blackwell (pp. 591 - 619).

Ashley, J. & Tomasello, M. (1998) Cooperative problem solving and teaching in preschoolers. *Social Development*, 7, 143 - 163.

Baldwin, A. (1980) *Theories of child development* (2nd edition). New York: John Wiley.

Ball, D. (1991) Teaching mathematics for understanding: what do teachers need to know about subject matter? In M. Kennedy (ed.), *Teaching academic subjects to diverse learners*. New York: Teachers College Press (pp. 63 - 83).

Beilin, H. (1971) The training and acquisition of logical operations. In L. Rosskopf, L. P. Steffe & S. Taback (eds.), *Piagetian cognitive-development research and mathematical education*. Washington, DC: National Council of Teachers of Mathematics, Inc.

Berliner, D. (1988) Implications of studies of expertise in pedagogy for teacher education and evaluation. *New directions for teacher assessment: proceedings of the 1988 ETS invitational conference*, Princeton, NJ: Educational Testing Service (pp. 39 - 68).

Brophy, J. & Good, T. (1986) Teacher behavior and student achievement. In M. Wittrock (ed.), *Handbook of research on teaching*, 3rd edition. New York: Macmillan (pp. 328 - 375).

Brown, R. (1991) *Schools of thought: how the politics of literacy shape thinking in the classroom*. San Francisco: Jossey-Bass Publishers.

Bruner, J. (1961) *The process of education*. Cambridge, MA: Harvard University Press.

Cameron, J. & Pierce, D. (1994) Reinforcement, reward, and intrinsic motivation: a meta-analysis. *Review of Educational Research*, 64, No. 3, 363 - 423.

Cochran-Smith, M. (2005) Studying teacher education: what we know and need to know. *Journal of Teacher Education*, 56(1), 301 - 306.

Cochran-Smith, M. (2006) Evidence, efficacy, and effectiveness. *Journal of Teacher Education*, 57(1), 3 - 5.

Cochran-Smith, M. & Zeichner, K. (2005) (eds.) *Studying teacher education*. Mawah, NJ: Lawrence Erlbaum & Associates.

Cohen, D. (1990) A revolution in one classroom: the case of Mrs. Oublier. *Educational Evaluation and Policy Analysis*, 12, 311 - 330.

Collis, J. (1990) *Educational malpractice*. Charlottesville, Virginia: The Michie Co.

Evertson, C., Hawley, W., & Zlotnick, M. (1985) Making a difference in educational quality through teacher education. *Journal of Teacher Education*, 36(3): 2 - 12.

Cox, M. (1980) *Are young children egocentric*? New York: St. Martin's Press.

Draper, P. (1976) Docail and economic constraints on child life among the ! Kung. In B. Lee & I. Devore (eds.), *Kahlahari hunter-gatherers*. Cambridge, MA: Harvard University Press (pp. 199 - 217).

Fenstermacher, G. D. & Richardson, V. (2005) On making determinations of quality teaching. *Teachers College Record*, 107(1), 186 - 213.

Fischer, K. & Bidell, T. (1998) Dynamic development of psychological structures in action and thought. In W. Damon (ed.) and R. Lerner (Vol. ed.) *Handbook of child psychology* (Volume I). New York: John Wiley & Sons (pp. 467 - 561).

Floden, R. E. & Meniketti, M. (2005) Research on the effects of coursework in the arts and sciences in the foundations of education. In M. Cochran-Smith and K. Zeichner (eds.) *Studying teacher education*. Mahwah, NJ: Lawrence Erlbaum & Associates (pp. 251 - 308).

Fosnot, C. (1989) *Enquiring teachers, enquiring learners: a constructivist approach for teaching*. New York: Teachers College Press.

Gardner, H. (1991) *The unschooled mind: how children think and how schools should teach*. New York: Basic Books.

Gilbert, S. F. & Borish, S. (1997) How cells learn, How cells teach: Education in the body. In E. Amsel and A. K. Renniger (eds.), *Change and Development: issues in method, and application*. Mahwah, NJ: Lawrence Erlbaum Associates (pp. 61 - 76).

Graff, G. (1992) *Beyond the culture wars: how teaching the conflicts can revitalize American education*. New York: W. W. Norton.

Graff, G. & Phelan, J. (eds.) (1995) *Mark Twain, Adventures of Huckleberry Finn: a case study in critical controversy*. New York: Bedford Books of St. Martin's Press.

Grossman, P. (1990) *The making of a teacher: teacher knowledge and teacher education*. New York: Teachers College Press.

Hawley, W. & Rosenholtz, S. (1984) Good schools: what research says about improving student achievement. *Peabody Journal of Education*, 61(4).

Heider, F. (1958) *The psychology of interpersonal relations*. New York: Wiley.

Henke, R., Choy, S., Xianglei, C., Geies, S., & Alt, M. (1991) *America's Teachers: Profile of a Profession 1993 - 4*. DC: National Center for Education Statistics.

Howe, H. (1990) Thinking about the forgotten half. *Teachers College Record*, 92, 293 - 305.

Judge, H., Lemosse, M., Paine, M., & Sedlak, M. (1994) The university and the teachers. *Oxford Studies in Comparative Education*, 4(1&2).

Kantor, H. & Lowe, R. (2004) Reflections on history and quality education. *Educational Researcher*, 33(5), 6 - 10.

Konner, M. (1976) Maternal care, infant behavior and development among the ! Kung. In B. Lee & I. Devore (eds.), *Kahlahari hunter-gatherers*. Cambridge, MA: Harvard University Press, 218 - 245.

McDiarmid, G. W. (1992) The arts and sciences as preparation for teaching. *Issue Paper 92 - 93*, E. Lansing: National Center for Research on Teacher Learning.

Maynard, A. (2004) Cultures of teaching in childhood: formal schooling and Maya sibling teaching at home. *Cognitive Development*, 19, 517 - 535.

Murray, F. (1978) Teaching strategies and conservation training. In A. M. Lesgold, J. W. Pellegrino, S. Fokkema, & R. Glaser (eds.), *Cognitive psychology and instruction*. New York: Plenum (pp. 419 - 428).

Murray, F. (1982) The pedagogical adequacy of children's conservation explanations. *Journal of Educational Psychology*, 74(5), 656 - 659.

Murray, F. (1985) Paradoxes of a university at risk. In J. Blits (ed.), *The American university: problems, prospects and trends*. Buffalo, NY: Prometheus Books (pp. 101 - 120).

Murray, F. (1986) Teacher education. *Change Magazine*, September/October, 18 - 21.

Murray, F. (1990) The conversion of truth into necessity. In W. Overton (ed.), *Reasoning, necessity and logic: developmental perspectives*, 183 - 203. Hillsdale, NJ: Lawrence Erlbaum Associates.

Murray, F. (1991a) Questions a satisfying developmental would answer: the scope of a complete explanation of developmental phenomena. In H. Reese (ed.), *Advances in child development and behavior* (volume 23). New York: Academic Press, Inc. (pp. 39 - 47).

Murray, F. (1991b) Alternative conceptions of academic knowledge for prospective elementary teachers. In M. Pugach and H. Barnes (eds.), *Changing the practice of teacher education: the role of the knowledge base*. Washington, DC: AACTE (pp. 63 - 82).

Murray, F. (1992) Restructuring and constructivism: the development of American educational reform. In H. Beilin and P. Pufall (eds.), *Piaget's theory: prospects and possibilities*. Hillsdale, NJ: Lawrence Erlbaum Associates (pp. 287 - 308).

Murray, F. (1996) Beyond natural teaching: the case for professional education. In F. B. Murray (ed.), *The teacher educator's handbook*, San Francisco: Jossey-Bass, 3 - 13.

Murray, F. & Johnson, P. (1970) A note on using curriculum models in analyzing the child's concept of weight. *Journal of Research in Science Teaching*, 7, 377 - 381.

Murray, F. & Johnson, P. (1975) Relevant and some irrelevant factors in the child's concept of weight. *Journal of Educational Psychology*, 67, 705 - 711.

Murray, F. & Markessini, J. (1982) A semantic basis of nonconservation of weight. *The Psychological Record*, 32, 375 - 379.

Murray, F. & Zhang, Y. (2005) The role of necessity in cognitive development. *Cognitive Development*, (20), 235 - 241.

Oakes, J. (1985) *Keeping track: how schools structure inequality*. New Haven: Yale University Press.

Ogle, L., Alsalam, N., & Rogers, G. (1991) *The condition of education 1991*. Washington, DC: National Center for Educational Statistics.

Olson, D. & Bruner, J. (1996) Folk psychology and folk pedagogy. In D. R. Olson & N. Torrance (eds.). *The handbook of education and human development*. Oxford: Blackwell (pp. 9 - 27).

Premack, D. & Premack, A. J. (1996) Why animals lack pedagogy and some cultures have more of it than others. In D. R. Olson & N. Torrance (eds.), *The handbook of education and human development*. Oxford: Blackwell, 302 - 323.

Rose, S. (1993) *The making of memory*. New York: Anchor Books.

Rushcamp, S. & Roehler, L. (1992) Characteristics supporting change in a professional development school. *Journal of Teacher Education*, 43(1), 19 - 27.

Rice, J. K. (2003) *Teacher quality: understanding the effectiveness of teacher attributes*. Washington, DC: Economic Policy Institute.

Scardamalia, M. & Bereiter, C. (1991) Higher levels of agency for children in knowledge building: a challenge for the design of new knowledge media. *Journal of the Learning Sciences*, (1), 37 - 68.

Sheingold, K. (September, 1991) Restructuring for learning with technology: the potential for synergy. *Phi Delta Kappan*, (73), 17 - 27.

Shulman, L. S. (2005) Teacher education does not exist. The Stanford Educator (Stanford University School of Education Alumni Newsletter), Fall, 2005, p. 7 (also at http://ed. stanford. edu/ suse/news-bureau/educator-newsletter. html).

Siegler, R. (1981) Developmental sequences within and between concepts. *Monographs of the Society for Research in Child Development*, 46 (No. 189).

Smith, D. (1989) *The role of teacher knowledge in teaching conceptual change science lessons*. Unpublished doctoral dissertation, University of Delaware.

Smith, D. & Neal, D. (1990) The construction of subject matter in primary science teaching. In J. Brophy (ed.), *Advances in research on teaching subject matter knowledge*. Greenwich, CT: JAI Press.

Smith, L. (1993) *Necessary knowledge: Piagetian perspectives on constructivism*. Hillsdale, NJ: Erlbaum

Stephens, J. (1067) *The process of schooling: a psychological examination*. New York: Holt, Rinehart & Winston.

Strauss, S. & Stavy, R. (1982) U-shaped behavioral growth, implications for developmental theories. In W. W. Hartap (ed.), *Review of developmental research*. Chicago, IL: University of Chicago Press (pp. 547 - 599).

Strauss, S. & Shilony, T. (1994) Teachers' models of children's mind and learning: implications for teacher education. In L. A. Hirschfeld and S. A. Gelman (eds.), *Mapping the mind: domain specificity in cognition and culture*. New York: Cambridge University Press (pp. 455 - 473).

Strauss, S. & Ziv, M. (2004) Teaching: ontogenesis, culture, and education. *Cognitive Development* (19), 451 - 456.

Strauss, S., Ziv, M. & Stein, A. (2002) Teaching as a natural cognition and its relation to preschoolers' developing theory of mind. *Child Development*, 17, 1473 - 1487.

Synder, T. (1993) *120 Years of American Education: A Statistical Portrait*. Washington, DC: National Center for Education Statistics.

Tyson, H. (1994) *Who will teach the children: progress and resistance in teacher education*. New York: Jossey-Bass.

Visalberghi, E. & Fragaszy, D. M. (1996) Pedagogy and imitation in monkeys: yes, no or maybe? In D. R. Olson and N. Torrance (eds.), *The handbook of education and human development*. Oxford: Blackwell (pp. 277 - 301).

Wilson, S. M., Floden, R. E., & Ferrini-Mundy, J. (2001) Teacher preparation research: current knowledge, gaps, and recommendations. University of Washington: Center for the Study of Teaching and Policy.

61. 教师教育带来的价值

玛丽·M. 肯尼迪[①](Mary M. Kennedy)
索伊恩·阿恩(Soyeon Ahn)
崔金扬(Jinyoung Choi)
密歇根州立大学(Michigan State University)

1247 教学是一种既振奋人心又使人困惑的工作,很多人试图表达他们认为的好教师所具有的品质。有人说好教师是聪明的,也有人说好教师是关心学生的,还有人有别的说法。当话题转移到如何培养好教师的时候,这些关于好教师品质的思考就会表现得更加实际,因为这些准备性问题会指向具体的课程和项目说明。所以,有关如何培养好教师这个问题的文献,包括哲学探究、项目设计及对设想进行的实证测试。

近年来,随着观察者们越来越多地关心教育系统的整体质量,关于如何培养教师的争论变得格外激烈。争论也受到了一种叫做"增值"(value-added)分析法的刺激,这种分析方法考察了教师课堂效能的变量。从这些分析中,我们了解到教师对学生学习效果产生的影响是巨大的,以至于如果一个学生连续遇到两三个差劲的教师,他的整体学业成就将会受到严重的危害(Aaronson, *et al.*, 2003; Rokoff, 2003; Sanders and Horn, 1998)。这些研究证明,教师在教学效果上有本质差异,这也使得"如何更好地培养教师"这个问题变得更加突出。

本文旨在为有关教育背景的最显著假设的价值寻找实证证据,这将有助于提高教师效能。[②] 其中一个设想主导了大多数国家的教育规范,该设想认为教师需要和教学直接相关的专业知识(比如课堂管理、教学技巧、学校的社会角色及其他教育问题)。我们称这个假设为"教学知识"(Pedagogical Knowledge)设想。几乎每一个州都采用这个设想,要求未来教师修习教师教育院系的课程,这些院系的使命就是专门培养人们从事教师职业。然而,尽管这个设想在大多数的国家规定中得到广泛体现,但它并不是没有批评者。尤其是出现了另外两种构想,它们或许是替代品,或许是补充品。其中一个认为,相比于教学知识,教师更需要"学科知识"(Content Knowledge)。这个设想的支持者经常强调,如果教师不具备学科内容知识,就无法进行教学。虽然从理论上讲,教师既可以获得教学知识,也可以获得学科知识,但是学科知识的支持者认为

---

① 这项论文工作受教育部、教育科学研究所以及国家科学基金资助,因为项目正处于研究、评估以及沟通阶段。作者本人对于论文的内容和质量负全责。

② 尽管我们在标题中用了"带来的价值"这个术语,但我们这个术语的含义比一般用法更加宽泛一些。在这篇文献中,这个术语有时候被用来指一个特别具体的分析方法(Kupermintz, 2002; Sanders and Horn, 1994),有时候也指在一个数据模型中运用前测来控制初试分数的一般方法(Cunningham and Stone, 2005)。所以,我们是在更宽泛意义上运用这一术语。

两者互不相容，因为他们认为学院课程中的教学知识课程占用了太多时间，所以应把这些课程去掉，给学科知识科目留出空间，而这些科目最终对未来教师而言会更有益处。同时，在教师教育共同体之外，人们对教师教育项目本身所开设课程的价值和优点普遍存在怀疑（Conant，1963；Damerell，1985；Hess，2001；Kramer，1991；Labaree，2004；Lagemann，1999）。

在过去的二十年中，有人提出了第三种假设，认为教师需要教学和学科相混合的 1248
知识，并称之为“学科教学知识”（Pedagogical Content Knowledge）。这种知识包含：学生们是怎样理解或误解某个基本理念的，如何呈现某个基本理念能让不同类型的学生更容易接受，或者关于某个学科内容怎样利用特定的课堂资源。这样看来，这个第三种假设意味着教学知识和学科知识之间存在关系，教师需要明白这种关系。

所有这些假设的焦点都是大学课程，这意味着某些特定的知识领域可能会对教学产生影响，因此教师们需要学习这些知识领域的课程。还有另外一种观点，它挑战了以上所有观点的正确性。第四种假设认为，最好的教师是聪明的、受过良好教育的人，这些人在教学过程中足够聪明和细心，能够理解教学上的细微差异。赞成这种观点的人认为，改善教学质量的途径在于招聘新任教师，而不是为这个工作设置具体的课程。

第一种假设的支持者倾向于承认其他所有观点。也就是说，他们很少反对学科知识、学科教学知识，也很少反对有聪明才智、受过良好教育的教师在国家教育中的价值（例如，参见，National Commission on Teaching and America's Future，1996）。然而，提倡“学科知识”和“聪明且受过良好教育”者经常对“教学知识”和“学科教学知识”两种假设发出反对之声。所以，争论的焦点主要集中在学院课程时间的分配上，特别是关于教与学的时间分配。

我们认为所有这些假设都需要进行考察。因此，我们寻找所有支持这些观点的论据，而不是让自己仅仅局限于最具争议的观点。对于前三种假设，我们考察了有关教师学院开课历史的研究。我们认为，教育类课程代表的是教学知识，数学课程代表的是学科知识，数学教育课程代表的是学科教学知识。因为，第四种观点涉及更多的是招聘而不是学院课程本身，所以我们对于这种观点，是通过教师母校的选拔机制研究而不是学院课程研究来考察的。

在这项调查中，我们把探究范围限制在数学学科范围内，并且把学生数学成绩作为我们的教师效能指标。要确保所有的课程选项都按共同的结果来衡量，这种限制在某种程度上是必要的。我们对观点的评估只和教师的教育背景有关，无关其测试知识。

研究综述收集了大量的文献，这些研究文献探讨的是广泛的教师资质对教学质量的影响问题。下面内容中，我们描述了这篇论文的文献搜索程序，并且讨论了这些文献中的一些方法论问题。然后，我们对学院课程及人才招募的一些结果进行了评价。

文献收集程序

本文的文献取自于一个大型的文献数据库，这个数据库属于教师资格和教学质量研究（Teacher Qualifications and the Quality of Teaching (TQQT) study）的一部分。
1249 该数据库包含了对至少一项教师资格与至少一项教学质量指标之间关系的考察研究。我们最初的收集标准把资格（qualifications）限定在教师背景的一些方面，比如学院课程、测试成绩、证书、平均绩点及学位。教学质量（quality）的指标包括：直接的课堂观察报告、学生成绩及主要评级。这些指标的获取是在教师获得全职教师岗位[①]之后。

文献收集过程中，我们排除了一些研究，如实习教师研究、学前教师研究、大学教师及成人函授教师研究。同样被排除的还有出版于1960年之前的研究和美国之外的研究，因为这些研究的背景可能会和当今美国相差太大而无法适用。为了评估关于教育背景的四种观点，我们也排除了1980年之前出版的研究作品，因为课程随着时间变化而不断变化，早期的研究课程可能不再适用。

我们通过搜索“教育资源信息中心”（Education Resource Information Center，ERIC）、心理学文摘（PsycInfo）、国际学位论文摘要（Dissertation Abstracts International）及经济学文摘（EconLit）来获取文献。搜索的词条包括那些常常用来定义“资格”或者“教学质量”的词语，比如评估、认证、教师教育、教师效能等等。另外，我们搜索这些文章的参考文献及这个领域的文献综述和政策分析，也搜索涉及这个领域的所有期刊的最近议题。筛选这些研究的目的在于确保他们包含至少一项资格和至少一项质量指标，并且确保在他们的研究中能将两者明确地联系起来。这种联系确立的方式可能是分组对比（例如，将经过传统认证的教师组和经过其他途径认证的教师组做对比）、相关分析、多元测量分析或者质性方法。自这篇论文写作起（2006年夏），我们参考了该数据库的480项研究。更多关于本研究和数据库的信息可以参见网址：http://www. msu. edu/～mkennedy/TQQT。

为了评估我们关于教师教育背景的四种假设，我们从两个类型的研究入手来搜索文献。首先，为了评估学院课程的观点，我们搜寻那些试图评估教师读大学时所选课程与教师目前效能关系的研究，也搜索教育课程统计、数学课程或者数学教育课程，同样统计了教师是否主修或者辅修了上述任何科目，或者是否持有相关高级学位。至于有关聪明且受过良好教育的人的假设，不能简单地通过考察大学课程来评估，但是我

① 我们最终扩大了“资格”的内容范围，让它把教师在获得全职教学岗位后所取得的那些代表性事物也包含在内，因为这些事物可能和学区的招聘与工资决策有关系。例如，它们包括教师的工作经历，是否获得了高级学位，是否获得了全国专业教学标准委员会的认证，以及怎样回应商业招聘者的面试，比如教师主体面试。后面加的这些内容和目前的研究无关。

们发现了和这个观点相关的两种不同类型的研究：教师们读大学时所就读学院的地位排名与选拔机制研究；还有被“为美国而教”(Teach for America)招募的教师的教学效能研究。因为“为美国而教”所招募的人都来自美国名牌大学(Raymond and Fletcher, 2002b)，所以我们认为这些研究评估的是聪明且受过良好教育的教师的观点。

方法论问题

对于不同种类师资培养方案的相对价值的研究，受到一些非常困难的方法论难题的阻碍。难题之一就是很多人感兴趣的证书的价值很难被准确评估。例如，在美国，对学士学位价值的评估很难，因为大约 99%的美国教师已经有了学士学位(National Center for Education Statistics, 2003)。如果要测定拥有该学位的价值，就需要大范围搜索未获得此学位的教师作为对照组进行研究。在许多重要的方面，美国的教学群体都具有相当大的同质性，但是这个现象与我们所看到的巨大的教学效度差异很不匹配。例如，我们知道 75% 的美国教师是女性，84% 是白人(National Center for 1250
Education Statistics, 2003)。我们也知道，99%的教师拥有学士学位，其中 90%拥有教师资格证。

另一方面，学士学位和教师资格证在教育机构和州层面，具有相当不同的含义。美国有数百所教育机构提供大学学位，它们在规模大小、教学质量、宗教背景及研究方向等方面存在差异。另外，各州存在过多的在册资格证书，常常超过一百种。并且，特定证书对课程的要求存在差异(Ballou and Podgursky, 1999; Council of Chief State School Officers, 1988; Rotherman and Mead, 2003)。我们避免了一些模棱两可的衡量标准，例如资格证书和学位水平，而是把焦点放在教师学习特定科目的数量及其母校的选拔机制上。当然，这些因素在不同的地方也有不同的含义，但是我们认为它们的意义要比资格证书之类的意义更清晰。这种方法策略有助于在衡量教育背景时增加其可变性，同时也增加了其意义的清晰性。

另外一个影响所有教师资格研究的因素在于，教师对自身获得什么样的资质拥有决定权。研究者并不是随机到各高校或大学一些专业去选择教师的。因此，诸如在主题 X 或者 Y 中选取课程数量这样的测量因素，不仅反映了教师们从课程中学到的知识，也反映了他们对这些主题的初始兴趣。我们永远不能把教师对某科目的初始兴趣和他们已从此科目获得的知识分割开来。因此，如果我们发现某主题的课程似乎能使教师获得更好的教学质量，我们并不能就此断定如果各州要求教师选取这些课程，也可以获得同样的结果。只有当这些课程成为必修课时，我们才可以明白其对那些对此类课程不感兴趣的教师有怎样的效果。这个难题一直困扰着我们。未来教师之所以选取一些课程，因为这些是必修课。但是他们也可以选一些他们喜欢的课程。这两个原因可能会影响教师从他们的课程当中获益的程度。

类似的自我选择现象发生在教师求职的时候，因为他们被分配到哪所学校也完全不是随机的。事实上，关于教师和学校的匹配方式，目前有相当多的资料。例如，我们知道大多数选择教学作为职业的年轻人是来自农村和郊区社区的白人女性。我们也知道，在毕业的时候，她们会选择在类似于她们曾经就读过的学校就职（Boyd, *et al.*, 2003）。她们经历了“差异性迁徙”（differential migration）的过程，例如郊区长大的大学生会寻求郊区的教职，小镇长大的学生会选择小镇的教职。我们同样知道，学校系统会优先选择他们自己学校的毕业生（Strauss, 1999），以至于学校和教师都会寻求彼此在文化和人口基础方面的匹配性。最后，我们知道城区学校及其他低收入和非白人群体就读的学校在招聘方面面临着更大的困难，其教师队伍更不稳定，并且这些学校更可能雇佣一些低资质的教师（Boyd, *et al.*, 2002; Lankford, *et al.*, 2002; Wykoff, 2001）。结果，与其他学校相比，这些学校拥有更多的教学新手及低资质教师。这些过程结合起来，表明教师最终的职位选择可能是一种“姻亲式匹配”（affinity assignments），以至于教师的社会背景和资质与他们学生的社会背景和资质也是相匹配的。

现在设想一下，这些过程怎样影响研究。我们试图调查，具有不同资格类型的教
1251 师对他们的学生是否具有不同的影响。但是，通过“差异性迁徙”和“姻亲式匹配”的自然过程，不同资格的教师和不同资格的学生已经相互匹配。这些过程造成的一个结果就是最需要教育帮助的学生就读的学校，分配到的却是最差的教师，而那些最好的学校分配到的是具有更好的教师。如果我们考察一下教师母校的声望及其学生成绩分数之间的简单相关性，我们可能就会发现，即使教师对他们的学生没有一点影响力，但仅仅因为教师和学生之间经过了“差异性迁徙”和“姻亲式匹配”的自然过程，所以两者之间仍然具有相关性。这种“迁徙”和“匹配”过程让研究者很难判断到底是教师创造了他们学生的成绩水平，还是不同的学生成绩水平吸引了不同类型的教师？

通过把考察范围限定在运用了相对复杂数据方法的研究上面，我们解决了这个“非随机匹配”的问题。在我们寻求的研究中，研究者们测量了所有他们预计会影响教师效能的因素，通过这种方式，他们根据数据把各种影响因素区分开来，并将其纳入一个数据模型。这些更为复杂的数据模型不仅包括教师资格，而且也包括那些学生的社会经济地位、种族和族裔因素，可能还包括学校规模、资金或者人口构成，还可能包括一些教师自身的其他特征，比如他们的信念和价值观。这些研究的目的在于通过测定和考察其他相关影响因素，发现教师资格和教学质量之间的关系。当然，他们不能保证会得出因果关系，但是他们更能为这些资料进行测定并考虑相互矛盾的解释。我们也通过考察多种研究来强化我们的推论，这些研究都有其自己的数据模型。

最后，因为很多因素会影响教师早前的大学经历和他们现在的教学实践之间的关系，所以所有关于教师资格的研究都变得更加复杂。所选取的任何教师样本，都会包括一些相对年轻的教师、一些工作几年的教师和一些工作了很多年的教师。自从他们获得大学学位和教师资格证后，很多因素都可能会影响到他们的教学。他们可能有过在不同学校工作的经历，选修了不同的专业发展课程，遇到过对子女有不同期望的家

长。所有这些经历都可能会影响到他们的教学实践和教学效能。但是，我们的研究会对这些影响因素忽略不计，只寻求与一个影响因素相关的论据，这个因素就是他们的大学教育，而这可能发生在多年以前。事实上，时间本身就是一个干扰因素，因为一个20年前就获得教师资格证的教师和5年前才获得证书的教师相比，会经历非常不同的教育项目。20年前的研究中所涉及的师资培养方式和现今的师资培养方式当然也非常不同(Metzger, *et al.*, 2004)。

在解决这些问题的时候，我们在某种程度上只关注那些更好的研究，这些研究更有可能已经解决了这些问题。符合以下这些重要标准的研究才能被纳入我们的关注范围：

1. *研究必须运用相对精密的模式。*这种模式能让研究者把大量的其他可能影响因素纳入考虑范围。这些研究一般都依靠多重回归分析或者多层线性分析模型。在
测定额外影响因素并将其纳入考虑范围时，与做较简单的相关分析或分组相比，前述 1252
两种分析方法有更多的测量机会。

2. *研究必须包含一个前测作为研究要素。*学生学业成绩测定就像特定时间的快照一样。它们测定学生在特定时间的知识水平。但是，该知识水平反映的是学生生活学习的所有东西，包括向父母、教师、其他成人及同辈学习的知识。此外，它们更多反映的是一种"姻亲式匹配"关系，而不是教师对学生学习效果的影响关系。因此，我们更倾向于在研究中加入前测成绩作为模型中的一个因素，或者将其作为进步成绩(a gain score)的一部分。前测成绩的某些测量手段，使研究者可以把学生在受教师(他们是研究的焦点)指导之前所学习的知识分离出来。

3. *研究必须集中于学生或教师个体而不是全体教育机构的教师。*一些研究者依靠的数据是教师和学生的学校平均值或地区平均值，而不是一些来自个体教师的数据。当研究者借用学区或者州的数据库时，他们通常利用的都是合计数据(aggregated data)。这些数据库可能包括那些个体层面的信息，也可能严格控制数据获取途径以保护教师隐私。这些合计数据不那么重视每个学校或地区教师的变量信息，而更关注那些可能由很多其他因素而不是教学因素影响的学校中的变量，而研究者对这些因素一无所知(更多有关本问题的研究见 Murnane, 1981; Hanushek 等，1996)。结果，它们可能会导致研究者对教师资格和教学质量之间的关系产生误判。因此，我们只关注那些以个体教师和个体学生为焦点的研究。

我们这里呈现出来的结论需要一个最后的说明。做这一类研究的综述，我们不仅需要给出自己的收录标准，而且对于每项研究结论的选择也要界定标准。研究者经常会给出多个数据模型，每个模型都有自己的特点。有时，他们会针对多个子组(例如，成绩高和成绩低的学生)或者多个成绩的子测试给出自己的结论。为了避免过多阐述某项研究，我们会从每个考察年级或者样本中单独选取一个模型。我们的决策原则是首先选择那些符合我们标准的模型，看这些模型是否包括一个前测，研究的是否是个

体教师而不是合计总数。如果一个研究者给出的模型运用的是进步分数，而另一个研究者运用前测(pretest)分数作为一个协变量(covariate)，我们就会选用协变量模型。我们会选用固定效应模型，而不是随机效应模型；选用总体样本模型，而不是抽样样本模型；选用总体测试分数模型，而不是子测试分数模型。我们会避免选用包含相互作用条目的模型。如果同一样本的不同模型出现在不同的出版物中，我们会选取最新的版本。否则，我们会选择包含了最多课程措施的模型，或者，如果这方面不存在差异，我们会选择其他变量最完整的模型。相比于两年期或不足一年期的实验，我们更倾向于一年期的实验。

最终样本

我们认为这里所考察的研究，是表现教师资格和他们学生数学成绩之间关系的最好证据。通过把文献综述限定于这些研究，我们对自己的结论更加有信心。我们制定的标准被其他许多研究者认为是好的研究设计指标(例如见 Goldhaber 和 Anthony，2003；Hanushek，1971，1996；Murnane，1981)。在这方面，我们听从了斯莱文(Slavin，1984，1986)的建议，即综述者应该集中关注最好的论据。并且，我们也同意他的观点，最好的证据取决于研究问题和研究背景。表 61.1 所列出的研究，符合我们对于最好证据的标准。

1253 **表 61.1　相关研究综合分析表**

引文出处	假设	感兴趣的教育背景		样本		统计控制数	影响因素估计值
		指标	知识领域	年级	学生数量		
Aaronson, Barrow and Sander (2003)	CK*	专业主修：	数学教育	9	52 991	27	1
	PK					27	1
	BWE	等级：	机构地位	9	52 991	22	6
* Betts, Zau, and Rice (2003)	CK	硕士学位：	数学	小学	36 927	83	1
				初中	30 226	83	1
				高中	26 697	83	1
		专业辅修：	数学	小学	36 927	83	1
				初中	30 226	83	1
				高中	26 697	83	1
Brewer and Goldhaber (1996); Goldhaber and Brewer (1996, 1997a, 1997b, 1999, 2000)	CK	专业主修：	数学	10,12	5 149,3 786	41,37	1,1
	PK		教育	12	3 786	37	1
	CK	硕士学位：	数学	10,12	5 149,3 786	41,37	1,1
	PK		教育	12	3 786	36	2
* Chiang (1996); Rowan, Chiang, and Miller (1997)	CK	双学位：	数学	12	4 751	15	1
		任一学位：	数学	10	5 341	23	1

续 表

引文出处	假设	感兴趣的教育背景		样本		统计控制数	影响因素估计值	
		指标	知识领域	年级	学生数量			
Clotfetler, Ladd, and Vigdor (2004a, 2004b, 2006)	BWE	等级:	机构地位	5	60 656	46	3	
Darling-Hammond, Holtzman, Gatlin, and Hellig (2005a, 2005b)	BWE	项目准入:	TFA*	4—5	11 437—105 511	15	4	
Decker, Mayer, and Glazerman (2004)	BWE	项目准入:	TFA	1—5	1715	60	1	
Eberts and Stone (1984)	PCK	课程数量:	数教	4	14 000 多	34	1	
Fagnano (1988)	CK	课程数量:	数学	8	211	~100	1	
	PCK		数教*			~100	1	
	PK		教育			~100	1	
Guarino, Hamilton, Lockwood and Rathbun (2006)	PCK	课程数量:	数教	K	16 308	29	6	
Harris and Sass (2006)	PCK	课程数量:	数教	4—5	74 103	12	1	
				6—8	116 673	12	1	
				9—10	83 516	11	1	
	CK		数学	4—5	74 103	12	1	
				6—8	116 673	12	1	
				9—10	83 516	11	1	
	CK		学科	4—5	74 103	12	1	
			内容	6—8	116 673	12	1	
				9—10	83 516	11	1	
	PK		普通	4—5	74 103	12	1	
			教育	6—8	116 673	12	1	
			理论	9—10	83 516	11	1	1254
	PCK		教学	4—5	74 103	12	1	
			知识	6—8	116 673	12	1	
				9—10	83 516	11	1	
	PK	专业主修:	教育	4—5	74 103	1	1	
				6—8	116 673	3	1	
				9—10	83 516	3	1	
	PCK		数教	6—8	116 673	3	1	
				9—10	83 516	3	1	
	CK		数学	6—8	116 673	3	1	
				9—10	83 516	3	1	
Hill, Rowan and Ball (2005)	CK+PCK	课程数量:	数学/数教	1,3	1 190,1 773	17,17	1,1	
Monk (1994); Monk and King (1994)	CK	课程数量:	数学	10,11	1 492,983	10,10	4,5	
	PCK		数教			13,14	1,1	
	CK	多于 5 门课	数学	11	983	11	1	
	CK	毕业人数:	数学	10,11	1 492,983	13,14	1,1	
	PCK	课程:	数教			13,14	1,1	
	CK	专业主修:	数学	10,11	1 492,983	13,14	2,2	

续 表

引文出处	假设	感兴趣的教育背景		样本		统计控制数	影响因素估计值
		指标	知识领域	年级	学生数量		
Raymond and Fletcher (2002a, 2002b); Raymond, *et al*. (2001)	BWE	项目准入：	TFAvs	4—5	81 814	12	1
			全体	6—8	96 276	12	1
			TFA vs	4—5	11 321	11	1
			新手	6—8	19 521	11	1
Rowan, Correnti, and Miller (2002)	CK	学士/硕士：	数学	1—6	不详	不详	2
Rowley (2004)	PK PK	课程数量：	初等教育	K	12 873	31	1
	PK		早期教育			31	1
	PCK		儿童发展			31	1
			数学教学			31	1
Taddese (1997)	CK	专业主修：	数学	12	20 840	22	1

* 贝茨等人(Betts, *et al*.)对少数学生群体的估计值未包含在本分析研究中。
* 奇安等人(Chiang, *et al*.)研究中的双学位未包含在第四栏中,因其未区分学士学位和硕士学位。同时,第四栏也不包含罗恩等人(Rowan, *et al*.)的研究,因为我们不能把他们的研究数据转化为可获取的分数指标。
* CK 是指学科知识;PCK 指学科教学知识;PK 指教学知识;BWE 指聪明且受过良好教育的教师。
* TFA 是指"为美国而教"项目。——译者注
* "数教"是指数学教育。——译者注

数据分析

我们设计了一种新的测量尺度,试图考察在大学时选课多的教师所教学生的成绩是否比其他学生好。但是,学生成绩以 50 分分值和以 10 分分值计算的区别,会使得出的关于大学课程的显著性影响的结果存在差异。对于这个难题,传统的解决方法是,通过分组的标准偏差(standard deviation)来划分所有的影响,因此需要给出一个
1255 范围值,从而用一个共同尺度来衡量所有的影响因素。但是,只有当所有的研究者都以相同的方式获取标准差时,这种方法才有效(更多见 Hedges, 1986)。如果一个研究者提供的是一个合并的校内变量估计值,而另一个研究者给出的估计值包含了校际变量差异,那么,标准差就无法把效应值转化为可比指标。另外,即使标准差是可比的,当我们的研究依赖国家数据库及与之相关的测试的时候,我们会面对另一个难题,即这些测试和地方课程并不一致,他们可能测量一些未经教授的课程内容,而未能测量一些教授过的内容。因为他们错过了一些教师产生影响的领域,而去考察了一些教师们并未试图去影响的领域,我们认为这些测试低估了教师对学生的实际教学影响力。造成这种局面的原因不在于教师存在什么不足之处,而是教师的课程与测试内容之间缺乏一致性。因此,基于国家测试的教学效能可能无法与基于各州或者地方测试的教学效能相互比较,因为各州或地方测试就是设计用来反映地方课程的。事实上,在国家数据库展示的分数年均增量中,这种低估是非常明显的。在全部学年中,这些所展

示的年均增量往往只是一两分而已。

对于这个“测量尺度”(yardstick)的难题，我们的解决方法是，对学生在某一特定学年所获平均分数的相关结果进行界定。也就是说，我们不会通过用标准差去除标准效度来使之标准化，而是用学生们年平均成绩增长去除标准效度来使之标准化。[①] 例如，如果专业学习数学使学生的成绩增加一分，而学生整个学年普遍增加了 3 分，那么我们可以说这个专业的效度为学生年度增加成绩的 1/3 或者 33%。我们的效度估计值基于以下这个方程：

$$\frac{b_i}{\overline{Y}_{后测}-\overline{Y}_{前测}}$$

其中 bi 代表的是取自特定样本、特定资格的非标准化回归斜率。$\overline{Y}_{后测}-\overline{Y}_{前测}$ 代表的则是样本学生数学成绩增加的分数。

这种测量方法相对于其他标准化方法具有一定优势。例如，我们不必因为一些研究使用不同方式来计算标准差而将它们剔除。而且，我们也不必担心学生们的测试和地方课程的一致程度，因为通过运用分数年均增量作为我们的测量尺度，它们表示的含义是一致的。

结果

结果分两部分呈现。在第一部分中，我们总结了那些考察教师课程对学生数学成绩产生影响的研究。这些研究使我们能够评估关于教学知识、学科知识及学科教学知识的相对重要性的假设。在第二部分中，我们考察了两组文献，其内容涉及聪明且受过良好教育的教师。这些文献包含了对教师所在教育机构的地位排名及选拔机制进行的多重回归分析，同时也包含了许多将“为美国而教”项目教师和其他教师进行比较的研究。

大学课程影响因素分析 1256

当人们认为教师需要掌握更多关于某领域(比如课堂管理)的知识时，他们的真实意思是：相对于其他领域的知识，教师需要更多本领域的知识。当人们说教师不需要某领域的知识时，他们一般不是认为这些知识一点价值都没有，而是认为它们可能不如其他知识有价值。以这种方式来理解的话，实证问题就会变成价值界定问题。这里的价值是指教师在整个大学教育中学习的不同课程所带来的价值。其中一个部分可

---

① 有一些研究案例中，研究者并没有提供这个信息。当他们不提供时，我们会在另一份研究报告中发现相关信息，这些研究报告运用了相同的数据库，并且有时候来源于同一个网站的人口数据。我们的目标是要发现人均的前测与后测成绩，以便用来作为测试教师教学效度大小的基准。

能是教育类课程，另一个部分可能是学科类课程（我们这里选取的是数学课程），第三部分可能是数学教育课程或者如何教授数学的课程。

因为效度估计值取决于数据模型，也就是说取决于研究者在他们的模型中测量和控制的各种变量的综合，所以将一个研究的估计值和另外一个研究的估计值直接进行对比是不可能的。我们有两种方法解决这个问题。第一，我们会考察那些在一个单独数据模型中测试多个假设的研究。这些研究允许我们在同样的方法论条件下，针对不同课程内容进行直接对比。第二，我们会在不同数据条件下将获得的研究结论进行分组排列。通过要求这些研究都符合最佳论据标准，使这些研究变得更具可比性。我们也通过考察学生在特定测试中成绩的效应，来增加其可比性。

研究内部对比分析

这里考察了符合我们最佳论据标准的两个研究，也考察了在单一研究内部所进行的多假设测试。第一个研究（Monk，1994）考察的是中学数学教师，第二个研究（Harris and Sass，2006）考察的则是所有年级的教师。

蒙克（Monk）运用了多重回归分析法，这种数据处理技术让研究者可以评估同一方程内几个不同潜在影响因素的贡献。蒙克的方程中既包括学生背景变量，也包括一些教师教育背景变量。他既评估了教师选读课程的影响，也考察了专业学习数学的影响。因为蒙克研究了大二和大三两个阶段，我们也对两个阶段分别进行了考察，图 61.1 呈现的就是他的结论。

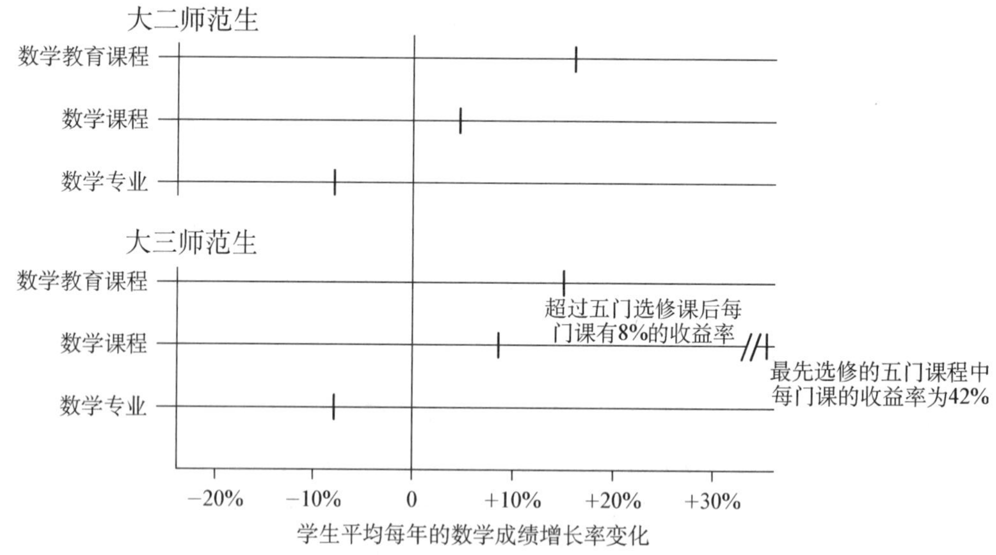

图 61.1　教师大学所修课程专业与其学生数学成绩之间关系的估算

图 61.1 中的每一个线点（hatch mark）表示的是，其他被测试因素不变的情况下，教师每多选一门数学或数学教育课程，学生考试成绩的增长（或减少）率——考虑到那些被测量的“分数”是相对于所有学生平均的成绩增长而言的，所以用增长的百分比来

表示。例如，假设学生背景不变，教师中其他测量因素相同，那最上面的那条线就表明大二学生的教师每多选一门数学教育课程(教授数学的方法性课程)，都和学生成绩的增长具有相关关系，相当于大二平均成绩增量的16%。

对于大二和大三两阶段来说，一般而言，数学教育课程带来的益处最大，数学课程的益处较小，而主修数学则具有负效应。在这个数学教师的样本中，每位教师平均选修了八门左右的数学课，却只选修了两门数学教育课程。

蒙克怀疑，随着教师所修数学课程数量的逐渐增多，可能存在一个收益递减的趋 1257
势。所以，他通过区分早期选修科目和更加高级的课程修读，测试了这种理论模型。他发现数学课程收益在五门课之后会逐渐下降。在图61.1中，教师学院大三数学课程中数值较大的正向效度所呈现出的都是前五门课程的效益增量，而其中相对较小的那个数值(8%)代表的是选修超过前五门课程之后每门课程的效益增量。

最出乎人们意料的结论是在两个年级，曾主修数学专业的教师所教学生的效度增量实际上要少于没有主修数学专业教师所教的学生——每组学生要低约8%。这种明显的负面结果是令人惊讶的，因为大多数关于教师课程的争论，都集中在教育课程的价值而不是学科知识课程的价值上面。即使是蒙克的收益递减模型，也不能解释这个结果。

这里我们遇到一个不能使研究结果符合常识的困难。很难想象对特定科目较多的学习却导致教师效能更低，这意味着这些课程可能提供的是有害的知识。对于这个结果，我们要找到另一种解释方案。很多解释都是可能的，包括数据模型本身可能存在缺陷，但是有一种解释对于我们来说是最可信的，即那些修习更多数学课程的教师们在选课之前就和其他大学生有所不同，而正是这些不同导致了他们的低效能。可能那些主修数学的大学生有不同的个性、价值或信念，导致了他们作为教师的低效。正是这些最初的差异解释了多选课程明显的负效应，而课程本身则与负效应无关。这种结论提醒我们在这类型的研究中有两个重要的解释性难题：我们在这种研究中所看到的效能，必须放到整个数据模型的背景下进行解释；这些选课测试不仅反映了从课程中获得的知识增量，而且也反映出最初的兴趣和倾向是怎样激励教师们首先选择这些课程的。

现在，我们来了解一下哈里斯和萨斯(Harris and Sass, 2006)的研究。这个研究 1258
是很独特的，部分原因在于它提供了大量异常的效度估计值，同时，它也是一项高质量的研究。研究者运用的是多层线性模型，这种模型更加适合学校教师和学生所组成的网状组织结构，他们也运用了固定效应模型(fixed effects)，这种方法也更适应于测量教师与学校之间存在的潜在差异性因素(例如，细微的个性差异或者学校环境差异)，这些潜在差异可能会对理解研究结果产生干扰。虽然这项研究的样本被限制在一个州(佛罗里达州)，然而它提供了教师大学课业的大量细节内容，数据既有小学教师的，也有中学教师的。

图 61.2 展示的是哈里斯和萨斯报告中的效度列表。除了这些研究者考察的是课程学分而不是课程本身之外，我们可以用与图 61.1 相同的方式来解读这个列表。每一个线点代表的是一个特定知识领域学分增长的效度，它们都是以学生一学年学习成绩增量的比例分数为测量尺度的，同样也假定其他变量保持恒定。图表展示了大量的估计值，因为研究者可以对多个年级的学生进行研究，并且能够区分具体的课程内容。例如，他们可以把教育中一个领域的课程内容和另一个领域的区分开来。与图 61.1 一样，这个表格体现了规模和效度方向的多样性。正如我们在考察蒙克的研究时所表达的观点一样，我们不倾向于认为“知识本身有害”，并因此怀疑该表格中展示的明显负面效度反映的是数据异常或选择不同类型课程的教师的既存性差异。

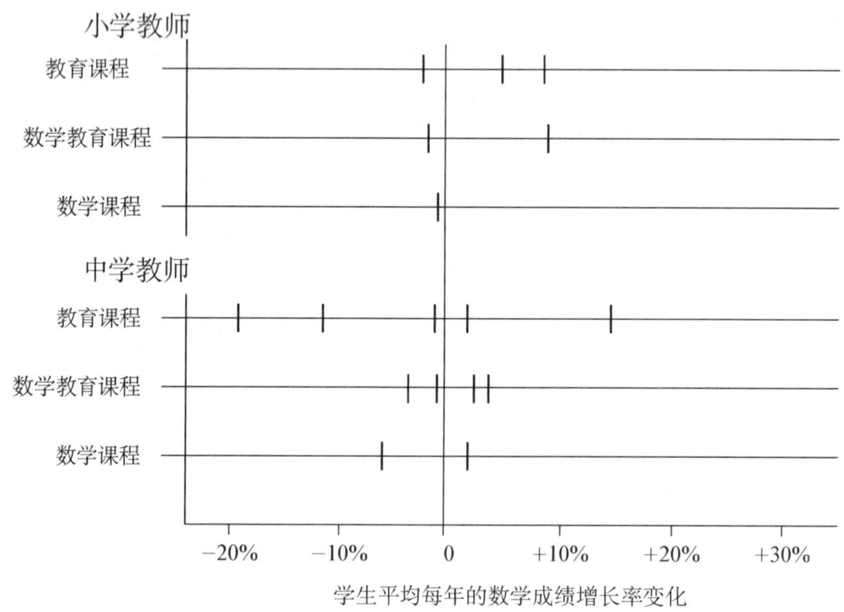

图 61.2　教师大学所修课程学分与其学生数学成绩之间关系的估算

首先来看小学教师。图 61.2 表明，教育课程和数学教育课程，比数学专业课程本
1259 身效度增量更高(我们再一次假设负面效应不意味着多学知识本身具有负效应)。然而，当我们考察初高中教师的数据模型时，效度更具多样性，也更难解释。三个知识领域都呈现出了正效度与负效度。虽然数学教育课程在正效度与负效度之间趋向于平衡，但教育课程却非常强烈地趋于负效度，数学课程也稍微趋向负效度。

哈里斯和萨斯没有测试在不同知识领域内多修课程会使收益递减的可能性。然而，我们仍可想象具有不同预先爱好的人倾向于选择不同类型的课程，而这些初始差异可以解释我们在这里看到的不同数据模式。例如，因为在教育领域的估计值指向特定知识领域(例如课堂管理之于教学方法等)，选择这些课程的教师有可能具有不同的初始个性或者信念，正是这些初始个性与信念让他们成为相对成功或并不很成功的教师，而这些和分数效度本身无关。

所有的最佳证据研究

我们考察教师教育背景的第二种方法，是把所有考察课程后得出的研究结论都放入一个单独的图表中。图 61.3 总括了有关教师修习课程数量的所有最佳证据(不包括哈里斯和萨斯的研究，因为他们考察的是课程学分而不是课程本身)。图 61.4 总括了在特定知识领域深入研究的所有最佳证据。在这些图表中，每一个线点都代表一项研究中的一个估计值。合在一起，他们代表了很多不同的人群和数据模型。

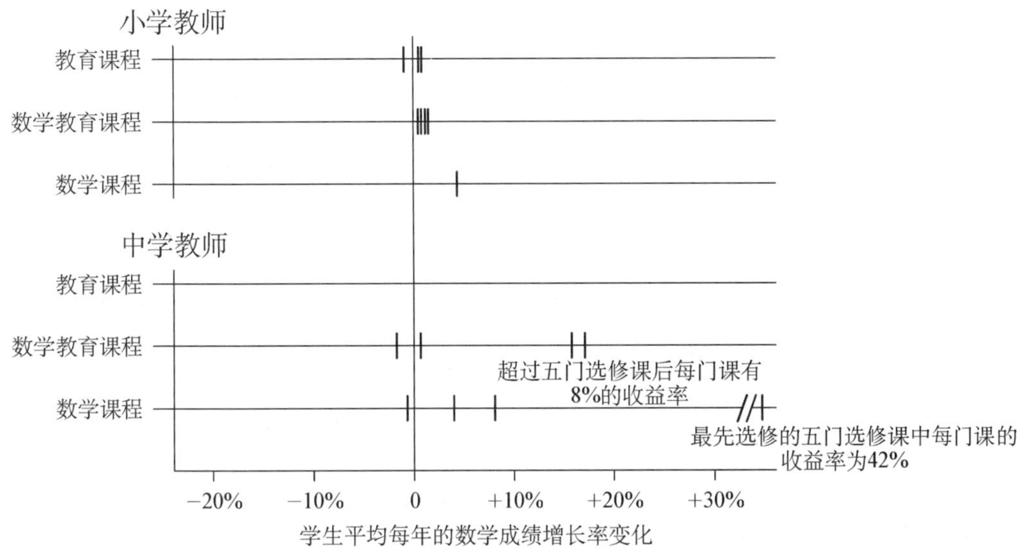

图 61.3　教师大学所修课程数量与其学生数学成绩之间关系的估算(依据 1980—2006 年间所有研究)

在一个图表中考察所有研究的最重要的原因，是为了找到宽泛的效度模式，从而使结论能够不受数据模型中的变量及其他研究细节的影响，这种效度模式可能会让我们了解教师教育背景和学生成绩之间的真正关系，而不只是一个个体性研究成果。

尽管图 61.3 显示在所有年级水平上，课程效度都趋向正向效应，但这张图仍然显示出非常多样的结果。然而，除了蒙克的结论之外，大多数的效度都相对较小，因为这些线点代表的是个体课程的效度。我们可能预期一些小的效度，这些效度随着教师修 1260
习课程的增多也可以累积。如我们在哈里斯和萨斯的研究中看到的，中学教师在课程效度值方面似乎确实比小学教师更分散。

图 61.4 总括了获得任何科目高级学位或修完某科目所有专业课程的所有效度估计值。因为，这些线-点代表的是某知识领域内大量研究的效度值，我们可能预期它们的效度值比图 61.3 总括的个体课程的效度值大得多，事实上，大多数的效度值确实要比图 61.3 大一些，但差距不大。另外，虽然许多效度值较大，但它们是负向的。

除了蒙克以外，没有研究者去测试在特定科目内多修课程会造成收益减少的可能性，但是这种关系可能帮助我们了解这种结果模式。例如，在小学教师中，主修数学和

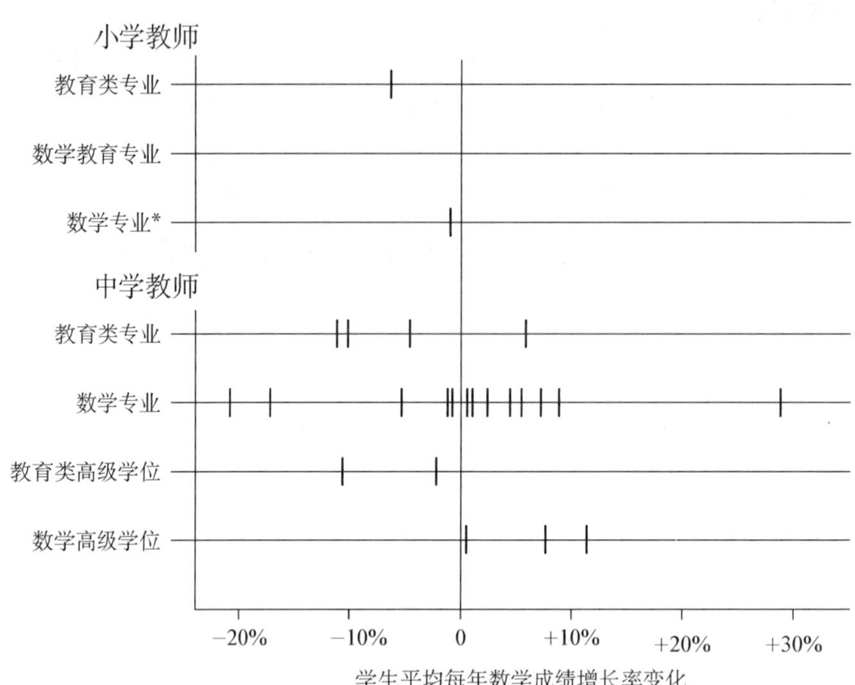

图 61.4 教师大学专业和高级学习领域与其学生数学成绩之间的关系估算(依据 1980—2006 年间所有研究)

* 还有一项研究(Rowan, *et al.*, 2002)表明,当小学教师的大学专业是数学时,其对学生数学成绩呈现负面影响,因为我们无法把数据转化为此种度量标准,所以这里不予呈现。

教育专业对学生成绩都是明显有负作用的,这个结论和图 61.3 在个体课程方面所展现的更普遍的正效度模式相矛盾。另外,我们发现了主修数学课程的另一个负面效应(Rowan, *et al.*, 2002),并且无法将其转化到我们的测量尺度中,因此也无法在这里进行展示。但是,如果我们认为随着教师在任何一个知识领域修习的课程越来越多,
1261 会存在一个收益递减的现象,那么个体课程的明显益处和大量学习的显见害处之间的矛盾,至少会有所调和。例如,我们可以假定额外的学习课程让教师的效度值增加到一个特定的点,但之后效度值就很少或完全不增长。因为研究者很少会设计数据模型以表述曲线关系,所以我们可能会发现,当不同研究者运用不同数据模型时,学院专业的效度会从正向转向负向。又或者我们可以设想那些主修某科目的人和那些在每一领域选几门课程却不主修任何科目的人,其在某种程度上是存在差异的。

只有在达到高级学位水平时,我们才开始明白不同知识领域的显著差异。尽管关于高级学位效度的估计值很少,教育学学位和数学学位之间还是有明显差异。教育类高级学位的两个效度估计值都是负向的,数学类高级学位的三个效度估计值都是正向的。对于这个观察报告,我们需要补充提醒:所有这些关于高级学位的效度估计值都来源于一个单独的数据库,即“1988 年全国教育纵向研究数据库”(National Educational Longitudinal Study of 1988)。这些结果在该数据库中可能是十分异常的。路德维希

和巴锡(Ludwig and Bassie, 1999)确信这个数据库所使用的前测没有充分控制好把学生随机分配给教师的问题。然而,如果这个结论是真实的、具有普遍性的,那么就引出了一个重要的问题:获得教育学硕士学位的价值何在?我们在这里提供两种推测:首先,因为大多数学校给获得高级学位的教师薪水较高,在职教师就有了追求高级学位的动机,而各种教育项目可能试图通过提供一些要求较不严格或者对教学实践较为有益的学位来帮助他们,因此,学位本身可能质量相对较差;其次,可能那些选择获取教育类高级学位的教师和其他教师不同,他们在开始阶段缺少有效性,并且这个高级学位也无助于他们提高有效性。

结论

在这个部分,我们考察了关于教师所需知识类型的三个假设的论据。我们对于教学知识、学科教学知识及学科知识的相对价值都感兴趣。我们运用教育类课程来测定教学知识所造成的效度差异,运用数学教育课程测定了学科教学知识造成的效度差异,运用数学课程测定了学科知识造成的效度差异。

尽管研究结果存在差异,但是我们还是发现了一些共同之处。首先,三个知识领域的课程似乎都能改善小学教师的教学有效性。对于小学教师而言,教育和数学教育额外课程的模态效益(modal benefit)看上去大约处于学生年成绩增量的0%到3%之间,而数学和数学教育课程的模态效益增加得稍微高一些。第二,不论是考察个体课程还是对特定知识领域的深入学习,都发现中学教师比小学教师的效度估计值更具可变性。这可能是因为在中学数据库存在更多异常数据,也可能是因为当地教师和学生的分配过程使中学阶段出现了更多的混杂变量。但我们仍然可以辨认出一些趋势。特别是图61.3和图61.4之间的差异,表明所有三个知识领域都存在收益递减规律。无论是教育专业效度还是数学专业效度都具有较高的变异性,但是平均都非常趋近于0。最后,我们在数学和教育高级学位的效度上可以看到显著的差异,并且我们怀疑造成这种差异的原因在于选择获取学位的教师们的差异及学位本身的效度差异。

在整篇文章中,我们考虑了各种各样的假设来解释我们所提出的模式。当然,大
家普遍感兴趣的假设在于这些领域的知识可能给教学带来的益处。但是负向效度的 1262
出现提出了一个问题,即知识是否有害于教学。我们倾向于认为,这些明显的负向效度不能归因于课程本身,其原因或者在于这些选择不同课程路径的教师的初始差异,或者可能源于所使用的数据模型出现的曲线关系及多重共线性导致的数据异常。

“聪明且受过良好教育的人”假设的论据

我们依靠两种迥然不同的研究类型来考察“聪明且受过良好教育的人”(BWE)的假设。其中一组研究考察教师母校的地位排名与选拔机制对于他们目前学生学业成绩的影响。另外一组考察通过“为美国而教”(TFA)项目招募的教师的效度。“为美国而教”项目招收的明显是那些被认为聪明且受过良好教育却不一定学习过教学的人。

机构地位

在试图解释教师效能时，两个研究考察了机构地位或者选拔机制的指标。然而，它们在怎么定义和评估机构地位方面存在差异，所以对它们必须分开来进行考察。图61.5和图61.6展示的是和教师母校地位相关的学生数学成绩的变化模式。

第一个研究(Clotfelter, *et al.*, 2004a, 2004b)是我们数据库中唯一一个明确认识到在数据收集前学生和教师就已经按照社会阶级和资格进行了相互匹配的研究。这些研究者通过考察一些学校，调查学生是怎样被分配给教师的。他们发现很多学校在分配学生的时候，会将弱势学生分给与他们背景不同的教师，而背景条件较好的学生则会被分配给与其背景相近的教师。在图61.5中，我们可以看到，当进行全样本考察且只考察那些随机分配学生的学校时，按照巴伦大学排名(Barrons' College Rank)的大学毕业教师的母校地位的效益状况存在明显差异。该图表明，在学生和教师相匹配的全样本中，教师母校地位的高排名确实和学生高成绩相关。但是，当研究被限定在学生被随机分配给教师的学校中时，就出现了相反的情况。在那些学生与教师背景不匹配的学校中，毕业于名校的教师似乎不能很好地提高五年级学生的学习能力。[①]

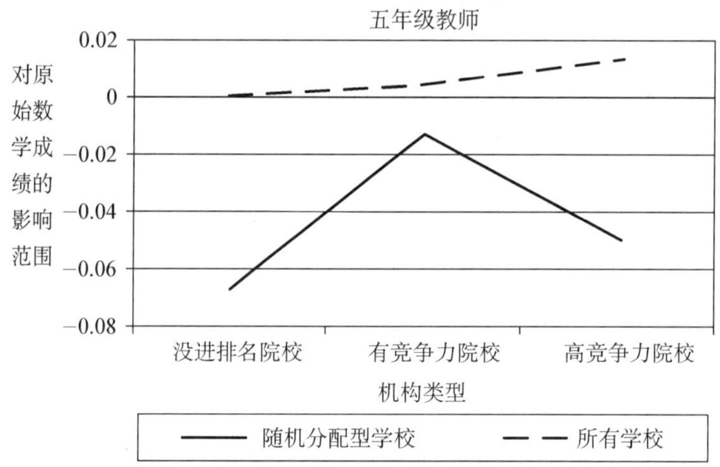

图61.5　五年级教师母校地位与其学生数学成绩之间的关系

* 所有数据都与毕业于竞争力较差院校的教师的数据进行了对比分析。

1263 图61.6总结了第二个研究的结论(Aaronson, *et al.*, 2003)，这个研究把重心放在了九年级数学教师上，并且用"美国新闻和世界报告"(US News and World Reports)中的综合性大学排名来定义机构地位。因为中学往往会对学生进行更多的追踪，我们可能会发现相较于小学而言，姻亲式分配和中学学生的数学成绩更具有相关性。但是，通过将他们观察到的课堂分配方式与各种模拟分配可能性进行比较，阿

① 因为这些研究者不提供一学年当中学生成绩的平均变化信息，我们只能利用原始成绩来呈现这些结论。我们不能确定地说，这些差异是否和平均增量具有本质联系。

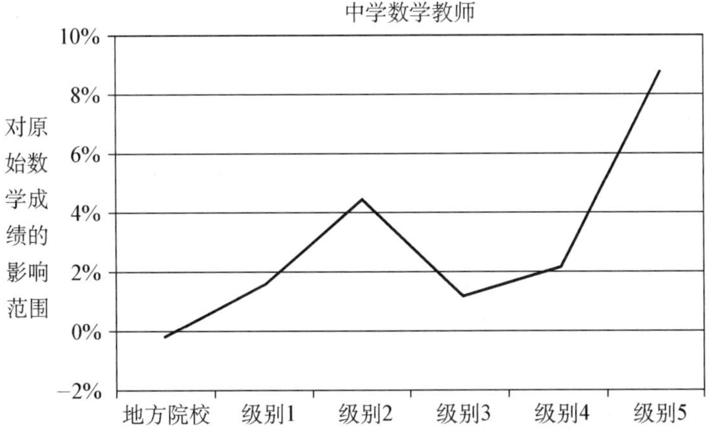

图 61.6 中学教师母校地位与其学生数学成绩之间的关系

阿伦森等人(Aaronson, *et al.*, 2003)把毕业于"美国新闻和世界报告"中的综合性大学排名院校的教师作为对照组和所有的毕业于地方院校的教师情况进行了对比分析。

伦森和他的同事们对这种可能性进行了分析。基于这些分析,研究者认为他们的数据没有表明系统的课堂分类。至于结果,该模式表明如果教师曾经就读于高排名教育机构,那么他们学生的数学测试成绩通常会比较高。但是这个模式也不是一定的,只有第 5 级别的教育机构与其他机构差异显著。这可能是由一些级别分类(status categories)中的异常样本所造成的。因为第一项研究是在小学进行的,而本研究是在中学进行的,相较于小学而言,教育机构地位排名对中学的影响更大。

"为美国而教"的人员招聘 1264

和"聪明且受过良好教育的人"假设相关的第二种研究类型,考察了那些被"为美国而教"项目招募的教师。在项目网址上,"为美国而教"界定其招聘策略如下:

> 每年,"为美国而教"项目都会发起一场积极努力的招募活动,招募对象为最优秀的应届毕业生或近几年毕业的大学生,也就是那些在未来将会成为诸如商业、医学、政治、法律、新闻、教育及社会政策领域领袖人才的毕业生。我们寻求一个多元化的群体——该群体成员拥有社会经济、种族、民族、政治及其他任何方面不同的背景。我们寻找的领导人才应在过去取得过重大成就,并能非常出色地对结果承担个人责任。因为我们项目组成员面临着巨大的挑战,所以我们需要申请者在过去面对困难时表现出决心和毅力。最后,我们需要申请者具有具体的技能——包括批判性思维和组织能力——这些是我们认为最成功的教师所应具备的特征。(http://www.teachforamerica.org/looking.html<2005-06-27>)

“为美国而教”项目并不认为他们的招聘对象会终身从事教学职业，但是确实要求其履行两年的教学承诺，并且大多数的新成员也尊重这种承诺。

一旦加入这个项目，“为美国而教”项目会要求新成员参加一个为期5周的暑期教育培训，并要求他们在教授暑期学校学生的同时，修习一些主题性的课程，比如课堂管理、学习理论、学生多样性等等。为了测量这个项目的效度，研究者通常会将项目教师与其他教师进行对比研究。

从这种比较当中能得出什么结论，是一个相当让人困惑的问题。一些研究者假设比较组中的传统认证教师曾学过项目教师没有学过的教学课程，如此一来，这种比较就能显示出*教学知识*的价值。但是“为美国而教”项目招募的教师并不是完全缺乏教学知识的，因为该项目给教师提供了相关知识的课程。另外，该项目候选人也必须符合州的资格认证要求，许多州要求未获资格认证而进入这个领域的教师必须在工作的最初几年获得这些认证。在这些情形下，该项目招聘的教师之间的教学知识差异在开始的时候就不明显，并且，在他们修习那些传统认证所需的课程后这种差异会完全消失。

这些对比无法让我们了解教学知识的另一个原因在于：在我们考察的研究中，“其他”类别中的大多数教师也*缺乏一个完整的认证*。在这些研究中非“为美国而教”项目的教师代表的是一种应急认证（emergency-certified）、非师范认证（alternatively-certified）及传统认证（traditionally-certified）的教师的折中混合。正因为所有这些理由，将“为美国而教”项目教师与其他教师进行对比并不能让我们了解教学知识、传统认证方式或师范学院课程其他方面的价值。我们不能确定两组教师到底拥有多少教学知识。

但是因为“为美国而教”项目把招募范围集中在那些经过精挑细选的教育机构，这种对比研究确实可以让我们了解不同教师*招聘策略*的价值。所以在教学知识可能不存在本质差异的情况下，考察“为美国而教”项目中的毕业生能提供一个很好的机会让我们去考察“聪明且受过良好教育的人”的假设。

我们发现有三个研究符合我们的论据标准并且能考察“为美国而教”项目教师对其学生数学成绩的影响。[①] 在这些研究中，研究可用的“为美国而教”项目教师的数量相对较小。前两个研究都是在德克萨斯州的休斯敦市进行的，使用的数据属于该学区。这两个研究都运用了学生和教师的多个群组，并且不能控制学生的课堂分配。他们都运用了多重回归分析法来从数据上调整学生的其他差异。

1265 第一份休斯敦研究是由雷蒙德和费莱彻（Raymond and Fletcher，2002a，2002b；Raymond，*et al.*，2001）主持进行的。这些研究者运用了1996—2000年小学和中学

---

① 我们没有用另一份来自拉奇科-科尔（Laczko-Kerr，2002a，2002b；Laczko-Kerr and Berliner，2001；Laczko-Kerr and Berliner，2002）的研究，因为该研究没有运用前测。

高年级阶段的数据。在这一时期，休斯敦每年招聘的教师在 350—420 名之间，但是每年只有 20%—25%，或者少于 10%的教师是“为美国而教”项目的教师。研究者指出，这些项目教师被分配到的学校有较高比例的拉美裔学生，这些学校有较高比例的学生享受低价或免费午餐。这些项目教师所在学校的测试成绩也更低。

通过更加关注对照组的具体证书情况，第二份休斯敦研究（Darling-Hammond, *et al.*, 2005a）被明确设计为第一份研究的复制与延伸。研究人员在休斯敦的数据库中发现了超过 100 种的不同认证类别，并通过研究州的标准系统，把它们缩小到 7 个类别：传统认证（standard）、非师范认证（alternative）、应急或临时认证（emergency/temporary）、领域外认证（certified out of field）、免试认证（certified no test）、无认证（uncertified）及未知认证（unknown）。因为我们对把“为美国而教”作为检验招聘策略的手段比较感兴趣，所以，对于本项目强调“为美国而教”认证价值的研究结果，我们将不进行阐述。[①]

关于“为美国而教”项目的第三份研究是一个实验。在这项实验中，每个年级阶段的学生和学校都被随机分配给一名“为美国而教”项目教师或者一名其他教师（Decker, *et al.*, 2004）。因为在实验中，学生是随机分配到不同项目的（在这种情形下，也就是被分配给了持有不同种类证书的教师），所以就避免了通常发生在自然环境中的“姻亲式匹配”所造成的混淆，这个实验也使我们有更多机会了解对感兴趣项目的影响的客观估算。

因为德克尔等人（Decker, *et al.*, 2004）的研究是一个实验，所以它的说服力要比其他两个研究更强，但是它也有其他两个研究具有的一些共性问题。在三个研究中，“为美国而教”项目教师的数量相当少，以至于研究者不得不把各个年级的教师合并起来以获得合理的实验组规模。并且在三个研究中，非“为美国而教”项目教师代表各种认证类型的折中。例如，在他们的新任教师对照组当中，德克尔等人发现，31%的教师属于完全的传统认证，28%的教师属于临时认证，另外 25%则属于应急认证。因此，对照试验没有很好地测试非师范认证教师。然而，这种对照实验对于考察“聪明且受过良好教育的人”假设来说，还是一个合理的实验，因为这两个对照组的主要区别基于“为美国而教”项目的招募策略。有不到 4%的新任教师属于德克尔等人实验中的“所有其他”组别，他们都毕业于富有竞争力的高校。同时，有 70%的“为美国而教”项目教师毕业于这些学校。

图 61.7 展示了三个研究中“为美国而教”项目的教师相对于其他教师的效度。每
个线点都代表了“为美国而教”项目聘任教师对其学生数学成绩产生影响的一个特定 1266

① 事实上，琳达·达林-哈蒙德等人的研究包含了通过一些不同测试测定的效度，并且作者认为在休斯敦，其他测试可能是更好的学生测试指标。然而，我们更喜欢用 TAAS 测试，因为其对于测试的评估和州课程是一致的，并且教师也要对其负责任。因此，我们在所有案例中，对每一个研究样本只使用一个模型，从而在效度中避免数据依赖，这是我们在这个研究中采用的唯一的估计值。

估计值。它们都是正向效应,范围从年增长的 3%到 21%。对于“聪明且受过良好教育的人”假设而言,这样的结果令人倍受鼓舞,部分原因在于我们更加确定,“姻亲式匹配”和“差异性迁徙”的自然过程在一种情况下已被一个实验打断,在另外两种情况下又被“为美国而教”的招聘和分配策略打断。所以,这些研究结论比图 61.5 和图 61.6 所展示的教育机构地位因素更加具有说服力。然而,这些出自德克尔等人研究的最有说服力的结论,产生的影响也最小。

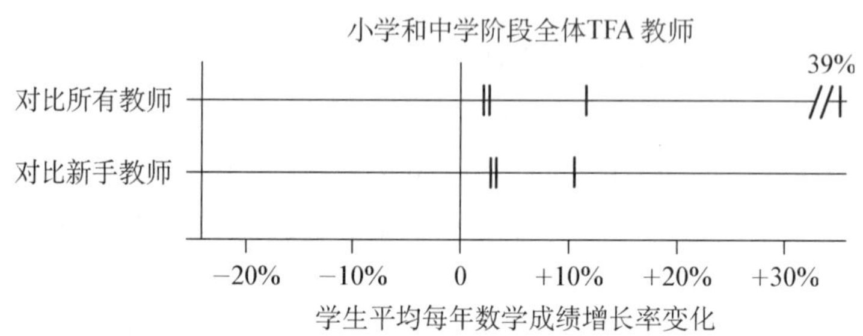

图 61.7 “为美国而教”项目聘任教师对其学生数学成绩的影响(依据所有研究)

总结

关于“聪明且受过良好教育的人”假设的论据都来自教师母校地位排名及“为美国而教”项目的研究。其中,“为美国而教”项目更多地被认为是一种招募策略,而不是一个不同的资格认证途径。第一组研究更容易受到和“姻亲式匹配”相关的偏见的影响,而第二组研究通过吸引毕业于精英教育机构的教师,然后把他们分配到学生资格较差的学校纠正了这种偏见。然而,第二组研究局限于非常小的“聪明且受过良好教育的人”的教师样本群体,并且把他们与多元背景中较大的、无组织的教师样本进行了对比。如果我们可以假定那些选择要求高的教育机构往往会培养出更聪明、受过良好教育的人才,那么,这两组研究都可在一定程度上支撑一个假设:“聪明且受过良好教育的人”确实可以帮助学生学到更多。

对于那些为“聪明且受过良好教育的人”辩护,并认为该假设可以替代教学知识的人而言,这些论据是可靠的,但还不能完全让人满意。我们最有说服力的实验研究表明“聪明且受过良好教育的人”能够使学生的年均成绩增加 3 到 4 个百分点,这大约等于一门教育课程或数学教育课程的效益。不同假设结论的可比较性表明,把问题定义为非此即彼将不会得到教师教育的最佳方式。

讨论

因为教师的职责就是要教育学生,所以我们相信他们自身的教育背景和他们的教学效能具有相关性。许多研究者曾经尝试去测试教师的教育背景对于他们学生的成绩而言，有什么样的影响效能，要达到这个目的，他们必须先解决很多方法论问题。在这个综述中，我们只关注那些相对高质量的研究，并且通过将人均成绩增量作为公共尺度(common yardstick)，使得他们的研究结论具有可比性。基于这些研究，我们认为教师修读的课程确实能提高小学教师的教学效能，并且这个现象对于数学、教育及数学教育三大知识领域都适用。如果中学教师曾修读数学和数学教育的额外课程，则他们的学生也会受益。然而，我们有理由相信额外课程最终会使收益递减，以致于教师早期修读的课程可能会产生相对较大的影响，但是更高级的课程几乎不会或完全不会带来更多收益。这个结论能够解释主修数学或教育专业获得的显著效益的广泛变化。对于小学和中学教师的教学效能来说，主修这两个学科似乎都有负向效应，尽管中学教师的效度估计值变化可能更大。

也有论据证明具有不同个人素质的教师可能具有不同的效度。例如，学生可以从 1267
那些来自更高选拔性教育机构的教师那里学到更多东西。我们得出该结论的主要依据是对“为美国而教”项目的研究，因为关于教育机构地位排名的回归研究得出了不一致的研究结论。“为美国而教”项目选拔招聘的效度，要略微大于教师在大学期间学习的个别课程(individual courses)的效度，但是后者似乎保持了持续的正向效度。

最后，可以看到与获得高级教育学位相关的负向效度，也会看到与获得高级数学学位相关的正向效度。我们猜测，这种模式可能也会反映出那些追求这些学位的教师个人素质的差异，最初的教学资格认证并没有要求获得这些学位，但是往往会有经济激励吸引教师去追求这些学位。

这里尤其让人吃惊的是，观察的效度模式和教师知识的传统智慧之间存在差异。在推动这些分析的四个假设中，最有争议的是与教学知识相关的课程。教师教育工作者相信它们拥有教师需要知道的一些有价值的、重要的学科知识，但是质疑者们担心这些课程几乎没有益处，并且如果教育课程能让出目前所占的空间，那么教师可能会受到更好的教育。争议最小的假设是“学科知识是必要的”：事实上，所有假设的支持者都肯定了学科知识的重要性。但是，我们在这些数据中看到的差异并不能表明这样一个差异性的结论。图 61.1 中的数据表明数学教育比数学学科本身的益处更大。图 61.2 中的数据表明不同学科知识领域的虚拟可比性，其具体结果在小学和中学阶段与所有三个知识领域都表现得较为复杂。图 61.3 表现了对所有学科领域课程较小的益处，而图 61.4 表现出主修教育或者数学专业效益估计值的多变性。直到我们达到高级学位水平时，我们才能明白教育和数学间的显著差异，而这种差异是基于一个单独的数据库被发现的。

总体而言，除了在研究生阶段，我们的论据不能表明教育课程是有害的。同时，我们的论据也不能表明数学课程完全都是有益的。相反，论据表明对教师有益处的数学课程可能也要限制在一定数量内。对于未来研究而言，好的建议可能是在评估这些假设时，要考虑使用非线性模型，并且在模型中要更仔细地考察那些可能会影响到结果的异常因素。

我们一开始就认为，尽管大多数教育课程的支持者会支持其他知识领域的课程，也会支持聪明且受过良好教育的教师，然而，那些支持其他假说的人却倾向于对教育课程持强烈的怀疑态度。在一种对抗性场景中，我们会非常容易摒弃一个知识领域中模棱两可的结论，却又赞同另一个知识领域中模棱两可的结论。对数据的更好回应应该是在研究项目中更加认真地去考察各种课程实际教授的内容，并就教学需要学习哪些知识这一问题构思更细致的设想。通过更加认真地考察他们为未来教师提供的学科内容并关注学科内容之间的相关性，数学系和教育系都会从中受益。数学系可能需要考察为教学提供的高级数学课程与提高学生数学成绩的相关性。而教师教育系当然需要考察他们所提供的高级学位课程的课程内容。

（张晓阳　龚　玲　译）

参考文献

* Aaronson, D., Barrow, L., & Sander, W. (2003) *Teachers and student achievement in the Chicago public high schools*. Chicago: Federal Reserve Bank of Chicago. ①

Ballou, D. & Podgursky, M. (1999) Teacher training and licensure: a layman's guide. In M. Kanstoroom & C. Finn (eds.), *Better teachers, better schools* (pp. 31 - 82). Washington, DC: Thomas B. Fordham Institute.

* Betts, J. R., Zau, A. C., & Rice, L. A. (2003) *Determinants of student achievement: new evidence from San Diego*. San Francisco CA: Public Policy Institute of California.

Boyd, D., Lankford, H., Loeb, S., & Wyckoff, J. (2003) *The draw of home: how teachers' preferences for proximity disadvantage urban schools*. Cambridge, MA: National Bureau of Economic Research.

Boyd, D., Lankford, H., Loeb, S., & Wykoff, J. (2002) *Analyzing the determinants of the matching of public school teachers to jobs*. Albany, NY: State University of New York at Albany.

* Brewer, D. J. & D. D. Goldhaber (1996) Educational achievement and teacher qualifications: new evidence from microlevel data. In B. S. Cooper and S. T. Speakman (eds.), *Optimizing educational resources* (pp. 243 - 264). Greenwich, CT: JAI.

* Cavalluzo, L. (2004) *Is National Board certification an effective signal of teacher quality?* Washington, DC: The CNA Corporation.

* Chiang, F.-S. (1996) Ability, motivation, and performance: a quantitative study of teacher effects on student mathematics achievement using NELS: 88 data. Unpublished Dissertation, University of Michigan.

* Clotfelter, C., Ladd, H., & Vigdor, J. (2004a) *Teacher quality and minority achievement gaps*. Durham NC: Duke University Sanford Institute of Public Policy.

* Clotfelter, C., Ladd, H., & Vigdor, J. L. (2004b) *Teacher sorting, teacher shopping, and the assessment of teacher effectiveness*. Retrieved June, 2005 from http://trinity.aaaas.duke.edu/~vigdor/TSAOR5.pdf

* Clotfelter, C., Ladd, H. F., & Vigdor, J. L. (2006) *Teacher-student matching and the assessment of teacher effectiveness*. Retrieved February 14, 2006 from http://www.nber.org/papers/w11936

Council of Chief State School Officers (1988) State Education Indicators, 1988. Washington, DC: Author.

Conant, J. B. (1963) *The Education of American Teachers*. New York: McGraw Hill.

Cunningham, G. K. & Stone, J. E. (2005) *Value-added assessment of teacher quality as an alternative to the national board for professional teaching standards: what recent studies say*. Arlington, VA: Education Consumers Clearinghouse.

Damerell, R. G. (1985) *Education's smoking gun: how teachers colleges have destroyed education in America*. New York: Freundlich Publishers.

* Darling-Hammond, L., Holtzman, D. J., Gatlin, S. J., & Hellig, J. V. (2005a) *Does teacher certification matter? Evidence about teacher certification, teach for America, and teacher effectiveness*. Stanford University. Retrieved April 16, 2005 from http://www.schoolredesign.net/sm/server.php? idx=934

* Darling-Hammond, L., Holtzman, D. J., Gatlin, S. J., & Heilig, J. V. (2005b) Does teacher preparation matter? Evidence about teacher certification, teach for America, and teacher effectiveness. *Education Policy Analysis Archives*, 13(42).

* Decker, P. T., Mayer, D. P., & Glazerman, S. (2004) *The effects of Teach For America on students: findings from a national evaluation*. Princeton, NJ: Mathematical Policy Research.

① 带 * 号的，涉及图 61.1。

[*] Eberts, R.W. & Stone, J.A. (1984) *Unions and public schools*. Lexington, MA: Lexington Books.

[*] Fagnano, C.L. (1988) *An investigation into the effects of specific types of teacher training on eighth grade mathematics students' mathematics achievement*. Unpublished Dissertation, University of California at Los Angeles.

[*] Goldhaber, D.D. & Brewer, D.J. (1996) *Evaluating the effect of teacher degree level on educational performance*. Washington, DC: National Center for Education Statistics, U.S. Department of Education.

[*] Goldhaber, D.D. & Brewer, D.J. (1997a) Evaluating the effect of teacher degree level on educational performance. In W. Fowler (ed.), *Developments in school finance*, 1996 (pp. 197 - 210). Washington, DC: U.S. Department of Education National Center for Education Statistics.

[*] Goldhaber, D.D. & Brewer, D.J. (1997b) Why don't schools and teachers seem to matter? Assessing the impact of unobservables on educational productivity. *Journal of Human Resources*, 32(3), 505 - 523.

[*] Goldhaber, D.D. & Brewer, D.J. (1999) Teacher licensing and student achievement. In M. Kanstoroom and C.F.J. Finn (eds.), *Better teachers, better schools* (pp. 83 - 102). Washington, DC: Thomas B. Fordham Foundation.

[*] Goldhaber, D.D. & Brewer, D.J. (2000) Does teacher certification matter? High school teacher certification status and student achievement. *Educational Evaluation and Policy Analysis* 22(2): 129 - 145.

Goldhaber, D.D. & Anthony, E. (2003) *Teacher quality and student achievement*. New York: ERIC clearinghouse on urban education.

[*] Guarino, C.M., Hamilton, L.S., Lockwood, J.R., & Rathbun, A.H. (2006) *Teacher qualifications, instructional practices, and reading and mathematics gains of kindergartners*. Washington, DC: National Center for Education Statistics.

Hanushek, E. (1971) Teacher characteristics and gains in student achievement: estimation using micro data. *American Economic Review*, 61(2), 280 - 288.

Hanushek, E., Rivkin, S.G., & Taylor, L.L. (1996) Aggregation and the estimated effects of school resources. *The Review of Economics and Statistics* 78(4), 611 - 627.

[*] Harris, D. & Sass, T.R. (2006) *The effects of teacher training on teacher value-added*. Paper presented at the American Education Finance Association.

Hedges, L.V. (1986) Issues in meta-analysis, *Review of Research in Education* (Vol. 13, pp. 353 - 398). Washington, DC: American Educational Research Association.

Hess, F. (2001) *Tear down this wall: the case for a radical overhaul of teacher certification*. Washington, DC: Progressive Policy Institute.

[*] Hill, H., Rowan, B., & Ball, D.L. (2005) Effects of teachers' mathematical knowledge for teaching on student achievement. *American Educational Research Journal*, 42(2), 371 - 406.

Kramer, R. (1991) *Ed school follies: the miseducation of America's teachers*. New York: The Free Press.

Kupermintz, H. (2002) Value-added assessment of teachers: the empirical evidence. In A. Molnar (ed.), *School reform proposals: the research evidence*. Greenwich, CT: Information Age Publishing.

Labaree, D.F. (2004) *The trouble with ed Schools*. New Haven, CT: Yale University Press.

Laczko-Kerr, I.I. (2002a) The effects of teacher certification on student achievement: an analysis of Stanford Nine achievement for students with emergency and standard certified teachers. Paper presented at the American Educational Research Association, New Orleans, LA.

Laczko-Kerr, I.I. (2002b) *Teacher certification does matter: The effects of certification status on student achievement*. Unpublished Dissertation, Arizona State University.

Laczko-Kerr, I.I. & Berliner, D.C. (2001) The effects of teacher certification on student achievement: an analysis of the Stanford Nine. Paper presented at the American Educational Research Association, Seattle, WA.

Laczko-Kerr, I.I. & Berliner, D.C. (2002) The effectiveness of "Teach for America" and other under-certified teachers on student academic achievement: a case of harmful public policy. *Education Policy Analysis Archives*, 10(37).

Lagemann, E.C. (1999) Whither schools of education? Whither educational research. *Journal of Teacher Education*, 50(5), 373 - 376.

Lankford, H., Loeb, S., & Wykoff, J. (2002) Teacher sorting and the plight of urban schools: a descriptive analysis. *Education Evaluation and Policy Analysis*, 24(1), 37 - 62.

Ludwig, J. & Bassie, L.J. (1999) The puzzling case of school resources and student achievement. *Educational Evaluation and Policy Analysis*, 21(4), 385 - 403.

Metzger, S.A., Qu, Y., & Becker, B.J. (2004) An examination of literature on teacher qualifications: influence of ill-defined constructs on synthesis outcomes. Paper presented at the American Educational Research Association, San Diego.

[*] Monk, D.H. (1994) Subject area preparation of secondary mathematics and science teachers and student achievement. *Economics of Education Review*, 13(2), 125 - 145.

[*] Monk, D.H. & King, J.A. (1994) Multilevel teacher resource effects on pupil performance in secondary mathematics and science: the case for teacher subject-matter preparation. In R.G. Ehrenberg (ed.), *Choices and consequences: contemporary policy issues in education* (pp. 29 - 58). Ithaca, NY: ILR Press.

Murnane, R.J. (1981) Interpreting the evidence on school effectiveness. *Teachers College Record*, 83(1), 19 - 35.

National Commission on Teaching and America's Future (1996) *What matters most: teaching for America's future*. New York: National Commission on Teaching & America's Future.

National Center for Education Statistics (2003) Digest of educational statistics: Author. Retrieved June 20, 2005 from http://nces.ed.gov/programs/digest/d03/tables/dt067.asp

Raudenbush, S.W. & Bryk, A.S. (1988) Methodological advances in analyzing the effects of schools and classrooms on student learning. In E.K. Rothkopf (ed.), *Review of Research in Education* (Vol. 15, pp. 423 - 475). Washington, DC: American Educational Research Association.

[*] Raymond, M. & Fletcher, S. (2002a) Education Next summary of CREDO's evaluation of teach for America. Education Next. Retrieved April 2006 from www.teachforamerica.org/pdfs/TFA_final.pdf

[*] Raymond, M. & Fletcher, S. (2002b) The Teach for America evaluation. *Education Next* (Spring), 62 - 68.

[*] Raymond, M., Fletcher, S.H., & Luque, J. (2001) *Teach for America: an evaluation of teacher differences and student outcomes in Houston, Texas*. Houston TX: CREDO.

Rokoff, J. E. (2003) The impact of individual teachers on student achievement: evidence from panel data. Retrieved April, 2006 from econwpa. wustl. edu/eps/pe/papers/0304/0304002. pdf

Rotherman, A. & Mead, S. (2003, October 23 - 24) Back to the future: the history and politics of state teacher licensure and certification. Paper presented at A Qualified Teacher in Every Classroom: Appraising Old Answers and New Ideas, Washington, DC.

* Rowan, B., Chiang, F.-S., & Miller, R.J. (1997) Using research on employees' performance to study the effects of teachers on students' achievement. *Sociology of Education*, 70(4), 256 - 284.

* Rowan, B., Correnti, R., & Miller, R. J. (2002) What large-scale survey research tells us about teacher effects on student achievement: insights from the Prospects Study of elementary schools. *Teachers College Record*, 104(8), 1525 - 1567.

* Rowley, K.J. (2004, April) Teacher experience, certification, & education: characteristics that matter most in kindergarten math achievement. Paper presented at the American Educational Research Association, San Diego, CA.

Sanders, W. L. & Horn, S. P. (1998) Research findings from the Tennessee Value-Added Assessment System (TVAAS) data base: Implications for Educational Evaluation and Research. *Journal of Personnel Evaluation in Education*, 12(3), 247 - 256.

Sanders, W. L. & Horn, S. P. (1994) The Tennessee Value-Added Assessment System: mixed model methodology in educational assessment. *Journal of Personnel Evaluation in Education*, 8(1), 299 - 311.

Slavin, R. E. (1984) Meta-Analysis in education: how has it been used. *Educational Researcher*, 13(8), 6 - 15.

Slavin, R. E. (1986) Best-evidence synthesis: an alternative to meta-analytic and traditional reviews. *Educational Researcher*, 15 (9), 5 - 11.

Strauss, R. P. (1999) Who gets hired? The case of Pennsylvania. In M. Kanstoroom & C. E. Finn, Jr. (eds.), *Better Teachers, Better Schools* (pp. 103 - 130). Washington, DC: The Thomas B Fordham Foundation.

* Taddese, N. (1997) *The impact of teacher, family and student attributes on mathematics achievement*. Unpublished Dissertation, University of Cincinnati.

Wykoff, J. (2001) *The geography of teacher labor markets: implications for policy*. Albany: SUNY.

经典

9.1　师范学校的办学目标*

威廉·S. 勒尼德(William S. Learned)
威廉·C. 巴格利　等(William C. Bagley and others)

1914年,美国密苏里州州长艾略特·W. 梅杰(Elliott W. Major)获得了卡内基 1275
基金会(Carnegie Foundation)的支持,对该州教师教育问题进行研究。在该研究的组织工作中,基金会工作人员威廉·S. 勒尼德(William S. Learned)与以下相关人员有过合作,而这些人已成为或即将成为美国教育“专业化”思想的塑造者。他们包括:哥伦比亚大学师范学院的威廉·C. 巴格利(William C. Bagley),其学生将教师教育确立为专门的研究领域;任职于伊利诺伊师范大学(Illinois Normal University)、乔治皮博迪教师学院和师范学院的查尔斯·A. 麦克默里(Charles A. McMurry),他是“教学方法”研究领域的专家,曾经领导了美国早期的赫尔巴特学派运动;哈佛大学的内德·迪尔伯恩(Ned Dearborn),他是教育测量的早期倡导者之一;师范学院的乔治·D. 斯特雷耶(George D. Strayer),正是由于他的努力,对学校进行调查研究成为美国生活的永久性特征。

密苏里州成为教师教育问题研究的实验室,整个国家都在关注这些参与其中的学者,因为他们的调查是为数不多的关于教师教育问题大规模研究的首次尝试。矛盾的是,尽管他们所运用的研究方法代表了未来的发展趋势,但其基本的价值观和设想却很快地消亡了。这种因支持师范学院办学目标专门化而达成的共识在后续的主要研究中很难再找到。

一、现存的观念

“一所师范学校应该是怎样的?”用柯克斯维尔(Kirksville)的首任校长约瑟夫·鲍尔温(Joseph Baldwin)的话说,“(这是一个)只有天使才能回答的问题”。无论这个结论的精确性如何,我们至少有可能探索这个机构(即师范学校)在密苏里州的教育实践中所发挥的作用。

关于师范学校功能的早期概念

这个问题可以简化为以下两种选择:师范学校或提供一种通识教育,使其专业化

* W. S. Learned, W. C. Bagley and others. Purposes of a normal school. In M. L. Borrowman (ed.), *Teacher Education in America: A Documentary History*. New York: Teachers College Press, 1965.

的特征不同程度地弱化；或完全针对教师提供一种强化的专业培训。在这两种选择中，密苏里州在其早期师范学校发展历史的每一个阶段，自始至终都强调后者。从一开始，这场运动就是由对专业化理念抱有无限信心的人们所推动的。运动的诉求是基于当时普通学校教师普遍受教育水平较低的问题提出的，并且该项运动也得到了教师、负责人及以班级提升为目的的联合会的共同推进。1871 年，位于奇利科西的州教师协会（State Teachers Association at Chillicothe）做出如下决定："师范学校应处于教
1276 育系统的最主要位置；课程应完全专业化；所有的准备工作应在公立学校和大学学习中完成。"[①]这种主导思想在早期的课程体系中非常清晰地体现了出来：这绝不是一个是否设定专业科目的问题，而是要具备多少学术资料才足以弥补针对大部分学生的培养缺陷。所有的科目都以未来最有效的课堂教学为出发点来呈现或接受评价，同时强调教学的实用性。目前，"（人们）还在不遗余力地将师范学校打造成以专门培养教师为目标的机构"[②]。"这些教学科目是严格按照密苏里州公立学校的需求考虑的，并且，在开展那些课程时，我们是以培养智力上和道德上最符合合格教师要求的毕业生为终极目标的"[③]。从 1878 到 1886 年间，这些来自瓦伦斯堡（Warrensburg）的阐述也表明了其他学校的态度。1872 年，柯克斯维尔的鲍尔温校长公开宣布"集中所用力量在最短的时间内，为密苏里州的公立学校准备数量最多的好老师"[④]。在 1880 年他又称：学校的目标"是传授文化和学习知识，不是为了学生的利益，而是考虑其在大众教育中的有效性"[⑤]。州督学蒙蒂斯（Monteith）的观察最有启发性，因为在其任职期间学校教育刚刚开始：

> 这也是一个界定非常清楚的实验结果，师范学校中的学科内容和学习课程应该是相当初级的。在一个包括高中和大学的学校体系中，没有任何原因能够让师范学校去复制这些更高级别机构的教学模式。通过观察其他州所犯的这些错误，我确信，当师范学校偏离了国家师范学校的轨道，它便违背了最初的办学目标。随着目标的明确，我们的州立大学董事会正竭力地调整已有的两所师范学校的课程设置，使其满足州的特殊条件和需求。高等数学和死板的教学语言，其实用性只限于一定的特殊实践中，因而它们将让位于更为大众所关注的自然科学、绘画，及如何完善教师在普通学校教授一般科目的教学方法。[⑥]

---

① *Report of the Superintendent of Public Schools*, 1871, p. 19.

② 同上，1878, p. 224.

③ 同上，1886, p. 108.

④ 同上，1872, p. 166.

⑤ 同上，1880, p. 159.

⑥ 同上，1878, p. 37.

因此,密苏里州师范学校建立的目的是培养教师。但若说其是为培养教师“专门”而建的,那也是完全错误的,因为其各个部分还在不断地调整过程中;譬如,教授希腊语的特殊课程有时也会主动招收那些希望进入大学学习的学生,同时也会招收一些没有从教意愿的学生。但无论在何种情况下其明确并一致的目标是显而易见的,即为已成为或即将成为教师的学生提供其教师职责所需的特殊技能,而在呈交给立法机构的报告中,学校亦迫切地想要证明本校的大部分学生可能会在本州从事教育工作。

后续变化

这种最初三十年固定下来的目标,随后在一些学校中发生了变化。就此,原来的三个机构做了一个有趣的比较。1909 年,以“人民学院”(People's College)为标题,柯克斯维尔的州立师范学校为自己做出如下界定:

> 位于密苏里州柯克斯维尔的州立师范学校,正试图为全国人民做一项伟大的工作,研究从幼儿园到最高级别大学里的课程。虽然这种涉及范围较广的工作满足了所有民众的需求,但这类研究在一流的学校中却很少存在。尽管该校高级普适学校课程的设置考虑的是那些准备去农村学校和落后学校
> 任教的学生,但学术学位通常授予那些完成我们大学学业最高要求的学生。 1277
> 这种做法为想要从事教学职业的学生提供了精心设计的教育,为那些想要从事实用商务的学生提供了职业教育,通过这种方式,学校拉近了和民众之间的联系。毋庸置疑的是,师范学校比其他学校更贴近民众,因此,也可以名副其实地被称为“人民学院”。[①]

这个声明发布之后,柯克斯维尔的州立师范学校随即实施了一个大范围的课程项目,该项目中的课程显然不是为教师而设置的——一年的课程主要包括农业和商业。并且,这个声明并没有明确指出学校具有有限的职业化特点,抑或声明自己有从事教育事业的意图。它描绘了一幅相当诱人的教育午餐柜台的景象,在这里,只要“人们”希望得到的东西,都会很方便地得到。

“人民学院”的想法似乎并没有得到蓬勃的发展,也没有更多关于它的信息。而从次年的招生目录可以看出它又直接回到了最初的办学目标:“师范学校并不是一个为了教授普适文化而开设的院校。它是一所具有大学级别的职业机构,其学生依法表明其任职公立学校的意愿。”之后的招生目录体现了单一的、强烈的专业化目标。

柯克斯维尔的州立师范学校声明的同年,开普吉拉多市的州立师范学校也宣布了将要扩大课程设置范围。其在 1909 的目录中宣布:“密苏里州东南部的师范学校比任何一

---

① *Bulletin* (Supplement), Kirksville, June, 1909, p. 1.

个州立教师学院肩负更重大的使命……它必须成为本州在该领域一个伟大的学校。并且，该校亦具备充足的学校资源以实现这一目标。在大学课程、农业课程、手工艺培训课程、家政学(domestic science)和家居艺术课程(domestic art courses)、音乐课程、商业课程中，密苏里州东南部的人们会得到其毕生所需的教育机会。"

尽管在提供以上课程满足公众方面师范学院被排在末位，但该校在目录的其他部分，把法定的教师培训功能清晰地界定为教学活动的一部分。在1910年的学校目录中，我们可以发现它的"服务领域"正式地包括了"师范学院"、"子学院部"和"一个州立学院"，州立学院(自1907年起)开设文学学士的培养课程，而在工作中并不要求开设所谓教育的课程。由此可见，这里的学校有目的地对其组织架构进行了彻底调整，而且不是像柯克斯维尔的州立师范学校那样只引入一年的职业课程，而是精心设计了一个全新且不同的目标。这让人很难想象这两所学校将如何调和其目标与法律要求的每个学生都应该表达在密苏里州从事教学工作意愿的背离。开普吉拉多市的州立师范学校可能也和柯克斯维尔的州立师范学校一样避免了同样尴尬的局面，即除了那些已宣称任教的未来教师，并没有其他毕业生选择这种课程；然而，这并不能证明这种课程对法律规定之外的学生具有吸引力。这种分裂的目标在开普吉拉多市的州立师范学校从未被弃置，相反，该目标在学校1913年和1914年的杂志出版物中被再次正式地重申[①]，文中宣称教育的承诺被视为过时之后，相关机构则需要适时调整以适应那些短期从教的人们。因此，这些人即便有些教育职业志趣，这种职业志趣也只是偶然性的。

而瓦伦斯堡州立师范学校至少迄今为止一直遵循着原来的计划，因此，到目前为止它在每个招生目录里都明确地发布了学校的特别目的。从该校1985年两年一次的报告中的一段话可以看出其早期的态度："在任何适当场合，我们都煞费苦心地给人们留下一种印象，即这所学校是为培养教师而开设的，除此之外并无其他任何目的。"在1904年的目录中，该校关于"学校的目标"是这样界定的：

> 在创立州立师范学院的法律文书里有下面一段文字：
>
> 本课程的教学应限定于通常仅在师范院校里教授的科学分支。这些课程
> 1278 对培养学生成为该州公立学校合格的并能胜任的教师来说，可能是必要的。
>
> "所有入学申请须经过校董会规定的考核方式，校董会要求申请者和董事会秘书签署并存档一份声明文件，表明其将会遵守在公立学校任教的承诺。"
>
> 以下是每个即将入学和已注册学生须填写的保证书：
>
> "我在此声明，我愿意遵守在国家公立学校任教的承诺，我自愿成为瓦伦斯堡州立师范学校的一名学生，接受成为一名教师所需要的培养。"

---

① *The Educational Outlook*, October, 1913, p. 136.

> “上述规定和承诺书表明，国家在建立此种学校时仅考虑了一个目的，即为国家的公立学校培养教师。”①

同样，自 1905 年起，学校的“唯一目标就是为密苏里州的学校培养教师。”“学校的存在并不是为了学生的利益，而是为了所有民众的利益。”②1912 年，学校的“唯一目的就是教授那些能使学生最适应国家公立学校教学工作的教育知识、纪律训练、专业训练和实践技能。”③

位于斯普林菲尔德和马里维尔的学校成立于 1906 年，从目录即可看出，它们通常完全遵循职业化的理念。密苏里州东南部曾在这种专门化的服务方面取得了非同凡响的丰硕成果，而斯普林菲尔德的学校亦得到了蓬勃发展。1914 年，马里维尔在其学校介绍中用两页的篇幅就明确的职业目标进行了论述。所以当该学校在 1916 年弱化了该目标时，人们倍感意外。现在，学校仅自称为“一个教育机构”，而且，除了培养各种各样的教师群体之外，学校亦招收了那些为大学做准备而“想要确保达到学院初级学术要求”的学生，或是一些来自其他学院的学生，而这些学生的目的是“想要增加大学学分”。最终，学校却发现“许多和教师职业不直接相关的学生在我们班上找到了学习乐趣，也受益匪浅”。这与依法宣布有任教的意愿没有任何关联。

影响师范学校功能定位的一些特殊考虑

在讨论这些不同建议所涉及问题的优点之前，我们需要考虑更多的一些事实。尽管职业理想已经占据了学校主流，但由于历史的原因，通识教育的概念几乎不自觉地影响了学校的办学目的。从一开始，这些师范学校的学生已经与众不同，虽然他们中的绝大多数具备良好的成熟心理能力，但是仍由于缺乏机会而准备不足。因此，学生在师范学校学习的初期过程是基础教育的必要过程，而令人印象深刻的是，密苏里州的师范学校一直持续地倡导这个原则，即使有些时候它们似乎在实践的过程中失败了。纵观其整个历史，它们似乎一直热切地提倡要有东西可教，相比之下，其他州的某些学校则由于过度强调“方法”而牺牲了自身特点。

学分的压力

此外，应该指出的是，这些学校作为教师职业的培训机构，主要是为贫困但有抱负的男女们提供获得继续教育的机会，相对于其他学生追求的全面教育，这些机构提供 1279
的专门化教育对贫困学生而言更具有吸引力。当然，进入师范学校的这类学生不是已

① *Catalogue*, *Warrensburg*, 1904, p. 15.
② 同上，1905, p. 20.
③ 同上，1912, p. 16.

经从教，就是即将从教；教学是他们获得临时支持的最有效途径。因此，在很多情况下，学生们将接受教师职业教育作为一项必要条件，而他们真正关心的是学术，因为学术方面的学分在更高学府才会被认可。提供学术课程只是师范学校实现其目标过程中的一小步，也是非常自然的一小步：要证明学校对那些将教学视作阶梯的刻苦的学生是有价值的，这些学生不仅使学校的人数增加，而且也给学校带来声誉和价值感，这些因素结合起来使得“大学”的理想、理念成为恰当的目标。除了上述已经提到的开普吉拉多市学校的完全非专业的课程外，马里维尔的学校于 1914 年为高中毕业生设置的 64 门课程，表明了这样一种目的：只是努力提供那些在别处可充作学分的课程，而对这些学生以后可能教授的历史、地理和数学，除了在 10 个学期学时的教学实习中零星出现，并没有特别要求。①

从各校学生对问题所做的回答可以明显看出，这种学分压力已经存在并仍将继续存在。有 60％的学生宣称他们不打算一直从事教师职业。对女性而言，以后的婚姻可能是主要原因；然而，对男性而言，情况就不一样，他们中 78％的人表示以后的婚姻并不是他们不打算从教的原因。这类学生自然对这种强化的职业训练缺乏兴趣；他们最感兴趣的是那些能给他们最多学分（以便将来使用）的课程。即使对那些打算从教的男性而言，他们也很难从通常由女性从事的职业中找到太多兴趣。女性希望从事教学工作，而男性期望直接从事管理岗位。作为一个群体，师范学校的男性们似乎只是一个不稳性的因素，而吸引并挽留他们的努力表明，他们的存在不过是为了使一个主要由女性组成的职业群体性别更均衡。

地方管理的效果

强调通识教育的第三个动机源于学校对地方的完全依附以及地方对学校的管理。郡和城镇为当地学校提供了额外津贴，可自然行使其所有权。学校分别由当地的董事会分管，而董事会则代表他们所属的学区。可以肯定的是，学校并非依靠州里的资金，其资金来源主要依靠积极游说筹款的董事会成员及其朋友们的能力和影响力，州当局的建议仅是以州的利益为出发点对学校进行的指导。由此，学校变成了当地的公立教育机构；而学校为州培养公职人员的基本理念，很大程度上被一种更有吸引力的想法所代替，即当地青年可以在学校为上大学做准备，甚至进入大学进行学术研究并获得学位。城镇本身或是其部分的荣誉感使其支持学校的这一做法，反过来，出于对当地社区的责任感，学校亦急切地招收学生。② 怀有个人偏爱的校务委员会找到一个简单

① 除了一个完整学期的实践工作之外，其他好的师范学校同时要求在这些学科上花费 12—15 个学期学时。

② 城镇的居民通常都有这种自尊心，源于一些依赖学校生存的既得利益者——公寓房东、商店老板以及教堂牧师等等。师范院校所在城镇的一家当地报纸的专栏作者一发声，就立刻引起了共鸣，他宣称目前的所谓研究毫无疑问影响了学校的入学率，把“大量的男男女女”都送到了其他城镇去居住。*Kirksville Express*, December 10,1914

的有影响领域，而对学校更大的目标只有些许了解。他们中有人因为学校拥有一架旧的望远镜，就要求学校开设大学天文课程。管理者自然最迅速地向学校的资助者和影响者妥协，当更加正确的理想似乎遥不可及且不切实际，而管理者又只能依靠对当地的影响时，我们也不能责怪他们。在此种情况下，拥有职业理念相对是容易的，因为正如前面所指出的，这符合大部分学生出资者的经济状况；但是让其真正成为学校存在的唯一且充分的理由却并不容易，至少在现行管理体制下，这不可能完全实现。

“民主”：正当的理由 1280

当然，前面段落所描述的情况已形成了一套理论，或者说是诠释了一种理论。该理论特别强调以下信条是完全有效的：人们知道他们想要什么，教育中的民主在于满足民众的意愿。但是，从这个信条中我们可以推断：因为人们期望有好老师，所以人们有能力指导提供这项服务的机构，而对当地最盛行的想法做出完全妥协的机构是最“民主”的。不幸的是，通常具备了这样可以公开展示的特色才有条件建设一所大型学校，但这并不能给予人们内心所渴望的。当一个充满智慧的社会想要保持健全或法制公正，它就学会了不去干预有能力的专业服务。那种服务需要最大程度的信任，只有具备了这样的信任才能优化和决定方法的选择。一所好学校应该拥有以下至高特色：在其领域中它必须塑造并主导公众舆论；它必须捍卫自己的目标，根据公众的干预进行改进，以保证公众能够得到所期望的服务。没有哪个词比“民主”更适合被用来诠释公共服务了，但目前地方的管理体制极有可能导致这种独立高效的服务难以实现。

职业培训：长期不确定的方法

最后，职业培训发展本身已经关涉到了模糊混乱的通识教育概念。当密苏里州的师范学校建立时，有两种理论指导着其运行。根据第一种理论，学校的目的应只是正确地教授各种学科内容，该理论认为学生将完全按照以前他们老师的教授方式去教授学科内容，如果有了沟通的想法，其也能自发地转变方式。根据第二种理论，学校只能教授必不可少的内容，教育主要目的应该是培养方法论，并测试候选人的技能掌握情况。尽管学校似乎通常坚持学科内容应占主要地位，但后一种理论通常被采纳和遵循。[①] 然而，逐渐地，在密苏里州和其他地方，整个师范学校的教育实践似乎已经有了固定成一种形式的方法，借此学校在大学的批评声中被唤起。这种固化的方法已经成为前述两种理论中第一种理论的持久追随者；结果是对“方法”的崇拜除了被嘲笑之外，收效甚微。至此，它们开始装腔作势来掩饰自己专业上的不足，其伪装很快地被揭穿。在这种攻击下，许多无价值的“专业”知识积累消失了——感伤主义、对规则的神秘敬畏、一个并不罕见的骗术；而在这些改善过程中幸存下来的观念，最终被许多师范

---

① 这两种观点在州督学蒙蒂斯的一个谈话中都有很好的阐述，参见：State Report，1872，page 37.

学校和大学所接受。

尽管整个改善过程十分有益，但是在某种程度上，经历此过程的师范学校越来越看重大学所强调的理念，即知识(content)。在密苏里州，这体现在发生在1990年前后的师范机构领导人的大换血上。在两年内，每所学校的领导权交接给了新的人选，大学附属高中的巡视员和前任州公立学校的督学来到柯克斯维尔，他们受大学校长的委托“将学问带进学校”。密苏里州菲亚特中心学院的校长去了开普吉拉多。新鲜学术血液的输入所带来的影响是立竿见影的：文化理念；培养教师及培养“首次接受教育的
1281 男性和女性”的提议；“广泛的学术基础”的概念得到了持续地强调。于是，这些研究认为“学术”是由那些专业人员引领的，而且因为它们与更高的学术界共用一些学术术语，所以能得到某种特别的尊重，直到现在这种观念大致还是存在的。

这种发展的影响在学生和机构身上都体现出来了。实际上，学校不自觉地对其学生表示：“这种学术基础即你所受的教育最为重要，并与教学无关，它是你生活的需求，如果你进入大学或职业学校，它会为你服务；作为一个教师储备机构，我们有义务教授给你们某些技能以使你们获得证书，如果你们以后从事教育工作，它们或许有用，若是你们不从事教育工作，这也不会妨碍你发展，无论如何，受过教育的人应该打好学术基础。”因此，学校通过加强学术基础来努力实现专业目标。师范学校中已有了一个并不统一的目标，而这些学校自己也不知如何统一这些目标，其中之前枚举的各种不同目标取向都已发挥了优势。

显然，这种影响对学校本身是灾难性的。把学科分为学术型和职业型的划分自然导致教员相应的区分。教育学科的教师，包括实习学校的主管和导师，应该属于机构的核心成员；与他们相区别的是学术讲师，他们一般不参与实习学校的工作。学术团队的成员，以所教的科目及他们自身更好的教育水平为傲，极为鄙视(这种鄙视可能是从他们毕业的大学带来的)“教育”系和培训学校薪水微薄的导师们。无论如何，这些学术讲师的选择很少源于他们知道如何教授年幼孩子；他们的兴趣和同情心在别处，学校组织通常也没有给他们明确的责任。

在密苏里州以外的其他师范学校，教师们被按这一思路从上到下地分化，斯普林菲尔德是唯一的例外，而在密苏里州，这种分化也是明显的。同情(sympathy)和目标(purpose)的这种分化不可避免地在学生心目中得到强化。由于缺少相关性，加之所谓的“学科”内容所蕴含的说明力和累积力的失败，而后者(认为它们本身是“通识教育”的目标)常在一系列的死胡同中停止，在这些情况下，学生既无法前行也无法预见他们取得的成绩对其主要目标的影响。

二、师范学校应进行教师培训

这篇报告的作者认为，这些为学校培养教师的州立机构，应将这一任务视为唯一

目的和工作重心。这些师资培训以有关管理知识和政策的问题为特征。它们将依赖于可得到的财政支持的数量，并将根据州内教师的不同需求及这些教师所服务社区给他们的回报而改进。但因为学校的教学方法和具体目标已经依据这些因素设定了，所以无论如何，它们都不应偏离其任务。

得出这个结论的理由是非常简单、明了的，其关键在于学校的财政状况。每所学校都有一定的资金能力，包括每年的财政拨款及其固定设备。具备了这种资金能力，学校还会遇到一个涉及法规确定的、艰巨的任务①，即在四所类似师范学校和大学的帮助下，让州内的每个教育岗位都能配备一位合格的教师。州内的这六所学校鲜有已开始着手这项工作的。由于现在不可避免的大城市教师向城市培训学校分配，农村教师 1282
向高中培训课题分配，使这个任务变得如此艰巨，以至于其很重要的一部分已被暂时搁置。迄今为止，学校已经全面地培训了一小部分教师，然而大部分的培训内容都比较粗浅。如果密苏里州像其他州那样，满足受过教育群体的合理要求，那么就连那一部分受过基础培训的少数教师也会让人无法忍受。他们非常需要更大量、更持久、更密集的培训，且涉及面应尽可能广泛。任何师范学校在面对其所在州所赋予的沉重责任时，再去使用本已微薄的培训基金来发展当地的大学的提议都是不恰当的。这也就意味着，如同在计划说明书中所说的，师范学校把教师培训归入一个不引人关注的部门；为了其自身利益，而不仅仅为了这些大学能培养更好的师资，提升大学其他阶段的工作；如同现在一样，招生的时候可以进行选择，使班级里一部分学生愿意在将来从事教师职业，一部分人愿意务农，一部分人想从政，还有许多人没有目标；换言之，学校不可避免地流于了平庸，牺牲了一个精心设计的优秀理念所带来的动力与斗志上的巨大优势。因为学校现有资金完全不够用于实现其合理目标（在辖区内为每个教育岗位提供合格的教师），而若是承担了其他计划，因为这项计划是现代教育的计划，所以不仅会造成其合理的目标不能实现，甚至满盘皆输。

开普吉拉多市的学校的情况尤为有趣，因为多年来学校当权者和管理层做出了巨大努力来实现这一“更大”的目标。他们通过多种措施推动这个理念，包括精心设计先进的“大学”课程，为“来自其他学院的毕业生”设置奖学金，及设计充满热情的文学项目。但是只有一个毕业生（1917 年）修完了这种课程，而学校现在和其他四个一样，也仅仅是一所师范学校。因为开普吉拉多虽以作为一所好学校为荣，但其教师和学生都已经隐约意识到在相同的拨款数额下，他们不可能同时成为一所好的师范学校和一个“伟大的大学”。毋庸置疑的是，因为大学的升学率绝大部分来自当地生源，如果附近有大学，那么密苏里州东南部将会有更多人去上大学；但同样毫无疑问的是，一所好的

① 1909 年的成文修订法规定：“每所师范院校的教学课程，都要被限定在那些师范大学经常教授的文理科目之内，这些课程要能使学生具备在公立学校任教的资质。”参见：Chap. 106，Art. 14，Sect. 11071。1919 年的一个法案对 1909 年法案进行了拓展：“教学课程要限定在那些教师学院、师范大学以及教育学院经常教授的文理科目之内。”Sect. 11075.

师范学校自始至终是一所职业学校，并不能成为一所艺术学院。如果想创办一所具有一定水平的大学，其必须具有双倍的资金，分离的课程，以及为了实现这个教育目的所组成的教师团队等等。在任何处于试验阶段的地方，这种结合都不能令人欣慰，而且理论和经验的逻辑都与之相悖。开普吉拉多市的大学风潮可能利大于弊，公众的兴趣已被唤起。一个大学的基金会有时会激发当地富人的想象力，或是如同密苏里州其他专科学院那样是从当地高中发展而来的；实现这个结果的最佳方式之一是现有机构较好地完成其特殊的任务，并修正其成为中西部地区最好的、单纯的教师专业培训学校的目标。

开普吉拉多市的例子充分地表明，为了使学校成为符合当地发展预期的引擎，学校拨款的体制要与当地社区的发展相结合。镇和县购买了学校，所以现在不应因其对学校的所有权而受到指责。得益于国家对资金的控制，迫使其与其他学校形成对比，但由于仍然制定了错误的行动大纲，它有可能永远无法发挥最大的作用，除非拥有一个可以摆脱地方关注同时认同学校合理目标的管理董事会，否则学校无法达到最高水平。相对于独立管理权带来的益处，该县和其他县需要偿还的原先的支出就是一笔很小的花费了。

专业训练的障碍正在消失

令人欣喜的是，师范学校中专门而集中的专业发展所遇到的其他障碍正在渐渐消
1283 失。迄今，与师范学校必要性相关的次要工作似乎注定要早早地消失。高中教学设施的惊人增长，使得几乎每个学生都能接受中等教育①，高校认为这是因为中学将每一位高中适龄学生招回，让他们在进入师范学校之前就读当地或邻近的中学。许多郡级高中有大量来自周边地区的学生。特别是在实施培训的地方，所有考虑似乎都倾向于将发展当地的工作培训中心作为次要工作。那些认为高中教育不能满足自身需求的成年人，他们应在别处得到学习的机会。②

同样，该校与其他高校的关系问题也处理得很成功。这个已经存在的问题有一个重要的区别——那些接受过严格专业训练且愿意献身教育事业的学生要求能够在别的机构继续参加教师培养项目，同时不丢失学分，这是一回事；而那些没有从事教育工作的意愿的学生如果要求师范学校为他们提供通识教育以使他们能够进入大学或职业学校，则又是另外一回事。对于第一种学生，我们已做出一些调整。两年制师范学校的毕业生可以进入大学的教育系学习而不会丢失太多学分。最近师范学校和大学之间的会议提出，学生在师范学校进行四年的标准学习后，可以进入大学继续教育专

---

① 参见：William S. Learned，William C. Bagley 等人，*The Professional Preparation of Teachers for American Public Schools*，p. 297.

② 同上，p. 300.

业研究生阶段的学习。因为非常注重其职业操守，所以学校认为对第二种学生应该进行更多的教育。如果这个郡想要补救其小学和高中教学随意且微不足道的名声的话，那么培训机构必须坚持教授特点鲜明的课程，使选择学习这些课程成为个人职业发展中的决定性步骤。正如原来的那些事业失败转而卖保险的医生一样，原来那些事业失败的教师转而改行从事法律也是十分常见的，但对于一个有操守的教师培训学校来说，放松管理、削弱课程甚至对自己培养的学生转行的现象心安理得，则是让人无法容忍的。每个师范学校的学生应该感到，在他身后有一股从四面八方而来的很大的压力，这种压力促使他除了教学无暇他想，他应用自己明确的决定作为动力，为整个行业提供动力。

目标更加统一

最后，专业师范教育本身有明显的、强烈的统一化倾向。首先，目前师资和课程的分裂，是由难以确保足够的优秀教师来教授学术科目而造成的，而这些教师受过完整的教师培训并具有成功教育儿童和青少年的经验。师资与课程的结合在以前虽不多见，但是，由于学校教育的迅速成长和师范学校毕业生质量的提高，这种结合已不鲜见。造成这种结果的部分原因可归于指导教师的冷漠，但更主要的原因在于各方想尽可能地贴近大学生的想法，尽可能改变原来的态度。显然，现在这种强调已经过犹不及。坚持自己特色的师范学校发现其不可能成为一所大学。学校控制着每门科目材料的选取，掌握着每项学校开设的课程，并且课程也不像以前那样敷衍了事，而是受到最终目标清晰、科学的影响。现代培训学校有力地辩驳道："既然有这样的使命，我们为什么还要浪费时间试图成为一所大学?"再者，如果更明确的目标界定影响了学校的人员数量，我们不如坦然面对这种状况。对于一些明确地将师范课程和一年的教学作为从事其他职业的台阶的学生，迎合他们的需要对教育行业并无裨益。这种迎合对正当候选人来说削弱了教育的价值，因为大力地宣传教育仅仅是一种临时工作或准备，也就是说只是一场闹剧。当然，如果能使教育行业对人们有吸引力是再好不过的；但 1284
是，在有更高经济报酬的情况下，能使他们相信教师职业的价值最好办法就是使得教师培养项目的时间长度和特点更具可选择性。如果这些条件满足不了，就没有什么其他的办法了；任何其他的条件也只是幻象和欺骗而已。

师范学院对州的义务

任何级别的高效的教师培训学校都不是由学院、大学、法律、医疗或者别的自由或专业机构评估的。这些机构间接地服务大众，而其直接的目标仍是使个体在知识和职业上受益。师范学校则是国家的直接工具，它为社会提供一定数量和质量的公职人员，完成社会对下一代人的集体义务。法律学校和医学院对由州县支付薪水的医生和律师有相似的功能。然而，大量的与医生和律师数量相称的教师将需要比其他学校更精细和更规范的教师培训机构，但私人和外部来源不会发挥这么大的作用，要他们为了提供三百种情况而准备五千种方案，这样广泛的个体差异对他们而言也是无法接受的。

鉴于其与国家的这一特殊关系，显然若要有效，培训机构应该具备两个显著的特征。首先，它应该具有鲜明的目的。其主要目的就是培训教师，因此组织内的每一项工作都应为了最终培养优秀的学生而服务，或是致力于改善和维护该地区的条件，以便成功地培养学生。别处可做的不相关的工作应尽早停止；应拒绝虚假及不确定的候选者；偏离目的行为，无论多么吸引人，都应避免。学校应该只做一件事情，并且大力地推进它。其次，它应该完全地响应变化。总的来说，学校主要是服务于国家而非个人，作为一种有效的工具，它必须对管理较为敏感。培训学校应准备好在以下方面做出持续、自动的调整：教师类型和数量的改变，新课程的增加和更高标准的设定。由官方任命的有学问的教育政策指导者——当然州应具有这样的指导者——不应该因为机构的保守、校友的反对和当地复杂的情况而退却。为了确保实现此目标，学校显然不能委任不负责的领导管理人事；优秀的管理者应该能在国家教育管理部门改变要求时，冷静、迅速地做出调整。学校应该获得校友们的忠诚，这不是为了个人或其所在的地方，而是为了学校处理工作的技巧，为了灵活的应用职责；如果学校校长通过个人魅力吸引大量有影响力的毕业生，然后不惜一切代价推行其制定的政策，那么他就是在滥用毕业生的信任。简言之，要做到与时俱进，学校必须做到不受地方压力和干预的影响。整体来看，各州总是想发展得更好的，它们比任何高度发达的城市更加明智地界定了想要完成的任务。将学校限定于小地方的狭小视域中，则剥夺了整个州已经构想和实现的社区的优势。

（国卉男　孙小冬　译）

9.2 教育者的论争*

詹姆斯·布赖恩特·科南特[①](James Bryant Conant)

综合大学已有近千年的历史。在历史上每一个大学蓬勃发展的时期,必然有大学 1286
教授之间的激烈辩论,百家争鸣往往是新思潮欣欣向荣的先声。谈到教育者的论争,人们很可能会提及中世纪有关神学的唇枪舌剑,或者是百年前围绕达尔文学说的那场激烈论战。然而,我在写这本书时所思考的则是一种与此完全不同的论争,这一争论,既没有事实证据,也无理论猜想。可以说,这场斗争甚至就是教授之间的权力之争,并且牵涉家长、校友、立法人员及大学董事。请容我一一叙说我近五十年来的亲身经历,以阐明这一场论争的实质。

早年,当我还仅仅是一位化学教授时,便意识到同行们对教育学院或教育学系所持有的敌意。我的那些文理学院的同行们,十之八九都认为,那些专门研究指导他人如何教学的先生们毫无存在理由。对此,我深表赞同。那时,我深信自己是一位卓越的教师,而我的教学技巧来自我的经验,并未受益于任何一位教育学教授。我不明白,为何其他人无法如我一样,尤其是那些愿意在中学任教的大学化学系的优秀毕业生们。我同我以前的一位化学教师合著过一部中学化学教材,那时,我确信我完全了解应当如何教授这门课;而对于教育学教授是否会有同样的体会,我深表怀疑。因此,当文理科各院系讨论任何有益于教育研究生院的问题时,我就与那些轻视教育学院的先生们一样,不假思索地投了反对票。

在化学系任教十五年后,忽然之间,我处于一个全新的职位。我就任领导哈佛大学所有院系的校长,向大学董事会负责包括教师培训等在内的全校一切事务的预算和福利工作(包括师范教育在内)。转眼之间,我便发现,教普通文理科的教授们和培养未来教师的教授们之间的对立远非如我原来所想的那样简单。在这种情况下,我们有

---

* James Bryant Conant, *The Education of American Teachers*, New York: McGraw Hill, 1963.

① 科南特(James Bryant Conant, 1893 - 1979),美国科学家和教育家,战后美国要素主义教育代表人物之一。1910年进入哈佛大学化学系学习,1916年获博士学位后留校任教。1919—1953年历任哈佛大学化学系教授、系主任、校长(1933年起,长达20年之久)。曾任美国全国教育协会教育政策委员会主席,美国科学协进会和美国全国教育理事会会长。20世纪50年代末60年代初,受美国卡内基基金会资助,对美国中学、中小学教师状况、师范教育情况进行了广泛的调查研究,提出了诸多重要建议,对60年代美国学校教育改革产生了重要影响。代表作有:《今日美国中学》(1959)、《教育与自由》(1953)、《知识的堡垒》(1956)、《贫民区与市郊:评大都市的学校》(1961)、《美国师范教育》(1963)、《教育政策形成》(1964)、《分裂世界中的教育》(1969)等。——译者注

理由增进这两个敌对集团之间的相互了解，通过种种安排使他们能够交流思想，甚至，如果可能的话，使他们学会通力合作。然而，在三十年代中期，这一顺理成章之见却被视为异想天开，以至于某大学的一位学界泰斗曾致函哈佛大学教育研究生院院长说："非强制手段，断不能使这两派结成联盟。"

在我新任哈佛校长之时，曾说服文理科各院系和教育学系的教授们组成一个联席委员会，负责一个跨学科的新学位，即教育硕士学位(the master of arts in teaching)。事实证明，这并非寸步难行。一方面由文理科各院系证明学生在取得学位之前已能胜
1287 任中小学相关科目(例如英语)的教学；另一方面由教育学院或教育学系证明，该生已修毕并掌握管理委员会规定其必须修习的教育学课程。因为哈佛大学教育学院同本校其他专业学院一样，只招收研究生，所以，不存在为本科生开设教育学课程的问题。我们的假设是：师范生在取得教育硕士学位之前，已经持有学士学位。

双方都接受了这一方案，但很难说他们对此充满热情。不出几年，这个联席委员会中的一些委员便要求设立一个新委员会来审查其全部工作安排。这个新委员会由若干教育学教授和若干文理科教授组成，他们提出了一个基本问题：强迫哈佛大学的本科生推迟到取得学士学位以后才学习教育学课程，这样的安排是否妥当？显然，学生早在大学本科学习将来要教的科目时，就已经开始准备当教师了。那么，在大学任教的文理科教授和教育学教授为什么不能联合起来，开设一种覆盖整个本科生和研究生学习阶段的五年一贯制的师范课程呢？作为哈佛大学校长，我对这种改革兴味索然。我深知大多数文理科教授对教育学教授怀有敌意。倘若要求本科生在没有取得学士学位以前，就学习教育学课程，这样的培养方案根本无法实施。此外，多年以前，哈佛大学就已经决定所有专业训练都必须在研究生阶段进行。例如，大约三十年前设立的商学院，就曾严格遵守了这一决定，从未招收过本科生。

由于参加第二次世界大战，美国高等院校秩序被打乱了，因此，对于第二次师范教育改革，当时哈佛大学的一切相关人士都意兴阑珊。战后，人们却毫无疑问地接受了关于教育硕士的设想。在凯佩尔院长(Dean Keppel)的领导下[①]，这一新制度开始盛行起来。随着岁月的推移，哈佛大学的文理科和教育学教授们之间的敌视情绪也逐渐缓和。我确信，其他高校也正在发生着同样的变化。然而，从我和我的同事们在1961—1963年间参访77所高等院校的情况来看，我同样确信教育者之间的论争尚未结束。正如一位教育学院院长所言："这些年轻人至少同意把武器和帽子一起存到教授俱乐部的衣帽间里，共进午餐了。"

① 弗朗西斯·凯佩尔(Francis Keppel，1916－1990)，美国教育家。二战后，由军方回到哈佛大学，担任科南特校长助理，1948年被任命为哈佛教育研究院院长。1960年代，担任美国教育委员会委员(U. S. Commissioner of Education，1962－1965)，参与编制《1965年初等和中等教育法案(Elementary and Secondary Education Act of 1965)》；1970年代，担任美国林肯中心研究所(the Lincoln Center Institute)基金会主席和阿斯彭研究所(the Aspen Institute)教育政策项目主任。——译者注

我不敢妄言,在所有高等院校里,文理科教授与教育学教授之间都一直存有芥蒂。然而,一直以来,在大多数高等院校内,这两个教授群体之间确实有很深的隔阂。尽管大学当局娓娓动听地谈论要“集全校之力”来培养教师,并且设立委员会负责具体事宜,但他们之间的隔阂依然存在。

早在 1944 年,我应邀参加哥伦比亚大学师范学院五十周年校庆并发表演说,当时我曾号召“大学教授们停止论战”。那时,我已经充分掌握了这两大阵营的观点,并且了解了他们对彼此的看法。我指出,双方都有过失,这是学术界之常态;然后,我提出了双方休战的条件,简言之:教育学教授们承认他们对那些应进入大学的青年缺乏关心,而大学文理科(如英语和化学)教授们承认他们对 1940 年代美国中学的问题一无所知,因为 1940 年代的中学问题已与 1900 年代有着天壤之别。实际上,双方论战的主要原因在于中等教育改革本身。我曾经提醒读者注意:自 1880 年以来,美国中等教育的扩张规模几乎近于天文数字。中学过去所关心的只是 14—18 岁男女青年中的极小一部分,而现在则要容纳这一年龄组中四分之三的青年。仅是物质设备的增加和办 1288
学规模的扩大,就对培养教师的高等院校提出了一大挑战。然而,另一个更为重要的问题亦不容忽视。

在 19 世纪末 20 世纪初,美国的中学及其同类学校——私立学院和大学预备学校,基本上是为学习语言、数学、科学及历史的青年群体而设的。在 1890 年代,这些学校的学生通常分为两类:一类是天资卓越,求知若渴的贫寒青年;一类是富豪子女,他们的父母为了追求社会地位,一心想要子女都接受高等教育。学生一方面有学习的社会动机,另一方面有求学的不凡才能,这使得那一代的教师所面临的问题相对而言比较简单。我们现在称他们的课程为旧式课程,但那些课程曾经使 19 世纪的中学生在进入大学之前做好了进一步学习语言、数学和科学的充分准备。那些有能力学习这些课程的学生,视这类正规教学为金帛珠玉,而那些没有能力或不愿学习这些课程的人则理所当然地辍学了事。成为这些学生的老师的大学教授们对此甚为满意。至于其他 14—18 岁的青少年究竟接受了什么样的教育,大学教授们就不闻不问了!

我在 1944 年的讲演中回顾这一段历史时,只为了提醒大多数听众关注那些他们已经熟知的事实。几十年来,教育学教授们反复指出,大学文理科教授们对中学问题兴致索然。在 19 世纪,这些文理科教授们很乐意把培养小学教师的任务交给师范院校。当 20 世纪的社会变迁改变了中学教育性质时,一般的文理科教授对于中学里所发生的事情,感到失望和厌恶(我所报告的是 50 年来的亲身观感)。几乎无一例外,文理科教授们均对大众化的中等教育不理不睬,并且以羡慕的心情注视着英国和欧洲大陆的中学,因为在那里不存在此类问题。

我在第二次世界大战期间曾呼吁这些教授休战,但是收效甚微。实际上,在 1950 年代,这场论争变得更加激烈了,因为越来越多的民众以极大的热情参与了这一论争。中小学一直受到家长们的批评,而在第二次世界大战结束之后,这种批评普遍变得更为激烈了。苏联人成功地发射人造地球卫星成了导火线，使美国人对公共教育的负责人发起了连珠炮般的谴责。这些攻击使得教育学教授们愤愤不平，他们认为，自己过去的门生们——现在的任课教师、校长、教育学监（superintendents）①，受到了不公正的评价。实际上所有公立学校的行政人员都曾在某一时期内就学于师范院校、教育学院或教育学系。由于历史与感情上的联系，他们总是与教育学教授们处于同一战线。大多数中、小学教师亦是如此。这些教授及其门生之间的相互忠诚形成了近似公会的组织，因此，攻击公共教育自然而然也就间接地攻击了教育学院和教育学系。实际上，这种批评有时也是直接的，许多猛烈抨击公立学校的人也曾特别针对教育学教授进行攻击。

教育学院或教育学系的先生们的反应情有可原，然而，他们所受到的指责却并非皆为谬论。不少作者（包括我本人在内）曾经提醒人们注意：对于我国公立学校的种种缺陷，特别是高中的缺陷，这些教育学教授难辞其咎。公立学校的教师和行政人员在大学时受教于文理科教授们的课时数远远胜于其受教于教育学教授们的课时数，虽然这一点常常被人们所忽视。尽管如此，他们对教育的看法却基本上受到教育学教授的影响。此外，教育学教授的种种著作也影响了许多家长的观点。强调公民教育、强调
1289 综合高中学的社会统合作用、强调公立学校是实行民主的工具、重视学生的个体差异，并且强调中学的选修科目需包括各种实用课程——这一切都是教育学教授们辛勤耕耘的累累硕果，我也深表赞同。美国学校之所以有今日的面貌，这些人功不可没，他们中的许多人现已退休。历史学家同样把我国学校的某些特点归咎于这些人。这些特点受到年轻一辈的成功人士和社会大众的严厉批评，特别是：对有学术天赋的青年教育不力，未能提供合适的现代外语课程，不重视英语写作等等（人们普遍认为这是三四十年代教育的缺陷，现在这些缺陷正在被弥补。）

苏联人造地球卫星上天以后，事态的发展呈现出新的特点：社会大众声势浩大地参与到教授们的论战之中。这一场论战已不仅仅是教授们之间的论争。学科教授们（academic professors）②有意无意地让他们的校友也参与其中。因此，我们今天所讨论的是两个敌对阵营，一个阵营是与中小学教师以及公立学校管理人员结成同盟的教育学教授（尽管与其他联盟一样，这一同盟内部也有矛盾）；另一个阵营则由文理科教授及其有影响力的毕业生校友组成。由于后一阵营还包括广播电台和电视台的评论员、编辑和出版家，因而某些社区的公立学校教师、管理人员及其导师面临着强大的敌对力量。教育学教授们往往一面表示愤慨，一面表示焦虑。“我们这些人建立了公立学校，使它不断改进，而它现在正受到不公正的抨击，正面临极大的危险：社会公众将被

① 在美国，教育学监是学区的主要负责人；在纽约市，教育总监（chancellor）负责监管教育学监，教育学监负责监管各个学校校长（principal）。——译者注

② “academic”这个名词有各种不同的含义；我在这里指的是文理科各系所教的那些传统科目。

引入歧途!”这样的想法,并非德高望重的教育学荣誉教授的一人之见。

为什么文理科教授也愤愤不平呢?他们究竟对什么如此愤怒?许多文理科教授认为,教育学教授们所开设的课程没有什么价值,认为学生们耗费时日学习这些没用的课程,其所获得的学位也价值甚微。提出这些论点的文理科教授,十之八九对教育学课程一无所知。不幸的是,有些教育学教授的著作可以被列入反智主义(anti-intellectualism)①的行列。然而,特别让文理科教授们感到愤怒的是教育学教授们关于教学的一些言论。毕竟,那些在大学从事教学的人通常都会为自己的教学技巧而自豪,可是忽然发现有那么一批自命为“专业教育工作者”(professional educators)的人,断言他们也只有他们才懂得什么是优秀的教学!他们私下认为,有时也公开地宣称,倘若所有的文理科教授都学习了他们的教育学课程,他们便会成为更优秀的教师!而且不止一个州有这样的规定:凡没有学过教育学课程的人一律不准在初级学院任教。这无疑是雪上加霜。反对者可以不无讽刺地问道:倘若这一理由充分,那么,为何不规定四年制大学本科一二年级的教师也均需学习教育学课程呢?对此,教育学教授的回答是:“这样的要求倒理应纳入规定。”

于是,我们就面临着一个最易引起情绪波动的问题——各州政府关于教师教育问题的规定。有些州的学校董事会曾经雇用(甚至不久以前都是这样)连教育学教授的影子都未曾见过的人做教师,并且终身聘用。然而,时光荏苒,那样的日子已经一去不复返了。结果是,主修文理各科的毕业生必须千方百计设法满足州政府关于教师应学习教育学课程的规定(我将在后续的章节中阐述他们所采用的各种手段)。教育学院固步自封于专业壁垒之内,局外人无法过问,这是当代师范教育的一面,这也使得文理科教授不胜其怒。

大多数州的私立中小学可以依法任用他们中意的教师,可以在没有学过教育学课程的教师与按州政府规定学过教育学课程的教师中自由选择。公立学校为什么没有这种选择的自由呢?在抨击教育学院的种种言论中,这一问题尤为突出。这是那些批
评美国教育学院的公众对其抱有敌意的根本原因。这些批评人士轻而易举地便能举 1290
例说明,名列前茅的大学毕业生迫于州政府的规定,必须耗时于教育学教授所开的课程。他们一想到这些事例,就痛斥教育学院,其愤慨之情难以言表。

研究一下教师资格认证的历史,便会发现,一直以来,这一问题都是引致冲突的根源。对教师入职要求进行控制,由来已久,这一斗争也许注定要无限期地继续下去。在中世纪教会学校、市镇学校、公会学校和中世纪大学发展成现代国家教育制度的过程中,学校都曾提出对教师职业资格进行认证的要求。所有这些学校,最初是由僧侣,

---

① 反智主义,又称作反智论或反智识主义,是一种存在于文化或思想中的态度,而不是一套思想理论。反智主义可分为两大类:一种是对于智性(intellect)、知识的反对或怀疑,认为智性或知识对于人生有害而无益。例如反对孩子学习没有实用价值的象牙塔学问。比如,中国广泛流传的“读书无用论”。另一种则是对于知识分子的怀疑和鄙视。——译者注

随后是由世俗当局负责选择教师，以免年轻一代在道德上（当时认为道德与宗教相伴相依）受到某些教师的不良影响。对初级学校而言，人们认为，首要任务是进行宗教灌输。如果主管当局有能力证明未来教师在宗教上是正统的，在道德上是可靠的，那么，人们就会认为公共利益有了保障。对大学而言，还有一个因素不容忽视，这便是精通教材。全体大学教师必须通过大学学位考试来证明其对教材的精通程度。

然而，大学教师群体源于中世纪的公会——其实，拉丁语“universitas”不过是有组织的公会的通称而已。因此，授予学位尚有另一层含义，那便是形成职业团体的准入壁垒，只有得到学位的人才有权利去从事某种社会职业。如此，将授予从业许可证和授予学位结合起来，可以达到三个目的：第一，使学生不致受不良道德的影响；第二，保证教师精通所要教的材料；第三，限定教师行业的准入范围——只有这些人才有从事教师职业的权利。

在某些历史时期，在大学层面的教师协会曾善于利用世俗与宗教当权者之间的矛盾，从而取得认证大学教师的专有权利。在大学以下的各级学校，各国和各校的教师协会的影响有所不同。在有些地方，宗教当权者掌权，也有些地方世俗当局掌权，在另一些地方则两者联合掌权。

在美国，地方世俗当局早就拥有公立学校所有教师的资格认证工作的控制权，尽管有时候宗教领袖们充当世俗社区的代理人来行使这一权力。他们采用了两种甄别教师的方法：一是品行举荐法，二是口试与笔试法。但是，有时，迫于教师数量短缺，为了充数，地方学校董事会不得不降低对应试人的考核标准。事实上，在某些乡村地区，因为主考人员本身学识不足，当局即便有意也无力从严制定并评价这些测试。某些学校董事会还不无种族和宗教偏见及徇私作风。并且，还必须指出，在考试过程中往往还会发生舞弊行为。

十九世纪中叶，当州教育系统发展起来时，新成立的州教育厅开始接管审核教师的任务，当然，各州的进展不尽一致。在某些州，地方考试制度还一直持续到二十世纪。虽然人们认识到，在法律上，教育事业的主权属州政府。可是，在一些大社区，如纽约、芝加哥、费城和圣路易等，州政府却从未完全掌管过实际的教师资格认证权。在许多州，随着公立学校系统的建立，州教育厅主管的公立师范学校（后来升格为师范学院）相继兴办起来。1850 年以前，一些州教育厅已开始将修习州立师范院校开设的课程作为教师资格认证依据。用修习一定课程取代考试，是州政府对教师认证工作的简化。因此，到 1850 年，许多州采用两种不同的认证办法：第一，修完州立师范院校的认证课程；第二，通过（教师资格认证）考试。

1291 世纪之交，美国教育的发展表现为学生与学校数量激增。同时，现有的知识总量出现了爆炸性的增长；当社会和经济制度越来越趋于复杂化和技术化时，成为一个良好公民和顺利就业所要求的知识也日新月异，迅速增长。这些都使得事态变得更为复杂。英国学者托马斯·阿诺德[①]和赫伯特·斯宾塞[②]提出的“什么知识最有价值”的尖锐问题，在美国教育界尤其是师范教育界引起了普遍思考。

有关教育过程的知识及相关著作和其他学科的一样与日俱增。师范院校的先生们在“教学的科学与艺术”这一课题领域早已著作等身。而且，随着大学教育学系的发展，教育学及相关社会科学领域如火如荼地开展了大量的研究工作与理论工作。自诩为适应中小学生日益增长的兴趣与能力需求的教材数量激增，大有雨后春笋之势。到1900年，教育学领域已经发展到能授予博士学位的水平。此后不久，人们便可在教育心理学、学校管理、课程与教学、教育史或教育哲学等领域学有专攻，并能获得博士学位了。

在师范院校里，有关课程与教学问题的教材地位显赫。只有在那些与师范教育有直接关系的师生人数比较少的大学，或是那些传统上就有敌视任何职业教育的氛围的大学里，教育学的发展才比较缓慢。由于各州越来越倾向于从有文理科传统的院校吸收毕业生来建设教师队伍，那些认为未来教师必须学习教育学课程的人就不得不借助文理科院校以外的各种势力。他们的解决之道是，用一系列法令来规定所有想要获得教师资格的未来教师均必须修习教育学课程。早年的这些法令往往基于这样一种假设，即：文理学院和综合大学各系可以保证未来教师接受良好的博雅教育，并且精通所要教的学科，但是，文理学院和综合大学各系却不愿根据本校毕业生将要承担的教学任务来调整教学目标，其结果往往是未来教师在其所教科目上并没有做好适切的准备。当各州主管教师资格认证的官员们察觉到这一情况时，就规定未来教师必须主修一门“专业”(将在中学任教的科目)。这样，新的认证办法便应运而生，即以在高等学校修习所规定的一系列具体课程并且成绩合格作为教师资格认证依据，无论这些学校是否受州政府的监督或受州法令的约束。

必须指出的是，在某种意义上，这些教师资格认证法令是强加给高等学校的，是州教育厅官员和公立学校主管人员联合起来施加压力的结果。大学文理科教授通常不乐意接受对教师进行专业培训的任务，正如他们不愿意对公立中小学负责一样。此外，文理科教授往往会觉得，除非碍于州政府的法令规定，否则他们根本不会雇用那些教育学教授来授课，因此，他们对这种外加的强制极为反感。另一方面，教育学教授们发现，他们与州教育厅及公立学校主管人员信念一致，并且也认识到，支持他们的力量

---

① 托马斯·阿诺德(Thomas Arnold，1795—1842)英国近代教育家。1811年就读于牛津大学基督圣体学院，1815年毕业后为奥瑞尔学院研究员。1818年任圣职，私下辅导准备考大学的青年。1828年起任拉格比公学校长，确立公学的教育目的是培养大量“基督教绅士，进行教育改革，获得成功”，拉格比公学成为许多学校的典范。——译者注

② 赫伯特·斯宾塞(Herbert Spencer，1820－1903)，英国著名哲学家、社会学家和教育改革家，“社会达尔文主义之父”，曾根据进化论的原理，构建了庞大的综合哲学体系，将进化理论“适者生存”应用在社会学，尤其是教育及阶级斗争。斯宾塞的思想以代表科学、理性、进步、战胜落后和传统、启蒙青年理想而在欧美国家产生广泛影响，被杜威称为一座纪念碑。主要教育著作《教育论：智育、德育和体育》(1861)一直为教育界所重视，社会学界认为他是功能主义的创始人。——译者注

大部分来自高等院校以外，于是，他们更热心于培育校外友好团体。

目前，披着现代外衣的传统认证方法尚处于争论之中。新近的情况是，文理科教授及其社会同盟决心把教育学教授、州教育厅及其他公共教育人士对教师认证过程的传统影响减少到最低限度。

也许我把这一问题说得太简单了。在某些情况下，表面上是关于师范教育的论
1292 争，实际上却包含着有关经济、政治、种族或意识形态问题的一些更为根本性的矛盾。此外，也有些文理科教授热心于支持教育学课程，而在加强教师文理科学术基础这一运动的领导人中，也不乏教育学教授和公立学校人士的身影。再则，在某些高等院校和州，大学文理科教授和专业教师们团结一致，力争扩大大学自治权，以限制公立学校人士、州教育厅和其他利益集团对大学培养方案的控制。

然而，事实上，引起教育学教授与其文理科教授同事彼此敌视的最大原因之一乃是对教师资格认证的种种要求。这不足为奇，因为教师资格认证法令有关在校必修课程的规定在全国范围都影响甚大。

有人很乐意根据百家争鸣的原则来看待未来教师的培养问题；在为本研究进行师范院校访问调查的过程中，我已尝试努力为之，但我得出的结论却是：这样的研究是不现实的。由于各院校已完全接受了州政府的教师资格认证制度，我发现，很难促使人们认真讨论这样一个问题："如果没有州政府的规定，你们会提出什么样的建议？"

谈到大学生对那些州所规定的教育学必修课程的态度，我不得不说，我曾经一再听到他们对这些课程的质量的抱怨。确切地说，并不是所有跟我交谈的学生都持批评态度，然而，的确有许多学生对此感到不甚满意。因而，我不能忽视他们的结论，即：大多数教育学课程是一些"米老鼠"课程①。毫无疑问，至少在某些高等院校中，教育学教授所开的课程在大学本科生中，特别是在那些想到中学任教的大学生中名声不佳。在某种程度上，也许这仅仅是因为这些课程是必修的。我曾经教过医学院的一门必修课程，根据多年的经验，我很了解，无论什么课程，沾上"必修"二字就会让学生极为反感。我也很了解，在某些高等院校，大学生们对教育学教师们所持的批评态度源于某些文理科教授们对其的尖锐批评。

有关师范教育的论争不仅意见纷纭，莫衷一是，而且日趋复杂。那些言必是"那些糟透了的师范学院"或"那些反动的文科教授"之类口号的人，几乎从未认识到这一问题的复杂性。上述口号所代表的观点过于简单化，因而在根本上是不攻自破的。这并不意味着，无论是文理科教授还是教育学教授，都不可批评；这是说，不能仅仅批评其中一方。在调查研究过程中，我发现，在教育学教授和文理科教授之间横隔着一道墙，并且不论在这道墙的哪一面，都不乏可严加批判之处。

如上所述，社会公众卷入了教育家们之间的论争。我首先想到的是：我国公立学

① Mickey Mouse，含有陈旧乏味、幼稚简单、与实际无关之意。——译者注

校教师是经教育学监推荐、由地方教育董事会聘用的，地方教育董事会是由社会公众所组成的；因此，这些公民对董事会所任用教师的培训工作甚为关心。我也想到，地方教育董事会的自由受州政府规定的限制，而这些规定又直接或间接地由社会公众即各州议会的议员们所决定。实际上，鉴于州政府在决定师范教育发展方面起着举足轻重的作用，我将在后两章首先回顾了某些人口众多的州关于教师认证要求的演变，然后再评论当前实际执行的某些政策。

除非我们既考虑到州教育厅与地方学校董事会的关系，又考虑他们与师范院校的关系，否则，我们很容易忽视在我看来应是影响任何师范教育改革计划的关键因素。核心的问题是：州教育厅在师范教育的监管方面究竟起什么作用？应赋予各院校何种自由让其去实验师范教育革新方案？我将在本书的最后一章阐述我对此的观点，并在
该书第二、三章中说明当前的实际运作情况，然后提出这些问题的答案。在本书余下 1293
的章节中，我对四年制师范院校的课程革新方案及现行五年制高师课程的改进方案提出了建议。

我深知，教育家们反对社会大众干涉教育，认为他们只有提供经费的义务，对此，我不敢苟同。大中小学校所进行的工作都事关重大，因此，不能完全由教育家大包大揽。社会公众，无论来自学校董事会、大学评议会、州议会或任何公共团体，都应当被认为对教育起着极其重要的作用。任何社会大众，其作为有选举权和纳税义务的公民，都有充分的理由对教育发表意见；其作为学生家长和学校校友，也应当关心师范教育。但是，他们所发表的，必须是有根据的见地。我撰写本书即是为了鼓励此类见解的形成。

（范国睿　张　琳　译）

9.3 教师教育及其改革困境[*]

加里·赛克斯(Gary Sykes)

1294 美国教师教育的核心存在一个悖论。近半个世纪以来,所有派别的批评家责备、甚至辱骂教师教育,认为它严重拖了我们学校教育系统的后腿,是愚昧无知、不幸的事业。这个时期,我们虽然做了各种努力去改革,但是教师教育的重要方面仍然没有明显转变。诚然,教师教育的机构已经逐渐从师范学校、教师学院向综合性大学转变、提升,并且普通教师的教育水平也有所提高。但直到 1961 年,教师队伍中仍有近 15%的教师没有学士学位,而已经获得硕士学位的教师只有不到四分之一。到 1981 年,将近一半的教师获得了一个硕士(或以上)学位,而另一半的教师至少也是大学毕业生。①这也许可以算真正的进步(尽管这与美国教育在那 20 年的整体发展平行并进),但是关于教师教育的争论从未间断,也从未给人以将要趋于冷却或干脆严重失控,或得到明显改善的感觉。

教师教育的困境

教师教育包括一系列持久而未解决的难题,每个时代的批评家在这些难题中都做出选择以适应时代情感和精神。教师教育的核心冲突总是涉及其四个部分之间固有的平衡和关系,这四个部分在所有人看来几乎都是教师教育项目中必要的(也是充分的)组成部分,这四个部分是:一个强大的文科教育;至少在一个学科领域(特别是对于中学教师)具有坚实的基础;引导学生探究教育主题并学习新兴的教育科学;在一个真实但可控的环境中有实践和体验教学的机会。出现如此多的不证自明的理由,不论对于教师个人还是他们选取的协同方案的研究和体验来说都是难以精心设计的。但没有一个综合的实践能够解释这四个方面的辩证关系,而教师教育的政治仍然是一个零和博弈的政治模式,其特点是持有异见的文理科教师与教育专业教师的相互攻击会致使教师教育的内耗。

---

* Gary Sykes, Teacher education and the predicament of reform, in C. E. J. Finn, D. Ravitch and R. T. Fancher (eds.), *Against Mediocrity: The Humanities in America's High Schools*. New York: Holmes and Meier, 1984, pp. 172 - 194.

① National Education Association, *Status of the American Public School Teacher*, 1980 - 1981(Washington, DC: National Education Association, 1982), p. 21.

教育竞争力[①]的模糊不清是这一领域纠纷的核心问题。教学像很多其他事业一样，涉及使用专业和普通知识，但更大程度上依赖于对普通知识的创造性应用。教学风格似乎很大程度上取决于教师的人格个性、内在特质和特殊的人际关系方法。对很多人来说，教学如养育，是一种“自然的”、“自发的”、“有机的”人类活动。了解学科和关心孩子是成功的主要因素，而与其相关的一些技术修饰则可以忽略不计。鉴于这种基本观点，“教学艺术的科学基础”[②]或“教育科学的来源”[③]这一概念似乎是不可靠的， 1295
是对简单而普遍的活动的神秘化。

然而，另一种观点认为，教学是一项极其复杂的活动，它的全部意义已经不再局限于日益成熟的社会科学的复杂方法论和概念工具的范围内。然而在过去的十年里，教学已经取得了进步并且教学范式的雏形已经初步形成，这保障了具有科技时代特征的教学的稳定发展。这个伟大的希望——科学地验证知识基础和新兴的教育科学——现在似乎不像以前那样遭到忽视，在应用方面取得的一些成功表明知识和实践之间将发生更加紧密的联系。但是这些措施既不为人所知也不为人所信，科学能力的基础仍然受到质疑和反诉，被反诉的主要是那些对有抱负的教师最有用的知识。

同时，教师教育还有被人遗忘的不愉快的遗留问题。巡视员对大学师资、学生、课程的实际质量、学校及教育部门的标准给予的评价往往不高。长久以来，人们对教师教育已经形成了一种固化的印象：平庸无趣的事业（如果不是反智事业（anti-intellectual）的话），伪科学“方法课程”和仿社会科学的“专业”术语（柯纳（Koerner）把其称之为“educanto”）。虽然教师教育工作者和研究者经过分析坚持认为，只要资源到位且制定恰当的目标，教师教育将迎来一个新千年，然而来自公立学校的一系列令人担忧的报告则证明了这种乐观是不切实际的。保守派、永恒主义者和文科的信徒们兴高采烈地发表或者利用这些文献来支持他们的立场，但是仔细分析教育报告的话，通常能够看出其中对一般高等教育的指责，并且文理科院系一起参与了对其的指责与批评。教师教育处于学术等级的末端地位是无可争议的，对于那些想通过科研成果来提高教育事业地位的人来说，这是一个严重的障碍。

教师教育项目与学校关系的疏远，使得彼此之间的相互攻击现象变得复杂化。在各个领域的职业教育中会面临一个常见的困境：是毫无保留地接受现状条件，使新教师适应不够完善的现状，还是对现状持批评的态度，从而让他们具备一种观念，即根据需要灵活改变，且对分配的角色进行重新定位而不是盲目接受。不过，有证据表明，社会化对教学风格形成的作用远远强于正规的培训，塑造风格的必要组成因素

---

① 对于这个术语和相关理论的观点，我需要感谢大卫·科恩（David Cohen）。参见他1982年5月未发表的手稿“承诺与不确定性”（Commitment and Uncertainty）（得自于D. Cohen, Harvard Graduate School of Education, Harvard University, Cambridge, MA 02139）。

② N. L. Gage, *The Scientific Basis of the Art of Teaching* (New York: Teachers College Press, 1978).

③ John Dewey, *The Sources of a Science of Education* (New York: Liveright, 1929).

主要有四组：①一是“学徒观察”(apprenticeship of observation)，即未来教师作为学生的一万五千小时的在校经验；②二是学校的官僚主义和教室的生态环境；③三是领导和同事对教师的影响；④最后一个是作为社会化无意识代理人的学生对教师的影响。⑤因此，尽管各方对学校的态度对于教师教育工作者而言是一件真正令其焦虑的事，他们也时而激情地呼吁进一步的紧密联系，时而发表宣言，说要提高意识并激励改革，但教师教育这种“软弱的处理方式”对于解决争议毫无意义。

然而，教育学院必须处理好与学校之间的关系这一实际问题，毕竟它是入门者(新教师)的培训基地，以“合作教师”(cooperating teachers)为形式潜在地拓展了师资规模，通过为毕业生提供培训课程及咨询增加了在校教师的收入。这种关系即使在最好的情况下，仍然面临重重困难，并且与利益无关。学校的职工抱怨，大学教师与社会脱节，学生通常发现只有实践教学对他们有帮助，教授们虽然知道该如何做，却在课堂中表达着对于理想与现实生活之间的差距的不满。虽然每个观点都是有效的，但调和这些观点的方法还未出现，因此，这些哀叹将持续一代又一代。

变换的任务和学校间千变万化的议程，使得大学与学校间的关系令人不安，其自
1296 身也十分不稳定。教育工作者都被期望服务于全方位的社会机构，学校系统的显著发展已带来了巨大的压力。如果中学转型成为一个多功能的社会服务机构，则能够使教师的角色复杂化，并且使学校的职责范围扩大到一个更大、更多样化的客服群。然而，在这些变化之下，更深层次的冲突是，在学校的使命中，优秀、公平或是效率谁应占优

---

① 关于教师社会化的一个很好的总结性论据，参见：K. M. Zeichner 和 B. R. Tabachnick, “Are the Effects of University Teacher Education ‘Washed Out’ by School Experiences?” *Journal of Teacher Education* 32, no. 3 (May-June 1981), 7 - 11；以及 K. M. Zeichner, “Myths and Realities: Field-Based Experiences in Preservice Teacher Education,” *Journal of Teacher Education* 31, no. 6(November-December 1980), 45 - 55.

② 参见：chapter 3 in Dan Lortie, Schoolteacher (Chicago: University of Chicago Press, 1975).

③ 韦恩·霍伊(Wayne Hoy)及其同事强调了学校的官僚主义如何使教师控制学生的意识形态。参见：W. Hoy, “The Influence of Experience on the Beginning Teacher,” *School Review* 76(1968), 312 - 323; W. Hoy, “Pupil Control Ideology and Organizational Socialization: A Further Examination of the Influence of Experience on the Beginning Teacher,” *School Review* 77(1969), 257 - 265; and W. Hoy and R. Rees, “The Bureaucratic Socialization of Student Teachers,” *Journal of Teacher Education* 28, no. 1 (January-February 1977), 23 - 26. 很多研究探索了课堂的结构特征对于教师的影响。参见：例如，P. Jackson, *Life in Classrooms* (New York: Holt, Rinehart, and Winston, 1968); R. Dreeben, “The School as Workplace”, in R. Travers, ed., *The Second Handbook of Research on Teaching* (Chicago: Rand McNally, 1973); R. Sharp 和 A. Green, *Education and Social Control* (London: Routledge and Kegan Paul, 1975)；以及 W. Doyle, “Learning the Classroom Environment: An Ecological Analysis,” *Journal of Teacher Education* 28, no. 6 (November 1977), 51 - 55.

④ 参见：D. Edgar 和 R. Warren, “Power and Autonomy in Teacher Socialization,” *Sociology of Education* 42 (1969), 386 - 399；关于特级教师的研究参见：G. McPherson, *Small Town Teacher* (Cambridge: Harvard University Press, 1972). 也可参见：R. Parelius, “Faculty Cultures and Instructional Practices,” unpublished manuscript, Rutgers University, September 1980.

⑤ 例如参见：W. D. Copeland, “Student Teachers and Cooperating Teachers: An Ecological Relationship,” *Theory into Practice* 18 (June 1979), 194 - 199；以及 S. S. Klein, “Student Influence on Teacher Behavior,” *American Educational Research Journal* 8(1971), 403 - 421.

先地位这一问题。随着一代又一代对这些核心文化价值的强调，对于学校的批评方式也在发生变化。

相对于不断变化的社会需要而言，教师教育自身是脆弱的。然而，培训机构必须为市中心平民区学校的"真实世界"、为多元文化、为残疾人教育、为区分个人行为与其他人行为中的性别和种族罪恶的微妙依据、为计算机革命，等等，准备教师。在招聘和招生的同时保持高标准，以及造就在世界技术市场中掌握培训高级人力资源能力的教学精英，培训机构在这些方面必须也采取果断的行动。无论是中小学校还是大学都无法接受如此变幻莫测的转变。但是，不久之后，两类教育机构因为抵制改革而被允许拥有适当的特权。

教师地位、报酬和其他与教学相关的重要问题，是教师教育面临的终极难题。正如霍斯泰特勒(Hofstadter)、埃尔斯布里(Elsbree)、沃勒(Waller)、洛尔蒂(Lortie)等人的作品中充分描述的那样，人们对于教学的看法一直都在尊重与蔑视、崇敬与嘲弄之间摇摆。另外，一些证据表明，在 1963 年到 1980 年间，教学的职业地位实际上有所下降；一项调查显示，与其他任何一个职业的排名相比，教学的地位下滑最严重。① 这能证实这一发展趋势的证据来自盖洛普民意调查项目(Gallup Poll Item)。当被问及"你愿意让你的孩子在公立学校中从事教师这一职业吗？"1969 年有 75%的被调查者表示愿意，1972 年有 67%的被调查者表示愿意，而 1980 年则仅有 48%的被调查者表示愿意。② 不依靠教学职业而改善教师教育的现状这一想法似乎是不可能实现的。同样，扩大教师职业教育范围的提议也遭到反对，因为基本上没有学生愿意接受如医学院要求的那样的残酷训练，更不愿意为了微薄的薪酬及终身依靠教职过活而进一步接受教育。

教学是一种最接近于大众化的职业，仅这一点就将其排除在精英地位之外了。一直到最近十年，教学稳定地占有 20%的大学劳动力市场份额(35%的女大学生劳动力市场份额)，③培训机构仅供应足够数量的大学生就已捉襟见肘，所以通常顾不得质量。事实上，教学行业准入制度的宽松，有效地激励了个人应聘并保证了在紧俏的劳动力市场中，学校招聘到的人员数量与需求的差距不会太大。医学和法律专业在精英意识形态的保护下，通过严格的行业准入制度，形成了自己的专业自主权领域，但是对于数量增长压倒一切的教育行业来说，这条道路是行不通的。

---

① G. R. Reinhart, "The Persistence of Occupational Prestige," paper presented at the Southern Sociological Society, Louisville, KY, 1981.

② "The 12th Annual Gallup Poll of the Public's Attitudes Toward Public Schools," *Phi Delta Kappan*, 62 no. 1 (September 1980), 38.

③ National Center for Education Statistics, *Projections of Education Statistics to* 1988 - 1989 (Washington, DC: NCES, 1980), pp. 63 - 64.

二十余年教师教育的价值

经常要求不遗余力地进行教师教育转型的呼吁已经失败了。似乎每个人都尝试过改革教育，我们获取的历史文件中有各种专门工作小组、调查报告、研究建议、协会决议、政府计划、基金计划、立法等等。教师教育已经成为改进的对象，其自身既是目标，又是促进学校及整个社会变革的手段。妨碍教师教育的因素没有得到评估，这个问题使得各方在教师教育应该做什么这一点上取得了共识，教师这一职业已经被证明容易受到各种兴趣因素的影响，而这些兴趣中绝大多数会在时间的消磨中变得所剩无
1297 几。简要回顾四次改革——文科教育硕士(Master of Arts in Teaching)、(全美)教师联合会(Teacher Corps)、基于能力的教师教育(Competency - Based Teacher Education, CBTE)和近期国家监管的努力(recent state regulatory efforts)——将为过去二十多年的教师教育发展趋势提供说明。

招聘精英：文科教育硕士

从20世纪50年代初开始至20世纪60年代，福特基金会(Ford Foundation)赞助了一个关于教师教育的大胆创新的方案。十五年间，福特基金会拨出大约七千万美金用于奖励七十多所大学，并与之签约建立新的教师培训项目，即文科教育硕士(MAT)。更具体地说，福特基金会支持三种类型的方案：即在一些文科院校中进行本科人才培养方案、五年或五年级方案和文科教育硕士方案。大多数资金用于文科教育硕士方案，以培养中学教师。对于正规的教师教育课程，这些都可用作非师范项目，而不是用补充项目。这些项目针对文科课程的毕业生，通常让这些学生参与学校的暑期课程学习，然后在当地的一所学校进行全日或半日制的实习，实习结束后辅之以研讨会和额外的课程学习，也可能在实习结束后再进行课程学习。这些完成本科毕业后课程的学生，将被授予硕士学位和教师资格证书；通过五年的学习虽然只取得了证书，但这样的学习方式与本科课程学习很好地结合起来了。

与其说这些方案的意义在于创新了教师教育的方法(这些方案适用于各种实验)，不如说在于其对招聘的影响。福特基金会的策略是招聘美国大学毕业的精英从而培养新的教师骨干。福特基金会希望在全美最好的大学开设学术严谨的、可选择的项目，从而创立教师教育的新标准，吸引大学毕业生中最优秀的那部分人。在机构层面，精英大学能通过高等教育的“蛇形发展”(snakelike progression, David Riesman's phrase)影响普通的兄弟学校，社会地位等级较低的学校能够迫使自己跟随前沿院校。在个人层面，课程具有激发动机和排除妨碍因素的作用：使学生可以在最优秀的学校与最优秀的教师和同学一起学习，并且能够避免无意义的教育课程。同时，资助策略呼吁绕过现行的制度去支持精英学校，这实际上是把现状看作是问题的一部分。

此外，这些方案的目的是加强教师培训与学校及文科之间的关系。在课堂中，实习提供了一个更大的可控机会，使学生可以在学徒条件下从事教学活动——通过平常的、不多的实践教学经验获得真正的提高。而且，由于文理科教师参与到项目的制定与执行过程中，许多提案承诺将重新致力于博雅教育。詹姆斯·布赖恩特·科南特(James Bryant Conant)在他的教师教育研究中，提出了一个潜藏在个别方案多样性之下的基本假设：强大的文科教育，一个广泛的、有良好监督的实习和适当数量的教育课程构成了教师教育的理想模式。

文科教育硕士本质上是一种招聘策略，作为一种改革范式，它受到了一些明显的限制。首先，方案的吸引人之处不在于一些(精英人士可以为他人提供的)技术突破，而在于地区本身的声望。哈佛大学之所以有魅力仅仅只是因为在波莫纳(Pomona)(美国加利福尼亚州南部城市)、皮尔(Pierre)(美国南达科他州首府)或德梅因(Des Moines)(美国爱荷华州首府)这些地方没有哈佛大学。福特基金会以精英思想有意识地挑选了密西西比河以东(east of the Mississippi)与梅森-迪克森线以北(north of the Mason-Dixon line)的大学，这些大学代表着一个不同于主流教师培训机构的文科传统。某种程度上，这样选择是为了增加那些想要避开教师教育标准课程去进行教学的文科毕业生的数量。这种策略对教育学院院长和教授的直接吸引力不那么明显。

文科教育硕士的拓展范围无法超出那些获得福特基金支持的少数机构。完成文 1298
科教育硕士方案的证据是零散的，但一项研究报告表明，在1961—1962年间至1963—1964年间，共有4 114名文科教育硕士毕业生。相对于每年大约20万的新增教师，文科教育硕士所占比例仅有不到1%。[1]

仅剩的少数文科教育硕士项目艰难地表明他们在精英大学还有地位。招生人数的下降和70年代教师数量的过剩更加速了这些项目的终止。纵然文科教育硕士项目在开展过程中是充满活力和令人兴奋的，并有证据表明这些项目成功地吸引了优秀的文科大学毕业生从教[2]，但从一开始这些项目就注定是要失败的。教师培训对于文科教授或教育研究生院的教师而言是没有持久吸引力的，他们希望培养的是管理人员和科研人员。培训教师的任务从来不具有充足的合法性，从未得到过核心支持，从未让教师承担起监督实习生的责任，也未让他们在学校花费时间，或者引导同伴进行研讨和课程学习。教师的较低社会地位最终影响了对高等教育精英的招聘，这些精英在简短地尝试教师培训后，满怀感恩地回到了传统的工作中。

---

① James Stone, *Breakthrough in Teacher Education* (San Francisco, CA: Jossey-Bass, 1968), pp. 156 - 157.

② 同上，p. 158，例如，斯通的报告指出，在1961—1962年间到1962—1963年间，2 187名成功通过实验项目的教师中，有78%的教师随后继续从教，而在同一时期，16 117名毕业于类似院校通过传统项目认证的教师中，只有49%的教师随后继续从教。他的报告进一步指出，从1956到1962年，加州大学伯克利分校六年一贯制的文科教育硕士毕业生中，有相当大一部分学生仍然在从教，哈佛大学在二战后的10年中也做过说明类似情况的报告(在福特基金涉入之前，哈佛大学在科南特校长主持下，已经建立了自己的文科教育硕士项目)。

欢迎伟大的团体：(全美)教师联合会

20世纪60年代以前，联邦政府很少干涉教师教育，但在20世纪50年代后期开始，联邦政府相当于在60年代和70年代进行了一个大规模的投资。而国防的问题为教师教育的投资提供了合理性。[①]

政府最初的目的主要是希望通过在职活动提高教师的学科能力。这一方案是根据现有的体制结构进行实施的，且没有进行根本性的改革。但是，随着50年代保守主义思想被60年代的社会激进主义所取代，联邦政府赞助了一系列意义更加深远的项目，并且这10年间的这些项目经常与同时期内主要关于公平的行政指令相配合。政府在职业教育、义务教育、高等教育、特殊教育和双语教育中增加了培训经费的支出。大部分的经费用于教师在职服务，但是也有很多项目关注职前培训。1967年，美国国会通过了第一份针对教师发展的综合性立法，即《教育专业发展法》(Education Professions Development Act, EPDA)。该法案合并了现有的几个项目(如教师联合会项目)，并催生了关于法案自身的25个项目。在9年的时间里(1967—1976年)，这些项目在一系列涉及广泛的创新项目中的花费达到了7.81亿美元。[②]

过去几十年中，华盛顿控制了改革议程，进展也十分顺利。联邦政府直接或间接地提供资金、下达任务、任命领导，并建构强有力的网络，从而形成了一个强大的改革和创新趋势。到1981年，43个联邦项目在人才发展上花费近60亿美元，其中官方委派的9个资助项目所用资金相当于总额的90%。[③](然而，里根政府已经废除或合并了一些项目，且减少了很多这些项目的预算)，在此期间，没有其他的改革像这次集中改革一样，对教师教育产生如此深远的影响。(全美)教师联合会是这段历史中一个虽然小但意义重大的项目，这个改革本身及联邦政府改革项目给其带来的经验教训值得审视。

(全美)教师联合会创建于1964年，最初被奉为国内和平队(a domestic Peace Corps)。在早些年，这个项目支持那些愿意在收入较低的学校服务的文科毕业生进行为期2年的实习。项目最初的目的包括加强弱势儿童的教育，通过勤工助学的方式吸引并培养毕业生教授这些弱势孩子，鼓励高校、中小学及国家教育部门一起合作来提高教师教育水平。这一项目的基本理念强调，在低收入学校和中产阶级学校任教所需
1299 掌握的教学技能、态度和经验存在显著的差异。(全美)教师联合会试图招聘有理想的

① Wayne Welch, "Twenty Years of Science Curriculum Development: A Look Back", in *Review of Research in Education*, ed. D. Berlinger, vol. 7 (Washington, D.C.: American Educational Research Association, 1979), pp. 282 - 306.

② Roy Edelfelt and Margo Johnson, "A History of the Professional Development of Teachers", in *The 1981 Report on Educational Personnel Developmented*. E. Feistritzer (Washington, DC: Feistritzer Publications, 1980), pp. 44 - 56. See also Don Davies, "Reflections on EPDA," *Theory into Practice*, 13 (June 1974), 210 - 217.

③ Feistritzer, pp. 134 - 135.

年轻人并引导他们进入最需要他们的学校从事教学工作。该项目通常包括 30 至 40 位文科毕业生(实习生)和 5 名担任团队领导的经验丰富的教师。在学院或大学中进行一个夏季职前培训后,每个团队被分配到贫苦地区的一所学校工作。实习生每周约有 60%的时间用于学校教学,20%的时间在大学学习,20%的时间参加社区活动。2 年课程圆满结束后他们将获得教师资格证书和硕士学位。

因为(全美)教师联合会项目具有创新式的领导,在其存在的 16 年中,它的存在如变色龙一般形式多样。该项目的指导方针强调一系列的前沿主题,包括“基于绩效的教师教育,全面培训,入门教育,研究适切性,残疾人教育,多元文化教育,提倡年轻化,基本技能,组织理论和教学模式”。① 当 60 年代的教师短缺转变为 70 年代的教师盈余时,在 1974 年,这一方案获得国会许可,得到培训在职教师的重新授权,并且在 1978 年被允许将当地项目的培训时间从 2 年延长至 5 年。这一方案最初是服务性的,在 1975 年之后方案的重心转移到对有经验的教师及教师助手进行培训和再培训的示范性策略上。②

(全美)教师团联合会多年来经历了 7 个主要评估,其作为改革策略的有效性被完整地记录下来。③ 在作为服务项目的 10 年间,(全美)教师联合会项目像文科教育硕士改革项目一样,被证明是一个有效的招聘策略。早期计划中的一些项目证据表明,(全美)教师联合会项目成功地吸引了优秀的、积极应变的大学毕业生。早期实习生拥有文科背景,所以他们表现出的学术能力要高于教育专业的毕业生(但仍低于所有毕业学生的平均水平)。④ 最初,该项目吸引白种人与上层中产阶级青年,但在接下来的实施中项目负责人决定努力招收少数民族学生从而增加他们的代表性。新教师拥有强烈的时代精神,所以比他们的老同行更具变革精神,有更高的政治自由、独立性和进取心。然而,那些仅通过项目招聘的教师也最有可能中途退出。大多数实习生毕业后都走上了教师岗位,但他们并没有走进课堂从事教学而是希望担任教育中的其他角色。⑤ 所以,虽然该项目似乎吸引了新生的教师力量,却未能够把他们长久地留在课堂中从事教学。

(全美)教师联合会项目在改变中小学、学院或大学的制度模式方面是不太成功的。早期项目豪言要敦促实习生团队成为学校变革的推动者,但怨恨和抵制的声音过于强大以至于这一目标未能实现。老教师仅把实习生看作学徒,认为他们的作用是协

---

① Edelfelt and Johnson, p. 54.

② Gary Sykes, “An Overview of the Teacher Corps Program, 1965 - 1982”(Washington, DC: U. S. Department of Education, unpublished report, undated), pp. 22,25.

③ 对于这 7 个研究中 6 个进行了简要回顾,参见: G. Thomas Fox, “Limitations of a Standard Perspective on Program Evaluation: The Example of Ten Years of Teacher Corps Evaluations” in James Steffenson 等人, *Teacher Corps Evaluation* (Omaha: University of Nebraska, 1978), pp. 11 - 86.

④ Ronald Corwin, *Reform and Organizational Survival: The Teacher Corps as an Instrument of Educational Change* (New York: John Wiley, 1973), pp. 81ff.

⑤ 参见: Corwin, p. 93,以及 Fox, p. 54.

助自己的正常工作。实习生被灌输了项目改革的思想，他们想要有更大的影响力，因而用他们激进的想法去威胁正规教师。而实习生自身的状态可能不容易适应变革推动者和学徒的双重身份。实习生既没有专业知识，也没有正式的职位支持他们的立场，所以学校对他们不予理睬。故而，有些实习生在培训过程中变得激进且不合群，而其他人则被增选为教师。

高校在项目实施过程中很少做出妥协，也更持久地抵制参与中小学校的培训教育。该项目推动了另外一些新的课程，并提高了对低收入学校在教学中遇到的特殊问题的关注，但却未能促进其与高等教育形成更密切的关系。与项目的其他方面相比，实习生对大学教育有更多不满。他们发现他们的课程无关紧要，同时断定他们的教授对弱势群体的教学状况基本没有了解，而且学术能力不及他们的本科教授。大学教授虽然敏锐地觉察到在教育这些实习生过程中自身的不足，但他们自身和中小学也没有接触，所以没有传授相关的、有针对性的知识，也没有坚定地致力于这些项目。

1300 该项目在解决中小学和大学之间的社会隔离问题方面存在困难，也不能制定激励机制促使双方真正合作。高等教育界的既得利益者抵制新的任务、新的优先权和任何资源的重新配置。当变化发生时，他们往往是虚假地加入。虽然跨领域的人员——项目主管、团队负责人或者非常敬业的大学教师——有时建立起了有效的合作伙伴关系，但是他们"所期盼的'混合型'专业却鲜少出现。这种专业不仅应当关注学生掌握社会科学知识的程度，还应关注知识在教育实践中的应用"①。简言之：

> 这些培训机构是根据不同的、不一致的激励制度体系运作的，并且有自己独立的公众群体和资源。学校的教师在资源不足的情况下，心存疑虑地努力维持日常的教学进度，还经常要面对来自学生和社会的挑战。他们的主要责任不是培训，除非他们已经获得援助或其他帮助，否则他们不愿意拿自己的教学做实验。大学教授以学术地位系统为发展导向，并且不受中小学教学运作压力和不守规矩的沉闷课堂的影响。因此，他们不能为实习生提供其所需要的实践指导和必要的领导。这些实习生被困在大学和中小学之间，大学掌控着他们的专业资格证书，中小学掌控着他们的职业经验。②

该项目的视野开阔，概念和执行情况都比较复杂，出现了很多长期困扰教师教育和教学的问题，包括：不能招聘到优秀毕业生到低报酬学校任教，缺乏对适合弱势学生和少数种族群体的教学的关注，愿意从事中小学教师培训的高校较偏远，公立学校自身对变革的抵制。20 世纪 60 年代，像其他助人行业一样，教学在代表社会被忽视和压

---

① Corwin, p. 378.

② 同上，pp. 370 - 371.

迫的群体利益的同时，还被证明为极容易受政府的干预。虽然这一行业无法抗拒这些外部压力，但是在一个分散的体系中，在其内部成员没有达成共识的情况下，联邦当局还没有强大到足以影响这一行业机构的运作模式和奖励制度。在现行体制内运行，遭到特殊政治利益和学校内组织定势的制约，对这一项目来说只有较小的长期影响。

追求确定性：基于能力的教师教育

在20世纪60年代后期，政治文化中的很多主题汇聚为一个改革，即基于能力的教师教育(CBTE)。这次改革运动取得了来自各方的支持，其中包括：美国教育部[①](the U. S. Department of Education)、几个州的教育部门、美国教师教育学院协会(American Association of Colleges for Teacher Education, AACTE)、渴望创新的一些前沿大学和一些教育研究人员。在一段时间里，这些群体引发了人们对基于能力的教师教育(CBTE)的浓厚兴趣，但在70年代的紧缩压力下，这次改革未能得到广泛的支持且改革势头日渐衰退。然而，基于能力的教师教育代表着美国教育的一个持久的努力，即对方法、体系和确定性的强烈向往。此外，这项改革还说明了教育在建立知识基础方面存在困难。其深远的影响值得我们关注。

基于能力的教师教育(CBTE)试图对教师培养进行技术控制，从而形成科学的专业课程，并建立起公众责任目标的衡量标准。这种方法从精神上来说属于行为主义，直接呼吁工程技术的作用。这一流程的步骤要求：首先，将教学分解成一组独立的能力，通过与教学成果联系对其进行实证验证；然后，开发一个培训项目，学生在这个项 1301
目中能够通过实践和训练学会适当的行为；同时，对学生进行评估，以确定他们掌握的能力并对那些要求额外培训的人员进行培训；最后，根据学生掌握规定能力的情况给予资格认证。

这种流程方法的支持者，并没有声明教学仅仅是一系列有限的技能，同样也没有否认教学是一个包含即兴创作的艺术活动。相反，他们认为，有能力的教师展现出的教学技能是可以准确地辨识和传授的。初步的培训方案的任务是为新教师提供一些技能培训，这些技能可以成为其成熟的教学风格形成的基础。这一观点同时对当前的实践现状提出了含蓄的批评，且基于文化权威提出强烈呼吁，同时也提供了有序的发展规划。

根据能力倡导者的观点，维持现状的培训项目存在两个主要缺陷：一是专业课程

---

① 1869年之前，教育部是一个独立的政府机构。1869年起教育部被改为置于其他联邦政府部门之下的一个办公室：1869年至1939年，该机构由联邦政府内政部(U. S. Department of Interior)管辖，先改称教育办公室(Office of Education)，不久又改成教育局(Bureau of Education)，1929年又改回到教育办公室；1939年至1953年由联邦安全总署(Federal Security Agency)管辖，称教育办公室；而从1953年到1980年它又由美国联邦卫生、教育、福利部(U. S. Department of Health, Education and Welfare)管辖，称教育办公室。现在又称美国教育部(the U. S. Department of Education)。——译者注

没有经过经验验证的知识为基础；二是要求学生掌握的教学技能缺乏准确性和独特性。同时教师教育培训课程过于抽象、不切实际和太过琐碎。课程未能将理论与实践相结合，而方法的课程因为各种异想天开的噱头变得声名不佳也是自然的。但是，以能力为基础的方法通过引入科学的严谨性将能够弥补这些缺陷。对教学进行系统地分析、提取其核心元素，进而通过研究进行验证，结果将得到由一系列经过科学认可的能力组成的一个培训方案。

基于能力的教师教育(CBTE)的改革作为一个聚焦点，对其自身的发展有很多明显的要求，其中主要的一个要求是承诺通过打好科学基础，建立教师教育知识的合法性。这一时代的显著标志是公共服务的提供者承担越来越多的责任，基于能力的教师教育(CEBT)对这一责任问题提供了方法和教育工作者承担责任的承诺。一个全面发展的项目将利用社会科学的最强大的和最先进的技术——测试，以检测教师教育的进展，诊断其中的困难并且证明毕业生的资格。专业的教师教育工作者将通过一些工具衡量学生的学习进步情况，规定额外的补习工作，并且识别那些因资质较低而应放弃从事教学工作的学生。重组教师教育培训课程需要围绕课程的严谨性、准确性和可控性来进行。

基于能力的教师教育的改革也具有更深远的意义。涉及教师各方面能力的教师教育项目的设计，主要是在教育学院和教育系内部发展，以此加强他们在大学内的专业地位。它同时也是一项技术改革，这一改革涉及有序的研究和发展规划。如果基于能力的教师教育改革的领导者能够确立这种范式的地位，在关于改革大纲的问题上与教育界达成共识，那么广泛一致的努力就能推进，“常规科学”(normal science, in Thomas Kuhn's sense)就能形成。[①] 更进一步说，技术上的突破将为教师提供更大的帮助，使他们在获得更多师范教育资源方面，得到更强的保障。基于能力的教师教育改革的支持者认为，学校曾经没有一套经过经验验证的可以通用的教学技能，所以这些人希望通过持久地、一致地全力去获得专业教学的做法，逐渐地生成这样的技能。

创建教师能力发展课程，需要教师在时间和合作方面进行大量的初期投入，60年代后期，在来自基金会和美国教育局适度资金(这笔资金增加了大约1 200万美元，主
1302 要是用于会议的开展、项目的宣传、模型的建立等等)的激励下，几所高校也开始努力发展这些方面。一些学校，包括韦伯州立大学(Weber State College)、休斯敦大学(the University of Houston)、托莱多大学(Toledo University)和佛罗里达国际大学(Florida International University)，重新规划了整个项目，而其他一些学校，特别是杨百翰大学(Brigham Young University)、德克萨斯大学埃尔帕索分校(the University of Texas-El Paso)和西华盛顿州立大学(Western Washington State University)，建立

① 库恩提出了“常规性科学”和“范式变革”科学之间的区别。参见：Kuhn, *The Structure of Scientific Revolutions* (Chicago: University of Chicago Press, 1970).

了非师范项目。对于到底有多少机构参与了这一项目，从来没有一个确切的说明。但是根据美国教师教育学院协会（AACTE）1972 年调查的情况来看，783 所院校中，125 所宣称有这样的项目，还有其他 366 所院校正处在酝酿阶段①（虽然关于“酝酿阶段”的含义还不是很明确）。该协会的另一本刊物详细地介绍了 13 个院校实施的 17 个方案的情况，介绍了这些学校从温和实验到完全转变的过程。② 细致的记录表明，改革激起了高校极大的兴趣，催生了大量的讲座和刊物，但对高校本身的影响却可以忽略不计。

能力教育的困境对于难以逾越的技术问题和改革激起的反对而言，是有启发意义的。对知识库的渴望也无法弥补知识的匮乏。在面对教学的多个概念，课堂现实的多种解释及教育的多样目标时，对形成统一范式的共识的希望从未实现。更为严重的是，如果没有相对明确的学科和既定的目标，那么保障手段-目的关系的技术项目可能无法落实。而且，试图通过将教学能力与学生的学习成果相联系来验证教学能力的做法很快激起了人们对此的质疑③：研究者们认为这一证据是站不住脚的，并且他们对这些证据的价值的看法也存在分歧。

更进一步讲，教学能力这一概念所带来的麻烦大于其有益之处。当涉及“陈述性知识”或“程序性知识”时，对于教学能力是大还是小，是具体学科还是一般知识，学界没有一致看法。如果想区分行为的差异性特征，一种算法就能产生将近一千种技能。④ 为了避免传统上松散的、抽象的和行为指导上不确定的概念描述，（行为主义者）在逻辑能力驱使下提出了一个荒唐的似是而非的笼统概念。这种概念同样无法对教师培训提供指导，而评估的任务也同样难以进行。改革的言论承诺通过测量和跟踪系统来确保责任和个性化，他们记录每个学生对数百种能力的掌握情况。但是，这些方法不可能不存在错误，而且管理的压力也是巨大的。简而言之，行为主义的方法，虽然在严谨性、系统性和方法上的承诺是如此吸引人，但承担不了如此重大的责任。

当基于能力的教师教育（CBTE）改革的发起者努力解决这些问题的时候，也产生了反对的声音。人文主义者很快从多角度对能力教育提出质疑。例如，哈利·布劳迪（Harry Broudy）担心，该方法把教学总结为信息的传授，因此会牺牲其他模式或其他层面的重要性。⑤ 他认为，教学涉及的不仅仅是娴熟的教学行为，教师必须发展他们对自身作为教育者的行为的理解，同时教师还必须既能够应用教育技能又能够思考教学

---

① W. Robert Houston, “Competency Based Education,” in *Exploring Competency Based Education*, ed. W. B. Houston (Berkeley, CA: McCutchan Publishing Corporation, 1974), p. 4.

② Iris Elfenbein, “Performance-Based Teacher Education Programs: A Comparative Description,” PBTE Series, no. 8 (Washington, DC: AACTE), October 1972.

③ 例如，参见：R. W. Heath 和 M. A. Neilson, “The Research Basis for Performance-Based Education,” *Review of Educational Research* 44 no. 4 (Fall 1974), 463 - 484.

④ 参见，Normal Dodl，等. *The Florida Catalog of Teacher Competencies* (Tallahassee, FL: Florida State Department of Education, 1973).

⑤ Harry Broudy, “A Critique of Performance-Based Teacher Education,” PBTE Series, no. 4 (Washington, DC: AACTE, May 1972).

目的。布劳迪断言，假如教师不想成为一名只会死板地遵照教学工作日程的教书匠，那么教师教育就必须包括理论知识，必须以培养未来教师思考的能力和灵活教学的能力为目的。然而，在能力教育的方法中，他基本上没发现对这些能力的重视。布劳迪认为，基于能力的教师教育改革培养的是熟练的技术人员，而不是真正的教育专业人士，实际上，这已经给教学造成了非专业化的威胁。

然而，另一个批评家担心(行为主义者)对知识和什么是“纯粹的学术”存在偏见。他一开始就问，“以能力为基础的教育是否导致教师变为了一个仅仅是培训学生通过考试的教练？能力的教育是否扼杀了真正的教育或更深层次的思考”？[①] 他认为，“不一定会”。一个更为温和的反问表达了他的看法：“基于能力的教师教育会引导学生和教师以实用为主吗？虽然这样的教育不是简单的、琐碎的和盲目机械的，但你要知道，它是否也会导致人的风格范围的窄化，导致创造力、直觉力、表演力、幽默感和纯粹的无利益性的好奇心缺失呢？简而言之，基于能力的教师教育的精神是不是工具主义的精神呢？”[②]人文主义因此对能力教育的特征有这样的总结：不好的一面，这种教育是狭隘的、反知识的、只崇尚技术的，而优点充其量只是告诫教师教育工作者要更深入地思考他们所做的事。

基于能力的教师教育改革是一个共益机制。它由一般的教师培训机构实施，在重视责任的时代，努力赢得信誉和威望，同时它也是学校教育内部的一个技术改革，而改革的主题吸收了强大的文化元素。它的支持者希望这种低廉的、不具威胁的创新能够帮助他们论证关于真正的专业学校及大学中需要更多的“生活空间”这样的观点。然而，在学校中，并未出现必要的、能为其带来信誉和威望的技术知识。并且，按照能力
1303 发展思路进行的方案转变，其成本比预期的更高。根据保守计算，每个机构在基于能力的教师教育改革项目上要花费500—600万美元的成本，整个项目系统在20多年里成本超过了1亿美元。[③] 在基于能力的教师教育改革风靡的短暂时期里，大多数机构发现采纳豪言却没有实际行动对学校来说更实际。

面对来自哲学和政治上的反对及技术上的各种困难，这次改革在大多数教师教育工作者看来，付出的辛劳远远大于其所取得的利益。尽管得到了一些小机构的拥护，但是基于能力的教师教育改革未能争取到高等教育领域中舆论领袖的支持。总之，这就犹如一个大池塘中荡起的波纹，说明了建立教学知识库存在的困难，及对考虑不周的技术改革过早地投入资助所面临的风险。

---

① Peter Elbow, “Trying to Teach While Thinking About the End,” in *On Competence: A Critical Analysis of Competence-Based Reforms in Higher Education*, ed. Gerald Grant *et al*. (San Francisco, CA: Jossey Bass, 1979), p. 125.

② 同上。

③ Bruce Joyce, *Estimating Costs of Competency Orientation* (New York: Teachers College, Columbia University, 1973).

信任危机：国家管理教学

由于基金会、高校和联邦政府都试图重塑教师教育的各种面貌，所以，国家的政策制定者对此也偶有兴致。然而，他们的参与方式一直是制定法规而非提出方案、设立基金或提供新的知识，并且国家监管的历史反映了教师教育在公众中引起的不安。国家的认证和许可法案具有双重作用，一是可以通过营造标准环境保证公众利益，二是可以通过准入限制及要求学生学习特殊课程来加强专业建设。这些法律的合法性依赖于公众是否能认识到这些功能的相同之处，但它们之间的这种关系较弱。如果没有学科的突破和有力的技术，那么教师教育必须在很大程度上依赖信任，相信它的任务是有价值的、有用的。认识到学校和教师没有威胁到这种信任，只能使国家法规免受专业自主影响，而无法对专业自主进行保护。

几十年来，国家不知疲倦地修改教师认证法。早期，许多州和地区使用文化水平测试来考查学生。例如，19 世纪 30 年代，伊利诺斯州立法委员亚伯拉罕·林肯(Abraham Lincoln)投票赞成教师资格考试，[①]并且在世纪之交，各州普遍采纳了这一方法。但由于教育水平的上升和师范学校的兴起，各州开始要求教师拥有多年受教育的经历，并且完成教育认证的相关课程。到 1940 年，课程要求这一方法在很大程度上取代了教师考试，并且在这一改革之后又增加了新的改革，即要求更长期的学校受教育经历和修习更多的教育必修课程。[②] 然而，20 年后，科南特反映了大多数公众的意见，他的意见标志着这些政策的终止。教育课程较低的声誉使得用国家政策命令推行这种政策成为一件尴尬的事。各州私下与"教育机构"密谋出台了一套具有欺骗性的、不能证明自身价值的课程。

这种越来越多的批评指责给教师教育的合法性带来了危机。他们的"客户"(学生)表示了对教师教育极大的不满，文理学院教师谴责教师教育的单调和贫乏，教育决策制定者也对此感到不安。然而，两个事件提前爆发了。首先，20 世纪 50 年代和 60 年代的教师短缺转向盈余。教师教育入学率下降，很少有新教师进入学校从事教学。因此，人们关注的中心已经从职前教育转移到培训现有的老龄化的师资队伍上面；第二，20 世纪 60 年代，对公平和民权的重视，改变了批评的基础和公共政策议程。相关性和权利而非严格性成为了口号，对科南特、克尔纳和西尔伯曼[③](Silberman)的批评在当时也不再突出。同时，改革的轨迹也从州一级转移到联邦一级，在未来的 10 年里，国家政策逐渐形成，在很大程度上作为对联邦政府一系列举措的回应。

---

① 这段历史事实引自：Joseph Cronin, "State Regulation of Teacher Preparation", in *Handbook of Teaching and Policy*, ed. L. Shulman 和 G. Sykes (New York: Longman, 1983), p. 178.

② 参见：Willard Elsbree, *The American Teacher* (New York: American Book Co., 1939), chapter 24.

③ 上述三位作者关于教师教育现状的批评，在本质上是相互重叠的。参见：James B. Conant, *The Education of American Teachers* (New York: McGraw-Hill, 1963); James D. Koerner, *The Miseducation of American Teachers* (Boston: Houghton Mifflin Company, 1963); 以及 Charles E. Silberman, *Crisis in the Classroom* (New York: Random House, 1971).

1304 20世纪60、70年代的招生率下降和社会动荡，只是推迟了人们先前对教师教育质量的根本不满的表达。到20世纪70年代中期，公众更加担心学生考试成绩下降，担心对学校纪律松散，担心教学标准普遍下降，这些担忧是至关重要的。随着媒体报道了教师在写作、演讲时用语不符合语法和不会拼写的事件，公众开始思考教师是否应具备学术能力的问题。同时，还有另一个问题，培训机构在面对招生人数下降的时候，为了维持他们的学生数量，从而降低了学生准入标准。对于教师教育质量控制的需要使各州重新引入了测试机制，目前有36个州对教师教育项目准入和教师认证规定了某种测试方式。①

一些司法管辖区已经进一步扩大了对教师质量关注的范围。佐治亚州派观察员进入新教师培训课堂，对教师的14项教学能力的表现进行跟踪评级。南卡罗莱纳州要求增加实践教学，要求对教师教学进行更多的观察和评价，并且重新认证教师。俄克拉荷马州1706年新法案(Oklahoma's new Bill 1706)同样也要求更多的教学实习，要求新教师入职第一年为实习期。在实习期内，由校长、顾问教师和教师教育工作者组成的委员会将定期指导这一年的教师教学，并且在一年的实习期结束后，根据实习情况给予资格认证或者要求更进一步的指导。

一些州已经成为教师教育的倡导者。旧的资格认定是通过"批准项目方法"(approved program approach)来实现的，也就是说，被批准项目的毕业生会通过资格认证，仅仅因为他们是获批项目的毕业生，这实际上完全依靠对培训机构的信任，但新的一批法律则是在公众保护的名义下对教学进行规定的。通过测试，各州间接地把他们的影响力扩大到了教师教育的课程——因为培训机构必须确保大学毕业生能够通过测试。各州不再愿意信任专业的设置标准。他们以问责的名义紧紧地干预教师教育。从某种程度上说，教师教育的利益受惠于在他们帮助下形成的新法案，但是，在很多方面，国家监管行为反映了公众对教学缺乏信心，也反映了公众对教师失去了尊敬。通过强调基本技能和通用的而非专业的知识，测试实际上是在自我贬低，也似乎在暗示，任何具有一定才智的大学毕业生都可以从事教学。

多年来，教师组织推动国家政策决策者制定了一个专业的教育管理模式，当前有6个州支持由教师组成的专业实践委员会。但是，对于教师职业的特别监管，在其从业人员中没有获得广泛支持，工会所使用的专业术语和策略在任何地方都是不可信的。虽然，工会的存在是为了保护其成员的权利，但专业控制的理由，尤其是在公职人员中，不在于主张权利而在于技术专长和公共利益的要求。

---

① J. T. Sandefur一直以来都在追踪教师能力测试的发展状况，他指出，1977年正式有了教师测试，涉及36个州。其中，21个州对教师教育项目的申请者进行或准备进行测试，而28个州则优先对教师资质进行或准备进行测试。10个州现在也要求进行一些在职评估，通常要有一年的实习期或参与一年的新教师指导计划。参见：J. T. Sandefur, "Teacher Competency Assessment Plans 'Little Short of Phenomenal'" (Washington, D. C.: AACTE Briefs, November 1982).

不过，各州的管理措施除了用来设定最低要求和对标准进行象征性的关心之外，几乎没有其他作用。即便那些学术能力最弱的学生会被限制进入教师行业，但在项目层面，不可能发生较大改变。而且，最近国家的回应也无法解决教师教育所面临的根本困境，即没有额外的资源，教师教育将不能证明它的价值，但如果它不能展现自己的价值，也无法获得额外的资源。这种困境最终框住了教师教育和国家之间的关系，并且导致教师教育的信任危机加重。

未来光明的前景

多年来，教师教育改革的各种努力所取得的只是一些有限的和暂时的成功，却无法使教师教育彻底摆脱困境。教育事业似乎由政治制度、人口结构和经济能力一系列因素决定，而当前这些因素的质量水平之低令人难以接受，不能制定执行（甚至不能清楚阐明）高标准。而高等教育机构之间、大学内部院系之间、高校和中小学之间地位的不平等也使教师教育工作者很难找到出现问题的共同原因。尽管十几年的努力取得了一些进展，但并未出现一种研究范式可以指导对知识的追求，也没有一种认知基础对专业课程进行组织、统一并使其合理，改革的使命在这个过程中不可避免地会被打折扣。而且，教师教育资金不足还缺乏体制的“生存空间”。教师教育改革就如同一个 1305
又小又旧的舷外挂机艇，要它去推进一个非常大的巡洋舰的船舱，其速度之慢，可想而知。

最近的一些发展情况使困境变得更加复杂。在教师之间，联合主义已经取代了专业主义，成为教师发展的策略。联合主义使现有的紧张状况雪上加霜，它根据教师的组织利益和公众的态度，使教师和教师教育工作者关系疏远，甚至对专业化的主张提出了更多的质疑。从 1972 年到 1980 年，教师教育的入学率下降了 50%，由此威胁了很多项目的存在价值，使相关人员必须对被取代的项目进行改革。入学率的下降证明了其不利于追求卓越的教师教育。同时，各州增强了他们对教师的管理，使其很容易受到外部控制。这一政策的发展揭露了教师教育与州之间关系的固有问题：在教师教育机构掌控教师教育这一问题上，公众并不关心，更谈不上赞成。

最友好的批评者认为，教师教育改革没有希望，除非它与学校的变化、教师职业的变化及影响整个教育事业发展的政策体制的变化相联系。他们强调，教师工资水平必须提高，工作环境必须更好地支持教师工作，[①]教学必须具有吸引力并保留更多有学术能力的教师，国家政策，尤其是高校的分配政策，必须为教师提供更多的教学资源。[②]

---

① 参见：Donna H. Kerr, “Teaching Competence and Teacher Education in the United States,” in Shulman and Sykes, pp. 143 - 144，以及 Hendrick D. Gideonse, “The Necessary Revolution in Teacher Education,” *Phi Delta Kappan* 64 no. 1 (September 1982), 15 - 18.

② B. O. Smith, “Pedagogical Education: How About Reform?” *Phi Delta Kappan* 62, no. 2 (October 1980), 87 - 90.

如果说过去已经拉开了教师教育的序幕，那么，如今广泛的、全面的改革则无法进行。将教师教育转换为大学毕业生毕业后的一个项目（无论是否与本科课程整合）的前景似乎很渺茫。要求所有新教师参加周期较长的培训项目，却没有对教学进行相应的奖励，这是不可行的，因为市场压力将继续决定标准的制定。同样地，（国家或政府）有可能不会对教师教育进行较大的资源重新分配或投入。培训没有获得足够保障，一部分原因是它的基本理论是派生的，教师教育的存在是为了促进教学。至今一直存在着这样的观点：教学和教师教育都存在资金不足的情况，在后者没有明确地展现出令人印象深刻的作用时，决策者往往会直接把主要资金拨给教学本身。最后，社会科学知识不可能使专业课程进行合理的技术转型。没有一种范式要求对教育进行探究，没有“人工仿真科学”，也没有一种电子艺术将基础知识和设计结合起来；[①]相反，技术基础的发展是断断续续的和缓慢的。

虽然缺乏有抱负的改革，但教师教育还是存在较光明的前景。文科教育硕士改革和（全美）教师联合会项目都证明，特定的项目能够提升教师地位，尽管教师工资较低但也能吸引有能力的大学毕业生从教。对于少数未来教师而言，大学和社会高度认可的毕业后的精选项目是有吸引力的。而且，文科教育硕士改革虽然从未在主要机构获得较多的实验机会，但却能在校园中更多地被视为一种备选方案。

把培训延伸到教师第一年教学中的各种尝试呈现了一个有希望的趋势。国家强制性的就业安排和实习项目，如俄克拉荷马州（Oklahoma）的项目那样，参与了学校和各学院工作，为他们提供了更多支持、指导，同时提供了教师第一年教学的评估，相对于一个完整的大项目来说，这是一个中间环节，成本更低。而且，实习项目有以下几个优点：这些项目与工作相关；不会影响青年教师的收入；青年教师在传递知识过程中可以向有经验教师学习；为教师资格认证提供具体表现的依据。（全美）教师联合会的经验强调高校和学校间跨领域联系的重要性，并且，国家的新规定可能有助于提供一个框架，在这个框架中，将会有这种校际合作的职位。这些职位对有效合作而言，似乎至关重要。

最终，实用教学知识的逐步积累，为专业课程的技术改进方面提供了更为广阔的
1306 途径。然而，教师培训项目的倡导者们曾一度指责培训项目没有保持同步，没有利用最有效的知识。他们认为，培训项目的根本问题是知识的转化和运用，而不是质量与数量。那么，教师教育培训项目未来几十年的发展，将使培训项目中的知识得以被更好地运用，并且能进一步加强研究与培训的关系。

---

① 参见：Herbert Simon，*The Sciences of the Artificial*.（Cambridge，MA：The MIT Press，1969）；以及 Joseph J. Schwab，“The Practical：A Language for Curriculum，” *School Review* 58（November 1969），1－20，和“The Practical：Arts and The Eclectic，” *School Review* 59（November 1970），493－542.

教师教育中被忽视的维度

通过粗略的分析来看，教师教育似乎受制于某个力场，无论在什么方向上，它都步履维艰。然而，对于教师教育状况的这种宽泛的解释，未能考虑到个别院校的情况。过去几十年里，这些学校进行了成功的或失败的、胜利的或悲剧的、进步的或停滞不前的各种改革。纵观全球，历史上往往会出现一些决定论，否认选择和掌控的机会实际上是对个人开放的。但是，让我们从历史的缓慢进程和改革者的伟大战略中沉静下来，展望个别院校崭新而卓越的前景，思考并窥探其他的可能性。

关于教师教育缺乏什么的担忧，经常集中在教师教育的资金、地位、评价标准、生存空间和相关知识等方面，在教师教育改革提案中对此也有同样的关注。然而，对所带来的利益的强调恰恰忽视了个人和教育机构生命中的一个重要维度。教师教育中最根本的缺失是它的价值观念和信念。教师培训事业在我们的社会中是不受尊重的，并且这种缺乏尊重的后果是毁灭性的。如果没有足够的关怀，我们将无法赞赏教师教育体系，将没有共同的质量观，没有能力辨识或用语言描述优秀，也没有机会来庆祝成绩。教师教育的过程本质上是潜移默化、无形的，而这是我们文化中低估教师教育的显著标志。

这一问题的外在表现应该清晰化，但是对教师教育的精神生活(inner life)也敲响了警钟。每种专业实践都要求通过参照卓越的理想，不断丰富其话语体系。人类服务的核心是具备使命感，它强大到足以激发和保持工作的激情，并且赋予工作意义和重要性。如果没有自豪的机会及与重要价值相联系的感觉，那么经历过风雨的人类服务将是伟大的。正如每个教师都承认，与他人合作既有好的一面也有坏的一面，同样地，对理想的追求也有一个必然的特征，即迫切希望实现，但同时要承认实现起来并不容易。同样，教学能够给教师带来欢乐和满足，也会令人感到沮丧和无力。卓越的愿景滋养消极的一面，使其恢复正常的能力和韧性。卓越愿景的缺失将导致教师士气低落、精神不集中和希望落空。

教师教育改革中，缺少对其自身的深刻性和教育事业精神生活重视的论述。相比之下，最近某些管理方面的著作，强调赞扬了企业文化的创建，并把其视为卓越的一个标志。[①] 在有关成功的企业和商界精英的论述中，人们认为重要的不是技术上的突破与合理的管理方案，而是对企业中人性的重视。示范性企业通过仪式、典礼、组织内的英雄事迹及满是英雄和冠军的光荣传统，与员工分享和交流企业的一系列价值。用于描述企业生活的新语言是相当原始的，颇有玛格丽特・米德(Margaret Mead)在萨摩亚中所使用语言的味道，而不像是哈罗德・吉宁(Harold Geneen)在美国国际电话电

① 例如，参见：T. E. Deal 和 A. A. Kennedy, *Corporate Cultures* (Reading, MA: Addison-Wesley Publishing Co., 1982)；以及 T. J. Peters 和 R. H. H. Waterman, Jr., *In Search of Excellence: Lessons from America's Best-Run Corporations* (New York: Harper and Row, 1982).

信公司中使用的语言风格。这是一种人类学中散发着神话和象征意义的语言，这种语言适用于核心价值。

一个观察员声称："企业的成功是因为企业的员工能够识别与吸收企业的价值文化，并将其体现在工作中。"[①]因此，教师教育项目也是如此，但是教师教育关注的东西是过于表面的，工具性的，也是偏狭的。教师教育相关的说法也是悲观的，很少能鼓舞人心。教师教育需要的不是另一个完整的六步骤改革方案，其中包括赞同或反对的观
1307 点以及方案的执行步骤，而是我们对教师教育未来的生动的憧憬。再次申明，教师教育改革中令人遗憾的是，领导们经常忽视的不是资源配置或机制改革，而是人性关怀的理由和方式。

对于价值和意义的关注，并不仅仅只是指向头脑冷静的实践活动，更多的是指向一个机构的生活中更加严肃且本质性的因素。相反，它对一所教育机构（学校）的存在具有更重要的、更根本的意义。虽然我一直认为，教师教育的更大困境在一定意义上是不幸的——教师教育必须继续进行下去，但这一想法并未得到大规模验证，虽然其在任何教师教育机构（学校）都有获得肯定和进步的空间。但是，对于那些对此有兴趣的人——大学校长、院长和教授——他们从一开始就必须与学校自身的价值保持一致，哪怕是在面对公众的冷漠、狭隘的体制限制和资源匮乏的时候，也应如此。教师教育同样也需要自己的模范、传奇故事和光荣传统，从而在教师教育事业发展过程中体现和传达其自身的崇高价值。我认为，这正是开展教师教育的起点。

（国卉男　李　璟　译）

---

① Deal and Kennedy, p. 21.

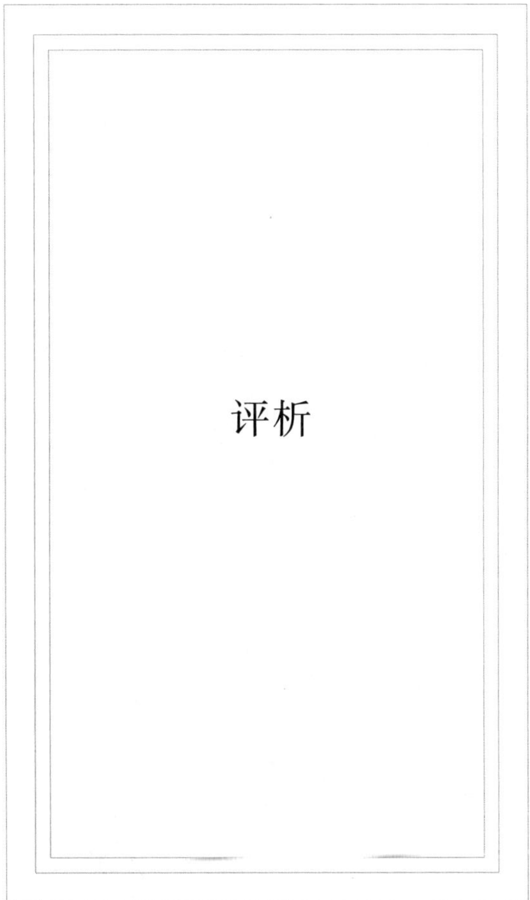

评析

62. 教师专业培养的反思

戴安娜·拉维奇(Diane Ravitch)
纽约大学(New York University)

这是一组非常有趣的论文,它们解决了一些困扰教师教育的棘手的问题。有关教 1313
师教育该如何组织的争论一直存在于教师教育漫长的发展历史中,涉及教师教育的组织形式、应该强调内容还是重视教学法(pedagogy)、应该专业化还是职业化,甚至教师教育是否必要等论题。在19世纪,当第一所教师培训机构和师范学校建立时,教学确实是一份不起眼的工作。教师流动非常普遍,同样普遍的是,学校由一些只接受过很少正规教育的人进行管理。20世纪初,通过各个行业的共同努力,相关部门设置了教师的准入标准,建立了专业学校为教师职业培训合格人才,并着手管理教师入职考试。在19世纪,人们可以通过攻读法律成为律师或通过当学徒成为医生,而现在这些进入法律和医学行业的非正规途径已经关闭,这些行业的录用对象仅限于修读过特定的教育课程并通过资格考试的人。当然,医学的入职要求还包括参加过临床培训。

教育不属于上述范畴。正如威廉·S.勒尼德(William S. Learned)和威廉·C.巴格利(William C. Bagley)等人在"勒尼德报告"(the Learned report)中所指出的,教育学院通常被视为是具有多样化目标的;他们的学生或是为成为教师做准备,或者另有打算。由于学校急需教师,以至于他们可能会雇佣一些没有接受过师范学校培训的人。整个勒尼德报告的研究由卡内基基金会(Carnegie Foundation)支持,人们认为该报告对教师教育的作用,与亚伯拉罕·菲莱克斯纳报告(Abraham Flexner's report)为医学教育所做的贡献是等同的。勒尼德和他的同事认为,师范学校应该发展成为以培养未来教师为唯一目标的机构,并且师范学校应该具有与法律学校和医学院类似的专业性,具有同样明确的目标和较高的声望。在他们看来,教师培训的课程应包括学科内容和教学法;无论哪个年级,每门课程都应该展示如何将学科知识传授给学生。在四年规定课程的学习结束时,学校应通过实例的方法和在培训学校教学实习的方式,考查学生是否具备成为教师的条件。勒尼德的目的不是像行业目录(准入标准)中说的那样,使教师培训"职业化",而是使教师培训"专业化"。有趣的是,大卫·伊米戈(David Imig)和斯科特·伊米戈(Scott Imig)在《变革》(*Change*)杂志中,对勒尼德报告的远见卓识进行了评论,称其为"一个迟来的愿景"(a vision delayed)。[1] 他们两人

---

① David Imig and Scott Imig, "The learned report on teacher education: a vision delayed," *Change*, September/October 2005.

认为，如果当时教育领导者认真考虑勒尼德的理念，并为教师创设真正的教师培养项目，那么教师教育可能已经有所转变（现在的争论也就可以避免）。然而此时，师范学校已经发展成为综合性大学，是否培训教师及如何最好地培训他们就成为了问题。

1314 史蒂文·韦兰（Steven Weiland）的论文，试图解决一个老生常谈的问题：即确保未来教师接受博雅教育。在他撰写这篇文章的时期，高等教育的领导者似乎比以往更不确定博雅教育是什么以及该如何实施。除了由后现代主义、相对主义及其他各种主义带来的不确定性之外，在大学年龄段的青年中还出现了职业主义的热潮。只要看一下有关大学专业的数据，人们就会感到吃惊或者失望，因为传统的人文学科专业在减少，而那些能够带来即时经济回报的商业和其他领域的专业却在增长。尽管现在看来已是久远的历史，但曾经还是有一段时期，学者们对博雅教育的意义和目的有着一致的认同。这段时期是在文化战争（the Culture Wars）和经典文献战争（the Canon Wars）之前。现在，如韦兰所提出的，我们都必须参与一种对学术历史的追寻，探讨它现在是什么，曾经是什么，应该成为什么，及它为什么重要。韦兰表示，教师教育“走向……博雅教育”发展可能会带来利益，学生由此形成一种“持续的学术兴趣”（enduring intellectual interests），但是还不清楚教师教育在当前形势下该如何进行，及在课程中增加或减少哪些内容。

弗兰克·B. 默里（Frank B. Murray）坚信，许多人具有“第二天性的教学”（teaching by second nature）技巧，他们不需要任何特殊的准备和培训，就自然知道如何去做。同时，他还很令人信服地说明了这种教学方式通常存在的不足，并有效地区分了“朴素的”（naive）教师和“经过培养的”（educated）教师，认为后者对学生的学习状况及他们存在的问题有着更深的了解。在阅读他的这篇论文时，我想起了我所认识的一些年轻人，他们接受过极好的教育，并决定从事教育行业，却发现他们无法向学生清楚地表达他们想让学生掌握的知识。他们对自身所教的科目有完备的知识储备，却不清楚如何以青少年可以理解的方式教授这门课程。

笔者以为，这个部分中最出人意料的是由玛丽·M. 肯尼迪（Mary M. Kennedy）、索伊恩·阿恩（Soyeon Ahn）和崔金扬（Jinyoung Choi）所撰写的研究报告。作者对不同教育背景形成的增值价值（value-added）进行了比较，认为差异主要反映在学生的学习收益上。他们考察了教师职前知识储备的不同，试图比较以下知识类型所产生的价值增值：教学法知识、学科教学知识和学科知识。

人们可能认为，一篇由教育学院的研究人员所撰写的论文，会得出维护教学法研究的结论。然而事实并非如此。的确，作者得出了一些有趣并出乎意料的结果。其中一种观点认为，在单一课程中，无论是数学、数学教育、还是教育学的课程，都有正向效应（positive effects），但相比其他两种课程，教育学课程的效应较小。再者，教育学的高级学位与学生的成绩呈负相关，但高级数学学位对学生的成绩有正向效应（小学除外）。但作者也指出，这些研究结论来源于单一的数据库。

他们在考察所谓“聪明且受过良好教育的人的假设”(the Bright, Well-educated Person hypothesis, BWE)时，发现毕业于高选拔性学院的聪明且受过良好教育的教师与学生较高的学习成绩存在关系；但在那些将学生随机分配给教师的学校中，聪明且受过良好教育的教师在教授五年级学生时没有取得良好的教学效果。作者转而将“为美国而教”(Teach for America, TFA)项目中的教师作为聪明且受过良好教育的教师的样本进行考察。他们发现，在“为美国而教”项目中的聪明且受过良好教育的教师，确实给学生在学习上带来了很大提高。聪明且受过良好教育的教师在他们的培训项目或研究生课程中学习过教学知识，然而，对照组的教师们也具有多种多样的教育背景，这些事实使得他们的研究结论有所混淆。简言之，他们发现将纯粹的聪明且受过 1315
良好教育的原生态教师(未接触过教学的)和那些接受过完整教学培训的教师进行比较，几乎得不出任何结论。最后，作者得出结论：所有这三个知识领域——数学(课程内容)、教育学、教学知识(数学教育)——都会产生正向效应。

在阅读这些文章后，我对未来的教师应该具备何种知识和何种能力有了清晰的认识。的确，未来的教师应该接受博雅教育，但是对于他们将在哪里学习这些知识及这些知识的内容是什么，我们尚不清楚。未来的教师也需要打好学科教学知识的基础，这样他们就清楚应该如何将他们所学的知识以学生喜欢的方式教给他们了。而且，如果所有的未来教师都是聪明且受过良好教育的人，这是最好的。我不相信——至少肯尼迪研究报告(Kennedy research study)中的论据没有让我信服——未来教师需要高级教育学学位(advanced degree in education)。

这些颇具前瞻性的文章对我来说是有益的补充，但他们却留下了悬而未决的问题。我们的未来教师需要的博雅教育是什么样的？他们应该在哪里获得这样的教育？未来的数学教师既要学习数学，也要学习文学和历史吗？教师这个职业如何吸引更多聪明、受过良好教育的人，不仅仅是为了两年的经验，而是为了一种专业奉献。现在州对教学法课程的要求能够提高教师的能力吗？他们是否过度了？这些要求会阻碍学校招聘聪明且受过良好教育的毕业生任教吗？是否应该对未来教师是否符合州的要求进行审查，以确保他们既有丰富的学科知识，又有丰富的教学知识？

在讨论的结尾，我们回到威廉·S.勒尼德和威廉·C.巴格利研究终止的地方。他们认为教师教育将会与法律和医学的教育一样，变得真正专业化。教师教育不再被视为教师职业地位不高的原因或结果。

勒尼德教育学院在21世纪将会变成什么样子，我们只能想象。在那里，未来教师将成为教学的大师(masters of their craft)；他们会掌握教授其科目的最好方法，他们所教的每门课程都将体现博雅教育的理念；在那里，教什么与怎样教并没有什么区别；整个学校运行的主要目的就是吸引优秀的人才，将他们培养、教育成为最好的教师。

我预想，学区会为这个机构所培养的学生展开争夺，甚至以奖金吸引他们。如果这种理念看起来有些理想化，那是因为教学法从来不是勒尼德和巴格利理想中的那样。它因自身的先天不足而被边缘化。教学法并没有成为一种以研究为基础的科学的工作，20 世纪 20 年代统治教学法界的教育学个人主义是造成其自我孤立的原因之一；另一个原因是，阶段性的、未考虑其资格的对新教师的大量需求。还有别的原因，但无论是何种理由，教育都没有取得自身需要且应被赋予的专业地位。

由于越来越多的州在教学中采用了非师范教师资格认证途径，对教师教育工作者而言，现在是思考这些问题，并重新考虑未来教师专业培养问题的时候了。

（国卉男　陈　婧　译）

63. 教学知识：我们知道什么

琳达·达林-哈蒙德(Linda Darling-Hammond)
斯坦福大学(Stanford University)

在对本部分的全面介绍中，玛丽·M. 肯尼迪(Mary M. Kennedy)指出了两个贯 1316
穿教师教育始终的长期争论：一个是教师能否从专门的职前培养过程中获益，或者他们只需要接受坚实的通识教育；另一个是教师多大程度上能受益于某些具体课程，如学科知识或教学方法。她指出，对于教师需要什么的问题，通常非此即彼地分为下面两种观念：某种知识学习多了必然会削弱另一种知识，并且她表达了这样的担忧，即"聪明且倾向于接受通识教育(liberally-inclined)的年轻人"可能不会选择教师职业，"因为这些人对职业课程并不感兴趣"或是认为这些课程会占用他们学习更多知识的时间。

造成争论的问题是什么?

不同种类教师培训课程(coursework)的相对优势在政策层面和学术层面都是争论的焦点。然而，对教师教育和教师资格认证问题一再产生争论的根源在于许多重大的社会问题，这些问题是与教育和教学在社会中的作用，教育决策的管理及公共教育的成本和目的有关的。这些问题包括：教学是否应被视为一种专业，如果是就意味着教师应该得到比现在更高的薪水和更大的决策自主权；教育是否应被视为一种在平等条件下，提供给所有人的公共商品，这样的观点意味着要重新分配资源；还有，或许是最有争议的——谁应该决定教什么及怎样教。只解决具体课程或研究项目效用的实证问题是不可能解决这些重大问题的。

弗兰克·B. 默里(Frank B. Murray)提供了生动的例子用以说明教师若想进行有效的教学，他们需要了解人文学科(liberal arts)及学科知识(subject matter content)以外的知识。他的观点得到了由国家研究委员会(National Research Council, Bransford, *et al*, 1999)和国家教育研究院(National Academy of Education, Darling-Hammond and Bransford, 2005)最近编辑的关于当代教学研究的详尽回顾的材料的充分支持。然而，如果教学被视为一种专业，教师应该掌握这些报告所强调的知识种类，那么问题将会由未来的教师是否应在短暂的本科教育阶段学习学科内容(content)或教学法(pedagogy)，转变为他们应该如何学习这两种知识及其交集部分，这暗示着要使这种更广泛的培养成为可能，需要对未来教师进行激励。

毋庸置疑，“聪明且接受过通识教育的年轻人”更愿意进行像法律、医学、工程及建
1317 筑等这类职业的课程学习。在许多其他国家和地区，如澳大利亚、芬兰、法国、德国、新西兰、挪威这些国家和中国台湾，优秀的师范生在完成本科阶段一两个学科专业课程的基础上，会渴望再修读两到三年的教师教育研究生课程。问题不在于这些教师教育课程是否是职业性的，而在于能否打开要求这样学习的令人尊敬的高薪职业的大门。这与“教师教育完全由国家补助”的理论基础并不矛盾，即当所有教师获得坚实的学科知识和教学培训时，全社会都会受益。

在美国，教学没有获得专业地位，很大程度上是因为教育的低标准致使教育投入降低，因为实证证据并不能清楚证明各种职业培训课程(coursework)的相对价值。工资较低、教学条件较差，很难吸引人才，所以，选择降低教师行业的准入标准——特别是在贫困的和少数民族学生上学的地区——可以减小教育支出的压力，有助于解决教育资源分配不均衡问题(Darling-Hammond, 2004)。那些倾向于维持教师教育低成本和自由雇佣未经培训的教师的人，也反对学校经费改革，而这些改革可以使学校争取到经过精心培养(训)的教师，并增加公共教育投入，特别是在贫困的城市和农村地区(如：Hanushek, 1996,2000; Podgursky, 2000)。

尽管教师教育的反对者一贯主张让聪明人当教师(谁会反对?)，但除了提议废除教师职业培训之外，他们的建议并没有提出激励方案以吸引优秀人才进入教师队伍。尽管他们提出消除教师教育的壁垒，以增加教学的吸引力，但证据表明缺乏培训实际上导致了较高的人员流失率(Darling-Hammond and Sykes, 2003)，这既不利于教师长期职业忠诚度的形成，也不利于稳定优秀的教师团队的形成。

这些批评教师教育的人通常反对所谓的进步思想，例如，涉及多元智能和多元文化教育的方法，及强调批判性思维、理解和解决问题的教学法，比如阅读中的“全语言”教学(这种方式被讽刺为：“教师站在一边，学生猜测词义”)，或者数学中问题探究导向的教学法(被称为“浪费时间”，即学生必须尝试发现他们已知晓的数学理念)(Ballou and Podgursky, 1999: 41)。归根结底，这是在公立学校中教什么和由谁决定教什么的问题。人们认为，不受教育学院的影响，教师就不会支持这些错误的观点。达到教学是一种高离职率的职业并且教师在学习和教学中拥有很少共享知识的程度，对在课程决策中给予教师更大话语权的专业主义的正当呼吁就不大可能出现。

如果教师经常体验默里(Murray)有关专业教育的观点，或史蒂文·韦兰(Steven Weiland)提出的“为批判性知识探究而进行的博雅教育”，则他们对过于强大的教师职业的担忧就会加剧。因为这些教师会准备深度地考虑课程问题，并在认真审视不同决策对社会和教育的意义的基础上承担起领导角色。

一些更大的哲学、金融和政治问题最终加剧了关于教师教育问题的争论。教师教
1318 育是否重要，是否应要求教师资格认证，成为很多州学校经费诉讼的核心(这些州在资源匮乏、低收入的地区雇用了不合格的教师来教授弱势学生)，然而多数学校并未就此

达成共识。同样，教师教育经常被卷入全国性的课程体系论战中。因此，阅读教师教育的研究报告会发现他们对教师专业化理念支持和反对的观点，资金雄厚且公平的公共教育系统观，及独特的教育目的观。

关于教师教育的重要性，研究是如何阐述的？

最近文献研究得出结论，有证据表明，与没有接受过培训的教师相比，经过更完善培训的教师获得的评价更好，教学更有效，这样的结果表明额外教学培训的价值至少和学科知识的价值是一样大的(Darling-Hammond, 2000; Wilson, *et al.*, 2001)。

在试图预测个体学生数学成绩进步的研究中，通过考察与不同学科知识数量或教育学课程(pedagogical coursework)有关的系数，肯尼迪、阿恩及崔(Kennedy, Ahn, Choi)试图将这个问题的一个方面进行量化。关于特定课程及专业影响的相对大小和方向，他们在本文介绍了一些有趣的研究结果，这些结果表现出很大的复杂性。如果得到进一步完善，这种策略将可能很有用。然而，在实施过程中，该策略并不能帮我们厘清不同种类教师教育所带来的增值效应，因为考虑到每个模型的可控因素，研究分析中没有报告或解释每项研究中的教师资格变量。

效果评估：厘清培养措施的需要

尽管本文清晰阐述了研究中核查统计控制的重要性，但在后面的研究论述中没有论及有关评估中控制其他条件变量的模型或报告。作者们也没有讨论给定变量(given variable)系数与该模型中已考虑条件间的重要相关性这个事实。例如，如果将数学专业作为控制变量去考察个体的数学课程，课程系数可能会远小于在不包含数学专业为变量的模型中的课程系数。一个资格测量(qualifications measure)所反应出的差异会被其他相关测量所抵消，若潜在的兴趣结构已经在模型中得到了很好的呈现的话，则可能会使给定变量的系数变得较小。此外，认证状态包含许多传统教师教育的子部分(包括学科知识和教学方面的要求，及语言测试和其他基本技能)，在既定模型中它的存在与否将影响其他测量样本的大小(size)。没有这些信息，很难有意义地在同一个教师培养标准下来解释和比较研究的结果。

一种更加有帮助的分析方法是将一组资格变量与另一组进行比较权衡，正如戈德哈伯和布鲁尔(Goldhaber and Brewer, 2000)在分析教师资格对学生数学和科学成绩影响时使用的方法，他们指出：

> 拥有标准证书的数学老师与拥有私人学校教师资格或非数学学科证书
> 的老师相比，其在数学测试中的结果至少高 1.3 分。在 12 年级测试中，这相 1319
> 当于大约 10%的标准偏差，比拥有数学学士和硕士学位的教师所产生的影响

更大一点。(p.139)

此研究包括专业状况和资格认证状况,每个要素效果估算都独立于其他要素。研究发现,即使控制了学位变量(有资格教师更有可能拥有该学科学位),证书资格状况在数学学科中也具有重要影响。这表明,由证书变量所代表的知识,其影响远远超过学科内容知识。

评价教师效能:"同什么相比?"

同样,比较不同背景特征的教师时,是否控制了培训变量(preparation variables)是非常重要的,比如以"为美国而教"项目候选人为样本,肯尼迪、阿恩和崔考察了"聪明人"这一假设的证据。在他们论文的开始部分,肯尼迪和她的同事写道,"对 TFA 项目教师和常规认证教师的比较……为我们提供了另一种方法去验证聪明且受过良好教育的人"的假设。然而,当他们总结他们对 TFA 项目教师的研究时,忽视了 TFA 项目教师和认证教师的比较结果。他们提及的两个研究中,有证据表明:与其他教师相比,TFA 招募教师所教的学生在学习中取得了相当的(阅读)或更好的(数学)成绩(Raymond, *et al.*, 2001; Decker, *et al.*, 2004);同 TFA 项目教师相比,比较组教师获得培训或认证的可能性相对较低。如果留任的话,当被雇用并且在教学的第一个两年或三年成为认证教师时,大多数 TFA 项目的教师必须参加一个教师教育项目。这些研究都没有明确地比较控制了学生、教师和学校变量的 TFA 项目的教师和经过标准培训及认证的教师。

第三项研究虽然着眼于认证(Darling-Hammond, *et al.*, 2005),但肯尼迪和她的同事们却没有报告他们的核心发现。通过对比六年间学生在六个不同的阅读和数学测试中的成绩,该研究发现,获得认证的教师比那些在相似学校工作,有着相似经验水平的未经认证的教师(包括未认证的 TFA 新教师),能使学生取得更好的成绩。六个测试中的五个表明,拥有一个未经认证的 TFA 教师的负面影响比拥有另一个未经认证的教师的负面影响要大,与一个经过完全认证的教师相比,未经认证的 TFA 教师所教的学生成绩受压制的程度相当于每年少学习三个月。TFA 项目招募的教师在阅读方面对学生造成的负面影响普遍比在数学方面要大。同样,最近在纽约市的一项研究发现,相对于传统教师教育项目中的新教师而言,TFA 项目中的新教师,及从其他非师范路径招聘的新教师,对小学生的阅读成绩都会产生强烈的负面影响,而在数学测试方面的影响则是利弊兼有(Boyd, *et al.*, 2005)。

同其他研究一样,达林-哈蒙德及其同事们发现,在六年中的前三年时间里,TFA 项目教师比休斯敦比较组教师更称职。仅这几年中,在资格认证没有受到控制时,TFA 项目教师的表现似乎和其他教师一样有效。然而,随着时间变化,研究中的休斯敦经过完全认证的教师比例增加,而 TFA 项目的认证教师比例减少,与其他教师相

比，观察到的 TFA 项目教师的影响越来越负面。因此，我们发现，有关 TFA 项目教师 1320
对学生成绩的相对影响的解释，取决于研究人员对比较组教师特点的了解。要评估任何一组教师的相对有效性，必须把他们放在一个特定时间点的特定背景中；同时，还要深入了解那个时间点上相同背景下对照组教师的资格和特征。

因此，不考虑培训因素，只有在受培训的“聪明人”新成员（recruits）与其他未受培训的新教师（entrants）进行比较的案例中，“聪明的人”的假设似乎才成立。一般的学术能力似乎不能满足职业培训的需要，也不会使职业培训变得无关紧要。虽然，没有认证的 TFA 项目新教师在阅读和数学的教学方面不及经过认证的新教师有效，但他们似乎从培训中受益，当他们获得认证后，在大多数测验中，他们在阅读和数学方面的教学是与其他教师一样有效的。在剩余的一个测试方法中——数学测试中的 TAAS——获得认证的 TFA 项目新教师的教学比其他认证教师的教学更有效。这一发现——和一个来自纽约教师教育途径最新研究中的发现相似（相对于接受过传统培训的教师，虽然 TFA 项目新教师继续对学生阅读成绩产生负面影响，但有经验的 TFA 新教师通过他们第三年的实践，对学生数学成绩却产生了积极的作用）——这一结果的出现可能归因于 TFA 教师深厚的人文学科背景。曾就读于名牌高校的新教师在高中和大学阶段的数学基础可能比普通的小学教师更好，当他们掌握教学技能时，将能够把这种先前知识（prior knowledge）中的优势实力转化为更强的效益。

教师教育能够（应该）做什么？

有人认为教师教育课程具有一定价值，即使对刚进入教师行业的“聪明人”也是如此，因为教师教育项目具有各种特质。正如这部分的文章所指出的那样，从师范学校到大学的教师教育运动已经给教师教育的身份和需要集中的、长期的实践投入的教学技能的发展造成了严重困境，默里指出，“课程内容通常没有明确地与儿童和青少年的教育需求相联系”。

他建议实施从儿童需求出发到教师培训内容的逆推筹划（backward mapping），这恰好是国家教育研究院的教师教育委员会（National Academy of Education's Committee Teacher Education）正在承担的一项长达四年的有关教师教育课程发展的工作的内容，这种教师教育课程以我们对学生如何学习和教师如何教学的了解为基础（Darling-Hammond and Bransford，2005）。

委员会的工作确定了几个知识领域内的核心概念，这些对教师来讲是至关重要的：

- 学习者的知识和学习者如何在社会环境中学习并发展，包括语言知识的发展；

- 理解课程内容和目标，包括根据学科要求、学生需求及教育的社会目的来教授的学科知识和技能；
- 教学理解和教学技能，包括教学内容知识（content pedagogical knowledge）和教授不同学习者的知识（knowledge for teaching diverse learners），以及基于理解评估和有效管理课堂的那些知识。

1321 教育学院的一些建议超出了这里提出的关于教师教育课程（coursework）的问题范围，它们认为将实践经验（clinical experiences）融入课程，并与课程相关联是同样重要的。学会教学不仅要求新教师学会“像教师一样思考”，还应该“像教师一样行动”——提出了玛丽·M. 肯尼迪所称的“表现问题”（the problem of enactment）。教师不仅需要去理解，而且也要做各种各样的事情，很多事情是同时进行的。教师教育常年的困境之一是如何将基于理论的知识（theoretically-based knowledge）和基于经验的知识（experience-based knowledge）有效地整合在一起。基于理论的知识一直是通过大学课堂的讲授获得的，而基于经验的知识则一直存在于教师实践、课堂及学校的实际情况中。我们面临的挑战与其说是如何增加更多的课程或打磨（sharpening）抽象的课程内容，不如说是如何将它们与实践问题适当联系起来。将师范学校纳入综合大学体系——主要关注课程而不太重视强大的实践机会——削弱了教师教育项目的优势。传统的教师教育经常让学生学习大量脱离实践的前置课程（front-loaded coursework），然后将少量学生教学实习加入到课程的末尾，而学生通常没有在课堂上形成先前在抽象中描述的策略模式。

为了帮助教师进行良好的教学实践，将理论和实践、课程与实践工作（clinical work）结合地更加紧密是必要的，除此之外，还要有获得优质教学模式、实践策略、有用工具、反复实践机会的途径。许多教师教育工作者认为，课堂中有经验的新手教师，更能理解他们学术工作中的思想，师范生如果能学习与实际工作一致的课程，在理论和实践中就会有不同的理解。越来越多的研究证实了这一观点，带着课程参与教学实践的培训中的教师能更好地运用他们在课程中学习到的概念来支持学生学习（Darling-Hammond and Bransford，2005：398）。

同样，一项研究考察了七个优秀的教师教育项目，这些项目培养的毕业生从进入课堂的第一天起就表现出其是经过充分准备的。经考察发现，所有这些项目比传统的教师教育项目拥有更强大的实践课程（Darling-Hammond，2006）。候任教师在整个项目的实践上花费了大量时间——完成了多种绩效评估和教学、学习分析——展示如何根据不同学生的情况进行教学，考察和应用在课程中学到的概念和策略。这些培训项目通常需要至少一整年的时间，在这一年里，学生教学是在一个或多个教师的直接指导下进行的，这些教师向有各种学习需求的学生示范了优秀的教学实践，在此过程中，候任教师逐渐承担了更多的独立教学责任。如果未来教师们想用各种方式学习教学的话，他们必须使自己的成长“扎根”于实践。这些方式关注学习和需求诊断、如何适应学生需求、深度评估和规划复杂的实践项目等，教师要学会明智地运用。

学校教育中经常缺乏这种严格的实践工作，这已经导致一些人认为它们与教师教育不相关；而且在很多项目中，课程与实践工作缺乏联系，这也使得课程不如其他项目有影响力和成效。

最后，当我们考虑教学知识本质的时候，我们应该思考实践知识被运用的方式。默里指出，“相互矛盾的实践，比如在最初的阅读方法中全单词教学法和自然发音教 1322
学，都有相当多的学术支持者和追随者”。这表明，不处理这些问题，不明晰“良好实践的准则”，教学就会“落后”于其他职业。然而，其他职业同样也有许多被研究支持的潜在的相互矛盾的技术——通过探索在一些情况下一种观点是否优于另一种观点，或者为了特定的目的不同观点如何在联合中被使用，而不是单独寻求一个答案，用它来尝试着调解不同的观点。考虑到最近医学领域对一些问题（从激素替代疗法，到针对一系列癌症疗法的不同流派）的争论和相互矛盾的研究，医生被期望在不同情形中的不同时间点上，基于他们对这个领域范围的理解、研究的限制和不同治疗个体的需求，做出评估和判断。的确，在这些其他领域中专业教育的目标不是让学生获得大量固定的知识，而是让他们获得对基本原则的理解，对持续出现的研究进行阅读和解释的能力，以及评估各种策略何时最有用的诊断技巧。

与此相仿，教师需要用高度精炼的知识和技能来评估学生的学习，也需要参与广泛的实践项目，而不是学习关于策略问题预先确定的正确答案（或学习贯彻一种或另一种规定的正统观念），更不能被“依赖最好实践的最简单思想”这样偏于一极的教学政策支配——“整体语言教学法”对“自然发音教学法”，或者比如“探究性学习”对“直接指示”——研究表明教师需要知道如何、何时使用一系列的实践——经常在不同的联合中——与不同背景中的不同学生一起来实现他们的目标。

直到将一系列正确答案组合并纳入到教师培训中，教学才能成为一个专业。当教师被给予一些培训的时候，他们才会获得有用的专业知识，正如韦兰提出的，这些所学能使他们回应希金斯（Higgins）的使自己成为知识分子的邀请——根据理论建议和儿童需求，衡量实践行为的恰当性。分析型思维方式的获得来源于学科知识和教学法相融合的通识教育，而实践洞察力则可在运用实践和专业知识细致周到地开展班级工作的过程中得到提升。

（国卉男　陈　婧　译）

参考文献

Ballou, D. & Podgursky, M. (1999) Teacher training and licensure: a layman's guide. In M. Kanstoroom and C. E. Finn (eds.),

Better teachers, better schools. Washington, DC: The Fordham Foundation.

Boyd, D., Grossman, P., Lankford, H., Loeb, S., & Wyckoff, J. (2005, November) *How changes in entry requirements alter the teacher workforce and affect student achievement*. New York: City University of New York.

Bransford, J. D., Brown, A. L. & Cocking, R. R. (1999) *How people learn: brain, mind, experience, and school*. Washington, DC: National Academy Press. http://www.nap.edu/html/howpeople1/

Darling-Hammond, L. (2000) Teacher quality and student achievement: a review of state policy evidence. *Education Policy Analysis Archives*, 8(1). Retrieved from http://epaa.asu.edu/epaa/v8n1

Darling-Hammond, L. (2004) The color line in American education: race, resources, and student achievement. *W. E. B. Du Bois Review: Social Science Research on Race*, 1(2): 213 - 246.

Darling-Hammond, L. & Sykes, G. (2003) Wanted: a national teacher supply policy for education: the right way to meet the "highly qualified teacher" challenge. *Educational Policy Analysis Archives*, 11(33). http://epaa.asu.edu/epaa/v11n33/

Darling-Hammond, L. & Bransford, J. (2005). *Preparing teachers for a changing world: what teachers should learn and be able to do*. San Francisco: Jossey-Bass.

Darling-Hammond, L. (2006) *Powerful teacher education: lessons from exemplary programs*. San Francisco: Jossey-Bass.

Darling-Hammond, L., Holtzman, D., Gatlin, S. J., & Helig, J. V. (2005) Does teacher preparation matter? Evidence about teacher certification, Teach for America and teacher effectiveness. *Education Policy Analysis Archives*, 13(42). http://epaa.asu.edu/epa//v13n42/

Decker, P. T., Mayer, D. P., & Glazerman, S. (2004) *The effects of teach for America on students: findings from a national evaluation*. Princeton, NJ: Mathematical Policy Research, Inc.

Goldhaber, D. D. & Brewer, D. J. (2000) Does teacher certification matter? High school certification status and student achievement. *Educational Evaluation and Policy Analysis*, 22: 129 - 195.

Hanushek, E. (1996) *School resources and achievement in Maryland*. Baltimore, MD: Maryland State Department of Education.

Hanushek, E. (2000, May 17) *The structure of analysis and argument in plaintiffs' expert reports*. Report for the defense in *Williams v. California*. http://www.decentschools.org/expert_reports/hanushek_report.pdf

Kennedy, M. (1999) The role of preservice teacher education. In L. Darling-Hammond & G. Sykes (eds.), *Teaching as the learning profession: handbook of policy and practice* (pp. 54 - 85). San Francisco, CA: Jossey-Bass Publishers.

Podgursky, M. J. (2000, May 17) *Access to teacher quality in California public schools*. Report for the defense in *Williams v. California*. http://www.decentschools.org/expert_reports/podgursky_report.pdf

Raymond, M., Fletcher, S., & Luque, J. (2001) *Teach for America: an evaluation of teacher differences and student outcomes in Houston, Texas*. CREDO, The Hoover Institution, Stanford University: www.rochester.edu/credo

Wilson, S. M., Floden, R. E., & Ferrini-Mundy, J. (2001) *Teacher preparation research: current knowledge, gaps, and recommendations: a research report prepared for the U.S. Department of Education*. Seattle: Center for the Study of Teaching and Policy.

64. 教师教育与教师培养

弗雷德里克·M. 赫斯(Frederick M. Hess)
美国企业研究所(American Enterprise Institute)

为求明晰——但也认识到有必要厘清前文提及的教学指导中的细微差别，在此， 1324
我想说，两种相互矛盾的观点主导着教师教育(teacher education)和教师培养(education of teachers)之间的关系。

一种观点认为，教师需要具备的知识、思想和实践能力是具体可定义的。支持者将教学看作一门"职业"，从业者在入行前必须已掌握必需的技能，并且教师教育对有抱负的教师而言是必不可少的。"本质主义"(essentialists)阵营认为，所有教师必须完成他们培训课程中相应的"教师教育"课程。他们中有一些人甚至更进一步，认为教师教育也应该帮助教师形成"教学素养"和世界观，这对于有效的(教学)实践十分必要。

另一种观点则怀疑存在既定的负责任的专业人士必须掌握的知识。该阵营对"有效教学和学习存在共同的特质和价值"的看法持更加谨慎的态度。因此，该"选择主义"(electivists)阵营虽然认为，由教师或培训机构开展的教师培训有时候对某些教师是非常有用的，但他们仍然对"正式的教师教育对教师培养是否真的必不可少"持怀疑态度。

还存在第三种外围学派的观点，这一学派是由少数直言不讳的教育批评者组成的。他们认为教师教育是进步主义的空想家所主导的一种非理智的教育事业，主张取消正式的教师教育。然而，由于他们更专注于文化的批判而非有关教师教育性质和角色的争论，所以，考虑到本文的写作目的，我将不对其进行论述。

"本质主义"和"选择主义"之间的温和的分歧渐渐变得激烈，是因为双方分歧导致的后果比刚开始表现得更严重。除了资金、就业和政治影响力的问题，这一问题的答案还决定了教学作为一个传统"职业"的地位的高低。对于那些在学校教育或教师教育领域工作的人，这一分歧的确与他们利害相关。有一种自然的倾向坚持认为一个人的工作需要认真准备，如果可能的话，要使这项工作具有"专业主义"的性质。因此，"本质主义"阵营倾向于在教育工作者和教育学教授之间寻求更多的认同感，而这些人理所当然支持提升他们的职业重要性这一观点。不出所料，"选择主义"所持的论据受到了漠视。出于这些原因，双方在教学和教师培养行业与行业之外经常发生分歧。

然而，两大阵营并没有仅仅沿着意识形态和党派路线发展。例如，一些通常被认为对传统的教师教育充满敌意的团体(例如，为美国而教(Teach For America)组织和
对科学研究持保守态度的支持者)宣称教师在进入课堂之前必须认可(某些价值)并需 1325

要掌握一些知识。换句话说，这些团体同样属于“必要主义”阵营；他们和这一阵营的众多人的分歧更多在于这些必须掌握的知识是什么、如何判定、及通过怎样的正规课程传授这些知识。

不同程度上，“本质主义”和“选择主义”阵营的成员主要在以下几方面存在分歧：有抱负的教师需要哪些方面的技能和知识，良好的教学能力应该如何培养，各种教师资格认证对准教师的质量有什么影响，及回答这些问题的依据是什么。最终，这两种观点的价值表达呈现出了多元化发展趋势。因为两种观点的拥护者提出观点时往往会基于规范性和实证性理由，因此要厘清这些观点就要区分一些易混淆的观点。

此外，要论证教师教育的价值，“我们已有知识”的实证基础是极其脆弱的。在肯尼迪（Kennedy）、阿恩（Ahn）和崔（Choi）的研究综述中，在通过满足严格性和有效性最低要求的一些研究来判断教师培养项目的作用时，确实存在数据方面的局限性、自我选择问题、及需要注意的一些警示。出于对这一点的考虑，有时人们会惊讶地发现，在认定数学教学领域中教育和数学教育课程的基本价值时，他们似乎摒弃了这种合理的谨慎态度。虽然额外的专业培训并不是不可能带来一些益处——假如教师教育从来没有益处，人们会感到震惊——但根据现有证据得出这样的结论明显过于草率。

简而言之，虽然不同的学者和从业者经常会对现有研究有不同的评判，但我认为我们很难通过实证材料来证明“本质主义”的立场。在阅读我要综述的论文时，“本质主义”的四个值得审视的核心观点让我深受触动。因为“选择主义”立场只是表明了这些前期培训的意义是不确定的，所以，这语境中的举证责任在那些宣称教师教育是必不可少的人身上。假如，教师培训（教育）只是在某些情况下，对某些人、或某些科目及在某些学校有益，那么这就很难证明它是必不可少的。

第一种观点是由弗兰克·B. 默里（Frank B. Murray）提出的，他认为如果教师没有经过专业的培训，将会降低对学生的期望值。默里引用了两项超过二十年的研究指出，“自然”的教师（指那些没有受益于教师教育的教师），有计划地用限制学生学业发展的方式对待差生。但是，他却从未解释在提高教师对学生的期望值方面，教师教育为什么和怎么样发挥其作用。在另一个相似的研究中，默里也指出今天的教师教育课程可能无法产生预期的效果，但他认为这是可以解决的小问题，而不是对“必要主义”立场的真正挑战。

然而，我们有理由相信，即使完成教师教育的教师，他们对学生的期望（包括对贫苦学生和少数民族学生）也可能低得令人失望。例如，2005 年一份对“为美国而教”教师的（他们中几乎没人完成一定的教师教育课程）调查报告显示，这些教师对他们的学生、对自身和对所在的学校的标准要求相当苛刻。同样，一些学校任用大量的没有经过正式培训的教师——例如“知识就是力量”项目学校[①](KIPP，Knowledge Is Power Program)和众多的教会学校——这些学校中弱势学生的学业进步大大超过受到正式 1326
培训的教师所培养的学生。这些观点仅作为例证，我不打算夸大其特殊意义。相反，我想要证明，教师教育能使未来教师对高标准充满强烈的使命感和热情，这种观点也得到了很多实际经验支持。

第二个关于“本质主义”的观点认为，在教师需要什么和教师具有哪些能力方面，我们有比较一致的看法，同时我们也认为任何有远见抱负的专业人士都应该受到相应的教育培训。但在现实中，认真审视关于教学、教法及学习的科研知识状况，我们发现，一般来说，对于教师应掌握什么样的知识及什么技能能使其教学更有效，我们知之甚少。虽然教师教育者声称他们已经整合了一套可以完成这个任务的知识，但这种说法已经留存了几十年。在此，仅举一例，1999 年哈佛大学出版社出版的获奖作品《在美国教书》(*Teaching in America*)，是由教育学学者杰拉德·格兰特(Gerald Grant)和克里斯汀·E·默里(Christine E. Murray)所著。在这本著作中，格兰特和默里确定了五项需要分析并教给老师的“基本行为”：(一)认真倾听；(二)激励学生；(三)通过倾听和回应他人的痛苦建立关怀的模式并且营造一种课堂的安全感；(四)通过澄清、指导和咨询进行评估，针对个体学生选择恰当的挑战性知识；(五)自我反思和自我更新。作者从未提供方法以解决如何向教师教授这五项“基本行为”这个问题，更别说去判断一名教师是否掌握了这些能力了。谨慎地说，这些有关科研知识、确定性教学知识及教学法的观点只是融合了理论、直觉、轶事及一些不具结论性的研究结果。

“本质主义”第三种观点通常认为教师需要接受以下方面的课程培训：“性别歧视”、“种族主义”、“阶级论”、“双语”、“异性恋”、“白人特权”、“压迫语言”和其他有关偏见的问题。全国教师教育认证协会(National Council for Accreditation of Teacher Education)已经制定出以教师素质培养和促进多元化为核心的教师教育标准。但对这种教育标准的有效性和重要性，协会成员还未达成一致的意见。怀疑论者质疑这些概念对教学和教法的效用，他们强调没有论据可以证明“按这些思维模式培养出来的教师在任何标准下都比其他教师有效”。

教师教育界的主要人物，包括(美国)国家教育研究院(National Academy of Education)院长内尔·诺丁斯(Nel Noddings)都坚持认为，教师教育倡导某些价值——但并不是说这些价值可以提升教学水平。正如美国教育研究协会(American Educational Research Association，AERA)的前主席，玛丽莲·科克伦-史密斯(Marilyn Cochran-Smith)所言，“教育(及教师教育)机构是提出道德、伦理、社会、哲学

---

① KIPP，Knowledge Is Power Program，本文译作“知识就是力量”项目，是一个影响了全美 16 个州以及哥伦比亚地区的特许学校集团，最初成立于 1994 年。KIPP 学校的生源总体基础很差，但学习成绩提高幅度远远高于当地学区其他学校。据 KIPP 官方网站的数据，超过 85%的 KIPP 学生最终进入了大学。而在这些学生居住的社区，只有不到 25%的人能够上大学。——译者注

和意识形态问题的社会机构。把这些问题当成是价值中立的和无意识形态取向的问题是盲目的、危险的”(Marilyn Cochran-Smith, 2004: 6)。另一位 AERA 前主席格洛里亚·拉德森-比林斯(Gloria Ladson-Billings)也说过，她认为好的教学需要促进一种“反种族主义，反性别歧视，反同性恋……反压迫”的社会正义教育学(参见 Kumashiro, 2004: xiv)。但现实情况是，教学领域经常是在倡导某种观点。由于没有证据证明倡导某种观念具有一定的价值，加之不同背景和观点的学生也可能会受益于具有异质信念的教师，因此，怀疑者开始质疑教师教育的作用。

第四个论述，再次由默里有力地提出，他认为未经培训的教师在教学上是稚嫩的，他们不具备像接受过培训的教师那样构建课程的能力，也不能给学生提供与后者相媲
1327 美的指导。例如，默里坚持，未经培训的教师往往过分专注于“展示与讲解”，在吸引学生、培养学生的思维能力及解决学生社会和智力的全方位发展问题方面则关注太少。当然，这种观点存在的一个问题在于其无法证明师资培养对教师实际教学方式具有深远且持久的影响。例如，默里无法提供任何证据来表明那些已经完成教师教育课程的教师更有可能利用“辩证”的方法或者能更有效地利用这些方法。

然而，更为根本的问题可能在于，强调具体的技能和实际知识对学生而言是否必然是一件坏事。当然，也有一个思想流派主张学校应该淡化以“教师为中心”的教学，并且采用基于发现、发明和合作的教学方法；但是，若认为这种观念根植于已建立的、无可争议的知识而非个人的判断，显然也是错的。此外，什么时候使用“展示与讲解”是过度或不恰当的，什么时候使用这种教学方法又是有益于教学的，始终是个存在争议的问题。简而言之，默里所指的那些受过教师教育的毕业生所实施的教学方法和教学实践是否比未受过教师教育的教师的方法和实践更有效，这一问题仍未有定论。

最后，“本质主义”面临的一个关键问题在于，就连它的主要拥护者，对当代的教师教育也持批判态度，但他们很快解释说他们对当代教师教育的失望不应损害“本质主义”的思想流派。就连“本质主义”的坚定捍卫者包括像琳达·达林-哈蒙德(Linda Darling-Hammond)和加里·赛克斯(Gary Sykes)这样富有思想的学者，也不得不承认许多教师教育课程无法达到他们心目中的标准。实际上，我们可以想象，教师培养是教师教育必不可少的一部分。然而，全国举办了多达 1 300 项的教师培训项目，经过数十年努力仍无法实现这一愿景。卡内基教学促进基金会(Carnegie Foundation for the Advancement of Teaching)主席李·舒尔曼(Lee Shulman)在 2005 年年底指出，我们还未在美国构建一个融贯一致的教师教育体系。舒尔曼言辞犀利地指出：

> 美国根本不存在教师教育。在良好教学的构想、入学标准、培训主题的严谨性、教什么和学什么、指导实习的特点和教学质量评估方面，各教师教育项目之间存在太大的差异性，以至于同其他学术专业相比，教师教育领域会发生不可避免的混乱。(p. 7)

现在已经到了这样一个时间点，持久的和广泛的制度失灵不再是贯彻实施的问题，我们需要对制度进行根本性地反思。至少反思一下，是否这就是我们在经过150年的努力和50年的持续制度建设之后所希望看到的；教师教育中是否存在某些东西，会不可避免地妨碍“本质主义者”使教师教育制度系统化和正规化。

当然我们有可能会想到一些情况，即两个阵营都认为教师教育对教师培养至关重
要。假如教育科研想要取得很大进展，指导儿童发展、提高教师期望、提高教育效益，
那么有抱负的教育工作者就应该清楚地知道并且能够应用相关方面的成果。随着研
究的进行，产生了越来越多的关于认知、学习和大脑发展的重要见解。如果教师教育 1328
能通过严格标准和有意义的方式教授这种新知识，那么其对师资培养而言，可能是至
关重要的。

当然，在这种条件下，教师教育可能会表现得与如今大有不同。重要的是，不能保证那些曾经非常努力想要使教师教育保持其当代形态的学者会对这种培养形式感到满意，甚至没法保证他们有足够的能力去传授新知。同时，教师教育并非必不可少，但它在某些时候，为了某些目的，对某些教师有可能发挥作用。

（国卉男　陈　婧　译）

参考文献

Cochran-Smith, M.(2004). Taking stock in 2004: teacher education in dangerous times. *Journal of Teacher Education*, 55(1), 3-7.

Grant, G. & Murray, C.E.(1999) *Teaching in America: the slow revolution*. Cambridge, MA: Harvard University Press.

Kumashiro, K.K.(2004) *Against common sense: teaching and learning toward social justice*. New York: RoutledgeFalmer.

Smith, A.(2005) *Equity within reach: insights from the front lines of Americas achievement gap*. New York: Teacher for America.

Shulman, L.(2005) Teacher education does not exist. *The Stanford Educator*, Fall, available online at http://ed.stanford.edu/suse/educator/fall2005/EducatorFall05.pdf

图书在版编目(CIP)数据

教师教育研究手册：变革世界中的永恒问题：第3版/(美)玛丽莲·科克伦-史密斯，(美)沙伦·费曼-尼姆塞尔，(美)D. 约翰·麦金太尔主编；范国睿等译. —上海：华东师范大学出版社，2017
ISBN 978-7-5675-5472-6

Ⅰ.①教… Ⅱ.①玛…②沙…③D…④范… Ⅲ.①教师教育—手册 Ⅳ.①G65-62

中国版本图书馆CIP数据核字(2017)第076361号

本书由上海文化发展基金会图书出版专项基金资助出版

教师教育研究手册：变革世界中的永恒问题(第三版)

主　　编　[美]玛丽莲·科克伦-史密斯　[美]沙伦·费曼-尼姆塞尔
　　　　　[美]D. 约翰·麦金太尔
译　　者　范国睿 等
策划编辑　彭呈军
审读编辑　孙　娟　秦一鸣
责任校对　张多多　时东明　陈　易
装帧设计　高　山

出版发行　华东师范大学出版社
社　　址　上海市中山北路3663号　邮编200062
网　　址　www.ecnupress.com.cn
电　　话　021-60821666　行政传真021-62572105
客服电话　021-62865537　门市(邮购)电话021-62869887
地　　址　上海市中山北路3663号华东师范大学校内先锋路口
网　　店　http://hdsdcbs.tmall.com

印 刷 者　上海中华商务联合印刷有限公司
开　　本　787×1092　16开
印　　张　86.75
字　　数　1768千字
版　　次　2017年8月第1版
印　　次　2019年5月第2次
书　　号　ISBN 978-7-5675-5472-6/G·9668
定　　价　298.00元(上下册)

出 版 人　王　焰

(如发现本版图书有印订质量问题，请寄回本社客服中心调换或电话021-62865537联系)